GESCHICHTE
DES
PFERDES

Arnim Basche

GESCHICHTE DES PFERDES

SIGLOCH EDITION

© Sigloch Edition, Zeppelinstraße 35a, D-74653 Künzelsau
Internet: http://www.sigloch.de
Nachdruck verboten. Alle Rechte vorbehalten. Printed in Germany
Druck: W. E. Weinmann, Filderstadt-Bonlanden
Papier:115 g/m² Chorus matt satin, DEUTSCHE PAPIER.
Bindearbeiten: Sigloch Buchbinderei, Künzelsau
ISBN: 3-89393-172-4

»Die schönste Eroberung, die der Mensch jemals gemacht hat, ist die Zähmung dieses stolzen und feurigen Tieres, des Pferdes«, schreibt Georges Louis Leclerc, Graf von Buffon (1707–1788) in seiner berühmten »Histoire naturelle«.
Unser Bild zeigt eine Herde Dülmener Pferde, eine seit dem Jahr 1316 bekannte Rasse, die im Merfelder Bruch bei Dülmen noch nahezu wild lebt. Der Merfelder Bruch, ein 200 Hektar großes, eingezäuntes Gebiet, ist das größte Wildpferdegehege Europas.

Vorwort

Über etwa fünfzig Millionen Jahre spannt sich der Bogen vom Eohippus zum Pferd. Aber nur einen Bruchteil dieses unvorstellbar großen Zeitraumes war der Mensch sein Begleiter. Nachdem vor rund vier Millionen Jahren Primitive beider Arten in der Region des heutigen Äthiopien wahrscheinlich zum erstenmal aufeinandertrafen, verging nämlich wieder eine gewaltige Spanne, bis sich vor ungefähr 25 000 Jahren *Homo sapiens* und *Equus caballus* begegneten. Aber auch danach war die Existenz des Pferdes größtenteils in Dunkel gehüllt. Selbst über den wohl wichtigsten Vorgang in seiner Geschichte, den der Haustierwerdung, können wir uns nur in Spekulationen ergehen. In diesem historischen Moment, der einmal als das älteste biologische Experiment der Menschheit bezeichnet wurde, lag jedoch der Keim zur Veränderung der Welt. Denn mit der Dienstbarmachung des Pferdes wurde sowohl die Grundlage zur Vernichtung von Reichen als auch zum Aufbau neuer Herrschaftssysteme gelegt – darüber hinaus aber auch die Basis zu einer bis dahin nicht bekannten Art von Spiel geschaffen. Daß nur der equestrische Wettkampf dem hilfreichsten Begleiter des Menschen durch Jahrtausende einst das Dasein garantieren würde, hätte man vor noch gar nicht so langer Zeit allerdings nicht geglaubt. Da die Ära des Sportpferdes mittlerweile jedoch schon in voller Blüte steht, widmet sich der hier vorliegende Beitrag zur Geschichte des Pferdes vorrangig diesem Bereich – wobei das weite Feld anderer Themen und das Aufzeigen von hippologischen Entwicklungen unterschiedlichster Art freilich nicht unberücksichtigt bleiben. Daraus ist ein Buch geworden, das der langen und großartigen Geschichte des Pferdes gerecht wird.

Arnim Basche

Inhalt

ABC der Pferderassen   503

Ein Wort des Dankes   539

Bildquellen   543

Register der Pferdenamen   544

Personen- und Sachregister   549

Mensch und Pferd

Faszination und Konflikt

»Komme! Zu Pferde! Komme in Sonne und Luft. Laß die Reitbahn mit Staub, Ecken und Enge den engeren Menschen. Komme auf freie, ewige Bahn, wo jungfräuliches Gras im Tau steht, Schatten des Laubes über deinen Weg tanzen, wo das Licht dich liebkost, wo der Wind dich umspielt, wo es keine Grenzen gibt, wo dein Herz weit wird und in das Grenzenlose seiner Herrschaft einreitet.

Denn dies, Geliebte, ist meine Verheißung: Seines Tieres Rücken unterwirft dir die Welt. Zu einem Thron für dich will ich ihn machen, von dem du ein Zepter der Macht, der Freude und der Freiheit führen sollst, wie du es nie geahnt...

Alle Moral, die dir ein Reitlehrer predigt, kann das süße, zarte Geplauder deines Pferdes nicht ersetzen, wenn es an einem schönen Sommermorgen die ersten Tritte unter dir ins Freie tut, mit fühlenden Lippen vom Gebiß aus am Zügel entlang deine Hand sucht, sie leise erkundet und befragt; wenn es dann neugierig und prüfend mit der feinen Stahlstange in seinem Maule spielt, sie mutwillig ein wenig fortstößt, sich versuchend ein wenig gegenlehnt, um sie dann mit langem Hals, mit aufgerichtetem Genick, freiem Kopf und zartem Zungenspiel aus deiner Hand entgegenzunehmen, wie ein ihm zugedachtes Geschenk, auf das es stolz sein darf. Dann ist dein Pferd glücklich... Reiten ist Wille ins Weite, ins Unendliche. Wenn deine Seele eins mit der Kraft deines Pferdes hinausgetragen in den Morgen und die Sonne etwas anderes vor sich sieht als die Unendlichkeit und das Glück, so begreift sie die Fülle des Geheimnisses nicht.

Aber die Ohren deines Pferdes spielen am Rand dieser Unendlichkeit ihr Spiel...

Du mußt eins werden mit dem Pferde. Wenn es dich auf seinem Rücken trägt,

darfst du nicht von ihm getrennt werden können: weder für das Auge noch in seinen oder in deinen eigenen Gedanken. Es wird dir nicht gehören, du gehörest denn ihm.

Dein Verhältnis zum Pferd ist keine Ehe, wo beide Teile zusammengesprochen werden können, gleichviel ob sie zusammen gehören oder nicht; wo einer neben dem anderen herläuft, ohne vom anderen mehr zu wissen als Alltäglichkeiten...

So nenne ich eine innere Unberührtheit, die darin besteht, daß trotz allem Gehorsam, trotz vielleicht höchster Schulung nichts an natürlicher Frische und natürlicher Bewegung, an Zutrauen und Gehlust verloren ist...

Meinst du, das Leben zerbreche die Menschen? Sieh, was Menschen aus Pferden machen. Die Menschen sind es, die das Leben zerbrechen. So zerbrechen sie auch das Leben im Pferde.

Armselige Wirkung landläufiger Dressur...«

Der Schriftsteller Rudolf G. Binding schrieb diese überschwengliche Lobrede auf die Partnerschaft von Mensch und Tier im allgemeinen und die Verbindung von Pferd, Reiter und Natur im besonderen in einer Sammlung von Gedanken, die den bezeichnenden Titel »Reitvorschrift für eine Geliebte« trägt. Binding lebte von 1867 bis 1938, war Rittmeister der Roten Kasseler Husaren und zeichnete sich in seinem Werk, wie Konversationslexika informieren, »durch zuchtvolle Form und ritterlichen Geist« aus.

Der idealistisch-verklärenden Darstellung Bindings ließen sich weitere Aussagen der Dichter und Literaten anschließen, Aussagen im Stile von Iwan Turgenjews Schilderungen der leidenschaftlichen Verehrer des Pferdes, des »edelsten Tieres auf der Welt«, von John Steinbecks Feststellung, »auf einem Pferd sei der Mensch seelisch wie körperlich größer als auf dem Erdboden«, von Leo N. Tolstojs Skizze der differenzierten, für den Menschen beispielhaften psychischen Vorgänge im Verhältnis von Mensch zu Pferd.

Vehement erhob der polnische Schriftsteller Witold Gombrowicz Einspruch gegen seine Kollegen, die in bald blumenreich-schwelgenden, bald philosophisch-metaphysischen Wendungen die Schönheit und Harmonie der Partnerschaft von Mensch und Pferd gefeiert haben und dies auch weiterhin tun. Eine Denaturierung der Kreatur sah er in der sportlichen Nutzung des Tieres. Im Jahre 1958 notierte er in Argentinien in sein Tagebuch:

»Heute nach dem Frühstück eine Diskussion – Frau Verena, Dus Jacek und ich – hervorgerufen durch meine These, daß ein Mensch auf einem Pferde eine Wunderlichkeit, Lächerlichkeit und Beleidigung der Ästhetik sei. In dieser Pferde-Akropole klang diese These wie ein lästerlicher Donnerschlag.

Ich erläuterte, daß ein Tier nicht dazu geboren werde, um ein anderes Tier auf sich zu tragen. Ein Mensch auf einem Pferde sei ebenso wunderlich wie eine Ratte auf einem Hahn, ein Huhn auf einem Kamel, ein Affe auf einer Kuh, ein Hund auf einem Büffel. Ein Mensch auf einem Pferde, das sei ein Skandal, eine Störung der natürlichen Ordnung, eine vergewaltigende Künstlichkeit, Dissonanz, Häßlichkeit. Sie beriefen sich auf Skulpturen von Bildhauern, die den Menschen zu Pferde verehren. Ich lachte ihnen ins Gesicht. Statuen! Die Kunst hat stets der Konvergenz gehuldigt – beinahe wie die Mode! Über alles entscheidet die Gewohnheit. Seit Jahrhunderten betrachten wir Reiterstatuen, ähnlich wie Menschen zu Pferde, doch wenn wir uns die Augen spülen und von neuem hinblicken würden, so würden wir uns vor Widerwillen krümmen – denn ein Pferderücken ist kein Platz für einen Menschen, ähnlich wie ein Kuhrücken.

Wir diskutierten auf einem Morgenspaziergang, und sechzig Vollblutstuten auf der Koppel richteten ihre weichen, warmen Augen auf uns. Und ich attackierte das Reiten. Eine Lust? Ha, ha, ha! *Auf einem Vieh herumspringen,* sich erheben und fallen lassen mit gespreizten Beinen, mit dem Hintern gegen diesen unvermeidlichen Rist aufschlagend, unter sich ein stures und dummes Vieh haben, auf das es so schwer hinaufzukriechen, von dem es nicht leicht herunterzukriechen ist, das man kaum zu lenken vermag? Auf ihm

Vorige Doppelseite: »Komme! Zu Pferde! Komme in Sonne und Luft. Komme auf freie, ewige Bahn, wo jungfräuliches Gras im Tau steht.« (Rudolf G. Binding)

Linke Seite: Im Zeitalter der Technik und Automation hat das Pferd seine Bedeutung als Nutztier für den Menschen weitgehend verloren. Um so mehr wird es heute als Freizeitpartner geschätzt, denn wo ließe sich die Natur harmonischer und eindrucksvoller erleben als auf dem Rücken der Pferde?

›dahinzujagen‹ mit der Geschwindigkeit eines Fahrrads? Oder im Kreis herum immer einen und denselben hunderttausendsten Sprung über ein Hindernis machen – auf einem Tier, das sich doch ganz und gar nicht zum Springen eignet? Kämpfen mit dieser verzweifelten, plumpen Ungeschicklichkeit eines Pferdes, die man niemals wirklich überwinden kann? Aber diese angeblichen Wonnen, das ist doch reiner Atavismus! Ehemals ist das Pferd tatsächlich nützlich gewesen, es bedeutete eine Erhöhung des Menschen, der Mensch herrschte vom Pferd aus über andere, das Pferd war ein Reichtum, die Stärke, der Stolz des Reiters. Aus jenen vorsintflutlichen Zeiten ist euch der Kult des Reitens verblieben und die Verehrung des Vierfüßlers, der sich schon überlebt hat. Automatisch wiederholt ihr die Begeisterung eurer Urahnen und zerschlagt euch den Hintern zur Verehrung eines Mythos! Die Ungeheuerlichkeit meiner Heiligtumsschändung schallte wild von Horizont zu Horizont. Bleich schaute mich der Herr und Diener von sechzig Rassestuten an...« Witold Gombrowiczs Gedanken sind polemisch und in ihrer Wertung ähnlich einseitig wie die Bindings. Der Dissens zwischen den beiden Literaten ist freilich symptomatisch für ein Problem, das meist verschwiegen und kaschiert wird hinter einer Wand von Worten von edler Harmonie, das bei distanzierter Betrachtung aber nachdenklich macht und auch belastet.

Die Frage, die fürs Reiten, vor allem für das als Leistungssport betriebene Reiten, so polemisch aufgeworfen wurde, stellt sich generell für die Nutzung des Pferdes. Gombrowiczs totalem Verdikt braucht man nicht zuzustimmen, denn Reiten ist insofern nicht widernatürlich, weil der Kreislauf der lebendigen Natur auf der gegenseitigen Nutzung und auch Ausnutzung der verschiedenen Arten beruht. Reiten ist freilich insofern nicht natürlich, als weder das Pferd dazu disponiert oder geschaffen ist, daß der Mensch auf seinen Rücken steige, noch daß die Spezies Homo sapiens besonders ausgewählt gewesen wäre, dereinst Pferde zu fangen, sie vor den Wagen zu spannen, ihnen einen Sattel aufzulegen und sich ihrer Hilfe bei der Landbestellung ebenso zu bedienen wie beim Kriegshandwerk und im Sport. Das Pferd in vielfältigen und voneinander unterschiedlichen Weisen zu nutzen, beruht auf menschlicher Erfindung. Das aufrecht gehende Wesen, das nicht-festgestellte Tier – ein Ausdruck Friedrich Nietzsches – ist dazu veranlagt, sich seine Lebenswelt selbst zu schaffen und dabei

auch des Tieres sich zu bedienen. Der Mensch ist das Wesen, das nicht wie das instinktgeführte Tier über eine relativ fest umrissene Natur verfügt – er ist, wie der bedeutende Philosoph und Anthropologe Arnold Gehlen es formulierte, »von Natur aus Kulturwesen«. Die Ansicht, der Mensch schaffe sich mit seinem Geist, das heißt in seiner Kultur das, was die Natur ihm versagt habe, gehört zu den Überzeugungen der abendländischen Selbstinterpretation des Homo sapiens, der stets bestrebt war, den ihn auszeichnenden Intellekt weit über die »tierischen« Fähigkeiten des Körpers und der Sinne zu stellen.

Platon referierte den antiken griechischen Mythos des Protagoras: Bei der epochalen Veranstaltung der Erschaffung der Lebewesen soll der »nicht ganz weise« Epimetheus die ihm zur Verfügung stehenden Fähigkeiten den Tieren verliehen und den Menschen »nackt, unbeschuht, unbedeckt und unbewaffnet« gelassen, soll ihn mit anderen Worten als »biologisches Mängelwesen« (Gehlen) gefertigt haben. Dem ob dieser Situation ratlosen Epimetheus kam Prometheus – nach der Darstellung des Mythos – zur Hilfe, indem er der Athene und des Hephaistos Weisheit und das Feuer, das heißt den Geist und das technische Vermögen, stahl und sie dem Menschen schenkte.

Der nicht an bestimmte Verhaltensmuster gebundene, jedenfalls sehr viel weniger als das Tier auf ein vorgegebenes artspezifisches Verhaltensinventar verpflichtete, des geistigen Überblicks, der Kalkulation wie der Konstruktion fähige Mensch ist aufgrund dieser seiner »Natur« unter anderem in der Lage und wohl auch darauf angewiesen, sich der Tiere zu bedienen.

Die menschliche Benutzung der Tiere läßt sich freilich generell dem allgemeinen Phänomen der Biozönose unterordnen. Unter Biozönose versteht man seit Möbius (1877) die Tatsache, daß verschiedene Tier- und Pflanzenarten sich innerhalb eines Lebensraumes miteinander verbinden und Lebensgemeinschaften mit gegenseitiger Nutzung wie auch Ausnutzung entwickeln. Die einzelnen Tier- und Pflanzenarten existieren – trotz relativer Selbständigkeit und trotz der Korrespondenz zwischen ihren be-

sonderen Lebensansprüchen und dem Angebot ihres Lebensraumes – nicht total isoliert voneinander, da die verschiedenen Forderungen sich überschneiden. Verschiedene Arten können dann in einem Raum leben, bei gegenseitiger Ignorierung, aber auch gegenseitiger oder einseitiger Nutzung. Bei vorurteilsloser biologischer Sicht lassen sich die Mensch-Tier-Gemeinschaften nicht aus dem allgemeinen Biozönose-Begriff ausschließen. Die mangelnde Rücksicht auf die natürlichen Harmonien, die der Mensch zu beherrschen und zu verändern vermag, gehört mit in seine biologische Disposition.

Trotz seiner Position als teilweiser Beherrscher und Gestalter der Natur steht der Mensch nicht über der Abhängigkeit von Lebensgemeinschaften – er ist in sie eingeschlossen. Des Menschen biologische Existenz hängt von der Toleranz gegenüber den verschiedenen Pflanzen- und Tierarten, ja von ihrer Förderung ab.

Seit der Entstehung des Homo sapiens und der Entwicklung von den menschlichen Frühformen bis zum heutigen Typus dürfte sich des Menschen Verhältnis zum Tier verändert haben, und zwar zur ausgeprägteren Fähigkeit, sich vom Tier zu distanzieren. In der menschlichen Fähigkeit zur Distanzierung lag auch die Basis zu seiner Bemächtigung über das Tier aufgrund von Geschick, Technik und Weltüberblick.

In den vielfältigen Weisen des Umgangs mit dem Tier erprobte und entwickelte der Mensch seinen Geist. In der Orientierung am Tier suchte er auch die mit der Reflexion über die Welt und sich selbst verbundene Ungewißheit und Irritation abzufangen.

Aufgrund seiner biologischen Sonderstellung gehen die Lebensgemeinschaften des Menschen mit dem Tier weit über die Ernährung hinaus. Selbst die Bekleidung mit Tierfellen ist als eine noch recht handfeste Modalität der biozönotischen Nutzung fremder Arten zur Existenzfristung zu verstehen. Kompliziertere Weisen finden sich in der Verwendung der Tiere zum Schleppen, Ziehen oder Tragen von Lasten, zum Wachen und Hüten oder schließlich auch zum Spielen und Experimentieren. Gewinnen die Lebensgemeinschaften einen solch differenzierten Cha-

Das Verhältnis des Menschen zum Pferd beschäftigte schon die alten Griechen intensiv. In ihrer Mythologie lebten als Fabelwesen die Kentauren, die in den Bergwäldern Thessaliens als Söhne des Kentauros mischgestaltig – halb Pferd, halb Mensch – hausten.

rakter, dann wird der Mensch sich in der Regel nicht auf die Nutzung beschränken. Zumindest hat er die Existenz des Tieres zu sichern, meist auf dem Wege regelmäßiger Ernährung und durch den Schutz der Tiere vor Freßfeinden.

In dem hier erwähnten erweiterten Sinne ist von Lebensgemeinschaften oder Biozönosen auch dort zu reden, wo das Tier im psychischen Haushalt des Menschen eine Funktion übernimmt. Beim Spiel ist ebenso von einer Funktion des Tieres im psychischen Haushalt des Menschen zu sprechen wie bei der Freude an der Schönheit, der Anmut und der Geschicklichkeit der Tiere oder bei der Verwendung von Tierformen und Tierbildern für die Interpretation der Welt und des Menschen. Erst in dieser Hinsicht werden die diversen Formen des Umgangs mit Tieren in den technischen Gesellschaften verständlich. Eine lebensgemeinschaftliche Nutzung des Tieres ist selbst dort anzunehmen, wo der Mensch ihm in seinem religiösen Erleben Sinn und Bedeutung zuschreibt, vor allem im weiten Bereich der tiergestalteten Götter, die nicht allein aus Ägypten bekannt sind, sondern in verschiedenen Gesellschaften eine wichtige Vorstufe zu den Heiligen in Menschengestalt bilden. Die zahlreichen, wohl in allen Kulturen bekannten Tiermythen, Tierfabeln und Tiermärchen sind symptomatisch für das menschliche Anliegen, mit Hilfe der Tiere über sich selbst nachzudenken, sich selbst

zu erkennen, sich selbst zu bestimmen. Moralische und politische Ideen werden anhand des Lebens in Tiergesellschaften dargestellt und auch als natürlich wie allgemeinverbindlich ausgegeben. Im Jahre 1723 erschien zum Beispiel Bernard Mandevilles berühmte Bienenfabel *»The Fable of the Bees or private vices made public benefits«* (Die Fabel der Bienen oder private Fehler schaffen öffentlichen Nutzen). Mandeville wandte sich in dieser Schrift programmatisch gegen die harmonistische Interpretation des Bienenstaates. Nach seiner Darstellung gibt es in dieser Tiergemeinschaft wie bei den Menschen Müßiggänger und Ausbeuter, dennoch funktioniere der Verband. Mandeville verstand den Tierstaat als Bestätigung des liberalistischen Gesellschaftskonzeptes.

Der englische Schriftsteller und anglikanische Geistliche Jonathan Swift veröffentlichte seinen als »Gullivers Reisen« bekanntgewordenen satirischen Roman im Jahre 1726 – Mandevilles Bienenfabel war inzwischen von einem Gericht als sittengefährdend verurteilt worden – unter dem Titel *»Travel Into Several Remote Nations of the World, in four parts by Lemuel Gulliver, first a surgeon and then a captain of several ships«* (Reise in verschiedene entfernte Länder der Welt, in vier Teilen, von Lemuel Gulliver, zunächst Chirurg und dann Kapitän verschiedener Schiffe). Gulliver berichtet in diesem Roman unter anderem von einem Land in der Südsee, es

trägt den kuriosen Namen »Houyhnhnm«, in dem philosophische Pferde mit Institutionen herrschen, wie man sie von menschlichen Gesellschaften her kennt.

In solchen Tierschilderungen geht es nicht darum, Wissen über die Tiere zu vermitteln. Die Auseinandersetzung mit dem Tier dient vielmehr der weltanschaulichen Orientierung des Menschen. Diese Funktion wird unübersehbar in den umfassenden chinesischen Mythen, die dem Drachen die Verwaltung der Reiche der Welt und die alljährliche Neuverteilung der Ämter zuschreiben, in denen er das befruchtende Prinzip der Natur und die Wesenheit des Yang, des männlichen und schöpferischen Elements, repräsentiert, in denen er schließlich den allgemeinen Wohlstand, das menschliche Glück wie den Frieden symbolisiert.

Handfeste und überdauernde Lebensgemeinschaften begründet der Mensch in der Haustierhaltung. Der Mensch paßt sich zwar in einigen Fällen den Haustieren an, schuf in der Regel aber Umweltbedingungen, unter denen die Stammformen der Haustiere nicht leben könnten. Sieht man in erster Linie das Individuum, so wird das Überleben der Art sekundär, und es erscheint als charakteristisch für den Hausstand, daß die Individuen mit geringeren Leistungen als im Wildstand ihre Existenz fristen können und sich derart auch für die schwachen Exemplare die Überlebenschance erhöht – möglicherweise zum

Nachteil der Art, deren Widerstandsfähigkeit durch das Erbgut der Schwachen beeinträchtigt wird.

Eine Selektion zugunsten der Schwächeren kam wahrscheinlich schon dadurch zustande, daß der Mensch bei der Domestikation *den* Wildtieren den Vorzug gab, die sich durch verminderte Aggression, durch Unterordnung und Sanftheit von ihren Artgenossen unterschieden. Das tierische Sozialgefüge wurde wohl inklusive seiner Regulationsformen verändert, vor allem durch den menschlichen Wunsch nach konfliktfreiem Umgang mit den Tieren, durch seine Rolle als Meuteführer der domestizierten Tiergesellschaften wie durch die aus dem Hausstand resultierende Tendenz, die Rivalitätsauseinandersetzungen zwischen den Tieren weitgehend auszuschalten. Die Entwicklung vom räuberischen Wolf zum sanften Hund belegt die Veränderung des Tieres durch den Einfluß des Menschen eindrucksvoll.

Auch in diesem Punkt scheint man sich die Dinge freilich zu einfach zu machen, wenn man in der Natur einen heilen Kosmos sieht, der erst durch das Eingreifen des Menschen gefährdet werde. Aus der Sicht der Zoogeographie, einer Wissenschaft, die sich mit der Verteilung der Tiere in den verschiedenen Lebensräumen beschäftigt, wies Lattin (1967) auf den Wandel in den einzelnen Arealen hin, bald durch den Menschen, bald durch Entwicklungen innerhalb des Lebensraums selbst

bedingt. Lattin verstand die Ausweitungen und Einschränkungen von Arealen als generelle Bestandteile der zoogeographischen Dynamik: »Neben der vom Menschen verursachten, ebenso bedauerlichen wie wenigstens in manchen Fällen wohl unvermeidlichen Zurückdrängung und Auslöschung von Arten und Rassen gibt es die gleiche Erscheinung auch als natürlichen Vorgang, der unlösbar mit jeglicher zoogeographischen und evolutiven Wandlung des Tierreichs verbunden ist.«

Im Rahmen der allgemeinen biologischen Erscheinung der Nutzung und Ausnutzung entstanden die spezifisch menschlichen Modalitäten des Umgangs mit Tieren, entstand insbesondere auch das Reiten. Es gibt zwar verschiedene Lebewesen, die auf andere Tiere fallen, nach dem Flug auf ihnen absetzen oder an ihnen hochkriechen, sich dann tragen lassen und sich auch mit Hilfe ihrer Wirtstiere ernähren. Der Mensch geht über diese Modelle jedoch hinaus, indem er sich nicht mit den gegebenen Eigenschaften seines Wirtstieres Pferd begnügt, sondern es auf dem Wege vielfältiger züchterischer Maßnahmen zum Vorteil besonderer Nutzungsanliegen zu verändern sucht.

Als Parasiten oder Schmarotzer bezeichnen die Biologen Tiere, »die dauernd oder längere Zeit auf oder in anderen Organismen (oder in deren Nestern) leben und sie schädigen« (Rensch, 1963). Bei engeren Bindungen zwischen den verschiedenen

Tierarten, die dauernd oder wenigstens zeitweise zum Vorteil beider Partner verlaufen, spricht man von Symbiose. Da der Mensch generell für den Lebensunterhalt des domestizierten Pferdes sorgt, läßt sich hier nicht von Parasitismus sprechen. Es handelt sich wohl eher um eine Symbiose – wie sehr es auch reizen mag, manchen Reiter, dem das Pferd allein zur Befriedigung rückhaltlos vorgetragener Bedürfnisse dient, als einen Schmarotzer des Tieres zu bezeichnen.

Das Phänomen der Domestikation erscheint innerhalb der generellen biologischen Erscheinung von Nutzung und Ausnutzung ebenfalls als eine Sonderleistung des Menschen. Der einseitig aktive Zugriff, die Unterordnung des Tieres wie die vielfältig stabilisierte Dauerherrschaft des Menschen provozieren die Frage, ob es nicht eine optimistische Verzeichnung zugunsten des Menschen darstellt, hier von Symbiose zu sprechen. Fischer (1914) definierte: »Domestiziert nennt man solche Tiere, deren Ernährungs- und Fortpflanzungsverhältnisse der Mensch eine Reihe von Generationen lang willkürlich beeinflußt.« Der aktive, ja faustische Zugriff des Menschen wird in dieser Abgrenzung deutlich. Röhrs (1961) wies insbesondere auf den Nutzen hin, den Mensch und Tier aus der Domestikation ziehen, und zwar der Mensch einen größeren als das Tier.

In den Tiersymbiosen ist eine »aktive Steigerung der Nutzungsleistungen des ande-

ren Partners zum eigenen Vorteil« normalerweise nicht vorhanden. Die vom Menschen betriebene Tierzucht ist nur mit beträchtlichen Vorbehalten mit der Haustierhaltung beispielsweise der Insekten zu parallelisieren: Während bei den Wirbeltieren keine Art irgendeine andere zu ihrem »Haustier« macht, kennen verschiedene Insekten Wirtstiere. Die Haustierhaltung des Menschen und die der Insekten gehen allerdings auf unterschiedliche Verhaltensweisen zurück. Das Handeln der staatenbildenden Insekten erfolgt – nach dem heutigen Stand des Wissens – aus angeborenen Trieben und ebenso angeborenen Reaktionen auf bestimmte Reize und Signale. Auch die Haustierhaltung der Insekten beruht vorwiegend auf angeborenen Verhaltensweisen. Bekannt sind bei diesen Tieren Pflegeinstinkte, die direkt auf die Haustiere gerichtet sind. Beim Menschen spielen demgegenüber Instinkte für die Haustierhaltung eine untergeordnete Rolle. Ein entscheidender Unterschied besteht schließlich darin, daß die Insekten bei ihren Haustieren keine bewußte künstliche Selektion zur Steigerung ihres Nutzens durchführen.

Die Haltung von Haustieren läßt sich generell verstehen als das größte Experiment des Menschen mit den Tieren. Individuen verschiedener Wildarten wurden im Hausstand Bedingungen unterworfen, die die Tiere in Gestalt und Leistung beträchtlich veränderten. Der spanische Philosoph und Soziologe Ortega y Gasset beschrieb 1942 diesen Sachverhalt mit der bildhaften Formulierung, das Haustier sei »eine Wirklichkeit zwischen dem reinen Tier und dem Menschen«.

Dem Tier stand und steht es nicht frei, die Kooperation mit dem Menschen einzugehen, sie durchzuhalten oder aus ihr auszusteigen. Auch das Pferd ist Objekt des menschlichen Zugriffs. In der Domestikation wurde die Bemächtigung auf Dauer hergestellt. In der Nutzung vor dem Wagen vermitteln technische Zwischenglieder eine differenzierte Form der Herrschaft mit dem Ziel, die Kraft und Leistungsfähigkeit des Tieres zu erhalten und sie zugunsten des Menschen zu entfalten. Im Reiten

gewann der Mensch zum Pferd unmittelbaren und hautnahen Kontakt, das Tier wurde zum Kameraden idealisiert, seine ursprüngliche Nutzung – nämlich die als Fleischlieferant – als barbarisch und roh diskreditiert.

Die Tatsache, daß der Mensch dem Pferd den *struggle for life,* den Kampf ums Überleben (Darwin), abnahm, kann nicht darüber hinwegtäuschen: Die Bemächtigung verläuft einseitig, nämlich vom Menschen über das Tier und nicht umgekehrt. Aufgrund seiner Fähigkeit, sich vom eigenen Handeln zu distanzieren, stellt sich dem Menschen die Frage nach der Berechtigung seines Zugriffs. Das Tier braucht nicht mit diesem Problem zu leben, selbst dort nicht, wo es andere Tiere quält oder tötet. Die Frage nach der Berechtigung der menschlichen Herrschaft über das Tier läßt sich freilich durch vordergründige Antworten ablenken, zum Beispiel durch den Hinweis auf die Macht, nach der die in der Natur anstehenden Probleme entschieden würden, durch den Hinweis auf die Abhängigkeit des Menschen von der Ausnutzung der Natur, durch den Hinweis auf die Natürlichkeit von Herrschaft und Unterordnung oder auch durch den Rückgriff auf den biblischen Auftrag, sich die Erde samt den Tieren untertan zu machen. All diese Antworten stellen jedoch Scheinlösungen dar, die der Beruhigung dienen. Bei konsequentem Denken gelingt es dem Menschen nämlich nicht, die Verantwortung für die Bemächtigung über das Tier an irgendein Prinzip, irgendeine Theorie oder überweltliche Instanz zu übertragen. Der moralische und ethische Akzent der Berechtigungsfrage wird dort besonders aktuell, wo das Tier im allgemeinen und das Pferd im besonderen nicht mehr der physischen Daseinsfristung des Menschen dient. Heute braucht man sich des Pferdes eigentlich nicht mehr zu bemächtigen, es ist nicht mehr unersetzbare wirtschaftliche oder militärische Komponente, man brauchte eigentlich nicht mehr zu reiten, auch nicht zur Befriedigung der psychischen Anliegen, denen auf andere Weise ebenfalls und mit ähnlichem Erfolg zu entsprechen wäre.

Beim Pferd als Kriegs- und Wirtschaftsinstrument dürfte es jedenfalls leichter fallen als bei seiner sportlichen Verwendung, den »vernünftigen Grund« anzugeben, der nach § 1 des Bundestierschutzgesetzes vom 24. Juli 1972 dazu berechtigen kann, einem Tier »Schmerzen, Leiden oder Schäden« zuzufügen. Daß die sportliche Nutzung des Pferdes grundsätzlich nicht ohne Schmerzen, Leiden oder Schäden verläuft – ihr Ausmaß steht hier noch nicht zur Diskussion –, kann nur der bezweifeln, der sie oder das Pferd nicht kennt. Zur Diskussion steht in dieser Hinsicht nicht nur der Hochleistungssport, sondern auch das Leben der Pferde, die in den Manegen Runde um Runde dahintrotten müssen oder denen man zumutet, ohne Auslauf tagein tagaus im unzureichenden Stall zu kampieren, um am Wochenende um so intensiver als Trimmgerät verschlissen zu werden.

Zahlreiche Pferdehalter nehmen beträchtliche Kosten – zwischen 200 und 700 DM liegt etwa der monatliche Aufwand für den Unterhalt – und Belastungen auf sich. Dieser Einsatz stellt freilich ebenfalls keinen entlastenden Berechtigungsgrund für die Bemächtigung über das Tier dar. Hinzu kommt, daß die menschliche Opferbereitschaft sich in den technischen Gesellschaften nicht selten mit mangelnder Kenntnis über die artgemäße Haltung von Tieren verbindet. Denen, die es nicht besser wissen, kann man die Behandlung des Pferdes als Renommier-, Amüsier- und Therapiegerät nicht einmal vorwerfen, zumal die Tiere sich – leider oder glücklicherweise – als Sachen verwerten und ausnutzen lassen.

Die gegenseitige Nutzung und Ausnutzung zwischen Mensch und Tier betrifft neben dem physischen auch das psychische Leben. Nutzung beschränkt sich leider nicht allein darauf, das für die Daseinsfristung Unvermeidbare abzudecken. Sie geht stets darüber hinaus, betreibt Luxus und Überfluß, schließt das eigentlich nicht Notwendige ein.

In der Beziehung zum Tier verwirklicht der Mensch die Tendenz zur Steigerung, Erweiterung und Vertiefung seines Daseins. Der luxurierende Umgang mit dem Pferd ist zwar keine Entwicklung der Dekadenz, auch keine Errungenschaft unbescheidener Neuzeit. Er kann sich in Überflußgesellschaften allerdings intensiver entfalten als unter kargen Lebensbedingungen, die den Luxus grundsätzlich jedoch ebenfalls kennen.

Die Grenzen und Möglichkeiten, die das Tierschutzgesetz bietet, können das mora-

lische und ethische Problem, das viele nicht bedrängt, andere aber an der Nutzung der Tiere hindert, nicht lösen. Da die Verantwortung für den menschlichen Zugriff nicht an die Natur, andere Prinzipien oder weltanschauliche Vorstellungen zu delegieren ist, hat derjenige, der mit Tieren umgeht, sie aufgrund seiner ethischen und moralischen Einstellungen zu tragen.

Das Ausmaß der Verantwortung ist bei den einzelnen Tierhaltern unterschiedlich. Der eine verantwortet es, Pferde im Hochleistungssport regelrecht zu verschleißen oder von ihnen mit Hilfe medizinischer Techniken Leistungen abzufordern, die dem Vermögen der Pferde nicht mehr entsprechen. Andere können es mit ihrer Einstellung zum Tier nicht vereinbaren, es mit einem leichten Gertenschlag zum Vorwärtsgehen zu animieren oder bei aussichtsloser Altersschwäche durch den Schlächter vom Leben zu erlösen. Schließlich gibt es auch im Umgang mit den Tieren das Phänomen des schlechten Gewissens, der Entschuldigung und der Reue.

Der Mensch ist freilich ein Wesen, das sich im alltäglichen Handlungsdruck von solchen Regungen leicht befreit, mit Hilfe vielfältiger Berechtigungsformeln Probleme kaschiert, mit denen das Tier erst gar nicht belastet wird. Die Praxis unterstützt solche Entlastung insofern, als das Tier sich solche Behandlung weitgehend gefallen läßt, und zwar seine Idealisierung zu einem quasi menschlichen Wesen ebenso wie seine Versachlichung zu einem ziemlich beliebig verwendbaren Hilfsmittel.

Links: Nirgendwo scheiden sich die Geister der Tierschützer und Pferdefreunde so sehr wie bei der berühmt-berüchtigten Grand National, dem spektakulären Hindernisrennen im englischen Aintree. Jahr für Jahr erreichen uns von dort Bilder mit stürzenden Pferden und Jockeys. Diese und ähnliche Diskussionen aber werden fortbestehen, solange es Pferdesport gibt. Zu unterschiedlich ist das Maß der Verantwortung bei den einzelnen Tierhaltern und Reitern. Der eine verantwortet es, Pferde im Hochleistungssport regelrecht zu verschleißen oder ihnen mit Hilfe medizinischer Techniken Leistungen abzufordern, die dem Vermögen der Pferde nicht mehr entsprechen. Andere können es mit ihrer Einstellung zum Tier nicht vereinbaren, es mit einem leichten Gertenschlag zum Vorwärtsgehen zu animieren.

Nächste Doppelseite: Der auffallende Gegensatz dieser Bilder mit den vorangegangenen liegt hier in den natürlichen Bewegungen der Pferde in freier Wildbahn, dort im scheinbar eingegrenzten natürlichen Verhalten durch des Menschen Willen. Die kämpferisch-spielerische Auseinandersetzung dieser Camargue-Pferde erinnert an einen Ausspruch des chinesischen Philosophen Tschuangtse, der im 3. Jahrhundert v. Chr. lebte: »Fühlen sie sich wohl, reiben sie die Hälse aneinander. Sind sie aber zornig, drehen sie sich um und treten einander mit den Hufen. Das ist das wahre Wesen der Pferde.«

Die Evolution des Pferdes

Das Pferd trat nicht irgendwann als fertiges Lebewesen in die Welt. In einem langwierigen, durch vielfältige Auseinandersetzungen mit der Umwelt geprägten Prozeß entwickelte es sich vielmehr zu dem Tier, das wir heute kennen.

Nach der zoologischen Einteilung gehört das Pferd - zusammmen mit dem Esel, dem Halbesel und dem Zebra - zum Kreis der Wirbeltiere *(Vertebrates),* zur Klasse der Säugetiere *(Mammalia),* zur Abteilung der Unpaarzeher *(Perissodactyla)* und zur Ordnung der Einhufer *(Solidungula).*

Auch das Pferd überdauerte die weiten Zeiträume seiner Geschichte nicht in konstanter Gestalt. Die Tiere veränderten sich im Laufe ihrer langen stammesgeschichtlichen Entwicklung beträchtlich. Diese evolutionäre Erklärung hat nicht das Ziel, die Pferde oder pferdeähnlichen Lebewesen zurückzuverfolgen bis an ihren frühesten feststellbaren lebendigen Ursprung oder anhand der Entwicklung des Pferdes nach dem Ausgangspunkt des Lebens selbst zu fragen. Evolution bedeutet hier also weniger eine weltanschauliche, sondern mehr die wissenschaftliche Feststellung einer biologischen Entwicklung aufgrund von Mutationen im genetischen Bestand. In der Geschichte der Forschung sah man in der Evolution des Pferdes mehrfach einen Beweis für die Zielstrebigkeit der Entwicklung in der Natur. Neuere Funde und Überlegungen gaben jedoch Anlaß, solchen Thesen besonders kritisch gegenüberzutreten.

Die Entwicklung des Pferdes ist nicht abgeschlossen. Tiere, die dem natürlichen Kampf ums Dasein zum Opfer fallen würden, können unter den geschützten Bedingungen des Hausstandes neue Geschlechterfolgen begründen und ihr Erbgut in die Gesamtpopulation einbringen.

Mutation und Selektion steuern die Veränderung der einzelnen Arten im Laufe ihrer Entwicklungsgeschichte ausschlaggebend, Mutation und Selektion in Verbindung mit den Existenzbedingungen im jeweiligen Lebensraum. Neue Anforderungen des Lebensraums führen allerdings nicht generell zu einem Formenwandel bei den Tieren. Auf ungünstige Bedingungen können die Tiere auch dadurch antworten, daß sie abwandern; sie kehren zurück, wenn die Anforderungen des Biotops ihnen wieder entsprechen. Die Ortsveränderungen der Tiere während der Eiszeiten belegen diese biologische Reaktionsweise.

Für die Entwicklung des Pferdes liegen so viele Funde und Daten vor, daß sich eine recht verständliche Skizze über den Weg vom ältesten Säugetier, das als Vorläufer des Pferdes anzusehen ist, bis zum heutigen Hauspferd ergibt. Die Entwicklung des Pferdes dient sogar als Paradebeispiel zur Darstellung der generellen biologischen Evolution: *Hyracotherium* beziehungsweise *Eohippus* wurde der älteste bekannte Vorläufer des Pferdes genannt. Das *Hyracotherium* oder der *Eohippus* lebten im Eozän, der mittleren Form des Alttertiärs, das heißt vor etwa 40–50 Millionen Jahren. Die

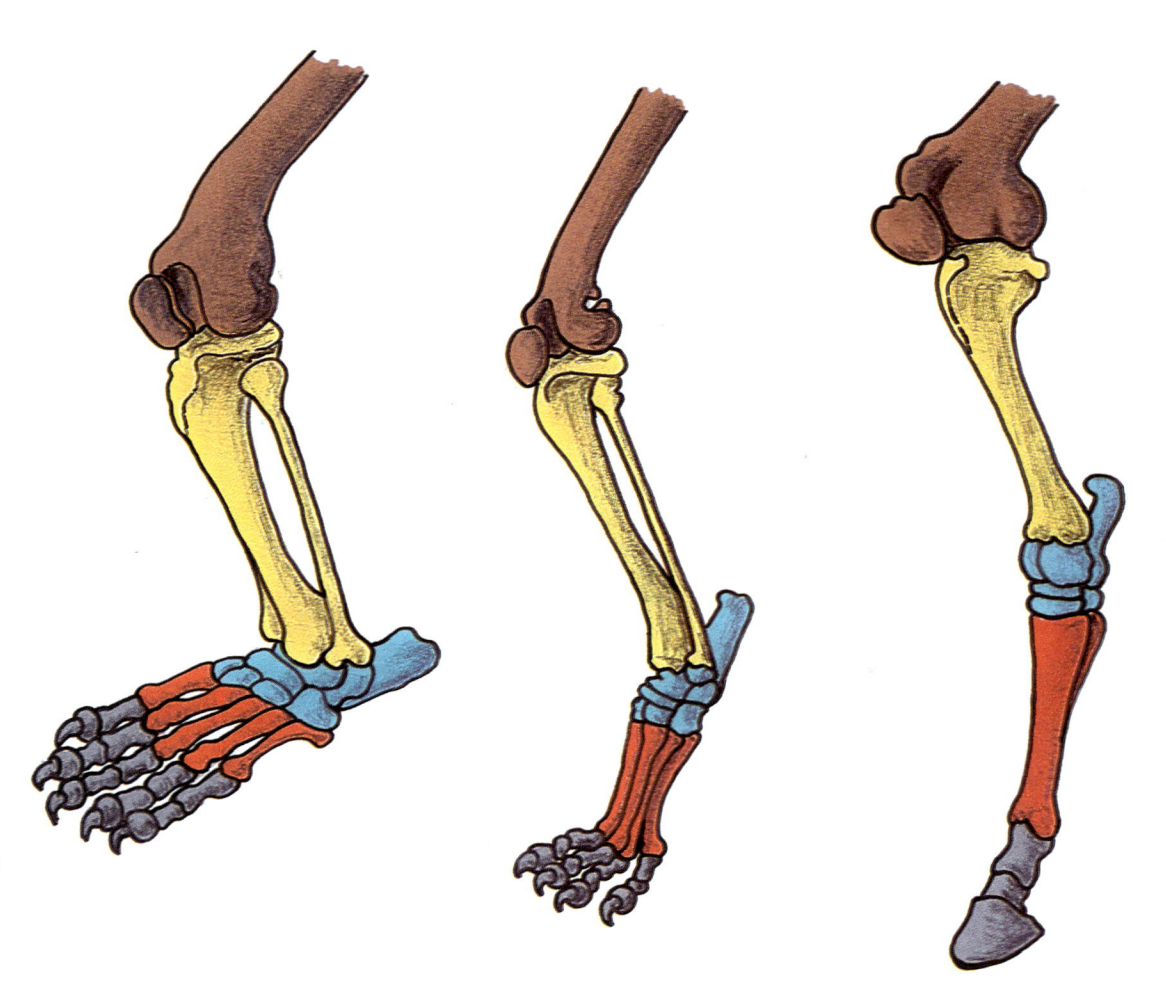

ersten Reste des »Urpferdes« wurden um 1840 in London gefunden und unter dem Namen *Hyracotherium* beschrieben. Bald folgten weitere Funde in Europa. Ähnliche Tiere, auf die man in Nordamerika stieß, erhielten den Namen *Eohippus*. Der Stammvater der zur gleichen Gattung gehörenden Tiere wird in Asien vermutet. Die Tiere konnten damals noch relativ problemlos von einem Kontinent zum anderen wandern, da Nordamerika zu dieser Zeit noch über die Landbrücke von Alaska mit Asien und Europa verbunden war. *Hyracotherium* und *Eohippus* lebten im tropischen und subtropischen Wald und nährten sich von Blättern und zarten Gräsern, eine Annahme, die durch die kurzkronigen und langwurzeligen Höckerzähne belegt wird. Ihre Gliedmaßen entsprachen dem fünfstrahligen Säugetierfuß, der allerdings schon etwas zum Zehengängertum umgestaltet war. Am Vorderbein waren noch vier Zehenstrahlen erhalten, am Hinterbein fünf, jedoch bei geringerer Entwicklung des ersten und des fünften Strahls. Im

Vergleich zum heutigen Pferd handelte es sich bei *Hyracotherium* und *Eohippus* um Miniformen, deren Größe allerdings beträchtlich schwankte, und zwar zwischen 25 und 45 cm Schulterhöhe.
Zwischen *Hyracotherium* beziehungsweise *Eohippus* und dem heutigen Pferd steht eine Reihe weiterer Formen, die von Biologen und Paläontologen aufgefunden, beschrieben und benannt wurden. Nach Simpson (1951) führt die Reihe über *Oro-, Epi-, Meso-, Para-, Mery-* und *Pliohippus* schließlich hin zum *Equus*. Aus den kleinen und zarten Buschschlüpfern der Tropen wurden widerstandsfähige Säuger, die selbst unter harten, unwirtlichen klimatischen Bedingungen existenzfähig bleiben. Ohne die einzelnen Stadien der Entwicklung näher zu beschreiben, lassen sich die Bedingungen und Ursachen der Veränderung im Überblick folgendermaßen charakterisieren: Durch das Absinken der Temperaturen wurde die Flora spärlicher, und das Urpferd entwickelte sich vom reinen Waldtier zu einer Art, die vorwiegend in der

Steppe lebte. Die Nahrungsumstellung von den Blättern zu den härteren Gräsern führte zu einer Veränderung des Gebisses. Der Wechsel des Lebensraums vom Wald zur Steppe brachte das Tier auf ein freies, übersichtliches Gelände und setzte es in ungleich größerem Maße als bisher den Freßfeinden aus. Der Mangel an ausgeprägten Verteidigungs- und Angriffswaffen prädestinierte zur Flucht als der dieser biologischen Ausstattung entsprechenden Sicherungsmaßnahme. Die Laufgeschwindigkeit mußte also erhöht werden. Zu diesem Zweck vergrößerte sich – nicht zielstrebig, sondern auf dem Wege über Mutation und Selektion – die mittlere Zehe, die die Hauptlast trug, während die übrigen Zehen zurücktraten. Sie konnten sich zurückbilden und bis zur Entwicklung des heutigen Einzehers ganz fortfallen, da die Mehrzehigkeit als Schutz gegen das Einsinken auf dem härteren Steppenboden nicht mehr erforderlich war.
Während die verschiedenen Forscher sich über diese ersten Stadien der Entwicklung

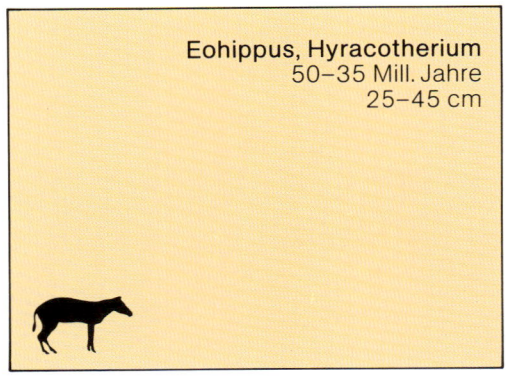

Eohippus, Hyracotherium
50–35 Mill. Jahre
25–45 cm

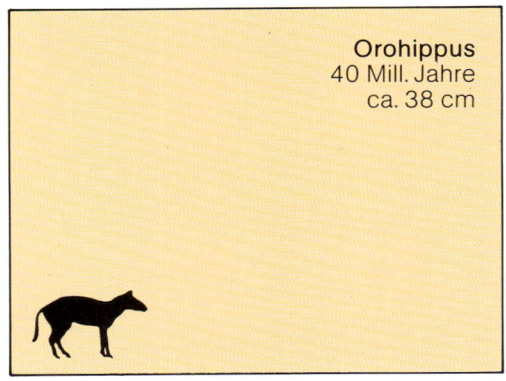

Orohippus
40 Mill. Jahre
ca. 38 cm

Mesohippus
35 Mill. Jahre
ca. 50 cm

Miohippus
30 Mill. Jahre
ca. 70 cm

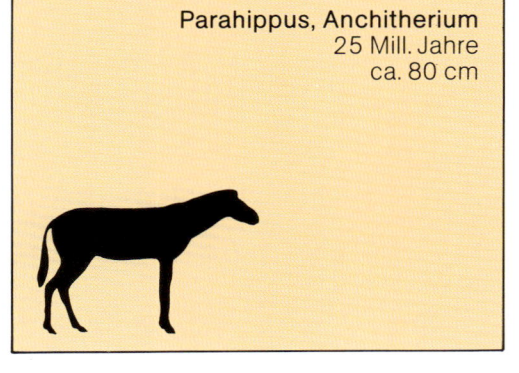

Parahippus, Anchitherium
25 Mill. Jahre
ca. 80 cm

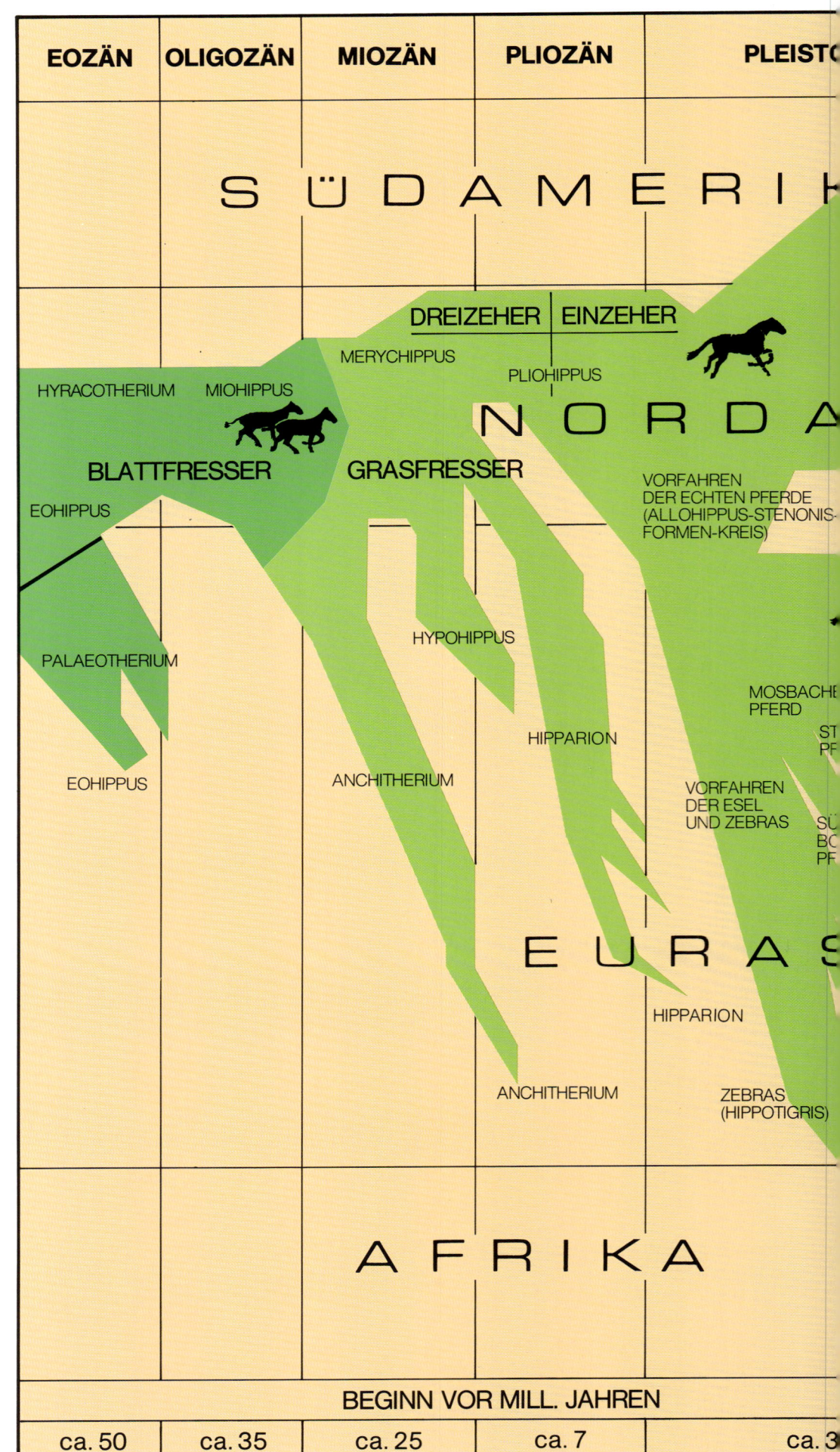

EOZÄN	OLIGOZÄN	MIOZÄN	PLIOZÄN	PLEISTO

SÜDAMERIK

DREIZEHER | EINZEHER

MERYCHIPPUS

PLIOHIPPUS

HYRACOTHERIUM   MIOHIPPUS

NORDA

BLATTFRESSER   GRASFRESSER

EOHIPPUS

VORFAHREN
DER ECHTEN PFERDE
(ALLOHIPPUS-STENONIS-
FORMEN-KREIS)

PALAEOTHERIUM

HYPOHIPPUS

MOSBACHE
PFERD

HIPPARION

ST
PF

EOHIPPUS

ANCHITHERIUM

VORFAHREN
DER ESEL
UND ZEBRAS

SÜ
BO
PF

EURAS

HIPPARION

ANCHITHERIUM

ZEBRAS
(HIPPOTIGRIS)

AFRIKA

BEGINN VOR MILL. JAHREN

ca. 50	ca. 35	ca. 25	ca. 7	ca. 3

ÄN

HOLOZÄN

DOMESTIKATIONSGRENZE

A

EKOLUM-
NISCHE-
RDE

MERIKA

MUSTANG

PRZEWALSKI-
PFERD

RASSEN
DER HAUS-
PFERDE

SOLUTRÉ-
PFERD †

EIMER

TAUBACHER
PFERD

GERMANISCHES
PFERD
(WALLERTHEIM) †

N-
R LEBEN-
STEDTER
PFERD
† †

IEN

HALBESEL
(HEMIONUS)
WALLERTHEIM) †

EUROPÄISCHER
HAUSESEL

WILDESEL
(ASINUS)

AFRIKANISCHER
HAUSESEL

BERGZEBRA

QUAGGA †

ARABER-
PFERD

GREVYZEBRA

ca. 10 000 JAHRE

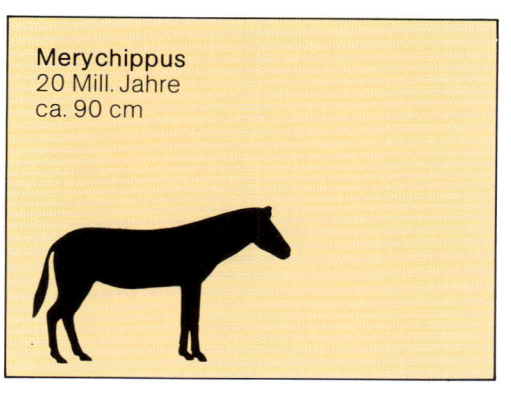

Merychippus
20 Mill. Jahre
ca. 90 cm

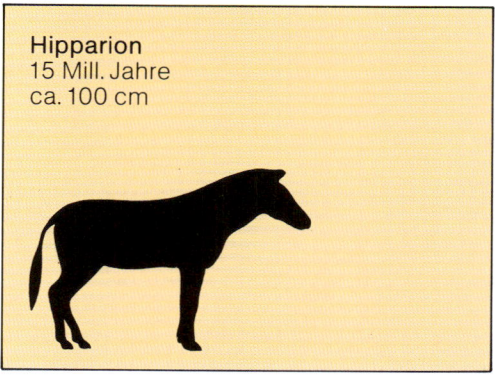

Hipparion
15 Mill. Jahre
ca. 100 cm

Pliohippus
12 Mill. Jahre
ca. 115 cm

Plesippus
3 Mill. Jahre
ca. 140 cm

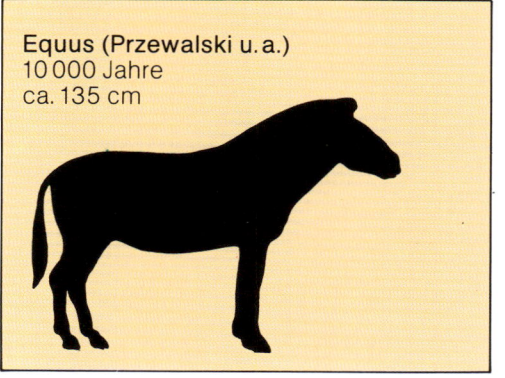

Equus (Przewalski u. a.)
10 000 Jahre
ca. 135 cm

ziemlich einig sind, bestehen beträchtliche Meinungsverschiedenheiten darüber, welche Wildpferdeart den Ausgangspunkt für die etwa sechzig heute lebenden Hauspferderassen bildet. Ferner ist man sich nicht einig darüber, ob die von einigen Forschern angenommenen verschiedenen Wildpferdestämme als Stadien einer Entwicklungslinie voneinander abhängen oder ob sie selbständige Entwicklungen darstellen, die parallel zueinander entstanden. Schließlich ist nicht eindeutig geklärt, inwieweit verschiedene Formen, in denen man Wildpferde sah, doch keine echten Wildlinge, sondern – wie die amerikanischen Mustangs oder die Pferde im Mer-

felder Bruch bei Dülmen in Westfalen – verwilderte Hauspferde sind. Allgemein akzeptiert ist heute allerdings die Auffassung, die domestizierten Pferde von den Wildpferden herzuleiten. Die genetische Abhängigkeit von Hauspferden und Wildpferden wird unter anderem belegt durch die Tatsache, daß die ältesten Funde domestizierter Pferde sich in den Verbreitungsgebieten der wilden Pferde finden. Die Knochen- und Zahnfunde sowie ihre genaue metrische Bearbeitung und der Vergleich mit anderem Material bilden eine wichtige Grundlage für die Aussage zu diesem Problemkomplex. Hinzu kommen als Quellen bildliche Darstellungen,

deren Deutung freilich immer abhängig bleibt von der Frage, inwieweit sie sich auf das Abbilden der vorgefundenen Realität beschränken oder in künstlerischer Phantasie über sie hinausgehen. Die frühe Beziehung des Menschen zum Pferd wird grundsätzlich belegt durch die Knochenfunde aus dem Alt- und Jungpaläolithikum, durch oberpaläolithische Pferdedarstellungen an den Höhlenwänden sowie durch Knochenschnitzereien. Über die Verbreitung des Pferdes in der mittleren und den Anfängen der jüngeren Steinzeit in den Räumen Asiens und Europas ist die Altertumsforschung weniger informiert als über das Wildpferd in der Altsteinzeit.

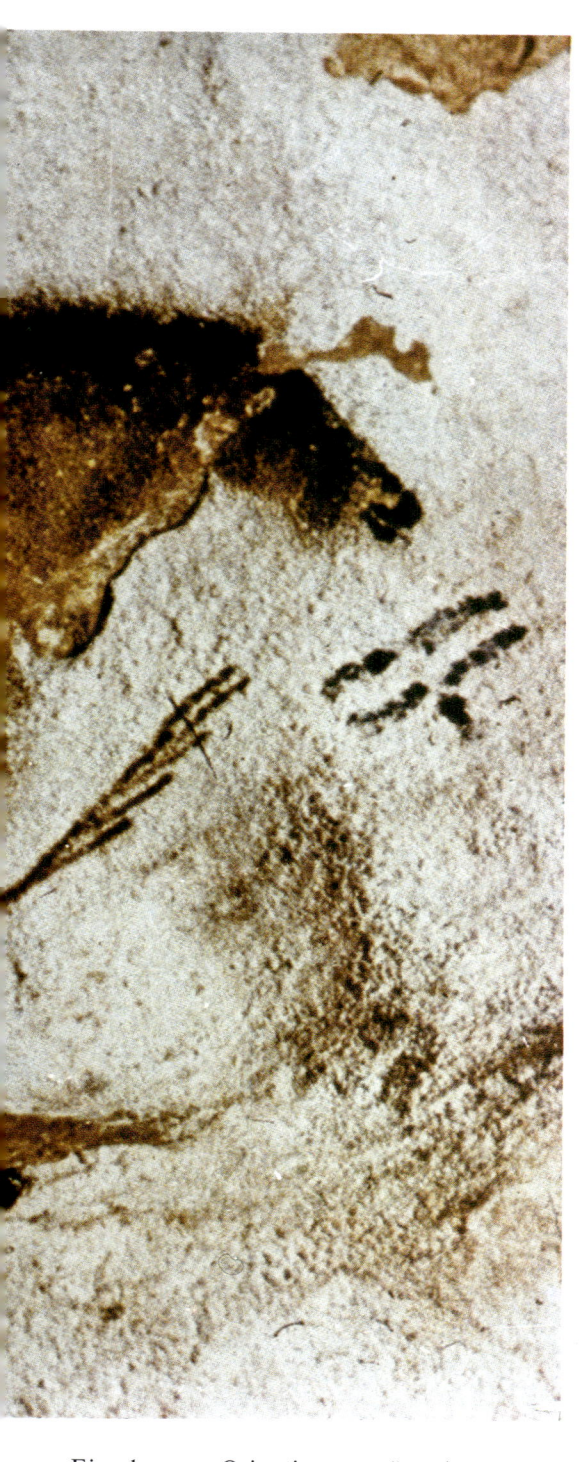

zierung in selbständige Untergattungen als Konsequenz räumlicher Klimaunterschiede und zeitlicher Klimawandlungen. In Afrika bildete sich bei den sogar während der Eiszeitperioden Eurasiens gleichbleibenden Klimaverhältnissen das Zebra *(Subgenus Hippotigris)* als archaischer, in langsamer Entwicklung gewonnener Typus aus. Das den stärksten klimatischen Schwankungen unterworfene Europa ließ die Gruppe der echten Pferde als progressivste Ergebnisse entstehen, während die asiatische Gruppe der Halbesel *(Subgenus Hemionus)* und die nordafrikanische Gruppe der echten Esel *(Subgenus Asinus)* auf Entwicklungsbewegungen mittleren Tempos beruhen. Als »echte« Pferde werden dabei die verschiedenen Wild- und Hauspferde Europas und Nordasiens als eine Art *(Equus caballus* L. oder *Equus ferus)* zusammengefaßt, die diversen Formen und Rassen als Varietäten dieser Art betrachtet.

Die Funde und weiteren Quellen für das frühzeitliche Pferd vermitteln indessen ein so uneinheitliches Bild von diesem Tier, daß es nahelag, unterschiedliche Ursprünge anzunehmen. Diese Vermutung wurde bekräftigt durch den Formenreichtum der derzeitigen Hauspferde. Die äußerlichen Unterschiede zwischen einem Kaltblüter, einem Pony und einem Vollblüter erscheinen selbst dem Laien heute noch als augenfällige Bestätigung der Theorie, die von verschiedenen Arten von Wildpferden ausgeht.

Der Tarpan und das Przewalski-Pferd sowie ein kalibriges Waldpferd wurden am häufigsten als die echten Wildpferde bezeichnet. Skorkowski (1961/62) unterteilte die Hauspferde in sechs Gruppen und vermutete für jede Gruppe einen selbständigen eiszeitlichen Wildvorfahren. Allerdings gibt es auch genügend Verfechter der sogenannten monophyletischen Theorie, nach der die als unterschiedlich erscheinenden Wild- und Hauspferde Vertreter ein und derselben Art darstellen. Gestützt wurde diese Position zunächst von Charles Darwin (1868), später unter anderem auch von Herre (1939–1961) und Nobis (1955, 1971). Nach Nobis gelang der Kieler Schule unter Herre der Nachweis, »daß die Mehr-

zahl der Haustiere trotz großer Rassenvielfalt jeweils auf eine Wildart als Stammform zurückgeht«. Die Verfechter der monophyletischen Theorie gehen zwar von einer naturgegebenen Vielfalt aus, gestehen jedoch zu, der Variationsreichtum könne durch gestaltliche Ähnlichkeit verdeckt sein, wenn die Mutationen rezessiv seien oder sich aus anderen Gründen nicht auswirkten.

Ein wichtiger Komplex in dieser Diskussion ist die Definition des Artbegriffs. Nach Herre (1961), dem prominenten Vertreter der monophyletischen Auffassung, stellt die Art eine Einheit dar, die durch den biologischen Sachverhalt der Fortpflanzungsgemeinschaft objektiv abgrenzbar ist. Jedes Tier gehöre zu einer und nur zu einer Fortpflanzungsgemeinschaft, das heißt zu einer Art. Nur in Ausnahmefällen ist es gelungen, von zwei sicher nicht artgleichen Individuen Nachkommen beziehungsweise neue natürliche Fortpflanzungsgemeinschaften zu erzielen.

Die Diskussion über die Abstammung des Pferdes litt beträchtlich unter verschiedenartiger Verwendung der Begriffe bei den einzelnen Autoren. Der Begriff Przewalski-Pferd wurde von manchen Forschern zum Beispiel enger gefaßt als von anderen. Angesichts des verschiedenen Begriffsumfangs – das heißt angesichts der unterschiedlichen Praxis, Pferde verschiedenen Aussehens unter einem Begriff zu fassen – dürfte sich ein Kompromiß zwischen den widerstreitenden Positionen bei Nobis (1971) dadurch ergeben, daß er das Wildpferd als *Equus ferus* bezeichnete und im Tarpan wie im Przewalski-Pferd dessen Subspezies sah.

Nach der monophyletischen Abstammungstheorie existieren innerhalb einer Art unterschiedliche Typen, ferner wandeln sich die Formen im Verlaufe der Geschichte der Art. Nobis (1955) stellte zum Beispiel fest, die Größe des Pferdes habe zunächst, ausgehend vom *Hyracotherium* beziehungsweise *Eohippus,* kontinuierlich zugenommen. In der Phase von der Altsteinzeit zur Jungsteinzeit hätten sich die Körpermaße wieder reduziert. Nur während eines relativ kurzen Zeitabschnitts hätten als Übergangserscheinung aus-

Eine bessere Orientierung wäre aber gerade für diese Zeit wünschenswert, weil sie den Prozeß der Domestikation des Pferdes umfaßt.

So viel aber ist bekannt: Während des Quartärs, also vor etwa 1 Million Jahren, lebte das Pferd in Europa und Asien, vor allem im gesamten für den Zuchtbeginn bedeutungsvollen Ostraum. Noch keinen beträchtlichen ökonomischen Stellenwert gewann es für den Menschen der mittleren und jüngeren Altsteinzeit, das heißt bis etwa 10 000 Jahre vor unserer Zeitrechnung. Die altsteinzeitliche Verbreitung der Gattung *Equus* über das gesamte Festland der Alten Welt ermöglichte ihre Differen-

gesprochen kleine und ausgesprochen große Pferde parallel nebeneinander gelebt. Bis zur frühen Eisenzeit, das heißt bis etwa 750 v. Chr., habe sich die Größe der Pferde weiter verringert. Erst seit der vorrömischen Kaiserzeit sei die Entwicklung über die Völkerwanderungs- und die Merowingerzeit bis zum Mittelalter in die entgegengesetzte Richtung gelaufen. Die Geschichte der neuzeitlichen Pferdezucht liefert eine Reihe von Beispielen für verschiedene quasi modische Vorlieben hinsichtlich der Größe der Pferde, jeweils gesteuert durch die züchterische Praxis, extrem große oder extrem kleine Pferde in verstärktem Maße zu berücksichtigen.
An die überlieferten Wildpferdevorkommen der großen europäisch-asiatischen Steppenzone knüpft sich die Auffassung, das Pferd sei ein extremes Steppentier. Der frühe Aufenthalt der Pferde in Wüsten- und Steppengebieten kann jedoch ebensowenig wie der derzeitige als bindender Hinweis auf ihren natürlichen Lebensraum gelten. Möglicherweise wich das Pferd in die Trockengebiete aus, weil der an diese

schlecht angepaßte Mensch ihm dorthin nicht folgte. Im Gegensatz zum Esel, Kamel und Ren, deren Existenz an bestimmte Naturbedingungen gebunden bleibt, steht das Pferd dem Menschen in Hochgebirgsregionen ebenso wie im feuchten Tiefland, in der Taiga ebenso wie in den Trockensteppen und Wüsten als Helfer zur Verfügung. Nur in den polaren Tundren gibt es diesen Platz an den Hund und das Ren ab. In den äquatorialen Tropenräumen findet sich das Pferd vor allem wegen der Krankheitsübertragung durch die Tsetsefliege nicht. Bei dieser Verbreitung – menschliche Einflüsse dürfen dabei nicht unberücksichtigt bleiben – ist es also problematisch, das Pferd als extremes Steppentier zu charakterisieren.
Hinsichtlich des Ausgangspunktes der Pferdezucht bleibt festzuhalten: In der Waldzone Mitteleuropas, in den Steppen Osteuropas und in Nordasien stand das Pferd als Domestikationsobjekt zur Verfügung, in der Südhälfte Asiens allein der variantenreiche Halbesel und im nordafrikanisch-südeuropäischen Raum der Esel.

Links unten: Berberpferde bei der sozialen Fellpflege, einer angeborenen Verhaltensweise zur Reinhaltung jener Körperteile, die das Pferd nicht selbst erreichen kann. Dieses Verhalten wird insbesondere bei Wildpferden beobachtet. Zu der Gruppe der Equiden gehören auch der asiatische Wildesel, der Esel und das Zebra. Unten sehen wir einen Kulan (Equus hemionus kulan), ganz unten einen Esel als Zugtier vor den Ruinen von Kaochang an der legendären Seidenstraße. Auf der rechten Seite zeigen sich einige Böhm- oder Grant-Zebras vor dem schneebedeckten Kilimandscharo. Rechts unten schließlich zwei Przewalski-Pferde, die der russische General und Asienforscher Nicolai Przewalski 1879 in den Steppen der Dsungarei in Westsibiren (wieder-) entdeckte. Die Forscher sind sich mittlerweile weitgehend darüber einig, daß das Przewalski-Pferd der Stammvater aller heute lebenden Pferderassen ist. Einen wichtigen Hinweis zu dieser Frage gab die im Jahre 1868 entdeckte Höhle von Altamira, deren steinzeitliche Pferdedarstellungen sehr genau den Przewalski-Pferden entsprechen, die in wenigen Exemplaren noch heute frei in der mongolischen Wüste Gobi leben sollen. Eines der Charakteristika für das echte Urwildpferd ist übrigens die kurze, aufrechtstehende Mähne, die bei verwilderten Hauspferden länger und herabfallend ist.

Jagd und Fleisch

Der *Homo sapiens* fand wie die Prähominiden das Pferd als Mitglied der ihn umgebenden Tierwelt vor. Der angehende Mensch mag das flüchtige Tier beneidet und bestaunt haben, er mag sich vor ihm gefürchtet haben, mag von ihm fasziniert gewesen sein. Über diese erste Beziehung lassen sich nur Vermutungen anstellen, die allerdings mit speziellen Funden wie mit allgemeinen vor- und frühgeschichtlichen Forschungsergebnissen unterlegt werden. Die Perspektive des Jägers, nach der das Pferd eine willkommene Beute zur Lebensfristung darstellt, war wohl zunächst vorherrschend, da der Mensch sich damals sammelnd und jagend am Leben hielt. Eine Produktionswirtschaft setzte sich

wohl erst im Neolithikum durch. Es war natürlich nicht die romantische Ambition einer freien und ungebundenen Lebensform, die den frühzeitlichen Menschen zur Jagd führte. Die jagende Lebensfristung ist im Vergleich zur produzierenden der ursprünglichere und direktere Weg zur Lösung des generellen biologischen Problems. Bei sogenannten primitiven Gesellschaften und Stämmen läßt sich noch heute feststellen, in welchem Maße sie der Jagd den Vorzug geben vor den Mühen der Tierzucht, die zwar relativ sichere Erträge liefert, aber eben sehr viel anspruchsvoller ist als die Aneignung des hier und dort Vorgefundenen.

Aus dieser Sicht heraus liegt die Annahme

nahe, der Mensch habe sich erst durch die Not der Umstände zur Haustierhaltung zwingen lassen. Möglicherweise erst in einem Raum und einer Zeit mit Wildbeständen, die sich so drastisch reduzierten, daß sie den Fleischbedarf der Jäger nicht mehr erfüllen konnten. Die ausschließlich ökonomische Interpretation dürfte dem sehr komplexen Phänomen der Tierzucht allerdings nicht gerecht werden. Religiöse Motive werden bei ihr ebenso mitgespielt haben wie das quasi technische Interesse des geistesbegabten Menschen, auch ohne ökonomischen Druck etwas zu erkennen, zu versuchen und zu verwirklichen. Der ursprüngliche Weg der Lebensfristung schließt freilich nicht aus, daß manche Gesellschaften nach einer Phase der Produktionswirtschaft wieder zum Jagen und Sammeln zurückfanden. Das Nomadentum in Zentralasien bildete sich zum Beispiel erst während des 1. Jahrtausends v. Chr. Eine Periode vorherrschender Seßhaftigkeit mit dem Feldbau als Wirtschaftsbasis ging ihr voran. In Zentralasien scheint diese Seßhaftigkeit ein Jahrtausend gedauert zu haben, im Westen wesentlich länger. Wo heute junge wie ältere Menschen aus zivilisatorischen Zwängen auszubrechen suchen, wo sie beispielsweise beim Landstreicher und Clochard enden, liegt ebenfalls – wie generell beim Betteln – eine Rückkehr zu aneignender Lebensfristung vor.

Der als Jäger und Sammler lebende eiszeitliche Mensch kannte das Pferd vom Atlantik bis hin nach Ostsibirien und bis in die Hochländer des Vorderen Orients. Knochenfunde aus den Rückständen von Mahlzeiten lassen darauf schließen, daß er es nicht nur kannte, sondern auch jagte und von seinem Fleisch sich ernährte. Die Nutzung als Fleischtier war die erste handfeste Verbindung des Menschen zum Tier und somit auch die erste handfeste Verbindung zum Pferd.

Das Pferd spielte freilich keine ausschlaggebende Rolle in der Jagdbeute des Eiszeitmenschen. Der Anteil der Pferdeknochen an den aufgefundenen Mahlzeitrückständen läßt auf das Ausmaß der Fleischnutzung schließen. Er betrug für das Pferd etwa ein Sechstel des gesamten Jagdaufkommens. Eine Zusammenstellung von 12 Fundstellen im Ostraum ergibt einen durchschnittlichen Anteil von Pferdeknochen von 15,6 Prozent. Eine Übersicht aus dem europäischen West- und Mittelraum – 98 Fundstellen aus Polen, Ungarn, Deutschland und Frankreich wurden berücksichtigt – kommt zu einem ähnlichen Wert, nämlich 16,2 Prozent. Die frappierende Übereinstimmung deutet daher auf eine ähnliche Rolle des Pferdes während der Eiszeit im Ostgroßraum und in der Westhälfte Europas hin.

Tendenziell korrespondieren mit diesem Ergebnis die Angaben, die Dewall (1964) für das frühe China machte. Diese Zahlen sind allerdings nur mit erheblichen Vorbehalten zum Vergleich heranzuziehen, weil unklar bleibt, inwieweit es sich bei den bedeutend jüngeren chinesischen Ausgrabungen um gleiche oder zumindest ähnliche Funde handelt: In den Siedlungsabfällen von Cheng Chou waren unter insgesamt 1351 Säugetierknochen das Rind mit 56,5 Prozent, das Schwein mit 17,3 Prozent, das Schaf mit 9,1 Prozent, das Pferd mit 7,4 Prozent (= 107 Knochen) und der Hirsch mit 6,2 Prozent vertreten. Möglicherweise hat der geringe Anteil des Pferdes am chinesischen Fundgut etwas zu tun mit der Tatsache, daß dem Pferd im China dieser Zeit keine besondere Aufmerksamkeit zugewandt wurde, daß man ihm im Vergleich zu anderen Haus- und Jagdtieren keine bevorzugte Stellung einräumte, vor allem keine auf religiöser und kultischer Verehrung beruhende Präferenz. Unter den Opfertieren des frühen Chinas hat das Pferd ebenfalls keine Rolle gespielt, jedenfalls nicht eine dem Rind, dem Schaf, dem Schwein oder dem Hund entsprechende. Möglicherweise ist auch die simple Erklärung in diesem Fall – wie in vielen anderen – die richtige: Der geringe Bestand an

Pferden könnte den Ausschlag für ihre untergeordnete Position in den profanen Siedlungsabfällen wie im Kult gegeben haben. Umgekehrt wäre auch denkbar, daß die mangelnde religiöse Auszeichnung des Pferdes Grund genug gewesen sein könnte, sich nicht sonderlich für seinen Erwerb einzusetzen, der wohl mit erheblichen jagdtechnischen Schwierigkeiten oder später mit hohen Kosten verbunden war.

Der Gesamtanteil des Pferdes an der Beute des eiszeitlichen Jägers im ost- und westeuropäischen Raum hing sicherlich ebenfalls eng mit den jagdtechnischen Schwierigkeiten zusammen, die das schnellfüßige Tier dem Menschen machte. Als relativ flink kann man sich das frühzeitliche Pferd schon vorstellen, auch wenn es nicht über das Tempo und die Dynamik verfügte, die ihm vielfach in unkritischer Betrachtung angesichts der heutigen Warm- und Vollblüter zugeschrieben wird. Die jagdtechnischen Probleme dürften sich intensiviert haben durch die Tatsache, daß die Pferde im Wildbestand nur in begrenzter Zahl zur Verfügung standen. Schließlich waren Tiere vorhanden, die geringere jagdtechnische Anforderungen stellten und größere Fleischerträge versprachen.

Über die Jagdmethoden, die Jagd mit Speeren, Pfeilen, Gruben, Fallen und Schlingen, über die Tarnung und Maskierung als jagdtechnische Mittel, sind Einzelheiten aus der Frühzeit nur begrenzt bekannt. Eine Ähnlichkeit zu den Methoden heutiger Jägergesellschaften und -stämme darf allerdings angenommen werden.

Eine Feuerwaffe, die die fliehenden Tiere im Lauf und aus der Distanz tötete, gab es noch nicht. Die Auseinandersetzung mit dem Jagdtier verlief, wie man aus der völkerkundlichen Beschreibung von Jägerstämmen weiß, wohl bedeutend gefährlicher, als wir heute unter dem Eindruck moderner, weitreichender Waffen vermuten würden. Besonders eindrucksvoll und dramatisch dürfte es an den Felsabstürzen zugegangen sein.

Bei Siskino an der Lenaquelle zwischen Vercholensk und Kacuga finden sich in der 2,5 km langen Talstrecke solche Felsabstürze, die als Territorium der Eiszeitjäger interpretiert werden. Diese Erklärung wird gestützt durch die eiszeitlichen Felsenmalereien mit Pferdeabbildungen, die in der Nähe des Absturzes an drei Stellen gefunden wurden. In einer Art von Treibjagd wurden die Pferde mit Vorsicht und Behutsamkeit in die Nähe der schluchtartigen Talstrecke gelenkt. Dabei kam es darauf an, vorzeitiges Ausbrechen des Pulks zu

verhindern. Wahrscheinlich war der Absturzweg in seinem letzten Teil auch gegen seitliches Ausweichen abgesichert. Erst in der Schlußphase konnten die Jäger die Tiere lärmend vor sich herscheuchen, so daß sie in unkontrollierter Angst davonstürmten und in den Abgrund stürzten, den sie im Zustand extremer Erregung vielleicht gar nicht oder erst zu spät wahrnahmen. Die Mehrzahl der Tiere kam bei diesem Unternehmen zu Tode und fiel den Jägern direkt in die Hände. Andere konn-

ten sich mit gebrochenen Knochen noch einige Zeit dahinschleppen, ehe der Mensch auch sie endgültig erlegte.
Ein solcher Jagderfolg war wahrscheinlich kein alltägliches Ereignis, wohl auch keine Begebenheit, die in ihrer Planung wie in ihrem Verlauf frei von religiösen Vorstellungen gewesen wäre. Derzeit noch existierende Jägerstämme vermitteln eindrucksvoll die Überzeugung, der Jagderfolg sei vom Wirken der Götter abhängig, und sie dokumentieren nicht minder intensiv die

kultischen Maßnahmen, mit denen die Götter positiv gestimmt werden sollen. Der geglückten Jagd folgte das Fest, das stets auch ein kultisches Ereignis war, ferner ein Ereignis, das die ganze Gesellschaft betraf. Es waren nicht einzelne Waidmänner, die zu den Tieren gingen, sondern ganze Gruppen setzten ihnen nach, und andere Gruppen harrten der Rückkehr der Jäger. Der Erfolg bedurfte der gemeinsamen Aktion, die eine herausragende individuelle Leistung freilich nicht ausschloß.

Bei der Erörterung der Bedeutung des Pferdes als Jagd- und Fleischtier ist der Totemismus zu berücksichtigen. Das wissenschaftlich noch nicht eindeutig geklärte Phänomen des Totemismus bezieht sich auf die Überzeugung einer Gruppe von Menschen, untereinander und mit einem Tier – in Ausnahmefällen auch mit einer Pflanze oder einem toten Gegenstand – verwandt zu sein. Diese Gruppe von Menschen glaubte, von ihrem Totemtier abzustammen. Nach der Überzeugung der

Mitglieder der Totemgemeinschaft hing ihr Wohl mit dem Totemtier unlöslich zusammen. Generell ist im Totemismus eine besonders enge Bindung des Menschen ans Tier zu sehen. Er könnte bei einzelnen Gruppen und Gesellschaften dazu geführt haben, das Pferd zu tabuieren, das heißt, es weder zu töten noch zu verspeisen noch auch zu anderen profanen Zwecken zu verwenden. Nur beim außergewöhnlichen Fest wurde das Tabu gebrochen beziehungsweise überhöht. Im rituellen Mahl vereinigte man sich mit dem heiligen Tier. Die Mitglieder des totemistischen Clans identifizierten sich mit dem Wesen, von dem sie alle abstammten und das ihr Schicksal bestimmte, sie identifizierten sich derart auch untereinander. Das rituelle Mahl feierte und besiegelte so die Einheit und Gemeinsamkeit der Clanmitglieder. Wenn das Pferd als außergewöhnlich erlebt wurde, wenn ihm exzeptionelles Vermögen, besondere Kraft und erstaunliche Schnelligkeit zugeschrieben wurden, dann liegt das Erlebnis, beim Mahl auch etwas von seinen Eigenschaften und Fähigkeiten in sich aufzunehmen, besonders nahe. Das Verspeisen von Pferdefleisch läßt sich in seiner kulturgeschichtlichen Bedeutung daher erst dann verstehen, wenn man den Gesichtspunkt der Vereinigung mit profaner oder heiliger Macht respektiert.

Beim Pferdeopfer ist darüber hinaus die Tendenz des Opfernden zu berücksichtigen, das Opfertier mit dem Wesen der Gottheit, der es dargebracht wird, zu identifizieren und dann im Verspeisen des Opfers an den überweltlichen Kräften und Möglichkeiten Anteil zu gewinnen. Aus christlicher Sicht stellte das Pferdefleischessen in der Regel ein heidnisches Opfer dar und damit auch ein Indiz für die mangelnde Loslösung vom Heidentum. Aus dieser Überzeugung werden die kirchlichen Verbote, Pferdefleisch zu essen, verständlich. Bei den Maßnahmen der Kirche wirkte wohl auch die alttestamentarische Speisevorschrift (3. Mose, II, 4.26) mit, nach der der Genuß des Fleisches von Tieren, deren Klauen nicht gespalten sind, verboten ist.

Das Pferdefleisch als minderwertig oder unrein zu bezeichnen, geht somit wahrscheinlich auch auf die christliche Diskriminierung des Pferdeopfers als eines ausgesprochen heidnischen Brauchs zurück.

Die hygienischen Argumente werden hier vorgeschoben, um den religiösen Nachdruck zu verleihen. Als König Hakon Adelstan in Norwegen das Christentum einführen wollte, verlangten die Bauern von ihm, als Beweis seiner Treue zur väterlichen Religion Pferdefleisch zu essen. Der König weigerte sich. Da wollte man ihn erschlagen. Nachdem er den ersten Bissen vom Opferfleisch gegessen hatte, galt er wieder als rechtgläubig. Papst Zacharias I. bedrohte den Genuß von Pferdefleisch sogar mit dem Bannfluch. Der Brauch und die einst religiöse Rechtfertigung des Pferdeopfers waren aber so tief verwurzelt, daß selbst auf der Tafel der Mönche von St. Gallen noch im 10. Jahrhundert Roßfleisch vorgekommen sein soll.

Der frühzeitlichen Existenzweise des Jägers wird man nicht gerecht, wenn man die Jagd aus der Sicht des heutigen Hobby- und Freizeitjägers versteht. Der archaische Jäger war wohl ständig auf der Jagd. So lebte er nicht nur gegen die Tiere, sondern auch mit ihnen. Zwischen Mensch und Tier bildeten sich gegenseitige Reaktionen, möglicherweise sogar eine Art von Zusammenwirken aus. In der jägerischen Nutzung läßt sich daher die erste Form, der erste Typus der verschiedenen Mensch-Pferd-Symbiosen sehen. Eine gegenseitige Orientierung und Ausrichtung entwickelte sich unter anderem in der Hinsicht, daß zur Jagd schon früh der Schutz des Wildes gehörte. Willkürliches Töten der Tiere bedeutete nämlich den verschwenderischen Umgang mit der Nahrung der Gesellschaft. In zahlreichen Mythen findet sich die Überzeugung, solches Verhalten sei frevelhaft und werde von den Göttern bestraft. In diesen religiösen Vorstellungen liegt eine erste Form des Tierschutzes, allerdings kein Schutz um der Tiere, sondern um des Wohls der Menschen willen. Das Ziel des einzelnen Jagdzuges bestand nicht in der Stabilisierung der Kooperation mit dem Tier, sondern in seinem Tod, der alle Zusammenarbeit – sieht man von der kultischen Vereinigung im Mahl einmal ab – aufhob und in einer Weise erfolgte, die auf mitteleuropäisch-neuzeitliches Empfinden abstoßend wirkt. In Filmen über derzeit noch lebende Jägergesellschaften kann man sehen, wie »brutal« Menschen Tiere töten, wie heimtückisch sie sie jagen und wie jämmerlich sie die Ermattenden

Mitte des 19. Jahrhunderts fand man in einem Tal in Mittelsibirien, das hoch oben in den Altai-Bergen liegt, zahlreiche Hügelgräber. Russische Archäologen interessiërten sich für diese auch Kurgane genannten Grabstätten im Pazyryk-Tal, in dem der Sommer kurz ist und im Winter die Temperaturen viele Monate unter dem Gefrierpunkt bleiben.

Durch das Eis waren die Körper der Menschen und Pferde sowie die Grabbeigaben während nahezu 2500 Jahren fast unbeschädigt erhalten geblieben. Felle, Filz, Leder und gewebte Textilien, die nach einer derartig langen Zeit normalerweise verrottet wären, besaßen noch immer ihre ursprünglich leuchtende Färbung. Zum erstenmal war es auch möglich, Pferde dieser frühen Epoche in ihrer natürlichen Gestalt zu sehen und nicht nur auf Vasen oder Gemälden.

Bald wurde klar, daß man auf die Gräber der Skythen gestoßen war, aus denen man nun sehr umfangreiche und detaillierte Erkenntnisse über dieses legendäre Reitervolk gewinnen konnte. Die alten griechischen Geschichtsschreiber, vor allem Herodot, beschrieben diesen Stamm als barbarisch, kühn und stark. Die Perser fürchteten sie als erbarmungslose Gegner, die mit Pfeil und Bogen Krieg führten, sich selten in den Kampf Mann gegen Mann einließen, im Grunde aber lieber jagten als kämpften. Es war den Skythen durchaus zuzutrauen, daß sie einen Kampf abbrachen, um einen Hasen zu verfolgen.

Wir wissen heute, daß die Skythen ein kultiviertes und aufgrund ihres Wesens sowie aus der Notwendigkeit heraus nomadisches Volk waren, große Künstler besaßen und eine ausgeprägte Liebe zu Tieren hatten. Sie waren hervorragende Reiter und betrieben systematisch Pferdezucht. Ihre Pferde mit einem Stockmaß von 1,42 bis 1,52 Meter waren Vorläufer des Arabers, mit einer Einsenkung am Nasenbein, hoher Kopfhaltung, kurzem Rumpf und wohlgebauten Gliedmaßen. Untersuchungen ihres Mageninhaltes zeigten, daß sie unter anderem mit Getreide gefüttert wurden, woraus man schließen kann, daß sie auch in Ställen untergebracht waren.

Unsere Abbildungen zeigen oben eine Applikationsarbeit an einem Ledersattel, einen Elch darstellend, der von einem Tiger angegriffen wird. Auf der rechten Seite sehen wir ein Detail eines Kultteppichs mit farbiger Applikationsarbeit, das einen Reiter zeigt.

schließlich – aus Mangel an humaneren technischen Waffen – mit Keulen zusammenschlagen. In solcher Brutalität dürfte sich aufgestaute Aggresssion entladen, in ihr könnten freilich auch Unsicherheit und Angst überkompensiert werden.

Im Jagderfolg triumphiert der Mensch über das Tier. Im Auflauern, Beobachten und Verfolgen ordnete der Mensch sich zunächst den Tieren unter. Er lernte dadurch das Tier kennen, stellte sich auf sein Gegenüber ein und erfuhr viel von dem, was ihm später die Domestikation und differenziertere Nutzungsweisen ermöglichte. Mißerfolge ließen den Menschen besonders nachhaltig Ohnmacht und Abhängigkeit wie auch die Notwendigkeit spüren, über Verständnis und Anpassung die Überlegenheit zu suchen. In vielen Phasen wird die jägerische Auseinandersetzung zwischen Mensch und Tier eine Art von Wettkampf gewesen sein. Das Tier, vor allem das flüchtige Pferd, war dabei keineswegs chancenlos.

Die Jagd auf Pferde bildet heute einen historischen Gegenstand, einen Bereich aus der Geschichte der Menschheit, den die passionierten Pferdefreunde oft verschweigen. Möglicherweise gewinnt er aber unübersehbare Aktualität, wenn die verwilderten Pferde in Amerika sich weiter in einem Maße vermehren, in dem für sie keine ausreichende Nahrung mehr zur Verfügung steht bzw. sie die Existenz anderer Lebewesen bedrohen. Es ist freilich nicht zu erwarten, daß Cowboys als Wildhüter ausgesandt werden mit dem Auftrag, die überzähligen Mustangs mit dem Gewehr zu töten. Eine solche Jagd auf das Pferd, den

Vishnu, einer der höchsten hinduistischen Götter, wird als Welterhalter verehrt und erschien der Überlieferung nach bis jetzt neunmal auf der Erde, um sie von den Dämonen zu befreien. Die Inkarnation geschah in Mensch- oder Tiergestalten wie Rama, Krishna, Buddha, Eber oder Löwe. Die Voraussagung will wissen, daß das zehnte Erscheinen Vishnus in Form des weißen Pferdes KALKI geschehen wird, womit gleichzeitig das Ende dieses Weltalters gekommen sein wird. Unser Bild aus dem Anfang des 18. Jahrhunderts stellt diese Vision dar.

Nächste Doppelseite: Ein Mustang vor der beeindruckenden Kulisse des Monument-Valleys in Arizona/USA. Die Mustangs leben heute zwar wild in Nordamerika, stammen aber nicht vom Urpferd dieses Kontinents ab, denn dieses starb dort bereits vor etwa 1 Million Jahren während der großen Eiszeit des Quartärs aus. Mit der Eroberung und Besiedelung Amerikas durch die Weißen kamen vor allem durch die Spanier europäische Pferde ins Land, aus denen sich die Mustangs entwickelten.

48

edlen Kameraden des Menschen, läßt sich ethisch nicht mehr vertreten. Es widerspräche dem öffentlichen Empfinden, vor allem dem in den USA. Die von den Wildhütern geforderte Dezimierung des Bestandes rief die Pferdefreunde in öffentlichen Protesten auf den Plan.

Anders ist es mit der Aktualität des Pferdefleisches: Die Mehrzahl der Deutschen steht ihm zwar weiterhin ablehnend gegenüber und hat neben den ästhetischen und moralischen gar hygienische Bedenken. Die Franzosen und Belgier sind dagegen für ihre Vorliebe für den Roßbraten bekannt.

Im Jahre 1909 stellte der Baseler Spezialarzt für Magen- und Darmkrankheiten Dr. med. L. Reinhardt in einem naturwissenschaftlichen Volksbuch fest: »Am nahrhaftesten ist das Fleisch der Säugetiere, wenn sie ausgewachsen und in gutem Futterzustand sind, und zwar steht das Pferdefleisch an Nährwert dem Fleisch der Ochsen durchaus nicht nach. Für unsere heidnischen Vorfahren war es das liebste und am meisten geschätzte Fleisch überhaupt... Das Pferdefleisch ist ein ganz außerordentlich nahrhaftes und wegen der geringen Nachfrage äußerst billiges Nahrungsmittel, dem jeder vernünftige Familienvater und jede sparsame Hausmutter die weitestgehende Aufmerksamkeit schenken sollte. Verspeisen wir doch ungescheut das durch seinen großen Fettgehalt schwerverdauliche Fleisch des unreinsten aller Haustiere, das sich vielfach von Koot ernährt und in seinen Gedärmen und in seinem Fleische meist von Parasiten strotzt, weshalb gerade bei ihm die Untersuchung auf Trichinen und Finnen zu den wichtigsten Geschäften der Nahrungsmittelkontrolle gehört. Das Fleisch des reinlichsten und vornehmsten aller Haustiere verschmähen wir aber törichterweise, und zwar aus dem einzigen Grund, weil die römischen Priester unseren Vorfahren aus politischen Gründen einredeten, es sei unrein und nachteilig, was ganz absurd war, aber schließlich vom gemeinen Manne doch geglaubt wurde... Fände nun das wertvolle Fleisch den verdienten Absatz, so würden jährlich ungezählte Tausende von um die Menschheit verdienten

Sehr weit auseinander gehen die Meinungen, wenn es um das Thema Pferdefleisch geht. Während Franzosen und Belgier für ihre Vorliebe für Roßbraten bekannt sind, lehnt die Mehrzahl der Deutschen den Verzehr von Pferdefleisch aus ästhetischen und moralischen Bedenken ab. Angesichts dieses »süßen« Fohlens teilt man diese Ansicht gern.

Pferden ein sanftes Ende beim Schlächter finden, die nun, weil sie keinen nennenswerten Fleischwert besitzen, bis auf den letzten Blutstropfen und bis zum endlichen Zusammenbrechen als Zug-Tiere ihren hartherzigen, oft auch pekuniär schlechtgestellten Brotherren dienen und unnötige Qualen durchmachen müssen, bis sie schließlich ihr Schicksal ereilt und der Tod als großer Wohltäter ihnen erscheint...
Kein Fleisch ist appetitlicher als gerade Pferdefleisch... Es schmeckt allerdings etwas süßlich infolge seines Reichtums an durch den Speichel im Munde in Zucker verwandeltem Glykogen oder tierischer Stärke neben dem Eiweiß; aber richtig zubereitet, ist dieser uns an Schweine- und Ochsenfleisch gewöhnten Kulturmenschen unangenehme, weil ungewohnte Beigeschmack sehr leicht zu verdecken, so daß jedermann, dem wir es ohne sein Vorwissen zum Essen vorsetzen, es als feinstes Wildpret, gewöhnlich Reh- oder Hirschfleisch, taxiert und mit bestem Appetit verspeist. Erst wenn er dann über den richtigen Sachverhalt aufgeklärt wird, gewinnt das eingefleischte Vorurteil wieder die Oberhand...«

Als infam wird manchem Pferdefreund die Tatsache erscheinen, daß der Schweizer Spezialarzt den Genuß von Pferdefleisch nicht allein um der Menschen, sondern auch um der Pferde willen propagierte. Der harten Fron am Zugstrang stellte er den sanften Tod und nach ihm das Lob des budgetbedachten Familienvaters gegenüber. Infam für alle die Menschen, die vor nicht allzu langer Zeit die Diplomatie und selbst Parlamente mobilisierten, um gegen den tierquälerischen Transport von Schlachtpferden zu operieren. Sie wandten sich gegen eine Beförderungsmethode, die manchen Tieren das Leben kostete – sie meinten wahrscheinlich aber generell das Verzehren des Wesens, das vor allem die bildenden Künstler aller Zeiten als Partner des Menschen darstellten.
Die Aversionen gegen den Roßbraten können nicht verdecken, daß auch in der Bundesrepublik manch renommierte Gaststätte Pferdespezialitäten auf der Speisekarte führt, daß in größeren Städten die Roßschlachtereien weiterhin florieren, daß in Frankreich Pferde bis zu 24 Zentnern an Gewicht für den Fleischtopf gezüchtet werden, daß der Im- und Export dieser Ware blüht, daß man sich in den USA bereits auf einen weltweiten Pferdefleischboom eingestellt haben soll.
Es war nicht allein die Not, die Vorurteile und Schranken abbauen ließ. Wer die Überzeugung verbreiten will, der Mensch tue so etwas nur, wenn ihm das Wasser bis zum Halse steht, der beruft sich meist auf den Deutsch-Französischen Krieg von 1870/71, speziell auf die Belagerung von Metz: 25 000 Pferde waren mit den Bürgern und Soldaten eingeschlossen. Mehr als die Hälfte der Tiere wurde verspeist. Hans Wachenhausen merkte zu diesem Ereignis an: »Wenn man vom 1. September ab Pferdefleisch gegessen hat und in 2 Monaten 13 000 Pferde konsumierte, so konnte sich Metz mit den übrigen 12 000 noch 2 Monate halten, allermindestens aber 1 Monat, wenn man 6000 für den Dienst zurückbehielt.« Metz hätte mit anderen Worten länger gehalten werden können. Das Pferd war hier auch insofern Kriegskamerad, als es gestattete, die Kapitulation noch weiter hinauszuschieben.
Nicht allein die Not trieb zum Messer: Die Pariser Küche wußte das Pferd schon länger zu schätzen. Eine Pariser Hausfrau belehrte in ihrem Kochbuch: »Roßfleisch sieht aus und schmeckt völlig wie Rindfleisch; gut gekocht ist es von letzterem nicht nur kaum zu unterscheiden, sondern ihm sogar vorzuziehen. Nur muß es womöglich vorher etwas gebeizt, am besten 36 Stunden lang in Essig, Öl, Salz und Pfeffer gelegt werden.« Mit detaillierten Rezepten lehrt die Praktikerin, Spezialitäten zuzubereiten: Cheval à la Parisienne, Cheval à la mode, Pferderagout, Pferde-Haché, Pferdesteak oder Pferdehirn. Der ums Pferd so bemühte und äußerst kenntnisreiche Max Jähns berichtete Ende des letzten Jahrhunderts über die französische und englische Gastronomie, die sich des Pferdefleisches bemächtigt habe. In Paris habe sogar eine »hippophagische Gesellschaft« – hippophagisch bedeutet griechisch soviel wie pferdefleischessend – existiert. Sie habe ein Essen im Longham-Hotel in London angeregt, ein Mahl, das zu »europäischer Berühmtheit« gelangt sei. Der Direktor der mit 13 000 Pferden arbeitenden Pariser Omnibusgesellschaft berief sich auf die positiven Erfahrungen bei der Belagerung von Metz und wollte das Pferdefleisch nicht allein den Menschen vorbehalten. Er hielt das Fleisch gestürzter oder geschlachteter Tiere für ein geeignetes Pferdefutter, das gekocht oder roh mühelos verdaut werde, sogar besser und vollständiger als vegetabilische Futtermittel.
Versöhnlich für Pferdefreunde können zum Abschluß dieses Kapitels nicht einmal die Sätze klingen, die die 14jährige Jane Morgan an die britische Fachzeitschrift »Horse and Hound« schrieb: »Viele Pferdefreunde beschweren sich lautstark, daß Pferde und Ponys geschlachtet und zu Menschennahrung verarbeitet werden. Als ich davon zum ersten Mal hörte, war ich auch höchst verärgert. Bis ich nachzudenken begann. Was ist eigentlich Böses daran, Pferdefleisch zu essen? Wir verzehren Rinder, Schweine und Schafe, sogar Froschschenkel. Ich weiß, daß viele Showponys zu Eßzwecken geschlachtet werden, warum nicht? Viele hochprämierte Rinder, Schweine und Schafe werden aus gleichem Grund geschlachtet. Mag man meinen, Pferdefleisch zu essen, sei fürchterlich. Gut, es ist aber womöglich zehnmal so fürchterlich, daran zu denken, welch elendes Schicksal ein Pferd haben könnte, wenn es am Leben bliebe. Ich hoffe, daß ihr alle mal einhaltet und darüber nachdenkt. Gegen den Verzehr von Pferdefleisch gibt es nämlich ehrlicherweise nichts einzuwenden – und wirklich, es ist köstlich.«
Pferdefreunde werden gegen diese Ausführungen manches einzuwenden haben, rational eigentlich nicht, aber aufgrund ihrer Einstellungen und Empfindungen. Die Vierzehnjährige mag in ihnen Unaufgeklärte sehen.

Die Mongolen sind seit jeher für ihre wilde Reitkunst berühmt. Wie zur Zeit Dschingis-Chans gehören auch heute noch Pferde zu ihrem alltäglichen Leben. Ihre reiterlichen Fähigkeiten erhalten sich die Mongolen durch zahlreiche sportlich-spielerische Wettkämpfe, zu denen auch das Springen durch einen brennenden Reif gehört.

Vom Wildling zum Haustier

Ehe der Weg des Pferdes vom Wildling zum Haustier im einzelnen erörtert wird, sind einige Anmerkungen vorauszuschicken, vor allem hinsichtlich der Begriffe Hausstand, Domestikation und Zahmheit.

Dem Wildpferd sollte man bei der Erörterung des Problems der Entwicklung von Haustieren nicht das zahme, sondern das domestizierte Pferd gegenüberstellen. Alle Tiere werden während der Domestikation zahm, aber nicht alle zahmen Tiere sind Haustiere. Als zahm werden die Tiere bezeichnet, die dem Mensch gegenüber die elementare Fluchtreaktion nicht oder nicht mehr zeigen. Die ursprüngliche Fluchtreaktion ist instinktiv bedingt und dient als Ausweichen vor dem Feind zur Selbsterhaltung. Die Zähmung kann von der Domestikation abhängen, aber auch unabhängig von ihr erfolgen. Als Aufhebung der Fluchttendenz erstreckt sich die Zähmung immer nur auf das Einzeltier, erlischt mit seinem Tod und ist nicht erblich.

Die Domestikation beschränkt sich demgegenüber nicht auf das Einzeltier. Sie umfaßt meist eine Art oder ihre Untergliederung und vererbt sich durch die Veränderung der genetischen Grundlage infolge von Mutation und Selektion.

Die Domestikation der Art schließt allerdings die Zähmung des Einzeltieres als Aufhebung der Fluchttendenz nicht generell ein. Das Urmißtrauen des Wildstandes wandelt sich aufgrund der Domestikation nicht notwendigerweise zu einem Urvertrauen. In dieser Hinsicht finden sich bei den Haustieren nämlich innerhalb einer Art und zwischen den verschiedenen Arten beträchtliche Unterschiede. Manche Tiere gewöhnen sich leichter an den Menschen als andere. Das Vertrauen der Tiere unterscheidet sich vielfach auch von einem zum anderen Menschen. Schließlich kann es von bestimmten inneren und äußeren Gegebenheiten abhängen. Die differenzierte Nutzung von Haustieren setzt eine Gewöhnung an den Menschen voraus, zugleich baut der Umgang mit dem Tier die Zähmung aus.

In der Regel bedeutet der Hausstand, daß die Tiere in der Nähe und unter der Onhut des Menschen leben. Ehe bei den Jungtieren die Fluchttendenz voll ausgebildet ist

55

In den Weiten der mongolischen Steppen leben die Pferde weitgehend frei. Nur von Zeit zu Zeit werden sie zusammengetrieben und gezählt. Soll eines eingefangen werden, so benützen die Mongolen dazu eine lange Stange mit einer Schleife. Das Bild zeigt andererseits auch, daß die Domestikation den Verlust der Fluchttendenz nicht einschließt. Pferde, die als Fohlen wenig Kontakt mit dem Menschen hatten, nur in der Herde lebten und sich dort durchsetzen mußten, gebärden sich nicht selten als Wildpferde, wenn man beginnt, sie zu zähmen und zu nutzen.
Hier in der Dsungarai war es auch, wo 1879 der russische Forscher und General Nicolai Przewalski das nach ihm benannte Urwildpferd fand. Man vermutet, daß in dieser Region unserer Erde immer noch einige dieser Urwildpferde leben, die aber äußerst scheu sind und dem Menschen kaum einmal zu Gesicht kommen.

Nächste Doppelseite: Wild trommeln die Hufe auf dem staubigen Geläuf der Camargue. Noch immer besitzen die Pferde dort tief verwurzelt ihren Fluchtinstinkt, die wirksamste Schutzmaßnahme vor ihren Feinden.
Im Jahre 1928 wurde das Rhone-Delta zum Naturschutzgebiet erklärt und damit zur gesicherten Heimat der Camargue-Pferde, der Crin-blanc, der weißen Pferde, weil sie fast alle Schimmel sind. In halbwilden Herden durchstreifen sie die sumpfige, herb-schöne Landschaft im Süden Frankreichs.

oder die Jungtiere dieser Tendenz aufgrund ihrer anatomischen oder physiologischen Voraussetzungen zu entsprechen vermögen, lernen sie den Menschen und seine Hilfe kennen. Die Zähmung schlägt sich jedoch nur insofern im Erbgut der Tiere nieder, als die Menschen bei der von ihnen gesteuerten Zuchtwahl vielfach den zahmeren Tieren den Vorzug geben und somit eine einseitige Selektion betreiben. Dieser Faktor ist bei Pferden dort besonders wichtig, wo heute zum Beispiel in der Reitpferdezucht unter anderem die »natürliche« Rittigkeit die Zuchtwürdigkeit mitbestimmt. In den letzten zehn Jahren wurde diesem Gesichtspunkt verstärkte Aufmerksamkeit geschenkt – mit dem Erfolg, daß das Einreiten der Remonten

inzwischen beträchtlich weniger Schwierigkeiten bereitet als vor zehn oder zwanzig Jahren.
Die Remonten dokumentieren freilich auch, daß die Domestikation den Verlust der Fluchttendenz nicht einschließt. Pferde, die als Fohlen wenig Kontakt mit dem Menschen hatten, nur in der Herde lebten und sich dort durchsetzen mußten, gebärden sich nicht selten als Wildpferde, wenn man beginnt, sie zu zähmen und zu nutzen. Andere, die seit früher Jugend mit dem Menschen vertraut sind, bieten meist beträchtlich geringeren Widerstand gegen den neuen Kontakt und gegen die neuen Aufgaben. Bei sonst gleichen Aufzuchtbedingungen zeigen die verschiedenen Pferde schließlich erhebliche erblich bedingte

Unterschiede hinsichtlich der Zahmheit, des Vertrauens zum Menschen und zum Aufgeben der Fluchttendenz.
Mit der Domestikation werden die Lebensbedingungen der Tiere einschneidend verändert. Die Haustiere reagieren vielfältig auf ihren neuen Biotop. Die verschiedenen Organe können sich im Hausstand ebenso verändern wie ihr Zusammenwirken. Aufgrund von Auslesewechsel und Erbwandel unterscheiden sich bei den Haustieren die Individuen einer Art weit mehr als bei den Wildtieren. Bereits zu Beginn der Domestikation ist mit einzelnen Veränderungen zu rechnen, vor allem als Konsequenz der Tatsache, daß im Haustierbestand die strenge Selektion der Natur nicht mehr herrscht. Mutanten, die in freier

Wildbahn ausgemerzt würden, können sich unter den neuen Bedingungen erhalten. Vorsicht ist in diesem Punkt allerdings geboten, denn leicht wird die Bedeutung der Mutationen für das Auftreten der Domestikationserscheinungen überschätzt. Die Mehrzahl der Veränderungen geht wohl auf Genkombinationen zurück, die durch die Störung der natürlichen Paarung beziehungsweise der natürlichen Selektion entstehen. Aus biologischer Sicht liegt das Wesen der Domestikation demnach in der Veränderung der natürlichen Partnerwahl, das heißt der in der Natur bestehenden Chancen, seinen genetischen Bestand weiterzugeben.

Das Gebiet der Verhaltensänderungen auf dem Weg vom Wildling zum Haustier ist noch nicht gänzlich erforscht. Konrad Lorenz hat vor allem auf die Abwandlungen des jeder Art eigenen, angeborenen Verhaltens bei den Haustieren hingewiesen. Danach verändert sich das Maß der Reize, die im Organismus erzeugt werden und die das Tier dazu drängen, bestimmte Instinktbewegungen auszuführen. Ein Pferd, das als Einzeltier gehalten wird und keinen Kontakt zu anderen Pferden hat, kann zum Beispiel einem Hund gegenüber, zu dem es eine Art von spielerischer Beziehung gewonnen hat, Verhaltensweisen zeigen, die zum Funktionskreis Sexualität gehören. Eine solche Erscheinung beruht darauf, daß aufgrund eines physiologisch-endokrinologischen Prozesses im Tier sich ein Reiz aufbaut, der dazu treibt, sexuell tätig zu werden. Da ein dem Pferd entsprechender Sexualpartner nicht zur Verfügung steht, kommt es zunächst nicht zu diesem Verhalten. Der Reiz jedoch baut sich weiter auf. Er wird schließlich so stark, daß einzelne Verhaltenskomplexe aus dem Funktionskreis Sexualität gegenüber dem Hund gezeigt werden.

Unter den Haustierbedingungen ändert sich die Reizproduktion, sie kann abnehmen und ganz verschwinden, kann sich aber auch verstärken. Im Hausstand wird das angeborene Verhalten auch leichter durch unspezifische äußere Gegebenheiten auslösbar, beim vorliegenden Beispiel durch den Hund, der einen Ersatz für den fehlenden Pferde-Partner bildet. Bemerkenswert ist in diesem Zusammenhang

auch die Bereitschaft zu Ersatzhandlungen: Da das Pferd mit dem Hund zu eigentlichem sexuellem Verhalten nicht gelangen kann, muß es sich auf einzelne Verhaltensweisen beschränken, zum Beispiel auf Riechen und Schnuppern, Unruhe und Erregtheit, auf Stoßen mit der Schnauze und anderes. Die unter den Bedingungen der Domestikation bei Tieren auftretenden Disharmonien, Reizstaus und Ersatzhandlungen finden sich in mehr oder weniger analoger Form auch beim Menschen, und zwar nicht nur im Bereich des Pathologischen. Diese Parallelität deutet darauf hin, daß es sich beim Reizaufbau, bei den angeborenen Verhaltensdispositionen, bei deren Befriedigung wie bei den Ersatzhandlungen um allgemeine biologische Gegebenheiten der höher organisierten Lebewesen handelt.

Namhafte Autoren kennzeichneten die Domestikation ob ihrer weitreichenden Auswirkungen als das älteste biologische Experiment der Menschheit oder als das größte Experiment des Menschen mit Tieren. Die Bereitschaft, für das Zusammenwirken von Mensch und Tier den Begriff Symbiose zu verwenden, ist bei den verschiedenen Biologen und Haustierforschern unterschiedlich groß. Man kann durchaus von Symbiose sprechen, wenn man berücksichtigt, daß der Mensch bei der Domestikation die aktive und gestaltende Rolle übernahm, wenn man ferner im Bewußtsein behält, daß der Mensch aus dieser Verbindung den größeren Nutzen zieht, daß er sich freilich auch in eine große, möglicherweise sogar in eine größere Abhängigkeit als das Tier begab. Schließlich sei noch darauf hingewiesen, daß es sich bei der Domestikation nicht um einen planmäßigen Versuch handelt, jedenfalls nicht um einen Versuch, bei dem die verschiedenen Reaktionsmöglichkeiten und Auswirkungen klar vor Augen standen, denn es zeigten sich bald begrüßte, bald abgelehnte Nebenwirkungen. Dabei sind Auswirkungen der Domestikation in ihrer Gesamtheit selbst heute, da das »Experiment« schon einige tausend Jahre währt, noch nicht bekannt.

Mit der Zähmung als dem Ausschalten der Fluchttendenz mußte der Weg des Wildlings zum Haustier beginnen. Man darf annehmen, daß es den Menschen der Frühzeit besonders schwerfiel, an das flüchtige Tier heranzukommen. Wildheit und Schreckhaftigkeit sind auch von anderen Equiden bekannt, vor allem vom Halbesel, der selbst in der Zoohaltung Probleme bereitet. Wahrscheinlich hängt der Zeitpunkt der Domestikation des Pferdes, der

ja relativ spät liegt, mit diesen Komplikationen zusammen. Jedenfalls bleibt ohne dieses Argument nicht erklärbar, warum das Pferd nicht schon früher zum Haustier wurde.

Das Pferd ist daher nicht das älteste Haustier. Andere Tiere waren vor ihm domestiziert. Das Prinzip der Domestikation war demnach durch die Erfahrungen mit anderen Tieren bekannt. Die vielfach geäußerte Ansicht, der Hund sei das älteste Haustier des Menschen, läßt sich nach Herre (1958) nicht mehr halten. Herre stellte auch die überaus interessante These der Selbstdomestikation des Hundes in Frage. Nach dieser These schloß sich der Hund freiwillig dem Menschen an, sei es, daß er zu jagenden Menschengruppen fand und ihnen eine Art von Meutekumpan wurde, sei es, daß er sich für Mahlzeitreste in der Nähe der menschlichen Siedlungen interessierte und über sie Kontakt gewann. Die Verbindung zwischen Mensch und Hund festigte sich mit der Zeit, der Hund erfuhr die Vorteile der Domestikation und schloß sich dem Menschen auf Dauer an. Wäre die Domestikation des Hundes so verlaufen, dann wäre das »Experiment« Haustier nicht die epochale Leistung des Menschen, sondern die Ursache eines tierischen Verhaltens, das auf der angeborenen Disposition des Hundes, zu jagen, zu fressen oder mit anderen zu leben, beruhte. Der Mensch hätte sich dann darauf beschränkt, das ihn vom Tier gelehrte Verhalten zu kopieren.

So interessant die These der Selbstdomestikation des Hundes auch für die Erfindertätigkeit des Menschen sein mag, sie läßt sich mit den ansonsten bekannten Tatsachen nur schwer in Einklang bringen: Als Jagdhilfe war der Hund den primitiven Jagdvölkern von der Altsteinzeit bis in die Gegenwart unbekannt, er diente ihnen höchstens als Fleischtier. Ferner ist es psychisch nicht erklärbar, daß ausgerechnet der scheue Wolf – er ist ja der Stammvater der Haushunde – sich freiwillig an den Menschen angeschlossen haben soll. Die Haustierhaltung geht also wohl doch auf den aktiven menschlichen Zugriff zurück – zuerst erfolgt im Vorderen Orient um 9000 v. Chr. am Schaf. Etwas später soll die Ziege zum Haustier geworden sein, um 6500 v. Chr. das Schwein, zwischen 5000 und 4000 v. Chr. das Rind. In Mitteleuropa

wurden die verschiedenen Tiere später domestiziert als im Vorderen Orient. Für Mitteleuropa, vor allem für seinen nördlichen Teil, trifft es zu, daß der Hund das älteste Haustier ist, abstammend von den in Mitteleuropa beheimateten Wölfen und wahrscheinlich auf mesolithischer Kulturstufe, das heißt vor 3500 Jahren v. Chr., domestiziert. Auch für den Auerochsen und das Wildschwein läßt sich in Mitteleuropa eine eigenständige Entwicklung zum Haustier nachweisen.

Aufschlußreich für den Hausstand des Pferdes ist die Frage, ob Jäger oder Ackerbauern die ersten Viehzüchter waren. Für die Verbindung der Viehzucht mit dem Ackerbau spricht die Tatsache, daß im Umkreis des Alten Orient die ältesten greifbaren Zentren des Ackerbaus mit den ältesten Zeugnissen der Viehzucht fast zusammenfallen. Die Ansicht allerdings, die Viehzucht sei eine Errungenschaft der Jäger, erscheint plausibel aufgrund des Umstandes, daß diese beiden Erscheinungen psychisch einander näherstehen als der Ackerbau und die Viehzucht. Die Verbindung von Jagd und Viehzucht wird ferner gestützt durch das Bild derzeit noch lebender Jagdvölker, die das Wild pfleglich behandeln, inklusive der Einführung von Schonzeiten und weiterer Maßnahmen, die nahe an eine Tierhaltung heranreichen. Eine eindeutige und allgemein akzeptierte Lösung liegt zum Problem des Zuchtbeginns bisher jedoch noch nicht vor.

In dem Bereich, wo generell die Anfänge der Tierzucht liegen, nämlich im Alten Orient, konnte das Pferd nicht domestiziert werden, weil es in der bodenständigen Fauna der Südwelt – zu ihr gehört der Alte Orient – fehlte. Dort existierte als Vertreter der Equiden allerdings der Halbesel. Um 4500 v. Chr. soll er im bäuerlichen Milieu von Qualat Jarmo zu den Haustieren gehört haben. Der Halbesel, der bodenständige Equide des Alten Orient, ging also dem Pferd in der Domestikation durch den Menschen voran. Noch früher allerdings stand das Rind im Dienste des Menschen, nämlich im Alten Orient schon vom 5. bis zum 3. Jahrtausend v. Chr., also fast zwei Jahrtausende bevor es zum Beginn der Pferdezucht kam.

Die Pferdezucht entstand wahrscheinlich in drei Räumen des europäisch-asiatischen Kontinents in der Mitte des 3. Jahrtau-

Ein Pferd, das als Einzeltier gehalten wird und keinen Kontakt zu anderen Pferden hat, kann zum Beispiel einem Hund gegenüber, zu dem es eine Art von spielerischer Beziehung gewonnen hat, Verhaltensweisen zeigen, die zum Funktionskreis Sexualität gehören.

sends v. Chr., nämlich in Nordeuropa, in der Waldsteppe am oberen Dnjestr (Tripoljekultur) und in der sibirischen Waldsteppe (südtransuralisches Äneolithikum, Afanasjevokultur). Diese Gebiete hatten bereits die Viehzucht an Rindern und Schafen kennengelernt.

Noch größere Schwierigkeiten als die Frage nach Ort und Zeit der Erstdomestikation macht die nach den Motiven, die den Menschen zur Zucht von Tieren im allgemeinen und zum Umgang mit Pferden im besonderen führten. Die offensichtlichen ökonomischen Vorteile, die, verglichen mit der Jagd, aus der Haustierhaltung resultieren, reichen zur Erklärung nicht aus. Vor allem deshalb nicht, weil der Mensch sie vor der Domestikation nicht kannte und wohl auch nur in Grenzen voraussehen konnte. Die nüchtern-distanzierte Kalkulation von Nutzen und Nachteil dürfte dem religiös-magisch mit der Welt verstrickten Menschen der Frühzeit auch kaum entsprochen haben.

Die aneignende Wirtschaftsform des Sammelns und Jagens gab der Mensch erst auf, als die Wildtierbestände abnahmen und nicht mehr ausreichten, den Fleischbedarf zu decken. Die Haustierhaltung wurde demnach mehr oder weniger zwangsläufig veranlaßt durch eine Veränderung des Lebensraums, das heißt durch ökologischen Druck. Hinzu kommen kultisch-religiöse Beweggründe.

Mit der Domestizierung wurde beispielsweise das Opfertier ständig verfügbar. Mit seiner Dauerpräsenz konnte man selbst entscheiden über den Zeitpunkt zum Mahl, zum Opfer und zum Fest, der sich als heilige Zeit von der gewöhnlichen, also von der Zeit ohne Mahl und Opfer, abhob. Systematische Hege und Zucht schufen Voraussetzungen, die der stets unsichere Jagderfolg dem Menschen nicht hatte bieten können.

Die kultischen und ökonomischen Motive schließen die menschliche Entdeckerfreude aber keineswegs aus. Das Zähmen und Züchten reizte und faszinierte den Menschen nämlich auch an sich – in der Frühzeit nicht anders als auch heute noch. Hierauf soll aber im Rahmen dieser Geschichte des Pferdes nicht eingegangen werden.

Das Pferd im Transporteinsatz

Mit dem Tötungsverzicht, besser gesagt mit dem vorläufigen Tötungsverzicht wurde die Voraussetzung für ein dauerhaftes Verhältnis zwischen Mensch und Tier geschaffen.

Handfest wurde die Spezialnutzung des Pferdes zunächst im Transporteinsatz. Er setzte die Zähmung voraus und stellt die Bedingung für den späteren Einsatz vor dem Streitwagen und unter dem Reiter dar. In zwei Formen übernahm das Pferd Transportaufgaben: in seiner Tragkraft durch die Lagerung des Transportgutes auf seinem Rücken und in seiner Zugkraft in der Anspannung von Schleifen und Wagen. Das Pferd schleppte Lasten, deren Fortbewegung dem Menschen nur mit großer Mühe oder gar nicht möglich war, die der Mensch zuvor anderen Tieren aufgebürdet oder angehangen hatte. Der Einsatz des Pferdes unter der Saumlast blieb begrenzt, aufgrund der labilen Lagerung des Transportgutes auf seinem Rücken und auch seiner eingeschränkten Tragkraft. Erheblich umfangreichere und schwerere Güter lie-

ßen sich mit ihm im Zug fortbewegen, insbesondere nach der technischen Erfindung eines geeigneten Wagens. Zunächst benutzte der Mensch die Stangenschleife, ein technisches Gerät, das weder reine Saumlast noch simple Schleife noch eigenständiger Wagen ist. Es liegt vielmehr zwischen diesen verschiedenen Hilfsmitteln, partizipiert an ihnen. Die Stangenschleife besteht aus zwei Stangen, die über dem Widerrist des Pferdes gekreuzt oder mit einem Strick so verbunden werden, daß sie das Pferd quasi einschließen. Die hinteren Enden der beiden Stangen schleifen über die Erde. Zwischen den Berührungspunkten mit der Erde und dem Pferd sind die beiden gut einen Meter auseinanderliegenden Stangen über eine Art von Ladefläche verbunden. Sie bietet den Raum für die Lagerung des Transportgutes. Die Stangenschleife – die Indianer verwendeten sie noch in der Neuzeit – wird auch als Travois bezeichnet.

Die verschiedenen Transportweisen und Transportgeräte wurden natürlich nicht spezifisch für die Pferdenutzung ge-

Do er uin wideruff kam und uber das closterlin herab kam da ist un
rot und sieht man herab in den bodensew und diß land wan
der arlenberg scheidt diß land und lampparten als es von altt was
e das sy tütsch lernoten und an sich namen Do er in diß laund
an sack und den bodensew blidentz und das gebirg beschaut
es herab als ob es un ainem tal läg do sprach der bapst in latin
Hic capuint volpes das ist zu tütsch gesprochen Also werdend
die füchs gefangen und kam der selben tags gen veldkirch
und moerndes gen bludentz Dar nach gen Costentz

Do man zalt von Cristi geburt Mcccciiij jar an Sant
Symon und Judas der hailigen zwelffbotten abent
an dem siben und zwaintzigosten tag des was an aime
samstag nach uhesz zwuschen der zwölfften stund und aine
Do kam der allerhailigost vatter bapst Johannes der xxiij gen
Costentz Und des ersten in das gotzhuss und closter ze Crützling
von der stat Und belaib die nacht in dem closter und begabet den
selben abt des closters der hiess behret und und was von Costentz
schwürig mit aime vischel und sazt im die uff das er und sin nach
komen die ewencklich haben und dz gehalten wann er noch
sin vorderen davor dehaine gebrucht noch gehept hatten und
stat diß hie nach gemalt

schaffen, sondern nach erfolgreicher Verwendung bei anderen Tieren aufs Pferd übertragen und erst später seinen konstitutionellen Bedingungen angepaßt.

Der zeitliche und geographische Ursprung der Nutzung des Pferdes zu Transportleistungen ist umstritten und stützt sich vielfach auf unsichere bildliche Darstellungen. Daß das Pferd nicht das erste Tier war, das zu solcher Leistung herangezogen wurde, ist indessen unzweifelhaft. Ein aufschlußreiches Beispiel für Vorläuferschaft und Ablöse findet sich in Amerika. Dort leistete der Hund den Indianern Transportdienste als Saumlastträger und vor der Stangenschleife. In beiden Nutzungsweisen wurde er abgelöst, als die Indianer im 16. Jahrhundert n. Chr. das Pferd kennen- und schätzenlernten. Das Pferd zog die Stangenschleife, wobei der Reiter als Lenker auf seinem Rücken saß. Die Ablösung des Hundes durch das Pferd schlug sich in aufschlußreicher Weise sprachlich dort nieder, wo die Cree-Indianer das Pferd als *mistatim,* als »großer Hund«, bezeichneten. Die Nutzung des Tieres mit der reiterlich gelenkten Stangenschleife wurde für die Beziehung zwischen Mensch und Pferd wegweisend. Das Reiten hatte sich hier wohl noch nicht verselbständigt, war wohl auch noch kein besonders dynamisches Geschehen; es blieb vornehmlich die Methode, das Transporttier zu lenken. Für diese Art der Lenkung den Begriff Reiten zu verwenden, nimmt damit eigentlich etwas vorweg, das in diesem Stadium noch nicht gegeben ist. Zutreffender kann man sagen, daß die Lenker der Stangenschleife auf dem Rücken des Tieres Platz nahmen und sich von ihm tragen ließen. Vielleicht nur aus Bequemlichkeit – ebenso wie die Lenker von pferde-, rinder- und eselgezogenen Karren sich heute noch einseitig auf die Deichsel der Gefährte oder auf den Rücken des Tieres setzen, um nicht nebenherlaufen zu müssen.

Das drängende Transportproblem der Viehzüchter und Metallverarbeiter scheint den auslösenden Faktor für die Nutzung der Tiere gebildet zu haben. Mit der Viehzucht hatte der Mensch sich auch die Aufgabe eingehandelt, regelmäßig für ausreichende Fütterung der Tiere zu sorgen, dies vor allem in Zeiten beschränkter Vegeta-

Kaiserliche Quadriga am Titusbogen in Rom. Das Geschirr war noch sehr einfach und bestand praktisch aus einem ledernen Halsriemen, der dem Pferd bei stärkerem Zug auf die Luftröhre drückte, weshalb man bei diesen frühen Darstellungen immer wieder deutlich aufgerichtete Pferde sieht.

tion zu tun. Die Unruhe, das Abmagern und Verenden hungernder Tiere werden den Menschen über die Folgen mangelhafter Ernährung informiert haben. Das Problem des Futtertransports stellte sich damit gleichzeitig ein. Ebenso hing der Vertrieb der Produkte der zu dieser Zeit sich ausbreitenden Metallherstellung davon ab, inwieweit es gelang, ihren Transport zu bewältigen. In diesem Sinne ist es aufschlußreich, daß die erzreichen Räume Europas und Asiens – die Karpaten, der Ural, der Kaukasus, der Antikaukasus und die Randgebiete Turans in Zentralasien – zugleich frühe Pferdezuchtgebiete sind. Die Transportnutzung des Pferdes läßt sich von ihren frühen Stadien an kontinuierlich weiterverfolgen bis in die jüngste Vergangenheit, in der die Pferdekraft durch die Kraft der Motoren ersetzt wurde. Lange Zeit erfaßte man beispielsweise die neue Kraft der Motoren – in technisch unpräziser Weise – mit der Maßeinheit PS, also Pferdestärke. Erst ab 1978 wurde in der Bundesrepublik die Maßeinheit der Pferdestärke durch die Maßeinheit Kilowatt in der offiziellen Diktion ersetzt.

Zunächst blieb der wirtschaftliche Nutzen des Pferdes als Zugtier vor dem Transportwagen und als gelegentliches Reittier allerdings gering. Umfassend wurde der Wandel erst, als man das Pferd in größerem Umfang zu militärischen Zwecken züchtete. Zweifellos hatte der breite kriegerische Einsatz des Pferdes umwälzende Bedeutung, und zwar sowohl für einzelne Gesellschaften als auch für ganze Kulturräume. Dieser Tatbestand schließt jedoch nicht aus, die Bewältigung der viehzüchterischen und metallurgischen Transportaufgaben in ihrer menschheitsgeschichtlichen Bedeutung zu würdigen oder die Rolle des Transportgefährts als Entwicklungsbasis des Streitwagens anzuerkennen.

Das Pferdegeschirr war in der Frühzeit sehr einfach. Bis in die römische Zeit hat es nur aus einem Halsstück bestanden, das heißt aus einem um den Hals des Tieres geführten Lederstück, das das vor dem Widerrist aufliegende Deichseljoch führte. Die Zugkraft wurde über das am Deichselende befestigte Joch und die Deichsel zum Wagen übertragen. Dabei diente die Deichsel zum Ziehen wie zum Steuern des Wagens, Stränge gab es also nicht. Das Pferd war bei dieser Anspannung nicht in der Lage, schwere Lasten zu ziehen, da das Halsstück und mit ihm die Last sich auf die Luftröhre gelegt hat – ein Umstand, der vielleicht auch erklärt, warum das Pferd nicht nur im vorderasiatischen Raum, sondern in der Überlieferung des

gesamten Altertums nur vor dem leichten Wagen erscheint und nicht schwere Gefährte oder gar den Pflug zieht.

Die Anspannung mit dem Halsriemen entsprach nicht den anatomischen Gegebenheiten des Pferdes. Der Auswertung seiner Körperkräfte waren deshalb zweifellos Grenzen gesteckt. Dennoch bedeutete der partielle Einsatz der Zugkraft des Pferdes bereits einen wesentlichen wirtschaftlichen Fortschritt. Bei den frühen Darstellungen von Gespannen sieht man immer wieder deutlich aufgerichtete Pferde. Die Pferde scheinen demnach mit der Aufrichtung ihres Halses versucht zu haben, den Halsriemen tiefer zur Brust hin rutschen zu lassen, um so die Luftröhre vom Zug der Last zu befreien. Diese Selbsthilfe der Tiere dürfte in Grenzen auch Erfolg gehabt haben. Möglicherweise taten sie das, um den Ansatzpunkt der Zugkraft an der unempfindlicheren Brust festzulegen, wie es mit Hilfe des heute verwendeten Brust- oder Sielengeschirrs geschieht.

Die ausgeprägte Aufrichtung der Pferde auf den frühen Gespanndarstellungen – sie reicht vielfach bis zu einem Aufbäumen – dürfte ferner mit einer Leinenführung zusammenhängen, die den Pferden den Hals quasi hochzog. Die Pferde suchten der wahrscheinlich ziemlich harten Einwirkung der menschlichen Hand auf das Gebiß zu entgehen, indem sie den Hals hochnahmen. Schließlich erhebt sich auch die Frage, inwieweit ästhetische Gründe für die Darstellung eines Pferdes mit aufgerichtetem Hals sprachen. Das derart aufgerichtete Pferd wirkt nämlich, wie sich in der Natur oder an künstlerischen Darstellungen aus verschiedenen Zeiten leicht verfolgen läßt, stolzer, feuriger, erhabener. Der Halsriemen bedeutete für die Transportbedingungen der Frühzeit eine unentbehrliche technische Hilfe. Im Übergang vom Halsriemen zum Kummet und Brustgeschirr, die einen der Konstitution des Pferdes näherliegenden Ansatzpunkt für die Kraftübertragung wählten, liegt ein eminenter schirrungs- und damit auch transporttechnischer Fortschritt. Er ließ die Transportnutzung weitaus effektiver werden.

Erst mit der Einführung von Kummet und Brustgeschirr konnte die Zugkraft des Pferdes voll genutzt werden, so wie hier auf diesem Bild mit einem farbenprächtigen Zigeunerwagen in England.

Vor dem Streitwagen

Im Einsatz des Pferdes vor dem Streitwagen wurde eine spezielle Form seiner Transportnutzung entwickelt. Der Übergang vom Transport- zum Streitwagen wird deutlich an der Zwischenentwicklung, nämlich einem Gefährt, das allein dazu diente, die Krieger zum Kampfplatz zu bringen, um sie dort dann unabhängig vom Wagen dem üblichen Fußkampf zu überlassen. Bei diesem Zwischenglied handelt es sich nicht um eine Vermutung, denn das Phänomen der befahrenen Infanterie ist historisch belegt. Die Assyrer verwendeten zum Beispiel den mit vier Kämpfern besetzten Wagen ausschließlich als Transportmittel zum Schlachtfeld. Sie setzten allerdings später weder die eigentlichen Streitwagenkrieger noch Reiterkrieger ein. Als um die Wende des letzten Jahrtausends v. Chr. die Bedeutung des Streitwagenkriegers schwand und vom Reiterkrieger abgelöst wurde, ersetzte Assyrien die fahrende Infanterie nicht durch eine dem Pferd auf Gedeih und Verderb sich verschreibende Reiterei, sondern durch eine berittene Infanterie, die wahrscheinlich nur die Pfeile vom Rücken des Pferdes abschoß, dann aber als Fußtruppe den Nahkampf fortsetzte.

Die Übergangsphase der fahrenden Infanterie findet sich nicht nur als Vorstufe der technisch souveränen Führung des Streitwagens. Sie ist noch aus späterer Zeit bekannt, und zwar als Krisenverhalten: Die Streitwagenkrieger verließen ihre Gefährte, um das Gefecht zu Fuß weiterzuführen. Beispiele hierfür finden sich bei den Spartanern, den Römern, den Galliern, den Keltiberern und den Britanniern. Wahrscheinlich beruhen solche Maßnahmen auf mangelnder technischer Beherrschung des Wagens und der Pferde in verwirrenden Schlachtsituationen. Die Kämpfer fühlten sich zu Fuß wohl sicherer und unabhängiger.

Zu den großen Leistungen des alten Orients gehört es zweifellos, die Voraussetzungen für den Streitwagen geschaffen und ihn dann auch als effektives Kriegsinstrument entwickelt zu haben. Dieser Kulturraum übertrug dem Importgut Pferd die Aufgaben, die er zuvor mit Hilfe anderer Tiere gelöst hatte.

Die beiden zeitlich am weitesten zurückliegenden Hinweise auf das Streitwagenpferd – die Erwähnung von Pferden und Streitwagen auf den sogenannten Kültepe-Tafeln und die Anführung des Charsamna-Gestüts neben Kanes (Kültepe) und Chattusa in einem Mari-Brief – stammen aus dem frühen 2. Jahrtausend v. Chr. Die beiden Zeugnisse weisen in den gleichen Raum und die gleiche Zeit, nämlich in das ostkleinasiatisch-syrisch-armenisch-transkaukasische Hochland vorindogermanischer Zeit. Eine Reihe von weiteren Argumenten und Perspektiven läßt den Vorgang des vorderasiatischen Bergländerzentrums innerhalb der Pferde-Streitwagen-Entwicklung des alten Orients deutlich werden. Die vor 1800 v. Chr. datierten Streitwagenbelege aus dem nordsyrisch-ostkleinasiatischen Grenzraum reichen am weitesten zurück.

Seit etwa 2000 v. Chr. bestand im mesopotamischen Kulturraum ein ständiges Interesse am Importgut Pferd. Seit dem 19. Jahrhundert v. Chr. wurden, wie Zeugnisse aus altbabylonischer Zeit zeigen, kontinuierlich Pferde gehalten, allerdings nicht vom einfachen Mann, sondern in Adelskreisen. Ausgeprägte Bedeutung als Besitzstand privilegierter Kreise gewann das Pferd allerdings noch nicht. So darf es auch nicht verwundern, daß man es in den ältesten vorderorientalischen Gesetzesbüchern zu

13. Jahrhundert v. Chr. an den »Bruder Pharao«: »Dir, Deinem Land, Deinem Haus, Deinen Frauen, Deinen Großen, Deinen Pferden, Deinen Wagen gehe es gut!« Ein von Tusratta von Mitanni an Amenophis III. gerichteter Brief bezeugt den Wert von Pferd und Wagen als Geschenk: »Siehe, ich habe einen Wagen, zwei Pferde, einen Jüngling, eine Jungfrau aus der Beute des Chattilandes Dir übersandt. Als Geschenk für meinen Bruder habe ich Dir fünf Gespanne Pferde übersandt!«

Die politische und militärische Bedeutung des Pferdes im alten Orient läßt sich auch aus dem Vertrag ersehen, den der hethitische Großkönig Marsili II. (1345–1315) mit dem König von Kiswatna schloß und in dem Kiswatna sich im Kriegsfall zu einer Heereshilfe von 1000 Fußsoldaten und 100 gezäumten Rossen verpflichtete. Ähnliches ist aus den Überlieferungen zu lesen, nach denen die Hethiter bei einem Scharmützel 1400 Mann und 40 Gespanne einsetzten, nach denen ein anderes Mal der Gegner 9000 Mann zu Fuß und 700 Wagen in den Kampf schickte oder nach denen man schließlich den hethitischen Einsatz gegen das Heer des Pharao in der Großschlacht von Kades in Syrien (1296 v. Chr.) auf 17 000 Fußkämpfer und 3000 Streitwagen schätzt.

Für Palästina läßt sich die zentrale politische und gesellschaftliche Bedeutung des Pferdes ebenfalls mit eindrucksvollen Zeugnissen darstellen: Neben zeitlich früheren Belegen für die Pferdezucht und den Einsatz von Streitwagen bilden die Pferdeställe Salomos aus dem 10. Jahrhundert v. Chr. ein besonders charakteristisches Dokument. In verschiedenen Städten wurden palastartige Bauten gefunden und ausgegraben. In Megiddo waren es allein siebzehn, die insgesamt 450 Pferden Platz boten. Der Boden dieser Pferdeställe war gepflastert. In der Mitte der Ställe verlief ein drei Meter breiter Gang, der von zwei Reihen Steinsäulen zum Anbinden der Pferde flankiert wurde. Ein großer Parade- und Exerzierhof schloß sich den Ställen an. Aus heutiger Sicht mutet die Stallarchitektur in Salomos Reich relativ modern an, das heißt, die Ställe entsprachen weitgehend den Erfordernissen der Tiere.

Der architektonische Niederschlag der Bedeutung des Pferdes bei Salomo läßt sich durch alttestamentarische Hinweise ergänzen:
»Salomo besaß 4000 Wagengespanne und 12 000 Mann Wagenbesatzung. Er brachte diese in den Wagenstädten und am königlichen Hof in Jerusalem unter.« (2. Cron.

Anfang des 2. Jahrtausends vergeblich sucht. Ähnlich ist es noch zur Zeit Hammurabis (1728–1686 v. Chr.), des babylonischen Königs, der das Reich wieder einigte und dessen berühmte, auf einem Dioritblock eingemeißelte Gesetzessammlung heute im Louvre zu sehen ist. Obwohl die Pferdeliebhaberei in Königs- und Adelskreisen bereits blühte, spiegelten die Gesetze noch die altmesopotamische Kultur. Erst in den hethitischen und mittelassyrischen Vorschriften wird den aktuellen Gegebenheiten Rechnung getragen und das Pferd erwähnt. Daß das Pferd in den früheren Rechtsvorschriften nicht erschien, ist schon deshalb bemerkenswert, weil andere Tiere in zahlreichen Paragraphen behandelt wurden.

Ab etwa 1600 v. Chr. erschien der Streitwagen als perfektionierte Waffe. In wenigen Jahrhunderten wurde er technisch fortentwickelt. Ganze Völker rüsteten ihre Elitetruppen mit ihm aus und schufen damit die Voraussetzung für neue militärische und damit auch die Grundlage für neue politische, gesellschaftliche und kulturelle Verhältnisse. Es kam zu einer ausgesprochenen Welle der Streitwagenvölker, die die ersten Italiker nach Italien, die Ionier und Achäer nach Griechenland, die Hethiter nach Kleinasien, die Arier nach Iran, die Hurriter und Mitannier nach Nordmesopotamien, die Kassiten und Kossäer nach Babylonien und schließlich die Hyksos über Syrien nach Ägypten brachte, das sie von 1730 bis 1580 v. Chr. beherrschten. Die Vernichtung der Harappa-Kultur in Indien ist ebenfalls eine Konsequenz der Welle der Streitwagenvölker. Großmachtansprüche konnten seit der Mitte des 2. Jahrtausends nur noch solche Reiche geltend machen, die über leistungsfähige pferdebespannte Streitwagen verfügten. Die neue, für die Existenz von Staaten so ausschlaggebende Bedeutung des Pferdes zeichnete sich in eindrucksvoller Weise in der Amarna-Korrespondenz ab, den auf Tontafeln geschriebenen Briefen vorderasiatischer Könige an die ägyptischen Herrscher Amenophis III. und IV. Die wichtigsten Zeugnisse zur Geschichte des vorisraelitischen Palästina enthalten häufig gute Wünsche für Pferd und Wagen. Sie rangieren gleich neben den Wünschen für das Heil der königlichen Familie – sicherlich deshalb, weil dieses vom Wohl der Pferde und Wagen abhing. Die Kassiten- und Mitanni-Könige schrieben zum Beispiel im 14. und

9,25). An anderer Stelle (1. Könige 10,26) wird demgegenüber von 1400 Wagen und 12 000 Reitern gesprochen. Unabhängig von der Frage, wie exakt oder übertrieben die Zahlen im einzelnen sein mögen – generell dokumentieren sie die Bedeutung von Pferd und Wagen sowie den Reichtum Salomos an diesem Machtmittel.

In China soll das Pferd den Wagen seit der Zeit des Königs Wu Ting (1324 bis 1266 v. Chr.) gezogen haben. Die früheren Annahmen, nach denen der Streitwagen in China schon um 2750 v. Chr bekannt gewesen, von der Oberschicht genutzt und als Kriegsmittel erfolgreich eingesetzt worden sei, lassen sich nach dem derzeitigen Wissensstand nicht mehr halten. Die meisten Quellen datieren den Wagen in China auf 1300 v. Chr. in die Shang-Kultur. Er wäre dann im Vergleich zur zeitlich früher liegenden Nutzung im Vorderen Orient und im Mittelmeerraum als jüngerer Ausläufer im Fernen Osten zu sehen.

Die verschiedenen Hinweise auf die integrale machtpolitische und auch gesellschaftliche Rolle des pferdebespannten Kriegswagens lassen sich mit den Worten des Geschichtsphilosophen Oswald Spengler (1880–1936) zusammenfassen: »Keine Waffe ist so weltverwandelnd geworden wie der Streitwagen, auch die Fernwaffen nicht. Er bildet den Schlüssel zur Weltgeschichte des 2. Jahrtausends v. Chr., das in der gesamten Geschichte die Welt am meisten verändert hat.«

Die Bedeutung des Pferdes im Zeitalter der Streitwagenkrieger dokumentiert sich in

ungewöhnlicher Eindruckskraft auch im ältesten Werk der hippologischen Weltliteratur, nämlich in der berühmten Schrift aus dem 14. Jahrhundert v. Chr., die von einem Mitannier namens Kikkuli verfaßt wurde. Diese Schrift bezeugt den umfassenden Wandel im vorderorientalischen Gebiet zur Amarna-Zeit. Getragen wurde die neue Epoche von Völkerschaften, die ihre Macht und ihren Einfluß aufgrund intensiver, quasi wissenschaftlicher und systematischer Beschäftigung mit dem Pferd und dem Streitwagen gewannen.

Die Mitanni-Hurriter (sie wanderten im 16. Jahrhundert v. Chr. von der iranischen Hochebene nach Mesopotamien, Syrien und Palästina ein und besaßen um 1450 die größte Reichsausdehnung) und die Kassiten (sie lebten im westpersischen Gebirgsland, werden auf die Zeit zwischen 1530 und 1160 v. Chr. datiert und beherrschten zeitweise Babylonien) waren offenbar Experten in der Behandlung von Pferden. Ihr Einfluß auf die vorderorientalische Kultur Mesopotamiens, Syriens, Kleinasiens und Ägyptens wirkte sich besonders nach der Mitte des 15. Jahrhunderts v. Chr. aus. Neuartige Kampfmotive in den bildlichen Darstellungen aus dieser Zeit, vor allem die Jagd zu Wagen sowie der Wagenkampf, werden als mitanni-hurritisch angesehen. Die Hethiter ließen sich um etwa 1350 v. Chr. nach Entspannung der Kriegslage eine Trainingsanleitung für Pferde anfertigen, obwohl sie zuvor das Volk der Mitanni wahrscheinlich schon mit eigenen Streitwagen unterworfen hatten. Diese

Maßnahme spricht für das Ansehen, das die Mitanni als Pferdefachleute genossen. Kikkulis Anleitung zum Training von Pferden wurde zu Anfang unseres Jahrhunderts bei den Ausgrabungen von Bogazköy, der ehemaligen Hethiterhauptstadt Hattusa, gefunden. Zwei weitere Pferdetexte entdeckte man ebenfalls bei der archäologischen Arbeit. Sie sollen später als die Kikkuli-Schrift entstanden sein, und zwar die rituell eingeleitete Trainingsanweisung nicht vor 1275 v. Chr. und die rein hethitische Arbeit gegen Ende des Hethiterreiches, dessen Untergang um 1200 v. Chr. angesetzt wird.

Der Kikkulianische Text behandelt in pedantischer Form das Training von Pferden im Paarzug am zweirädrigen Wagen. Die Anweisung erstreckt sich mit detaillierten Vorschriften auf 170 bis 180 Tage. Die Anzahl der Tage schwankt bei den verschiedenen Übersetzern und Interpreten, weil die Pensa für die einzelnen Trainingstage an verschiedenen Stellen ineinander übergehen. Den Endzweck des Trainings beziehungsweise die praktische Verwendung der derart gearbeiteten Pferde erwähnt Kikkuli nicht, beides war wohl für seine Zeitgenossen beziehungsweise Auftraggeber selbstverständlich.

Die Interpreten unseres Jahrhunderts faßten den Kikkuli-Text als eine Trainingsanleitung für Pferde auf, die bei Wagenrennen, betrieben im Stile eines Herrensports, oder bei kultischen Handlungen eingesetzt wurden. Ferner sah man in der Schrift eine tierärztliche Anleitung und

einen Traktakt über die Akklimatisierung eingeführter Streitwagenpferde. Neuere Deutungen verstehen Kikkulis Arbeit als militärhippologisches Handbuch, das die Pflege und Schulung der in machtpolitischer Hinsicht existenzbestimmenden Streitwagenpferde ebenso im Auge hatte wie den Rennsport der Könige und Herren als demonstrativen Ausdruck des Streitwagenzeitalters. Jedenfalls läßt die Schrift neben Abhärtungsmaßnahmen die Leistungssteigerung als Trainingsabsicht erkennen.

Auch Nachtausfahrten gehörten zum anstrengenden Programm, das jedoch keine Zeitlimits vorschreibt und auch keine Spitzen- oder Siegerpferde erwähnt. Um einen sporadischen Eindruck des Textes zu vermitteln, sei das Trainingspensum des ersten Tages, das ohne weitere Einleitung zugleich den Anfang der Schrift bildet, in der Übersetzung von Kammenhuber aus dem Jahre 1961 wiedergegeben: »Folgendermaßen spricht Kikkuli, der Pferdetrainer vom Lande Mitanni. Wenn er die Pferde im Herbst aufs Gras läßt, spannt er sie an. Er läßt sie drei Meilen traben, galoppieren aber läßt er sie über 7 Felder. Zurück aber läßt er sie über 10 Felder galoppieren. Dann spannt er sie aus, versorgt sie, und man tränkt sie. Er schafft sie in den Stall. Dann gibt er ihnen eine Hand Weizen, 2 Hand Gerste, 1 Hand Heu, vermischt fressen sie auf. Sobald sie ihr Futter beendigen, zieht er sie am Pflock empor. Sobald es Abend wird, schafft man sie aus dem Stall heraus. Man spannt sie an. Dann

läßt er sie 1 Meile traben, galoppieren aber läßt er sie über 7 Felder. Sobald er sie zurücktreibt, spannt man sie aus. Er versorgt sie, und man tränkt sie. Ferner schafft er sie in den Stall. Dann gibt er ihnen 3 Hand Heu, 2 Hand Gerste, 2 Hand Weizen vermischt. Sobald sie ihr Futter beendigen, legt er ihnen den Maulkorb an. Sobald es Tag wird, schafft man sie aus dem Stall heraus. Man spannt sie an. Dann läßt er sie 1 Meile traben, über 7 Felder aber läßt er galoppieren. Sobald er sie zurücktreibt, spannt man sie aus; er versorgt sie, und man tränkt sie. Ferner schafft er sie in den Stall hinein. Dann gibt er 2 Hand Weizen, 1 Hand Gerste und 4 Hand Heu ebenso vermischt an jeweils zwei Pferde. Sobald sie ihr Futter beendigen, fressen sie die ganze Nacht hindurch Heu.«

Das Training wurde nach der Kikkulianischen Schrift zwar langsam gesteigert. Es fällt jedoch auf, daß die Trainingsstrecken für heutige Verhältnisse kaum verständliche Ausmaße annehmen. Interessanterweise werden die Pferde nach der dritten, auf 1275 v. Chr. datierten Instruktion bedeutend schonungsvoller als nach den früheren behandelt. Die Trainingsstrecken sind in ihr erheblich kürzer. Möglicherweise wollte man trüben Erfahrungen, die man mit dem Kikkulianischen Training gemacht hatte, entgegenwirken.

Die zur Diskussion stehenden Trainingspensa hängen von der Übertragung der hethitischen Maße Danna und Iku ab. Nach der Berechnung der mesopotamischen Meile = 1 Danna = 10,7 km ergeben sich als Höchstanforderungen im Kikkuli-Text für sieben Nächte je 150 km. Dies entspricht etwa der einmaligen Leistung von 15 Danna im Sulgi-Hymnus und ist als Dauerleistung kaum zu erbringen. Weiter finden sich nach dieser Berechnung in der Kikkulianischen Anweisung Trabstrecken von insgesamt 75 km und Galoppstrecken von insgesamt 21 km. Solche Anforderungen erscheinen angesichts der Methoden des heutigen Pferdetrainings als unwahrscheinlich. Daher versuchte man, mit anderer Umrechnung der hethitischen Maßeinheiten zu kürzeren Distanzen zu gelangen, konnte die reduzierten Einheiten allerdings nicht ausreichend belegen.

Man vergleiche aber einmal die Leistungen bei modernen Langstreckenritten und Langstreckenfahrten: Im Jahre 1891 wurde die Distanz Nyiregyhaza-Krakau-Nyiregyhaza – sie beträgt 840 km – unter dem Sattel in 200 Stunden einschließlich eines Rasttages zurückgelegt. Für die 619 km des Non-Stop-Rittes von Wien nach Berlin benötigte man im Jahre 1892 71 Stunden und 27 Minuten. Der 1630 km lange Ritt von

Saarlouis nach Trakehnen war in 15 Tagen absolviert. Als eintägige Distanzritte sind aus dem Jahre 1903 der von Leutnant von Salzmann von Tientsin nach Peking (126 km), in 8 Stunden und 45 Minuten absolviert, sowie der von Oberleutnant Bousel von Rouen nach Deauville (85 km) in 4 Stunden und 10 Minuten bekannt. Als Langstreckenfahrten wurden mit Zeitangaben überliefert: 1890 von Preßburg nach Wien (66 km) in 2 Stunden und 43 Minuten, 1809 von Berlin nach München (635 km) in 49 Stunden und 12 Minuten. Als einer der bekanntesten Dauerritte der Weltgeschichte gilt der von König Karl XII. von Schweden aus dem Jahre 1714 von Adrianopel nach Stralsund. Ohne Unterbrechung soll er mit zwei Begleitern die 2400 km in 16 Tagen zurückgelegt haben. Dies entspricht einer Tagesleistung von 150 km. Oberleutnant Heyl schaffte die

2166 km lange Strecke von Metz nach Bukarest im Jahre 1901 in 25 Tagen. Sechs Jahre später – die Distanzritte waren bei den Offizieren um die Jahrhundertwende als Beweis reiterlicher und militärischer Tüchtigkeit in Mode – erreichte Leutnant Krause nach 2200 km und 23 Tagen von Bukarest aus Rom.

Die verschiedenen Leistungen bei Distanzritten und Distanzfahrten machen deutlich, wie wenig repräsentativ die Streckenmaße des modernen Renntrainings für die Dauerleistungsfähigkeit des Pferdes sind. Das moderne Renntraining ist abgestellt auf die Rennstrecken des heutigen Sports; sie liegen in der Regel zwischen 1000 und 3000 m. Die Leistungen der modernen Distanzritte und Distanzfahrten dokumentieren – entgegen der bisher in der wissenschaftlichen Literatur vertretenen Ansicht –, daß die Kikkulianischen Strecken

Wenn die assyrischen Könige gerade nicht auf Kriegszug waren, frönten sie ihrer Jagdleidenschaft. Unsere Abbildung vom Palast des Königs Assurnasirpal, der von 883 bis 859 v. Chr. regierte, zeigt den König in seinem Wagenkorb, von dem aus er rückwärts mit Pfeil und Bogen auf einen Löwen schießt. Assurnasirpal war es übrigens auch, der damit begann, die assyrischen Streitwagen nach und nach durch die schnellere und beweglichere Reiterei zu ersetzen.

von 150 km durchaus im Rahmen der möglichen Tagesleistungen eines Pferdes liegen, auch dann, wenn sie mehrere Tage in ununterbrochener Folge zu absolvieren waren.

Dem Waschen und Untertauchen der Pferde, dem *arra* und *katkattinu,* sprachen die verschiedenen Trainingsanleitungen bemerkenswerte Bedeutung zu. Dabei könnte die Abhärtung der Streitwagenpferde gegen den schnellen Wechsel von Erhitzung und Abkühlung eine wichtige Rolle gespielt haben, möglicherweise mit dem Ziel, beim Kampf nicht allzuviel Sorgfalt auf das Eindecken der erhitzten Pferde verwenden zu müssen. Der Wechsel von Trab- und Galoppstrecken dürfte ebenfalls im Dienste der Konditionsförderung gestanden haben, und zwar als eine Art Vorwegnahme des modernen Intervalltrainings.

Unter dem Sattel

Der Hirtennomade ging eine bis dahin kaum gekannte Verbindung zum Tier ein. Das Leben der Viehzüchter setzte die enge Zuordnung einerseits voraus und vertiefte sie andererseits. Wahrscheinlich fielen Reiten und Pferdezucht zeitlich mehr oder weniger eng zusammen, das heißt, mit der Pferdezucht ist das Reiten ohne besondere Bemühungen mitentstanden. Ohne die Fortbewegung auf dem Rücken des Pferdes ist es wohl auch den ersten Pferdezüchtern nicht möglich gewesen, den Herden der schnellen Tiere auf den weiträumigen Wanderungen zu folgen. Allerdings deuten andere historische Zeugnisse darauf hin, daß zwischen der Domestikation und der breiten Reitnutzung ein beträchtlicher zeitlicher Abstand bestanden hat.

Im Vergleich zum Einsatz des Pferdes vor dem Streitwagen erscheint seine Verwendung als Reittier technisch einfacher. Der Mensch ordnete sich direkter dem Tier zu, er ließ sich auf eine körpernahe und auch differenzierte Einwirkung auf das Tier ein. Wann und wo genau die systematische reiterliche Nutzung des Pferdes begann, wissen wir nicht. Die Meinungen der Experten gehen in dieser Frage beträchtlich auseinander. Frühe Zeugnisse für die Reitnutzung des Pferdes fand man ab 1500 v. Chr., klarer noch ab 1200 in Ost- und Mitteleuropa, in Kaukasien und im Vorderen Orient, in Ägypten und auch im fernen China. Fest steht jedenfalls, daß der Reiterkrieger und der perfekte Reiter generell wohl am Ende einer Kette von Versuchen und Entwicklungen stehen. Am Anfang allerdings war der Reiter eine

besondere Art von Saumlast. Bei intensivem Umgang mit zahmen Pferden liegt es nahe, sich im spielerischen Umgang an das Tier zu hängen, sich oder andere auf seinen Rücken zu setzen. Es ist also überflüssig, durch komplizierte wissenschaftliche Forschungen den Ursprung des Reitens und seine Motive ergründen zu wollen. Geht man vom Menschen als Saumlast und vom spielerischen Besteigen des Pferdes aus, dann kann man annehmen, daß die anfängliche Passivität des Menschen auf dem Rücken des Pferdes, das Transportiertwerden, sukzessive einer aktiveren Einstellung und damit dem Reiten Platz gemacht hat. Man darf in diesem Zusammenhang ferner davon ausgehen, daß die aktive Rolle des Lenkers in der Stangenschleife sich ebenfalls erst mit der Zeit ausbildete.

Links: Reliefstein aus den Tell-Halaf, den Ruinenhügeln der antiken Stadt Gosan in Mesopotamien. Er zeigt einen syrischen Krieger zu Pferd und dürfte um 850 v. Chr. entstanden sein.

Rechte Seite: Reiterkrieger mit Schild als Terrakotta-Statue (Griechenland, ca. 700 v. Chr.)

Dem systematischen Reiten ging sicherlich eine schrittweise Entwicklung voran. Verschiedene Zeugnisse deuten darauf hin, so das älteste überlieferte Reiterbild, eine 33 mm hohe Knochenritzzeichnung, die um 2800 v. Chr. gefertigt wurde. Sie stammt aus der elamitischen Hauptstadt Susa. Diese Darstellung läßt allerdings nicht darauf schließen, das Reiten sei im alten Orient des 3. Jahrtausends v. Chr. verbreitet gewesen. Reiterbilder aus der ersten Hälfte des 3. Jahrtausends und überhaupt Abbildungen, die vor 1500 v. Chr. datiert werden, existieren nur vereinzelt. Das Reitmotiv findet sich in dieser frühen Zeit nicht nur selten, sondern auch die Art, in der die Menschen auf dem Rücken der Tiere dargestellt werden, variiert beträchtlich, was bedeutet, daß man noch nicht zu einem einheitlichen Stil gefunden hatte.

Hinzu kommt, daß im Sumerischen und Semitischen ein Wort für Reiten fehlt. Aus diesen Zeugnissen darf man schließen, daß das Reiten im 3. und frühen 2. Jahrtausend v. Chr. im alten Orient zwar bekannt war, über einen Gelegenheits- und Versuchscharakter aber nicht hinausgekommen ist. Die Vermutung, das Kamel sei früher geritten worden als die Equiden und es habe ihrer Nutzung als Vorbild gedient, ließ sich nicht bestätigen. Die frühe Nutzung des Rindes dagegen ist sicher belegt. Das Rinderreiten dürfte dem Pferdereiten zumindest sporadisch vorangegangen sein. Aus jüngerer Zeit ist das Rinderreiten nämlich weithin bekannt, nachgewiesen bei Jakuten, Mongolen, Sojoten, Teleuten, Kalmükken und Kirgisen, ebenso in Tibet, Nord-, Ost- und Westafrika wie bei Kaffern, Hereros, Betschuanen und Basutos. Europa saß

auf einem Stier, Fortuna später auf einem Fisch – Dionysos ritt sogar einen Tiger. Die Cowboys versuchen sich nicht nur auf bockenden Pferden – sie setzen sich auch auf wild umherspringende Stiere, begnügen sich also nicht mit den zahmeren Rindern. In diesem Sinne ist das Reiten eine allgemeine Weise der Begegnung zwischen Mensch und Tier. In ihr verbindet sich die Bewältigung des Tieres durch den Menschen, das heißt eine Art von Machtergreifung, mit der Fortbewegung und dem Sich-tragen-Lassen. Neben der reiterlichen Lenkung von Stangenschleifen ist selbst die reiterliche Lenkung des Wagens als ein frühes Stadium des Reitens nicht auszuschließen. Eine ägyptische Darstellung, die um 1380 v. Chr. entstanden sein soll, dokumentiert, daß die Verbindung von Fahren und Zu-Pferde-Sitzen grundsätzlich

Oben: Reiten ist eine Form der Begegnung zwischen Mensch und Tier. In ihr verbindet sich die Bewältigung des Tieres durch den Menschen als eine Art von Machtergreifung. In diesem Sinne ist beispielsweise das Einreiten von bockenden Pferden durch Cowboys zu verstehen.

Rechte Seite: Das Reiterkriegertum ist wahrscheinlich im europäisch-asiatischen Raum entstanden. Stellvertretend für die viele Jahrhunderte lang anhaltende gewaltige Welle von Eroberungen steht der Name Dschingis-Chan (1155–1227), der als Anführer der nomadischen Mongolen ein Riesenreich schuf. Unser Bild zeigt Dschingis-Chans Reiter im Kampf mit Chinesen.

Nächste Doppelseite: Am 18. August 1227 starb der große, überaus geschickte und kluge Mongolenführer Dschingis-Chan. Seine Soldaten tragen den Leichnam in einem goldenen Sarg zur letzten Ruhe.

bekannt war: Eine Bildtafel zeigt König Amenophis III. und vor dem leichten Wagen Pferde, auf deren Rücken Menschen sitzen. Ihre Arme sind gefesselt und in die Zügel eingebunden. Offenbar handelt es sich bei den Gefesselten um Nubier, die der siegreiche König gefangengenommen hat und die als Zeichen seines Sieges dargestellt werden. Die Gefangenen bilden eine Art von Saumlast, ein Transportgut, das sich mit der Aufgabe der Pferde als Zugtiere vereinbaren läßt. Aufgrund der reiterlichen Lenkung des Gespanns – sie folgt aus der Aktivierung des zunächst als Saumlast getragenen Menschen – könnte das Fahren einen wegweisenden Beitrag zur Entwicklung des Reitens geleistet haben.

Die Parallelität der Begriffe Reiten und Fahren im germanischen, mittelhochdeutschen und neuhochdeutschen Sprachraum deutet ebenfalls auf diese Zusammenhänge hin.

Mit der Ablösung der Streitwagenkultur durch das Reiten hat sich der Begriff *ridan*, reiten, auf die Fortbewegung auf dem Rücken des Pferdes übertragen, in der ursprünglichen weiteren Deutung des Verbs als »fahren« auf das Wagenfahren ausgedehnt. Die Bedeutung »reiten« blieb in allen germanischen Sprachen erhalten, der Begriff »fahren« nur im Englischen *(to ride)* und Niederländischen *(rijden)* lebendig.

Das als Reiterkriegertum systematisierte und perfektionierte Reiten ist wohl bei den Nomaden entstanden. Der Entwicklungsort lag wohl im europäisch-asiatischen Steppenraum zwischen dem Pontikum und der Mandschurei. Aus dieser Zone heraus dürften die Expansionen erfolgt sein, die zu gewaltigen Herrschaftsbildungen und Zerstörungen führten. Keine der späteren Hochkulturen der Alten Welt hat sich den aus diesem Gebiet kommenden Einflüssen ganz entziehen können. Erst in der Neuzeit wurde es möglich, den Unruheherd zu kontrollieren, nicht zuletzt mit Hilfe der Feuerwaffen.

Der russische Forscher Grjaznov zeichnete das folgende Bild der epochalen Entwicklung: Der Vollnomadismus entwickelte sich nach einer Phase der Seßhaftigkeit, und zwar in Form des Steppenbauerntums, das sich mehr und mehr um die beweglicheren Tiere Pferd und Schaf kümmerte. Immer tiefer drangen die Männer mit den Herden in die Steppe vor. Sie gaben schließlich ihre festen Siedlungen auf – die Frauen, die Kinder und die Alten folgten ihren Ernährern auf Wohnwagen, die möglicherweise zumindest zeitweise reiterlich

gelenkt wurden. Die Strecken der jahres-
zeitlichen Wanderungen stiegen so enorm,
daß die noch zur Verfügung stehenden
Weideflächen unter den konkurrierenden
Gruppen aufgeteilt werden mußten. Dies
geschah nach dem Recht des Stärkeren.
Um solches Recht durchzusetzen, bildete
sich auf der Basis intensiver Pferdezucht
die kampfbereite Reitertruppe aus. Wer
sich auf die neue Form der Auseinandersetzung und Daseinsbehauptung nicht um-
stellte, wer versuchte, in traditionellem
Rahmen weiterzuwirtschaften, unterlag den
kriegerischen Reiterscharen. Er geriet in
eine Art von Sklaverei, mußte seine Herren
mit Getreide versorgen oder wurde aus
dem Steppenraum verdrängt.

Wahrscheinlich vollzog sich dieser Wandel
relativ rasch. Einen Hinweis auf das Ent-
wicklungs- und Ausbreitungstempo kann
vielleicht die Verbreitung des Pferdes in
Amerika nach seiner Einführung durch die
Europäer liefern. In den Pampas wie in den
Prärien gingen die Indianer schon nach
kurzer Zeit mit Hilfe des Pferdes zum
Nomadismus über, bzw. die zuvor schon
bestehenden nomadischen Tendenzen verstärkten sich entscheidend und bestimmten
seit dieser Zeit das Leben.
Möglicherweise hängt die Entstehung des
Reiterkriegertums auch mit der Entstehung
von Altersklassen und Männerbünden in
der Randzone des Vorderen Orients zusammen: In den Gesellschaften dieser Region

setzte sich die Tendenz durch, die unver-
heirateten Männer von wirtschaftlichen
Aufgaben zu befreien und sie zu besonderen Verbänden zusammenzufassen. Im
Rahmen eines Systems von Altersklassen
lebten sie als verschworene Gemeinschaft
mit eigenen kultischen Symbolen, abge-
trennt von den übrigen Gesellschaftsmit-
gliedern. Solche Altersklassen waren vom
Balkan bis nach Armenien und zum Iran
bekannt. Es liegt nahe, daß in diesen Männerbünden mit einer besonders intensiven
kriegerischen Ausbildung schon nach kurzer Übergangszeit leistungsfähige und
aggressive Reiterscharen entstanden. Nach
verschiedenen Indizien setzten sich auch
die kimmerischen und skythischen Krieger

aus solchen Altersklassen zusammen. Jeder gesunde Mann kam in die Altersklasse, und innerhalb dieser Gemeinschaft hatte jeder zunächst die gleichen Rechte und Pflichten. Aufstieg war nur durch die Bewährung vor dem Feind möglich. Aus dieser Situation entstand wahrscheinlich eine Art von Leistungsdruck, der zu einer regelrechten Trophäenjagd in der Form des Skalpierens geführt hat. Herodot (490 bis 430 v. Chr.) berichtete über diese auch von anderen Gesellschaften bekannte Erscheinung, die man durch Grabfunde bestätigt sah.

Verschiedene Gesellschaften, zum Beispiel die westlichen Kelten, die Etrusker, die späteren Iranier oder die Chinesen, ent-wickelten sich seit dem Anfang des 1. Jahrtausends v. Chr. zu Reitervölkern; sie waren zuvor Streitwagenkrieger. Als gesetzmäßige Erscheinung vollzog sich solcher Wandel allerdings nicht. Historisch ausschlaggebend hierzu war wohl die Ablösung von Streitwagenkulturen durch Reitervölker, die die bessere Kriegstechnik besaßen und somit offensiv gegen die einstigen militärischen Eliten auszogen.

Im Vergleich zur relativ kurzfristigen Entwicklung des Reiterkriegertums der Nomaden brauchten manche Gesellschaften doch beträchtliche Zeit, um eine Kriegsreiterei auszubilden. In verschiedenen historischen Situationen entstanden berittene Infanterien, die von Versuchs-, Übergangs- und Unsicherheitsphasen zeugen. Die Assyrer sollen das Stadium einer perfekten Kavallerie nicht erreicht haben. Sie benutzten die Pferde in erster Linie als Transportmittel. Am Kriegsschauplatz angekommen, saßen sie ab und kämpften zu Fuß. Sofern sie dies erst im Nahkampf taten, nachdem sie ihre Pfeile von der erhöhten Position des Pferderückens aus abgeschossen hatten, waren sie Reiterkrieger und Fußsoldaten in einer Person. Von den abendländischen Rittern wird aus der Zeit des Niedergangs zu Ende des Mittelalters mehrfach berichtet, sie seien abgestiegen. Bei den kriegerischen Auseinandersetzungen im Amerika der Neuzeit wurde das Pferd in der Regel allein als Transporthilfe

genutzt. Der von den berittenen Infanteristen geleistete Verzicht auf das Pferd in der aktuellen Situation des Kampfes beruht wohl auf noch nicht erreichter oder wieder verlorengegangener Sicherheit im Sattel. Das Absteigen der Ritter hing aber unter anderem mit den Forderungen der gemeinen Fußsoldaten zusammen, die die Privilegien der reitenden Herrenmenschen nicht länger akzeptieren wollten. Die Soldaten freilich konnten diese Forderungen wahrscheinlich erst stellen, als die Ritter nicht mehr in der Lage waren, ihre Privilegien durch einen Leistungsvorsprung zu rechtfertigen.

Das Reiterkriegertum schuf einen Menschentypus, der von dem Historiker Franz Altheim charakterisiert wurde als der »unstet Umherschweifende, der Räuber,

der Gewalt- und Herrenmensch, der das weite Land durchzieht und als kämpfender Held Beute macht, um so sein Leben zu fristen«. Auf dem Pferderücken saß dieser Mensch den größten, zumindest einen beträchtlichen Teil des Tages. Auf dem Pferd zog er in den Krieg, im Sattel führte er seine öffentlichen und privaten Verhandlungen. Das Leben zu Pferde war für ein Reitervolk so selbstverständlich, daß die Reitausbildung zu den grundlegenden Inhalten der Erziehung gehörte. Die persische Jugend lernte, wie Herodot berichtete, Reiten, Bogenschießen und die Wahrheit sagen. Von den Hunnen wurde Ähnliches bekannt.

Die geschichtsbestimmende Wirkung des nomadisierenden Reiterkriegers dokumentiert sich in den sogenannten Reiterwande-

rungen. Die erste, meist als ägäische oder auch illyrische bezeichnet, brachte die Dorer nach Griechenland, die Chaldäer nach Mesopotamien, die Meder und Perser nach Iran, die Arier nach Indien, die Phryger, Myser und Bithynier nach Kleinasien, die Aramäer nach Syrien, die Israeliten nach Palästina, die Philister an die palästinensische Küste und führte schließlich zu dem großen Angriff der sogenannten Seevölker auf Ägypten (Anfang des 12. Jahrhunderts v. Chr.). Die weiteren Wanderungen wurden von verschiedenen Völkern ausgelöst, an deren Wirken sich die weltgeschichtliche Bedeutung des Reiterkriegertums im einzelnen nachweisen läßt: die Kimmerer und Skythen, die Sarmaten, Alanen und Goten, die Meder und Perser, die Parther und Sassaniden, die Hunnen,

die Numidier und Mauren, die Sarazenen, Ungarn oder Mongolen.

Die Griechen blieben vorwiegend im Einflußbereich der Streitwagenfahrer. Erst nach dem Kontakt mit den nordöstlich lebenden Reitervölkern bemühten sie sich um den Aufbau berittener Truppen. In diesem Sinne ist es symptomatisch, daß die Wagenrennen und nicht die Reitrennen den Höhepunkt der antiken Olympischen Spiele bildeten. Die Griechen konnten es sich offenbar leisten, die überalterte Kriegstechnik beizubehalten. Bei diesem Umstand spielte allerdings die geographische Gegebenheit des zerklüfteten Landes sowie die Seeorientierung eine wichtige Rolle. Die Chinesen standen demgegenüber in der Auseinandersetzung mit den Hunnen vor der Alternative einer totalen Niederlage einerseits und dem Aufbau einer schlagkräftigen Reitertruppe andererseits. Der Kriegserfolg beruhte auf dem Einsatz der Pferde, deren immense Kosten einen beträchtlichen Teil des Staatshaushalts ausmachten, die aber aufgrund der Beute in günstig verlaufenden Einsätzen dazu beitrugen, Lücken im Staatsbudget wieder zu schließen. Zur Zeit der älteren Han, also in den letzten beiden Jahrhunderten vor der Zeitwende, verlor der chinesische Streitwagenkrieger seine dominierende Stellung. Im Kampf gegen die nördlich angrenzenden wendigen Reiterscharen erwies er sich als eine kriegstechnisch überholte Waffe. Reiten wurde nun in den militärischen Ausbildungskatalog aufgenommen, und zwar in Verbindung mit der Aufgabe, vom Rücken des Pferdes aus den Bogen zu spannen und zielsicher zu schießen.

Zur Ausbildung einer Reitkultur war es unter anderem nötig, das lange und lockere chinesische Gewand durch die enganliegende Tracht der Reiterstämme, die Hose und die durch einen Gürtel zusammengehaltene Jacke, zu ersetzen. Im Zuge dieser Entwicklung verdrängte der hohe Reitstiefel auch den chinesischen Schuh. Wahrscheinlich ging es bei diesem Wandel aber nicht nur darum, eine für die praktischen Belange des Reitens vorteilhafte Kleidung zu tragen.

Den Chinesen soll zum Aufbau ihrer Reiterei nur eine primitive und wenig leistungsfähige Pferderasse zur Verfügung gestanden haben. Die Pferde waren bis ins 4. Jahrhundert v. Chr. als Fahr- und Lasttiere benutzt worden. In der sich verstärkenden Auseinandersetzung mit den Hunnen konnten die chinesischen Reiter nur dann zu Erfolgen kommen, wenn es ihnen gelang, leistungsfähigere Pferde zu importieren oder zu züchten, und zwar in großer Zahl.

Während der Han-Dynastie sollen im Jahre 166 v. Chr. 140 000 berittene Hunnen nach Nordchina eingefallen sein. Die Chinesen hätten ihnen zum Schutz ihrer Hauptstadt 100 000 Reiter entgegengestellt. Mögen die Zahlenangaben auch im einzelnen übertrieben sein, so bieten sie doch einen Hinweis auf die ungeheueren Anstrengungen, die in diesen Auseinandersetzungen gemacht wurden. Der gewaltige Pferdeverbrauch Chinas mußte entweder durch einen regen Handelsaustausch mit den innerasiatischen Pferdezüchterstämmen oder durch große Tributleistungen in Form von Pferdeherden benachbarter, abhängiger Stämme gedeckt werden.

Kaiser Wu Ti (140–86 v. Chr.) soll mehrere Gesandtschaften beauftragt haben, Pferde, die größer, schlanker und leistungsfähiger als die chinesischen waren, einzuhandeln. Im Jahre 110 v. Chr. schickten die Wu-sun, wie die Quellen berichten, eine Herde von 1000 Pferden an den chinesischen Hof, verbunden mit der Bitte, eine chinesische Prinzessin für ihren König als Gegengeschenk zu erhalten. Offenbar wollten die Wu-sun sich mit dem mächtigen ostasiatischen Reich verbrüdern.

Besonders begehrt waren die Pferde aus den Zuchten des kirgisischen Fergana, die den heimischen Produkten an Schönheit und Fähigkeit weit überlegen waren. Um dieser Pferde willen reisten und verhandelten die Chinesen. Sie waren freilich auch bereit, mit der Waffe für den Erwerb der Tiere zu kämpfen. Aus den Jahren 104 und 102 v. Chr. sind kriegerische Expeditionen zu diesem Zweck bekannt.

Die verschiedenen Beutezüge nach Fergana kosteten die Chinesen nach eigenen Angaben neben materiellen Gütern das Leben zahlreicher Menschen – es wird von mehreren hunderttausend gesprochen.

Die Chinesen im ersten vorchristlichen Jahrtausend kannten zwar den Streitwagen, dürften aber im Gegensatz zu ihren nomadischen Nachbarn im Norden und Westen nicht vor 300 v. Chr. geritten sein. Sie setzten das Pferd vornehmlich in der Landwirtschaft ein.

Bald aber standen die Chinesen gegenüber den Mongolen vor der Alternative einer totalen Niederlage einerseits oder dem Aufbau einer schlagkräftigen Reitertruppe andererseits, nachdem sich der Bau der Chinesischen Mauer durch Quin Shi Huang Di ab 240 v. Chr. nicht als ausreichender Schutz gegen die schnellen Reiter aus dem Norden erwies. Um jene Zeit erhielten die Chinesen Kunde von äußerst leistungsfähigen und schnellen Pferden, die man im Lande Ta-Yuan, auch Fergana genannt, züchtete. Die Wu-sun, die nomadischen Einwohner von Ta-Yuan, waren jedoch nicht bereit, den Chinesen die benötigte Anzahl ihrer wunderbaren Pferde zu liefern. Hier half weder die Verheiratung einer chinesischen Prinzessin mit dem König der Wu-sun noch der friedliche Handel. Deshalb rüsteten die Chinesen im Jahre 104 zu einem großen Feldzug gegen die Wu-sun, der aber mit einer vernichtenden Niederlage endete. Im Jahre 102 v. Chr. versuchten es die Chinesen noch einmal, und hierbei gelang es ihnen, einige Dutzend der besten Pferde der Wu-sun zu erbeuten. Nun begann in China eine Pferdezucht in großem Stil, Reiten wurde in den militärischen Ausbildungskatalog aufgenommmen mit der Aufgabe, vom Rücken des Pferdes aus den Bogen zu spannen und zielsicher zu schießen.

Die Anstrengungen lohnten sich, denn in der Folge kehrten in China relativ ruhige Zeiten ein. An diese bemerkenswerte Periode der chinesischen Geschichte erinnert unter anderem ein bronzenes Pferd, das 1969 im Grab eines Generals bei Lei-t'ai im Distrikt Kansu gefunden wurde. Diese grandiose Darstellung des »Fliegenden Pferdes« stammt wahrscheinlich aus der Han-Zeit aus dem ersten vorchristlichen Jahrhundert. Bemerkenswert an diesem Pferd, das mit seinem gewaltigen Paßgang tatsächlich den Eindruck macht, als würde es fliegen, sind seine äußeren Konturen. Diese stimmen mit denen der mongolischen Pferde, die wahrscheinlich aus dem Przewalski-Pferd gezüchtet wurden, nicht überein. Deshalb ist anzunehmen, daß es sich bei dem »Fliegenden Pferd« um einen Nachkommen jener sagenumwobenen Rosse aus Ta-Yuan handelt.

Von Rittern und Indianern

Der untergeordneten Rolle der Reiterei im griechischen Heer folgte ihre bedeutendere Position in der makedonischen Truppe. Die römischen, karthagischen und germanischen Reiter verraten deutlich den Übergang von den wendigen Bogenreitern zum Schwergepanzerten. Ausgebildet wurde die Panzerreiterei von den iranischen Stämmen. Nach dem 3. Jahrhundert n. Chr. trat sie in breiter Front im europäisch-asiatischen Raum auf; ihren Höhepunkt und ihren Niedergang fand sie im mittelalterlich-abendländischen Rittertum. Nach der Auflösung des Rittertums gewann die Reiterwaffe in der neuzeitlichen Kavallerie erneut geschichtsbestimmende Bedeutung. Im disziplinierten und geordneten Verband wirkte sie lange schlachtentscheidend, freilich nicht ohne die Konkurrenz der formierten Fußtruppen, die vor allem mit der technischen Entwicklung der Feuer- und das heißt Fernwaffen eine bis dahin nicht gekannte Effektivität gewannen. Bedeutung behielt die Kriegsreiterei etwa bis zum Ersten Weltkrieg, im Zweiten wurde sie zwar noch eingesetzt, erwies sich aber als technisch überholt, vor allem durch die verbesserten Feuerwaffen, durch Automobile, Panzer, Flugzeuge und Bomben. Die Kavallerietheoretiker der ersten Hälfte unseres Jahrhunderts hatten zwar immer wieder behauptet, trotz aller Technik bleibe der Reiter für die Aufklärungs- und Meldetätigkeit unentbehrlich, doch die neuen Methoden des Funk- und Fernmeldewesens und der Luftaufklärung nahmen ihm auch diese Aufgaben.

Eine aufschlußreiche Parallele zur Bedeutung des Pferdes im europäisch-asiatischen Raum bildet die Rolle des Pferdes auf dem amerikanischen Doppelkontinent. Etwa zweieinhalbtausend Jahre nach der Entstehung des Reiternomadismus im eurasischen Steppengürtel kam das Pferd als intensiv und systematisch genutztes Reittier von Europa nach Amerika, wo das Urpferd zwar gelebt hatte, später aber ausgestorben war. Unter Hernando Cortez, bekannt als der Eroberer Mexikos, brachten die Spanier das Pferd wieder in den fernen Kontinent – allerdings nicht als Gastgeschenk der Alten Welt. Der außergewöhnliche und geradezu unglaubliche Erfolg, die Weltreiche der Azteken und der Inkas zu erobern und zu unterwerfen, beruhte wesentlich auf dem kriegstechnischen Einsatz des Pferdes, das den Gegnern völlig unbekannt war und dem sie mit äußerster Furcht wie mit religiöser Verehrung begegneten. Immerhin begleiteten Cortez nur etwa 400 Leute, bei Francisco Pizarro waren es noch weniger, nämlich knapp 200. Die anfängliche Furcht und Ehrfurcht gegenüber den Pferden überwanden die Einwohner Amerikas relativ schnell. Die Indianer lernten innerhalb kurzer Zeit, mit dem Tier umzugehen. Sie lernten es als Sklaven der weißen Herren, die lange versuchten, den Eingeborenen den Erwerb und die Nutzung der Pferde zu verwehren oder ihnen dieses Privileg nur teilweise zu gewähren. Da hinreichend Pferde aus Spanien eingeführt wurden, fanden die Indianer genügend Gelegenheit zum Diebstahl und zu neuen Erfahrungen mit den entwendeten Tieren.

Die frühe Verbreitung des Pferdes in Amerika verlief ziemlich parallel zum Weg der Eroberer. Die ersten Importe waren nach Mittelamerika gekommen, und zwar 1493 nach Haiti, 1509 nach Kolumbien, 1511 nach Kuba, 1519 nach Süd-Mexiko. Die Einfuhren nach Amerika sollen zeitweise einen solchen Umfang angenommen haben, daß der Pferdebestand in Spanien dezimiert zu werden drohte und die spanische Regierung ein Exportverbot erließ. Die Indianer – die Stämme der Ute, Apachen, Comanchen, Kiowa und Caddo gehörten zu den ersten, die das Pferd besaßen – nutzten dieses nicht nur als Reittier, sondern auch als Transporthilfe unter der Saumlast und in der Stangenschleife, in der der Hund ihnen schon gedient hatte. Dabei ist bemerkenswert, daß die Transportaufgaben bei den Indianern Sache der Frau waren, diese aber einen so geringen öffentlichen gesellschaftlichen Status hatte, daß man ihr erst nach erheblichem Widerstand das hochgeachtete Pferd als Transporthilfe in die Hand gab.

Frühe Zeugnisse der Literatur

Während die Streitwagenkultur im Kikkuli-Text ihren literarischen Niederschlag fand, entstanden in Griechenland die beiden ersten Schriften der Weltliteratur, die sich mit der Reiterei beschäftigten, nämlich Xenophons Buch »Über die Reiterei« und das über den »Reiterobersten«. Die für das Altertum ohne Vergleichswerke dastehenden Schriften stammen aus dem griechischen Kulturraum, obwohl von den Grie-

chen – trotz der bedeutenden Zeugnisse für den Rennsport – überdurchschnittliche Leistungen auf dem Gebiet der Pferdezucht und der Reiterei nicht bekannt sind. Obgleich die Griechen kein ausgesprochenes Reitervolk waren, gab wahrscheinlich ihr allgemeines kulturelles Niveau den Ausschlag dafür, daß auf ihrem Boden die ersten schriftlichen Arbeiten über die Reiterei entstanden. Hinzu kommt, daß die eigentlichen Reitervölker keine Kulturvölker mit bemerkenswerten literarischen Zeugnissen sind.

In ähnlicher Weise sind die verschiedenen griechischen Reiterdarstellungen zu verstehen, die als vollendeter Ausdruck der Harmonie zwischen Mensch und Pferd angesehen werden. Wahrscheinlich spiegeln sie weniger die griechischen Leistungen im Umgang mit Pferden, sondern mehr ihr allgemeines künstlerisches Niveau wider. Den Künstlern ging es wohl nicht in erster Linie um »fotografische« Abbildung. Sie idealisierten und verklärten die vorgefundene Realität.

Fremdländische Einflüsse sind ebenfalls nicht auszuschalten. Die bereits erwähnte ägyptische Darstellung von König Amenophis III., datiert auf 1380 v. Chr., zeigt die Reiter auf den Wagenpferden zum Beispiel in einem Stil, der dem Sitz der griechischen Reiter auf dem Parthenonfries sehr ähnlich ist. Für die Wiedergabe der Pferde läßt sich das gleiche feststellen. Die Griechen zeichnen sich im vorliegenden Zusammenhang vor allem dadurch aus, das reizvolle Thema von Mensch und Pferd in besonderer Weise künstlerisch bewältigt zu haben, in der bildenden Kunst ebenso wie in der Literatur, in der neben Xenophons Schriften vor allem die Schilderungen der Wagenrennen bei Homer beeindrucken.

Außergriechische Anregungen dürften auch bei Xenophon (430–354 v. Chr.) vorgelegen haben. Als der reife Mann um 365 v. Chr. die beiden Werke verfaßte, konnte er auf ein langes Reiterleben zurückschauen. Unter anderem hatte er als Führer auf dem berühmten »Zug der Zehntausend« die zu jener Zeit so renommierte persische Reiterei intensiv kennengelernt. Umfassender und bedeutender als der »Reiteroberst« ist Xenophons Schrift »Über die Reiterei«. Der Verfasser versteht sie als einen praktischen Ratgeber für die jungen athenischen Bürger, die als *hippeis,* das heißt Reiter, von Staats wegen zur Pferdehaltung verpflichtet waren. Xenophon appellierte an die Jugend der vermögenden Schicht, ihre Aufgabe ernst zu nehmen, ernster als es wohl üblich war.

Der Schriftsteller und erfahrene Militär

faßte die Reiterei – und dies scheint symptomatisch für die griechische Einstellung zum Pferd zu sein – nicht allein als einen wehrtechnischen Faktor auf; er berücksichtigte auch ihre ästhetische Wirkung bei kultischen und politischen Umzügen, zum Beispiel den am Parthenon dargestellten Panathenäen. Xenophon behandelte sowohl die Anschaffung, die Haltung wie die reiterliche Fortbildung der für diesen Zweck geeigneten Pferde. Das eigentliche Zureiten klammerte er jedoch als Aufgabe der Bereiter aus. Xenophon zeichnete das Bild eines leistungsfähigen Kriegs- und Paradepferdes, nicht die Skizze eines Dressurpferdes im neuzeitlich-abendländischen Sinne. Darüber hinaus war der feinsinnige Praktiker bemüht, das Pferd als eigenständigen Partner darzustellen, tierpsychologische Gedanken in seinem Verständnis wie in seiner Behandlung zu berücksichtigen, dem Tier eine über mechanische Hilfsdienste hinausgehende individuelle Pflege zu sichern, um es derart gesund und leistungsfähig zu erhalten.

Der bemerkenswerte Umstand, daß Xenophon das eigentliche Zureiten der Pferde ausklammerte und als Aufgabe der Bereiter darstellte, bedeutet nichts anderes, als daß diese Arbeit die athenische Oberschichtjugend nicht kümmerte, sie war kein aristokratisches Geschäft, sondern harte Handwerksarbeit.

Das Zureiten von Pferden im besonderen und das Reiten im allgemeinen ist eine handfeste Sache. Auf dem Rücken des Pferdes braucht man zumindest zeitweise eine Hand, die fester zupackt als diejenige, die den Bogen der Geige führt. Der Geist und die Empfindung sind im Sattel zwar wichtig, sie reichen aber für die Bewältigung des Pferdes nicht aus. Der handwerkliche Akzent des Reitens wird vielfach übersehen, wenn man es schwärmerisch zur Kunst hochstilisiert. Die bei Xenophon angedeutete Spannung zwischen dem aristokratischen Sprößling und dem Bereiter ist bezeichnend für die Unklarheit, wieviel am Reiten aristokratisches Geschick und wieviel despektierliches Handwerk ist. Der handwerkliche und zugleich artistische Charakter des Reitens dokumentiert sich leider auch heute noch in der oft komplexen, mehrgewichtigen und schwankenden Bewertung der Bereiter, Reiter und Jockeys durch die aristokratischen Pferdebesitzer. Die folgende Situation ist für das angedeutete Verhältnis charakteristisch: Der Reitmeister de Pluvinel – er starb im Jahre 1620 – unterrichtete den jungen Ludwig XIII. (1610–1643). Seine 1623 posthum erschienene Reitlehre »Manège Royal«

konnte de Pluvinel, eine der zentralen Figuren in der Entwicklung der abendländischen Reiterei, als ein Gespräch zwischen dem König und seinem Reitlehrer abfassen. Der König stellte Fragen, de Pluvinel antwortete. Seine Majestät wendet sich eingangs an den königlichen Landstallmeister und teilt ihm mit, er habe den dringenden Wunsch, genau zu wissen, wie man am besten ein Pferd zu leiten und zu lenken vermöge. Er wolle nicht nur alles erfahren, was ihm als König bekannt sein müsse, sondern wolle selber ein richtiges Urteil über die Reitkunst bekommen, um selber die besten Reiter des Landes zu erkennen und sie zu ehren. Der Landstallmeister anwortete: »Sire, Eure Majestät hat recht, den heißen Wunsch zu äußern, die schönste und notwendigste aller Übungen nicht nur des Körpers, sondern auch des Geistes kennenlernen zu wollen, die in der Welt ausgeführt wird. Monsieur de Pluvinel wird Eure Majestät diese Kunst auf das vollkommenste lehren.« Bezeichnenderweise wollte der König das Reiten nur kennen und beurteilen; insofern blieb er im aristokratischen Reich des Geistes. Um den praktischen Nachvollzug inklusive des unumgänglichen Handwerks ging es ihm weniger.

Oben: Diesen Bronzereiter fand man in Griechenland. Er dürfte auf etwa 550 v. Chr. zu datieren sein. Der angedeutete Helm und die Kleidung gehören nicht zu einer Rüstung im militärischen Sinn, denn die griechische Kavallerie diente in jener Zeit nur repräsentativen Zwecken bei Staatsprozessionen und Schauumzügen der Adligen. Der Reiterdienst galt daher als ungefährlich. Erst Philipp von Makedonien schuf um 350 v. Chr. eine kampftüchtige Kavallerie, deren Pferde hauptsächlich aus Thessalien importiert wurden, wo man damals fundierte Kenntnisse in der Pferdezucht hatte.

Links: Bronzefigur auf dem Deckel einer etruskischen Schale aus dem 6. Jahrhundert v. Chr. Dargestellt ist eine pfeilschießende Amazone, einer jener weiblichen Krieger aus der mythischen Welt der Griechen. Das Amazonenmotiv war bei den Etruskern sehr beliebt und beweist den starken Einfluß, den die griechische Kultur auf sie ausübte. Viele griechische Handwerker, auch Bronzegießer, ließen sich in Etrurien nieder und schufen dort Plastiken, die im Mittelmeerraum sehr begehrt waren.

Rechte Seite: Ein Terrakotta-Riechfläschchen in der Form eines Pferdekopfes, das auf der Insel Rhodos ausgegraben wurde und aus der Zeit um 600 v. Chr. stammt. Es zeigt ägyptische Einflüsse durch die länglichen Augen und die Art des Kappzaums, eines gebißlosen Halfters, der auch in assyrischen Reliefs häufig vorkommt.

Reitstile

Der nomadische Bogenreiter

Reiten war und ist keine Selbstverständlichkeit. Die Art und Weise, auf dem Rücken des Pferdes Platz zu nehmen, bedurfte einer Entwicklung. Die Ausbildung und Perfektionierung der Reitstile bestand wesentlich darin, die anatomischen und physiologischen Voraussetzungen von Mensch und Tier einander zuzuordnen. Die frühesten Abbildungen des Reitens aus dem 3. und 2. Jahrtausend v. Chr. liefern Dokumente für das Versuchsstadium: Die Reiter sitzen uneinheitlich auf den Rindern, Halbeseln oder Pferden, sitzen meist mitten – und nicht vorne – auf dem Rücken des Tieres, bald mit gestreckten Beinen, bald mit hochgezogenem Knie, mit ihrem Gesicht bald zum Kopf, bald zum Hinterteil des Tieres gewandt.

Obwohl die Zeugnisse für das Reiten ab der Mitte des 2. Jahrtausends zahlreicher werden und sich ab 1200 v. Chr. in Ost- und Mitteleuropa, in Kaukasien und im Vorderen Orient, in Ägypten und auch im fernen China finden, systematisierten erst die umherziehenden Pferdehirten des europäisch-asiatischen Steppenraums zwischen dem Pontikum und der Mandschurei diese Art der Fortbewegung zwischen dem 10. und 8. Jahrhundert v. Chr. Aus dieser Zone heraus erfolgten dann auch die gewaltigen Zerstörungen und Herrschaftsansprüche der sogenannten Reitervölker, deren Druck sich selbst die späteren Hochkulturen der Alten Welt nicht entziehen konnten.

Oft werden die kriegerischen Bogenreiter als wilde Scharen in ungeordneter Formation geschildert. Die nomadischen Reiter bedienten sich des Bogens. Diese Fernwaffe gestattete es ihnen, dem Feind gegenüber auf Distanz zu bleiben. Das Ziel der Auseinandersetzung lag nicht in der Demonstration von Mut, nicht in der heldisch-tapferen Auszeichnung, sondern in der Einschüchterung und Vernichtung des Gegners. Die Hauptsache bestand darin, dem Feind bei minimalem Risiko möglichst nachhaltig zu schaden, um sich dann seiner Mittel und Schätze zum Lebensunterhalt zu bedienen. Die Effektivität diktierte den Einsatz der Reiterscharen, die die Unterlegenen rücksichtslos verfolgten, selbst aber in der Flucht nicht einen Ausweg der Feigen, sondern eine taktische Maßnahme der Geschickten sahen.

Von weitem schossen die Bogenreiter ihre Pfeile ab. Sie stürmten in wildem Galopp an den Gegner heran, umschwärmten ihn, flüchteten dann, lockten zur Verfolgung und griffen mit rückwärts abgegebenem Schuß plötzlich wieder an. Sie gingen dem Nahkampf systematisch aus dem Weg. Platon schrieb zu diesem, dem Bild des griechischen Helden so fremden Einsatz: »Nicht minder fliehend als verfolgend kämpfen sie.«

Solche Taktik forderte unbedingten Gehorsam der Reiter, denn leicht konnte aus der scheinbaren die wirkliche Flucht werden. Sie verlangte vor allem aber reiterliche Perfektion, einen festen Sitz und geschicktes Manövrieren mit schnellen Wendungen, Paraden und erneuten Anritten. Der stete Wechsel von Angriff und Flucht verlief mit beträchtlichem Tempo auf großem Raum. Die Reiternomaden waren mit ihren Tieren eng verbunden, so eng, daß schon die Kinder lernten, mit ihnen umzugehen. Zu dieser Verbindung gehörte selbstverständlich auch das Reiten. Die Weitergabe des Reitens bedurfte offenbar keiner ausgesprochenen Lehranweisung. Für diesen Umstand spricht, daß es so etwas wie eine kodifizierte Reitlehre von den Reiternomaden nicht gibt – jedenfalls wurde nichts Derartiges überliefert.

Aufgrund des Mangels an technischen Geräten und aufgrund ihrer engen Beziehung zum Tier gelangten die Nomaden zu einem unmittelbaren reiterlichen Kontakt.

Zunächst saßen sie ohne Sattel und ohne Steigbügel auf dem Rücken des Pferdes. In der Regel lenkten sie das Tier mit einer Trense. Die Zäumung brauchte für das Pferd nicht erfunden zu werden, man hatte sie zuvor schon bei anderen Tieren verwendet.

Der eigentlichen Trense gingen der Kappzaum und noch früher der Nüsternring als Zäumungsmethoden voran. Im Zuge der Nutzung des Rindes hatte man erkannt, wie geeignet die empfindliche Nüstern-Maul-Partie als Ansatz des Lenkungsmittels ist. Der Nüsternring findet sich im alten Orient seit etwa 2000 v. Chr. beim Pferd. Seit der Vollendung des Streitwagens und mit wachsender Bedeutung des Gespanneinsatzes im ostkleinasiatisch-mesopotamischen Raum wich er im frühen 2. Jahrtausend v. Chr. dem Kappzaum, einem trensenlosen Kopfstück, das sich wahrscheinlich aus einem um den Kopf des Tieres gelegten Strick entwickelte. Der Kappzaum war weit verbreitet. Später findet er sich häufig neben der Trense, er wurde also nicht generell von ihr verdrängt. In den derzeit üblichen Reithalftern verbindet sich die Trense mit dem Kappzaum. Dabei hat das Halfter die wichtige Funktion, das Maul des Tieres zu schließen und ihm die Möglichkeit zu nehmen, sich dem von der Trense ausgehenden Druck durch Öffnen des Maules zu entziehen. Die Trense entwickelte sich aus einem

Strick oder Lederriemen, der hinter den Ohren über den Kopf und dann durch das Maul des Pferdes gelegt wurde. Aus der Zeit um 2000 v. Chr. – als im alten Orient der Nüsternring beim Pferd verwendet wurde – stammen die ersten Trensenfunde aus dem europäischen Raum. Bei diesen Zeugnissen aus Südwestrußland, Ostungarn und der Schweiz handelt es sich noch um

Knochentrensen. Den wichtigsten Schritt von der Knochen- zur Bronzetrense vollzog die Kultur des alten Orient. Hinter den aus der Mitte des 2. Jahrtausends v. Chr. stammenden altorientalischen Bronzetrensen blieben die europäischen um Jahrhunderte zurück.

Bei den Trensen und Trensenknebeln aus früher Zeit werden verschiedene Typen

unterschieden, meist aufgrund der äußeren Form und seltener aufgrund der Wirkungsweise des Mundstücks. Die an den beiden Enden des eigentlichen Mundstücks sitzenden Trensenknebel, in der wissenschaftlichen Literatur meist nach dem griechischen Ausdruck als »Psalien« bezeichnet, verhindern, daß das Gebiß bei einseitig starker Zügelwirkung aus dem Maul her-

ausgezogen wird. An den Knebeln, deren Funktion bei den neuzeitlichen Zaumzeugen die Trensenringe beziehungsweise die Kandarenbäume übernehmen, waren schließlich die Zügel befestigt.

Die Zäumung war ein wichtiger Faktor der nomadischen Reittechnik. Die Libyer beziehungsweise die Numidier verwendeten bei ihren Pferden allerdings keine Trense,

obwohl sie die Knebeltrense der Karthager, Römer und Gallier kannten und obwohl sie ihre Maultiere im Wagenzug mit Hilfe von Gebissen lenkten. Um den Hals der ungezäumten numidischen und maurischen Pferde lag jedoch ein Strick, der insofern zum Dirigieren des Tieres gebraucht werden konnte, als man ihn mit unterschiedlichem Druck gegen die empfindliche Luftröhre ziehen konnte. Zur Lenkung diente den trensenlosen Reitern ferner ein Stock, den sie zwischen die Ohren des Pferdes legten.

Vermutlich diente der Strick – möglicherweise war er ursprünglich der Halsriemen des Wagenpferdes – auch dazu, den Reitern in kritischer Situation einen Halt zu bieten. Die Trense hatte neben ihrer hauptsächlichen Aufgabe als Lenkungsmittel unter außergewöhnlichen Umständen die gleiche Funktion. Sie sorgte ebenso wie die sich festklemmenden Schenkel des Reiters für den Halt, wenn er das Gleichgewicht auf dem Rücken des Pferdes zu verlieren drohte. Der feste Sitz stellt die grundlegende Anforderung an den nomadischen Reiterkrieger dar. Beim raschen Wechsel von Angriff und Scheinflucht konnte man nach einem Sturz nur wenig Hoffnung haben, dem Feind zu entkommen. Es war daher wichtig, den Sitz zu festigen und den Gleichgewichtssinn auf dem Rücken des Tieres zu schulen. Die unmittelbare Verbindung zum Tier schuf ein direktes Verständnis für sein Verhalten und ermöglichte es, auf seine Bewegungen spontan zu reagieren und das Gleichgewicht dem des Tieres stets anzupassen.

Die Gewichtsverlagerung diente ferner dazu, das Pferd zu lenken, sie unterstützte somit die Zäumung. Auch beim Vorantreiben half das Reitergewicht, in der Verbindung mit meist klopfenden Schenkeln, denen durch die Peitsche Nachdruck verliehen wurde.

Die ausbleibenden treibenden Hilfen bildeten andererseits indirekte Paraden, neben der parierenden Einwirkung der Hand. Eine besonders wichtige, dem Pferd seit seiner Jugend vertraute Hilfe bildete schließlich die Stimme, die durch ihre Tonlage beruhigend oder anfeuernd wirkte. Von versammelnden Hilfen im Sinne der sogenannten klassischen Schulreiterei europäisch-abendländischer Prägung kann beim nomadischen Reiter keine Rede sein. Bei ihnen traten die ästhetisch-formalen Gesichtspunkte hinter die pragmatischen völlig zurück. Daher bestanden die Anforderungen hauptsächlich im Vorwärtsreiten, Parieren und Wenden, wobei auf die Fähigkeit des raschen Tempo- und Richtungs-

wechsels besonderer Wert gelegt werden mußte. Nicht der feinste Reiter war der beste, sondern derjenige, der beim Tier maximale Leistung mit optimalem Gehorsam zu verbinden vermochte.

Die rein pragmatische Einstellung führte bei den nomadischen Reiterkriegern nun allerdings auch nicht dazu, sich im Sattel wie ein Berserker zu benehmen. Gegen die rücksichtslos grobe Einwirkung auf das Tier sprach wohl die Tatsache, daß die Krieger sich nicht allein aufs Reiten konzentrieren konnten. Sie mußten im Sattel vielmehr auch den Bogen spannen und vom Sattel aus schießen können. Notwendige grobe Hilfen hätten bei diesen Aufgaben beträchtlich gestört. Aus praktischen Gründen lag es nahe, die Pferde so auszubilden, daß sie bereits auf feinere Einwirkung reagierten, besonders auf die Stimme.

Zur optimalen Handhabung des Bogens im Sattel war der Reiter erst dann in der Lage, wenn er beide Hände dafür frei hatte und den Oberkörper für den sicheren Schuß ruhighalten konnte. Freihändig zu reiten stellt daher die charakteristische Leistung des Bogenreiters dar. Sie erfordert eine hohe reittechnische Perfektion auf der Basis eines festen Gleichgewichtssitzes und unbedingten Gehorsams des Pferdes. Die Freihändigkeit – bei den trensenlos reitenden Numidiern und Mauren eine ständige Aufgabe – setzte voraus, daß das Pferd der Zügeleinwirkung nicht andauernd bedurfte, daß es sich in erster Linie mit Hilfe von Gewichtsverlagerung, der Schenkel und der Stimme führen ließ.

Das freihändige Reiten war keine Selbstverständlichkeit von Anfang an. Bemerkenswerterweise existieren nämlich Zeugnisse, nach denen Bogenreiter von Reitern begleitet wurden, die sie führten, ihnen so die Lenkung des Pferdes abnahmen und die Konzentration auf den Bogen gestatteten. Der perfekte Bogenreiter bewältigte beide Aufgaben. Dadurch gewann er erst seine Wendigkeit und seine Gefährlichkeit. Verschiedene Abbildungen vermitteln den Eindruck, als seien die Zügel für das freihändige Reiten über dem Pferdehals zusammengeknotet worden. Möglicherweise waren sie auch generell so kurz, daß sie beim freihändigen Reiten nicht hin und her flogen und störten.

Die zurücktretende Zügeleinwirkung führte dazu, daß die Pferde ohne Aufrichtung und Beizäumung, das heißt mit ziemlich langem Hals gingen. In diesem Sinne schrieb der römische Historiker Livius über die numidische Reiterei in Hannibals Heer: »Die Gäule trugen kein Zaumzeug,

und ihre häßliche Gangart war die von Tieren, die mit steifem Hals und krampfhaft vorgerecktem Kopf galoppieren.« Bei dieser Schilderung führte wahrscheinlich der römische Haß auf die Karthager die Feder. Der griechische Geograph Strabo berichtete von den nordafrikanischen Reitern, manche hätten auch nur einen einzelnen Zügel benutzt, der über den Hinterkopf und zwischen den Ohren des Tieres zu seinem Maul lief. Er wurde entweder an einem Nasenring, an einem Maulkorb oder direkt am Unterkiefer befestigt – Lenkungsmittel, die man heute in Afrika noch beim Kamel verwendet und die bei einiger Veränderung im amerikanischen Western Riding ebenfalls hie und da eine Rolle spielen.

Bei der zuvor erwähnten abfälligen Äußerung des römischen Historikers Livius über die numidische Reiterei spielte wahrscheinlich auch das von griechischer Kunst bestimmte Leitbild eines Pferdes mit starker Aufrichtung und stolzem Gang mit. Im Vergleich zu den mit deutlicher Handeinwirkung aufgerichteten und beigezäumten Pferden wirkten die langhalsigen Tiere der Bogenreiter fade und schwach. Andererseits vermitteln griechische Pferdedarstellungen, besonders die am Parthenonfries,

den Eindruck verspannter Pferde, die Laien zwar zu imponieren vermögen, im Festzug auch einen majestätischen Eindruck hinterlassen und als Objekt künstlerischer Darstellung sich geradezu anbieten, für den praktischen Einsatz in der kritischen Kriegssituation aber nicht geeignet sind. Hinzu kommt, daß die starke Aufrichtung in der Regel dazu führt, daß die Pferde ihren Rücken nach unten fortdrük-

ken, sich verkrampfen und den Reiter nicht weich sitzen lassen. Sitzt man ohne Sattel auf dem Pferd, dann kann man die Auswirkungen eines festen Rückens dadurch abmildern, daß man sich mit relativ hohem Knie ziemlich weit nach hinten plaziert. Es ist bezeichnend, wie häufig dieser Stuhlsitz auf griechischen wie römischen Darstellungen in Verbindung mit der hohen Aufrichtung der Pferde vorkommt. Das andere

Extrem, der sogenannte Spaltsitz, der mehr ein Stehen im Sattel als ein wirkliches Sitzen ist, findet sich später beim mittelalterlichen Ritter.

Eine dem Stuhlsitz angenäherte Position auf dem Rücken des Pferdes war beim ursprünglich sattellosen Reiten der Nomaden weit verbreitet. Man kann dies heute noch bei den asiatischen Reiterspielen studieren.

Linke Seite: Karabaier-Schimmel in Usbekistan. Das sorgsam mit Decke und Polster gesattelte Pferd verrät die traditionelle Bindung, die die Usbeken zu ihren Tieren haben. Auch die typische Tracht des Reiters beweist das Festhalten am Überlieferten. Die Rasse der Karabaier ist ausdauernd und zäh und geht auf die Einkreuzung von Pferden der Mongolen, Kirgisen und Turkmenen zurück. Sie werden heute im Gestüt Dshisak bei Samarkand gezüchtet.

Rechts oben: Steigbügel aus zusammengenieteten Lederscheiben, wie sie von den Gauchos in den argentinischen Pampas benützt werden

Rechts unten: Dieser persische Araber ist mit alten Ziegenhaardecken geschmückt, die vom Widerrist bis zur Kruppe reichen. Der Sattel ist mit einem breiten Gurt befestigt. Ganz ähnlich ist die Darstellung von Satteldecke und gepolstertem Kissen auf assyrischen Reliefs des ersten vorchristlichen Jahrtausends. Sattelkissen mit Bauchgurt fanden sich auch in den Gräbern der Skythen.

Erstmals Sattel und Steigbügel

Mit der Erfindung von Sattel und Steigbügel verloren die Losgelassenheit des Pferdes und der Gleichgewichtssinn des Reiters etwas von ihrer unabdingbaren Voraussetzung. Der Sattel gestattete auf dem Pferderücken einen weichen und zugleich festen Sitz, während der Steigbügel den Aufschwung erleichterte, als Stehbügel den Halt sicherte und darüber hinaus die Möglichkeit bot, sich mit »gelüftetem« Gesäß zu stellen, das heißt dem unangenehmen Stoßen auf hartem Pferderücken zu entgehen. Diesen Zwecken dienen Sattel und Steigbügel ja auch heute noch. Der Steigbügel war die wohl reittechnisch wichtigere Erfindung, weil er neben der Erleichterung des Aufsteigens, des bequemen und festen Sitzes es dem Reiter erlaubte, sich in den Sattel zu stemmen. Dieser Vorzug wurde zu einer wichtigen Bedingung des späteren Lanzenreiters. Bei diesem Vergleich von Sattel und Steigbügel ist freilich zu berücksichtigen, daß der Steigbügel über seine Befestigung an einem Gurt stets mit dem Sattel oder dessen Vorform verbunden war. Der Sattel konnte hingegen auch ohne Steigbügel wichtige Funktionen erfüllen. Vor der Erfindung des Steigbügels kam man natürlich auch auf den Rücken des

soldaten einen eindeutigen militärischen Vorsprung und entsprechendes Ansehen zu gewinnen. Ferner war die Aufgabe der Landesverteidigung, vor allem gegen die Sarazenen, Normannen und Slawen, bei der Entstehung des defensiv orientierten Panzerreiters ausschlaggebend.

Die relativ kleinen Aufgebote der fränkischen Ritter stellten wahrscheinlich noch nicht den adligen Lebensstil demonstrativ dar. Bei ihnen handelte es sich wohl noch um Krieger, die nach Leistung ausgewählt wurden und die bereit und in der Lage sein mußten, in der Auseinandersetzung mit dem Feind sich zu bewähren. Als Ritter bezeichnete man den zu Pferde sitzenden Krieger, ohne Rücksicht auf seinen gesellschaftlichen Status. Freie und Unfreie, Adlige, Dienstmannen und Knechte, sie alle waren Ritter, wenn sie zu Pferde kämpften. Dies ist um so bemerkenswerter, als das Reiten ohne kriegerischen Auftrag allein einer privilegierten Minorität zukam, in der Regel dem Adel, jedenfalls nicht den Knechten. Auch im fränkischen Raum war dies so. In der Funktion des Reiterkriegers wurde das bis dahin allein standesgebundene Reiten weiteren Kreisen zugänglich. Möglicherweise verlor es auch von seinem gesellschaftlichen Prestige, weil es vornehmlich als eine erfolgreiche militärische Technik gesehen wurde. Dies schließt freilich nicht aus, daß Knechte, die durch den Kriegsdienst auf das Pferd gelangten, an Ansehen gewannen.

Aus der standesmäßig gemischten Ritterschar schälte sich im beginnenden 13. Jahrhundert n. Chr. oder auch etwas früher der ritterliche Stand als privilegierte Gesellschaftsschicht heraus. Der ritterliche Stand diente zwar auch im hergebrachten Sinne zu Pferd, er setzte sich weiterhin als Reiterkrieger ein, allerdings in bevorzugter Position. Neben den neuen Rittern kämpften die Diener und Knechte zu Pferde.

Wie eng das Pferd auch mit der militärischen Bedeutung des Ritters verbunden war, für seine gesellschaftliche Position wurde es nicht ausschlaggebend. Nicht aufgrund seiner reiterlichen Fähigkeiten, sondern infolge seiner Zugehörigkeit zum Stand wirkte der Ritter als Leitbild des mittelalterlichen Menschen. Im Sinne dieses neuen Ansehens wurden bereits im Jahre 1136 die gelehrten Männer der gesamten juristischen Fakultät zu Bologna mit der Ritterwürde ausgezeichnet – mit der Bewährung durch reiterliche Leistung hatte dies nichts mehr zu tun. An dieser Ehrung wird auch deutlich, daß die Tätigkeit zu Pferd nur einen nicht einmal charakteristischen Inhalt des neuen Ritterbegriffs darstellte.

Das Pferd war für den Ritter in erster Linie Hilfsmittel, weniger Partner. In den Krisensituationen des ausgehenden Mittelalters wurde es sogar üblich, daß die Ritter zum Kampf aus dem Sattel stiegen. Der asiatische Bogenreiter dagegen hatte sich gerade in heikler Situation auf dem Rücken des Tieres am sichersten gefühlt, freilich nicht als Nahkämpfer, sondern in Verbindung mit der taktischen Maßnahme der Flucht. Die heldische Kampfauffassung des Ritters scheint sogar so weit gegangen zu sein, daß er das Pferd demonstrativ verließ. Die Überschätzung der ritterlichen Einzelpersönlichkeit führte um des eigenen Prestiges willen dazu, die Kooperation mit dem Pferd aufzugeben und die historische Bedeutung des Pferdes für die Entwicklung wie für den Erfolg des Panzerreiters zu verleugnen.

Die Tatsache, daß der Ritter schwer gepanzert war, setzte allerdings seiner Einwirkung auf das Pferd deutliche Grenzen. Unter dem schweren Panzer wurden die Hilfen des Reiters grober, auch die Bewegungsfähigkeit des Pferdes war merklich eingeschränkt. Im 12. Jahrhundert soll das Streitroß mit Reiter, Rüstung, Zaum- und Sattelzeug etwa 340 Pfund getragen haben, am Ende des Mittelalters nach Verstärkung der Rüstung sogar noch 100 Pfund mehr. Unabhängig von den reiterlichen Möglichkeiten ließen sich die Hilfen vereinfachen, weil die kämpferische Auseinandersetzung der Ritter in erster Linie darin bestand, die Lanze einzulegen und gegeneinanderzureiten, und zwar mit dem Ziel, den Gegner aus dem Sattel zu stoßen oder Lanze und Harnisch zu brechen. Beim Anritt traten die Ritter mit dem Fuß weit in den Bügel, stemmten sich gegen den Sattel und unterstützten den Stoß der Lanze mit dem weit vorgebeugten Oberkörper. Derart fingen sie beim Zusammentreffen auch die Wucht des gegnerischen Anritts im Sattel auf. Um nicht nach hinten vom Pferd geworfen zu werden, stemmten sie sich fest gegen den Sattelkranz, der hoch aufgewölbt war. In Ausnahmefällen sollen die Ritter im Sattel sogar festgegurtet, ja mit eisernen Haltestücken festgeschraubt worden sein.

Plumpe Reittechnik

Taktische Manöver oder Richtungs- und Tempoänderungen, die besonderer reittechnischer Fähigkeiten bedurften, gingen

dem Gegeneinanderreiten nicht voraus. Gegen den Feind mögen die Ritter zunächst in geschlossener Front losgeritten sein. Das Zusammentreffen und der eigentliche Kampf wird die Formation aufgelöst und zu Einzelauseinandersetzungen geführt haben. Taktische Maßnahmen des ganzen Aufgebots, zum Beispiel simulierten Rückzug und erneuten Angriff, hat es kaum gegeben.

Auch hinsichtlich des Tempos beziehungsweise der Gangart waren den Rittern Grenzen gesetzt. Ein regulierter, freier Galopp war nicht möglich, dazu war die Reiterei der Schwergepanzerten zu ungeschmeidig und die Last, die die kalibrigen Ritterpferde zu tragen hatten, zu schwer. Das Tempo der Pferde wird auch deshalb beschränkt gewesen sein, weil die Tiere bei der vornehmlichen Grünfutterernährung – bei nur gelegentlicher Beifütterung von Hafer – nicht besonders kräftig waren. Diese Annahme wird gestützt durch die Vorschrift der Tempelritter, nur mit besonderer Erlaubnis Galopp zu reiten. Man wollte die Überanstrengung der Pferde vermeiden.

Das Attackentempo blieb aller Wahrscheinlichkeit nach in der Regel gering. Möglicherweise kam es kurz vor dem Feind zum unregulierten Galopp, sicher aber nicht zur Carriere nomadischer Bogenreiter und der späteren Kavalleristen. Es blieb wohl meist bei trabähnlichen Bewegungen. Immerhin wandten selbst die bedeutend leichter gerüsteten Kürassiere noch in der ersten Hälfte des 19. Jahrhunderts den Galopp nur unter besonderen Vorsichtsmaßregeln an. In diesem Punkt wird oft nicht unterschieden zwischen phantastischen Erzählungen sowie theoretischen Wunschvorstellungen einerseits und der nüchternen Kriegswirklichkeit andererseits. Die reittechnischen Anforderungen, die das ritterliche Turnier stellte, scheinen ebenfalls nicht so hoch gewesen zu sein, wie vielfach angenommen wird. Man geht davon aus, daß die germanischen Kampfspiele mit dem beliebten Lanzenbrechen beim Ursprung des Turniers Pate gestanden haben. Ferner könnten die griechischen und römischen Reiterspiele nachgewirkt haben. Xenophon erwähnte solche Spiele, und Vergil beschrieb die *ludi trojani*. Von den Ritterspielen, die Ludwig der Deutsche und Karl der Kahle im Jahre 842 gemeinsam in Straßburg veranstalteten, wird berichtet, daß die Bewaffneten in

Altnordische Schachfigur aus der Mitte des 12. Jahrhunderts, einen schildbewehrten Reiter darstellend. Die Figur ist aus dem Zahnbein eines Wales geschnitzt und wurde auf den Hebriden gefunden.

Scharen aufeinander losritten, die Lanzen schwangen, aber nicht zustießen – niemand sei verletzt worden. Im Laufe der weiteren Entwicklung wurden die Schutzwaffen schwerer, und die Ritter näherten das Turnier dem Kampf weiter an. Häufig kam es zu Verletzungen, manchmal auch zu Todesfällen. An die Stelle der stumpfen Waffe trat zeitweise die spitze, und persönliche Feinde forderten sich beim Turnier zum Kampf auf Leben und Tod.

Die Entfaltung und Pflege des ritterlichen Lebensstils und seiner Privilegien, die Repräsentation und Demonstration von Macht, Geselligkeit und Spiel nebst hoher und niederer Minne, Schau und Prunk bildeten wichtige Komponenten des abendländischen Turniers.

Das Programm des klassischen Turniers umfaßte in erster Linie die folgenden Disziplinen:

der Tjost, der eigentliche Reiterkampf Mann gegen Mann, das heißt das Lanzenbrechen im Zweikampf,

der Bouhourd, bei dem Schar gegen Schar mit stumpfen Waffen und ohne schwere Rüstung kämpfte,

das Turnier, bei dem die Scharen in schwerer Rüstung gegeneinander antraten. Als Puneis wurde das Aufeinanderprallen der Kämpfer bezeichnet.

Innerhalb dieser Kampfformen entwickelte sich eine Vielfalt einzelner Kampfmethoden. Die germanische Bedeutung des Kampfes, nämlich ein rechtlich-moralisches Urteil darzustellen, trat im Hochmittelalter hinter seine Funktion als Wettkampf zurück. Damit reduzierte sich seine religiöse Bedeutung zugunsten des Wettstreits unter Gleichen.

Der Kampf bestand wesentlich aus dem Aufeinanderstoßen der Ritter mit dem Versuch, den Gegner aus dem Sattel zu bringen. Diese Übung erforderte – aus der distanzierten Sicht der Gegenwart – eine ähnlich geringe reittechnische Fähigkeit wie die zuvor geschilderte Ritterschlacht. Jedenfalls kannte das Turnier keine eingehenden taktischen Maßnahmen in Form von Richtungs- und Tempoänderungen, die besondere reiterliche Anforderungen stellen. Angesichts des Gedankens, Taktik sei an sich schon eine unkämpferische und damit auch unritterliche Maßnahme, waren solche Manöver auch nicht zu erwarten.

Zum Leitbild des ritterlichen Helden gehört es, sich dem Gegner offen, mit ganzer Kraft, ohne Raffinesse und ohne Kaschierung zu stellen. Die Pferde mußten entsprechend ausgebildet werden und hatten in erster Linie gehorsam vorwärts zu gehen; sie durften vor allem beim Anprall nicht aus- oder zurückweichen, mußten vielmehr bereit sein, gegen den Widerstand anzurennen. Natürlich durften sie auch nicht ob der ungewöhnlichen Turnierumgebung scheuen, durften weder angesichts der optischen noch infolge der wahrscheinlich auch akustisch aufregenden Szenerie in Angst und Panik geraten. Der Gehorsam der Tiere wurde wahrscheinlich in einem Training mit simulierter Turnieratmosphäre ausgebildet, möglicherweise ein Training, das dem der heutigen Polizeipferde ähnlich ist.

Die begrenzte Bewegungs- und Manövrierfähigkeit des Ritterheeres zeigte sich nicht erst zu Ende des Mittelalters. Als Karl Martell im Jahre 732 bei Poitiers mit den Schwergepanzerten die Sarazenen schlug, als er damit dem Eroberungsdrang des arabischen Reiches eine Grenze setzte, Europa vor der Islamisierung bewahrte und so einen der bedeutendsten Erfolge der abendländischen Panzerreiter erzielte, beschränkte er sich auf die Abwehr. Er vermochte es nicht, den Sieg durch eine geschickte Verfolgung der Geschlagenen auszunutzen. Die Araber konnten ihre Truppen weitgehend verlustlos zurückziehen. Das energische und rückhaltlose Nachsetzen lag der ritterlichen Defensivwaffe nicht.

Bei der Beurteilung der reittechnischen Leistungen des abendländischen Ritters bilden die Pferde eine wichtige Komponente. Trotz der neueren Versuche, die traditionelle Geschichtsschreibung in diesem Punkte zu korrigieren, muß man wahrscheinlich weiterhin davon ausgehen, daß die Ritter auf relativ kalibrigen Pferden saßen, zumindest beim Kampf. Schon die Germanen sollen Pferde schwerer Schläge verwandt haben.

Diese Annahmen bedeuten nicht, daß die Ritter ausschließlich das schwere Pferd gekannt hätten. Karl der Große (768–814) bemühte sich bereits intensiv um die Pferdezucht. Aus der spanischen Mark holte er Tiere in sein Reich, schenkte einige Exemplare dem Araber Harun-al-Raschid und erhielt dafür von ihm Zuchthengste aus Bagdad. Trotzdem darf man davon ausgehen, daß das Beibehalten des schweren Ritterpferdes auf züchterischen Maßnahmen beruhte, bei denen man um die größere Wendigkeit leichterer Pferde zwar wußte, bei denen man aber zugleich die unumgänglichen Anforderungen des Panzerreiters vor Augen hatte. Bekannt sind vor allem drei Arten von Ritterpferden. Bei der Reise saß der Herr auf dem Palefroi, begleitet vom Klepper, der auf dem Marsch die Rüstung schleppte. Zum eigentlichen Kampf stieg der Ritter auf das Streitroß, den Kastellan, um. Dieser mußte unter allen Umständen ein Hengst sein, denn für den edlen Mann war es unschicklich, eine Stute zu reiten.

Das kalibrige Pferd bedingte die markante Einwirkung des Reiters. Feinfühlige und differenzierte Hilfen reichten hier nicht aus. Der starke Hals des Ritterpferdes verlangte die mächtigen Gebißstangen, wie sie während des ganzen Mittelalters verwendet wurden. Hippologisch ist es einseitig, allein die langen Kandarenbäume zu berücksichtigen, sie mit denen der heutigen Mundstücke zu vergleichen und dann die mittelalterlichen als Marterwerkzeuge darzustellen. Korrekt ist eine Kandare nur dann zu bewerten, wenn man neben der absoluten Länge der Kandarenbäume das Verhältnis des unteren zum oberen Teil berücksichtigt, wenn man weiter die Enge oder Weite der Kinnkette, die Zungenfreiheit des Mundstücks und vor allem die harte oder weiche Einwirkung der Zügelfaust bewertet. Unabhängig von diesen Einschränkungen liegt es nahe, daß eine unbedingte, deutliche bis drastische Einwirkung der Hand mit Hilfe relativ scharfer Kandaren oder kandarenähnlicher Gebisse einen ausschlaggebenden Faktor der mittelalterlichen Reittechnik bildete. Damals war sie wohl wichtiger und unbedingter als in der heutigen Dressurreitlehre.

Neben der parierenden Einwirkung durch Hand und Gebiß bildet der treibende Schenkel beziehungsweise Sporn den zweiten zentralen Bestandteil der mittelalterlichen Reittechnik. Als Sporn trug der Ritter bis zum 12. Jahrhundert einen langen Dorn ohne Rädchen am linken Fuß. Seit dem 13. Jahrhundert sind die Rädchensporen allgemein bekannt, und zwar am linken wie auch am rechten Fuß. Der Sporn beziehungsweise die Sporen waren unter anderem deshalb besonders lang, weil der Schenkel des Reiters weit nach vorne gestreckt wurde und nicht am Pferdeleib lag. Unter diesen Umständen ließ sich das

Das abendländische Ritterturnier des späten Mittelalters war geprägt von Prunk und Schau, von der Demonstration von Macht und Privilegien des ritterlichen Lebensstils. Unser Bild zeigt ein Gemälde von Hans Schäufelein aus dem 16. Jahrhundert, das in der Maximilianskammer der Burg Tratzberg in Tirol zu sehen ist.

Nächste Doppelseite: Deutsche Reichsfürsten der zweiten Hälfte des 15. Jahrhunderts in Galarüstung hoch zu Roß, stolz die mächtigen Banner führend

Herzog Cristof von Payren

Herzog Fridrich von Sachssen

Das abendländisch-neuzeitliche Schulreiten und die alten Reitmeister

Mit dem Geist der Renaissance und der Wiedergeburt der schönen Künste in Italien wurde die Entwicklung der Schulreiterei zu Anfang des 16. Jahrhunderts vielfach in Beziehung gebracht. Unübersehbar ist auch die stilistische Verwandtschaft zwischen den dekorativen Gesten dieser Zeit und den imponierenden Bewegungen des Pferdes. Dieser Umstand förderte das Wiederaufleben der antiken und der mittelalterlichen Schulreiterei, die dem Geist der Zeit entsprechend neu verstanden und interpretiert wurde.

Diese allgemeinen Gesichtspunkte verbinden sich mit der speziellen historischen Situation: Seit der Eroberung Konstantinopels im Jahre 1453 waren byzantinische Künstler vor allem nach Neapel geflüchtet. Von dort aus breitete sich in Italien dann auch die Schulreiterei aus. Bald gelangte sie in die Zentren der höfischen Kultur Mittel- und Norditaliens, nach Rom, nach Bologna, nach Ferrara und Florenz. Besonderes Ansehen gewann die Schulreiterei, als sie in den Lehrplan der Akademien aufgenommen wurde, die man zur Erziehung des Adels gegründet hatte. Federigo Grisone ist der bekannteste Reitmeister in der zweiten Hälfte des 16. Jahrhunderts. Ferner liegen Berichte über die Arbeit von Fiachi, Caracciolo und Pignatelli vor. Diese Lehrer verfaßten sogar eigene Schriften. Das berühmteste Buch der sogenannten italienischen Schule schrieb der neapolitanische Edelmann Federigo Grisone mit seinen Reitregeln, den »Ordini di Cavalcare«, die im Jahre 1550 erschienen. Grisone widmete sein Werk dem Kardinal Hippolit von Este, einem hohen geistlichen Würdenträger. Der Meister schloß seine Ausführungen mit einem Dank an die seiner Reitkunst so förderliche Gnade Gottes – ein Umstand, der nicht unbedingt für das fromme Gemüt eines in enger Verbindung zum religionstreuen Spanien lebenden Neapolitaners spricht, sondern auch eine Reverenz an den Zeitgeist darstellen kann.

Unabhängig von solchen Zusammenhängen verstand Grisone die frühe italienische Schulreiterei als einen Bereich des Kriegswesens. Die Ausbildung von Kriegspferden war das zentrale Anliegen seiner Arbeit. Diesem Zweck sollten selbst die Übungen der »Hohen Schule« dienen, und zwar als Vervollständigung der »disciplina del cavallo«. Es wäre nun zu einfach, Grisone dahingehend zu verstehen, daß er die weitgehend verselbständigte antike und mit-

telalterliche Kunstreiterei wieder mit den praktischen Anliegen des Krieges verbunden habe. Die Verbindung der gesamten Schulreiterei und ihrer einzelnen Lektionen mit den reiterlichen Anforderungen im Kampf diente, so darf man annehmen, in erster Linie der Rechtfertigung vor sich selbst und den anderen. Wenn es auch zutrifft, daß das ausgebildete Schulpferd militärisch brauchbarer ist als das rohe, so darf dies doch nicht übersehen lassen, daß eine solche Ausbildung bestenfalls für eine sehr kleine Zahl von Soldatenpferden in Frage kommt. Die Schulung nimmt nämlich so viel Zeit in Anspruch, daß das Militär ihr Ergebnis nicht abwarten kann. Ferner setzt sie beim Reiter Fähigkeiten voraus, die relativ selten zu finden sind. Die militärische Brauchbarkeit des Schulpferdes war also primär ein Vorwand. Der Adel pflegte in der Schulreiterei letztlich nur seine Vorliebe, einen repräsentativen Ausdruck seines höfischen Daseins. Er ließ sich Pferde in einer Art ausbilden, die ihn selbst mächtiger, bedeutender und reiterlich geschickter als bisher erscheinen ließ. Grisone verstand das Pferd als königliches und zugleich als bedürftiges Geschöpf – bedürftig insofern, als es die menschliche Hilfe zur vollkommenen Ausbildung seiner Fähigkeiten braucht. Verbindet man diese Auffassung mit dem Argument, die kriegerische Einsatzfähigkeit des Pferdes durch die Schulung zu fördern, bedenkt man weiter das recht geringe Ansehen, das das Tier zu Anfang der Neuzeit in Europa und vor allem wahrscheinlich in Süditalien genoß, so werden Voraussetzungen deutlich, die eine aus heutiger Sicht ziemlich harte Behandlung des Pferdes verständlich machen. Die kompromißlose und absolute Unterordnung des Pferdes unter den Willen des Menschen bildet die Methode wie das Ziel von Grisones Ausbildung. Nur an wenigen Stellen spricht er von der Anpassung des Menschen an die natürlichen Gegebenheiten des Pferdes, noch seltener von der Psyche des Tieres und dem Eingehen des Menschen auf sie. Roh, ja rücksichtslos ging Grisone manchmal mit den Pferden um: »Wenn etwa dein Pferd sich aus Furcht vor der Arbeit oder aus Übermut zum Aufsitzen nicht an die Treppenstufe heranführen lassen will, so schlag es mit einem Stock zwischen die Ohren oder sonst am Körper außer in die Augen, dann wird es dir wunderbarlich zu Willen sein, es sei denn unleidlich; strafe es ohne Rücksicht, bedrohe es dabei mit fürchterlicher Stimme; einem so entschlossenen Auftreten gegenüber wird es sich willfährig wie ein Schäfchen heranbegeben; aber du mußt

es streicheln, sobald es sich gibt und gut tut.«

Fraglich bleibt es, ob das derart behandelte und eingeschüchterte Pferd das Streicheln überhaupt noch als Liebkosung empfand. In erster Linie wird es das Nachlassen der Strafe, weniger die positive Zuneigung gespürt haben. Die rückhaltlose Eindämmung der Spontaneität des Tieres äußert sich auch in Grisones Maßnahme, ein widerspenstiges Tier an den Zügel oder Halfterstrick zu nehmen und durch einen

AVRA

Helfer mit einer Peitsche im Trab oder Galopp tüchtig um sich herumtreiben zu lassen. Dies soll auf beiden Händen geschehen, bis das Pferd sich völlig gefügig zeigt. Wenn ein junges Pferd sich beim ersten Reiten widersetze, sei ihm eine solche Maßnahme sehr nützlich.

Allein über die bedingungslose Unterordnung führte für Grisone ein Weg zum Gehorsam. Diese immer wieder aktualisierte Komponente der frühen italienischen Schulreiterei wurde später vor allem von der sogenannten französischen Gewaltschule propagiert. Ihre Vertreter – Namen wie de la Broue, Baucher und Fillis waren besonders bekannt – setzten sich in ihren Methoden und Forderungen sowie in der Ausbildung von künstlichen Gängen und manirierten Bewegungsfolgen über die natürlichen Dispositionen des Tieres hinweg.

Um der Gerechtigkeit willen sei vermerkt, daß sich bei Grisone neben der unbedingten reiterlichen Herrschaft über das Pferd

Römisches Mosaik aus Susa im heutigen Tunesien, eine Pferdedressur in einem Zirkus darstellend

auch Verhaltensweisen finden, die von Rücksicht auf die psychischen und physischen Gegebenheiten des Tieres ausgehen. Und als Ausbildungsziel hatte der Reitmeister die Harmonie von Pferd und Reiter vor Augen: »Wisse, wenn dein Pferd in gute und rechte Zucht gebracht ist, dann bedarfst du keiner Rute, um ihm zu helfen, sondern nur um die Hand gerade so zu halten, wie du den Degen im Gefecht trägst; auch hast du dann keine Veranlassung, die Stimme zu gebrauchen, noch mit den Schenkeln zu quetschen, noch mit dem Leib, den Händen, Hüften, Knien und Hacken seiner Ungeschicklichkeit abzuhelfen; sondern sitze so richtig, wie ich es dich gelehrt habe; denn schon die geringste Andeutung einer Hilfe des Zaums oder der Sporen läßt es jede Regung deines Herzens erkennen, und bei jeder Bewegung, die es tut, wird es dich begleiten, und du schmiegst dich seiner Bewegung an, so daß es stets Zeit und Maß einhält; und in den Augen der Zuschauer wird es scheinen, als ob es und du wäret: ein Körper, ein Sinn, ein Wille!«

Vom Reiter forderte Grisone dann auch für das Tier verständliche Hilfen: »Das aber ist die größte Schwierigkeit und Kunst des echten Reiters, dem Pferd klar verständlich zu machen, weswegen und wozu er ihm Strafe oder Hilfe, nicht nur die der Sporen, sondern jeder Art gibt. Denn wenn es dies weiß, geht es immer in Übereinstimmung mit ihm, nach seinem Willen...«

Das Ausbildungs- und Abrichtungsziel der »Ordini di cavalcare« lag in der umfassenden Steigerung der Fähigkeiten des Pferdes, in erster Linie erreicht über die Arbeit im Trabe. Die Förderung betraf die Beweglichkeit im Schritt, den Schwung des Galopps, die Schnelligkeit des Laufes, den Schwung und die Kraft der Sprünge, die Leichtigkeit des Anhaltens, die Sicherheit und Regelmäßigkeit in den Wendungen, die Stetigkeit von Kopf, Hals und Nacken sowie die Weichheit und Anlehnung des Mauls.

Analog zu den sieben Strafen – Stimme, Rute, Zaum, Wade, Bügel, Sporn und Herumwenden – sprach Grisone auch von sieben Hilfen, nämlich Stimme, Zungenschlag, Rutenzwitschern, Zaum, Wade, Bügel und Sporn. Die Aufzählung dieser sieben Wege der Einwirkung darf nicht über die Tatsache hinwegtäuschen, daß neben der Rute der Sporn und die Kandare die dominierenden Hilfen in der Renais-

sance-Reiterei waren. Hinsichtlich der Kandare ist bemerkenswert, mit welcher Intensität der Meister sich mit der Wirkung unterschiedlicher Mundstücke befaßte: Er beschrieb und illustrierte etwa fünfzig meist gebrochene Stangengebisse, die für verschiedene Pferdemäuler passen sollen. Grisone kannte als wichtiges Ziel der Ausbildungsarbeit die Versammlung, den sogenannten Hankenbug. Dem Pferd wird bei dieser Arbeit beigebracht, die Hanken zu beugen, mit dem Hinterbein vermehrt unterzutreten und dabei mehr Last aufzunehmen. Zugunsten der durchs Reitergewicht stärker belasteten Vorderbeine wird bei der Versammlung die Tragkraft der Hinterbeine gefördert. Grisone hatte dies erkannt, und dies unterstreicht seine Bedeutung für die Geschichte der neuzeitlichen Schul- und Dressurreiterei. Um den Hankenbug zu erreichen, empfahl der Meister unter anderem die Arbeit auf dem Zirkel, das Rückwärtsrichten, das Reiten an einem sanften Hang und das Erheben der Vorhand beim Anhalten im Bergabreiten nach vermehrtem Treiben mit Stimme, Sporen und Rute. Die Parade im Bergabreiten soll in verschiedenen Tempi ausgeführt werden, im Trab wie im Galopp.

Grisones epochales Werk »Gli ordini di Cavalcare« wurde in Italien mehrfach aufgelegt, ins Französische wie ins Deutsche übersetzt. Das machte Grisone bekannter als Fiachi, den Gründer der Schule in Neapel, auch bekannter als Pignatelli und Caracciolo, die sich in ihrer Arbeit eng an Grisone anlehnten. 1570 erschien die erste Auflage der deutschen Bearbeitung der »Ordini di Cavalcare«, weitere folgten. 1578 veröffentlichte Herwarth von Hohenburg sein Werk über die »Reiterei«, das sich deutlich an Grisone orientierte. Pignatelli wurde der Lehrer der französischen Reitmeister de la Broue und seines Gegenspielers de Pluvinel, die den italienischen Einfluß nach Frankreich brachten. Durch Aquila und Vargas profitierte Spanien von der italienischen Renaissance-Reiterei, durch St. Antoine auch die Engländer.

Der oberpfälzische Edelmann Georg von Löhneysen dürfte das Werk Grisones bei der Abfassung seines hippologischen Opus »Della Cavalleria« (1609) ebenfalls vor Augen gehabt haben. Häufig schloß er sich wörtlich an den italienischen Meister an, in manchen Partien widersprach er ihm freilich auch. In großen Zügen stimmte das Ausbildungs- und Abrichtungssystem des

Deutschen mit dem des Italieners überein. Wie Grisone befürwortete Löhneysen die extreme Beizäumung, ja die Überzäumung bei starker Aufrichtung. Pferde, die im Hals zu eng wurden und sich zu stark beizäumen ließen, sollten nach Ansicht der beiden Meister allerdings nicht mit der Hand bearbeitet werden. Sie empfahlen die Einwirkung von Sporn und Rute auf das Hinterbein und wiesen damit auf die Aktivierung des Hinterbeins als die Basis aller dressurreiterlichen Ausbildung hin. Wenn die Pferde sich weiterhin »in die Brust zu beißen« drohten, verfügte Löhneysen über ein weiteres Mittel: eine Walze auf den Kehlriemen ziehen oder eine Kugel mit Spitzen zwischen Hals und Ganaschen hängen oder schließlich Sporenräder an den Enden der Kandarenbäume anbringen! Das Hauptwerk Löhneysens, »Della Cavalleria«, umfaßt in Form eines Kompendiums auf über 800 Seiten das gesamte Kavalleriewesen, als einen Teil von ihm die Reitkunst. Schon im 16. Jahrhundert publizierte der Stallmeister am Hofe des Kurfürsten von Sachsen sowie beim Herzog von Braunschweig-Lüneburg in Wolfenbüttel sein erstes hippologisches Werk, nämlich 1588 mit dem Titel »Gründlicher Bericht des Zäumens und ordentliche Austheilung der Mundstück und Stangen«.

Neue Impulse erfuhr die Schulreiterei durch den Franzosen Antoine de la Baume Pluvinel. Im Jahre 1555 wurde er geboren. Schon bevor er nach Italien zum Grisone-Schüler Pignatelli in die Lehre ging, galt er als begnadeter Reiter. Nach sechs Jahren kehrte er in seine Heimat zurück, eröffnete eine Reitschule und wurde Lehrer des Dauphins, des späteren Ludwig XIII., der von 1610 bis 1643 regierte. De Pluvinel wurde auch mit diplomatischen Aufgaben betraut, in den Staatsrat aufgenommen und zum Landstallmeister befördert. Seinen Lebensabend verbrachte der Reitmeister und Diplomat als Gouverneur. Diese Tatsachen sind nicht nur von biographischem Interesse, sie zeugen auch vom gesellschaftlichen Einfluß der alten Reitmeister. 70 Seiten Text und 50 Stiche eines flämischen Künstlers umfaßt de Pluvinels Werk »Manège Royal«, das König Ludwig XIII. im Jahre 1623 übergeben wurde. Der Verfasser war bereits verstorben. Das posthum erschienene Buch – in der Form eines Dialogs zwischen dem König und de Pluvinel geschrieben – hatte der Meister schon zur Zeit der Unterweisung des Dauphins zusammengestellt, jedoch unveröffentlicht unter Verschluß gehalten. Erst kurz vor Pluvinels Tod erfuhr der König von dem Werk, dessen Publikation er dann erwirkte.

Prinz Baltasar Carlos in der Reitschule. Der Prinz wurde am 17. Dezember 1629 als Sohn Philipps IV. und Isabellas von Bourbon geboren. Er starb schon 1646 in Saragossa. Das Reiterbildnis des sechsjährigen Baltasar Carlos wird Diego Velázques (1599–1660) zugeschrieben.

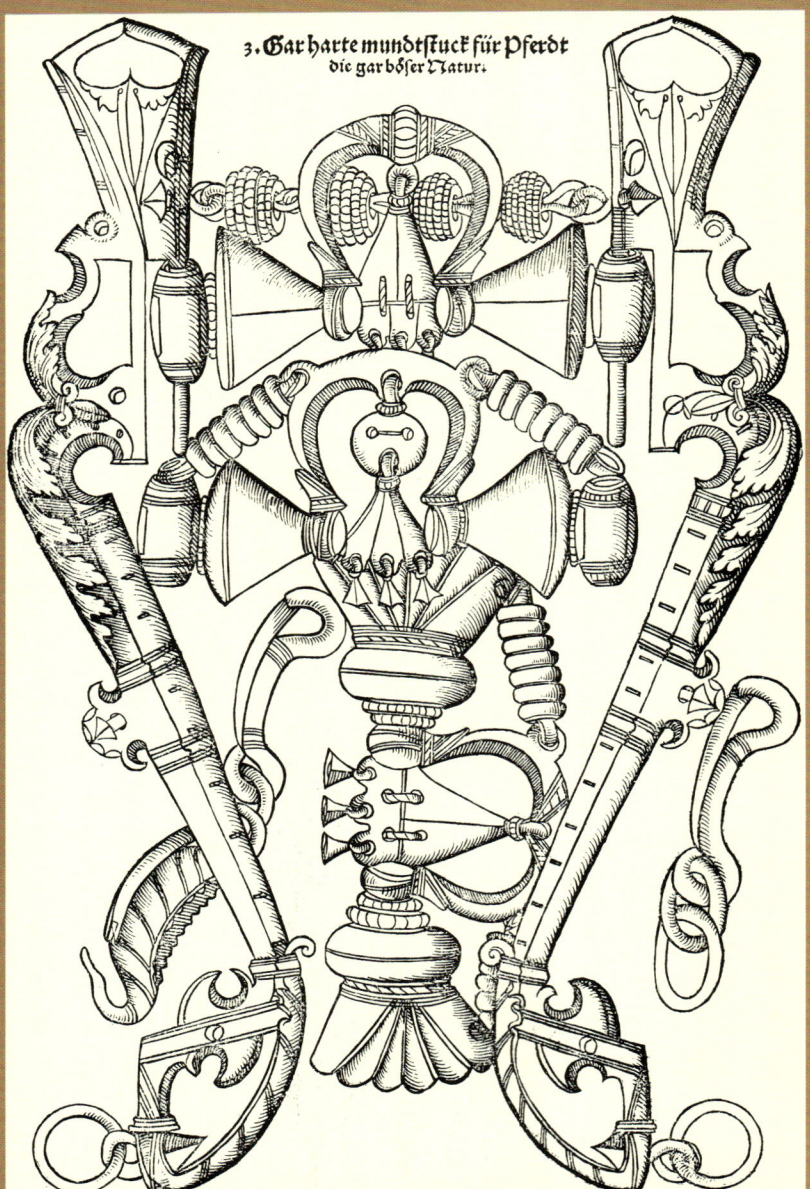

3. Gar harte mundstuck für Pferdt
die gar böser Natur.

Abbildungen aus dem berühmten Werk von Federigo Grisone »Gli ordini di Cavalcare«, das 1570 auch in deutscher Sprache unter dem Titel »Künstlicher Bericht …« (rechte Seite) erschien und in »wolverstendlichem Teutsch und zierlichen Figuren« angepriesen wurde. Der Meister befaßte sich unter anderem ausführlich mit verschieden geformten Mundstücken und beschrieb in seinem Buch etwa fünfzig, meist gebrochene Stangengebisse, die zum Teil geradezu martialische Werkzeuge darstellen und für »ein Pferdt von gar böser Natur« gedacht waren. Überhaupt vertrat Grisone in der Ausbildung und Abrichtung von Pferden eine äußerst harte Richtung. So lautet sein Kommentar zur Abbildung links oben: »Wie ein Roß gelert werden soll / das es sich auff alle vier niderlasse / zum auff und absitzen …
Wann du nu begerest solchs ins werck zuführen / mustu dir vor allen dingen einen fallzeug / mit Ringen sampt den Riemen / hierzu beraiten lassen / dardurch es mit mehrerm gewalt gezwungen werde. Dann alle obernante straffen und hilffen (wiewol sie auch zum thail / insonders durch brauch der Ruten / nicht mögen underlassen werden) hierzu etwas zu schwach und lindt.
Hierzu wirdt auch notwendig erforderet / daß / auff welchen tag du diß werck zu volziehen gedacht / dem Pferd die vorgehende nacht kein Futter gebest / auff das es auch durch den hunger darzu getriben und verursachet / auff der Erden (wie folgen wirdt) dasselb mit gebognen knien zunemmen.
Demnach magstu auff einen newen tieffen Acker / der etwas sandicht oder lindt sey: Oder aber auch auff eine braite unnd hierzu taugliche unnd zuberaite Miststadt. Allda verordnen drey Mans personen / die baides dem Pferd den fallzeug ordentlich anlegen / und dir zu deinem werck behilflich sein können / und dessen erfaren / der gestalt: das der erste forne den zaum oder Zügel in der aine und die Gerte in der andre hand habe / das Pferd damit zu regieren und anlaitung zugeben / die andre zwen von hinden / welche die baide zügel oder Riemen des fallzeugs in guter acht haben und halten.
Hierauff mus nu der Man fornen verordnet / das Pferdt nicht allein sein sanfftigklich an die fodren füß schmitzen / in gestalt wie von dem ainen fus gelert / sondren er es auch mit der handt kutzlen an der Brust unnd an Schencklen: und in dem / wann es sich etwas empor geben wolt / sollens die hindern mit den Riemen fein gemechlich anziehen / und ims mit nicht gestatten. In dem soll ein andere person ihm das Futter in ainer wann fürsetzen / und also auff den knien ligendt essen lassen. Und in dem allweg schön thun / so wirdt es erkennen / was man von im begert und haben will.
Diß treib nun also vil und offt / biß das es verstehen lernet / wann du auff einen platz kompst / den gehorsam begerendt / unnd mit der Ruten auff die fodren füß schmitzest / es von ihm selbs sich nider thue / in gestalt wie oben im eingang vermeldet.«

INNOKO MIKH.

PERSEVS.

OCYRHOE.

CENTAVRI.

MINOS.

Künstlicher Bericht
Vnd allerzierlichste beschrey=
bung des Edlen / Vhesten / vnnd
Hochberümbten Ehrn Friderici Griso=
nis Neapolitanischen hochlöblichen Adels: Wie
die Streitbarn Pferdt (durch welche Ritterliche
Tugendten mehrers thails geübet) zum
Ernst vnd Ritterlicher Kurtzweil/
geschickt vnd volkommen
zumachen.

In sechs Bücher bester Ordnung/
woluerstendlichem Teutsch / vnd zierli=
chen Figuren (mit anhengung etzlicher Kampff=
stuck) dermassen in druck verfertiget/ das
dergleichen in Teutschland niemals
ersehen worden.

Durch Johann Fayser den Jüngern
von Arnstain des Hertzogthumbs Francken
vnd Bistumbs Würtzburg.

Mit Röm. Kay. & May. Freyhait/
nit nach zutrucken.

ALEXAND.

IVLIVS. C.

Auch für de Pluvinel ist der Gehorsam des Pferdes das zentrale Moment seines reiterlichen Systems, freilich ein Gehorsam, der die psychische Konstitution des Tieres berücksichtigt: »Die ganze Reitkunst ruht auf dem vollkommenen Gehorsam gegen die Zügelfaust und gegen die Hacken.« De Pluvinel ging in seinem psychologisch-pädagogisch orientierten System sogar so weit, den Gehorsam unabhängig von bestimmten Aufgaben zu verselbständigen und vom Tier zu verlangen. Er forderte zunächst gerade nicht die Aufgaben, die das Pferd von seiner Natur her quasi anbietet und die ihm besonders leichtfallen. Er tat das Gegenteil, um dem Tier die Autorität des Menschen in kategorischer Form deutlich zu machen. »Man muß dem Pferd immer Arbeiten geben, die seinem Willen am meisten entgegengesetzt sind, um es sicher zum vollständigen Gehorsam zu bringen.« Einerseits kann man de Pluvinel in diesem Punkte heute noch zustimmen, andererseits muß man ihm aber vorhalten, mit diesem pädagogischen Prinzip das Pferd zu überfordern, ihm die Arbeit zu erschweren, es möglicherweise auf Dauer einzuschüchtern.

De Pluvinel war zur Strafe des Pferdes mit Stimme, Peitsche und Sporn bereit. Dem Lob scheint er aber doch die gewichtigere Rolle eingeräumt zu haben, und zwar nicht dem unmotivierten Lob in sentimentaler Beziehung, sondern dem gezielten Lob, das der gehorsamen Ausführung der einzelnen Lektionen folgt. Man müsse das Pferd »sofort liebkosen und streicheln, sobald es sich zum Gehorsam anschickt; denn die Pferde können nicht mehr gehorchen lernen als durch viel Lob mit Mund und Hand und Geben von Leckerbissen, Gras, Brot, Zucker und so weiter. Thun sie aber übel, so sei man mit Strafen bei der Hand mit Stimme, Peitsche und Sporn; man sei aber geizig mit Schlägen, freigebig mit Lohn.«

Besondere Bedeutung gewann de Pluvinel für die Geschichte der Schulreiterei mit seiner Auffassung von der »Natürlichkeit« der reiterlichen Lektionen, insbesondere der Schulsprünge. Mit dieser Ansicht sprach der französische Meister ein Thema an, das sich wie ein roter Faden durch die weitere Geschichte der Dressurreiterei zieht, auf das man sich vor allem zur Abgrenzung »echten« und »richtigen« Reitens vom zirzensischen stets berief und immer noch beruft. De Pluvinel vertrat die Meinung, die Schulsprünge seien nicht ein Kunstwerk erfindungsreicher Menschen; das Pferd tue vielmehr unter dem Reiter und auf seinen Wunsch hin nur das, was es

in der freien Natur ohnehin zeige. Den Oberstallmeister ließ de Pluvinel in seinem Dialog sagen: »Sire, wenn die Füllen um ihre Mütter springen, machen sie niemals eine gewöhnliche Kehrtwendung, sondern drehen sich im Anhalten auf den Hanken, manchmal hoch in Courbetten. Daher bin ich der Meinung Pluvinels, daß die Schulsprünge des Pferdes natürlich sind und die Natur einem jeden seinen besonderen Sprung gegeben hat.« Neben der Natürlichkeit der Schulsprünge sprach de Pluvinel in dieser Formulierung ein weiteres bemerkenswertes Thema an, nämlich die unterschiedliche Begabung der verschiedenen Pferde für die einzelnen Lektionen. Allgemein bekannt ist de Pluvinel als Erfinder der Pilaren. Dabei handelt es sich um einen festen oder zwei Pfeiler, an denen das Pferd angebunden und dann gearbeitet wird. Dieses Ausbildungsmittel bedarf besonderer Feinfühligkeit und Rücksicht auf das Pferd. Heute wird es nur noch selten verwandt. Die Pilaren führten de Pluvinel nach seinen Angaben dazu, den Ausbildungsprozeß von Pferd und Reiter auf die Hälfte der Zeit zu verkürzen.

De Pluvinel war offenbar ein so überzeugender Meister, daß selbst sein Gegenspieler de la Broue seine guten Anlagen, seine Sorgsamkeit, seine Geduld und seinen Fleiß anerkannte. Auch de la Broue predigte die gewaltsame Durchsetzung des reiterlichen Willens als Grundlage seines Systems, mit der Psyche des Tieres befaßte er sich nicht näher. De la Broue, wie de Pluvinel Schüler des Italieners Pignatelli, begründete die sogenannte »französische Gewaltschule«.

Seigneur of Cavendish nannten die Franzosen den englichen Reitmeister Herzog

William Viscount of Newcastle, der den in Italien ausgebildeten französischen Meistern zwar beträchtliche Verdienste zugestand, im übrigen aber Originalität beanspruchte und von sich behauptete, die allein seligmachende Reitweise in Theorie und Praxis zu vertreten. Zusammen mit dem Prinzen von Wales, der durch die Revolution der Puritaner unter Führung des Reiterobersten Cromwell 1645 aus England vertrieben wurde, lebte Newcastle in Frankreich und den Niederlanden. Nach der Revolution kehrte er mit dem Prinzen, der als König Karl II. den Thron bestieg, nach England zurück, erhielt 1664 die Herzogswürde und starb 1675. Während seines niederländischen Aufenthalts erbaute er in Antwerpen ein Reithaus und veröffentlichte dort auch 1658 in französischer Sprache sein Werk »Methode et invention nouvelle de dresser les chevaux...« Durch Darstellungen des Rubensschülers Diepenbeecke war das Buch besonders prunkvoll ausgestattet.

Der Pluvinelsche Gedanke von der Natürlichkeit der reiterlichen Lektionen findet sich auch bei Newcastle. Auch er demonstrierte anhand des Spiels der Fohlen auf der Weide seine Ansicht, nach der die reiterliche Ausbildung nicht über die Natur hinausgeht, sondern sie nur nachahmt. Die Kunst und speziell die reiterliche Kunst müsse »immer der Natur folgen und nie im Gegensatz mit ihr vorgehen; denn sie ist die Herrin der Welt und fordert Gehorsam«.

In der Praxis blieb der Meister nicht bei diesem Konzept. Er hielt sich vor allem bei seinen gewaltsam-willkürlichen Verdrehungen des Pferdekörpers, speziell denen des Halses, nicht an die Natur. Seine Irrwege lieferten freilich zugleich produktive Neuansätze, indem Newcastles Schrägstellungen später mit gymnastischer Ausbildungsarbeit verbunden und auf ihrer Basis die verschiedenen Seitengänge entwickelt wurden.

Newcastle sah die verschiedenen Glieder des Tieres weniger als eine organische Einheit, mehr als ein Kompositum einzelner Teile. So ordnete er bestimmte reiterliche Hilfen bestimmten Teilen des Pferdekörpers zu. Von einer den gesamten Körper umfassenden Gymnastik des Tieres ging er nicht aus. Newcastle begann mit seiner Arbeit am Kopf des Pferdes, versuchte über die reiterliche Einwirkung auf Kopf und Hals zu den Hanken zu gelangen. Bei dieser der heutigen Reitauffassung diametral entgegenlaufenden Methode konnte der Herzog es nicht vermeiden, daß die Pferde im Hals und nicht im Genick

abknickten, sich stark überzäumten und Widerstände wie Verkrampfungen zeigten. Bei Newcastle dominierte die Handarbeit. Das harmonische Zusammenspiel von treibender und parierender Hilfe kannte er noch nicht. Diese Feststellung wird nicht korrigiert durch Newcastles Forderung, »immer vorwärts zu reiten.« Um den Hals des Pferdes abzubiegen und zu formen, bediente der Herzog sich in erster Linie des von ihm erfundenen Schlaufzügels, den er im ersten Ausbildungsstadium des Pferdes vom Sattelgurt zu den Kappzaumringen und weiter in die Hand des Reiters führte. Später wurden die Schlaufzügel nicht mehr über die Kappzaumringe, sondern über die Kandare geleitet. Bei starker Halseinstellung trieb Newcastle die Pferde mit Sporn und Peitsche in kleinen Volten um einen Pfeiler. Er stellte sie auch senkrecht gegen eine Mauer, um ihnen die Seitengänge beizubringen.

Newcastles reiterliches Programm umfaßte die folgenden Lektionen: Galopp auf dem Kreise, Wechseln durch den Kreis, Viereck, Arbeit der Schultern und der Kruppe, Schritt, Trab, Galopp und voller Lauf, Schaukelsätze, Kruppe herein und heraus, Kehrtwendungen, Courbetten auf Volten und geradeaus, Schlangenlinien, Kapriolen bei »Kopf an die Wand«, schräge, ovale und Viertelvolten.

Newcastle trat ausdrücklich gegen den Sitz auf dem Gesäß und für den Spaltsitz ein. Ihm widersprach der deutsche Reitmeister Pinter von der Aue, der für das Reiten auf den Gesäßknochen plädierte und als Stallmeister im Jahre 1664 seine Lehre publizierte: »Vollkommener Pferdeschatz; von Geschlecht, Arten, Eigenschaften und so weiter der Pferde; Fortpflanzung, Wartung, Abrichtung, Zäumung, Reitkunst, Lanzenbrechen, Kopf- und Ringelrennen«.

Als weiterer deutscher Reitmeister des 17. Jahrhunderts wurde der Halberstädter Bürgersohn Georg Simon Winter von Adlersflügel bekannt. Wegen seiner bedeutenden Verdienste um die Reiterei und die Pferdezucht erhob Kaiser Leopold I. ihn in den Adelsstand. Der württembergische Stallmeister schrieb 1673 die »Reit- und Zaumkunst«, 1674 die »Reitkunst«, 1678 das Werk »Wohlberittener Kavalier«, 1691 die Arbeit »Kurioser Stallmeister«, weiter ein Buch mit dem Titel »Wohlerfahrener Tierarzt« und endlich ein »Stuterei-Buch«. Historische Beachtung verdient Winter von Adlersflügel vor allem wegen seiner

Beschreibung der Piaffen und Passagen, die als trabartige Lektionen von seinen Vorgängern nicht so intensiv berücksichtigt worden waren. Nach Winter sind Piaffe und Passage zunächst »an der Wand, dann auf der Volte, auf die Seite, unter sich und für sich, wie auch auf der Stell« zu reiten. Der Stallmeister empfahl weiter, nach Vorübungen im Stall zwischen den Pilaren zu arbeiten und das Pferd mit Stöcken und Spitzruten anzutreiben. Winter von Adlersflügel ist ferner deshalb bemerkenswert, weil er nicht nur für die Arbeit des Pferdes in der Manege eintrat, sondern auch von den Vorzügen des Geländereitens sprach: »Nichts Nützlicheres ist sowohl einem jungen als auch einem alten Pferd als das Feldreiten, denn dadurch wird ein jung Pferd fromm und tätig, lernt geradeaus und für sich gehen, kommt ihm allerhand unter das Gesicht, und kann daneben in einer Stund mit der Arbeit mehr verrichtet werden als auf dem Reitplatz oder im Reithaus in drei Stunden; ja, ich halte in allen Unterweisungen im freien Feld mehr, als von zehn anderen im Reithaus oder an einem anderen Ort, wo es eingesperrt ist.« Zwischen der frühneuzeitlichen Schulreiterei und dem derzeitigen Dressursport steht als bedeutendster Meister der Franzose François Robichon de la Guérinière, der mit der Arbeit des Pferdes im Schulterherein eine ausschlaggebende Grundlage für die weiterführende Versammlung schaffte, der aber vor allem deshalb bekannt wurde, weil er das überlieferte Gut systematisierte und in einer schöpferischen Synthese verband. Wer heute von klassischer Reitlehre spricht, beruft sich in erster Linie auf Guérinière. Auch die derzeitige Spanische Hofreitschule in Wien tut dies ausdrücklich – obwohl man aus kritischer Distanz nicht übersehen kann, daß zwischen der Spanischen in Wien und Guérinières Reiten beträchtliche Entwicklungen liegen. De la Guérinière lernte in Paris bei F. de Vendeuil, der neben La Vallée der bekannteste Schulreiter seiner Zeit war. Durch den Landstallmeister des Königs wurde Guérinière im Jahre 1715 zum »Ecuyer Académiste« bestallt. Mit diesem Ruf eröffnete er eine Akademie zur Ausbildung junger Edelleute. Der »Ecuyer de Roy« gründete verschiedene weitere Reitschulen und Akademien, die jedoch insgesamt so schlecht florierten, daß sein Sohn sich weigerte, die Erbschaft des 1751 verstorbenen Vaters anzutreten. Im Jahre 1733 hatte

Abbildungen aus dem Werk des englischen Reitmeisters William Cavendish, Duke of Newcastle, das 1658 in französischer Sprache unter dem Titel »Methode et invention nouvelle de dresser les chevaux« erschien. Die Illustrationen malte der Rubensschüler Diepenbeecke.

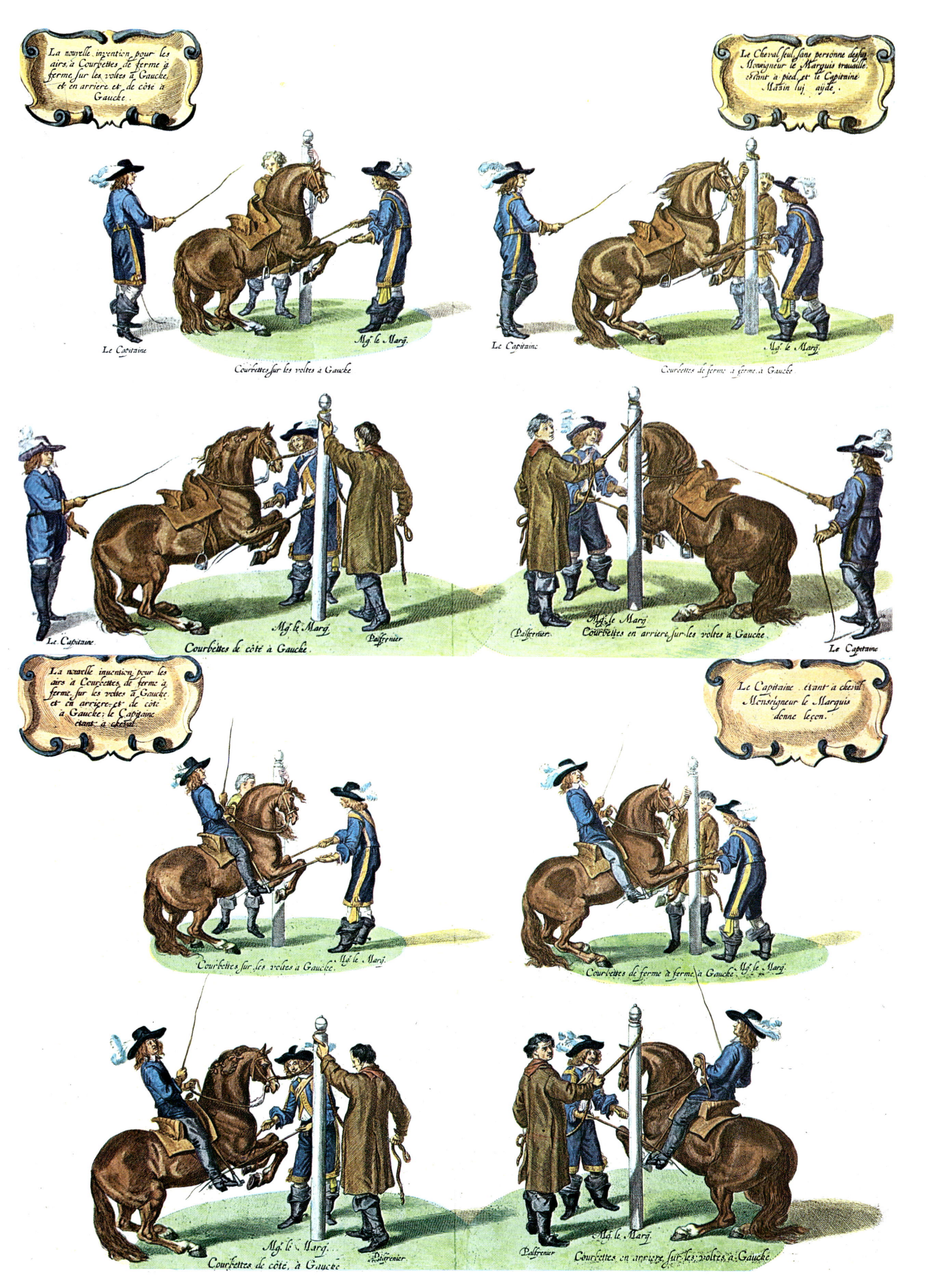

La nouvelle invention pour les airs, à Courbettes de ferme à ferme, sur les voltes à Gauche, et en arriere et de côte à Gauche.

Le Cheval seul sans personne dessus, Monseigneur le Marquis travaille etant à pied, et le Capitaine Matin luj aide.

Le Capitaine

Mg. le Marg.

Courbettes sur les voltes à Gauche

Le Capitaine

Mg. le Marg.

Courbettes de ferme à ferme à Gauche.

Le Capitaine.

Mg. le Marg.

Palfrenier.

Courbettes de côté à Gauche.

Palfrenier.

Mg. le Marg.

Courbettes en arriere sur les voltes à Gauche

Le Capitaine

La nouvelle invention pour les airs à Courbettes, de ferme à ferme, sur les voltes à Gauche, et en arriere, et de côte à Gauche; le Capitaine etant à cheval.

Le Capitaine etant à cheval Monseigneur le Marquis donne leçon.

Courbettes sur les voltes à Gauche. Mg. le Marg.

Courbettes de ferme à ferme, à Gauche. Mg. le Marg.

Mg. le Marg. Courbettes de côté, à Gauche. Palfrenier.

Mg. le Marg. Palfrenier. Courbettes en arriere, sur les voltes, à Gauche.

Guérinière seine »Ecole de Cavalerie« veröffentlicht, ein Werk, das sich im ersten Teil mit allgemeiner Pferdekunde beschäftigt, im zweiten die Reitlehre behandelt und im dritten über die Veterinärmedizin unterrichtet.

Guérinière verstand seine Ausbildung als eine Vervollkommnung der Natur. Mit dieser Auffassung ging er insofern über Pluvinels Lehre von der Natürlichkeit der Schullektionen hinaus, als die Ausbildung sich nach seiner Ansicht nicht nur an die Natur anschließt oder auf ihr aufbaut, sondern sie vervollkommnet. Das Reiten macht das Pferd mit anderen Worten vollkommener, als es von Natur aus schon ist: »Es ist die Praxis, die uns die Psyche, die Anlagen und Möglichkeiten des Pferdes zu erkennen lehrt und uns in die Lage versetzt, die unter der Unbeholfenheit seines ungeübten Körpers verborgene Kraft und Eleganz zutage zu bringen.«

Guérinière sah das allgemeine Ziel der Dressurarbeit in der Losgelassenheit des Pferdes, in der Erziehung zum Gehorsam und in der Versammlung. Diese allgemeinen Ausbildungsprinzipien sind nach seiner Ansicht für den Kavalleristen und den Jagdreiter ebenso verbindlich wie für den Schulreiter. Guérinière faßte dadurch die unterschiedlichen Anforderungen an das Pferd bei verschiedenen Verwendungsweisen zusammen und leistete den ausschlaggebenden Beitrag zu dem, was man als die Basis der klassischen Ausbildungsarbeit bezeichnet. Für Guérinière hatte auch die Schulreiterei auf einer Gymnastizierung des gesamten Pferdekörpers aufzubauen und sich nicht auf das Einüben einzelner Lektionen zu beschränken.

Der französische Meister sah in der Liebe zum Pferd, der Kraft, dem Mut und vor allem in der Geduld die wichtigsten Eigenschaften des echten Reiters: »Wenn ich von Kraft und Mut spreche, so meine ich weder Brutalität noch die Waghalsigkeit, zu der manche Reiter sich verpflichtet glauben, mit der sie sich selbst in Gefahr bringen und ihre Pferde unwillig und ungehorsam machen. Ich verstehe darunter vielmehr die gelassene Kraft, die das Pferd im Gehorsam erhält und die Losgelassenheit, Gleichgewicht und Eleganz ermöglicht – drei Eigenschaften, die den rechten Reiter auszeichnen und ihn ein gutes Stück auf dem Weg zur Vollkommenheit weiterbringen.«

Vollkommene Ausbildung liegt nach Guérinière bei einem Pferd dann vor, »wenn es auf beiden Händen völlig zügel-, schenkel- und sporengehorsam ist, sowohl im Vorwärtsreiten, beim Rückwärtsrichten, im

Halten und in den Seitengängen«. Außerdem dürfe es Schenkel- und Sporenhilfen weder durch Ausfallen der Hinterhand noch durch Kopfschlagen quittieren. Ein derart gehorsames Pferd war für Guérinière allerdings keine Selbstverständlichkeit. In kritischer Wertung seiner Zeit nahm er vielmehr an, es existiere gar nicht mehr.

Hinsichtlich der allgemeinen Ausbildungsprinzipien ist weiter Guérinières Forderung wichtig, die treibende mit der parierenden Hilfe zu verbinden: »Zu einer korrekten Zügelhilfe gehört die entsprechende Einwirkung der Schenkel. Dieses Zusammenwirken der Hilfen ist die unbedingte Voraussetzung der guten Reiterei.«

In den halben wie den ganzen Paraden und im Rückwärtsrichten sah der Akademielehrer Lektionen, die das Pferd dazu veranlassen, sein Gewicht durch Hankenbug und Untertreten vermehrt auf die Hinterbeine zu verlagern, um so das Übergewicht auf den Vorderbeinen auszugleichen. Guérinière schlug freilich auch vor, ein Pferd, das sich aufs Gebiß legt, mit häufigen halben Paraden zu korrigieren, bei denen keine treibende Einwirkung erfolgen dürfte, weil man dann noch mehr Gewicht auf die Vorhand verlagere. In diesem Punkt ist aus heutiger Sicht die entgegengesetzte Ansicht zu vertreten: Man bekommt das Pferd nur dann von der Hand, wenn man über treibende Hilfen bei den halben Paraden die Tragkraft der Hinterbeine aktiviert.

»Anfang und Ende der gymnastischen Ausbildung des Pferdes« sah Guérinière in der Lektion Schulterherein, die erstens »eine stark lösende Wirkung auf die Schulter« gewinne, zweitens durch das Übertreten und das dafür erforderliche weite Untertreten versammelnd wirke und drittens zum Schenkelgehorsam erziehe. Auf die Schwierigkeiten und Gefahren des Schulterherein wies der Meister allerdings mehrfach hin.

Zum Ausbildungsprogramm gehörten auch die Piaffen und Passage, die Schulvolte und die halbe Volte, die Passade, die Pirouette und der Redopp, ferner die Schulen über der Erde, die Pesade, die Mezair, die Courbette, die Kruppade, die Ballotade, die Capriole und die Halbcapriole.

Die sogenannte »Schule von Versailles« wahrte das Erbe de la Guérinières. Sie prägte die französische Reitkultur des 18. Jahrhunderts und sorgte für das Fortwirken der wegweisenden Lehren. Den Wirren der Französischen Revolution fiel das feudale Institut zum Opfer. Die im Jahre 1816 neugegründete zweite Schule von Versailles konnte in ihrem Niveau nicht an die *Manège Royal* anknüpfen.

Mit der Wende zum 19. Jahrhundert hatte die höfische Institution der Schulreiterei ihren Höhepunkt überschritten. Dem Geist der neuen Zeit entsprach – unabhängig von den Restaurationsversuchen – die allgemeine, solide Grundausbildung des Pferdes. Sie entsprach dem kavalleristischen Anliegen nach einem dirigierbaren, gehorsamen Pferd, das auch von durchschnittlich begabten Reitern ohne Risiko für Mensch und Tier eingesetzt werden konnte. Neben der Schulreiterei gewann die Campagnereiterei immer mehr an Bedeutung, und zwar auch mit der Tendenz, auf die Grundlagen der Schulreiterei mit ihrer schwierigen Forderung nach Versammlung gänzlich zu verzichten zugunsten einer intensiveren Schulung im Geländereiten. Das Training im Gelände orientierte sich an der englischen Jagdreiterei, an ihrer Beweglichkeit und ihrem Geschick. Zwischen den verschiedenen Strömungen kam es zu heftigen Auseinandersetzungen. Den »Anglophilen« wurde nüchterner Pragmatismus vorgeworfen, und zwar ein Pragmatismus, der auf Kosten der Gesundheit des Pferdes gehe. Gegen die Anhänger der traditionellen Schulreiterei wandte man ein, sie huldigten einem überholten Leitbild und pflegten eine Reiterei, die zu unbeweglich sei, um den modernen Anforderungen an eine in weiten Räumen operierende Kavallerie gerecht zu werden.

Mit der Verselbständigung der Campagnereiterei verschwand die Schulreiterei zwar nicht, sondern wurde zu einem Bereich neben der allgemeinen Reiterei, zu einer Disziplin, die sich an die verbindliche Grundausbildung anschloß, zu einer weiterführenden Schule für Spezialisten und Offiziere. Diese Entwicklung bedingte, daß die bedeutenden Reitmeister sich in verstärktem Maße um die Basis kümmerten und bald in erster Linie nach ihrem Konzept der Grundausbildung des Pferdes beurteilt wurden.

Durch den Freiherrn J. B. Sind (sein »Unterricht in den Wissenschaften eines Stallmeisters« erschien zunächst im Jahre 1770) sowie durch den hannoverschen Meister Prizelius (1777 wurde sein Werk »Der Bereiter« herausgegeben) erfuhren Guérinières Gedanken im deutschen Raum Anerkennung und Beachtung. Prizelius trat mit Nachdruck für den Balancesitz auf Gesäß und Spalt ein. J. B. Sind förderte die Campagnereiterei unter anderem einfach dadurch, daß er in der Hohen Schule nicht mehr die Krone und das Ziel aller Reiterei sah.

Zwischen der alten und der neuen Epoche

stand Ludwig Hünersdorf (1748–1813), zunächst Regimentsbereiter bei der hessi-
schen Leibgarde, später Stallmeister des
Kurfürsten von Hessen, dann Stallmeister
beim König von Württemberg. Hünersdorf
veröffentlichte 1791 seine »Anleitung zu
der natürlichsten und leichtesten Art
Pferde abzurichten«. Der Untertitel dieses
bedeutenden Buches lautet bezeichnenderweise: »Für Liebhaber des Reitens aus dem
Militär- und Civilstande«.
In Frankreich wuchs mit dem Wirken
François Bauchers zu Anfang des 19. Jahrhunderts die Bedeutung der sogenannten
Gewaltschule. 1822 übernahm Baucher die
Reitbahn in Le Havre, ab 1834 wirkte er in
Paris, gewann als Kunstreiter große Anerkennung und trat in dieser Eigenschaft
auch international auf. Der Berliner Stallmeister Louis Seeger wandte sich in der
1853 erschienenen Kampfschrift »Herr
Baucher und seine Künste. Ein ernstes
Wort an Deutschlands Reiter« heftig gegen
die Methoden Bauchers, die er als widernatürlich kennzeichnete und denen er vor-
warf, die solide Basis der Versammlung zu
vernachlässigen. Baucher – 1842 erschien
seine »Méthode d'équitation« – wurde vor
allem wegen seiner widernatürlichen
Lektionen angegriffen, zum Beispiel dem

Galopp auf drei Beinen. Vielfach übersieht
man bei der Verdammung Bauchers allerdings, daß der noch heute im internationalen Dressursport praktizierte Galoppwechsel von Sprung zu Sprung eine Entwicklung des französischen Zirkusreiters
darstellt.
Eine ähnliche Kritik, wie sie Baucher
durch Seeger zuteil wurde (»Hohe Schule
zu ermäßigten Preisen«), traf auch James
Fillis (1834–1913), der unter Bauchers
Anleitung zwar nicht geritten hatte, dem
Meister aber als Bewunderer auf seinen
Reisen gefolgt war. Fillis wurde Schüler
von François Caron, der direkt bei Baucher
gelernt hatte und Hofstallmeister en chef
des Kaisers von Rußland war. Fillis eiferte
seinem Vorbild Baucher nach. Auf artistische Lektionen – zum Beispiel Galopp
auf drei Beinen rückwärts – legte er mehr
Wert als auf die Grundausbildung mit den
Kriterien der Versammlung und Losgelassenheit. Über seine Tätigkeit in Petersburg
gewann Fillis einen noch heute spürbaren
Einfluß auf die russische Dressurreiterei.
Bauchers Gegenspieler in Frankreich war
der Vicomte d'Aure, ein Mann, der persön-
lich für die Schulreiterei nicht besonders
befähigt war, der die Vorteile des Geländereitens betonte und Baucher vor allem mit

dem Argument bekämpfte, sein Dressur-
aufbau mache die Pferde für die Gebrauchs-
reiterei und die Verwendung im Gelände
ungeeignet. Von 1847 bis 1855 wirkte
d'Aure als Chefreitlehrer in Saumur.
Alexis-François l'Hotte verband die von ihm
gleichermaßen verehrten Rivalen Baucher
und d'Aure in seiner reiterlichen Praxis wie
in seinem Werk »Questions Equestres«, mit
dem er seinen Ruhm als Begründer der
modernen französischen Schule festigte.
Dem in Berlin aufgetretenen Kunstreiter
Baucher war es gelungen, führende Leute
der Armee für seine Methode zu begeistern, unter anderem den Prinzen Hohen-
lohe und die Brüder Willissen. Selbst der
Stallmeister E. F. Seidler (1798–1865) – er
leitete eine Reitbahn in Königsberg und
wurde von dort aus zur Lehrschwadron in
Berlin als Zivilstallmeister herangezogen –
ließ sich von dem zunächst von ihm verehrten Baucher einige Wochen unterrich-
ten. Seidlers Reitauffassung blieb insofern
zwiespältig, als er einerseits eine solide
Grundausbildung anstrebte, sein Reiten
zugleich aber handwerkliche Komponenten
enthielt, die zum Beispiel im starken Hilfs-
zügelgebrauch und in der Bearbeitung des
Halses auf der Stelle zum Ausdruck kam.
Im Jahre 1844 veröffentlichte der Berliner

Passage gegen die Wand
Die Passage wird als besonders betonter Trab bezeichnet. Um dem Pferd diese Lektion ohne große Vorwärtsbewegung (beinahe wie in der Piaffe) beizubringen, wurde es gegen eine Wand trainiert.

Pirouette nach rechts
In dieser Abbildung wird die Pirouette mit der Hinterhand auf der Stelle und der Vorhand relativ wenig über der Erde erhoben gezeigt. In Abb. 37 ist die Vorhand wesentlich höher. Karl VI. brachte das Pferd in Abb. 36 nach Spanien: Es wurde von v. Regenthal ausgebildet und wurde Four White Socks genannt.

Pesade nach links
Die Pesade ist eine Lektion, in der das Pferd das Gewicht auf die Hinterhand verlagert (sich vorn erhebt) und dabei einen Winkel von etwa 45° einnimmt.

Stallmeister Louis Seeger sein »System der Reitkunst«. In jungen Jahren hatte Seeger in der Spanischen Hofreitschule in Wien gelernt. Er wurde der bekannteste Schüler des renommierten Schulleiters Max von Weyrother. In der Seegerschen Reitbahn lernte Gustav Steinbrecht (1808–1885), dessen Aufzeichnungen aus den Jahren 1857 und 1858 sein Schüler Paul Plinzner kurz nach dem Tode des Meisters durch ein Kapitel über die Galopparbeit, die Piaffe und die Passage vervollständigte und unter dem Titel »Gymnasium des Pferdes« herausgab. Die Bearbeiter der Reitinstruktionen von 1912, 1926 und 1937, unter anderem die Herren Redwitz, Heydebreck und Bürkner, standen völlig auf dem Boden der Steinbrechtschen Devise »Reite dein Pferd vorwärts und richte es gerade«. Die Reitinstruktionen der ersten Hälfte unseres Jahrhunderts bildeten schließlich die Grundlage der »Richtlinien« der Deutschen Reiterlichen Vereinigung. Unter besonderer Berufung auf Hans von Heydebreck, dessen Buch »Die deutsche Dressurprüfung« 1928 erschien, propagierte Horst Niemack, der Vorsitzende der deutschen Richtervereinigung, nach dem Zweiten Weltkrieg vor allem Takt, Losgelassenheit, Anlehnung, Schwung, Geraderichten, Durchlässigkeit und Gehorsam sowie Versammlung als allgemeine Prinzipien zur Beurteilung eines Dressurpferdes. Als Verfasser renommierter Reitlehren sind aus jüngerer Zeit vor allem Wilhelm Müseler, Richard Wätjen und Waldemar Seunig zu erwähnen.

Stierreiter und Gardians

Die Vielfalt der vor allem nach dem Verwendungszweck sowie nach örtlichen und zeitlichen Traditionen sich unterscheidenden Reitstile kann hier nicht im einzelnen dargestellt werden. Verschiedene Beispiele sollen vor Augen führen, welch unterschiedliche Arten des Reitens möglich sind.
Der Stierkampf wird historisch meist mit der Jagd auf Wildrinder verknüpft. Von Karl dem Großen weiß man, daß er diesen Sport betrieb, von den zu Karl entsandten Botschaftern Harun al Raschids, daß sie der Einladung zum rohen Spiel nicht folgten. Der Ursprung der Auseinandersetzung zwischen Mensch und Stier geht bedeutend weiter zurück. Aus dem alten Ägypten und aus Vorderasien sind bereits Stierkämpfe in einer Arena bekannt. Die kultisch-sportlichen Stierspiele im minoischen Kreta bezeugen den Reiz, den die Auseinander-

setzung mit dem gefährlichen Stier schon in der Frühzeit auf den Menschen ausübte. In Spanien sollen die ersten Stierkämpfe in einer Arena schon im 11. Jahrhundert stattgefunden haben, und zwar als Sport des Adels, bei den Mauren wie bei den Christen. Ritter wie der berühmte Cid el Campeador kämpften zu Pferd mit Lanze und Schwert gegen den Stier. Im 16. und 17. Jahrhundert erlebte der Stierkampf zu Pferd seine Blütezeit. Beim portugiesischen Stierkampf von heute soll das Tier nicht in der Arena getötet werden. Der Reiter hat durch seinen Mut und seine Geschicklichkeit im Sattel zu imponieren.

Der echte Stierreiter sitzt auf einem meist hoch im Blut stehenden Hengst. In mehrjähriger Ausbildungszeit lernt das Pferd die unbedingte Zuverlässigkeit, den absoluten Gehorsam und das eindrucksvolle Reaktionstempo, die im Stierkampf erforderlich sind, wenn das Risiko für Mensch und Pferd nicht unverantwortlich hoch werden soll. Zum Einreiten der für den Stierkampf verwandten Pferde bedient man sich eines Kappzaums bzw. eines Nasenbandes, die nicht selten mit Stacheln besetzt sind, um dem Pferd den Gehorsam gegenüber der Reiterhand nachhaltig beizubringen, ohne dabei sein Maul abzustumpfen. In der Arena benutzen die Stierkämpfer die einfache Kandare, die im Eifer der Situation vielfach freilich nicht so fein eingesetzt wird, wie die Theorie es vorsieht.

Die Versammlung und die Hohe Schule der Stierreiter hat einen naheliegenden Zweck, nämlich die Reaktionssicherheit und das Reaktionstempo zu fördern. Dieser praktische Gesichtspunkt schließt freilich nicht aus, solche Fähigkeiten als Sport zu verselbständigen, stolz auf sie zu sein und mit ihnen Anerkennung zu gewinnen. Das Programm der spanischen Schulreiterei umfaßt die Traversalen, Pirouetten und Galoppwechsel ebenso wie die Piaffen und Passagen, wie Levaden, Croupaden und Kapriolen. Vor allem dort, wo die intensiv geschulten Pferde zum Stierkampf noch eingesetzt werden, bewertet man die Ausführung der einzelnen Lektionen danach, ob sie für die praktische Arbeit wirklich förderlich sind, freilich auch danach, wie imponierend sie Pferd und Reiter erscheinen lassen. Häufig sieht man in der spanischen Schulreiterei, daß sich die hoch im Blut stehenden Pferde beträchtlich verspannen, daß sie den Hals hochheben und den Rücken fortdrücken. Dort werden diese Erscheinungen nicht so negativ bewertet wie in der als Turniersport betriebenen Dressurreiterei, die mit der Neigung der Pferde, sich durch Spannungen den

Courbette
In der Regel wird diese Bewegung auf gerader Linie ausgeführt, aber es scheint, als ob früher die Courbette auch nach rechts oder links gesprungen wurde. Der Dunkelbraune in Abb. 42 wurde von Baron von Eisenberg ausgebildet und stammt ursprünglich aus dem Gestüt Feschen in Schlesien.

Ballotade nach links
Offenbar sind auch diese Sprünge sowohl in einer leichten Wendung als auch im Geradeaus ausgeführt worden.

Capriole
in der Hohen Schule, und wurde von v. Regenthal trainiert, der es für besonders talentiert hielt. Die Capriole, in dieser Abbildung ohne Vorwärtsbewegung ausgeführt, zeigt ein Pferd mit großem Sprungvermögen, das in der Lage war, zehn- oder zwölfmal zu springen. Da es nicht sehr leicht auszubilden war, wurde es Difficult genannt.

129

Der Stierkampf ist sehr alt. Schon im antiken Ägypten wurde er in Arenen durchgeführt. Auch die kultischen Stierspiele im minoischen Kreta zeugen vom Reiz der Auseinandersetzung mit dem gefährlichen und unberechenbaren Tier. Großer Beliebtheit erfreuen sich die Kämpfe des Reiters mit dem Stier noch heute in Spanien und Portugal. Sie setzen beim Menschen perfektes reiterliches Können, beim Pferd absoluten Gehorsam voraus.
Unsere Abbildungen zeigen oben einen portugiesischen Lusitano-Hengst beim Training. In Portugal soll der Stier im Kampf nicht mehr getötet werden, vielmehr geht es um den Nachweis des Mutes und der Geschicklichkeit. Unten sehen wir einen Stierreiter, einen Picador, beim Setzen kleiner Lanzen in der Arena von Sevilla.

Nächste Doppelseite: Die Camargue, herbschöne Sumpflandschaft im Rhônedelta, ist nicht nur die Heimat der gleichnamigen Pferderasse, sondern auch das Wirkungsfeld der Gardians, die mit dem Hüten, Treiben und Aussondern von Kampfstieren ihr Brot verdienen.

Anforderungen des Reiters zu widersetzen und diesen Widerstand auch beizubehalten, freilich ebenfalls unaufhörlich zu kämpfen hat. Dieser Kampf kann im Turniersport allerdings unbelasteter geführt werden, weil dort auf anderweitige praktische Zwecke keine Rücksicht genommen zu werden braucht.

Gardians heißen die Männer, die im Rhônedelta, tief im Süden Frankreichs, ihr Brot mit dem Hüten, Treiben und Aussondern von Kampfstieren verdienen, die weiter damit beschäftigt sind, ihre Pferde so auszubilden, daß sie das riskante Geschäft mit den Stieren ohne allzu großes Risiko betreiben können. Der ursprüngliche Gardian ist heute freilich mehr Geschichte als Wirklichkeit. Fachleute meinen, daß derzeit nur noch drei Dutzend Gardians vom alten Schlage existieren. Sehr viel mehr geben sich zwar als Stierreiter aus, sind aber in erster Linie Verleiher oder Ausbilder von Touristenpferden. In den Diensten der Herdenbesitzer, der Manadiers, arbeiten die Gardians, also weder als Herren noch als Stierkämpfer, und mit jenem Heldentypus zwischen Leistungssport, Akrobatik und Show sind sie nicht vergleichbar. Der Manadier sieht es zwar gerne, daß seine Gardians bei sportlichen Spielen und Wettkämpfen sich hervortun, vornehmlich interessiert ihn aber die alltägliche Arbeit mit den Pferden und Stieren. Der Alltag der Gardians wird selten zur nüchternen Routine, er bleibt auf weite Strecken reizvoll und auch gefährlich. Wettkampf ist dieser Alltag insofern, als jeder Reiter dem anderen stets zeigen möchte, wie souverän er sein Pferd beherrscht, wie wagemutig er beim

Umgang mit den Stieren ist. Fließend geht daher bei den Gardians die alltägliche Arbeit in die sportliche Konkurrenz über. Die Ausrüstung der Gardians, ihre Arbeitsaufgaben und ihr Reitstil hängen eng zusammen. Der Sattel der Stierreiter geht auf den mittelalterlichen Rittersattel zurück. Charakteristisch sind vor allem im Vergleich zum sogenannten englischen Sportsattel die beiden Zwiesel, zwischen denen der Reiter sitzt, sowie die mächtigen Sattelblätter, die direkt in den Sitz übergehen. Der Vorderzwiesel ist 12 bis 15 cm, der Hinterzwiesel sogar bis zu 20 cm hoch. Sie bestehen aus lederumkleidetem und abgepolstertem Holz, das unter der Polsterung auf den Sattelbaum aufgeschraubt ist. Vor dem Vorderzwiesel hängen die Packtaschen, hinter dem Hinterzwiesel ein Packsättelchen, auf dem der Gardian ein Kalb transportieren oder eine Werkzeug-

tasche aufschnallen kann, auf dem beim Paraderitt aber auch seine Frau oder Freundin Platz findet. Mit mehreren Gurten wird der schwere Sattel befestigt. Die mächtigen Steigbügel sind in Form kleiner Eisenkörbchen gearbeitet. Gezäumt ist das Pferd der Gardians mit einer Kandare, in der Regel mit einem gebrochenen Mundstück, das allerdings ziemlich lange Eisenschenkel hat und dessen Wirkung durch eine mehr oder minder eng eingehakte Kinnkette mitbestimmt wird. Hinzu kommt der Caveçon, das heißt ein Kappzaum, dessen Nasenriemen jedoch nicht aus Leder, sondern aus einem kettenähnlichen Metallstück besteht, das auf der dem Pferd zugewandten Seite mehr oder minder spitze Zacken trägt. Zur Ausrüstung des Gardians gehört ferner der Seden, ein dickes, reißfestes Seil, das zum Anbinden der Pferde wie auch als

Lasso dient und meist aus Pferdeschweif- oder Mähnenhaar geflochten ist. In der rechten Hand – mit der linken führt er das Pferd – hält der Gardian den Trident, den Hütestock aus Kastanienholz, an dessen Ende eine schmiedeeiserne Dreieckspitze steckt. Sie dient vor allem dazu, spürbar auf die Stiere einzuwirken und sie zur Räson zu bringen. Des schweren Sattels und der weiteren Ausrüstung bedienen die Gardians sich um ihrer Sicherheit willen. Die hohen Vorder- und Hinterzwiesel im Gardiansattel haben den häufig lebenswichtigen Vorteil, den Reiter fest auf dem Pferd zu halten, ihn auch in kritischer Situation nicht so leicht stürzen zu lassen. Eben diese Funktion kennzeichnete auch den mittelalterlichen Rittersattel. Der Gesichtspunkt der Sicherheit spielt auch im Reitstil der Gardians die aus-

ren sich eng an der täglichen Arbeit auf der Farm. Heute werden diese Aufgaben freilich weitgehend durch technische Mittel ersetzt. Der echten Cowboys gibt es nur noch wenige – wie bei den Gardians. In den sportlichen Rodeo-Wettkämpfen – die Spitzenathleten sind Profis – haben sich die Cowboy-Leistungen verselbständigt und von ihrem praktischen Hintergrund gelöst. Auf die Anforderungen die-

ser Wettkämpfe bezieht sich die heutige Ausbildung des Western-Pferdes in erster Linie. Hinzu kommen diverse Arten von Distanz- und Freizeitritten.

Geführt wird das Western-Pferd wie das der Gardians, nämlich durch das sogenannte *neckreining,* bei dem man den äußeren Zügel gegen den Pferdehals legt. Das Pferd weicht diesem mehr oder minder sanften Druck nach innen aus. Zu den

speziellen Lektionen gehört neben dem meist ziemlich eilig ausgeführten Rückwärtsrichten der »Stop«, eine ganze Parade, bei der das Pferd sich vorne hebt und mit den Hinterbeinen unter seinen Körper gleitet, und zwar so weit, daß es eine Art Sitz erreicht. Der Stop geschieht aus beträchtlichem Galopptempo ziemlich abrupt. Der Cowboy braucht diese Lektion beim *calf-roping,* bei dem das Pferd sich nicht umrei-

138

ßen lassen darf, wenn das Kalb gegen das am Sattelhorn festgemachte Lasso rennt. Auch den einfachen fliegenden Galoppwechsel kennt das Western-Reiten, weil Pferde im Handgalopp allgemein flüssiger als im Kontergalopp gehen. Es ist daher für die praktische Arbeit angenehm, wenn das Pferd nach einem Richtungswechsel flüssig und ohne beträchtliche Taktstörungen umspringt. Schließlich kennt das Western-

Reiten die Wendung um die Hinterhand im Galopp. Diese Wendung beginnt damit, daß das Pferd sich nach dem Stop mit den Vorderbeinen hebt und herumspringt. Dabei geht es nicht darum, den in der Pirouette geforderten Galopptakt klar zu erhalten. Die ganze Wendung um 360 Grad baut sich auf der Pivot, einer Viertelwendung, auf. Beherrscht das Pferd die Folge Stop-Hebung-Viertelwendung, dann

Sie müssen reiten können wie der Teufel – die Cowboys des einstmals so wilden Westens. Auch wenn sie heute nur noch vereinzelt ihrer traditionellen Arbeit nachgehen, so haben sie sich doch in Form von Rodeos ihre legendäre Reitkunst bewahrt. Hier zeigen bei der Calgary-Stampede in Kanada die Profis für gutes Geld eine perfekte Show. Wer beim calf-roping ein Kalb innerhalb von 10 Sekunden einfangen und fesseln kann oder (nächste Doppelseite) sich 10 Sekunden auf einem wilden Pferd behauptet, ist ein Meister seines Fachs.

Die Einfriedung und Teilung des Geländes durch Gräben, Hecken, Zäune und Mauern zwang die Reiter ab Mitte des 17. Jahrhunderts immer mehr zum Springen. Daher wurden entsprechende Lehranweisungen notwendig, und 1778 empfahl der Earl of Pembroke, Oberst der königlichen Haustruppen, schließlich auch das Springreiten zur Förderung der britischen Reiterwaffe. Im einzelnen gab er für die Überwindung des Sprungs die stilistische Anweisung: »Die Haltung des Reiters sei dabei etwas nach rückwärts geneigt; die Hand sei leicht hochgehoben, um dem Pferd das Aufrichten der Vorhand zu erleichtern. Besonders ist auf das Gleichgewicht zu achten, ohne daß der Reiter sich dabei im Sattel aufrichtet oder die Arme bewegt.« Das Zurück-

legen des Oberkörpers über dem Sprung wurde übrigens noch bis zum Ende des letzten Jahrhunderts mit dem Argument begründet, dem Pferd die Vorhand und damit die Flugphase zu erleichtern. Erst Federigo Caprilli und seine Methode konnten die Reiter um die Jahrhundertwende von den Vorzügen des Springens mit vorgeneigtem Oberkörper überzeugen. Im Rennsport war der Amerikaner Tod Sloan der erste, der mit relativ kurzgeschnallten Bügeln und auf den Hals des Pferdes gebeugtem Oberkörper den sogenannten »Affensitz« demonstrierte, was ihn auf den englischen Rennbahnen des ausgehenden 19. Jahrhunderts in deutlichen Gegensatz zum herkömmlichen beingestreckten Stil setzte (Abbildung links unten).

auch über dem Sprung nicht grundsätzlich so neu, wie es vielfach dargestellt wird. Frühneuzeitliche Abbildungen des Rennens von Siena zeigen das Vorneigen des Oberkörpers ebenso wie Bilder indianischer Reiter. Der amerikanische Jockey Tod Sloan praktizierte den »Affensitz« – man bezeichnete ihn auch als »Affen auf der Stange« – Mitte der neunziger Jahre des letzten Jahrhunderts in den USA. In der Literatur war der Vorwärtssitz ebenfalls bekannt. Xenophon forderte bereits, beim Sprung über den Graben in die Mähne zu greifen – eine Maßnahme, die möglicherweise das Vorwärtsneigen einschloß. Ausführlich schilderte der Herzoglich Nassauische Stallmeister Karl Kegel in

seiner 1842 erschienenen Schrift »Neueste Theorie der Reitkunst, nach vernünftigen Grundsätzen des gesunden Menschenverstandes verfaßt« das neue »Verfahren des Reiters beim Uebersetzen über Barriere und Graben«. Mehr als ein halbes Jahrhundert vor dem Wirken Caprillis führte er Gründe für den neuen und gegen den alten Springstil an – blieb aber historisch relativ wirkungslos: »Auf den meisten Bahnen werden die Schüler angewiesen, beim Uebersetzen der Barrieren und Gräben die Oberschenkel und Knie fest anzuschließen, und den Oberleib zurückzunehmen; aber eben dieses Anschließen der Schenkel und Zurücknehmen des Oberleibs beim Sprunge des Pferdes ist die unfehlbare Veranlassung zum Verlieren des Gleichgewichts beim Uebersetzen, ja nicht selten zum gänzlichen Herabfallen vom Pferde... Hebt dagegen der Reiter beim Anfange des Sprungs den Oberleib vorwärts, so kommt derselbe außerhalb der Kraftäußerung des Hintertheils des Pferdes; die Schwere seines Oberleibs kommt hierdurch eigentlich mit der Vorhand des Pferdes zugleich über die Barriere, und wird dann, theils durch das Ueberstreichen (Vorstreichen) des Pferdes über die Barriere, theils durch den vom Reiter gegen das Ende des Sprunges anzuwendenden rückwärtshebenden Hebel so viel von vornen wieder zurückgebracht, als zum Gradsitzen am Ende des Sprunges und zur guten Haltung des Reiters auf dem Pferde nöthig ist, um Herr von der Schwere seines Körpers und eine in diesem Falle mögliche gute Führung auch Herr von dem Pferde seyn zu können.«

James Fillis sprach sich am Ende des letzten Jahrhunderts dafür aus, beim Anreiten ans Hindernis den Oberkörper vorzubeugen und ihn erst beim Landen zurückzunehmen, um auf diese Weise sicher im Sattel zu bleiben und die Vorderbeine des Pferdes zu schonen.

Caprilli erlebte die epochale Wirkung seiner Lehren nicht mehr. Anders als die ihm vorangehenden Theoretiker setzte Caprilli sich wahrscheinlich deshalb durch, weil seine Auffassung vom Sitz des Reiters Bestandteil einer allgemeinen Lehre vom natürlichen Reiten war. Caprilli entsprach der breiten Strömung, die sich gegen das Schulreiten und für das Geländereiten als das den militärischen Aufgaben entsprechende Training einsetzte. Caprilli wollte mit seiner Lehre in erster Linie das militärische Reiten fördern und die Unfälle bei der Kavallerie reduzieren. Die Vorteile des leichten Sitzes für den Sport waren ihm eine willkommene Zugabe.

Caprilli stellte fest, daß viele Pferde nicht so gingen, wie es der Theorie ihrer Reiter entsprach – eine wichtige Einsicht, zu der mancher Reittheoretiker heute noch nicht gelangt und die ihn daher auch nicht veranlaßt, Zweifel an der Theorie anzumelden. Statt dessen wird nur auf mangelndes reiterliches Vermögen hingewiesen. Caprilli wandte sich insbesondere gegen die Aufrichtung, Beizäumung und Versammlung, die dem Wesen des Pferdes zuwiderlaufe. Wenn ein Pferd es nötig habe, unter dem Reiter sein Gleichgewicht und seine Kopfhaltung zu ändern, dann wird es, wie der Neuerer argumentierte, von sich aus dazu in der Lage sein, wenn man ihm hinreichend Freiheit lasse.

Zu solch natürlichem Reiten gehörte für Caprilli ein Springstil, der es dem Pferd erlaubt, sich wie in der Natur über dem Hindernis zu strecken, der es ihm ferner gestattet, den Rücken zu wölben, der es schließlich in die Lage versetzt, selbst den richtigen Punkt für den Absprung zu finden. Im Vorneigen des Oberkörpers über dem Sprung fand Caprilli die Methode, mit der der Reiter sich ans Pferd anpaßt, in der er es nicht wider seine Natur bedrängt. Außerdem ging es Caprilli auch darum, das Pferd nicht während des Sprungs mit der Hand zu stören.

Der seit dem Anfang des Jahrhunderts aufblühende Turniersport und die Erfolge der italienischen Reiter wie die der Gastreiter der Schule in Pinerolo trugen wesentlich dazu bei, dem neuen Stil schnell beträchtliche Anerkennung zu verschaffen. Die Wandlungen und Varianten, die der Caprilli-Stil in den letzten siebzig Jahren erfuhr, schmälern die Bedeutung des italienischen Kavallerie-Offiziers für die Entwicklung und das derzeitige Bild des internationalen Springsports nicht.

Die Entwicklung zum heutigen Springstil mit zum Teil extrem vorgeneigtem Oberkörper geht zweifellos auf Federigo Caprilli und seine Reitschule in Pinerolo zurück. Dabei schmälern die im Laufe der letzten 70 Jahre eingetretenen Wandlungen das Verdienst des italienischen Kavallerie-Offiziers in keiner Weise.

Der Sport

Frühe Wege

Die enorme Ausweitung des Pferdesports in den technischen Gesellschaften ist ein Novum. Grundsätzlich wird das Pferd zwar schon seit der Frühzeit sportlich genutzt, besser gesagt, der wirtschaftliche und der sportliche Einsatz liefen nebeneinander her oder waren miteinander verbunden. Wie auch immer der Kikkuli-Text aus dem 14. Jahrhundert v. Chr. als charakteristisches Dokument des Streitwagenzeitalters zu interpretieren ist, er zeugt unter anderem auch von der sportlichen Beschäftigung mit dem Pferd. Eine zeitgenössische Inschrift aus dem 15. Jahrhundert v. Chr. kennzeichnet Amenophis II. quasi als ritterlichen Leistungssportler: »Er wußte Pferdegespanne zu lenken, ihm glich keiner in diesem Heer; keiner konnte so seinen Bogen spannen, beim Wettlauf konnte er nicht eingeholt werden.« Von König Salomo wird berichtet, er habe gemäß den zwölf Obersten seines Heeres in jedem Jahr zwölf Pferderennen veranstalten lassen. Bei den Indern findet sich im Zeitalter des Rigveda, also um etwa 1000 v. Chr., das Wettreiten. Auch der Avesta, das heilige Buch der Iraner, bestätigt die Bedeutung des Wettreitens und des Wagenrennens. Pferdetrainer – ähnlich wie Kikkuli in Mesopotamien – sollen auch in China gewirkt haben. Dort sollen auch bereits in vorgeschichtlicher Zeit kultische Pferderennen stattgefunden haben. Solche Prüfungen bilden noch heute einen Bestandteil der Tempelfeste. Auch aus Japan und Innerasien wurde über kultischen Pferdesport berichtet. Aus jüngerer wie aus älterer Zeit sind für den asiatischen Raum Reiterspiele bekannt, bei denen vom galoppierenden Pferd aus aufgestellte Fähnchen, geschlachtete Widder und auch junge Mädchen zu greifen und in den Sattel zu heben waren. Die vorderasiatischen Völker kannten das Speerreiten, unter anderem als Mannschaftskampf, bei dem geübte Reiter auch an der Flanke oder unter dem Bauch des Pferdes hingen, um sich vor dem Speerwurf des Gegners zu schützen. Die Meder und Perser galten als Erfinder des Polospiels, das die Briten später von den Indern übernahmen und als »Hockey

Mongolische Polospieler auf einer Seidenmalerei des chinesischen Künstlers Li-Lin von 1635

149

Links: Der berühmte Wagenlenker von Delphi. Die Bronzestatue aus dem Jahre 474 v. Chr. wurde von Gelon von Syrakus nach seinem Sieg beim delphischen Wagenrennen 478 v. Chr. gestiftet. Ursprünglich bestand die Plastik aus einem kompletten Viergespann, von dem Bruchstücke erhalten und im Museum zu Delphi zu bewundern sind. Das Prunkstück des Kunstwerkes aber ist zweifellos der Wagenlenker mit seiner ausdrucksvollen Gestalt, den schön gearbeiteten, die Zügel haltenden Händen, dem Mund mit dem feinen Lächeln und den Augen aus farbigen Steinen. Die Arbeit stammt möglicherweise von Sotades von Thespiai.

Rechts: Dieses Mosaik, das aus der Zeit um 250 n. Chr. stammt, wurde auf dem Gelände der späteren Kaiserthermen in Trier gefunden. Heute wird es im Rheinischen Landesmuseum in Trier aufbewahrt.
Wagenrennen und Kampfspiele hatten große Bedeutung im Leben der Römer und auch in den fern von der Hauptstadt gelegenen Provinzen. Hier Polydus nach einem gewonnenen Rennen mit den Insignien des Sieges, dem Palmenzweig und dem Lorbeerkranz. Das Viergespann mit COMPRESSORE, dem Schimmel, verdeckt den größten Teil seines Rennwagens.

Nächste Doppelseite: Die britische Leibgarde bei der Fahnenparade. Die vor allem in Großbritannien sehr traditionsreichen königlichen Garden zu Pferde sind heute nur noch eine touristische Attraktion und eine wehmütige Erinnerung an alte Zeiten, von militärischem Ruhm, aber auch Pomp geprägt.

zu Pferde« nach Europa brachten. Das Polospiel hatte in verschiedenen Gesellschaften den Sinn, Roß und Reiter für den Kriegsfall in ständiger Übung zu halten. In China spielten Frauen und Männer in getrennten oder gemischten Mannschaften. Aus der Tang-Dynastie wird – möglicherweise anekdotisch – berichtet, zu Ministern und Generälen seien in erster Linie gute Polospieler ernannt worden, da die im Spiel gewonnenen Fähigkeiten auch bei der Lösung der Aufgaben des Lebens helfen würden. Das Spiel galt darüber hinaus als Prüfstein für die Kondition und Rüstigkeit der hohen Beamten. In verschiedenen Gesellschaften galt das Bogenschießen zu Pferde im Zuge der Ausbildung der Reiterkriegerwaffe quasi als eine Disziplin des Schulsports.
Wie in Asien war auch der frühe griechische Sport und insbesondere der Wettkampf bei den antiken Olympischen Spielen kultisch bedingt oder zumindest

mitbedingt. Bei den frühen Spielen ab 776 v. Chr. gehörten Wettkämpfe mit Pferden allerdings noch nicht zum Veranstaltungsprogramm. Erst im Jahre 680 v. Chr. wurden bei den 25. Olympischen Spielen Wagenrennen mit dem Viergespann, der Quadriga, eingeführt, im Jahre 648 v. Chr. dann auch Reitrennen, 496 v. Chr. Reiten auf Stuten, 408 v. Chr. Wagenrennen mit dem Zweigespann, 384 v. Chr. Wagenrennen mit Fohlen im Viergespann, 268 v. Chr. Wagenrennen mit Fohlen im Zweigespann und im Jahre 256 v. Chr. Reiten auf Fohlen ins Programm genommen. Die Leidenschaft der Griechen für den hippischen Wettkampf führte schließlich dazu, zeitweise selbst Maultierrennen dem antiken olympischen Programm einzugliedern. In den Epen Homers spiegelt sich die Integration des Sports und speziell des Pferderennens in das heldische Menschenbild der Griechen zu Anfang des 1. Jahrtausends v. Chr. Die Schilderung der Leichenspiele

Pferden auch auf ausgestopfte Puppen, welche auf den Boden gelegt werden, stechen... Soll das Hauen und Stechen geübt werden, so wird der Zug auf 200 Schritte dem Hau- oder Stichständer gegenüber aufgestellt, worauf die Säbel ergriffen werden. Sodann wird die Mannschaft einzeln vorgerufen. Jeder Mann reitet in gerader Linie in der anbefohlenen Gangart abwechlungsweise links oder rechts knapp an dem Hau- oder Stichständer vorbei, nimmt ungefähr 30 Schritte vor demselben den Säbel zum Angriffe, führt im Vorbeireiten einen Hieb beziehungsweise Stich aus und reitet dann noch 200 Schritte über den Ständer hinaus, woselbst er sein Pferd pariert...«

Diese k.u.k.-Kavalleristenübung hat eine lange Tradition, die bis in die Antike zurückreicht. In vielfältigen Formen waren Speerspiele in Osteuropa, im Vorderen Orient und in Asien bekannt. Die Russen, Georgier und Bulgaren betrieben sie ebenso wie die Griechen, Römer, Armenier, Kurden, Syrer, Mesopotamier, Albaner, Äthiopier, Perser, Ägypter und Algerier. Die Römer sprachen vom Troja-, die Tür-

ken vom Dscherid-Spiel. Griechische Vasen zeigen Reiter beim Speerzielwerfen – diese Fertigkeit gehörte zu den hippischen Konkurrenzen bei den panathenäischen Spielen. Xenophon erwähnte ein Speerspiel, bei dem es neben dem Wurf mit der stumpfen Lanze darauf ankam, den Gegner mit dem Speer, dessen Spitze ebenfalls abgerundet war, zu stoßen und durch Hin- und Herziehen aus dem Sattel zu bringen. Möglicherweise übernahmen die Griechen das Spiel aus Kleinasien von den Persern. Im Mittelalter lernten die Türken das Spiel wahrscheinlich bei ihrem Zug durch Persien kennen. Jedenfalls wurde es bei ihnen zu einer Art Nationalsport, und mit der Ausdehnung ihres Reiches sorgten sie auch für die weite Verbreitung des Dscherid-Spiels. Dscherid bedeutet übrigens nicht anderes als Speer.

In verschiedenen Gesellschaften hat auch das Polospiel ausdrücklich den Sinn, Mensch und Pferd auf den stets möglichen Kriegsfall vorzubereiten. Im asiatischen Raum schon lange beheimatet und begeistert gespielt, kam es erst im vorigen Jahr-

hundert durch die Briten nach Europa. In seiner klassischen Arbeit über »Asiatische Reiterspiele« rühmte Carl Diem das Polo überschwenglich: »Spiel der Könige, aber auch König der Spiele. Der Ursprung aller Torspiele, wie ich meine, und mit diesem Recht der Erstgeburt hat es auch den Vorzug, das edelste unter ihnen allen zu sein. Es hat heute die kleinste Mannschaft, nur vier Spieler auf jeder Seite; es ist also gesteigert auf die Höchstleistung des einzelnen gestellt, und es ist doch ein Mannschaftsspiel, eine Einheit des Geistes, denn die vier Spieler müssen handeln und kämpfen wie ein Gehirn. Es ist von allen bisherigen Spielen das schnellste; erst im letzten Jahrhundert hat es ein gleichbevorzugtes Geschwister im Eishockeyspiel erhalten; es fordert mit diesem zusammen ein Höchstmaß an sicherem Auge und an Entschlußgeschwindigkeit. Vor allen anderen, die nach ihm mit seinen Regeln entstanden sind, dem Hockey, Fußball, Radball, Wasserball, Handball usw., hat es aber durch die Partnerschaft mit dem Pferde eine Erziehungsgemeinschaft besonderer Art, denn der Mensch erzieht das Pferd und das

Pferd erzieht den Menschen. Das wahrhaft Königliche an diesem Spiel ist, Herr über dieses Tier zu sein, das für uns nicht den Knecht, sondern einen kampffreudigen Gehilfen bedeutet. Irgend etwas von kaum Aussprechbarem an Glück und Hochgefühl haftet diesem Spiel zu Pferde an, weil es die höchste Meisterschaft über dieses Tier, gewissermaßen das gemeinsame Denken von Mensch und Pferd erfordert. Beide müssen von gleichem Eifer beseelt sein. Der Reiter muß also das Pferd nicht nur zu reiten wissen, sondern muß ihm dazu etwas von seinem Geist, seinem Feuer, seiner Leidenschaft, seiner Entschlußkraft mitteilen. Ein Kampf, wohl gemessen in seiner Zeitdauer, aber doch bis zum letzten Hauch von Roß und Mann.«

Diesem Enthusiasmus sind jedoch nüchterne Analysen gegenüberzustellen. Vor allem sollte nicht übersehen werden, daß die Reittechnik dem Fortgang des Spiels in schnödem Pragmatismus untergeordnet ist, daß über den ästhetischen Gesichtspunkt hinaus die Pferde unter solch einseitiger Zielsetzung zu leiden haben. Im Verlauf der Begegnung wechseln die Reiter ihre

»Untersätze«, und das ist symptomatisch für das Aufreibende dieses Spiels. Die Geschicklichkeit, die manche Pferde im Umgang mit ihrem Reiter, mit dem Holzball, den Schlägern und ihren Leidensgenossen entwickeln, kann über diesen Aspekt nicht hinwegtäuschen.

Als besonders wird und ungezügelt schildern Reisende aller Zeiten ein Reiterspiel, das in verschiedenen Regionen Asiens mit unterschiedlichen Formen unter dem Begriff Fang-mich-Spiel, Liebesjagd, Kyz-beri, Baiga, Kokburi oder Buskaschi bekannt ist. Das hierzulande gespielte Fahnenjagen, der Schleifenraub und das im Herbst übliche Fuchsschwanzgreifen hängen mit diesem Reiterbrauch zusammen, der ursprünglich wohl ein Hochzeitsritual war und möglicherweise auch kultische Bedeutung hatte. Bei diesem Spiel schwingt ein Mädchen sich auf ein Pferd, um von einer Gruppe von Burschen verfolgt zu werden. Wer das Mädchen haben will, muß es fangen, auf sein Pferd ziehen, küssen oder seine Brüste berühren. Dabei kann das Mädchen mit einer Lederknute heftig auf seine Verfolger einschlagen und

Links: Polo im Park von Tidworth, England, im vorigen Jahrhundert

Oben: Polo in Argentinien, wo es neben Fußball und Pato die Massen anzieht. Polo – ein Ballspiel zu Pferde – ist uralt. Sein Ursprung verliert sich im Nebel der Geschichte asiatischer Reitervölker. Nachweislich wurde es bereits um 500 v. Chr. gespielt. Für die westliche Hemisphäre wurde Polo in Indien entdeckt. Als die englische Armee 1869 dorthin kam, übernahm sie dieses Spiel sofort. Spötter meinen, daß die Verluste der Briten beim Polo damals größer waren als bei den militärischen Aktionen gegen die Inder. Die besten Polo-Pferde kommen heute aus Argentinien und kosten einschließlich Sattel und Zaumzeug rund 10 000 Mark. Um aber Polo spielen zu können, braucht man zwei solche Ponys. Härte, Ausdauer, Mut, Schnelligkeit und Genügsamkeit sind ihre hervorstechenden Merkmale. Man gibt diesen Pferden viel Zeit, damit sie physisch reifen können. Polo wird meist auf einem Platz von 275 m Länge und 180 m Breite gespielt. Jede Polomannschaft besteht aus vier Spielern. Nach jeder Pause zwischen den vier, sechs oder acht Spielabschnitten von je 7$\frac{1}{2}$ Minuten Dauer, den »Chukkahs«, wird das Spiel mit einem frischen Pferd fortgesetzt.

159

Buskaschi ist der Nationalsport Afghanistans. An diesem wilden Spiel nehmen mitunter mehrere hundert Reiter teil. Es geht darum, eine tote Ziege oder einen toten Hammel vom Boden aufzuheben, ihn im gestreckten Galopp zu einem entfernten Zielpunkt zu tragen und dann wieder an den ursprünglichen Platz zurückzubringen – wobei die Mitspieler versuchen, dem im Besitz des toten Tieres befindlichen Konkurrenten das »Spielobjekt« mit allen Mitteln zu entreißen. Dabei kommt es nicht selten zu schweren Unfällen. Allerdings lohnt sich der Einsatz, denn der Gewinn des Spieles verhilft sowohl dem Reiter als auch dem Besitzer des siegenden Pferdes zu hohem gesellschaftlichem Ansehen. Übrigens ist es noch heute streng verboten, Buskaschi-Pferde aus Afghanistan auszuführen.

160

Ein berühmtes Reiterspiel ist in Italien das Palio von Siena, ein ohne Sattel gerittenes Pferderennen, in dem die Vertreter der einzelnen Stadtteile, Contraden genannt, gegeneinander antreten. Die Palio-Rennen finden jährlich im Juli und im August statt, wobei die zweite Veranstaltung die bedeutendere ist und in ihrem Ablauf hier beschrieben wird. Sie findet stets am Tag der Assunta, also zu Mariä Himmelfahrt, am 15. August, statt. Die Feierlichkeiten selbst allerdings ziehen sich über Tage hin.

Unsere Bilder zeigen links oben die Ankunft des vierspännigen Ochsenwagens mit dem Palio, das bei Start und Ziel aufbewahrt und nach dem Rennen dem Sieger bzw. dessen Contrade übergeben wird. Der Ochsenkarren wird von den Fahnenschwingern der einzelnen Contraden begleitet, deren Mitglieder unten links bei einem feierlichen Abendessen am Vortage des großen Rennens zu sehen sind. Von den siebzehn Contraden oder Stadtteilen können nur zehn am Rennen teilnehmen. Die sieben ausgeschlossenen nehmen jedoch im nächsten Jahr automatisch am Rennen teil, die restlichen drei werden zugelost. Ebenfalls zugelost werden den einzelnen Reitern die Pferde. Pferde und Reiter versammeln sich vor dem Start in einem eng abgegrenzten Raum vor dem gespannten Startseil. Reitet einer beim Start zu früh an, kollidiert er mit dem Startseil, und es kommt zu Stürzen wie auf dem Bild rechts unten. Es passiert durchaus, daß sich mehrere Fehlstarts ereignen und die Reiter derart aufgebracht werden, daß der Starter eine Tracht Prügel bezieht.

Nächste Doppelseite: Das Rennen auf der Piazza ist in vollem Gange.

aufzuheben. An den beiden kurzen Seiten des Feldes stehen die beiden in einer Höhe von 3,20 Meter angebrachten Körbe. Gespielt wird viermal 10 Minuten mit je 5 Minuten Pause. Nach jeweils 10 Minuten wechseln die Reiter ihre Pferde – wie beim Polo ein Hinweis auf die Leistungen, die die meist galoppierenden Tiere zu bringen haben. Die argentinischen Landesmeisterschaften im Pato finden derzeit alljährlich nach Ausscheidungswettkämpfen in Buenos Aires statt. Eine kaum überblickbare Vielfalt kennzeichnet den nordamerikanischen Reitsport. Neben den hierzulande üblichen Turnierdisziplinen umfaßt die American Horse Show Association mehr als ein Dutzend nach Pferdezuchten getrennte Sektionen, innerhalb derer es wiederum diverse Arten von Wettkämpfen gibt. Verschiedene Zuchten und Disziplinen werden

vornehmlich in bestimmten Gegenden gepflegt, andere verteilen sich über das weite Land. Den Europäer beeindrucken zum Beispiel die Saddle Horses, die mit ihren dem Tölt verwandten Viertaktgangarten Slow Gait und Rack kunstvoll anmutende Bewegungsfolgen vorführen. Auch die Aufmachung der Pferde und Reiter ist dem europäischen Auge nicht vertraut. Die nähere Beschäftigung mit den Bewertungskriterien führt allerdings zu der Erkenntnis, daß es hier nicht allein um die Show geht, sondern daß der Bewertung komplizierte und sachliche Gesichtspunkte zugrunde liegen und daß die Verfechter der Saddle Horses und ihrer Bewegungen sich in ähnlicher Weise auf Natur und Natürlichkeit berufen, wie es die Vertreter der abendländischen Dressurreiterei tun.

Ferner fallen im amerikanischen Spiel und

Sport mit Pferden die Farbzuchten und -prüfungen auf, zum Beispiel die Palominos und die Pintos, die in verschiedenen Zucht- und Reitwettbewerben geprüft und klassifiziert werden. Die Vielfalt des amerikanischen Fahrsports macht deutlich, welch ein kleiner Ausschnitt möglicher Fahrkonkurrenzen bei uns von der Internationalen Reiterlichen Vereinigung betreut wird. Die Jagdreiterei bildet einen weiteren bemerkenswerten Bestandteil des nordamerikanischen Pferdesports. Die zahlreichen Hunterprüfungen sind das Bindeglied zum Turnierspringsport. In der Jagdreiterei und den Hunterprüfungen, bei denen der Reitstil ein wichtiges Kriterium der Beurteilung darstellt, werden in den USA die Stilisten en masse erzogen, während man sie hierzulande im stilistischen Wildwuchs mit der Lupe suchen muß.

In erster Linie verbindet der Europäer mit dem amerikanischen Pferdesport freilich die Rodeos, deren Prüfungen auf dem Cowboy-Alltag von einst beruhen, die sich inzwischen aber zu einer Mischung von Spiel, Sport und Show verselbständigt haben. Der durchschnittliche Cowboy ist Amateur, arbeitet auf einer Farm und verdient bei seinen Rodeostarts im Jahr um die 5000 DM hinzu. In den USA finden alljährlich etwa 1500 Rodeos statt, in Kanada fünfzig weitere, unter ihnen auch die bedeutendste Veranstaltung des gesamten Rodeo-Sports, die Calgary-Stampede, die in einer Woche etwa eine Million Zuschauer anzieht. Neben den Amateuren reisen auch professionelle Rodeoreiter von Meeting zu Meeting. Die erfolgreichsten von ihnen verdienen etwa 100 000 DM im Jahr. Hinzu kommen noch erhebliche Be-

träge, die die Stars aus Werbeeinnahmen auf ihr Konto bringen.
Sie erkaufen sich lukrative Gagen allerdings in der Regel mit ihrer Gesundheit. Der Rodeosport hinterläßt seine Zeichen. Erfahrene Champions haben oft Dutzende von Knochenbrüchen erlitten, und nicht selten wirken die inneren Verletzungen nach, die sie sich beim harten Aufschlagen auf den Sattel oder den blanken Rücken der Tiere sowie bei Stürzen und Tritten zugezogen haben.
Das Programm der Rodeos beginnt meist mit dem Einfangen der Kälber. Dabei wird das Lasso vom galoppierenden Pferd aus geworfen. Ist der Wurf geglückt, muß der Reiter abspringen und die Beine des Kalbes mit einem Strick zusammenbinden. Beim Einfangen der jungen Stiere läßt sich der linke von zwei in forschem Tempo neben-

Linke Seite: Skijöring in St. Moritz in der Schweiz. Seit 1923 veranstaltet der berühmte Wintersportort diese Pferderennen auf Eis und Schnee.

Oben: Pato gilt als argentinisches Nationalspiel und zieht neben Fußball und Polo die Massen an. Es ist rund 400 Jahre alt und war ursprünglich eine recht harte Angelegenheit. Nachdem eine lebende Ente so in einen Ledersack gesteckt worden war, daß nur der Kopf herausragte, warf der Wirt der Dorfschenke diesen »Spielball« in die Luft. Die Gauchos versuchten nun, die Ente aufzufangen, mit ihr davonzujagen und das Haus ihrer Angebeteten zu erreichen. Dabei kam es nicht selten zu erbitterten Kämpfen, bei denen auch das Messer recht locker saß. Daher ist es kein Wunder, daß es beim Pato früher Unfälle mit tödlichem Ausgang gab. Erst 1937 wurden die brutalen Regeln geändert, die lebende Ente durch einen Lederball mit Schlaufen ersetzt und aus »El Pato« ein humanes Spiel gemacht.

einander galoppierenden Reitern auf das zwischen ihnen rennende Tier herabgleiten, packt es um den Hals und wirft es auf den Rücken. Beim Wild Cow Milking konkurrieren verschiedene Teams darin, eine wilde Kuh mit dem Lasso zu fangen und zu melken. Beim Wild Horse Race geht es darum, ein bisher nicht gerittenes Pferd mit dem Lasso zu fangen und über eine bestimmte Strecke zu reiten. Die bockenden Pferde werden bald mit, bald ohne Sattel geritten. Acht Sekunden muß der Reiter auf ihrem Rücken bleiben, um in die Wertung zu gelangen. Zwei Richter vergeben Punkte, deren Anzahl von der Imposanz der Sprünge des Pferdes sowie vom Sitz des Reiters und seiner Aktivität mit den Sporen abhängen. Am gefährlichsten ist das Reiten auf den mächtigen Brahmabullen. Es wird ähnlich wie das Reiten auf den

Wildpferden bewertet. Den aufregenden und faszinierenden Höhepunkt der Show bildet das Chuckwagon Race. Im Renngalopp gehen vier Planwagen, von jeweils vier Pferden gezogen, auf die Strecke von 800 Meter Länge. Sie werden von vier Reitern begleitet.

Vor dem Start stehen die Reiter abgesessen hinter den Wagen. Beim Startzeichen müssen sie eine Reisekiste in den Wagenkorb und eine Ersatzdeichsel ins Wageninnere werfen. Dann springen sie auf die meist schon angetrabten Pferde und folgen dem Gespann, das inzwischen in vollem Galopp eine Acht gefahren hat und mit schleuderndem Wagen auf die Bahn eingeschwenkt ist. Gelegentliche Kollisionen, die sich bei dem Durcheinander von Wagen, Pferden und Reitern in hohem Tempo ereignen, verlaufen für die Gesundheit von Mensch

und Tier nicht immer glimpflich. Generell geht es im amerikanischen Western-Sport sehr viel rauher, ursprünglicher und riskanter zu als im vornehmen English Riding.

Der gesellschaftliche Aspekt

Bei der Darstellung der Reiterspiele verdient ein Gesichtspunkt, über den bisher wenig gesagt wurde, größere Beachtung, nämlich die gesellschaftliche Abgrenzung. Das Spiel des Adels sah meist anders aus als das der Bürger und Bauern, sofern diese überhaupt die Möglichkeit zum Reiterspiel hatten. Einige Spiele, zum Beispiel das Ringstechen, das Lanzenreiten und selbst das Jagdreiten, finden sich in verschiedenen gesellschaftlichen Schichten gleichzeitig. Vielfach hängt dies damit zusammen,

174

daß der Adel als politische Führungsschicht am militärischen Training der Reiter jeder Herkunft interessiert war. Trotz solcher Gemeinsamkeiten ist freilich nicht zu übersehen, daß Ringstechen, Lanzen- oder Jagdreiten im adligen Rahmen anders aussah als im bürgerlichen. Für das Reiterspiel der einstigen Oberschicht sind die Roßballetts, Karussells und Quadrillen charakteristisch, mit denen Kaiser, Könige, Fürsten und Grafen Feste unterschiedlicher Anlässe feierten, mit denen sie sich in ihrer Macht und Bedeutung repräsentiert wissen wollten. In diesem Zusammenhang muß man aber auch berücksichtigen, daß die Akteure der mit Reitermassen imponierenden Balletts und Karussells nicht ausschließlich aus dem Adel kamen, sondern vielfach von einfacher Herkunft waren. Oft ließ reiterliches Können Klassenschranken

überspringen, vor allem in einer Situation, in der der Adel selbst ritt und die Leistungen anderer Reiter voll zu würdigen wußte. Die Reitmeister gehörten neben Malern, Bildhauern, Musikern, Literaten, Kunsthandwerkern, Architekten und Gartenbauspezialisten in der Welt des abendländischen Barocks zu der Schar von Bediensteten, die den Auftrag hatten, das höfische Leben pracht- und prunkvoll zu entfalten. Reiten und Fahren waren generell Symptome eines besseren Daseins. Der glanzvollen Kultivierung des Pferdesports kam diese Funktion in verstärktem Maße zu. In der Interpretation der sogenannten klassischen Meister der Reitkunst wird ihr höfischer Auftrag vielfach übersehen oder nicht hinreichend respektiert. Reiten war eine akademische Disziplin. Sie wurde gelehrt, um die Fähigkeiten der Truppe im

Oben und nächste Doppelseite: Zum umfangreichen Schauprogramm der Calgary-Stampede in Kanada, der bedeutendsten Rodeo-Veranstaltung überhaupt, gehören auch die verwegenen Wagenrennen. Im Renngalopp gehen vier Planwagen, jeweils von vier Pferden gezogen, auf die 800 m lange Strecke. Vier Reiter begleiten die Wagen. Beim Startzeichen müssen sie eine Reisekiste in den Wagenkorb und eine Ersatzdeichsel ins Wageninnere werfen. Dann springen sie auf die meist schon in Gang befindlichen Pferde und folgen dem Gefährt, das inzwischen in vollem Galopp eine Acht gefahren hat und schleudernd auf die Bahn eingeschwenkt ist (nächste Doppelseite).

175

Vom späten Mittelalter bis ins 19. Jahrhundert spielten Pferd und Wagen im höfischen Leben eine besonders prunkvolle Rolle. Die Ritter kleideten sich phantasiereich, die Pferde waren reich verziert und die Karossen kostbar ausgestattet. Das nebenstehende Gemälde stellt den Herzog von Wellington (1769–1852) bei der Feier seines Triumphs über Napoleon in der Schlacht von Waterloo dar.

Sattel zu fördern, sie hatte aber ebenso ein quasi zirzensisches Können zu vermitteln, mit dem man bei den Festen des Adels erfreuen, unterhalten und beeindrucken konnte. Dieser Zielsetzung sollte man sich bewußt sein, wenn man die hippologischen »Galionsfiguren« des 16., 17. und 18. Jahrhunderts würdigt, Grisone zum Beispiel, Georg Engelhard Löhneyssen, Antoine de Pluvinel, den Herzog von Newcastle, Georg Simon Winter von Adlersflügel oder de la Guérinière.

Auch für die Arbeit der Spanischen Hofreitschule in Wien in Vergangenheit und Gegenwart ist es nicht zufällig oder belanglos, daß der Hof bereits 1681 den Entschluß faßte, eine überdeckte Reithalle auf dem Wiener Roßtummelplatz zu bauen, und daß der Bau der Wiener Hofburg – durch die Franzosen- und Türkenkriege verzögert – nach fünfjähriger Bauzeit am 14. September 1735 vollendet wurde. Die beiden kaiserlichen Majestäten kamen, wie die Quellen berichten, schon am Morgen in die »neu erbaute und prächtig verfertigte Reith-Schull«, sie sahen sich zusammen mit dem Herzog von Lothringen die Arbeit der Remonten und der Schulpferde an. Der Hofbaumeister Johann Bernhard Fischer von Erlach hatte Karl VI. 1730 den Entwurf für die Hofreitschule übergeben. Sein Sohn Josef Emanuel Fischer von Erlach, seit 1722 Hofarchitekt, hatte den Bauauftrag erhalten.

Die zentrale Rolle, die Pferd und Wagen im höfischen Leben spielten, wird unter anderem erhellt aus der Überlieferung, nach der der Doge von Venedig schon gegen Ende des 15. Jahrhunderts Stallungen für über 6000 Pferde besessen haben soll. Der Renaissanceforscher Jakob Burckhardt berichtete über den Triumphzug Alfonsos des Großen durch Neapel im Jahre 1443: »Der von vier weißen Pferden gezogene Wagen, auf welchem er thronend saß, war gewaltig hoch und ganz vergoldet; zwanzig Patrizier trugen die Stangen des Baldachins von Goldstoff, in dessen Schatten er einherfuhr. Der Teil des Zuges, den die anwesenden Florentiner übernommen hatten, bestand zunächst aus eleganten jungen Reitern, welche kunstreich ihre Speere schwangen, aus einem Wagen mit der Fortuna und aus sieben Tugenden zu Pferde.«

Bei den prunkvollsten Festen der erlauchten Regenten sollen bis zu 12 000 Pferde beteiligt gewesen sein. Nicht weniger als 5640 Reiter aus aller Herren Länder wurden in der Kavalkade zur Hochzeit des bayerischen Erbprinzen Wilhelm (V.) und der Prinzessin Renata von Lothringen am 22. Februar 1568 gezählt. Auf einem weißen Zelter ritt die Braut dem Bräutigam entgegen, begleitet von 400 Rittern. Zu den Lustbarkeiten der großen Feier gehörten unter anderem Turniere, Stiergefechte, Ringelrennen und Scheibenschießen.

Zu einer Zeit, da die militärische Bedeutung des Rittertums schon der Vergangenheit angehörte, in der disziplinierte Fußtruppen und später Kavalleristen die entscheidenden Kräfte in der Schlacht bildeten, lebten die mittelalterlichen Turniere und Ritterspiele an den europäischen Höfen fort, und zwar bis ins 18. Jahrhundert hinein. Die Ritter verkleideten sich phantasiereich, ihre Pferde hüllten sie in Rüstungen, die schließlich mit Gold und Edelsteinen verziert wurden.

Die glanzvollsten Reiterfeste fanden im barocken Wien statt. Nicht weniger als drei Jahre lang dauerten die Feierlichkeiten zur Vermählung des Kaisers Leopold I. Am 24. Januar 1667 fand das berühmte Roßballett statt. In einem gigantischen Schauspiel von vier Stunden Dauer stellten Pferd und Reiter mythologische Themen dar. Im Rahmen dieser Aufführung wurden unter anderem Kruppaden, Kapriolen und Courbetten gezeigt. Die Reitakademien stellten mit ihren talentierten Schülern die Schauspieler. In den Reitlehren des Barock finden sich sinnvollerweise nicht nur Richtlinien für die Ausrüstung der Pferde, sondern auch Vorschriften für die den Festen angemessene Kleidung der Reiter.

Als Beispiel eines hochherrschaftlichen Marstalles schilderte Lorenz Hübner die Salzburger Felsenreitschule: »Die hochfürstliche Winterreitschule steht dicht am Tummelstalle, aus welchem von dem inneren Hofe des Marstalles ein Par hohe Thore dahin führen. Das Ganze ist ein längliches Viereck, 96 Schritte lang und 20 breit. Vorne befinden sich zwei welsche Camine von weißem Marmor, wovon der eine zu ebener Erde, der andere oberhalb auf einer Galerie sich befindet. Am entgegengesetzten Ende des Vierecks sieht man eine andere Galerie, wohin ebenfalls Stufentreppen von Marmor führen. Die Brustgeländer der beyden Galerien sowohl, als auf der beyden Seiten 18 zählet, sind alle von gleichem, weißem Untersberger Marmor, sowie die 4 oben und unten stehenden Fahnensäulen. Die Decke ist ganz übermalt und stellet in einem guten Freskogemälde von 1690 ein Carousell vor. – Durch ein weiteres hohes Thor ist aus dieser der Ausgang in die Sommerreitschule, welche aber, da sie unter freyem Himmel stehet, bey Regenwetter nicht benützt werden kann. Beynahe der ganze Raum ist mit an die Winterreitschule und den Stall für kranke Pferde errichteten Corridoren, welche vorne mit Arkaden abgetheilet sind, eingefangen: In dieser Reitschule wird auch den durchreisenden Gesellschaften erlaubt, ihre Reit-, Spring- und Seiltänzerkünste zu zeigen.«

178

Als Kontrastprogramm zur Schulreiterei fand im Juni 1730 das berühmte »Lustlager Augusts des Starken« in Mühlberg an der Elbe mit einem Aufgebot von 10 000 Kavalleristen sächsischer und polnischer Herkunft statt. Das Bild der dabei dargebotenen Reiterspiele lehnte sich an französische Vorbilder an. In farbenprächtigen Uniformen traten unter anderem Grand Mousquetaires, die Chevaliergarde, die Grenadiers à cheval, die Gardes du corps, Spahis und Kosaken auf.

Mit Schlittenfahrten vertrieb sich der Adel im Winter die Zeit. Gabriele Scherl weist auf die Erinnerungen des Franzosen Chapuzeau an das Dresdener Hofleben hin: »Die Schlittenpferde waren überaus kost-

bar gezäumt, mit silbernen Glöckchen behangen. Manche dieser Schlitten kosteten 10 000 Thaler – entzückende Gefährte, die Muscheln, Sirenen, Triumphwagen, Delphine, Löwen oder Adler darstellten und beim Fackelschein wie aus reinem Gold erstrahlten.«

Von der »goldenen« Fahrkultur Wiens beispielsweise zeugen noch heute die eindrucksvollen Exponate in der Wagenburg der Donaustadt.

Zum Reiterspiel des Adels gehörte schließlich die Jagd zu Pferde. Sie bildete unter anderem einen wichtigen Inhalt des Lebens am kurbayerischen Hof, dessen »Staat« um 1710 aus 4234 Personen bestand und der Wien, Paris und Versailles nach-

zueifern suchte. In einer zeitgenössischen Quelle aus dem Jahre 1719 heißt es, der Kurfürst, der Kurprinz und der Herzog Ferdinand seien jeweils getrennt auf die Jagd gegangen, und so seien täglich an die vierhundert Pferde auf den Beinen gewesen. Der französische Sonnenkönig Ludwig XIV. (1643–1715) widmete sich seit seiner Jugend der Parforcejagd. Fast täglich ritt er auf Hirsche oder Schwarzwild. Die Jagdhunde kaufte er übrigens in England. Auch in diesem Punkte eiferten die übrigen europäischen Höfe ihrem Leitbild Versailles nach. Der ansonsten sparsame König Friedrich Wilhelm I. von Preußen (1713–1740) trieb bei seinen Parforcejagden einen beträchtlichen Aufwand an Pikören,

Leibwächtern, Büchsenspannern, Pferden und Hunden. Über die Jagdleidenschaft des Herzogs Karl August von Weimar berichtete Johann Wolfgang von Goethe. Um den Mut seiner Höflinge zu prüfen, ließ der Herzog Wildschweine in der Reitbahn frei. Die Kavaliere mußten die Tiere auf ihre Schweinsfeder oder auf den Hirschfänger auflaufen lassen. Um das Wild bei den Hetzjagden bis zur Erschöpfung treiben zu können, hatte der Landesherr sich für beträchtliches Geld einen englischen Vollblüter angeschafft.

Die Königs- und Fürstenhöfe sahen im Jagdreiten nicht allein eine Lustbarkeit. Sie schrieben ihm auch erzieherische Fähigkeiten zu und verstanden es als eine Schule fürs Leben. Diese Funktion sollte das Jagdreiten auch in der Offiziersausbildung erfüllen. Zur Kavallerieschule in Hannover gehörte der Jagdstall, und kein geringerer als der vor allem als Dressurreiter berühmt gewordene Felix Bürkner unterstrich die Bedeutung des Jagdreitens. Der griechische Heerführer und Schriftsteller Xenophon war einer der prominentesten Kronzeugen: »Die erste Beschäftigung, die ein junger Mann, eben der Kindheit entwachsen, ergreifen sollte, ist das Jagdreiten, und danach sollte er, vorausgesetzt, er hat die Mittel dazu, zu anderen Zweigen seiner Ausbildung fortschreiten. Die praktischen Vorteile des Jagdreitens sind vielfach: Es macht den Körper gesund, verbessert das Sehvermögen und Gehör und bewahrt die Männer vor dem Altern. Es ist das beste Training für den Krieg, denn Männer, die an Leib und Seele gesund sind, stehen immer an der Schwelle des Erfolgs.«

Dem militärischen Training dient der heutige Jagdreitsport nicht mehr, auf das körperliche Wohl seiner Anhänger hat er zweifellos weiterhin Einfluß. Für zahlreiche Reiter ist hierzulande die Herbstjagd der Höhepunkt ihres sportlichen Jahres. Fast alle Vereine veranstalten Meetings, die dem heiligen Hubertus, dem Schutzpatron der Jäger, gewidmet sind. Die fünfzig, hundert und mehr Reiter umfassenden Kavalkaden werden in verschiedene Felder geleitet, vor allem solche für Springer und solche für Nichtspringer. Auch den schwächeren Reitern wird so die Chance geboten, im Roten Rock hinter dem Master zu reiten.

Die Turniersportler haben sich weitgehend von der Jagdreiterei zurückgezogen, haben sich spezialisiert, sind oft auch im Herbst noch bei Hallenveranstaltungen engagiert und überlassen Feld und Flur vornehmlich denjenigen, die von den Aufgaben auf dem Viereck und im Parcours überfordert wären oder die den Zwängen des Turniersports – häufig mit zunehmendem Alter – den Rücken gekehrt haben.

Die Jagdreiterei entwickelte sich in vielen Ländern auch zu einem gesellschaftlichen Ereignis. Der in Omnibussen oder langen Pkw-Schlangen der Strecke folgende Zuschauertroß ist meist beträchtlich größer als die Schar der Reiter. Aktuelle Herbstmoden und zeitloser Landherrenstil geben sich ein Stelldichein. In Deutschland ist es seit dem Jahre 1935 allerdings aufgrund des Tierschutzgesetzes verboten, mit dem Pferd lebendes Wild zu hetzen. Meist finden die Jagden daher ohne Hunde statt. Wenn bei den renommierteren Treffen Hunde dabei sind, dann folgen sie nicht dem Wild, sondern einer zuvor von einem Reiter künstlich gelegten Fährte, die dort endet, wo auch die Zuschauer sich eingefunden haben. Hier bestimmt nicht mehr der Fuchs den Weg, hier sind Anfang und Ende am Glockenschlag orientiert, hier wird auf den schwachen Reiter Rücksicht genommen. Solche Fuchsjagden verdienen eigentlich nicht mehr diesen Namen, auch wenn am Ende des Rittes einem der Beteiligten eine Lunte an die Schulter geheftet wird und die übrigen versuchen, die Trophäe in einem der Jagd fremden Rennen zu greifen. Solche Fuchsjagd ist abgekartetes Spiel – bei denen, die mehr als das reizvolle Parkreiten in ihm sehen, sogar ein Selbstbetrug.

Neben den gesetzlichen Bestimmungen haben gesellschaftliche und wirtschaftliche Entwicklungen der Jagd in klassischer, landesherrlicher Manier ein Ende gemacht. Der durch Zäune nicht zerschnittene Großgrundbesitz des Feudalismus ist den parzellierten und eingefriedeten Feldern der Kleinbauern gewichen. Selbst wenn man die Probleme des Flurschadens durch einen finanziellen Obolus und die Ein-

ladung zum Jagdfest geregelt hat, stehen die Zäune im Weg, vor allem die Stacheldrahtzäune, die 1875 in den USA erfunden wurden und seit den achtziger Jahren des letzten Jahrhunderts auch in Europa verwendet werden. Hetzte man lebendes Wild, bildeten sie für eine Mehrzahl der Reiter ein unüberwindliches Problem. Erst seitdem die Strecke nach menschlichem Plan geführt wird, läßt sich Stacheldraht in Toren umgehen oder unter den Stangen der Sprünge unschädlich machen.

Eine neue Gefahr droht dem Jagdreiten im besonderen und dem Naturreiten im allgemeinen durch die gesetzlichen Bestimmungen, die die Reiterlaubnis auf bestimmte Wege beschränken. Solche Maßnahmen mußten ergriffen werden, weil der Zulauf zum Reitsport in den letzten Jahren so beträchtlich war, daß Fußgänger sich in den Erholungsgebieten belästigt fühlten und die Ausbesserung beschädigter Wege sowie die Anlage spezieller Reitwege den Kommunen zu einem respektablen Kostenfaktor erwuchs.

Im britischen Mutterland der Jagdreiterei klagen die passionierten Hunter schon seit langem über die Beeinträchtigungen ihres Sports, haben bisher aber immer noch einen Weg gefunden, ihn in ausgiebigem Maße weiter zu betreiben. Die Parzellierung und Einfriedung des Geländes machte ihnen schon im 17. und 18. Jahrhundert zu schaffen. Dennoch erlebte die Fuchsjagd zu Pferde auf der Insel erst im 19. Jahrhundert ihre höchste Blüte, genau genommen in der Zeit zwischen 1815 und 1870.

Auch in der Gegenwart wird in England noch eifrig gejagt, wie in Frankreich, Irland und anderen Ländern weiterhin auf lebendes Wild. Zwischen den eingefleischten Huntsmen und den engagierten Tierschützern bestehen allerdings auch auf der Insel unüberbrückbare Fronten. Was die einen für eine würdige Auseinandersetzung zwischen Mensch und Tier halten, erscheint den anderen als barbarische Quälerei der Kreatur. Die Jagdreiter gehen davon aus, daß es zu einer Wildplage kommt, wenn die Füchse nicht gejagt werden. Im Abschuß mit der Feuerwaffe sehen sie einen hinterlistigen Mord, der dem Tier keine Chance lasse, vom unwürdigen Vergasen ganz zu schweigen. Die Hetzjagd sei demgegenüber ein fairer Wettstreit, er böte dem Tier die oft auch genutzte Gelegenheit, seinen Balg zu retten.

Zum weiten Bereich der Reiterspiele gehören schließlich die zahlreichen Quadrillen und Formationen, die mit und ohne die traditionelle Marschmusik vor allem von den städtischen und ländlichen Reitervereinen

Barock und Renaissance waren auch geprägt vom Jagdfieber der Adligen. Neben der Jagd- und Parforcereiterei der Herren widmeten sich die Damen höheren Standes nicht selten der Greifvogeljagd zu Pferde, wie das Gemälde von Carle Vernet (1758–1836) zeigt.

Nächste Doppelseite: Die Jagdreiterei erfreut sich vor allem in England, Irland und Frankreich nach wie vor großer Beliebtheit. In Deutschland, wo die Jagd zu Pferde auf lebendes Wild in den dreißiger Jahren aus tierschützerischen Gründen verboten wurde, werden zahlreiche Schleppjagden auf der künstlichen Fährte abgehalten, bei denen Anfang und Ende programmiert sind.

einstudiert und mit oder ohne besonderen
Anlaß geritten werden. Mit dem einstigen
Training für die militärische Formation
haben diese Spiele nur noch die Figuren
gemeinsam. Heute betreibt man sie aus
Spaß am Sport und der Kameradschaft, ferner zur Prüfung und Förderung der reiterlichen Fähigkeiten und schließlich als be-
lebende Alternative zum üblichen Reit-
schulbetrieb.

Auf das Reiterspiel wurde hier deshalb so
ausführlich eingegangen, weil es die Basis
und den Hintergrund des Turniersports
bildet und in dieser Bedeutung weitgehend
unbekannt ist oder zumindest nicht hinreichend respektiert wird. Aus der Sicht
des systematisierten Turniersports werden
Reiterspiele häufig mit negativem Vor-
zeichen beschrieben, als Brauchtum, als
militärische Übung, als Schauspiel oder als
Freizeitspaß, jedenfalls nicht als ernster
Wettbewerb. Die mangelnde Kenntnis des
Reitens in anderen Ländern und Epochen
fördert solches Vorurteil beträchtlich.
Beschäftigt man sich intensiver mit den
Reiterspielen, dann wird deutlich, daß
viele, die auf den ersten Blick als Schauspiel und Freizeitspaß erscheinen, in Wirklichkeit nach strengen Regeln und als
ernste Konkurrenz ablaufen. Für das Bull
Riding des Rodeosports trifft dies ebenso
zu wie für die Prüfungen des Three- oder
Five-Gaited-Horses oder für die Konkurrenzen der Isländer mit der Tölt- und Paß-
gangart. Selbst beim Buskaschi existieren
inzwischen Regeln, wird intensives Training betrieben und findet die Auswahl, ja
die züchterische Selektion geeigneter Pferde
statt. Die Bestimmung, welches Reiten dem
Bereich Spiel und welches der Kategorie
Sport zuzuordnen ist, hängt meist von der
eigenen Perspektive ab, sie ist relativ.
Ein solches Eigenurteil findet sich auch
hinsichtlich der Frage, welche Gangarten
und Bewegungsformen des Pferdes man als
natürlich und welche als künstlich, unnatürlich oder zirzensisch einzustufen hat. In
dieser Hinsicht läßt sich oft die Tendenz
beobachten, das eigene Reiten stets als
natürlich beziehungsweise als auf natürlichen Anlagen beruhend darzustellen. Bei
näherer Beschäftigung mit verschiedenen
Reitsystemen wird man allerdings schnell
erkennen, daß das Verständnis des eigenen

*Früher dienten Reiterspiele meistens dem
Training von Kavallerieschwadronen. An diese
Tradition erinnert die kanadische berittene
Polizei mit Formationsvorführungen.*

*Nächste Doppelseite: Die Freizeitreiter, besser
vielleicht Naturreiter genannt, ziehen die Weite
von Wald und Feld den organisierten Zwängen
des Turniersports vor.*

Reitens als »natürlich« kein alleiniger, sondern ein von verschiedenen Auffassungen vertretener Anspruch ist.

Als distanzierter Beobachter sollte man auch hier Relativität gelten lassen. Die Natur des Pferdes ist nicht so eng fixierbar, wie vielfach angenommen wird, weil sie sich züchterisch steuern läßt und meist mehr an ausbaufähigen Möglichkeiten enthält, als von dem einen gegenüber dem anderen Reitsystem respektiert wird.

Deutlich sind im gesamten Feld von Reiterspiel und Reitersport die widerstreitenden Tendenzen der Regelung und Systematisierung einerseits und der Befreiung andererseits festzustellen. Es besteht einerseits das Anliegen, das Spiel zu organisieren, ihm verpflichtende Regeln zu geben und den unverbindlichen Zeitvertreib in eine ernste, sorgsam vorbereitete Konkurrenz übergehen zu lassen. Im fortgeschrittenen Stadium dieses Prozesses findet sich dann die Tendenz, daß Funktionäre und Spezialisten eine Überregelung schaffen und eine bürokratische Verwaltung aufbauen. Ein derart etabliertes System kann einerseits klärend wirken, es kann aber auch als Einschränkung und Zwang empfunden werden. Gewinnt der Eindruck der Beschränkung und Entfremdung die Oberhand, dann erwacht die der Organisation entgegengesetzte Tendenz zur Befreiung.

Die verschiedenen Entwicklungstendenzen, die letztlich auf dem uneinheitlichen Wesen von Spiel und Sport – nämlich Zerstreuung und zugleich Regel, Leistung und Wettkampf – beruhen, lassen sich auch an der jüngsten Geschichte des bundesdeutschen Reitsports leicht darstellen. Der Spitzenverband des bundesdeutschen Turniersports, die Deutsche Reiterliche Vereinigung, betreute ursprünglich allein den an die Zucht geknüpften Sport, der sich offiziell als die Prüfung von Leistungspferden verstand. Mit dem wachsenden Ausmaß des Sports wurde das Geflecht seiner Regeln enger. Inzwischen sind die Bestimmungen so detailliert, daß sie vollständig nur noch von wenigen, meist juristisch vorgebildeten Spezialisten beherrscht werden. Der Turniersport wurde nüchterner und ließ spontaner Entfaltung keinen Raum mehr. Im Reiten des »zweiten Weges« entstand eine Befreiungsbewegung, die den organisatorischen Zwängen die Freiheit des Individuums, dem sterilen Turnierplatz die

Weite von Wald und Feld, der Enge einer bestimmten Reittechnik die spontane Verbindung von Mensch und Tier gegenüberstellte. Beträchtliche Zuwachsraten verstärkten den »zweiten Weg«. Eine ebenso respektable Aufwertung erfuhr diese Art des Reitsports durch zahlreiche Veröffentlichungen, in denen nachgewiesen wurde, daß dieser zweite Weg eigentlich der erste ist, da selbst bei den vereinsgebundenen Reitern die Anzahl der Turnierreiter im Vergleich zu den Nicht-Turnierreitern schon fast verschwindend klein ist.

Bezeichnenderweise verschwand der Begriff des »zweiten Weges« bald aus dem offiziellen und inoffiziellen Sprachgebrauch. In sachlich unpräziser Weise wurde von Freizeitreitern gesprochen, obwohl es näherliegen würde, diese Gruppe als Naturreiter von den Turnierreitern abzuheben.

Durch die vornehmlich mit dem Turniersport beschäftigte Deutsche Reiterliche Vereinigung fühlten sich die Freizeitreiter nicht hinreichend repräsentiert. Sie gründeten abseits der traditionellen Organisation einen eigenen Verband, der sich vor allem in der Auseinandersetzung um die Einschränkungen und Verbote des Reitens in Wald und Feld profilierte. So entstand die Situation, daß neben der Reiterlichen Vereinigung eine Organisation existierte, die die Mehrzahl der Reiter repräsentierte. Wollte die Deutsche Reiterliche Vereinigung nicht zur Spezialistenvertretung werden, mußte sie sich um die Anliegen der Freizeitreiter kümmern. Die Reiterliche Vereinigung, die in einer früheren Reorganisation schon die Arme geöffnet und verschiedene andere Verbände – den Bundesverband der Ländlichen Reit- und Fahrvereine, die Deutsche Richtervereinigung sowie den Deutschen Reiter- und Fahrerverband – in sich aufgenommen hatte, richtete nun unter anderem ein besonderes Referat für Freizeitreiten ein, entwickelte den Reiterpaß und verschaffte den Freizeitreitern mit den Prüfungen der Kategorie C sogar Zugang zum Turniersport. Dem separaten Freizeitreiterverband wurde somit der Wind aus den Segeln genommen, er wurde als Alternative entkräftet.

Die Tendenz zur Organisation ist bei den Naturreitern weltweit unübersehbar. Inzwischen werden Freizeitreiterturniere veranstaltet, um das Glück genau in dem Rah-

men zu suchen, der vor Jahren der Anlaß der Befreiung und Absetzung war. Eine ähnliche Organisierung liegt bei den Distanzreitern vor, die ursprünglich von den Naturreitern kamen, inzwischen aber ein eigenes System des Leistungssports entwickelt haben. Bei den sektenartigen Gruppen, die im amerikanischen Western Riding die befreiende Alternative zum Turniersport sahen oder die im Umgang mit den isländischen Robustpferden zur Ursprünglichkeit des Lebens zurückzukehren suchten, sieht es inzwischen nicht viel anders aus. Die Spontaneität allerdings

blieb einigen Gründern vorbehalten, die Mehrzahl der neuen Anhänger ersetzte das eine System durch ein anderes, und zwar mitsamt dem Pferdetyp, der Reittechnik, Kleidung, Fachliteratur, Sprache und der Welt- beziehungsweise Naturanschauung. Die einst enge Verbindung des Reiterspiels mit dem Brauchtum bedingte lokale und gesellschaftliche Abgrenzungen. Die Spiele waren an eine bestimmte Geschichte und Tradition gebunden. Mit den wachsenden völkerkundlichen Informationen und dem zunehmenden Tourismus stieg auch im Bereich des Reitens die Bereitschaft, anderer

Leute Sitten zu übernehmen. Menschen, die am Rand der Gesellschaft stehen, außergewöhnlich sind oder sich so fühlen, scheinen für Alternativen besonders empfänglich zu sein. Sie scheinen in ihnen eine Art von lokalem, sachlichem oder gesellschaftlichem Fernweh zu befriedigen. Vor der Jahrhundertwende geschah dies vornehmlich im Anglismus, heute unter anderem in der Beschäftigung mit Arabern, Quarter Horses oder Island-Pferden, von denen Spötter behaupten, sie ließen allein Reiter mit Bart und Norwegerpullover aufsitzen.

Die Wurzel des Turniersports

Der heute übliche Turniersport mit den Spring-, Vielseitigkeits-, Dressur- und Fahrprüfungen stellt eine besonders weitgehend organisierte Form des Reitsports dar. Seine Entwicklung seit der zweiten Hälfte des letzten Jahrhunderts fußt auf verschiedenen Wurzeln. Als breite Bewegung entstand der Sport in dieser Zeit in England. In mehr oder minder engem Zusammenhang mit der Industrialisierung gewannen Spiel und Wettkampf die Gestalt, von der man allzu leicht annimmt, sie sei dem

Sport schon immer eigen gewesen. Bis zum 17. Jahrhundert trieb in England wie auf dem Kontinent vornehmlich oder ausschließlich der Adel Sport. Vor allem den Reit- und den Jagdsport pflegte er als seine Privilegien. Die Begriffe *sportsman* und *gentleman* waren Synonyme. Im Zusammenhang mit Verschiebungen in der Sozialstruktur der höheren Stände, dem Aufschwung der Städte als politisch-wirtschaftliche Zentren, der Entstehung einer wirtschaftlich unabhängigen Klasse aus der Jugend des Adels und des Bürgertums setzte sich um 1800 das Gentleman-Ideal als allgemeines Erziehungsziel durch. Der Sportsman neuer Prägung beschränkte sich nicht mehr auf die Organisation von Wettkämpfen, er nahm aktiv an ihnen teil. Sportlich zu sein wurde zu einer allgemeinen Einstellung zum Leben. Der Zusammenhang der Entwicklung des Sports mit der Industrialisierung ist insofern bemerkenswert, als sich mit der Rationalisierung, der Quantifizierung, der Leistungsorientierung und der Konkurrenz im Sport und in der industriellen Arbeit parallele Strukturen finden. Es ist ferner bemerkenswert, daß es dem Sport zugeschrieben wird, den Bewegungsmangel der industriellen Arbeitswelt zu kompensieren und die Entfremdung in ihr aufzuheben.

Das neue Ideal der Sportlichkeit faszinierte vor allem die Herrenreiter. Bei den Militärs verband es sich mit den kavalleristischen Zielen, in deren Dienst die reiterlichen Wettkämpfe standen. Die Armeen unterstützten den neuen Wettkampfsport zu Pferde mit Nachdruck. Sie fanden in ihm einen idealen Leistungsvergleich. Naturgemäß wurde vor allem der Militarysport im ersten Drittel dieses Jahrhunderts immer eindeutiger zu einer Disziplin der Militärs. Zunächst blieb dies auch nach dem Zweiten Weltkrieg noch so. Im Zusammenhang mit der Auflösung der kavalleristischen Einheiten in den meisten Ländern zeichnete sich eine Wende zugunsten der Zivilreiter erst mit den Olympischen Spielen in Helsinki 1952 ab.

Die Rolle der Olympischen Spiele

Die Verknüpfung mit den Olympischen Spielen bildet einen weiteren wichtigen Faktor für die Entstehung des derzeitigen Turniersports. Die Eingliederung ins olympische Programm ließ die Reiterei an dem wachsenden Prestige der weltweiten Spiele partizipieren. Die Armeen sorgten für hinreichende Teilnehmerfelder und unter-

stützten den Sport mehr, als man ihm heute ansieht. Die internationale Beteiligung zwang zur gegenseitigen Orientierung und Absprache, sie forderte vor allem allgemein akzeptierte Regeln. Zu diesem Zweck wurde 1921 die Internationale Reiterliche Vereinigung, die Fédération équestre internationale (FEI) gegründet. Der neue Verband repräsentiert den Reitsport, er zeigte Geschick beim Entwurf der Wettkampfprogramme und ihrer Bewertung, und er verstärkte seinen Einfluß durch die Abstimmung der internationalen Turniere in einem von ihm geführten Kalender. Vergleicht man den von der FEI betreuten Turniersport mit der bunten Palette der Reiterspiele, dann wird deutlich, in welchem Maße hier die Fülle des Möglichen komprimiert wurde. Es bedurfte zweifellos einer besonderen Leistung, ein derart reduziertes Programm durchzuhalten und organisatorisch zu verfestigen. Die Unterstützung durch das Militär und die Partizipation am olympischen Prestige waren für die Stabilisierung von entscheidender Bedeutung. Diese Interpretation wird unterstützt durch die Tatsache, daß das (noch) nicht von der FEI betreute Voltigieren im Jahre 1920 und das ebenfalls nicht von der FEI betreute Polospiel in den Jahren 1900, 1908, 1920, 1924 und 1936 olympische Disziplinen waren, sich aber nicht im Programm halten konnten. Beim Verzicht wirkte neben anderen Gründen wahrscheinlich die unzureichende Nähe zu militärischen Aufgaben mit. Aus ähnlichen Ursachen gelang dem aufwendigen Fahrsport der Einzug in den olympischen Himmel nicht – in die FEI wurde das »Freizeitvergnügen wohlhabender Herren« erst 1969 aufgenommen.

Die Anlehnung an die kavalleristischen Aufgaben beziehungsweise an das, was Kavalleristen für wichtig hielten, war für den olympischen Reitsport einflußreicher als die Ideen Pierre de Coubertins. Der Begründer der modernen Olympischen Spiele hatte sich im Jahre 1910 ausdrücklich gegen olympische Pferderennen und olympische »Reitturniere im üblichen Sinne« ausgesprochen: »Außer dem Polospiel müssen solche Wettkämpfe stattfinden, die dazu geeignet sind, die Geschicklichkeit, Kraft, Geschmeidigkeit und das Können der Konkurrenten herauszustellen: vor allem Überwindung von Hindernissen, Sprüngen, Ringspiele, pigsticking und so weiter. Für die Zukunft kann man auch mit der weiteren Verbreitung dieses wunderbaren Sports rechnen: dem Fechten zu Pferd und dem damit verwandten Ringkampf zu Pferd, der heute, außer in England, kaum noch betrieben wird. Ein Spiel-

Die Eingliederung ins olympische Programm ließ die Reiterei am wachsenden Prestige der weltweiten Spiele partizipieren, aber nicht alle pferdesportlichen Disziplinen haben es geschafft, in das olympische Programm zu kommen oder sich dort zu halten. Beispielsweise finden wir heute in ihm weder das Voltigieren noch Polo oder den Fahrsport. Das Bild zeigt das olympische Reitstadion in München-Riem. 45 Millionen DM wurden seinerzeit in die 450 Hektar große Reitanlage investiert, auf der seit 1972 mehrere Deutsche Meisterschaften, einige internationale Turniere und zwei Europameisterschaften ausgetragen wurden.

feld für das Polo und eine Arena für die Reiterübungen würden also das unerläßliche Zentrum dieses Teils der Olympischen Spiele bilden.«

De Coubertin sah im Pferd die »vornehmste Eroberung« des Menschen, die Errungenschaft, die den Sport begründet habe: »Ich bin für meine Person zu dem Schluß gekommen, daß er (der sportliche Instinkt) nicht im Umgang des Menschen mit der Waffe entstand, sondern im Umgang mit dem Pferd. Der bewaffnete Mensch war nicht notwendigerweise sportlich; der Mensch zu Pferd mußte es werden, auch wenn er gar nicht wollte.«

De Coubertin hatte auch einen Sport mit wenig Lärm, Reklame, Organisation und Hierarchie vor Augen, einen Sport, der inklusive des Reitens »allen Bevölkerungsschichten« zugänglich gemacht werden sollte, und zwar gänzlich ohne oder mit möglichst geringen Kosten.

De Coubertins Ideen setzten sich nicht durch. Ausgerechnet die Reiterturniere im »üblichen Sinne« bestimmten das Bild des olympischen Reitsports und prägten von hier ausgehend die weitere Entwicklung des Turniersports nachhaltig. Man kann sogar sagen, daß die Mehrzahl der internationalen Veranstaltungen sich in ihrem Ablauf an die olympischen Reitwettkämpfe anlehnt, daß sie sich in bezug auf diese interpretiert, mit ihnen vergleicht und an ihnen mißt.

Spiel und Kommerz

Das organisatorische Geflecht des Turniersports wurde enger, das Regelwerk detaillierter. Die FEI ist ein Verband, der nicht nur ordnet, sondern auch kontrolliert und herrscht – inzwischen freilich auch ein Verband, der auf Entwicklungen re-agiert, der gewisse Situationen nicht mehr verkraftet, sondern sich mit Gegebenheiten auseinandersetzt – oder sich einfach anpaßt. Das System Turniersport hat eine Eigendynamik gewonnen, einen Schwung, der dem Honoratiorenparlament der FEI über den Kopf gewachsen ist. Wie aus den Olympischen Spielen ein Fest des Showbusiness wurde, so trieben auch die Spitzenturniere mehr und mehr ins Showgeschäft ab. Die von den Olympischen Spielen hochgeschraubten Maßstäbe nahmen dem Turnier auf der grünen Wiese, mit einfachen Mitteln erstellt, die Bedeutung. Dieser Prozeß wurde auch durch die Umschichtung des Teilnehmerfeldes von den Militärs zu den Zivilreitern entscheidend gefördert. Die Angehörigen des Heeres waren und sind ökonomisch unabhängig, sie saßen und sitzen auf Pferden, die – sieht man von Ausnahmen ab – dem Staat gehören, damit nicht zum Verkauf stehen und eine solide Ausbildung ohne Hetze und mit dosiertem Wettkampfeinsatz genießen können. Beim Zivilreiter der Gegenwart sieht dies zumindest im Spit-

zensport in der Regel anders aus. Die Spezialisierung und das hohe Leistungsniveau des Sports verlangen im Sattel Experten, die sich schon aus Zeitgründen hauptberuflich mit der Materie beschäftigen müssen und die nicht anderen beruflichen Aufgaben üblichen Zuschnitts verpflichtet sein können. Die privat finanzierte Pferdehaltung drängt wirtschaftliche Gesichtspunkte in den Vordergrund, zumal die zur Diskussion stehenden Summen den Rahmen eines üblichen Bürgerbudgets weit übersteigen. Auch unter diesem Aspekt sind Turniere heute stets ökonomische Ereignisse, bei denen Investitionen, die in Pferde getätigt wurden, sich amortisieren oder als Fehlgriff erweisen, bei denen der Wert von Pferden aufgrund ihrer Leistungen steigt oder sinkt, bei denen potentielle Käufer animiert werden und Entschlüsse fassen, bei denen Reiter den Marktwert der von ihnen vorgestellten Pferde bestimmen und zugleich ihr Prestige auf die daheim im inoffiziellen Handelsstall stehenden Tiere übertragen.

Im Spitzensport ist die Entwicklung des Turniersports zu einem Phänomen des Showbusiness besonders stark ausgeprägt, in der Dressur und der Military weniger deutlich. Im Springsport der obersten Leistungsklasse ist auch die Macht der Aktiven, die in einer Interessengemeinschaft zusammengeschlossen sind, am stärksten. Die Veranstalter sichern sich nicht selten

sogar die Teilnahme der Stars mit Hilfe von Startgeldern oder garantierten Mindestgewinnsummen. Die nationalen Verbände wie die FEI führen den Sport in dieser Sphäre nur noch bedingt. Die Verbände steigern ihr Image durch die Erfolge der von ihnen betreuten Reiter, sie brauchen die wie Wirtschaftsunternehmer auftretenden Aktiven – und sind ihnen gegenüber zu Zugeständnissen bereit. Für die Konzessionen der FEI gegenüber der Kommerzialisierung des Sports ist es bezeichnend, daß sie das Patronat für den von einer Autofirma finanzierten World Cup übernahm, daß sie ihr Renommee dem Mammon auch insofern lieh, als ihr und des Wirtschaftsunternehmens Name den Titel des Cups zieren und in einem Atemzug genannt werden, nämlich »FEI World Cup Volvo«. Unter der Voraussetzung, daß die bisher geltenden olympischen Amateurbestimmungen fortbestehen und nicht völlig liberalisiert werden, besteht die Gefahr, daß die FEI mit ihren Zugeständnissen dazu beiträgt, den für die Veranstalter ohnehin sehr kostspieligen Reitsport nicht länger problemlos als olympische Disziplin zu verstehen, sondern zur Disposition zu stellen. Die Konzentrierung des Spitzensports auf die kapitalistischen Bereiche Europas und Nordamerikas könnte in diesem Zusammenhang ebenfalls als Argument vorgebracht werden.

Die FEI ist freilich in einer schwierigen

Lage. Die Ökonomisierung und Professionalisierung stellt ein Faktum dar. Wenn der Verband dem nicht irgendwie Rechnung trägt, läuft er Gefahr, das Patronat ausgerechnet über den prestigeträchtigsten Teil des Reitsports zu verlieren. Immerhin bestanden bereits Bestrebungen, konkrete Pläne und Optionen für den Zusammenschluß der Spitzenspringreiter in einer fahrenden Truppe, die sich wie Artisten von verschiedenen Bühnen verpflichten läßt. Bisher scheiterten solche Konzepte an dem für den Turniersport erforderlichen Aufwand an Organisation. Im Rahmen und auf der Basis des breiten Amateurturniersports wären solche Wettkämpfe der Artisten, denen natürlich das besondere öffentliche Interesse gelten würde, nach den bisher geltenden Bestimmungen nicht möglich. Änderungen in dieser Hinsicht aber sind nicht völlig auszuschließen.

Der derzeit praktizierte Modus erlaubt jedenfalls fließende Übergänge vom Hobby zum Geschäft, vom Amateur zum Profi sowie Halb- und Scheinlösungen.

Die Regierung der Verbände erstreckt sich vornehmlich auf den mittleren und kleinen Turniersport. In erster Linie beschäftigt sie sich – jedenfalls in der Bundesrepublik – mit organisatorischen Problemen. Der beträchtlich angewachsene Turniersport drängt sich auf diesen Bereich. Der Einfluß der Deutschen Reiterlichen Vereinigung auf die stilistisch-reittechnische Erziehung tritt demgegenüber zurück, obwohl der Verband in anderen Zusammenhängen der Ausbildung der Reiter und ihrer Trainer bedeutende Aufmerksamkeit widmet. Im Reitsport ist solche Erziehung in besonderem Maße angebracht, weil das Sportgerät kein toter Gegenstand, sondern ein von Empfindungen, vor allem von Wohlsein und Schmerz bestimmtes Lebewesen ist.

In dem als Showgeschäft betriebenen Spitzensport machen die Pferde zwar als Stars Schlagzeilen, sie genießen auch eine Betreuung und Versorgung, die sich viele Menschen nur als paradiesischen Zustand vorstellen könnten. Zugleich steht der Spitzensport aber auch hinsichtlich des Einsatzes der Pferde – von Ausnahmen abgesehen – unter den ökonomischen Zwängen von Investition, Amortisation und Leistungsmaximierung. Die Zucht produziert zwar Pferde, die den gestiegenen Anforderungen besser als in früheren Epochen zu entsprechen vermögen. Unübersehbar ist aber die Tendenz, die Ausbildung zu verkürzen und die Tiere möglichst früh und möglichst häufig im Wettkampf einzusetzen. Dies zehrt an ihrer physischen wie an ihrer psychischen Substanz.

194

Der unter dem Druck der Leistungsmaximierung stehende Sport sowie die zweischneidige Norm der optimalen Versorgung des Pferdes führen unter anderem dazu, die veterinärmedizinischen Möglichkeiten voll auszunützen. Beim Wettkampfeinsatz kann man sich ihrer bedienen, kann sich aber auch weitgehend auf sie verlassen, wenn Heilung und »Reparatur« erforderlich werden. Die Veterinärmedizin entlastet insofern sogar das angesichts von Pferdeverschleiß sich doch manchmal meldende Gewissen.

Die Turnierkisten der Spitzenreiter enthalten schon seit Jahren kleine Apotheken, in der Regel auch inklusive des verschlossenen Schranks, in dem die außergewöhnliche Medizin lagert. Die in den letzten Jahren heftig diskutierten Doping-Probleme sowie die diesbezüglichen Bestimmungen der FEI und der nationalen Verbände haben den Einfluß der Medizin zwar beträchtlich reduziert, zugleich aber die Aufmerksamkeit von anderen Fragen abgelenkt. Halbherzig blieb der FEI-Beschluß hinsichtlich des Einsatzes von neurektomierten Pferden im Sport. Beim Nervenschnitt geht es generell darum, Schmerzen durch das Ausschalten der Empfindung zu beseitigen und damit auch die Lahmheit des Tieres zu beheben – allerdings mit der Konsequenz, daß der den Schmerzen zugrunde liegende Krankheitsprozeß übersehen wird und meist auch weiter fortschreitet. Auch das Doping beziehungsweise Nobling der Turnierpferde besteht vornehmlich darin, die biologisch wichtige Funktion des Schmerzes mit seinen Folgen der Lahmheit auszuschalten und den Reiter in die Lage zu versetzen, das Tier in gesundheitsschädigender Weise weiter zu belasten. Bei Vielseitigkeitspferden wurde derart wirkendes Butazolidin (Phenylbutazon) selbst prophylaktisch injiziert, um möglichen Ausfällen auf der Strecke zuvorzukommen. Bei Dressurpferden spielt die medikamentöse Beruhigung außergewöhnlich nervöser Tiere eine wichtige Rolle. Bei der Vielseitigkeits-Weltmeisterschaft 1978 im amerikanischen Lexington konnten die Reiter ihre Pferde bis zur Erschöpfung reiten – in dem Wissen, der Zielplatz gleiche einem Lazarett, in dem die Tiere mit Sauerstoffduschen und Natrium-Bikarbonat-Injektionen vor dem völligen Zusammenbruch gerettet würden.

Solch intensiver Einsatz der Veterinärmedizin wird dem Sport von Außenstehenden und auch von einigen Kritikern innerhalb seiner Reihen im Namen des Tierschutzes negativ angelastet. Ob dieser Situation muß man sich aber im klaren sein, daß Spitzen-

leistungen im Reiterspiel und Reitersport wahrscheinlich schon immer auch auf Kosten der Tiere erzielt wurden. Die Pferde, die auf den Distanzritten ihr Leben ließen, legen hiervon beredtes Zeugnis ab. In früheren Jahrzehnten war der Verschleiß allerdings offenkundiger als heute. Die Medizin verzögert und verschleiert manches, vieles kuriert sie auch wieder. Neben dieser Entwicklung existiert eine beträchtlich gesteigerte Sensibilität in Sachen Tierschutz. Offensichtliche oder aufgedeckte Leiden und Schäden der Tiere rütteln schneller als in früheren, unmittelbarer auf die wirtschaftliche Nutzung des Tieres angewiesenen Epochen die Entrüstung auf. Leiden und Schäden der Kreatur werden heute nicht mehr so leicht um bestimmter, vordergründiger Ziele willen in Kauf genommen.

Mehrfach war hier von der Breite des Tur-

niersports die Rede, auf dem die Spitze des Showbusiness mit all seinen Auswirkungen ruht. Die Breite entstand nicht erst seit der beträchtlichen Zunahme des Pferdesports im letzten Jahrzehnt. Sie existierte bereits vor dem Zweiten Weltkrieg, und zwar aufgrund des geschickten Konzepts, die Reiterei an die Landespferdezucht zu knüpfen und die Züchter sowie die ländliche Jugend fürs Reiten zu begeistern. Der Erfolg dieser Maßnahme beruht auf verschiedenen Faktoren, nicht allein auf dem Weitblick des Propagandisten und Organisators Gustav Rau, der sich dem Aufbau der ländlichen Reiterei vor allem in den zwanziger Jahren und dann wieder gleich nach dem Zweiten Weltkrieg widmete. Man darf davon ausgehen, daß die Landjugend für den Herrensport begeisterungsfähig war, weil sie sich von ihm einen mehr oder minder ausgeprägten gesellschaftlichen

Aufstieg versprach. Hinzu kommen ökonomische Gründe und auch der Appell ans Nationalbewußtsein. Bereits vor dem Ersten Weltkrieg wurde von einflußreichen Kräften gegen den Usus der deutschen Turnierreiter Stimmung gemacht, ihre Pferde im Ausland zu kaufen. Vor allem die einzelnen Zuchtverbände und der Reichsverband für deutsches Halbblut wandten sich gegen diese Praxis, die in der Öffentlichkeit den Eindruck erweckte, die deutschen Pferde seien für den Turniersport nicht geeignet. Schon vor dem Ersten Weltkrieg kam das Motto auf: Dem Deutschen das deutsche Pferd. Im Jahre 1910 wurde ein Reitturnier veranstaltet, an dem nur deutsche Pferde teilnehmen durften. Die organisatorische Verbindung von Zucht und Sport gelang bereits 1919 im Reichsverband für Zucht und Prüfung deutschen Warmbluts.

Nach dem Ersten Weltkrieg entstand insofern eine völlig neue Situation, als den Reitern aufgrund der allgemeinen Wirtschaftskrise das Geld für teure Importe fehlte und für die Zucht das Heer mit bisher 120 Kavallerie- und ebenso vielen Artillerie-Regimentern als Großabnehmer ausfiel. Die Reichswehr hatte nur noch einen verhältnismäßig geringen Bedarf an Pferden. In Zusammenarbeit mit der preußischen Gestütsverwaltung stellte sich der Reichsverband auf die Zucht eines vielseitigen Leistungspferdes um. Die ländlichen Reiter bildeten die Pferde für die späteren Abnehmer aus, sie demonstrierten auf den Turnieren die Leistungsfähigkeit der Zucht, und sie förderten die Anerkennung wie die Breite des Sports. Der Turniersport der Ländlichen stellte insofern keinen Selbstzweck dar, er war Pferdeleistungsschau und Veranstaltung zur Förderung des Absatzes gleichzeitig. Die Bedeutung und der Erfolg des Konzeptes sprechen aus der Tatsache, daß im Laufe von drei Jahren 2000 Reitervereine mit 50 000 aktiven Mitgliedern gegründet wurden.

Bereits im Jahre 1924 konnte Gustav Rau beim ersten deutschen Reitertag feststellen: »In der Geschichte des züchterischen und reitsportlichen Lebens Deutschlands hat es noch keine Bewegung gegeben, die für die Warmblutzucht und die Reitkunst so wichtig gewesen ist wie die ländlichen Reitervereine ... Wenn der Reichsverband für Zucht und Prüfung deutschen Warmbluts nach dem verlorenen Kriege seine Aufgaben der Warmblutzucht und der Reitkunst gegenüber erfüllen wollte, mußte er rasch handeln. Für ihn brauchte es keine untätigen, immer ins Passive führenden Betrachtungen über die Ursache der Niederlage und ihre vermutlichen Wirkungen der Pferdezucht und Reitkunst gegenüber zu geben, denn was er vertritt, das deutsche Warmblutpferd und die deutsche Reitkunst, sie hatten gesiegt. Keine Kritik hat sich an die Leistungen des deutschen Warmblutpferdes im Kriege herangemacht. Aber nach dem Kriege glaubten viele, daß die veränderten wirtschaftlichen Verhältnisse, die auch den Gang der Pferdezucht bestimmen, wenig mehr nach einem Warmblutpferd verlangen würden. Für den Reichsverband galt es daher, im Verein mit der Preußischen Gestütsverwaltung das deutsche Warmblutpferd einmal in die neuen Verhältnisse hinüberzunehmen, und dann es den geänderten wirtschaftlichen Bedürfnissen entsprechend zu gestalten ... Heute muß jeder Züchter eines Warmblutpferdes zu einem guten Reiter und zum guten Fahrer ausgebildet werden. Dann ist jeder eine Säule für die Warmblutzucht. So viele Warmblutzüchter, so viele Reiter, so viele Züchter, so viele Teilnehmer an Turnieren mit selbstgezüchteten und selbstausgebildeten Pferden! Deshalb haben wir die Reitvereine gegründet.« Dieses Konzept der zwanziger Jahre bildete dann das Vorbild für die von Gustav Rau geführte Wiederbegründung des deutschen Reitsports nach dem Zweiten Weltkrieg.

Freizeitreiten und Leistungssport

Reiten als Leistungssport genießt zwar in den Medien ein höheres öffentliches Interesse als Freizeitreiten. Dieser Umstand läßt aber leicht übersehen, daß das Freizeitreiten – hinsichtlich seiner Aktiven, nicht hinsichtlich seiner Zuschauer – eine sehr viel

breitere Bewegung als der Wettkampfsport ist. Den bundesdeutschen Reit- und Fahrvereinen gehörten 1978 415 000 Mitglieder an. Diese Zahl zeigte in den letzten Jahren eine eindeutig ansteigende Tendenz. Hinzu kommen in der Bundesrepublik die Freizeitreiter, die nicht klar erfaßt sind, deren Anzahl aber nach einer Repräsentativumfrage des Allensbacher Instituts für Demoskopie 1,5 Millionen beträgt. Die 415 000 organisierten Reiter bilden keinen homogenen Block von Leistungssportlern, nur etwa 10 Prozent von ihnen besitzen einen Reitausweis. Der geringe Anteil an Leistungssportlern in dieser Gruppe darf allerdings nicht darüber hinwegtäuschen, daß sehr viel mehr Vereinsmitglieder und auch Freizeitreiter ihren Sport durchaus nach den Prinzipien und mit dem Ziel des Leistungssports betreiben, dieses Ziel aber vor allem aufgrund der Schwierigkeiten bei der Ausbildung, der Fortbildung und der Leistungsstabilisierung ihrer Pferde nicht erreichen. Eine etwa 1971 in Frankreich durchgeführte Befragung ergab, daß 65 Prozent der Interviewten den Reiz des Pferdesports in Ausritten und mehrtägigen Wanderungen sahen und allein 6 Prozent diesen Sport um der Turnierwettbewerbe willen betreiben wollten. Dabei kann die Leistungsorientierung unterschiedlich intensiv sein. Im Wunsch, auf das Pferd zu steigen, steckt bereits eine Leistungsbereitschaft. Nicht von seinem Rücken herunterzufallen, bedarf ebenso einer Leistung wie das Anreiten und Parieren, das Wenden und die Fortbewegung in verschiedenen Gangarten. Das Leistungsniveau im Sport ist relativ und hängt in der Regel von der Bereitschaft und der Fähigkeit ab, über die man in den verschiedenen Bereichen verfügt. Der Freizeitreiter kann zum Beispiel beim Galopp auf dem Waldweg – im Vergleich zu seinem Vermögen – eine größere Leistung erbringen als der Spitzenreiter im internationalen Wettbewerb.

Psychische Aspekte

Die psychohygienische Wirkung des Reitens läßt sich bedeutend schwieriger fassen und belegen als die körperliche. Hypothetisch läßt sich annehmen, der Mensch der technischen Welt suche in der Begegnung mit dem Pferd einen Ausgleich für den Mangel an emotionaler Begegnung, an spontanem Kontakt in der industriellen Arbeitssituation. Das Tier gestattet – anders als Maschinen – einen unmittelbaren und vor allem gegenseitigen Kontakt, der nicht von diversen Regeln eingeschränkt ist.

Man muß dabei berücksichtigen, daß nicht allein die technische Welt Spontaneität verdrängt. Die vielfältigen Normen, Hinsichten und Rücksichten der komplexen Gesellschaften verhindern ebenfalls ein Maß an Ursprünglichkeit, das in der Begegnung mit dem Tier noch zu verwirklichen ist. Spontaneität bedeutet hier nicht, sich rückhaltlos auszuleben und in ungesteuerter Impulsivität zu reagieren. Sie schließt vielmehr die Anerkennung der Ansprüche des Tieres ein, einen Respekt, der sich bald unbewußt einstellt, bald ausdrücklich gefordert und gelernt wird.

Trotz mancher Niederlagen und Rück-schläge ist letztlich der Mensch der Domi-nierende, nicht das Tier. Insofern ist Rei-ten auch Herrschen – vielfach zweifellos der Ersatz für anderweitig nicht befriedig-ten oder durchsetzbaren Herrschaftsan-spruch, vielfach aber auch die Fortführung eines andernorts erfolgreichen Lebensstils. Die Funktion des Pferdesports als Prestige-symbol und Hinweis auf eine bessere Welt hängt unter anderem mit den relativ hohen Unterhaltungskosten eines Pferdes zusam-men. Sie liegen mit 200 bis 800 DM im Monat meist über denen eines Mittelklasse-Personenwagens und setzen dem Konzept des Reitens als Volkssport unübersehbare Grenzen.

Neben dem Reiten als Naturbegegnung werden ästhetische Motive und Werte dort angesprochen, wo man im Pferd das Schöne, Edle und Erhabene sieht, die Anmut und Würde, die Kraft und Vitalität, die gerichtete und gezügelte dynamische Lebensäußerung. Diesen Aspekt bezeugen eindringlich die zahlreichen Künstler aller Epochen, die sich dem Pferd widmeten und ihrer Erfahrung vielfältigen Ausdruck verliehen.

Die Freizeitreiterei befindet sich in den letzten Jahren in einem gewaltigen Aufschwung. Rund 1,5 Millionen Menschen frönen in der Bundes-republik diesem schönen Hobby.

Freizeitpartner und Sportgerät

Das Pferd im technologischen Zeitalter

Als Wirtschaftskraft wurde das Pferd technisch überholt vom Motor und der Dampfmaschine. Als diese Errungenschaften so weit fortentwickelt waren, daß man sie in Eisenbahnen, Automobilen, Traktoren und Flugzeugen in breitem Maße anwenden konnte, erkannte man mehr und mehr die Grenzen der Pferdekraft – Grenzen hinsichtlich ihrer absoluten Größe wie Grenzen ihrer Einsetzbarkeit. Die Kraft des Pferdes ließ sich nicht einfach durch das Zuspannen weiterer Pferde maximieren, sie ließ sich nicht ohne Komplikationen

aufteilen, sie ließ sich nicht beliebig disponieren. Die Kraft des Pferdes blieb an die physischen Voraussetzungen des lebenden Wesens gebunden. Die neuen technischen Möglichkeiten ließen die auch zuvor schon existierenden Beschränkungen deutlich werden. Das Pferd wurde mit den Möglichkeiten der Dampfmaschine und des Motors verglichen und zog den kürzeren. In der Übergangszeit stritten die Neuerer und die Konservativen zwar heftig über die Alternative Pferd oder Motor. Die einen hielten den Motor für eine Maschine des Teufels, andere sahen in ihm die Repräsentation des Fortschritts. Die einen verfluchten das unverantwortliche Abenteuer Auto, andere

förderten es als Entlastung und Segen der Menschheit. Aus der historischen Distanz der Gegenwart gewinnt man den Eindruck, eine Vielzahl der für oder gegen die neuen Maschinen vorgebrachten Argumente habe keinen anderen Sinn gehabt als den, allgemeine konservative oder fortschrittsfreudige Einstellungen zu rechtfertigen. Selbst die unterschiedlichen Berechnungen der Wirtschaftlichkeit von Motor- und Pferdekraft sind unter diesem Gesichtspunkt zu beurteilen. Für die Übergangszeit war es charakteristisch, daß die Neuerer in der Maschine das effektivere und kostensparende Hilfsmittel des Menschen sahen, während die Hüter des Bewährten fassungs-

*Die hier gezeigten Bilder werden wohl bald und endgültig der Vergangenheit angehören. Das Pferd als landwirtschaftliches Zug- oder Transporttier wurde schon längst von der Dampfmaschine und dem Motor überholt. Was bleibt, sind wehmütige Erinnerungen an eine scheinbar heile und romantische Welt.
Dennoch besteht derzeit nicht die Gefahr, daß das Pferd aussterben bzw. eines Tages nur noch im Zoologischen Garten zu sehen sein könnte. Im Gegenteil: im Sport- und Freizeitbereich wächst die Zahl der Pferdeliebhaber ständig, und auch alte Traditionen werden mit viel Sinn und Engagement für das Hergebrachte am Leben erhalten, wie unter anderem der Pfingstritt in Kötzting im Bayerischen Wald bezeugt (nächste Doppelseite).*

los gegen den demonstrativen, ja verkommenen, lebensgefährlichen und moralisch bedenklichen Luxus der Welt der Motoren wetterten.

Die Maschinen setzten sich durch, und das wohl nicht nur aus ökonomischen Gründen. Die Seele des Menschen läßt sich so leicht nicht auf das Wirtschaftliche beschränken. In ihr spielen andere Empfindungen eine Rolle, nicht zuletzt der spielerische Reiz des Neuen und der des technisch Faszinierenden. Das Pferd trug jedoch wesentlich dazu bei, die Bedingungen für seine eigene Ablöse zu schaffen. Dieser Tatbestand wird einem besonders augenfällig, wenn man die ersten Automobile ansieht. Bei ihnen handelt es sich um Pferdewagen, bei denen der Motor an die Stelle des Pferdes trat. Die nähere Beschäftigung mit den Konstruktionsmerk-

malen der frühen Automobile zeigt auch im Detail, wieviel vom einstigen Pferdewagen übernommen wurde und wieviel selbst bis in die Gegenwart erhalten blieb. Das frühe Personenauto bediente sich des leichten Kutschwagens. Das spätere Lastauto orientierte sich am Transportwagen. Selbst Omnibusse und Straßenbahnen wurden zunächst von Pferden gezogen und nicht erst als Motorfahrzeuge entwickelt. Mit fortschreitender Entwicklung der Motorfahrzeuge verschwand die Pferdekraft aus dem Güter- wie aus dem Personenverkehr, aus dem Kriegsdienst wie aus der Land- und Forstwirtschaft. Der Rückzug verlief und verläuft schrittweise. In einigen Bereichen und einigen Regionen ist er inzwischen total vollzogen, in anderen ist er noch nicht abgeschlossen, in weiteren hat er noch gar nicht begonnen.

Entgegen der eindeutigen und konsequenten Entwicklung der technischen Welt gewann das Pferd ausgerechnet in den sogenannten technischen Gesellschaften seit den fünfziger Jahren dieses Jahrhunderts im Sport eminente Bedeutung. In einem bis dahin unbekannten Ausmaß wurden ökonomische Mittel aufgewendet, sich in der wachsenden Freizeit mit dem Pferd zu beschäftigen, bald in der Form eines Leistungs- und Wettkampfsports, bald im sogenannten Freizeitreiten.
Nun – ganz aus unserer technischen Welt ist das Pferd allerdings auch als wirtschaftlicher Faktor nicht verschwunden. Dazu braucht man nicht in außereuropäischen Ländern zu suchen: In den ländlichen Distrikten Polens oder Ungarns bestimmt der Pferdewagen immer noch das Straßenbild. Dennoch trieb die technische Gesell-

schaft den Ausschluß des Pferdes aus ihrem System so weit, daß die tierische Kraft inzwischen geeignet ist, als ungewöhnliches Phänomen in dieser Welt besondere Aufmerksamkeit zu erregen: Die kostspieligen Gespanne der Brauereien beispielsweise laufen über den Werbeetat. Während der Ablösungsprozeß der tierischen Kraft durch die maschinelle in den ersten Stadien des technischen Zeitalters zähflüssig und in kleinen Schritten erfolgte, verlief er nach dem Zweiten Weltkrieg in zum Teil beträchtlichem Tempo. Die rapide Schrumpfung des Bestandes der rheinischen Kaltblutpferde ist für die Entwicklung in jüngster Vergangenheit charakteristisch. Im Jahre 1947 lebten noch

27 000 dieser renommierten Arbeitspferde. Zwanzig Jahre später waren es nur noch knapp 50.

Häufig kristallisierte sich in den Jahren nach dem Zweiten Weltkrieg an der Frage »Pferd oder Traktor?« der Generationskonflikt aus. Während die Alten vom Pferd als dem treuen Arbeitskameraden sprachen und in der Abschaffung des Tieres einen radikalen Bruch mit dem Althergebrachten, Bewährten und Gottgefügten sahen, faszinierte die Jungen das technische Gerät als Zeichen des Fortschritts, als Symbol einer ebenso rational wie intensiv betriebenen Landwirtschaft. Der auch auf dem Bauernhof wachsende Anspruch auf Freizeit spielt in dieser Auseinandersetzung eine be-

merkenswerte Rolle: Das Pferd mußte auch an Sonn- und Feiertagen gefüttert und gepflegt werden – es schränkte die Freizeit des Landwirtes beträchtlich ein, gestattete vor allem nur die stundenweise Entfernung vom Hof, während der Traktor sich wartungsfrei in die Garage stellen ließ.

Über die Zukunft des Pferdes bestanden beträchtliche Meinungsverschiedenheiten. Manche suchten nach neuen Einsatzbereichen für das arbeitslos werdende Pferd. Viele waren pessimistisch und sagten das Aussterben der Art, zumindest aber ihre radikale Dezimierung voraus. Kaum einer ahnte jedoch den Aufschwung, den der Pferdesport in jüngster Zeit erfahren hat.

Nur wenige hielten es damals für möglich, daß das Pferd die Bedeutung für die menschliche Gesellschaft, die es aufgrund seiner Wirtschafts- und Kriegsdienste gehabt hatte, im Rahmen des verstärkten Umgangs mit ihm in der Freizeit wieder zurückgewinnen würde.

Bezeichnend für die unsicheren und düsteren Erwartungen hinsichtlich der Existenz der Equiden in den kommenden Generationen ist der Wahlspruch, mit dem die »Freunde des Pferdes« in der damaligen Deutschen Reiterlichen Vereinigung, der Spitzenorganisation des bundesdeutschen Pferdesports, für das Pferd warben: »Das Pferd muß bleiben!« Dieses Motto stand

im Mittelpunkt von Publikationen und Veranstaltungen, in denen die vielfältige Bedeutung des Pferdes für den Menschen und seine Kultur dargestellt wurde. Damit verbunden war der Appell, der Mensch dürfe sich der Verantwortung gegenüber seinem »Kameraden über Jahrtausende« nicht entziehen, er habe sich dafür einzusetzen, daß das Pferd in absehbarer Zeit nicht nur in wenigen Exemplaren als historisches Lebewesen im Zoo zu bewundern sei. Erst mit den ansteigenden Zahlen im Reitsport, in der Turnier- wie in der sogenannten Freizeitreiterei, trat an die Stelle der Forderung »Das Pferd muß bleiben!« die Feststellung »Das Pferd wird bleiben«.

Das Pferd in Zahlen

Nachfolgend einige Zahlen über den Pferdebestand in Deutschland. Es wurden gezählt:

Jahr	Anzahl der Pferde
1913	4 558 000
1935	3 390 000
1954	1 171 000
1963	491 000
1967	283 200
1968	263 600
1969	254 000
1970	252 500

Die pessimistischen Prognosen beriefen sich auf dieses Bild der absoluten Zahlen. Sie stützten sich ferner auf die Verschiebung der Alterspyramide zugunsten der älteren Pferde und wiesen weiter auf parallele Entwicklungen in Frankreich hin. Erste Anzeichen einer Wende waren die steigenden Bedeckungen und der damit verstärkte Zuwachs an Fohlen. Für 1971 wurde erstmals wieder ein Zuwachs festgestellt, und zwar auf insgesamt 265 300 Pferde. Die kommenden Jahre zeigten, daß es sich tatsächlich um eine Tendenzwende handelte. Kontinuierlich stiegen die Bestandszahlen in der Bundesrepublik an. Außerdem veränderte sich der Altersaufbau zugunsten der jungen Pferde weiter, unter anderem wohl auch deshalb, weil man nun Pferde nicht nur in Reitställen, sondern auch »hinterm Haus« hielt und mit dieser Nähe zum Pferd Zucht im kleinsten Rahmen – nämlich mit der eigenen Stute, die zugleich als Reitpferd diente – verband.

Nach den Zahlen des Statistischen Bundesamtes betrug der Pferdebestand in der Bundesrepublik am 2. Dezember 1977 371 172 Tiere. 120 219 Bürger besaßen die in erster Linie zum Reiten genutzten Pferde. Im Durchschnitt besaß der bundesdeutsche Pferdehalter 1977 statistisch gesehen rund 3 Pferde, der Pony- und Kleinpferdehalter 2 und der Großpferdehalter 4 Tiere. Die geringere Anzahl von Pferden pro Halter und auch die weiter ansteigende Zahl der Halter bei den Ponys und Kleinpferden scheint darauf hinzuweisen, daß das zum Volkssport gewordene Reiten auf eigenem Pferd sich hinsichtlich der Kleinpferde weiter fortsetzt.

Andererseits ist eine Stagnation beim Verkauf von Großpferden festzustellen. Während in den sechziger und Anfang der siebziger Jahre Zucht, das heißt Vermehrung, um jeden Preis propagiert wurde, verstärkten sich in den letzten Jahren die Schwierigkeiten, Großpferde minderer Qualität kostendeckend zu verkaufen. Die Be-

deckungsziffer bei Warmblutpferden sank 1978 erstmals wieder leicht ab, unter anderem aufgrund negativer Erfahrung mit Pferden, die den Züchter in der Aufzucht mehr kosteten, als sie später im freien Verkauf oder bei den von den Zuchtverbänden organisierten Auktionen einbrachten. Für die Verhältnisse in der Bundesrepublik ist in dieser Hinsicht noch wichtig, daß der Markt nicht begrenzt ist, sondern sowohl ein- wie ausgeführt wird. Die Absatzchancen für die bundesdeutschen Pferde mittlerer und geringerer Qualität sind unter anderem deshalb ungünstig, weil in erster Linie aus Ländern des Ostblocks in größerer Zahl Pferde eingeführt werden, die aufgrund geringerer Gestehungskosten wie aufgrund politisch beeinflußter Preisgestaltung billiger als die deutschen angeboten wurden und weiterhin zu kaufen sind. Auf solche Absatzprobleme reagierten die bundesdeutschen Zuchtverbände mit der dringenden Empfehlung zur Qualitätszucht. Und dies mit Erfolg. Bemerkenswert ist in dieser Hinsicht heute der Export bundesdeutscher Qualitätspferde für den internationalen Sportpferdemarkt. Interessant ist zweifellos ein Zahlenvergleich mit anderen Ländern. Die Angaben sind allerdings im einzelnen mit einiger Vorsicht zu verwenden, weil es offenbar nicht einfach ist, die Pferde in den verschiedenen Ländern zu zählen, schwieriger jedenfalls, als es die exakten Summen in den vergleichenden Statistiken glauben machen. Da die Erhebungsmethoden und Kriterien der einzelnen Länder zu unterschiedlich sind, handelt es sich bald um mehr oder weniger präzise Feststellungen, bald um mehr oder minder abgesicherte Schätzungen. Selbst die derzeitigen Angaben für die Bundesrepublik sind im idealen Sinne nicht exakt. Kenner der Materie rechnen bei den Viehzählungen

immer noch mit Fehlerquoten von etwa 5 Prozent. In vielen Ländern muß man jedoch mit weit größeren Abweichungen rechnen.

Trotz dieser Bedenken gegenüber der Absicherung der einzelnen Angaben reizt es, den Pferdebestand in verschiedenen Ländern zu verfolgen – einmal um den Rückgang im Zuge technischer Entwicklung zu belegen, zum anderen aber auch, um die Vermutung zu erhärten, daß in manchen Gesellschaften das Pferd heute noch eine bedeutende ökonomische Rolle spielt. Brasilien war nach den Angaben von 1972/74 mit 9,1 Millionen Exemplaren das pferdereichste Land. Diese Zahl blieb in den letzten zehn Jahren ziemlich konstant. Der Vorkriegsbestand der Sowjetunion lag bei knapp 20 Millionen. Nach dem Krieg lebten dort nur noch 13,7 Millionen Pferde, und es wurden laufend weniger: 11 Millionen noch im Jahre 1960, knapp 8 Millionen 1965 und nur noch 7,3 Millionen 1972/74. Eine entgegengesetzte Tendenz liegt in der Volksrepublik China vor: 4 Millionen Pferde sollen dort vor dem Zweiten Weltkrieg existiert haben. 1950 waren es nur noch die Hälfte. In den folgenden zehn Jahren stieg der Bestand ständig an, und für das Jahr 1974 werden 7,1 Millionen Pferde genannt.

In Argentinien sank der Pferdebestand in den letzten 25 Jahren von 7,2 auf 3,5 Millionen. In Mexiko stieg er von 2,7 auf 4,4 Millionen, lag dort 1960 aber schon einmal bei 5,2 Millionen. In Polen blieb der Bestand im letzten Vierteljahrhundert ziemlich konstant – er pendelte zwischen 2,6 und 2,4 Millionen.

Der Weltpferdebestand wurde für das Jahr 1969 mit gut 69 Millionen angegeben. Im Jahre 1983 betrug er – immer den Unsicherheitsfaktor bei den Erhebungen berücksichtigt – rund 60 Millionen Exemplare.

Auf den weitläufigen Haziendas in Mexiko werden die langen Wege noch immer hauptsächlich zu Pferde zurückgelegt. Der Pferdebestand stieg in diesem mittelamerikanischen Land nach dem Krieg ständig an und liegt heute bei rund 4,4 Millionen.

Nächste Doppelseite: Gemälde von George Stubbs (1724–1806), dem wohl berühmtesten Pferdemaler des 18. Jahrhunderts. Stubbs legte größten Wert auf die korrekte Darstellung der Anatomie der Tiere, weshalb seine Bilder auch heute noch sehr aufschlußreich sind. Das folgende Gemälde nannte er »A Colt and Two Chestnut Horses«, wobei unter colt ein junger, bis vierjähriger Hengst und mit chestnut ein Fuchs gemeint ist. Der Engländer leitet dieses Wort von der Farbe der Edelkastanie ab, die in seiner Sprache ebenso genannt wird.

Der Springsport

Die landwirtschaftliche Revolution

Mit einem Pferd über Hindernisse hinwegzureiten, reizt den fortgeschrittenen Reiter auch unabhängig von der Tendenz, sich und anderen seine Perfektion im Sattel zu beweisen. Das Reiten im Gelände erforderte schon immer die Bereitschaft, auf dem Weg liegende Baumstämme oder kleine Wasserläufe im Sprung zu überwinden. Zum Jagdreiten gehörte daher stets das Springen, denn schließlich mußte der Huntsman dem Wild auch über hindernisreiche Wege folgen können.

Ob dieser Situation ist es auf den ersten Blick verwunderlich, daß sich der eigentliche Springsport erst in der zweiten Hälfte des 19. Jahrhunderts entfaltete. Die Popularisierung des Ideals der Sportlichkeit zu dieser Zeit erklärt die Wandlungen nicht hinreichend. Man sieht heute das Jagdreiten ebenso wie das militärische Geländereiten aus der Perspektive des Springreitens, wenn man annimmt, Jagd- und Meldereiter hätten schon immer ihren Spaß daran gehabt, in weitem Flug Wälle, Hecken und Zäune zu passieren. Genau dies aber ist nicht das Anliegen eines Reiters, der mit den Hunden den Fuchs stellen oder eine Botschaft ohne Verzögerungen überbringen möchte. Wer mit einem eindeutigen Ziel im Sattel sitzt, besteht auf Sicherheit und umgeht das Risiko des Sprungs, wann immer dies möglich ist. Und jeder auch nur mittelschwere Sprung enthielt ein Maß an Ungewißheit, das man sich angesichts seines vorgegebenen Ziels nicht leistete. Erst dort, wo dem Reiter solche Aufträge genommen wurden, konnte sich das Springen als Sport entwickeln. Erst die Reiter, die nicht mehr dem Wild nachsetzten, sondern einer künstlichen Fährte folgten, ließen sich bewußt Sprünge in den Weg bauen, um ihrem Tun etwas mehr Reiz zu geben. Jagdreiter alten Stils springen auch heute noch nur dort, wo sie müssen, um dem Pulk folgen zu können. Wälle überwinden sie lieber im Klettern als im ballistisch idealen Flug, bei Gräben und Flüssen ziehen sie ebenfalls den sicheren Weg des Durchreitens vor, sofern dies eben möglich ist.

Dieser Interpretation wird man die Bilder der britischen Sportmalerei entgegenhalten, die in der zweiten Hälfte des 18. und der ersten Hälfte des 19. Jahrhunderts ihre große Blütezeit hatte. George Stubbs

(1724–1806) – er beschäftigte sich übrigens ausführlich mit der Anatomie der Tiere und verstand unter anderem deshalb sein Fach so meisterlich – wie seine Kollegen führen in ständiger Wiederholung das Schicksal der Jagdreiter an Gräben, Wällen und Zäunen vor Augen. Die englische Sportmalerei dokumentiert die Bedeutung des Springens im Rahmen des Jagdreitens im 18. und vor allem im 19. Jahrhundert. Sie demonstriert freilich auch die Risiken dieser reiterlichen Aktionen. Die zahlreichen Stürze und die mit ihnen verbundenen Verletzungen, Demütigungen, Enttäuschungen und Blamagen bildeten für die Maler wahrscheinlich sogar einen besonderen Reiz, sich so ausführlich mit dem Thema zu beschäftigen. Manche Szenen dieser Jagdbilder sind zweifellos karikiert und überzeichnet, in ihrer generellen Tendenz spiegeln sie freilich die alltägliche Wirklichkeit des Jagdreitens wider.

Erst im 17. und 18. Jahrhundert kam das Springen bei den britischen Huntsmen auf, und zwar nicht spontan und aus der Lust an der Dynamik des Fluges zu Pferd, vielmehr zwangen die äußeren Gegebenheiten dazu, nämlich allenthalben errichtete Hecken, Gatter und Zäune. In der englischen Agrarwirtschaft fand in der zweiten Hälfte des 18. Jahrhunderts eine Wandlung statt, die von Experten als »landwirtschaftliche Revolution« bezeichnet wird. Die wachsende Bevölkerung trieb den agrartechnischen Fortschritt voran, das *mixed farming* setzte sich durch und ließ weite Flächen bisher ungenutzten Landes fruchtbar werden. Dieser Prozeß war mit der Einfriedung der bearbeiteten Ackerflächen verbunden. Die sogenannten *enclosures* nahmen vor allem in der Zeit zwischen 1760 und dem Ende der Napoleonischen Kriege rapide zu. Genau dies ist auch die Zeit, in der im britischen Jagdreiten das Springen an Bedeutung gewann, oder besser gesagt – gewinnen mußte.

Der mit dem Jagdreiten einerseits und dem Springsport andererseits verwandte Hindernisrennsport entwickelte sich ebenfalls in dieser Epoche. Ursprünglich fanden die Rennen »auf der Flachen« statt. Mit dem zunehmenden Springen im Jagdreiten kamen die *steeple chases* und *point-to-points* in Mode, die Kirchturmrennen, die von einem exponierten Punkt zu einem anderen führten und bei denen die Reiter den Kurs – über Gräben, Hecken, Wälle und andere Hindernisse – frei wählen konnten.

In Irland soll die erste *steeple chase* im Jahre 1752 gelaufen worden sein, in England das erste Rennen über aufgestellte Hindernisse 1794 in Newmarket. Das erste Grand National fand 1837 statt – und erregt noch heute die Gemüter auf der Insel wie auf dem europäischen Kontinent. Seit 1836 werden in Paris Jagdrennen ausgeschrieben, die erste Große Pardubitzer fand 1874 statt. Es sei dahingestellt, ob es die Pferdehändler waren, die die Sicherheit der von ihnen angebotenen Pferde im Sprung demonstrieren wollten, oder die Jagdreiter selbst, die die Pferde mit ihren Aufgaben beim Ritt durch die eingefriedete Landschaft vertraut zu machen versuchten. Jedenfalls lag es nahe,

sich und den Tieren im Training das beizubringen, an dem so viele Reiter hinter dem Wild bislang scheiterten. So gesehen ist der Springsport als Test für den Ernstfall zu betrachten.

Akrobaten im Sattel

Das vom Ideal der Sportlichkeit forcierte Springen rief die Hasardeure auf den Plan. Die Spieler fanden im Risiko und der Akrobatik des Springens ein neues Wirkungsfeld. Etwas von diesem Flair haftet dem Springsport noch heute an. Nichts lag näher als das Ziel, weiter und höher als die

anderen zu springen. Der Reiz und die Ehre des Rekords waren so groß, daß man das Risiko von Sturz und Verletzung in Kauf nahm. Solche Bereitschaft gehörte vor allem zum Bild des schneidigen Soldaten, der im Sport das unter Beweis stellte, was man im Ernstfall des Krieges von ihm erwartet: fürs Vaterland das Leben aufs Spiel zu setzen. Die akrobatischen Akzente wie auch die beachtlichen Rekordleistungen in der Frühgeschichte des Springsports lassen sich wohl nur auf dem Hintergrund solcher Einstellungen verstehen. Die Veteranen des Springsports störten sich an den nüchternen und abgesicherten Stangenhindernissen, sie bewiesen ihr Können an »ern-

Die englische Sportmalerei des 18. und 19. Jahrhunderts nahm sich mit spöttischer Vorliebe vor allem der Jagdreiter an. Dabei entstanden zahlreiche Illustrationen, die Stürze an Gräben, Wällen und Zäunen zeigen. Als Darsteller derartiger Sujets wurde hauptsächlich Henry Alken berühmt. Sein nebenstehendes Bild nannte er »Höhepunkt des Mißgeschicks« bei der Grand Leicestershire Steeplechase am 11. März 1829.

steren« Aufgaben und sprangen über Tische, Bänke und Stühle, über Steinwälle, Autos, Kutschen und andere Pferde.

Zur Ehre der Damen ist anzumerken, daß sie auch beim riskanten Flug nicht abseits standen. Bevor die Amazonen auf den zeitweise als unschicklich für die feine Frau angesehenen Herrensattel wieder umstiegen, leisteten sie im Seitsattel Beachtliches. Heute ist man mit dem Damensattel – trotz der nostalgischen Renaissance dieses Sitzes in verschiedenen Ländern – so wenig vertraut, daß man kaum zu glauben vermag, welche Höhen Amazonen in den Gründerjahren des Sports damit erreichten. Den amerikanischen Rekord im Seitsattelspringen stellte vor dem letzten Weltkrieg die 52jährige Mrs. Stace auf – sie überwand 6 ft. 6 in., das sind etwa 1,98 m.

Die offenkundigen Risiken machten den frühen Springsport allerdings zu einer Art von öffentlichem Ärgernis. In Italien forderten Parlamentarier, den Offizieren die Teilnahme an Jagden und Springen zu untersagen. Die Zahl der Unfälle sei bei diesen Ritten so groß, daß die Schlagkraft der Armee in unverantwortlicher Weise reduziert werde. Die Stürze wurden unter anderem dadurch bedingt, daß die im Sprung nach hinten zurückgelehnten Reiter sich dem Schwerpunkt des Pferdes nicht anpaßten, daß sie ihr eigenes Gleichgewicht nur unzureichend zu kontrollieren vermochten, daß sie schließlich die Pferde in der Nierenpartie zu stark belasteten und ihnen dadurch die Möglichkeit nahmen, die Hinterbeine weit genug hochzubringen.

Der Caprilli-Stil

Entscheidend wurde die Gefährlichkeit des Springsports erst durch einen Stil gemindert, der sich dem Bewegungsablauf des Pferdes im Sprung anpaßte. Die von Federigo Caprilli und seinen Schülern im internationalen Wettkampf erfolgreich demonstrierte und im Rahmen der Schulen von Tor di Quinto und Pinerolo auf breite Basis gestellte neue Methode bewährte sich vor allem bei den höheren Sprüngen und Sprungfolgen auf ebenem Turnierplatzgelände, wo man Rumpler sehr viel weniger zu befürchten hatte als auf der Jagdstrecke oder der Rennbahn, bei der niedrigere Sprünge in hohem Tempo passiert werden. Tatsächlich wird die Mehrzahl der Jagd- und der Rennbahnsprünge noch heute in altenglischer Manier mit zurückgelehntem Oberkörper und vor dem Sattelgurt liegenden Unterschenkeln absolviert. Dadurch soll die Vorhand des Pferdes beim Landen

entlastet und vermieden werden, beim Stolpern kopfüber zu fallen. Bei diesen niedrigen Sprüngen kann man sich einen solchen Sitz erlauben, weil sie dem Pferd die maximale Entfaltung des Hochsprungs nicht abfordern. Konsequente Verfechter praktizieren den Caprilli-Stil freilich auch im Jagdfeld und zwischen den Flaggen. Sieht man sich die Chronik der Rekorde in Höhe und Weite an, so scheinen sich zwei allgemeine Tendenzen abzuzeichnen. Erstens erreichten einzelne, besonders talentierte Reiter mit speziell trainierten und außergewöhnlich begabten Pferden schon vor oder um die Jahrhundertwende Höhen und Weiten, die von den heutigen Rekordmarken eigentlich nicht wesentlich abweichen. In dieser Hinsicht hat der neue Stil die Leistungsfähigkeit der Pferde nicht ausschlaggebend gesteigert. Risikobereiten Reitern war es wohl auch nach alter Manier möglich, bei einzelnen Sprüngen das Maximum aus ihren Pferden herauszuholen. Man sollte freilich nicht übersehen, daß Federigo Caprilli im Jahre 1902 seine 7,40 m bereits in dem von ihm seit 1896 praktizierten neuen Stil sprang und im gleichen Jahr in den USA Dick Donelly mit HEATHERBLOOM die Höhen von 2,40 m, 2,49 m und 2,51 m nicht in ausgesprochener Rücklage, sondern mit etwas nach vorne geneigtem Oberkörper überwand. Die züchterische Anpassung der Pferde an ihre neuen Aufgaben ist in diesem Zusammenhang ebenfalls zu berücksichtigen, allerdings darf nicht übersehen werden, daß die Pferde in den Rekordleistungen keine wesentlichen Fortschritte mehr machten. Dieser Umstand könnte darauf beruhen, daß man an anatomisch-physiologische Grenzen gestoßen ist. Möglicherweise kann man die Verbesserung einer speziellen Leistung des Pferdes, zum Beispiel das Hochspringen, nur mit beträchtlichen Einbußen in anderer Hinsicht, zum Beispiel in der Wendigkeit und im Galopiervermögen, erreichen.

Die zweite allgemeine Entwicklungslinie, die sich aus der Chronik der Rekorde, der Höhen und Weiten ergibt, besteht darin, daß die Anforderungen innerhalb eines Parcours von der Frühzeit des internationalen Sports bis zur Gegenwart erheblich

gesteigert wurden. Das erste olympische Einzelspringen aus dem Jahre 1912 ist mit den letzten in Mexiko, München und Montreal kaum mehr zu vergleichen. Die Leistung, ein Dutzend und mehr relativ hohe Sprünge in einer Folge ziemlich sicher zu überwinden, beruht wohl ebenfalls auf dem neuen System, das nach der Ära der risikobereiten Akrobaten auch den durchschnittlich begabten Reitern sowie den Vorsichtigen und auf Sicherheit Bedachten den Weg zum Springsport eröffnete. Zum Vergleich der olympischen Anforderungen des Jahres 1912 einerseits und der Jahre 1968, 1972 und 1976 andererseits ist allerdings einschränkend anzumerken, daß sich in der Gegenwart Spezialisten im und unter dem Sattel um die Medaillen bewerben, während vor den Weltkriegen universell engagierte Offiziere auf vielseitig eingesetzten Pferden den Wettkampf bestritten.

Im früheren Abschnitt über die Reitstile wurde bereits auf die theoretischen Vorläufer Caprillis hingewiesen, unter anderem auf die Schrift des Griechen Xenophon sowie auf die Arbeit des k. u. k. Oberleutnants Karl Kegel aus dem Jahre 1842. Erwähnt wurde ferner, daß der amerikanische Jockey Tod Sloan mit seinem »Affensitz« 1897 zunächst in Saint-Cloud ritt und von 1898 bis 1900 auf den englischen Rennbahnen von sich reden machte, ob seiner Erfolge wie ob seines auffälligen Lebenswandels. Inwieweit der 1907 bei einem Sturz tödlich verunglückte Caprilli von den Theoretikern oder von Sloan inspiriert wurde, ist unbekannt. Ferner ist nicht bekannt, ob Caprilli mit Denes Szechenyis Ideen vertraut war. Dieser ungarische Graf hatte in dem 1871 erschienenen Buch »Beitrag zum Reitunterricht« ähnliche Anschauungen wie Caprilli vertreten. Bereits 1873 war nämlich diese Arbeit in italienischer Übersetzung in Mailand herausgekommen.

So selbstverständlich der italienische Stil heute auf dem Springplatz auch ist, es bedurfte einiger Zeit, bis er sich allgemein durchsetzte. Nach Gustav Rau bestand die wichtigste Lehre des olympischen Jagdspringens in Paris darin, »daß sich die Springreiterei der ganzen Welt mehr und

Der mit dem Jagdreiten wie mit dem Springreiten verwandte Hindernissport entwickelte sich in der Epoche der zunehmenden Einfriedung des freien Geländes ab Mitte des 18. Jahrhunderts. In Irland und England ist diese Form des Rennsports besonders beliebt und gipfelt in der berühmtberüchtigten Grand National. Im Englischen nennt man schwere Hindernisrennen übrigens Steeplechases, da es im 18. Jahrhundert Mode war, Querfeldeinritte von einem Kirchturm (steeple) zum anderen auszutragen. Dabei blieb es natürlich nicht aus, daß der direkte Weg mit allerlei Hindernissen, vor allem Hecken, Gräben und Wällen gespickt war.
Heute finden Steeplechases auf Rennbahnen statt, wo die Hindernisse entweder aus gestutzten Naturhecken oder aus Sprüngen bestehen, die mit Tannenreisig gestopft sind.

mehr nach der italienischen Schule hin orientiert«. Der Umstellungsprozeß dauerte zehn bis zwanzig Jahre, in manchen Ländern noch länger. In Deutschland gab es zum Beispiel gewichtige Stimmen gegen die neue Methode. Sie setzte sich endgültig erst durch, als Edwin Graf Rothkirch, der erste Leiter des 1928 eingerichteten Turnierstalles der Kavallerieschule Hannover, nach Italien abkommandiert wurde und als begeisterter Verfechter des neuen Stils in Theorie und Praxis heimkehrte.

In den Jahren 1910 bis 1912, also zu einer Zeit, da vor allem die deutschen Militärs sich gegen die Neuerung aus Italien wandten, demonstrierte Rittmeister Arnold von Günther bereits das Sistema Caprilli. Von Günther war in dieser Zeit der erfolgreichste deutsche Springreiter. Er publizierte später auch eine Schrift mit dem Titel »Entlastung des Pferderückens und vollkommene Streckung des Halses«. Rudolph Graf Görtz, Willi Graf von Hohenau, Paul Heil und Otto Koch suchten von den Vor-

Der italienische Militärinstruktor Federigo Caprilli (1868–1907) setzte um die Jahrhundertwende die entscheidende Stilwandlung im Springreiten durch. Obgleich es vor ihm schon einige Reiter gab, die beim Springen einen nach vorn geneigten Sitz einnahmen – allerdings mehr instinktiv als bewußt –, war es der Italiener, der diese Vorstellungen systematisch verfolgte und in den Reitschulen von Tor di Quinto und Pinerolo lehrte. Statt der verkrampften Haltung des alten Stils mit zurückgeneigtem Oberkörper propagierte Caprilli ein elastisches Mitgehen des Reiters mit den Bewegungen des Pferdes und verlangte als wichtigste Maßnahme die Entlastung seines Rückens in der Sprungphase. Gerade in diesem Moment ist das Gleichgewicht des vierbeinigen Partners ja besonders störanfällig. Caprillis Methode kam einer reiterlichen Revolution gleich, denn sie bedeutete nicht nur eine Veränderung des Sitzes, sondern auch ein Umdenken in der Ausbildung.

Der neue Stil bewährte sich vor allem bei hohen Sprüngen, und Caprilli selbst war es, der 1902 im Rahmen des Turiner Turniers auf MELOPPO mit 2,08 m den ersten offiziellen Weltrekord im Hochsprung aufstellte (Abbildung links).

Im gleichen Jahr erreichte Caprilli im Weitsprung 7,40 m. Da die italienischen Springreiter in der Folgezeit durch den neuen Stil große Erfolge hatten, setzte er sich trotz heftiger anfänglicher Widerstände auch in anderen Ländern durch.

Rechte Seite: Caprillis berühmter Sprung über einen Stuhl. Zu diesem Bild wird oft gesagt, daß es den selbstverständlichen Gehorsam des Pferdes durch die Ausbildungsmethode Caprillis demonstriert. Gemeint ist damit, daß das Pferd durch die Sistema Caprilli seinem natürlichen Bewegungsablauf ungestört folgen darf und sein Gehorsam im Sprung und gegenüber dem Reiter nicht mehr erzwungen, sondern »selbstverständlich« ist.

teilen des neuen Stils ebenso zu profitieren wie die Garde-Ulanen Graf Holck, von Mitzlaff und von Gagern. Besonderen Einfluß gewann schließlich der Deutschitaliener Oscar Caminneci, der in Pinerolo und Tor di Quinto gelernt hatte, seit 1910 erfolgreich auf deutschen Turnieren ritt und die Schriftleitung des »Sankt Georg« in Berlin übernahm. Seinen Plädoyers in der Zeitschrift folgten junge Offiziere zunächst vorbehaltlos. Als dann der auf dem traditionellen Stil beharrende Inspekteur der Kavallerie dem »Sankt Georg« mitteilte, er werde seinen Offizieren das Halten und Lesen der Zeitschrift verbieten, wenn diese ihre Propaganda in gleicher Manier fortsetze, versteckten die Mitarbeiter aus der Armee sich hinter Pseudonymen.

Moderne Wandlungen

Der heutige Springstil repräsentiert das Sistema Caprilli nicht in der Rein- und Urform. Das Konzept des Meisters wurde in verschiedenen Schulen mit den zuvor geltenden Auffassungen verbunden, modifiziert und auch abgemildert. Das übertriebene Mitgehen mit dem Oberkörper und

den Armen und das totale Wegwerfen der Zügel über dem Sprung stellten sich bald als ebenso störend heraus wie das Gegenteil bei der früheren Manier. In der Kavallerieschule Hannover wurde Caprillis System mit einer soliden Dressurausbildung verbunden. Die Polen und die Russen interpretierten Caprillis Auffassungen theoretisch und praktisch ebenso, wie es später die Briten und die Amerikaner taten und heute noch tun. Die Wandlungen der Springstile in jüngerer Zeit hängen nicht nur mit Veränderungen in den Ausbildungsauffassungen, sondern auch mit den modifizierten Anforderungen des Turniersports zusammen. Größere Höhen, schnellere Parcours mit scharfen Wendungen, zahlreichere Starts und die größere Zahl der von jedem Reiter eingesetzten Pferde spielen bei diesem Wandel ebenfalls eine wichtige Rolle. Schließlich entstehen individuelle Stile schon dadurch, daß die einzelnen Reiter nicht mehr wie einst die Militärs Repräsentanten einer straff geführten Schule sind, sondern in eigener Regie über Einsatz und Methode entscheiden. Als eine Art von Privater Schule mit gemeinsamen stilistischen Prinzipien wird allerdings das amerikanische Springreiterteam noch heute straff geführt.

Als Stilisten überzeugten die USET-Reiter freilich mehr als durch ihre Erfolge. Vor allem im eigenen Lande müssen sie in den schweren Prüfungen gegen eine starke Phalanx von Zweckreitern vom Typ Rodney Jenkins antreten. Diese Zweckreiter werfen den Stilisten vor, das in den Hunterprüfungen wichtige Bewertungskriterium der feinen Manier auf den schweren Springsport übertragen zu wollen, obwohl dort nach anderen Gesetzen, nämlich nach Fehlern und Zeit entschieden wird. Die Erfolge der Stilisten des offiziellen Teams waren trotz allem noch bedeutend: William Steinkraus gewann in Mexiko die Goldmedaille, und Conrad Homfeld, Michael Matz, Melanie Smith sowie Norman Dello Joio holten sich von 1980 bis 1983 viermal in Folge den Weltcup der Springreiter.
Möglicherweise führen die veränderten Anforderungen des Turniersports zu Umorientierungen, die eine neue Bestimmung dessen beinhalten, was Stil überhaupt ist. Die Kriterien von Fehlern und Zeit sind sehr viel leichter zu bewerten als das komplexe Phänomen Stil, das ohne schulische Ausbildung und Disziplinierung nicht zu beherrschen ist.
Es wäre allerdings durchaus möglich, die reiterliche Leistung beim Springen nicht

nur in Fehlern und Sekunden, sondern auch nach stilistischen Kriterien zu erfassen. Problematischer und umstrittener als die bisherigen wären solche Urteile jedoch zweifellos.

In der Erfolgs- und Zweckreiterei stellt das Pferd ein Instrument und Mittel dar. Es wird zum Sportgerät. Die Beziehung zwischen Mensch und Tier vernachlässigt dadurch die partnerschaftlichen Akzente. Generell stellt das Springen eine spezielle Nutzung des Pferdes dar. Somit stellt sich auch die Frage nach der »Natürlichkeit« des Springens. Im Vergleich zu den Katzen und ihren Verwandten und auch im Vergleich zu vielen Hunden wirken Pferde beim Sprung leicht unbeholfen. Wenn auch das Pferd kein ausgesprochenes Springtier ist, kann man andererseits das Springen bei ihm keineswegs als unnatürlich oder widernatürlich bezeichnen. Von den Wildpferden hat sich die Zucht inzwischen allerdings weit entfernt. Die heutigen Sportpferde sind andere Wesen, auf die Bereitschaft und die Fähigkeit zum Springen hin selektioniert. Die Praxis bestätigt den Wandel. Beobachtet man Fohlen beim Springen, dann kann man genetisch be-

dingte Unterschiede in der Bereitschaft, der Manier und dem Vermögen dazu leicht feststellen.

Die Folgen des exzessiv betriebenen modernen Hochleistungssports lassen sich nicht verharmlosen: Sie heißen einseitige Abnutzung und Frühverschleiß, den die veterinärmedizinische Technik zwar etwas verzögern und kaschieren kann, den sie aber nicht aufzuhalten vermag.

Der frühe Verschleiß hängt mit dem vermehrten Einsatz der erfolgreichen Pferde, er hängt aber auch mit den Trainingsmethoden und dem Parcoursbau zusammen. Gerade die schnellen Springen mit den scharfen Wendungen überbeanspruchen die Sehnen und Gelenke. Und zwar tun sie das wahrscheinlich mehr als das Landen nach dem gerade angerittenen Sprung. Die Kunstparcours mit bunten Stangenhindernissen haben die Schwierigkeiten verlagert, die zuvor in der Art der Sprünge und in ihren Distanzen lagen. Die Natursprünge wie Wälle und Gräben verschwanden immer mehr. Mit der wachsenden Höhe der Sprünge pendelten sich die Distanzen in den Kombinationen auf 7 bis 8 m beziehungsweise auf 10 bis 11 m ein, weil die

223

Hindernisse anders nicht mehr zu bewältigen waren. Zwischen der früheren Vorliebe der Italiener für relativ feste und der der Briten für relativ leicht fallende Hindernisse fand man einen Ausgleich, auch zwischen der Massierung der Steilsprünge in England und der Hochweitsprünge in Italien. Mit der weitgehenden Vereinheitlichung der Parcours stabilisierte sich auch die Bewertung der Abwürfe, und zwar auf vier Fehlerpunkte, gleich ob die Stangen leicht oder hart, ob sie mit den Vorder- oder mit den Hinterbeinen touchiert werden. Der entschärfte Parcours aber fand vor allem in den Ausmaßen der Hindernisse, im Tempo und in der damit zusammenhängenden Linienführung neue Schwierigkeiten. Wahrscheinlich ist einseitige Abnutzung unter den neuen Bedingungen stärker als unter den alten.

Möglicherweise ist es für den heutigen Springsport und seine Ökonomisierung auch bezeichnend, daß sich in ihm viele Reiter finden, die etwas von wirtschaftlichen Zusammenhängen verstehen, aber wenige, die über ihren Sport und ihre Beziehung zum Pferd nachdenken oder gar Erkenntnisse solch geistiger Tätigkeit zu Papier bringen. In den Auseinandersetzungen um die italienische Methode im ersten Viertel unseres Jahrhunderts meldeten sich vor allem Praktiker zu Wort, in Büchern wie in Zeitschriften. Die derzeitigen Spitzenreiter lassen – sieht man von Ausnahmen ab – durch Funktionäre und Journalisten schreiben.

»Einer Reiterei, die in allen Sätteln gerecht ist, gehört die Zukunft«

Als aufschlußreiches Beispiel für die frühen theoretischen Erörterungen eines Praktikers sollen abschließend einige Passagen dienen, mit denen Freiherr von Maercken zu Geerath in seinem bereits 1911 erschienenen Buch »Springprüfungen und Geländeritte« den italienischen Stil zu verteidigen und mit deutschen Dressurauffassungen zu verbinden sucht:

»Militärisch richtig und daher auch nicht unschön (auch der Begriff der Schönheit wechselte stets zu allen Zeiten und bei allen Völkern) ist nur allein der Sitz im Sprunge, wie er von den Geboten der Zweckmäßigkeit und richtigen Schwerpunktsbelastung diktiert wird. Wir brauchen gewiß uns keine Karikaturen zum Vorbild zu nehmen, keine Übertreibungen, wie sie von der Rennbahn her von solchen Reitersleuten in den Concoursring übernommen werden, die für die Gallerie reiten und wie sie bei den besten italienischen, belgischen und französischen Hindernisreitern, die hierin als akademische Muster ruhig gelten dürfen, weder Stil noch Mode sind. Jede Steifigkeit, besonders aber im Kreuz, wäre im Sprunge falsch. Objektive Beobachter können auch nicht finden, daß ein im militärisch-geraden Sitz sein Pferd in Maul und Rücken störender Reiter vom ästhetischen Standpunkt schöner und besser zu prämiieren sei als derjenige, der

mit gekrümmtem Rückgrat, leicht vornübergeneigtem Oberkörper, gewinkeltem, weit vorgehaltenem Arme und weicher Mittel- und Unterpositur geschickt der Bewegung seines Pferdes im Sprung folgt. Übereinstimmung zwischen Roß und Reiter, Einssein mit dem Pferde, Ineinanderfallen der Schwerpunktslage – das allein kann doch nur schön sein; nicht aber ein ›Hinter-die-Bewegung-des-Pferdes-Kommen‹, Rücken-und-Maul-Stören, wie es bei allzu geradem Sitz nicht die Ausnahme, sondern die Regel bildet! – Man muß die Begriffe also hier schon ein wenig revidieren und modifizieren, wenn man mit der Zeit mitgehen will. Eine ähnliche Entwicklung hat auch der Rennsport der Offiziere vor 50 Jahren durchgemacht und noch weit später hat es langer Kämpfe bedurft, bis der moderne vornübergeneigte Sitz sich allgemein Bahn gebrochen hat. Auch der Vorteil, den das Rennreiten, Trainieren, schnelle Denken und Entschluß-fassen-Lernen im Galopp für den Kavallerieoffizier bringt, ist lange Zeit hindurch angefochten oder wenigstens nicht anerkannt worden...

Es ist der Zug der Zeit, daß man heute von einer Kavallerie gemäß den verschiedenartigen im Felde an sie herantretenden Anforderungen in der Reiterei keine einseitigen Leistungen mehr verlangt, vor allem die bloße Schulreiterei allein nicht mehr genügen kann, wenn nicht neben ihr eine ebenso sorgfältige und eingehende Schulung im Terrainreiten für den Kriegs-

gebrauch einhergeht. Sieht man in der italienischen Reiterei das Extrem ein wenig nach der Seite des Geländereitens hinneigen, so möge man andrerseits nicht vergessen, daß heutzutage in der Welt eine einseitige Leistung nach der entgegengesetzten Richtung hin noch viel weniger Anklang finden kann. Nur einer Reiterei, die in allen Sätteln gerecht ist, gehört die Zukunft.«

Über die Bedeutung der Ausbildung für den Springsport schrieb der Freiherr Sätze, die angesichts züchterischer Ziele und Erfolge sowie der Schnellausbildung im ökonomisch orientierten Spitzensport heute weniger Zustimmung finden dürften als seine Ausführungen zum Thema Stil: »Ganz verkehrt aber ist die Ansicht, daß zum Springen etwa ein besonders gezüchtetes ›Spezialpferd‹ gehöre, wie man das so oft hört. Davon ist gar keine Rede. Spezialpferde gibt es eben gar nicht. Sie müssen

alle erst zum ›Spezialisten‹ ausgebildet werden. Alle haben einmal anfangen müssen, ihre erste Hürde zu springen. Nur Fleiß, lange systematische Ausbildung neben einem gewissen naturgegebenen Talent können große Leistungen hervorbringen. Mittlere Leistungen sind bei viel Übung fast von allen normalgebauten Pferden zu erreichen. Eine große Rolle spielt aber auch der Begriff ›Herz‹, Mut, Kaltblütigkeit, Überlegung und Ruhe, welche psychischen Eigenschaften oft in der Dressur nicht genügend beachtet werden. Viel bedeutet auch hier natürlich die Naturanlage, doch läßt sich ebensoviel fast durch ruhige, geduldige, sachgemäße Behandlung und Korrektur ausgleichen. Daß es keineswegs notwendig ist, Pferde von hoher Klasse, besonders teure Luxusexemplare zu kaufen, das haben die italienischen, französischen und belgischen Offiziere, die meist ihre Pferde den Remontedepots ent-

nommen haben, in London bewiesen, wo sie das ausgesuchteste, beste Pferdematerial der Welt mit ihren allerdings sehr sorgfältig eingesprungenen und vorzüglich gerittenen Pferden des gewöhnlichen Dienstes geschlagen haben!«

In den siebzig Jahren, die seit der Veröffentlichung des Buches von Freiherr von Maercken zu Geerath verstrichen sind, hat der internationale Sport ein anderes Gesicht bekommen. Offen bleibt die Frage, was der Baron zur heutigen Situation schreiben würde, zum Ausmaß des Sports, zu seiner Popularität, zum Parcoursbau, zum Stil, zu den ökonomischen, den veterinärmedizinischen und den tierschützerischen Aspekten, aber auch zu den Menschen, die den Sport betreiben, und schließlich zu der Tatsache, daß die »Luxuspferde« inzwischen nicht selten über eine halbe Million DM kosten, wenn sie für olympische Aufgaben geeignet sind.

Die Military

Die Distanzritte

Der Begriff Military, der sich ziemlich zäh gegenüber den konkurrierenden Bezeichnungen »Große Vielseitigkeitsprüfung« oder im Englischen »three-day-event« hält, weist bereits auf die Herkunft dieses Wettkampfs hin. Ursprünglich handelte es sich bei ihm – eindeutiger als bei der Dressur und beim Springen – um eine Konkurrenz der Militärs: Der Dauertest forderte die Disziplin in der Frühzeit viel ausgeprägter als in der Gegenwart. Und schnelle Ritte über weite Strecken wurden im Krieg vor allem von den Melde- und Aufklärungsreitern verlangt.

Die Dauerritte im Rahmen der Military ersetzten die vor der und um die Jahrhundertwende üblichen Distanzritte. In Österreich-Ungarn und in Deutschland wurden sogenannte Kaiserpreis-Ritte veranstaltet, in Frankreich kamen die »Raids Militaires« auf, die Querfeldeinprüfungen mit Hindernissen enthielten und von den Distanzritten zur Vielseitigkeitsprüfung hinführten. In Schweden und Italien gab es ähnliche Konkurrenzen. Lag es doch nahe, die Kavalleristen für den Ernstfall zu trainieren und ihnen durch die Ausschreibung von Wettkämpfen einen besonderen Anreiz zur Ausbildung von Roß und Reiter zu bieten. Nach dem epochemachenden Distanzritt von Wien nach Berlin beziehungsweise umgekehrt stellte Generalmajor Alex Freiherr von Maltzahn zum Sinn solcher Unternehmen allgemein fest: »Der militärische Zweck der Dauerritte ist der, Offiziere und Unteroffiziere in erhöhtem Maße für die ihnen im Kriege zufallenden Aufgaben als Ordonnanzoffiziere und Patrouillenführer vorzubereiten. Sie sollen Reiter und Pferd fähig machen, den größten Anforderungen zu genügen und insbesondere bei dem Reiter die richtige Beurteilung für die höchste Leistungsfähigkeit seiner Person und seines Pferdes wecken und fördern. Die mit dem Ritt verbundene Aufgabe dient zur Prüfung, ob bei der körperlichen Ermüdung die geistigen Kräfte noch auf der Höhe geblieben sind. Der Reiter soll es vermeiden, seine Anforderungen sowohl hinsichtlich der zurückzulegenden Entfernung als auch der Schnelligkeit zu steigern, da sonst der Zweck, die Schulung für den Krieg, durch vorzeitige Abnutzung des Pferdes in Frage gestellt würde.«

Solch »vorzeitige Abnutzung« stand deutlich vor Augen, und zwar auch schon vor dem verlustreichen Distanzritt von 1892. Immerhin erhielten nicht allein die Sieger und Plazierten der Prüfung von Wien nach Berlin und in Gegenrichtung Geld- und Ehrenpreise. Der beträchtliche Preis von 5000 Mark war für den Reiter ausgeschrieben, dessen Pferd bei der Inspektion nach dem Ritt den besten Eindruck hinterließ. Die Höhe der Dotierung macht deutlich, welchen Stellenwert man der Fitneß der Pferde einräumte. Dieser Umstand konnte freilich nicht verhindern, daß das Pferd des Gesamtsiegers bald nach der Ankunft zusammenbrach und wenig später starb und daß weitere 8 österreichische und 18 deutsche Pferde den Härtetest mit ihrem Leben bezahlt haben.

Die Vorfälle auf der 600-km-Strecke zwischen Berlin und Wien wiederholten sich in ähnlicher Form: Zehn Jahre nach diesem Ritt, im Jahre 1902, wurden in Brüssel 60 Pferde zur Distanzprüfung gesattelt. Nur 29 von ihnen erreichten nach 132 km das Ziel in Ostende, 16 überlebten die Strapazen nicht.

Die Tierschützer meldeten sich mit vehementen Protesten zu Wort. Aus ihrer Sicht wurde die Kreatur geschunden, und zwar unnütz in einem Wettstreit der Offiziere, die nach Bewährung und Auszeichnung lechzten. Für solch persönliche Rangkonkurrenz auf Kosten der Tiere hatten die humanitär gesinnten Tierschützer gerade in Friedenszeiten kein Verständnis. Auch aus militärischer Sicht konnte man die »Ausfälle« nicht hinnehmen. Bedeuteten sie doch – auf den Ernstfall bezogen –, daß der Reiter sein Ziel nicht erreichte. Darüber hinaus kosteten sie das Leben von Pferden und schwächten damit die Wehrkraft der Truppe. Andererseits forderte die militärische Führung auch fürs Training die Härte des Ernstfalls.

Der k. u. k. Oberleutnant F. Höfer, erfolgreicher Teilnehmer des Distanzrittes von Berlin nach Wien, verteidigte in seinem

Geländereiten mit solch »handfesten« Hindernissen ist nicht ungefährlich, und ein kühles Bad im Wassergraben zählt sicher noch zu den harmlosesten Stürzen. Reiterliches Können, Harmonie zwischen Mensch und Tier, aber auch gute körperliche Konstitution bei beiden sind unabdingbare Voraussetzungen für diesen Sport.

Basel zum einmaligen und unvergeßlichen Erlebnis werden ließ.«

Bei den Spielen 1956 in Stockholm stieß vor allem der mächtige Trakehner-Graben auf vielseitige Kritik: Zwölf Pferde stürzten an ihm, und 28 Verweigerungen notierten die Hindernisrichter. In Rom bestand 1960 das »bösartigste Hindernis« (Klimke) in den berüchtigten Betonröhren (1,15 m hoch, 1,10 m tief). Die Pferde sahen durch die offenen Röhren die tiefer gelegene Landestelle, sprangen nicht energisch zu und verletzten sich dann an den scharfen Betonkanten.

Im Kurs von Tokio wird einerseits das »Zurück zur Vernunft« gesehen, andererseits beschrieb man die Strecke als zu leicht und allein durch das Regenwetter hinreichend erschwert. In Mexiko wurden die an sich ebenfalls eher leichten Anforderungen erst durch die Witterung anomal. Die olympischen Strecken von München und Montreal gaben durch ihre mittelschweren Anforderungen keinen Anlaß zu besonderen Diskussionen. Sehr viel mehr erregten die gefährlichen Tiefsprünge in Punchestown beim Weltchampionat 1970, der schwierig anzureitende klobige Oxer über einem Graben bei der Europameisterschaft 1973 in Kiew und schließlich die Überforderung der Pferde durch die fast tropischen Witterungsbedingungen bei der in Lexington ausgetragenen Weltmeisterschaft von 1978 die Gemüter.

Einerseits wird vom Cross Country gefordert, daß er das Kernstück der Prüfung darstellen soll, er muß daher schwer genug sein. Demgegenüber steht die Humanisierung des Sports inklusive der Einstellung, die Hindernisse fair und ohne Fallen zu bauen. Der Cross soll die entscheidende Prüfung sein, soll aber auch keine unschönen Bilder provozieren.

Die Rolle der Zuschauer und der Öffentlichkeit ist bei der Military nicht zu ignorieren. Den Geländeritt in Döberitz erlebten bereits 60 000 Menschen. Spätestens seit den Kunstbauten im Park von Badminton werden die Hindernisstrecken nicht nur mit dem Blick auf die Pferde und Reiter, sondern auch mit Rücksicht auf die Zuschauer konzipiert. Gerade die britischen Militaryplätze demonstrieren den Volksfestcharakter des Geländetages. Die zahlreichen Besucher kommen aus Interesse an diesem Sport, sie kommen aber auch, um am Schicksal der Heroen zu partizipieren, und nicht wenige warten schließlich darauf, daß etwas »passiert«. Wahrscheinlich ist es eben doch nur eine Minderheit – so unangenehm manchem diese Feststellung auch sein mag –, die die Interessen des Tierschutzes gegen den Kampf der Helden laut vertritt. Meist eine Minderheit, die nicht mit durchs Gelände zieht und sich per Lautsprecher sowie Streckentelefon über die Schicksale an fernen Fronten orientieren läßt, sondern Fernsehaufzeichnungen verfolgt, die mit dem eigentlichen Military-Erlebnis nur die Detailbilder gemeinsam haben.

Man darf bezweifeln, ob eine total entschärfte Military ihre Attraktivität behalten würde. Mit einem sonntäglichen wirkenden Parkritt lassen sich Kampf, Einsatz, Sieg, Scheitern oder Durchhalte-Heroismus nicht verbinden. Auch in diesem Sinne ist es bezeichnend, daß es Stimmen gibt, die für eine Modifizierung der Military plädieren, die sich für einen Fortfall der Dressur und der aussagelos gewordenen Wegestrecken einsetzen. Dagegen solle der Cross weiter ausgebaut und auch das abschließende Springen erschwert werden.

Die Dressurprüfung gehörte nicht immer zum Programm eines Vielseitigkeitswettbewerbs, 1920 nicht einmal zum olympischen Programm. Bei den Spielen 1912 kannte man noch keine spezielle Military-Dressuraufgabe, übernahm vielmehr die des »Preisreitens«, vermindert um die Acht mit und ohne Wechsel, die fliegenden Galoppchangements, die Hindernisse und die Gehorsamsprobe. Das »Preisreiten« war freilich kein Grand Prix mit heutigen Anforderungen, es stellte mehr einen Rittigkeitstest dar. Im Rahmen der Military ging es um die Rittigkeit des militärisch einsatzbereiten Pferdes für den Gebrauch im Gelände. Die bereits für die ersten olympischen Reitwettbewerbe zu beobachtende Orientierung an der üblichen Dressur blieb insofern erhalten, als diese Military-Teilprüfung sich nicht nur auf die fürs Gelände erforderliche Rittigkeit beschränkte.

1948 wurden sogar Traversalverschiebungen im Trab und Galopp verlangt und diese auch weitgehend analog zur üblichen Dressurprüfung – wie sollte es anders sein! – bewertet. Die Galopptraversalen wurden bald wieder fallengelassen, sie überforderten die dressurreiterliche Ausbildung der Militarypferde eindeutig.

Inzwischen wurden die Dressurvorstellungen der internationalen Militarys sehr viel passabler. Um erfolgreich an einer Military teilnehmen zu können, kümmerte man sich auch in üblicherweise nicht mit der Dressur befaßten Ländern um die Grundlagen dieser Disziplin. Somit leistete die Dressurprüfung innerhalb des Militarytests einen allgemeinen Beitrag zur internationalen Kultivierung der Reiterei.

Gegenüber dem Dressurtest gibt es freilich auch die radikale Position, die sich für den ersatzlosen Fortfall ausspricht. Sie argumentiert, die Rittigkeit werde, soweit sie fürs Geländereiten wirklich relevant sei, in praxi geprüft – ein gesonderter Test sei künstlich und deswegen überflüssig. Eindeutige Gründe für oder gegen die Dressur lassen sich weder aus den Diskussionen noch aus den Korrelationen ermitteln, die man zwischen den Ergebnissen der einzelnen Pferde in den verschiedenen Teilprüfungen errechnen kann: In der einen Prüfung bewähren sich die guten Dressurpferde im Gelände, in der anderen büßen sie dort ihre Punkte wieder ein.

Die Springprüfung hat eine ähnlich problematische Position, wenn man die Military ausschließlich vom Geländeritt her versteht. Man kann ihr dann zwar die Funktion eines Konditionstests einräumen, muß freilich zugestehen, daß es sich im Grunde um eine sehr einseitige Fitneßprüfung handelt. Die Diskussion um die Bedeutung der Springprüfung entzündet sich vor allem an der Bewertung der Fehler, die ihr in der Praxis ein Gewicht einzuräumen scheint, das ihr theoretisch nicht zukommt. Ein solcher Eindruck entsteht vor allem dann, wenn in der Schlußprüfung wirklich die Entscheidung fällt und die Plazierung nach dem Geländeritt sich beträchtlich verändert. Konsequent sind in ihrem Standpunkt die Stimmen, die sich für eine Steigerung der Anforderungen in der Schlußprüfung aussprechen, und zwar in Verbindung mit einer Verlängerung des Cross Country und bei Fortfall der Wegestrecken. Diese Stimmen gehen davon aus, daß das Militaryspringen eben keine allgemeine Konditionsprüfung darstellt, sondern sich in seinem Ablauf eng an den üblichen Springsport anlehnt, in den Anforderungen aber hinter ihm zurückbleibt. Derzeit scheinen freilich wenig Chancen zu bestehen, das seit 1924 erstaunlich stabile Programm der Vielseitigkeitsprüfung weitreichend zu modifizieren.

Schönheit und Eleganz der Dressur symbolisiert dieses Bild vor reizvollem, klassischem Hintergrund.

Die Dressur

Begriff und Wesen

So irreführend der Begriff Dressur auch ist, er hat sich durchgesetzt. Jedenfalls fühlten die Verantwortlichen sich nicht genötigt, wie beim Begriff Concours hippique mit Hilfe eines Preisausschreibens nach einem treffenden deutschen Begriff zu suchen. Auch im Fall der Dressur wäre allerdings ein treffendes deutsches Wort wünschenswert gewesen. Bezeichnend ist dieses Versäumnis deshalb, weil man in den Gründerjahren des internationalen Sports am Begriff Dressur möglicherweise sehr viel weniger Anstoß nahm, als man es heute tut. Vielleicht galt dieser Begriff sogar als die sachliche Präzisierung des ursprünglichen Bezugs, nämlich des »Preisreitens«, das keine Aussage darüber macht, in welcher Disziplin um die Preise geritten wird. Aus der Sicht des derzeitigen Dressursports hat der separat verwandte Begriff Dressur einen eindeutig negativen Akzent, nämlich den der Abrichtung des Tieres auf bestimmte Aufgaben. Seit der Mitte des 18. Jahrhunderts bezeichnet man in der

deutschen Jägersprache mit dem »Dressieren« das Abrichten von Jagdhunden. Über das französische *dresser*, das italienische *dirizzare* und das spätlateinische *directiare* geht der Begriff auf das lateinische *directus* beziehungsweise *dirigere* (richten, geraderichten, hinlenken, bestimmen) zurück. Der in der dressurreiterlichen Fachsprache bekannte Begriff Geraderichten ist hier nicht gemeint.

Für die heutige Dressurtheorie ist der separate Begriff Dressur auch deshalb suspekt, weil man mit ihm die Abrichtung im Sinne des Drills verbindet, ein blindes Lernen bestimmter Lektionen, die dem Tier analog zum Pfötchen-Geben des Hundes beigebracht werden. Genau dies aber will die reiterliche Dressur, wie Theoretiker der Gegenwart fast einmütig und geradezu allergisch betonen, nicht. Ihr gehe es um Ausbildung, quasi totales Training und ganzkörperliche Gymnastizierung. Versucht man, sich einigermaßen vorurteilslos mit der Geschichte und dem Wesen des Dressursports zu beschäftigen, dann kommt man nicht umhin, zwei cha-

rakteristische Bestandteile in ihm zu akzeptieren. Nämlich einmal die Gymnastizierung, die von der ursprünglichen Forderung nach Rittigkeit ausgeht, und zum anderen das gehorsame Absolvieren einzelner Lektionen, denen man vor allem dann einen artifiziellen Charakter nicht absprechen kann, wenn man sie mit den ebenfalls künstlichen Aufgaben anderer Reitsysteme in Beziehung setzt. Die Lektionen in der Dressur stehen zwar mit der Gymnastizierung in engem Bezug, grundsätzlich aber könnte diese ohne die artifiziellen Aufgaben existieren.

An der Piaffe lassen sich die Zusammenhänge leicht darstellen. Um die Rittigkeit eines Pferdes im heute üblichen Verständnis zu erreichen, bedarf es dieser Lektion nämlich nicht. Die weitaus überwiegende Zahl der Reit- und Dressurpferde wird im Gelände oder auf dem Viereck geritten. ohne je in der Piaffe ausgebildet worden zu sein. Deshalb läßt sie sich heute kaum noch als eine Lektion mit unmittelbarer Bedeutung für die praktische Verwendung des Pferdes verstehen.

Selbst der Stierkämpfer zeigt keine schulmäßige Piaffe, sondern meist nur eine Art von Trippeln, das allein bei unpräziser Verwendung der Begriffe als Piaffe bezeichnet werden könnte. Dennoch bildet die schulmäßig korrekt absolvierte Piaffe eine Krönung von Versammlung und Losgelassenheit.

Bei der Reserve der meisten heutigen Reitpferde gegenüber der Piaffe spielen auch züchterische Gesichtspunkte eine Rolle. Auf den Raumbegriff der Bewegungen wird zum Beispiel derzeit bei der Zucht mehr Wert gelegt als auf ausgeprägten Hankenbug, der eine wichtige anatomische Voraussetzung für die Bereitschaft zum Piaffieren darstellt. Somit fällt die Piaffe der Mehrzahl der heutigen Pferde besonders schwer, ihre Einübung verlangt beträchtlichen Trainingsfleiß und beträcht-

liche Durchsetzungsbereitschaft des Reiters. Insofern ist diese Lektion nicht natürlich, sondern artifiziell.

In der abendländischen Schulreiterei, vor allem in der sogenannten Hohen Schule, hat sich die perfekte Absolvierung der verschiedenen artifiziellen Lektionen verselbständigt. Dabei baut die Hohe Schule auf der »Niederen« der Campagnereiterei auf. In der Niederen Schule wird die allgemeine Ausbildung des Reit- und Militärpferdes betrieben, auch eine Ausbildung, die die Rittigkeit des Pferdes sichert und die vor allem von Kavalleristen zu erbringen ist, während zur Hohen Schule allein die Elite der Pferde und Reiter aufsteigt.

Als artifiziell gab die abendländische Schulreiterei die Lektionen der Hohen Schule freilich nie aus. Sie verstand sie sogar als militärische Hilfsmittel, das heißt,

sie gab vor, militärisches Training zu betreiben, beschäftigte sich in Wirklichkeit aber mit einem Kunsthandwerk, das sich im Rahmen höfischer Lebensgestaltung von seiner ursprünglichen praktischen Basis gelöst hatte. Die Schulreiterei entwickelte sich in der italienischen Renaissance in naher Verbindung zu der aus Byzanz verschlagenen Kunstreiterei. Die Verbindung zur zirzensischen Reiterei blieb bis ins 19. Jahrhundert deutlich erhalten. In Ausläufern ist sie sogar in der Gegenwart noch zu finden, zum Beispiel dort, wo der Schweizer Zirkusreiter und -ausbilder Freddy Knie Spitzenreiter seines Landes bei der Arbeit in der Piaffe unterstützt. Auf die Tatsache, daß prominente Schulreiter vergangener Jahrhunderte ihr Geld mit der Ausbildung von Zirkuspferden verdienten, wurde bereits hingewiesen.

Schulische Linien der Ausbildung

Selbst wenn man von dem Ziel ausgeht, rittige Pferde für die Verwendung im Krieg und in der Wirtschaft zu gewinnen, bleibt die Frage, wo die auf Gehorsam und Lenkbarkeit besonderen Wert legende Grundausbildung endet und wo die artifiziellen Lektionen beginnen. Vom nomadischen Reitervolk der Skythen zum Beispiel ist bekannt, daß sie ihren Pferden beibrachten, niederzuknien oder bei weit nach vorne und hinten ausgestellten Beinen den Rücken zu senken. Damit sollte den Reitern der Aufstieg erleichtert werden. Von solchen Übungen ist der Weg zum zirzensischen Kunststück nicht weit. Die Artistik der Kosakenreiterei macht dies deutlich, wiewohl sie sich mehr auf den Reiter als

auf das Pferd erstreckt. Wahrscheinlich bildet die allgemeine Tendenz, besonderes Können im Sattel in außergewöhnlichen Aufgaben zu demonstrieren und darin mit anderen zu rivalisieren, den ausschlaggebenden Antrieb für die Beschäftigung mit artifiziellen Lektionen. Dieser Ursprung verträgt sich durchaus mit der Tendenz, diese Lektionen als natürlich und nützlich zu deklarieren, in diesem Sinne auch von der klassischen Dressurausbildung zu sprechen und den Anschein zu erwecken, als entfalte sie nur das, was die Natur anbiete. Für die konsequenten Vertreter der sogenannten klassischen Dressurauffassung ist die Vereinheitlichung der in Wirklichkeit beobachteten Differenzen ebenso bezeichnend wie die Berufung auf die »Natur«, die ja automatisch vom Zwang zu weiterer Rechtfertigung befreit.

Die schöne Anlage des Dressurplatzes von Bromont, wo 1976 um die Medaillen anläßlich der Olympischen Spiele in Kanada geritten wurde

237

Links: Pierre de Rolland auf Cramique *bei einer Traversalverschiebung. De Rolland ist Mitglied des berühmten* Cadre Noir *der französischen Kavallerieschule in Saumur, die in ihrer Stil- und Dressurauffassung der Spanischen Hofreitschule in Wien ähnlich ist.*

Rechts: Dressur ist auch die Erziehung zum Gehorsam auf die Einwirkungen des Reiters. Mit Dressieren hat sie allerdings nichts zu tun. In diesen Bereich fällt die Vorführung eines Csikós, wie man die Pferdehirten der ungarischen Puszta nennt.

Der Versuch, die Lektionen der Hohen Schule auf das artspezifische Verhalten des Pferdes – vornehmlich auf den Funktionskreis Kampf und Paarung – zurückzuführen, stellt sich ebenfalls als Entlastungsideologie dar. Im Reithaus und in der Manege wird nämlich sehr viel exakter gefordert, was sich in der Natur allein ansatzweise findet. Vor allem fehlen beim Pferd im Reithaus wie in der Manege die psychischen Antriebe, die in der Natur das Verhalten auslösen.

Der wichtigste Faktor für den kunstvollen Charakter mancher Dressurlektionen liegt in der langen Ausbildungszeit, ferner in der Tatsache, daß nur wenige Pferde diese Lektionen perfekt beherrschen, und schließlich in dem Umstand, daß die Probleme beim Training groß sind und manche Tiere im Verlauf dieser Arbeit frühzeitig verschleißen. Selbst in einer Zeit, da die Pferde mit ihren anatomischen Voraussetzungen schon den Zielen der Hohen Schule weitgehend entsprachen, war das Beherrschen der Lektionen hoher Versammlung keine Selbstverständlichkeit, sondern den Talentierten vorbehalten.

Lange Zeit existierten Campagnereiterei und Hohe Schule parallel. Mit der Entwicklung der Sportreiterei wurde das Campagnereiten auf Kosten der Hohen Schule beträchtlich aufgewertet. Vor allem der olympische Sport ging von der Niederen Schule aus und übertrug auf sie sein Ansehen. Vom olympischen Preisreiten her wurde das Dressurreiten neu bestimmt,

von ihm her wurde auch neu definiert, welche Lektionen natürlich sind und welche über die »Natur« hinausgehen. Dadurch, daß der olympische Dressursport im Laufe seiner Entwicklung einen Teil der Schullektionen übernahm, wurde die Schulreiterei alten Stils in Spezialinstitute abgedrängt, heute vor allem in die Spanische Hofreitschule in Wien und ins Cadre Noir in Saumur.

Hinsichtlich der Grundausbildung der Pferde hat die Sportreiterei – unterstützt durch die Zucht – neue Maßstäbe gesetzt. Die Schulreiterei alten Stils vermag ihnen insbesondere im Raumgriff in den einzelnen Gangarten, in der Losgelassenheit wie in der Reinheit der Gänge kaum zu entsprechen. In jüngster Zeit scheint bei den Spezialinstituten die Tendenz zu wachsen, die Entwicklungen im Sport zu respektieren, ohne dabei die eigene Tradition aufzugeben. Andererseits sucht die Sportreiterei bei den klassischen Ausbildungsstätten Hilfe, um in den Lektionen hoher Versammlung von deren Leistungen zu profitieren. So werden verschiedene internationale Spitzenreiter von Bereitern der Spanischen Hofreitschule in Wien trainiert, wobei sich allerdings zeigt, daß sie mit den üblichen Halbblütern in den Schullektionen nicht die Perfektion erreichen, die jene mit den Lipizzanern demonstrieren. Die Öffnung der Spezialinstitute für die Entwicklungen der Sportreiterei spricht auch aus der in den letzten Jahren verstärkten Teilnahme von Wiener Bereitern und Mit-

gliedern des Cadre Noir an internationalen Championaten.

Möglicherweise sähe der Dressursport heute sehr viel anders aus, wenn die olympische Bewegung sich um ihrer Anerkennung willen nicht aufs Militär gestützt hätte, wenn nicht das als Rittigkeitsprüfung für Kavalleristen zu verstehende Preisreiten, sondern die Lektionen der Schul- und Kunstreiter ins olympische Programm aufgenommen worden wären. Man könnte sich durchaus einen interessanten olympischen Dressurwettbewerb vorstellen, in dem es weniger auf Trabverstärkungen, Traversalen, Pirouetten, Passagen sowie Piaffen und mehr auf imposante Schulsprünge oder spektakuläre Gangarten wie den von James Fillis praktizierten Galopp auf drei Beinen rückwärts ankäme. Der gesamte heutige Dressursport ist wesentlich von den olympischen Wettkämpfen und ihrem Image geprägt, ist sogar bis in Details an ihm orientiert.

Der olympische Einfluß

In den »Besonderen Bestimmungen« für das Preisreiten bei den Olympischen Spielen 1912 in Stockholm hieß es ausdrücklich, Passagieren, Piaffieren, Spanischer Trab und ähnliche Lektionen würden von den Richtern nicht berücksichtigt. Auch Pirouetten wurden nicht verlangt, wohl aber Galoppwechsel, und zwar mindestens vier auf gerader Linie. Näher waren die

Wechsel nicht beschrieben. Der Test für
die Einsatzbereitschaft eines Militarypfer-
des wurde komplettiert durch das Springen
über fünf Hindernisse und die Gehorsams-
prüfung mit dem Sprung über die auf die
Pferde zugerollte bunte Walze.
Acht Jahre später hatten die Olympiareiter
in Antwerpen eine Vorstellung zu liefern,
die dem heutigen Konzept einer Dressurprüfung schon sehr viel näher kam. Bei
den Spielen 1924 in Paris und 1928 in
Amsterdam wurden ähnliche Anforderungen gestellt. Die Aufgabe enthielt unter
anderem zwei Kurzkehrtwendungen im
Schritt, Tempodifferenzen in den drei
Gangarten, Traversalverschiebungen im
Trab, Schlangenlinien und Traversalen im
Galopp mit Wechseln sowie Galoppwechsel zu vier, zu drei, zu zwei Tempi und von
Sprung zu Sprung. Piaffen, Passagen und
Spanischer Schritt durften nicht gezeigt
werden. Die Wiederholung einzelner Lektionen war für den Fall vorgesehen, daß
Meinungsverschiedenheiten zwischen den
Richtern bestanden oder mehrere Konkurrenten den gleichen Rang belegten und
diese in eine Reihenfolge gebracht werden
sollten.
Die Olympischen Spiele in Los Angeles
1932 stellten insofern ein wichtiges Datum
dar, als dort erstmals Piaffen und Passagen gefordert wurden. 1936 kamen die
Galopp-Pirouetten hinzu. Damit enthielt
das olympische Dressurprogramm den
Katalog der Lektionen, der es auch heute
noch kennzeichnet. Mit dieser Erweiterung
gingen die olympischen Anforderungen –
und damit die Anforderungen der internationalen Sportreiterei überhaupt – beträchtlich über die Campagnereiterei hinaus. Der
olympischen Dressurreiterei ließ sich nun
nicht länger Dilettantismus vorwerfen, sie
forderte die Fähigen und reizte sie auch. In
der olympischen Dressurreiterei wurde
mehr und mehr das Optimum der allgemeinen Ausbildung des Pferdes gesehen. Die
einseitige Pflege der Hohen Schule geriet
ins Abseits der Spezialisten. Diese wichtige
Entwicklung ist eng verbunden mit den
Wandlungen in der Pferdezucht, vor allem
mit der Schaffung der großrahmigen Halb-
bluttypen mit viel Gang. Sie bilden einen
wichtigen Faktor für die neuen Maßstäbe
in der Grundausbildung und im allgemeinen
Gerittensein der Pferde.
Bei den ersten olympischen Wettbewerben
nach dem Zweiten Weltkrieg wurden Piaffen und Passagen nicht verlangt. Die Wettbewerbe in Stockholm gewann Henry
St. Cyr mit relativ schwachen Piaffen. Bei
unterschiedlichen Schwerpunkten verbesserten sich die Piaffe-Leistungen der fol-

genden olympischen Siegerpferde. Die
Spitzenpferde von München und Montreal,
nämlich PIAFF und GRANAT, zeigten auch
aus der »klassischen« Sicht, die auf den
Hankenbug besonderen Wert legt, gute
Piaffen. Die Stärke des internationalen
Sports in dieser Lektion ist insofern
bedeutsam, als die Spezialinstitute sie nicht
mehr als ihr Privileg ausgeben können und
so noch mehr an Terrain und Prestige ver-
lieren und in die Gefahr geraten, museale
Institutionen mit vor allem touristischer
Attraktivität zu werden.
Gegen die vielfach gehörte Meinung vom
Niveauverlust der Ausbildung steht die
Auffassung, daß die heutigen Spitzen-
pferde nicht schlechter seien, sondern eher
besser als die vor dem Zweiten Weltkrieg.
Gewiß gibt es bei der heutigen Breite des
Dressursports manchen allzu handwerkli-

chen Ausbilder, der die Natur der Pferde
mit der Kraft seiner Arme verbiegt. Viele
Reiter arbeiten jedoch solide, nutzen das
erweiterte und verbesserte züchterische
Angebot aus und sind bestrebt, sich der
Natur des Pferdes möglichst weitgehend
anzupassen, sich an sie anzulehnen und
auf ihr aufzubauen. Manches deutet darauf
hin, daß die Leistungen der heutigen internationalen Spitzenpferde, aber auch die
Leistungen mancher Pferde in mittelschweren nationalen Prüfungen gerade im Hinblick auf die Losgelassenheit sowie die
Reinheit der Gänge über denen vergleich-
barer Vorkriegspferde liegen. Diese Vermutungen stützen sich nicht auf direkte
Beobachtungen, sondern auf die Analyse
des begrenzten Bildmaterials, das von den
Spitzenpferden der Vorkriegszeit überliefert ist.

Das Problem der Richter

Die Zeit, da man die Rittigkeit der Kavallerie- und Sportpferde noch nicht in Preisreiten verglich und durch Richter auszeichnete, sondern allein in mehr oder minder globaler Inspektion beurteilte, hatte den bemerkenswerten Vorteil, das Gezänk über die Richteraussagen noch nicht zu kennen. Der Streit um sie ist mit dem Dressurreiten allerdings seit Anbeginn verbunden. Die allgemeine Ausbildung wie die spezielle Rittigkeit eines Pferdes sind nämlich nicht mit exakten Maßstäben zu messen und bleiben deshalb interpretierbar. Grundsätzlich kann es daher zu unterschiedlichen Auffassungen kommen.

Schon bevor die Internationale Reiterliche Vereinigung ein Reglement fürs Dressurreiten erstellte, wurde in den »Propositionen« für die Wettkämpfe gesagt, worauf es bei der Rittigkeit ankomme. Schließlich gingen die verschiedenen Bestimmungen von der gemeinsamen Erfahrung im Sattel aus. Zumindest in groben Zügen sind Reiter sich darüber einig, wie ein »rittiges« Pferd auszusehen hat, das heißt, was es können muß. Ferner stützte man sich auf die hippologische Literatur vergangener Jahrhunderte inklusive der Heeresreitvorschriften. Die gemeinsamen Erfahrungen und Quellen konnten freilich nur zu allgemeinen Prinzipien führen, die im Einzelfall in unterschiedlichem Maße verwirklicht sind und zwischen denen man abwägen muß. Kurzum: Die Leistung auf dem Dressurviereck war und ist schon immer auf Auslegung angewiesen gewesen.

Die seit den Gründerjahren des internationalen Dressursports geübte Praxis, die Aussagen verschiedener Richter in einem mathematischen Kompromiß zusammenzufassen, erscheint immer noch als das opportune Mittel, die Extreme in der Beurteilung gegeneinander abzuwägen. Zeitweise wurde der Abbau der Extreme dadurch erreicht, daß man bei jedem Teilnehmer die höchste und die niedrigste Note unberücksichtigt ließ. Diese Praxis ist vor allem dann nicht zweckmäßig, wenn die Richter an verschiedenen Stellen des Vierecks sitzen und zu den ohnehin gegebenen differierenden Interpretationen noch verschiedene Blickwinkel hinzutreten. Die derzeitige Praxis mit fünf Richteraussagen, die während des Rittes – und nicht nach einer zweiten Vorstellung oder nach dem Studium des Films – zu treffen sind, scheint sich stabilisiert zu haben und den Teilnehmern sowie dem Wettkampf am

241

Links: Impression vom Dressurreiten der Olympischen Spiele 1972 im Park des Schlosses Nymphenburg in München

Oben: Im Richterhäuschen sitzen auch nur Menschen, deren Urteil zwangsläufig mehr oder weniger subjektiv ist. Leider lassen sich die allgemeine Ausbildung und die spezielle Rittigkeit eines Pferdes nicht mit exakten Maßstäben messen.

Nächste Doppelseite: Pferd und Wagen als beliebte Motive für die Gestaltung von Briefmarken

besten gerecht zu werden. Probleme bleiben freilich, zum Beispiel das, daß ein Richter aufgrund seiner Einzelnoten ein Pferd auf einen Rang bringt, den er nach seinem Gesamteindruck für dieses Pferd nicht vorsehen würde. Die den internationalen Sport lange belastende und 1956 sogar mit der einmaligen Maßnahme der Disqualifikation von zwei Richtern be-

strafte Tendenz, die Reiter des eigenen Landes zu bevorzugen, stellt heute nicht mehr das Hauptproblem dar. Internationale Richterschulungen führten zu besserer Übereinstimmung. Ferner ist die FEI bestrebt, an den olympischen Richtertisch keine Vertreter aus den Ländern zu setzen, die die für die Medaillen in Frage kommenden Spitzenteams stellen.

HOLGER PHILIPSEN del.

Otto Bache: Et Kobbel Heste udenfor en Kro

HAFNIA 76 DANMARK

INTERNATIONAL FRIMÆRKEUDSTILLING KØBENHAVN 20.–29. AUGUST 1976

Der Fahrsport

Unterschiedliche Wagen

Wie beim Reiten haben wohl auch beim Fahren neben wirtschaftlichen und militärischen Gesichtspunkten schon früh sportliche Aspekte eine Rolle gespielt. Wer ein Gespann beherrscht, den reizt es auch, sein Können zu demonstrieren und mit anderen zu konkurrieren. Mit Sicherheit hat die Risikobereitschaft des sportlichen Fahrens Möglichkeiten und Grenzen dieser Disziplin aufgezeigt und Neuerungen in der Fahrtechnik, in der Schirrung und im Wagenbau auf den wirtschaftlichen und militärischen Bereich übertragen. Im Zeitalter der Streitwagen stellte der Kämpfer mit dem Gespann das allgemeine Leitbild heldischen Lebens dar. Könige und Potentaten rühmten sich der Fähigkeit, den Wagen lenken zu können, mit ihm gegen den Feind zu ziehen und auf der Jagd ihren Mann zu stehen. Insofern war das Fahren Leistungssport, als solcher ist er auch in zahlreichen Aussagen und Bildnissen überliefert.

Schon aus der griechischen Antike kennen wir Wagenrennen. Sie waren Bestandteil verschiedener Festspiele, auch der olympischen. Homer schilderte die Wettkämpfe, zahlreiche Vasenbilder vermitteln optische Informationen.

Das 18. und das 19. Jahrhundert wurden unter anderem auch aufgrund der technischen Entwicklung der Wagen zur großen Epoche der Kutschen und Karossen. Man baute Wagen für spezielle Gelegenheiten und Verwendungszwecke, für die Stadt, fürs Land, für die Reise, die Post und die Jagd, für die Dame, den Herrn und die Kinder, für Selbstfahrer und solche, auf denen bedienstete Kutscher die Pferde führten, Wagen mit und ohne Verdeck, solche für ein Pferd und solche für zwei oder vier Pferde. In der Wirtschaft und auch bei schweren Staatskarossen wurden die mehrspännigen Gefährte zum Teil auch vom Sattel aus gelenkt. Zu den speziellen Typen kamen schließlich die Wagen, die sich vielseitig verwenden und unterschiedlich anspannen ließen.

Der Landauer galt zum Beispiel als standesgemäßes Familienfahrzeug. Auf dem Land fuhr man mit der einfachen Wagonette. Kutscher und Bockdiener gehörten zum Coupé, mit dem man sich ins Theater

bringen ließ. Der Jagdwagen diente, wie der Begriff sagt, dem Transport zur Jagd. Das Pferderennen besuchte der feine Mann in der sportlichen Cart, die Gig und der leichte Phaeton taten der Jugend früher die Dienste, die heute die Sportautos erfüllen. Die Victoria war ein Wagen der gehobenen Mittelklasse, die vierrädrige Dogcart eine Art von Allzweckfahrzeug.

Im Zusammenhang mit politischen, ökonomischen und gesellschaftlichen Veränderungen verlagerte sich die Fahrkultur im 19. Jahrhundert von ihrer zuvor einseitigen Orientierung am Adel. Das Bürgertum gewann auch in diesem Bereich zunehmend an Einfluß. Kaufleute, Fabrikanten, Ärzte und höhere Beamte hielten sich Pferd und Wagen. Die Gefährte wurden sachlicher, leichter und eleganter, auch wendiger und erschwinglicher. Das Fahren entwickelte sich in weiten Kreisen zu einem Statussymbol. Wer sich die Kutsche selbst nicht leisten konnte, mietete sich eine Droschke. Auf diesem Hintergrund entstand der wachsende Promenadenverkehr. Hinzu kam in der zweiten Hälfte des 19. Jahrhunderts das neue Leitbild der Sportlichkeit, das mehr und mehr Besitzer dazu veranlaßte, die Leinen selbst in die Hand zu nehmen. Zuvor hatte dies als unfein gegolten und anderen gezeigt, daß man sich keinen Kutscher leisten konnte. In der zweiten Hälfte des 19. Jahrhunderts war das Eisenbahnnetz in Mitteleuropa schon relativ dicht. Für weite Reisen stand in der Regel bereits die Bahn zur Verfügung. Der Stellwagen, in den Städten das Massenverkehrsmittel an der Wende vom 18. zum 19. Jahrhundert, wurde durch den Omnibus – der lateinische Begriff bedeutet »für alle« – ersetzt. Die Stadt Wien führte 1860 die von Pferden gezogene und an Schienen gebundene Tramway ein. In den achtziger Jahren ersetzte Dampfkraft die Pferde, seit der Jahrhundertwende wurde die Tramway elektrisch betrieben. Der feine Mann fuhr allerdings auch dann noch nicht mit ihr – er verfügte über eine eigene Equipage oder mietete sich einen Fiaker. Erst mit dem Beginn des 20. Jahrhunderts verdrängte das Automobil die Kutsche als Gebrauchs- wie als Nobelfahrzeug. Das Automobil war, wie der Name sagt, die Kutsche, die sich selbst bewegt, die über einen Motor verfügt und des Pferdes nicht

Der Fahrsport wurde in den letzten Jahren unter den pferdesportlichen Wettbewerben immer beliebter. Unser Bild zeigt Viererzüge bei der Siegerehrung.

mehr bedarf. Im Jahre 1886 wurde die erste Motorkutsche der Öffentlichkeit vorgestellt. In einen üblichen Pferdewagen war ein Motor von 462 cm³ Hubraum und einer Leistung von 1,1 Pferdestärken (PS) eingebaut worden. Das Gefährt erreichte eine Geschwindigkeit von 18 km/h. Um die Jahrhundertwende folgten dieser Kutsche Lastwagen und Omnibusse mit Motor. Im militärischen Bereich begann der Ersatz des Pferdewagens durch das Motorfahrzeug zu Anfang des Jahrhunderts sehr zögernd. Erst nach dem Zweiten Weltkrieg wurde er in den technischen Armeen voll verwirk-

licht. Bezeichnenderweise unterhielt die deutsche Wehrmacht bis in diesen Krieg hinein ihren Fahrstall, dessen Gespanne im Sport eingesetzt wurden und die das fahrerische Können in Verbindung mit den Aufgaben von Pferd und Wagen in der Armee kultivieren sollten.
Vor allem ab dem 19. Jahrhundert gewannen die sportlichen Akzente des Fahrens an Bedeutung. Insbesondere erschien es als eine achtbare Leistung, zwei, vier oder gar mehr Pferde so souverän zu beherrschen, daß man mit ihnen bestimmte Figuren fahren sowie enge Wendungen und Tore

bewältigen konnte. In Gebrauchs- und Dressurprüfungen ließ sich dieses Können unter Beweis stellen. Aus der Zielsetzung, zuverlässig, sicher und schnell weite Strecken zu überwinden, entstanden dann die Distanzfahrten für Ein-, Zwei-, Vier- und Mehrspänner.
Die Stilreinheit der Anspannung gehört dabei stets mit zum Fahrsport, und zwar aus ästhetischen wie aus funktionalen Gründen. Als stilreines Geschirr gilt das schöne und zugleich auch das zweckmäßige und förderliche.
Es lag nahe, das in der zweiten Hälfte des

19. Jahrhunderts in Stadt und Land betriebene Fahren in den beginnenden Turniersport einzubeziehen. Zum Teil ging die Initiative von den Fahrern und ihren Wettbewerben aus. Ein einheitliches Reglement zur Bewertung der Leistungen bestand nicht. Die Dressur- und Gebrauchsprüfungen wurden nach freiem Ermessen gerichtet. Die Richter beurteilten – meist aufgrund eigener Erfahrungen – die Vorführung und Ausbildung der Gespanne auf der Basis der Anforderungen, die bei Stadt- und Landfahrten mit praktischen Zielen gestellt wurden.

Benno von Achenbach

Das Wirken Benno von Achenbachs trug wesentlich dazu bei, stilistische Prinzipien fürs Fahren wie fürs Richten zu entwickeln und zu verbreiten. Bevor von Achenbach seine Stil- und Anspannungsgrundsätze veröffentlichte, beschäftigte er sich intensiv mit dem englischen Fahrsport, vor allem mit der Arbeit des britischen Fahrlehrers Howlett, dessen Methode er auf der Insel kennenlernte und den er dreimal in Paris aufsuchte. Zuvor hatte von Achenbach mecklenburgisch gefahren. Seine erste gol-

dene Medaille erhielt der Malersohn, der sich seit seiner Jugend mit dem Fahren beschäftigt hatte, im Jahr 1892 in Baden-Baden, wo er die Coach des Grafen Bismarck vorstellte. Im In- und Ausland fuhr von Achenbach prominente Gespanne. Dies mehrte sein hohes Ansehen als Praktiker wie als Theoretiker. Im Jahr 1906 wurde der damals noch nicht geadelte Achenbach mit dem speziellen Auftrag an den kaiserlichen Marstall berufen, den Fahrunterricht sowie den gesamten fachmännischen und künstlerischen Stil der Wagen, Geschirre und Livreen zu reorgani-

249

sieren. Während seiner Tätigkeit beim
Marstall vervollkommnete von Achenbach
sein Fahrsystem, das mit vielen Neuerungen dem englischen am nächsten kommt
und dessen Unterschiede zum ungarischen,
russischen und amerikanischen Stil er in
zahlreichen Zeitschriftenartikeln darlegte.
Ein zentrales Prinzip der Achenbachschen
Auffassung bestand bespielsweise darin,
den Pferden durch die Anspannung und
den Fahrstil die Arbeit am Wagen weitgehend zu erleichtern.

Neben den Gebrauchs-, Dressur- oder Stil-
prüfungen fanden schon vor dem Ersten
Weltkrieg Leistungsfahrten statt, in denen
die Pferde maximal belastet wurden. In
den Jahren 1908 und 1909 veranstaltete der
Berliner Herrenfahrer-Klub Distanzfahrten
von Wien nach Berlin. Von den 20 Teilnehmern des Wettbewerbs im Jahre 1909
erreichten nur 6 das Ziel. Mit dreieinhalb
Stunden Vorsprung siegte bei einer
Gesamtzeit von 49 Stunden und 9 Minuten
A. Brandt mit einer 7jährigen ostpreußischen Halbblutstute, die einen leichten
vierrädrigen Wagen zog. Nach den
630 Kilometern wurde diesem Gespann
»eine recht gute Kondition« attestiert. Der
auf Platz 2 einfahrende ungarische Jucker
wurde als »drahtig« beschrieben, war aber,
wie das Foto bekundet, bis auf Haut und
Knochen abgemagert. Erst auf den Rängen
3, 4 und 6 endeten die drei Zweispänner,
die die Spree erreichten. Der Sieger erhielt
neben dem Ehrenpreis 5000 Mark, der
Zweitplazierte 3000 Mark.

Der zunehmende Automobilverkehr
erschwerte in späteren Jahrzehnten solche
Unternehmungen beträchtlich. Heute
wären sie nur noch mit erheblichem orga-
nisatorischem Aufwand möglich. Nach
dem Zweiten Weltkrieg wurde vornehmlich in Gebrauchs- und Dressurwettbewerben gefahren. Die eigentlichen Prüfungen
auf dem Fahrplatz fanden wenig öffentliches Interesse, die Vorstellungen vor der
Siegerehrung auf dem Hauptplatz und zwischen den allgemein beachteten Springprüfungen trugen dem Fahrer das Image des
Kaffeepausensports ein. Mit dem vermehrt
veranstalteten Hindernisfahren sowie den
Leistungsfahrten im Rahmen des Hamburger Fahrderbys konnten die »Kutscher«
dieses Bild leider nur teilweise korrigieren.
Als Leistungssportler waren sie noch nicht
anerkannt, als sie zunächst 1947 und dann
1968 olympische Ehren anstrebten. Der
rapide Aufschwung, den der Fahrsport seit
der Akzeptierung durch die FEI im Jahre
1969 erlebte, beruhte unter anderem auf
der eindeutigen Tendenz, den nach Fehlern und Zeit bewerteten Marathontest in

den Mittelpunkt der Vielseitigkeitsprüfung zu stellen. Der leistungssportliche Akzent wurde somit gegen die Zweifler dokumentiert. Die Tatsache, daß der britische Hofstallmeister Sir John Miller, ein im Militarysattel bewährter Reiter, mit dem Gespann der Königin konkurrierte, und auch der als Polospieler hervorragende englische Prinzgemahl Philip, der FEI-Präsident, selbst auf dem Bock saß und als handfester Sportsmann um Championatsehren stritt, förderte den Fahrsport erheblich. Dieser Umstand sorgte ferner für intensives Engagement seitens der FEI, verschaffte öffentliche Aufmerksamkeit und trug dazu bei, das Viererzugfahren als Leistungssport bekannt zu machen. Schon 1970 fand in Luzern die erste internationale Vielseitigkeitsprüfung nach dem neuen Reglement statt, ein Jahr später folgte in Ungarn das erste Europachampionat, und 1972 wurde in Münster die erste Weltmeisterschaft ausgetragen. Die schnelle Entwicklung in den Jahren nach 1968 beruhte auch auf den langen Fahrtraditionen verschiedener Länder. Auf sie berief man sich in den diversen Renaissancen, die das Fahren seit den sechziger Jahren vor allem in Europa und den USA erlebte. Auf diese Länder konnte man sich stützen, als es darum ging, die FEI-Disziplin nach dem Vorbild der drei anderen zu organisieren. Beim westeuropäischen und amerikanischen Fahrsport schuf die florierende Wirtschaft die hinreichenden finanziellen Voraussetzungen für die Unterhaltung eines Vierspänners. Die osteuropäischen Gespanne, vor allem die der Ungarn und der Polen, gehören staatlichen Gestüten. Sie werden von Gestütsleitern und -angestellten gefahren. Der osteuropäische Fahrsport wird auch deshalb staatlich gefördert, weil er als Leistungsprüfung mit der wirtschaftlichen Nutzung des Wagenpferdes zusammenhängt, durch internationale Erfolge für das Pferd als Exportartikel wirbt und das allgemeine Prestige des Staates fördert.

Die Konkurrenz der Staatsgespanne des Ostens und der Privatgespanne des Westens – verschiedene Gespanne der Eidgenössischen Militärpferdeanstalt in Bern bilden hier eine Ausnahme – war auch eine Rivalität der ungarischen Anspannung mit Trense und Sielengeschirr auf der einen und der englischen mit Kandare und Kummet auf der anderen Seite. Ferner ein Vergleich der kleineren, hoch im Blut stehenden Pferdetypen mit den Karossiers. Die Gegenüberstellung der Pferde ist allerdings nicht eindeutig, zumal im Westen Ungarns wie in Polen unterschiedliche Schläge gezüchtet werden und die einzel-

Linke Seite: Benno von Achenbach, der Begründer der deutschen Fahrkunst. Dieses Bild zeigt ihn vor 1914 in Berlin, wo er seit 1906 den Fahrstall im Königlichen Marstall mit feinstem Empfinden für Stil leitete und durch gründliche Reorganisation zum Vorbild machte. Benno von Achenbach wurde 1861 in Düsseldorf als Sohn eines Malers geboren. Er wuchs in einer Landschaft auf, in der der Fahrsport schon in voller Blüte stand. Die Patrizierfamilien Kölns und Düsseldorfs hatten stilvolle Wagen und Coaches von Londoner Firmen angeschafft. In diesem Milieu fand Achenbach von Jugend an viele Anregungen und Gelegenheiten, in verschiedenen Anspannungen zu fahren. 1899 verfaßte er für den Deutschen Sportverein seine Stil-Anspannungsgrundsätze, die später vom Kartell für Reit- und Fahrsport anerkannt und in der weiteren Entwicklung anhand seines von ihm selbst illustrierten Buches »Anspannen und Fahren« als Fahrlehre in der Turnierordnung ihren Niederschlag fand.

Ganz oben: Der Viererzug Ihrer Majestät der Königin von England. Die Oldenburger sind natürlich in der englischen Kummet-Anspannung aufgeschirrt. Auf dem Bock Sir John Miller.

Darunter: Prinz Philip, der FEI-Präsident, lenkt seinen Viererzug in ungarischer Sielen-Anspannung.

Nächste Doppelseite: Klassischer ungarischer Fünferzug des Arabergestüts Babolna. Die am Kopf und der Hinterhand der Pferde herabhängenden schmalen Lederriemen nennt man Schalanken.

nen Gestüte auch mit unterschiedlichen Typen konkurrieren.

Die Marathonfahrt bildet neben der Gespannkontrolle und der Dressur sowie dem Hindernisfahren die gewichtigste Aufgabe des Vielseitigkeitstests, der in Orientierung an der Military aufgebaut, ähnlich wie die Military nach dem System von Minuspunkten bewertet und an drei Tagen durchgeführt wird. Die gesamte Geländestrecke ist in verschiedene Teile gegliedert: Sie enthält Schritt- und Schnelltrabphasen sowie eine Passage mit Hindernissen. Mit dieser Differenzierung soll das Gespann auch im Gelände vielseitig geprüft und der vor allem bei den ersten internationalen Wettkämpfen geäußerte Vorwurf widerlegt werden, die Geländefahrt bevorzuge einseitig die Tempofahrer mit leichten Pferden und leichtem Wagen.

Mit Hilfe der Zeitlimits in den einzelnen Phasen der Strecke wurden Kompromisse zwischen den Anspannungsarten, Pferdetypen und Wagen angestrebt. Somit umging man die von verschiedenen Seiten erhobene Forderung, die englisch und ungarisch angespannten Gefährte getrennt zu werten.

Inzwischen fanden auf beiden Seiten Anpassungen statt. Die Gespanne des Ostens verbesserten sich beträchtlich in der Dressur, die ursprünglich eine Domäne der Fahrer des Westens war. Umgekehrt stellten sich die Konkurrenten mit englischer Anspannung besser als zuvor auf die Anforderungen im Gelände ein. Sie verschafften ihren Pferden mit speziellem Training hinreichende Kondition, fuhren nicht mehr mit ihren wertvollen Gefährten ins Gelände, sondern investierten Geld und Mühe in die Konstruktion von Wagen, die

unter anderem mit abgeflachten Radnaben gegen das Abrutschen an den Hindernissen sowie mit Öldruckbremsen ausgerüstet sind.

Die Gespannkontrolle, in der es um die Stilreinheit des Wagens und der Anspannung geht, gewinnt unter anderem deshalb geringen Einfluß auf das Gesamtresultat, weil die Tendenz besteht, die Notenunterschiede zwischen den einzelnen Konkurrenten gering zu halten. Obwohl es hier nicht allein um ästhetische, sondern noch mehr um historische und funktionale Gesichtspunkte geht, bleibt die Bewertung problematisch. Die britischen Gespanne liegen meist an der Spitze. Offenbar ist man auf der Insel auch bereit und in der Lage, Wagen und Geschirre mit beträchtlichem finanziellem Einsatz stilgerecht zu restaurieren beziehungsweise neu anzufertigen. Trotz aller Probleme, die mit dem Richten der Gespannkontrolle verbunden sind, verhindert diese Prüfung stilistischen Wildwuchs und fördert die ästhetisch-funktionalen Faktoren, die mit dem Fahrsport schon immer verbunden waren.

Auch über den Wert der Dressurprüfung gab es Auseinandersetzungen. Die Vertreter der englischen Anspannung forderten mehr Bedeutung für sie, als die Fahrer mit ungarischer Anspannung zubilligen wollten. Inzwischen hat man über das Verhältnis der Dressur zu den anderen Prüfungsteilen Kompromisse gefunden. Auch hat man sich vom Leitbild des Dressurpferdes an der Deichsel etwas gelöst und legt auf Aufrichtung sowie Kadenz weniger, auf Losgelassenheit, Durchlässigkeit, Gehorsam und Harmonie mehr Wert. Vertreter der unterschiedlichen Fahrtraditionen bewegen sich aufeinander zu, so

daß englisch und ungarisch angespannte Viererzüge heute problemlos in einer Dressurprüfung miteinander konkurrieren. Ähnliche Angleichungen fanden auch im Hindernisfahren und seiner Bewertung statt. Um die reinen Tempofahrer nicht einseitig zu unterstützen, ging man von der reinen Wertung nach Fehlern und Zeit zu einer Fehlerbewertung innerhalb einer Mindestzeit über. Die Fehlerlosen treten dann noch zu einem Stechen an, das auf die Vielseitigkeitsprüfung keinen Einfluß hat. Inzwischen hat man sich auch auf die Art der Hindernisse und Kegel geeinigt. Die Parcours haben sich in wenigen Jahren – bis auf die Linienführung – mehr oder weniger standardisiert, Fallen und Überraschungen sind weitgehend ausgeschlossen. Die Harmonisierung bildet eine der Aufgaben des technischen Delegierten der FEI, zwar nicht programmatisch, aber faktisch.

In unerwartet kurzer Zeit ist es dem Fahrsport gelungen, sich als Leistungssport zu etablieren. Für dieses Resultat war es wichtig, der Geländeprüfung besonderen Wert zuzuschreiben. Die Fahrtheorie wurde den neuen Anforderungen noch nicht angepaßt. Fahrer, die auf dem Dressurplatz ihre Fahrtradition in überkommener Manier demonstrieren, bedienen sich im Gelände vielfach anderer Mittel. Das Schleifenlegen des Achenbachschen Stils und das Nachgeben der äußeren Leinen gehen zum Beispiel vielfach in unkonventionelle Methoden über, die unter den gegebenen Umständen als praktikabler erscheinen. Möglicherweise produzieren die veränderten Anforderungen in absehbarer Zeit einen neuen oder zumindest einen revidierten Achenbach.

Zahlen, Namen und Erfolge

Allgemeine Entwicklung und Springen

1864: Die Royal Dublin Society veranstaltet am 15. April in Dublin ihre erste Pferdeschau. Der Wettbewerb im Hochsprung und im Weitsprung soll die Eignung der Pferde für die Fuchsjagd prüfen bzw. unter Beweis stellen. Das Ereignis in Irland gilt als der Anfang des offiziellen Turniersports, der auf der langen Tradition der inoffiziellen, lokalen Pferdeschauen in Europa, Amerika und Asien aufbauen und sich am Vorbild des bereits früher organisierten Rennsports orientieren konnte.

1866: Die Société Hippique Française führt im zweiten Jahr ihres Bestehens den ersten Concours hippique in Frankreich durch. Zunächst sollen die Konkurrenzen – sechs im Jahr – nur die Leistungen der französischen Zuchtprodukte prüfen; bald werden sie auch zu gesellschaftlichen Ereignissen. Der Wettbewerb in Paris dauert jeweils mehrere Wochen, die Veranstaltungen in Bordeaux, Vichy, Nantes und Lille (später Boulogne-sur-Mer) enden nach einigen Tagen.

1875: Die Wiener Gesellschaft zur Prämierung gut dressierter Campagnepferde erweitert ihr bisher aus einem Preisreiten bestehendes Programm um ein Preisspringen.

1881: Der Royal Cercle Équestre, 1877 gegründet, organisiert den ersten Concours hippique in Belgien.

1883: National Horse Show im Madison Square Garden in New York: Der erste Garden, in dem das älteste Hallenturnier der Welt stattfand, hieß Gilmore Garden und war ein verlassenes Eisenbahndepot am Madison Square. Das baufällige Gebäude wird 1889 abgebrochen, ein neuer Garden 1890 eingeweiht, mehrheitlich finanziert von den begüterten Mitgliedern der National Horse Show Association. Der dritte »Garden« wird 1926 seiner Bestimmung übergeben, der vierte als moderner Zweckbau mit zirka 20 000 Sitzplätzen 1968. Die Springprüfungen bilden gleich nach ihrer Einführung Höhepunkte des New Yorker Turniers. Konkurrenzen über Hindernisse gehörten wahrscheinlich noch nicht zum Programm einer 1853 in Upperville in Virginia veranstalteten Horse Show. Ebenso wie Upperville behaupten Lakefield in Connecticut und Springfield in Massachusetts, die älteste Horse Show in den USA durchgeführt zu haben.

1884: In Turin findet anläßlich einer nationalen Ausstellung ein Concours hippique statt, an dem unter anderem eine Abordnung italienischer Kavalleristen teilnimmt.

1886: Der erste Concours hippique in Holland. In Deutschland gibt es in den siebziger und achtziger Jahren noch keine Reitturniere von überlokaler Bedeutung.

1891: Auf dem Gelände der italienischen Kavallerieschule in Tor di Quinto findet der erste Concours hippique statt. Unter den Teilnehmern: Leutnant Federigo Caprilli.

1892: Der Concours im niederländischen Den Haag anläßlich der internationalen Sport-, Fischerei- und Pferdeausstellung dauert bei internationaler Beteiligung acht Tage.

1894: Gründung der Bayrischen Campagne-Reiter-Gesellschaft, die 1895 ihr erstes Turnier - unter anderem mit Springkonkurrenzen auf dem Programm - durchführt. Weitere Reit- und Fahrturniere werden im Deutschland der neunziger Jahre in Frankfurt, Hamburg, Köln und Berlin veranstaltet.
Die neu gegründete Wochenzeitschrift »Le Sport universel illustre« berichtet fachkundlich über den internationalen Pferdesport. Das zehn Jahre zuvor erschienene Blatt »Horse and Hound« widmet sich diesem Bereich erst später.

1896: In Belgien finden fünfzehn Concours hippiques statt, der von Brüssel dauert fünf Tage. Die Prämierung der schönsten Reitpferde sowie der Gespanne bildet einen wichtigen Punkt des Programms. Die bereits beträchtlichen Preisgelder dokumentieren die Bedeutung, die den Prüfungen generell und den erfolgreichen Pferden speziell eingeräumt wird.
Der Pferdesport etabliert sich im letzten Jahrzehnt des vergangenen Jahrhunderts - und zwar als reizvoller Wettkampf der Herrenreiter, als Training und Bewährung für das Dienstpferd der Militärs, als Leistungsprüfung für die Landespferdezucht wie als kurzweilige Unterhaltung und gesellschaftliches Ereignis mit aristokratischer Atmosphäre.

1897: Mit dem Ziel der Förderung des Turniersports wird in Berlin der Deutsche Sportverein gegründet. Anläßlich des Centenar-Sportfestes zu Ehren des 100. Geburtstages Kaiser Wilhelms I. führt der Deutsche Sportverein in Berlin-Karlshorst ein Preisspringen über Hindernisse durch.

1899: Beim Pariser Turnier gewinnen die reinen Offizierswettbewerbe, die nach leichter und schwerer Kavallerie getrennt werden, neben den offenen Konkurrenzen vermehrt an Bedeutung. Der französische Artillerieleutnant Jean Cariou, 1912 Sieger des ersten olympischen Einzelspringens,

steht in Paris bei einem der Offizierssspringen an der Spitze.
Die Fachzeitschrift »Sankt Georg« wird in Berlin als »Illustrierte Zeitschrift für Sport und Gesellschaft« gegründet. Sie ist offizielles Organ des Deutschen Sportvereins und widmet sich bald vornehmlich, später ausschließlich dem Pferdesport.

1900: Der Concours im belgischen Badeort Spa dauert zwei Wochen. Er nimmt mit seinen Wettbewerben auf den Publikumsgeschmack besondere Rücksicht und orientiert sich weniger an der Funktion des Turniersports als einer Leistungsprüfung für die Zucht. Beträchtliche Preisgelder - 100 000 Franken allein für die Springprüfungen - reizen die Reiter zur Teilnahme.
In der Schweiz führt die Société pour l'Amélioration de la Race Chevaline in Yverdon im Rahmen des alljährlichen Rennens die erste Springprüfung durch.
Im Zusammenhang mit der Weltausstellung verlängert die Société Hippique Française ihren vom 9. bis 27. Mai dauernden nationalen Concours Central um drei internationale Tage. Diese internationalen Wettbewerbe werden mancherorts als die ersten olympischen Reiterspiele bezeichnet, obwohl sie nicht Teil des internationalen Sportprogramms waren, das im Zusammenhang mit der Weltausstellung organisiert und nachträglich als II. Olympische Spiele deklariert wurde. Den Siegern der internationalen Wettbewerbe (Jagdspringen, Hochspringen, Weitspringen) wurden allerdings nachträglich mit Genehmigung des IOC olympische Medaillen übergeben.

1901: Die italienischen Springreiter Gaspare Bolla, Ruggero Ubertalli und Giovanni Battista Calvi reisen zum internationalen Concours nach Buenos Aires.

1902: Der als Militär-Turnier veranstaltete erste internationale Concours in Turin erlangt in der europäischen Reiterwelt besondere Bedeutung. Er verhilft dem »Sistema Caprilli« zu einer breiten Anerkennung - Ausgangspunkt der späteren weltweiten Übernahme des Caprillischen Springstils. Dabei neigt der Reiter seinen Oberkörper während des Sprungs vor, so daß er mit dem Pferd »im Gleichgewicht« bleibt, den natürlichen Bewegungsablauf des Pferdes nicht mehr wie beim früheren Springstil stört und daher mit geringerem Risiko für Pferd und Reiter höher und weiter zu springen vermag. 1896 ritt Caprilli erstmals nach seiner neuen Methode. Im alten Stil hatte er bereits 1890 sein erstes Springen gewonnen. Seit 1892 ist Federigo Caprilli in

Tor di Quinto als Reitlehrer, von 1905 an als Chefreitlehrer und seit 1907 auch an der Schule in Pinerolo als Ausbilder tätig. Bei einem Sturz verunglückt Caprilli 1907 tödlich.
Am Turiner Turnier nehmen 147 Reiter aus 6 Nationen teil. Von den 30 Preisen in den vier Hauptprüfungen gehen 14 an die Gastgeber, die mit 91 Reitern auch am stärksten vertreten sind.

1907: Erste internationale Horse Show in der Londoner Olympia Hall: An sechs Wettkampftagen stehen 128 Prüfungen auf dem Programm, darunter sechs Jagdspringen, sechs Hochspringen und ein Weitspringen. 6589 Pfund sind zu gewinnen.

1908: Eine britische Offiziersequipe startet beim internationalen Concours in Buenos Aires.

1909: Die ersten Nationenpreise werden ausgetragen: In London reiten sechs Offiziersequipen, drei Monate später sind in San Sebastián sieben Nationen am Start. Neben einer offiziellen argentinischen Equipe starten in Europa drei Offiziere, die aus Kanada angereist sind.
Das erstmals internationale Teilnehmerfeld fördert die Attraktivität der Horse Show in New York. In drei Prüfungen nimmt eine britische Offiziersequipe teil. In den folgenden Jahren werden Offizierteams aus Holland, Frankreich und Kanada eingeladen.

1910: Organisation des ersten internationalen Turniers auf deutschem Boden anläßlich der internationalen Luftfahrtausstellung in Frankfurt, mit belgischen und österreichisch-ungarischen Gästen. Die deutschen Reiter treffen hier erstmals wieder auf internationale Konkurrenz, nachdem der Kaiser nach den enttäuschenden Resultaten beim Turnier in Turin für die Offiziere eine Auslandsreisesperre befohlen hat; 1911 wird die Sperre offiziell aufgehoben.
Das »Kartell für Reit- und Fahrsport« wird in Deutschland gegründet. Es gibt bald »Allgemeine Bestimmungen für das Veranstalten von Preisbewerbungen im Rahmen des Reit- und Fahrsports« heraus.

1911: Beim zweiten internationalen Turnier in Tor di Quinto findet der erste Nationenpreis in Italien statt. Auf dem Programm des Concours stehen neben dem Mannschaftswettbewerb, einer Vielseitigkeits- und einer Dressurprüfung auch sieben Springkonkurrenzen.

1912: Die Bezeichnung »Reit- und Fahrturnier« verdrängt in Deutschland den Begriff »Concours hippique«. Der »Sankt Georg« hat zu dieser Umbenennung zwei Preisausschreiben veranstaltet.

Bei den V. Olympischen Spielen der Neuzeit in Stockholm wird der Reitsport offizielle Disziplin. Mangelndes Interesse der Veranstalter wie organisatorische Probleme haben die bereits früher erwogenen Pläne, das Reiten ins Programm der seit 1896 wieder durchgeführten Spiele aufzunehmen, scheitern lassen. Für die IV. Spiele in London im Jahre 1908 haben sich bereits 88 Reiter aus acht Nationen angemeldet. Die Verantwortlichen sagen die Reitwettbewerbe allerdings wieder ab, da sie sich nicht imstande sehen, die technischen Probleme zu bewältigen.

Die Aufnahme des Reitsports ins olympische Programm, die Ausschreibung der Reitdisziplinen sowie ihre Organisation in Stockholm gehen wesentlich auf die Initiative des Hofstallmeisters des schwedischen Königs, des Grafen Clarence von Rosen, zurück. Spontane Zustimmung findet das olympische Reiten diesseits und jenseits des Atlantiks nicht, jedenfalls keine allgemeine Akklamation. Am intensivsten bereiten sich auf Stockholm zwei Nationen vor, die bisher im internationalen Reitsport keine dominierende Rolle gespielt haben, nämlich Schweden und Deutschland. Aus den USA reisen Pferde und Reiter per Schiff an; die Franzosen und die Belgier schicken nicht ihre stärksten Reiter, Italien, Österreich-Ungarn, die Schweiz, Spanien, Portugal sowie Holland nehmen nicht teil. Über die Verbindung der olympischen Idee mit militärischen Anliegen, das heißt über die Darstellung des olympischen Reitsports als einer Möglichkeit, kavalleristische Tüchtigkeit im Wettbewerb zu demonstrieren, gelingt es, 62 Reiter aus zehn Nationen nach Stockholm zu bringen. Diese Verbindung trägt wesentlich dazu bei, dem olympischen Reitsport weitere Anerkennung und außergewöhnliches Prestige zu verschaffen. In der Military sind in Stockholm nur Offiziere zugelassen, in der Dressur und im Springen auch Zivilreiter. Im Sattel sitzen bei den ersten olympischen Reitwettbewerben freilich ausnahmslos Offiziere.

Die Einzel- und die Mannschaftsmedaillen im Springen werden in getrennten Konkurrenzen entschieden. Im Teamwettbewerb siegen die Schweden vor den Franzosen und den Deutschen, in der Einzelkonkurrenz steht der Franzose Jean Cariou vor dem Deutschen Rabod von Kröcher und dem Belgier Baron E. de Blommaert an der Spitze. Die Fehler werden folgendermaßen bewertet: 1 Fehlerpunkt für das Berühren des Hindernisses mit den Hinter- oder den Vorderbeinen, festgestellt durch eine lose Markierungslatte an den Hindernissen; 2 Fehlerpunkte für Abwerfen mit den Hinterbeinen, für das erste Verweigern und für Zeitfehler (pro angefangene 5 sec.); 4 Fehlerpunkte für Abwurf mit den Vorderbeinen, für das zweite Verweigern sowie für den Sturz von Pferd und Reiter; 6 Fehlerpunkte für das dritte und weiteres Verweigern sowie für den Sturz des Reiters (ohne Sturz des Pferdes).

Goldmedaillengewinner Cariou sichert sich darüber hinaus in der Military noch die Bronzemedaille und startet schließlich auch noch im Preisreiten, wo er als Vierzehnter endet. In seiner Frühzeit ist der olympische Reitsport noch nicht spezialisiert; häufig starten die Reiter in verschiedenen Disziplinen. In der jüngeren Geschichte kommt solche Vielseitigkeit zwar auch noch vor, zum Beispiel bei Henry St. Cyr, bei den Brüdern d'Inzeo, bei Fritz Thiedemann, bei Dr. Reiner Klimke, bei Fritz Ligges oder bei Guy Lefrant – sie wird aber aufgrund der zunehmenden Spezialisierung und der wachsenden Anforderungen in den einzelnen Disziplinen seltener.

1913: Der Nationenpreis in London, den das russische Dreierteam gewinnt, wird in zwei Umläufen entschieden. Bei den Mannschaftsprüfungen in Brüssel, Den Haag oder New York beschränkt man sich auf einen Durchgang. 21 Nationenpreise werden zwischen 1909 und 1914 ausgetragen: Sechs gewinnen die Franzosen, je fünf die Holländer und Belgier, drei die Russen und zwei die Italiener.

1914: Im August bricht der Erste Weltkrieg aus, der internationale Pferdesport wird unterbrochen.

1920: Olympische Spiele in Antwerpen – mit einer Voltigierprüfung für Unteroffiziere und Soldaten auf dem Programm. Der Belgier Bouckart gewinnt die Goldmedaille in der Einzelwertung, in der Mannschaftswertung steht Belgien vor Frankreich und Schweden an der Spitze. Im Springen dürfen die einzelnen Pferde entweder nur in der Einzelkonkurrenz oder nur im Mannschaftswettbewerb starten. Anders als in Stockholm zählt das Berühren eines Hindernisses nicht mehr als Fehler. Mit 1 Fehlerpunkt wird der Abwurf mit den Hinterbeinen bestraft, mit 2 Fehlerpunkten der Abwurf mit den Vorderbeinen, das erste Refus und das Einschlagen einer falschen Bahn, mit 4 Fehlerpunkten das zweite Refus und der Sturz des Reiters, mit 8 Fehlerpunkten das dritte Refus sowie der Sturz des Pferdes; beim vierten Verweigern muß der Reiter ausscheiden.

Im Einzelspringen gewinnen die beiden Italiener Lequio di Assaba und Valerio vor dem Schweden Lewenhaupt die Medaillen; in der Mannschaftswertung steht das schwedische Team vor dem belgischen und dem italienischen.

Das Polospiel gehört in Antwerpen ebenfalls zum olympischen Programm. Die Briten gewinnen vor den Spaniern und dem Team der USA. Zuvor hat es olympisches Polo 1900 in Paris und 1908 in London gegeben, beide Male mit einem Sieg der englischen Mannschaft. 1924 schlagen die Argentinier im Endspiel die USA und beim letzten olympischen Poloturnier 1936 in Berlin die Briten.

1921: Die Fédération Equestre Internationale (FEI) wird während des olympischen Kongresses im Mai von den Abgeordneten aus Belgien, Frankreich, Italien, Japan, Holland, Norwegen, Polen, Schweden und den USA gegründet. Im November findet in Paris die erste Tagung des Weltreiterverbandes statt. Bis auf Polen nehmen die Gründungsmitglieder die inzwischen vom französischen Kommandanten Hector erarbeiteten Statuten an. Deutschland tritt der FEI noch im Jahre 1921 als neuntes Mitglied bei, die Schweiz und Finnland folgen 1922 bzw. 1923, fünfzehn weitere Federationen im nächsten Jahrzehnt. Georges Hector bleibt von 1921 bis 1951 Generalsekretär und treibende Kraft der FEI.

1923: In Nizza, dem zu jener Zeit bedeutendsten Militärturnier Europas, gewinnen die Italiener sämtliche Prüfungen mit Ausnahme des Trostspringens, an dem sie aufgrund ihrer Erfolge nicht teilnehmen dürfen. Die Italiener stehen ferner in den Nationenpreisen in Rom, Nizza, Brüssel und London an der Spitze. Eindrucksvoll demonstrieren sie derart die Überlegenheit des Caprilli-Stils, die Bedeutung der systematischen und homogenen Schulung in den Kavallerieschulen von Pinerolo und Tor di Quinto sowie die Fruchtbarkeit des Konzepts, mit staatlichen Mitteln im Ausland qualifizierte Pferde für die Spitzenreiter zu kaufen.

1924: Das Berliner Sportpalastturnier findet im dritten Jahr seines Bestehens erstmals mit internationaler Besetzung statt, erstmals auch mit Beteiligung der ländlichen

Reit- und Fahrvereine. Beim 11-Tage-Meeting starten insgesamt etwa 1100 Pferde.
In einer Prüfung wird bei den Olympischen Spielen in Paris über die Einzel- und die Mannschaftsmedaillen entschieden. Im Starterfeld von 43 Reitern aus elf Nationen – vier Reiter im kompletten Team – setzen sich in der Einzelwertung der Schweizer Alphonse Gemuseus sowie der Italiener Lequio di Assaba und der Pole Adam Krolikiewicz durch, in der Mannschaftsentscheidung die Schweden vor den Schweizern und den Portugiesen. Die Polen imponieren durch die Manier, in der sie den immer weiter sich ausbreitenden italienischen Springstil beherrschen.

1925: Erstes Turnier des Aachen-Laurensberger Rennvereins mit drei Material- und Eignungsprüfungen, drei Dressuren, einem Vielseitigkeitswettbewerb, sieben Springen sowie fünf Fahrkonkurrenzen.
Ab Mitte der zwanziger Jahre entwickelt sich die internationale Reiterei vermehrt zu einem Sport der Militärs. Die Zivilreiter werden seltener. Trotz dieser Tendenz gelingt es einer kleinen Gruppe von Amazonen, das Bild der großen Turniere mitzuprägen. Auch in der jüngeren Geschichte des Springsports gibt es immer wieder einige herausragende Reiterinnen. In England sind die Damen besonders stark und erfolgreich in der Military vertreten. Ferner erzielt das »schwache Geschlecht« bedeutende Leistungen im Dressursport, diese allerdings meist unter Mithilfe männlicher Ausbilder. Ende der zwanziger und Anfang der dreißiger Jahre finden im Rahmen renommierter Turniere spezielle Amazonenchampionate statt, zum Beispiel in Rom, Stresa, Paris, Genf, Luzern, Wien, Aachen und Amsterdam. In Stresa wird 1930 der erste, zwei Jahre später in Düsseldorf im Rahmen eines reinen Amazonenturniers der zweite Nationenpreis für Damen entschieden. Zu den prominentesten Reiterinnen vor dem Zweiten Weltkrieg gehören Irmgard von Opel und vor allem Käthe Franke, die sich vor ihrer späteren Tätigkeit als Ausbilderin und Richterin mit einer an Quantität und Vielseitigkeit imponierenden Erfolgsbilanz vom aktiven Sport verabschiedet: 218 Siege in Dressurwettbewerben, 140 im Springen, 11 in der Vielseitigkeit, 317 in Eignungs-, 76 in Materialprüfungen und 29 in Fahrkonkurrenzen; in 46 nationalen Championatswertungen stand die 1897 geborene und 1977 verstorbene Käthe Franke an der Spitze.

1927: Die in den USA unter dem Namen »Knock down and out« beliebten Glücks-

jagdspringen werden in Europa als Prüfung »Américaine« eingeführt. Beim nationalen Turnier in Como stehen zwei Reiter an der Spitze, die jeweils knapp sechzig Hindernisse übersprungen haben. Wegen dieser Entwicklung wird bald beschlossen, die Fehlerlosen nicht unbegrenzt weiterreiten zu lassen, sondern ein Zeitlimit von 3 Minuten vorzusehen.

1928: Überzeugende Erfolge der deutschen Reiter bei ihrer ersten Amerika-Tournee. Hermann von Nagel, Marten von Barnekow und Wilhelm Schmalz gewinnen in New York den Nationenpreis.
Einrichtung des Turnierstalles der Kavallerieschule Hannover: In den dreißiger Jahren stellt diese Institution eine außergewöhnlich erfolgreiche Equipe. Die Kavallerieschule wird zum Modell für systematisch vorbereitete Spitzenreiter.
Der Tscheche Frantisek Ventura gewinnt in Amsterdam die Goldmedaille vor dem Franzosen P. Bertran de Balanda und dem Schweizer Charles Kuhn. In der Mannschaftswertung des Springwettbewerbs stehen die Spanier vor den Polen und den Schweden an der Spitze.

1929: Ein dreitägiger außerordentlicher FEI-Kongreß beschäftigt sich unter anderem mit der Entwicklung des Turniersports. Er stellt für das Jahr 1930 den ersten internationalen Terminkalender auf und gewinnt somit über die Olympischen Spiele hinaus steuernden Einfluß auf die internationale Reiterei.

1930: Die Schweizer siegen nach Erfolgen in den Jahren 1926 und 1927 in Dublin zum dritten Mal im Nationenpreis und sichern sich damit endgültig den ersten Aga-Khan-Cup. 40 000 Zuschauer erleben das Mannschaftsspringen.

1931: Die Schweizerin Annelies Stoffels gewinnt in Genf über 2,00 m das Mächtigkeitsspringen, die Engländerin Stella Pierce in London den Siegerpreis um den Daily-Mail-Cup; im folgenden Jahr wiederholt Pierce diesen Erfolg.
Ernst Hasse mit DERBY, Richard Sahla mit WOTAN und Harald Momm mit TORA verhindern durch ihren Sieg in der Coppa d'Oro, dem Nationenpreis in Rom, daß die wertvolle, von Mussolini gestiftete Goldtrophäe endgültig ans italienische Team geht, das den Mannschaftswettbewerb in den beiden Vorjahren gewonnen hat.

1932: Die allgemeinen Probleme einer Transatlantikreise und die finanziellen Sor-

gen im Rahmen der Weltwirtschaftskrise lassen bei den Olympischen Spielen in Los Angeles kein repräsentatives Teilnehmerfeld zusammenkommen. In der Einzelwertung des Springens siegt der japanische Baron Takeichi Nishi mit einem französischen Pferd vor dem Amerikaner Henry D. Chamberlin und dem Schweden Graf C. von Rosen jr., der auch in der Military die Bronzemedaille gewinnt. Mannschaftsmedaillen werden nicht vergeben, da keines der Teams das Ziel erreicht.

1933: In der Besetzung Sahla/WOTAN, von Nagel/OLAF, Brandt/TORA und Momm/BACCARAT gewinnen die hannoverschen Offiziere nach 1931 und 1932 zum dritten Mal den Mannschaftswettbewerb in Rom und damit Mussolinis wertvollen Pokal, der noch heute im Warendorfer Trophäenschrank vom Glanz der deutschen Vorkriegsreiterei zeugt.

1934: Der Brite John Talbot-Ponsonby sichert sich in London nach Erfolgen in den Jahren 1930 und 1932 endgültig den 1911 gestifteten King-Georg-V.- Gold-Cup.

1935: Die FEI wählt den deutschen General Max Freiherr von Holzing-Berstett zu ihrem neuen Präsidenten. Zuvor haben der Franzose du Teil (1921–1927), der Niederländer Oberst Maris (1927–1929) sowie die Amerikaner Major J. K. Quarles van Ufford (1929–1931) und General Guy V. Henry (1931–1935) den Weltreiterverband geführt. Von Holzing-Berstett stirbt drei Wochen nach den Olympischen Spielen in Berlin.

1936: Die Iren bestreiten zwischen 1926 und 1939 mit 11 Offizieren und etwa 30 Pferden 90 Nationenpreise, bei denen sie 23mal siegen. In der Kavallerieschule wird das Team trainiert und auf den Pferden der Landeszucht uniform mit dem konsequent verfolgten Ziel des Mannschaftserfolgs geschult.
Bei den Olympischen Spielen in Berlin, die mit 20 000 Zuschauern bei der Dressur, 60 000 bei der Military und 120 000 beim Springen eine bedeutende Werbung für den Reitsport und für das nationalsozialistische Deutschland darstellen, starten die Iren nicht, weil der Freistaat nicht der FEI angehört. In einem Umlauf über 1050 m mit 17 Hindernissen und 20 Sprüngen wird das Mannschaftsspringen mit dem Sieg des deutschen Teams vor den Niederländern und den Portugiesen entschieden. Keiner der insgesamt 54 Starter hat den vor allem wegen seiner Linienführung und seiner Distanzen schwierigen Parcours fehlerlos

absolviert. Die Einzelwertung wird im anschließenden Stechen entschieden: Kurt Hasse gewinnt mit TORA die Goldmedaille, während Silber an den Rumänen Henri Rang und Bronze an den Ungarn Josef von Platthy fallen.

1937: Hans-Heinrich Brinckmann, der spätere Trainer der bundesdeutschen Springreiter, kommt 1935 zunächst in den Militarystall der Kavallerieschule Hannover. 1937 reitet er erstmals in der deutschen Nationenpreisequipe. Auf Anhieb gewinnt der sechsundzwanzigjährige Stilist in Berlin, Rom und Aachen den Großen Preis. Mit 16 Siegen im Ausland und 44 im Inland rangiert Brinkmann in der nationalen Championatswertung eindeutig an der Spitze.

1938: Aufgrund des Krieges mit China gibt die Stadt Tokio den Auftrag, die XII. Olympischen Spiele zu organisieren, zurück. Nach dem Angriff der Sowjetunion im April 1940 sieht sich auch ihre Nachfolgerin Helsinki nicht mehr in der Lage, diese Aufgabe zu erfüllen.
In Rom findet noch 1940, in New York noch 1941 ein Nationenpreis statt. Ansonsten ruht während des Zweiten Weltkrieges der internationale Sport fast gänzlich.

1946: Erster Nachkriegs-Nationenpreis in Dublin. Die Mannschaftsprüfungen in New York und Toronto gewinnen die Mexikaner, die bis zur Mitte der fünfziger Jahre ihre dominierende Position behaupten.

Oben: Zu den prominentesten Reiterinnen gehörte vor dem Zweiten Weltkrieg Käthe Franke, die vor ihrer späteren Tätigkeit als Ausbilderin und Richterin eine imponierende Erfolgsbilanz vorweisen konnte: 218 Siege in Dressurwettbewerben, 140 im Springen, 11 in der Vielseitigkeit, 317 in Eignungs- und 76 in Materialprüfungen sowie 29 in Fahrkonkurrenzen. Das Bild zeigt Käthe Franke auf HARTHERZ 1931 beim Turnier in Aachen.

Unten: Ernst Hasse war vor dem Zweiten Weltkrieg einer der bekanntesten und erfolgreichsten deutschen Reiter. Das Bild zeigt ihn 1931 auf DERBY beim Turnier in Aachen. DERBY war ein Ausnahmepferd, das insgesamt 65 Springen gewann, unter denen sich Siege in 11 Nationenpreisen befanden. Er stammte von dem Celler Landbeschäler ISLAND und einer Traberstute.

Links: Nach dem Zweiten Weltkrieg eroberte sich zunächst ein Dithmarscher Bauer die Herzen der Reitsportfreunde: Fritz Thiedemann aus Elmshorn, der fünfmal das Hamburger Springderby gewann, was in dieser Spezialprüfung des Turniersports Rekord ist. Große Meriten erwarb sich der Reiter auch bei seinen drei olympischen Einsätzen. 1952 in Helsinki gab's Bronze in der Einzelwertung, 1956 in Stockholm sowie 1960 in Rom jeweils Gold in der Mannschaftswertung. Dabei saß Fritz Thiedemann jedesmal im Sattel von METEOR, den er liebevoll den »Dicken« nannte.

Rechts: Hans Günter Winkler ist der erfolgreichste Springreiter der Welt, denn sieben olympische Medaillen sowie zwei Welt- und eine Europameisterschaft, dazu Siege in fast allen anderen Springen von Bedeutung, sind eine Bilanz, die in diesem Bereich des Sports ohne Beispiel ist. Das Bild zeigt Hans Günter Winkler 1968 bei den Olympischen Spielen in Mexiko, wo er auf ENIGK mit der Mannschaft die Bronzemedaille gewann.

1947: Internationale Turniere in Rom, Nizza, Luzern und London.
Prinz zu Salm mit GARANT ist erster Nachkriegssieger im Großen Preis von Aachen. In der ehemaligen SS-Hauptreitschule München-Riem bereiten sich ab Ende des Jahres zehn US-amerikanische Offiziere auf die Olympischen Spiele vor. 1949 wird die amerikanische Armee-Equipe endgültig aufgelöst. Das zivile United States Equestrian Team tritt an ihre Stelle.

1948: Die Mexikaner bestätigen bei den Olympischen Spielen in London ihre Überlegenheit. Mit Humberto Mariles und Ruben Uriza gewinnen sie vor dem Franzosen Jean F. d'Orgeix in der Einzelwertung Gold und Silber, dazu die Mannschaftswertung vor Spanien und Großbritannien.

1950: Das in seiner ersten Organisationsform bereits 1912 nach den Olympischen Spielen in Stockholm gegründete Deutsche Olympiade-Komitee für Reiterei nimmt seine Tätigkeit wieder auf. Es unterhält einen Stall von 15 Pferden mit dem Ziel, deutsche Reiter und Pferde optimal für olympische Aufgaben und generell für den internationalen Turniersport vorzubereiten. Gustav Rau, der für die Organisation der Olympischen Reiterspiele 1936 verantwortlich war, von 1919 bis 1934 als Chefredakteur des »Sankt Georg« wirkte und

von 1933 bis 1934 die Funktion des preußischen Oberlandstallmeisters innehatte, steht als Spiritus rector hinter dem DOKR. Den Großen Preis von Berlin gewinnt beim Freilufturnier am Berliner Funkturm Elke Brandt mit METEOR, den wenig später Fritz Thiedemann übernimmt.

1951: Die ersten Panamerikanischen Spiele in Buenos Aires auf dem Gelände der argentinischen Kavallerieschule auf dem Campo de Mayo. Diese Spiele bilden eine Art von kontinentalem Championat der Neuen Welt.

1952: Elf CHIO werden in Europa durchgeführt, im Zusammenhang mit den Olympischen Spielen in Helsinki unter anderem mit Reitern aus Chile, Argentinien, Brasilien, Mexiko, Ägypten und den USA. Erster Nationenpreis in Aachen nach dem Krieg.
Seit den Olympischen Spielen von Helsinki, wo Unteroffiziere generell und Damen erstmals in der Dressur zugelassen sind, verändert sich das Starterfeld: Die Anzahl der Militärs nimmt ab, die der Zivilreiter steigt – als Konsequenz der Auflösung kavalleristischer Einheiten in den Armeen der meisten Länder.
51 Reiter aus 20 Nationen starten zum olympischen Springen, das erstmals in zwei Umläufen ausgetragen wird, aber weiterhin über die Einzel- und die Mannschafts-

medaillen entscheidet. Nachdem Fritz Thiedemann mit METEOR nach dem ersten Durchgang als einziger ohne Fehler war, endet er nach dem zweiten Umlauf und dem Stechen auf Platz 3 hinter dem Franzosen Pierre Jonquères d'Oriola und dem Chilenen Oscar Christi. Die Mannschaftswertung gewinnt das britische Team vor dem chilenischen und dem amerikanischen.

1953: Gegen kritische Prognosen gelingt es den Organisatoren in Paris, die erste Weltmeisterschaft der Springreiter zu einem bedeutenden Ereignis werden zu lassen. Der Galaabend der Fête du Cheval unterstützt das Image der sportlichen Konkurrenz: Die Carabinieris aus Rom, die Spahis aus Algier, die Garde von Barcelona, die Garde noir des Sultans von Marokko, die Garde républicaine de Paris und die Eskorte des belgischen Königs schließen sich zu einem Monstreschaubild zusammen. Generell trugen Schaubilder einzelner Elite- oder Repräsentationseinheiten in den fünfziger und sechziger Jahren wesentlich dazu bei, die Attraktivität der CHIO und vor allem die der aufstrebenden CHI zu steigern.
Die gegen beträchtliche Kritik und manchen Argwohn für die Weltmeisterschaft gewählte Form des Pferdewechsels zwischen den vier nach Qualifikationen an der Spitze liegenden Reitern setzt sich auch in

der Folgezeit durch. Schon 1949 ist dieser Modus in Frankreich erprobt worden. Beim ersten Championat in Paris darf im Halbfinale nur ein Reiter pro Nation starten; die Federation kann diesen unabhängig von den Qualifikationsresultaten bestimmen. Italien bringt den erfahreneren Piero d'Inzeo anstelle seines in der Vorprüfung erfolgreicheren Bruders Raimondo in die Entscheidung. Der Spanier Francesco Goyoaga gewinnt die erste Meisterschaft vor Fritz Thiedemann, Pierre Jonquères d'Oriola und Piero d'Inzeo.

Titelverteidiger Goyoaga erreicht das Finale bei der zweiten Weltmeisterschaft in Madrid ohne Qualifikation. Die vier weiteren Finalisten brauchen sein Pferd nicht zu reiten, er aber hat mit ihren Pferden zu springen. Hans Günter Winkler wird mit HALLA vor d'Oriola, Goyoaga und Cruz neuer Champion.

Fünf Equipen reiten in Rotterdam bei der dritten Junioren-Europameisterschaft der Springreiter. In Ostende sind 1952 nur zwei, im folgenden Jahr in Rom dann aber schon vier Mannschaften am Start gewesen. Das alljährlich durchgeführte Championat, bei der eine Reihe prominenter Spitzenreiter sich die ersten internationalen Sporen verdient, beschränkt sich zunächst auf die Mannschaftswertung, ab 1959 kommt auch eine Einzelwertung hinzu.

Ihren ersten Nationenpreis gewinnt das Team der Bundesrepublik nach dem Krieg in der Dortmunder Westfalenhalle, wo in der Folgezeit – neben der Berliner Deutschlandhalle – das renommierteste bundesdeutsche Hallen-CHI stattfindet.

1955: Hans Günter Winkler verteidigt in Aachen mit ORIENT seinen Weltmeistertitel nach einem Stechen gegen Raimondo d'Inzeo, der im folgenden Jahr, wiederum in Aachen, das Championat gewinnt, und zwar ohne die Konkurrenz des Titelverteidigers, der sich bei den Olympischen Spielen in Stockholm einen Muskelriß zugezogen hat.

Vier Jahre später bestätigt d'Inzeo in Venedig seinen Erfolg. Nach weiteren vier Jahren erreicht der Italiener erneut das Finale, endet hinter d'Oriola und de Behorques aber auf Platz 3. Vierter wird Pessoa.

Das seit 1951 auf Schnee durchgeführte Turnier in Davos wird erstmals als CHI ausgeschrieben.

1956: Aufgrund der Quarantänebestimmungen des australischen Landwirtschaftsministeriums werden die Reiterspiele nicht in Melbourne, sondern als separate Veranstaltung in Stockholm durchgeführt. Zum besonders schwierigen Nationenpreis-Parcours mit zwei Umläufen treten 66 Reiter aus 24 Nationen an. Obwohl Hans Günter Winkler nach dem Muskelriß am vorletzten Sprung des ersten Umlaufs zum

zweiten Durchgang – trotz Injektionen – mit beträchtlichen Schmerzen und reduzierter Einwirkungsmöglichkeit antritt, schafft er mit HALLA eine fehlerfreie Runde und gewinnt die Goldmedaille vor den Brüdern d'Inzeo. In der Teamwertung siegt die Bundesrepublik vor den Italienern und den Briten.

1957: Die erste Europameisterschaft der Springreiter, zu der in Rotterdam acht Reiter aus fünf Nationen antreten, wird mit Pferdewechsel ausgetragen. Hans Günter Winkler gewinnt den Titel. Auch die beiden folgenden kontinentalen Meisterschaften werden mit Pferdewechsel entschieden.

1958 in Aachen siegt nach vier Wertungsprüfungen Fritz Thiedemann. 1959 in Paris heißt der Sieger Piero d'Inzeo.

Die Europameisterschaft der Springreiterinnen wird nur ein einziges Mal mit Pferdewechsel durchgeführt, nämlich – mit der Britin Pat Smythe als Siegerin – bei der ersten Austragung 1957 in Spa.

1958: Das von Bertalan de Nemethy geführte amerikanische Springreiterteam beeindruckt nach seinen Europareisen in den Jahren 1952, 1955 und 1956 erneut durch die stilistische Harmonie mit zurückhaltender Einwirkung.

Nach 1928, 1930 und 1954 reisen die deutschen Springreiter zum vierten Mal nach

Nordamerika. Sie gewinnen in der Besetzung Lütke-Westhues, Winkler, Thiedemann in Harrisburg, New York und
Toronto den Nationenpreis.

1959: Die sowjetischen Springreiter sorgen
für eine Sensation, als sie sich beim CHIO
in Paris im Nationenpreis gegen die
gesamte Weltelite durchsetzen.
Nach den Erfolgen mit LORETTO (1950),
METEOR (1951), DIAMANT (1954) und FINALE
(1958) gewinnt Fritz Thiedemann in Hamburg zum fünften Mal das Deutsche
Springderby, diesmal auf RETINA.

1960: Nach 1912 und 1920 wird in Rom
über die olympischen Einzel- und Mannschaftsmedaillen im Springen erstmals
wieder in getrennten Konkurrenzen entschieden. Aufgrund der »unpassenden«
Abstände in den Kombinationen stößt der
Parcours bei den Aktiven wie bei den
Kommentatoren auf heftige Kritik. In der

Einzelentscheidung stehen die Einheimischen Raimondo und Piero d'Inzeo vor dem Briten David Broome an der Spitze, in der Mannschaftsprüfung reicht es für die Italiener nur zu Platz 3 hinter dem Team der Bundesrepublik und den Amerikanern.

1961: Fritz Thiedemann erklärt am Schlußtag des Aachener Europameisterturniers seinen Rücktritt vom aktiven Sport.
Mit drei Vorprüfungen und einem Finale mit Pferdewechsel für die vier Bestplazierten wird im chilenischen Badeort Vina del Mar zum zweiten Mal auf Leihpferden ein interkontinentales Springreiter-Championat ausgetragen. Bei der ersten Auflage im Jahre 1959 hat Pierre Jonquères d'Oriola an der Spitze gestanden, die zweite gewinnt der Chilene Gaston Zuniga.

1962: Beim ersten Nachkriegs-CHIO in Budapest siegt im Nationenpreis die Sowjetunion vor der DDR und Polen.

1963: Mary Mairs gewinnt das Einzelspringen bei den Panamerikanischen Spielen in Sao Paulo, Janou Lefèbvre das erstmals ausgetragene französische Springderby im bretonischen Badeort La Baule und Hermann Schridde in Washington den von J. F. Kennedy gestifteten Präsidenten-Cup.

1964: Anders als in Rom entscheidet in Tokio wieder allein der Nationenpreis mit zwei Umläufen über die olympischen Einzel- und Mannschaftsmedaillen. Das Team der Bundesrepublik, das sich in den innerdeutschen Ausscheidungen überlegen qualifiziert hat, gewinnt mit Hermann Schridde auf dem Ersatzpferd DOZENT, Hans Günter Winkler auf dem Ersatzpferd FIDELITAS und Ersatzreiter Kurt Jarasinski auf TORRO zum dritten Mal hintereinander den olympischen Nationenpreis, diesmal vor den Franzosen und den Italienern. Die Einzelmedaillen sichern sich Pierre Jonquères d'Oriola, Hermann Schridde und

Peter Robeson. Im italienischen Team reitet neben den Brüdern d'Inzeo der in einer umstrittenen Aktion vom IOC offiziell »reamateurisierte« Graziano Mancinelli, der Europameister des Vorjahres. Die Probleme bei der Flugreise nach Tokio kosten ein amerikanisches, ein chilenisches und ein argentinisches Pferd das Leben.

1965: In Chagrin Falls/Ohio wird der erste Cleveland Grand Prix nach europäischem Vorbild ausgetragen. Diese Veranstaltung ist symptomatisch für die zunehmende Orientierung des amerikanischen Springsports an dem der Alten Welt: Die Reiter des in Europa bekannten Teams repräsentieren nur die eine Seite der Springreiterei in den USA, die andere spiegelt die Karriere des überaus erfolgreichen Profis Rodney Jenkins wider, der erst 1973 in die amerikanische Mannschaft aufgenommen wird und beim Herbst-Circuit von Washington, New York und Toronto mit sieben

Siegen überragender Einzelreiter wird. Olympiasieger d'Oriola »verschenkt« das Europachampionat in Aachen an Hermann Schridde, als er im zweiten Umlauf ein falsches Hindernis nimmt und eliminiert wird. Die Briten gewinnen vor den Amerikanern und den Deutschen den erstmals vergebenen Präsidenten-Cup, eine zusammenfassende Wertung der Nationenpreise nach einem Punktesystem. Der britische Prinz Philip, der 1964 als Nachfolger des niederländischen Prinzen Bernhard zum FEI-Präsidenten gewählt worden ist, hat den Cup gestiftet.

1966: Das Sumpffieber, eine Viruserkrankung des Blutes, beeinträchtigt aufgrund von Ein- und Ausreisesperren für die Pferde den internationalen Sportverkehr. D'Oriola gewinnt in Buenos Aires ohne britische, amerikanische und deutsche Konkurrenz die sechste Weltmeisterschaft der Springreiter.

1968: Die Balkanspiele – mit bulgarischer, rumänischer, türkischer, jugoslawischer und griechischer Beteiligung – erscheinen als neuer Termin auf dem internationalen Kalender.
Die Transportprobleme und die Vermutungen über Akklimatisationsschwierigkeiten im 2200 m hoch gelegenen Mexico City belasten die Vorbereitungen für die Olympischen Spiele. Die Pferde finden sich mit den Bedingungen jedoch besser als erwartet ab, zumal die Military ins klimatisch günstigere Valle de Bravo, 150 km nordwestlich von Mexico City, verlegt worden ist.
Über einen besonders durch mächtige Oxer gekennzeichneten Parcours sichert sich William Steinkraus im Einzelspringen mit zwei Umläufen Gold vor den beiden Briten Marion Coakes und David Broome. In dem von der Einzelwertung getrennten Mannschaftswettbewerb, wiederum über einen extrem schweren Parcours mit zwei Umläufen, gewinnen die Kanadier als Außenseiter vor den Franzosen und dem Team der Bundesrepublik.

1972: Die von Ernst Gössing organisierten Wettkämpfe bei den Olympischen Spielen in München bieten einen Höhepunkt des internationalen Reitsports; mit den für die Sportstätten aufgebrachten Kosten stellen

Eine dominierende Rolle spielten im italienischen Springsport der Nachkriegszeit die Brüder Raimondo und Piero d'Inzeo. Raimondo war der erfolgreichere der beiden. Das Bild aber zeigt Piero auf EASTER LIGHT bei der Weltmeisterschaft 1974 in Hickstead, in der er allerdings erfolglos blieb. Den Titel holte sich damals Hartwig Steenken auf SIMONA.

sie zugleich den olympischen Aufwand nachhaltig in Frage.

Das olympische Einzelspringen mit zwei Umläufen und einem Stechen sieht Graziano Mancinelli als Sieger vor der Britin Ann Moore und dem Amerikaner Neal Shapiro. Der große Favorit dieses Springens, Gerd Wiltfang mit ASKAN, liefert nach überzeugenden Vorleistungen in der Saison eine enttäuschende Vorstellung, möglicherweise aufgrund nervlicher Überlastung. Der Mannschaftswettbewerb entschädigt die Bundesdeutschen mit der Goldmedaille vor den USA und Italien.

1973: Im Zuge der Diskussionen um die Amateureigenschaft der Spitzenspringreiter macht die britische Federation – wahrscheinlich auf Drängen des FEI-Präsidenten Prinz Philip – einen weiten Schritt nach vorn; sie verweigert in diesem und den folgenden Jahren etwa vierzig ihrer internationalen Erfolgsreiter, unter ihnen David Broome und Harvey Smith, die Amateurlizenz. Die Briten tun dies wohl auch in der Hoffnung, den anderen Federationen, insbesondere der bundesdeutschen, ein Beispiel zu geben. Die Briten bleiben freilich allein – und sie bereuen ihren Schritt wahrscheinlich später. Olympisch haben sie sich nämlich beträchtlich geschwächt. Ansonsten steht der internationale Sport den Profis weitgehend offen. Die Möglichkeiten des einzelnen Reiters, mit dem Pferd als Werbeträger das große Geld zu verdienen, erweisen sich als beschränkter, als man zunächst angenommen hatte.

1974: Die Französin Janou Tissot-Lefèbvre gewinnt in La Baule das letzte Weltchampionat der Springreiterinnen. Die FEI hat beschlossen, für die Amazonen in Zukunft keine separaten Meisterschaften mehr auszuschreiben.

Hartwig Steenken, der Typ des effektiven und ehrgeizigen Siegreiters, sichert sich nach einem Stechen gegen den Iren Eddie Macken in Hickstead die achte Weltmeisterschaft, an der 29 Reiter aus 16 Ländern teilnehmen.

1975: Nach drei Silber- und zwei Bronzemedaillen gewinnt Alwin Schockemöhle bei seinem zwölften Championatsstart bei der bisher ersten und auch letzten Amateur-Europameisterschaft in München – für die Profis sollten zunächst gesonderte Titelkämpfe veranstaltet werden – endlich die längst fällige Auszeichnung.

1976: Sowohl hinsichtlich der Teilnehmer als auch der Erfolge dominieren bei den Olympischen Spielen in Montreal die nordamerikanischen und die westeuropäischen Länder erneut: Der von der FEI betreute olympische Pferdesport wird in Osteuropa, in Asien, in Mittel- sowie in Südamerika – nach der Auflösung der Kavallerieabteilungen – weniger intensiv bzw. weniger erfolgreich betrieben. Möglicherweise gleichen die verschiedenen Länder sich in Verbindung mit gesellschaftlichen und wirtschaftlichen Entwicklungen an; die unterschiedlichen Konturen können sich vorerst freilich auch weiter verschärfen.

Mit dem Idealergebnis von null Fehlern in beiden Umläufen gewinnt Europameister Alwin Schöckemöhle mit WARWICK olympisches Gold vor dem Kanadier Michel Vaillancourt und dem Belgier François Mathy. In der Mannschaftswertung stehen die Franzosen überraschend an der Spitze vor den favorisierten Bundesdeutschen und den unerwartet weit nach vorne gelangten Belgiern.

1977: Alwin Schockemöhle, der seit längerem an einer Rückenkrankheit laboriert, zieht sich vom aktiven Turniersport zurück. Hartwig Steenken wird offiziell Profi. Er will nach dem Vorbild von Nelson Pessoa und britischen Spitzenreitern als Werbeträger für eine Getränkefirma reiterlichen Dienst tun. Im Juli verunglückt der Weltmeister im Auto, nach sechsmonatigem Koma stirbt er im Januar 1978.

Der American Goldcup in Philadelphia ist mit insgesamt 65 000 DM dotiert. Profireiter Harvey Smith gewinnt während des Aachener Turniers rund 25 000 DM an Preisgeldern.

1978: Hartwig Steenkens Nachfolger wird in Aachen beim 9. Weltchampionat Gerd Wiltfang vor Eddie Macken, ebenfalls auf Platz 2 vor vier Jahren, Michael Matz, Goldcup-Sieger in Philadelphia 1977, und Johan Heins, Europameister 1977. Die Mannschaftswertung gewinnen die Briten vor den Holländern, den Europameistern des Vorjahres, und dem Team der USA.

1979: Beim Europameisterschaftsturnier in Rotterdam bestätigen die Weltmeister ihre Leistungen, Gerd Wiltfang in der Einzelwertung und die Briten im Teamwettbewerb.

Der erste »FEI World Cup Volvo« wird im Frühjahr in Göteborg entschieden – zugunsten des Österreichers Hugo Simon, der die Trophäe vor der Amerikanerin Katie Monahan gewinnt. In Anlehnung an den World Cup im Skisport wird das von einer schwedischen Autofirma finanzierte Springen unter dem Patronat der FEI als eine Art von Alternative zum Weltchampionat begründet. Während der Wintersaison qualifizieren sich die Reiter in Nordamerika und Europa in speziell angesetzten Springen nach einem Punktesystem fürs Finale.

1980: Der amerikanische Präsident Jimmy Carter wirbt für einen Boykott der Olympischen Spiele in Moskau wegen der sowjetischen Invasion in Afghanistan. Die Reiter gehören zu den Sportlern der »westlichen Welt«, die sich besonders bereitwillig in den Dienst dieses politischen Anliegens stellen. Auch ohne repräsentative Beteiligung finden die Wettbewerbe in der sowjetischen Metropole statt – neben ihnen dann die sportlich bedeutend wertvolleren Ersatzveranstaltungen der westlichen Hemisphäre, die sogenannten Reiterfestivals, denen freilich olympisches Flair fehlt. In Moskau gewinnen der Pole Jan Kowalczyk, der Sowjetrusse Nikolai Korolkov und der Mexikaner Joaquín Pérez de las Heras die Einzelmedaillen, beim Festival in Rotterdam der Österreicher Hugo Simon, der Brite John Whitaker und die US-Amerikanerin Melanie Smith; bei der Mannschaftswertung werden in Moskau die Sowjetrussen, die Polen und die Mexikaner aufgerufen, in Rotterdam die Kanadier, die Briten und die Österreicher.

Die zweite Auflage des Weltcups der Springreiter gewinnt im amerikanischen Baltimore der Einheimische Conrad Homfeld.

1981: Zu einem weiteren Weltcup-Erfolg kommen die US-Reiter durch Michael Matz im englischen Birmingham: Der Cup ist zu einem festen Bestandteil des zunehmend sich professionalisierenden Springsports geworden. Die Bundesrepublik stellt bei der Europameisterschaft den Einzel- und den Mannschaftssieger: Paul Schockemöhle gewinnt in München vor dem Briten

Eine der besten Amazonen der siebziger Jahre war die Britin Ann Moore, die bei den Olympischen Spielen 1972 in München hinter Graziano Mancinelli die Silbermedaille gewann. Das Bild zeigt die Reiterin auf MANDRAKE.

Nächste Doppelseite: Unvergessen bleiben die brillanten Ritte von Alwin Schockemöhle bei den Olympischen Spielen von 1976 in Montreal. Überlegen und mit dem Idealergebnis von null Fehlerpunkten – das weder vor- noch nachher bei gleicher Gelegenheit erreicht wurde – holte er sich mit WARWICK die Goldmedaille.

Malcolm Pyrah und dem Schweizer Bruno Candrian, die bundesdeutsche Mannschaft vor den Schweizern und den Niederländern.

1982: In Göteborg gewinnt mit Melanie Smith wieder ein Vertreter der USA den Weltcup – und in Dublin holt sich ebenfalls zum drittenmal in Folge ein Deutscher die Weltmeisterschaft: Norbert Koof siegt mit dem Idealergebnis von 0 Punkten vor dem Briten Malcolm Pyrah, dem Franzosen Michel Robert und dem Iren Gerry Mullins. In der Mannschaftswertung steigen die Franzosen vor den Deutschen und den Briten aufs Treppchen.

1983: Norman dello Joio aus den USA gewinnt in Wien den Weltcup. Bei der Europameisterschaft im englischen Hickstead verteidigt Paul Schockemöhle seinen 1981 gewonnenen Titel vor dem Briten John Whitaker und dem Franzosen Frederic Cottier. In der Teamwertung ist die Schweiz vor Großbritannien und der Bundesrepublik erfolgreich.

Höhen und Weiten

1883: Mit einem Sprung über 1,83 m wird in New York das Hochspringen entschieden. Im folgenden Jahr liegt die oberste Stange auf 1,98 m, nach vier weiteren Jahren auf 2,08 m.

1900: Der seit 1892 in Tor di Quinto als Reitlehrer wirkende Federigo Caprilli gewinnt in Rom das Hochspringen über 1,90 m, den gleichen Wettbewerb in Florenz über 1,75 m.
In den nationalen Preisspringen in Berlin, Frankfurt und Hamburg betrugen die Hindernishöhen 80 bis 100 cm, für die bereits erfolgreichen Pferde 1,10 bis 1,20 m.

1902: 86 Reiter satteln zum Großen Jagdspringen beim ersten internationalen Concours in Turin. Der Parcours führt über 800 m mit fünf Hindernissen bis zu 1,20 m Höhe. 81 Teilnehmer bleiben im ersten Durchgang fehlerlos, 69 im zweiten, 35 im dritten, 16 im vierten und 12 im fünften. Dieses Dutzend von 5 Franzosen und 7 Italienern tritt am folgenden Tag zu einem sechsten Umlauf an, bei dem neben den Abwürfen die Zeit gewertet wird.
Beim Hochsprung siegt in Turin der französische Leutnant Charles Daguilhon-Pujol; er überwindet eine Höhe von 1,80 m. Den Weitsprung gewinnt mit einer Weite von 7,40 m Federigo Caprilli, der bei der offiziellen Hochsprungkonkurrenz mit zwei Pferden unplaziert bleibt, später aber in einem Extraversuch mit MELOPPO die neue Rekordhöhe von 2,08 m überspringt. Mit Schaufeln halten Helfer die oberste Stange des Hochsprunggestells in der Auflage fest. Solche Unterstützung von Reiter und Pferd ist zu dieser Zeit noch erlaubt. Bei der Registrierung der europäischen Rekordmarken läßt man die Leistungen des amerikanischen Vollblüters HEATHERBLOOM aus dem Jahre 1902 unberücksichtigt. In Richmond/Virginia überspringt HEATHERBLOOM die, wie es heißt, »verbürgte« Höhe von 2,40 m, in öffentlichen Demonstrationen auf der Farm seines Besitzers Howart Willet mit Dick Donelly im Sattel sogar 2,49 m und 2,515 m. Der Sprung über 2,40 m gilt als amerikanischer Rekord, die beiden höheren Sprünge nicht.

1904: Der französische Hauptmann Georges Crousse überspringt mit dem aus Kanada importierten Halbblüter CONSPIRATEUR in Paris zwischen 1904 und 1907 die Höhen von 2,00, 2,20, 2,10 und 2,20 m; er gewinnt viermal in ununterbrochener Folge das Hochsprungchampionat. 1904 springt CONSPIRATEUR in San Sebastián mit 2,23 m, 1906 in Paris mit 2,35 m offiziellen Rekord; 1905 scheitert er an der Höhe von 2,50 m nur knapp. Beim Concours in Biarritz wird als neue Prüfung eine Puissance durchgeführt. Als Hindernisse sind die 1,75 m hohe Mauer, der ebenso hohe Steilsprung und ein 5,50 m breiter Wassergraben zu bewältigen. Sieger wird Joseph Jonquères d'Oriola, der Vater des Olympiasiegers von 1952 und 1964.
1911 geht es in der Puissance in Biarritz im Normalparcours über fünf Hindernisse. Zwei von ihnen sind 1,60 m, zwei weitere 1,50 m hoch, der Wassergraben 5,00 m breit.

1912: Um einen Zentimeter wird in Vittel die bisherige europäische Rekordhöhe von 2,35 m überboten: Der französische Profi René Ricard mit MONTJOIE III und der französische Herrenreiter François de Juge Montespieu mit BISKRA überwinden 2,36 m. Während bei den bisherigen Rekordspringen pro Pferd zehn Versuche erlaubt

Der energische Hugo Simon ist zwar von Geburt Deutscher, nahm aber die österreichische Staatsbürgerschaft an, da er sich bei der Nominierung für die Olympischen Spiele von 1972 benachteiligt fühlte. Seitdem reitet er außerordentlich erfolgreich für Österreich. Das Bild zeigt ihn auf dem Schimmel LAVENDEL beim olympischen Turnier 1976 in Montreal.

waren, werden nach der neuen, in Vittel angewandten Formel pro Höhe nur drei Versuche zugestanden.

In Ottawa überspringt der Berufsreiter Jack Hamilton mit dem Halbblut-Hackney CONFIDENCE 2,45 m. CONFIDENCE gewinnt 1910 und 1911 das Hochspringen in New York, 1912 die Hochsprungwettbewerbe in Toronto mit 2,30 m, in London mit 2,27 m, in Den Haag mit 2,20 m, in Coburg mit 2,39 m und in Ottawa mit 2,45 m. Der Rekordsprung in Ottawa wird durch ein Richterprotokoll ausdrücklich bestätigt.

Beim ersten olympischen Einzelspringen in Stockholm haben die Teilnehmer insgesamt 29 Sprünge mit einer Maximalhöhe von 1,40 m und einer Weite des Grabens von 4,00 m in einem Tempo von 400 m/min. zu absolvieren.

1923: In Chicago verbessert Fred Vesey mit GREAT HEART den 1912 von CONFIDENCE aufgestellten amerikanischen Hochsprungrekord von 2,45 m auf 2,46 m.

1933: Um 2 cm verbessert der französische Graf Christian de Castries den bisherigen FEI-Weltrekord: mit VOL AU VENT überspringt er in Paris 2,38 m. Neun Offiziere und sieben Herrenreiter haben sich an diesem Hochspringen beteiligt. 15 Pferde überspringen 2,00 m, sieben 2,10 m und vier 2,20 m, zwei 2,30 m und allein VOL AU VENT 2,38 m.

1935: Der auf Rekordsprünge spezialisierte de Castries überwindet in Spa mit TENACE die Weite von 7,60 m, 10 cm mehr als sein Landsmann Henry de Royer 1912 mit PICK ME UP in Le Touquet gesprungen hat.

1938: Im Anschluß an seinen Sieg in der Hochsprungkonkurrenz in Rom über 2,20 m verbessert der Italiener Gutierrez auf dem fünfzehnjährigen Iren OSOPPO den Hochsprungweltrekord der FEI auf 2,44 m.

1946: Jorge Frago Patrao springt in Buenos Aires im Rahmen des nationalen Hallenturniers mit GUARANA 7,70 m weit.

1948: Auf 8,00 m schiebt der Spanier Joaquim Nogueras Marquez in Bilbao mit BALCAMO die Weitsprungrekordmarke hinaus. 1950 springt dieses Paar noch 20 cm weiter, wiederum in Bilbao. Zwischenzeitlich ist der Niederländer B. v. d. Boort mit COER JOLI in Den Haag 8,10 m gesprungen. Ein neuer Rekordsprung über 8,30 m folgt ein weiteres Jahr später, nämlich 1951 in Barcelona durch Lopez del Hierro auf

AMADO MIO. Dieser Rekord hält bis 1975, als der Südafrikaner André Ferreira in Johannesburg mit SOMETHING 8,40 m überwindet.

1949: Der Hochsprungrekord wird von dem chilenischen Hauptmann Alberto Larraguibel in Vina del Mar mit HUASO um 3 cm auf 2,47 m verbessert. Im dritten Versuch hat der im Süden Chiles gezüchtete und nach mäßigen Leistungen auf der Rennbahn für die neue Aufgabe speziell trainierte Wallach die neue Höhe geschafft.

1968: Im olympischen Einzelspringen in Mexiko messen im ersten Umlauf 3 Steilsprünge eine Höhe von 1,60 m und 3 Hochweitsprünge eine Breite von 2,00 m. Im zweiten Umlauf, dem Puissance-Teil mit 7 Sprüngen, steht die rote Mauer auf 1,80 m, und die beiden Oxer sind 1,65 m bzw. 1,70 m hoch und 2,20 m breit. Den Carré-Oxer (1,70 m/2,20 m) schaffen 5 der 18 Starter fehlerlos. Im Mannschaftsspringen steht in Mexiko eine Oxerkombination, bei der beide Sprünge vorne und hinten 1,50 m hoch sind, der erste 1,70 m, der zweite 1,80 m breit.

1972: Im olympischen Einzelspringen in München kommen 33 der 54 Starter am 5,00 m breiten Wassergraben zu Fehlerpunkten; am Buschoxer – vorne 1,48 m, hinten 1,52 m hoch und 2,20 m breit – werden 20 Abwürfe verzeichnet.

1976: Im zweiten Umlauf des olympischen Einzelspringens in Montreal haben die Hindernisse folgende Abmessungen:
1. Mauer 1,60 m
2. Steilsprung 1,70 m
3. Oxer 1,50/1,60–2,00 m
4. Oxer 1,60/1,65–2,00 m
5a Steilsprung 1,60 m
  b Steilsprung 1,70 m
6. Oxer 1,60/1,70–2,00 m
7. Wassergraben 5,00 m
8. Oxer 1,60/1,60–2,00 m
9. Steilsprung 1,60 m
10a Triple barre 1,60 m
  b Steilsprung 1,65 m
  c Oxer 1,60/1,70–2,00 m
Von den 20 nach dem ersten Durchgang qualifizierten Startern bleibt allein Olympiasieger Alwin Schockemöhle mit WARWICK ohne Abwurf.

Die Military

1892: 93 österreichisch-ungarische Offiziere starten im Oktober zum 600-km-Dauerritt von Wien nach Berlin, 106 deutsche Offiziere brechen in der Gegenrichtung von Berlin aus auf; 69 kommen in Berlin, 76 in Wien an. Sieger der Prüfung wird der österreichische Oberleutnant Graf Starhemberg in der Zeit von 71 Stunden und 26 Minuten, während der deutsche Oberleutnant Graf Reitzenstein als Zweitplazierter eineinhalb Stunden mehr benötigt.

Die seit 1870/71 in Mode gekommenen Distanzritte stehen ausdrücklich im Dienst der militärischen Ertüchtigung von Pferd und Reiter. Allein Offiziere dürfen teilnehmen. Die »Allerhöchsten Majestäten beider Monarchien« – so schreibt F. Höfer, als Vierter im Ziel und seines Zeichens k. u. k. Oberleutnant des Dragoner-Regiments Kaiser Franz Joseph Nr. 11, in seinem 1893 erschienenen Buch »In 74 Stunden von der Donau bis zur Spree« – übernehmen das Protektorat über die Konkurrenz von 1892 und stiften den Ehrenpreis für den Sieger. Hinzu kommen Geldpreise von 20 000 Mark bis 600 Mark für die ersten 17 Pferde sowie je 500 Mark für die folgenden 25 Pferde. Den Konditionspreis von 5000 Mark – der österreichisch-ungarische Rittmeister Maximilian Haller gewinnt ihn mit der Stute FATMA – ist für das Pferd vorgesehen, das bei der Inspektion nach dem Ritt den besten Eindruck macht.

Das Pferd des Siegers bricht nach dem Ziel zusammen und stirbt wenig später. Insgesamt sollen 9 österreichische und 18 deutsche Pferde das Unternehmen mit dem Leben bezahlt haben. Im Namen des Tierschutzes melden sich die Kritiker mit vehementen Anklagen zu Wort.

1899: Der Reitclub Zürich organisiert den 305-km-Dauerritt Zürich – Bern – Thun – Brünig – Luzern – Zürich, eine Aufgabe, bei der beträchtliche Höhendifferenzen zu überwinden sind. Sechs der acht gestarteten Offiziere erreichen das Ziel, Kavalleriemajor de Loys – er marschiert 58 km neben seinem Pferd – in 37 Stunden und 7 Minuten als Sieger.

Charlie Cottu bewältigt die Strecke von Wien nach Paris als Einzelreiter in 12 Ta-

gen, 13 Stunden und 43 Minuten. Oberleutnant Zubovics hat diese Distanz im Jahre 1874 in 14 Tagen geschafft, ebenfalls als Einzelreiter.

1902: Von den 60 Startern des Distanzrittes von Brüssel nach Ostende erreichen nur 29 das Ziel. 16 Pferde überleben die Strapazen nicht. In der Zeit von 6 Stunden, 54 Minuten und 51 Sekunden siegt der französische Leutnant Madamet auf der 132-km-Strecke. Madamet gewinnt 1903 beim Pariser Concours die Vielseitigkeitsprüfung.
Im Rahmen des Pariser Concours central findet das Championat du cheval d'armes statt. Dieser Wettbewerb wird als die erste Vielseitigkeitsprüfung angesehen. Die erste internationale Konkurrenz dieser Art wird 1905 in Brüssel organisiert.
Das Championat in Paris besteht aus der Dressurprüfung in der Reithalle, einer 4000-m-Steeplechase mit 14 Hindernissen auf der Rennbahn (in 9 Minuten zu absolvieren), einem 60-km-Dauerritt (in Gruppen in der Zeit von 3 Stunden und 45 Minuten zu bewältigen) und schließlich dem Springen in der Halle. 1902 gewinnt Lt. de Saint-Phalle die Prüfung vornehmlich aufgrund seiner Dressurvorführung, in der er mit Galoppwechseln zu vier und zu zwei Tempi sowie mit Piaffen, Passagen und dem Spanischen Schritt den Richtern imponiert und sie zu Maximalnoten veranlaßt. Bei der Änderung der Bewertung in den folgenden Jahren geht es vor allem darum, die Bedeutung der Dressur zugunsten der des Springens zu reduzieren. Die Geländeprüfung soll weiterhin Konditionstest bleiben und auf die Plazierung relativ geringen Einfluß nehmen.

1905: Bei der ersten internationalen Vielseitigkeitsprüfung in Brüssel wird die Rittigkeit der Pferde in einer Einzel- und in einer Gruppendressurprüfung getestet. Nach den ersten 15 Kilometern des über insgesamt 24 Kilometer führenden Dauerrittes ist ein Jagdparcours zu absolvieren, ein weiteres Springen nach der Ankunft im Ziel. Der Rennbahngalopp führt über 3500 m bei einem Tempo von 550 m pro Minute. Am Start sind 14 Belgier, 14 Franzosen, 6 Schweden und 3 Spanier, insgesamt also 37 Reiter aus 4 Nationen. Im Anschluß an die Bezeichnung der reinen Offizierskonkurrenzen, die in den vorangegangenen Jahren im Rahmen des Brüsseler Concours hippique organisiert worden

Geteiltes Leid ist halbes Leid! Nirgendwo im Pferdesport gilt diese alte Weisheit mehr als in der Vielseitigkeit.

sind, heißt die Vielseitigkeitsprüfung »Military international«. Der Sieger des 1903 veranstalteten Distanzrittes Paris – Rouen – Deauville, der französische Leutnant Bausil, gewinnt nach seinen beiden zweiten Rängen in der Pariser Vielseitigkeitsprüfung in den Jahren 1902 und 1903 den Wettbewerb in Brüssel.

1907: Caprilli siegt beim ersten nationalen Militarychampionat auf dem Gelände der Kavallerieschule Tor di Quinto.

1908: Von den 103 Startern der internationalen Military in Tor di Quinto beenden 49 den Zwei-Tage-Test, der auf die Dressur verzichtet und aus einem 50-km-Dauerritt und einer Steeplechase über 3500 m am ersten Tag sowie einem Jagdspringen über 18 Hindernisse auf einem 3500 m langen Parcours am zweiten Tag besteht.
Die erste Vielseitigkeitsprüfung Hollands wird im April auf dem Gelände der Kavallerieschule Amersfoort ausgetragen.

1911: In der Vielseitigkeitsprüfung anläßlich des zweiten internationalen Turniers in Tor di Quinto starten 103 Italiener, 16 Franzosen, 5 Spanier, 2 Rumänen und 2 Chinesen. Am ersten Tag werden 50 km auf Straßen und Wegen in dreieinhalb Stunden geritten, 9 km davon als Cross Country mit 6 Hindernissen; am zweiten Tag folgt die Springprüfung über einen Parcours von 3000 m mit 22 Sprüngen, die in 6 Minuten zu absolvieren ist. Zum abschließenden 25-km-Ritt mit 15 Sprüngen, der in zweieinhalb Stunden zu bewältigen ist, sind die 30 Besten der ersten beiden Tage zugelassen, neben 19 Italienern immerhin 11 der insgesamt 16 gestarteten Franzosen. Auf einen Dressurtest hat man verzichtet.

1912: Die erste olympische Military in Stockholm besteht zunächst aus einem 55-km-Dauerritt, der in 4 Stunden zu absolvieren ist und eine 5-km-Cross-Country-Strecke mit 12 Hindernissen (in 15 Minuten zu reiten) enthält. Nach einem Ruhetag folgt die Rennbahnprüfung über 3500 m mit 10 Hindernissen (erlaubte Zeit 5 Min., 50 Sek.). Das Springen führt am folgenden Tag über 15 Hindernisse mit einer Höhe bis zu 1,30 m und einer Breite bis zu 3,00 m. Am Schlußtag folgt die Dressurprüfung, die vornehmlich einen Rittigkeitstest darstellt und eng an das übliche Preisreiten angelehnt ist.
Im Mannschaftswettbewerb siegen die

Schweden vor den Deutschen und dem Team der USA, in der Einzelkonkurrenz stehen der Schwede Axel Nordlander vor dem Deutschen Harry von Rochow und dem Franzosen Jean Cariou an der Spitze.

1914: Internationale Military in London; die erste Military in England.

1920: An der olympischen Military in Antwerpen – als Championat équestre bezeichnet – nehmen 25 Reiter aus 8 Nationen teil. Am ersten Tag ist ein 50-km-Dauerritt inklusive eines Geländeritts über 5 km mit 18 Hindernissen bis zu einer Höhe von 1,15 m zu überwinden. Nach einem Ruhetag folgen ein Straßenritt über 20 km und der Rennbahngalopp über 4000 m. Nach einem weiteren Ruhetag endet die Prüfung – ohne Dressurtest – mit einem Springen über 18 Hindernisse, bis zu 1,25 m hoch. Der schwedische Graf Helmer Mörner gewinnt die Goldmedaille vor seinem Landsmann Age Lundström und dem Italiener Ettore Caffaratti; das schwedische Team rangiert vor den Italienern und den Belgiern auf Platz 1.

1924: Unter dem Namen »Große Gebrauchsprüfung« findet während des Berliner Herbstturniers eine internationale Military statt. Auf HEILIGER SPEER siegt Prinz Sigismund von Preußen; das Paar steht auch 1926 in Hilversum und 1927 in Luzern an der Spitze. Der älteste Sohn des Prinzen Leopold von Preußen und Urenkel des Preußenkönigs Friedrich Wilhelm III. stirbt 1927 nach einem Trainingssturz.
Die niederländischen Militaryreiter demonstrieren mit ihrem Erfolg bei den Olympischen Spielen in Paris – vor den Schweden und den Italienern – ihre im folgenden Jahrzehnt anhaltende Stärke. In der Einzelwertung siegt der Holländer A.D.C.v.d. Voort van Zijp vor dem Dänen Frode Kirkebjerg und dem Amerikaner Sloan Doak. Das Militaryprogramm von 1924 entspricht weitgehend dem heutigen.

1928: Bei den Olympischen Spielen in Amsterdam bestätigen die Niederländer ihre Spitzenstellung durch den Mannschaftserfolg vor den Norwegern und den Polen sowie durch die beiden ersten Plätze in der Einzelwertung, bei der Ch. F. Pahud de Mortanges vor Gerard P. de Kruyff und dem Deutschen Bruno Neumann steht. Die verschiedenen Teilprüfungen werden mit Plus- und Minuspunkten bewertet. Die einzelnen Tests sollen in folgendem Verhältnis zueinander stehen: Dressur 3, Wegestrecken 2,

Steeplechase 5, Cross Country 7 und Springen 3.

1932: Als erste Amazone siegt Irmgard von Opel in Wien in einer internationalen Military. Im folgenden Jahr gewinnt Irmgard von Opel in Berlin den Großen Preis, 1934 in Hamburg das Springderby.
Der niederländische Leutnant Ch. F. Pahud de Mortanges gewinnt bei den Olympischen Spielen in Los Angeles, wie vier Jahre zuvor, die Goldmedaille, erneut mit MARCOIX. Auf den Plätzen stehen der Amerikaner Earl F. Thomson und der Schwede Graf C. von Rosen jr. Allein die Mannschaften der USA und der Niederlande beenden den Teamwettbewerb.

1936: Wie in den beiden anderen Disziplinen gewinnt Deutschland bei den Olympischen Spielen in Berlin auch in der Military die Einzel- und die Mannschaftsgoldmedaille, im Team vor den Polen und den

Briten, in der Einzelwertung durch Ludwig Stubbendorf auf NURMI vor dem Amerikaner Earl F. Thomson und dem Dänen H. M. Lunding. Die Cross-Strecke in Döberitz enthält eindeutige Klippen, und zwar den Einsprung in den Teich, an dem 32 der insgesamt 50 Starter durch Sturz oder Verweigern zu Fehlern kommen, und den Faschinengraben, bei dem 9 Pferde ausscheiden und den 7 weitere erst nach Verweigerungen passieren. Drei Pferde finden bei dieser Military den Tod.

1948: Auf einem Panzerübungsgelände in der Nähe der Offiziersschule Sandhurst gewinnt der Franzose Bernard Chevallier gegen 44 Konkurrenten aus 16 Nationen bei den Olympischen Spielen in London die Goldmedaille vor dem Amerikaner Frank S. Henry und dem Schweden J. Robert Selfelt. In der Mannschaftswertung rangieren die USA vor Schweden und Mexiko.

1951: 30 000 Zuschauer erleben auf dem Besitz des Herzogs von Beaufort den Geländeritt der ersten internationalen Military in Badminton.

1952: In der olympischen Military in Helsinki starten 59 Reiter aus 21 Nationen, 43 von ihnen als Offiziere, 16 als Zivilreiter. Der Schwede H. v. Blixen-Finecke, der Sohn des Dressur-Bronzemedaillengewinners von 1912, steht in der Einzelwertung vor dem Franzosen Guy Lefrant und dem Deutschen Willi Büsing an der Spitze; in der Mannschaftswertung gewinnt das Team der Bundesrepublik die Silbermedaille hinter den Schweden und vor den USA. Wie im Großen Dressurpreis wird auch in der Military-Dressur die höchste und die niedrigste Note der fünf Richter gestrichen.

1953: In Badminton gewinnt der Brite Lawrence Rook die erste Europameisterschaft der Militaryreiter vor seinem Landsmann

Frank Weldon. Die Briten stehen ferner – wie bei den drei folgenden Championaten – in der Mannschaftswertung an der Spitze.

1954: Bei der durch die Ausmaße der Hindernisse, durch den regenschweren Boden und durch die Höhendifferenzen des Geländes besonders schweren Military in Basel reiten die britischen Damen Margaret Hough und Diana Mason auf die Plätze 6 und 7: Symptom für die wachsende Bedeutung der Amazonen im internationalen und vor allem im britischen Militarysport. Margaret Hough hat zuvor für den ersten Amazonensieg in Badminton gesorgt. Die Vielseitigkeitsprüfung in Harewood gewinnt 1953 wie 1954 eine Dame.

1956: Die Geländestrecke bei der olympischen Military in Stockholm wird vor allem durch den anhaltenden Regen beträchtlich erschwert. Ein Trakehnergraben mit schräger Absprung- und Landestelle provoziert eine Reihe häßlicher Bilder, die die Tierschützer erneut gegen den Militarysport aufbringen. 12 Pferde stürzen an diesem Sprung, hinzu kommen 28 Verweigerungen. Das Pferd ILLER wird an diesem Hindernis nach einem Sturz getötet; es bleibt im Graben liegen, die folgenden Pferde müssen darüber hinwegspringen. 11 der 55 Starter bleiben ohne Fehler. Die Medaillen gehen an den Schweden Petrus Kastenmann, den Deutschen August Lütke-Westhues und den Briten Frank Weldon, die Mannschaftsauszeichnung an die Briten, die Deutschen und die Kanadier.

1959: In der Besetzung Reiner Klimke, Ottokar Pohlmann, August Lütke-Westhues und Siegfried Dehning gewinnt das bundesdeutsche Military-Team im britischen Harewood die Mannschaftseuropameisterschaft vor den Briten und den Franzosen.

1960: Den Geländeritt der olympischen Military in Rom beenden 41 der 73 Starter. Zahlreiche Pferde verletzen sich an einem Hindernis, bei dem 1,15 m hohe und 1,10 m tiefe Zementröhren vor abfallendem Gelände so nebeneinandergelegt worden sind, daß die Pferde gegen die scharfen Kanten schlagen oder sich beim »Wischen« verwunden können; die als Schutz angebrachte Holzstange ist zu schwach. Wie kurz zuvor in Badminton gewinnen die Australier überlegen vor den Schweizern und den Franzosen. Mit R. L. Morgan und Neale J. Lavis stellt Australien auch in der Einzelwertung die beiden ersten Medaillenträger; Anton Bühler aus der Schweiz wird Dritter.

1964: Die Amerikanerin Lana du Pont reitet in Tokio als erste Frau eine olympische Military. Auf dem relativ leichten, allein durch den heftigen Dauerregen beeinträchtigten Geländeritt stürzt sie zweimal, beendet die Prüfung aber als Dreiunddreißigste. In der Einzelwertung steht der Italiener Mauro Checcoli vor dem Argentinier Carlos Moratorio und dem Deutschen Fritz Ligges, in der Mannschaftswertung rangieren die Italiener vor den Amerikanern und den Deutschen, die nach innerdeutscher

Absprache mit je zwei Vertretern der DDR und der Bundesrepublik angetreten sind.

1966: Aufgrund der Quarantänebestimmungen im Zusammenhang mit der Sumpffieber-Erkrankung der Pferde beteiligen sich nur fünf Nationen an der ersten Weltmeisterschaft der Militaryreiter, die in Burghley der argentinische Olympiazweite von Tokio, Carlos Moratorio, gewinnt.

1967: Zehnter Wettbewerb der internationalen Vielseitigkeitswettkämpfe der ländlichen Reiter, die ab 1963 als Europameisterschaft der ländlichen Reiter bezeichnet werden. Erster Junioren-Europachampionat der Militaryreiter in Eridge. Bei der zweiten Veranstaltung im folgenden Jahr beteiligen sich 46 Jugendliche aus 8 Nationen.

1968: Der olympische Geländeritt im Valle de Bravo, 150 km nordwestlich von Mexico City, ist durch den heftigen Gewitterregen gekennzeichnet, nach dem vor allem die Absprung- und Landestellen an den 6 Hindernissen über den ansonsten etwa 3,00 m breiten Talfluß unter Wasser stehen. Unabhängig von diesen anomalen Bedingungen ist der Parcours eher leicht. Die beiden Unglücksfälle, die zwei Pferden das Leben kosten und erneut die Frage des Tierschutzes im Militarysport aufwerfen, stehen nicht mit den außergewöhnlichen Witterungs- und Bodenverhältnissen in Zusammenhang. Der Sowjetrusse Pawel Dejew verschenkt für sich und die Mannschaft die Goldmedaille, als er beim abschließenden

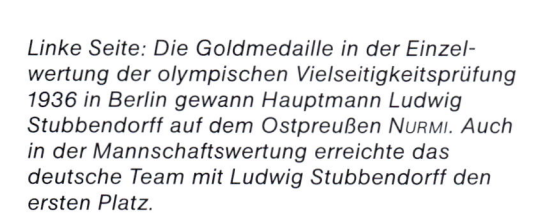

Linke Seite: Die Goldmedaille in der Einzelwertung der olympischen Vielseitigkeitsprüfung 1936 in Berlin gewann Hauptmann Ludwig Stubbendorff auf dem Ostpreußen NURMI. Auch in der Mannschaftswertung erreichte das deutsche Team mit Ludwig Stubbendorff den ersten Platz.

Rechts: Der Schwede Petrus Kastenmann gewann 1956 in Stockholm auf ILLUSTER die Goldmedaille in der Einzelwertung der olympischen Vielseitigkeitsprüfung. Auf dem Bild ist das Einsinken der Hinterhufe beim Abdrücken in den tiefen und rutschigen Boden erkennbar. Das Hindernis wurde daher vielen Reitern zum Verhängnis.

279

Springen ein falsches Hindernis nimmt und eliminiert wird. Damit ist der Weg frei für Jean-Jacques Guyons Erfolg vor Derek Allhusen und Michael Page sowie den Sieg des britischen Teams vor den Amerikanern und den Australiern.

1970: Der Kurs der zweiten Militaryweltmeisterschaft in Punchestown ruft vor allem aufgrund seiner Tiefsprünge die Kritiker des Militarysports erneut auf den Plan. Nur die britische und französiche Equipe beenden den Wettkampf. Die britische Amazone M. Gordon-Watson siegt in überlegener Manier.

1971: Der britische Militarysport feiert einen neuen Triumph, als Prinzessin Anne in Burghley überzeugend das Europachampionat gewinnt und sieben Briten ihr auf den Rängen folgen.

1972: Als besonders fair wird der von Ottokar Pohlmann in München-Poing gebaute olympische Geländekurs gelobt. 70 000 Zuschauer erleben die eindrucksvolle Prüfung mit dem überzeugenden Ritt des Briten Richard Meades, der seinen Vorsprung vor dem Italiener Alessandro Argenton und dem Schweden Jan Jönsson im abschließenden Springen durch eine fehlerfreie Runde hält. Die Briten stehen auch in der Mannschaftswertung an der Spitze, vor den Amerikanern und dem Team der Bundesrepublik.

1973: Die Mannschaft der Bundesrepublik gewinnt in Kiew die Europameisterschaft. Aufgrund seiner schnelleren Zeit im Gelände sichert sich der Sowjetrusse A. Jewdokimov den Einzeltitel vor dem nach den drei Teilprüfungen punktegleichen H. Blöcker. 14 der 43 Reiter scheitern im Cross bereits an Hindernis 2, einem mächtigen Oxer über einem Graben. Der Sprung ist gleich nach einem steilen Abhang und dazu noch auf glattem und hartem Boden anzureiten.

1974: Vor seinem Landsmann Michael Plumb wird der Amerikaner B. Davidson in Burghley Weltmeister der Militaryreiter.

1975: Mit Lucinda Prior-Palmer und Prinzessin Anne stehen bei der Europameisterschaft in Luhmühlen gleich zwei britische Amazonen an der Spitze. Aufgrund eines – möglicherweise nervlich bedingten – Ver-

Eine erstklassige und mutige Vielseitigkeitsreiterin war die englische Prinzessin Anne, die Tochter des Herzogs von Edinburgh, des Präsidenten der FEI, und Königin Elizabeths II. Prinzessin Anne gewann 1971 die Europameisterschaft der Vielseitigkeitsreiter. Das Bild zeigt sie beim Training auf PERSIAN HOLIDAY.

sagens im abschließenden Springen muß das britische Damenteam den Mannschaftstitel freilich den Russen überlassen. In Burghley korrigieren die Amazonen der Insel zwei Jahre später diesen Eindruck vom »schwachen Geschlecht«. Darüber hinaus verteidigt Lucinda Prior-Palmer in der Einzelwertung den Titel.

1976: Wie bei der Weltmeisterschaft zwei Jahre zuvor bringt das USA-Team mit Tad Coffin und Michael Plumb in der olympischen Military in Montreal gleich zwei Reiter an die Spitze; Karl Schultz gewinnt die Bronzemedaille. Auch der Mannschaftserfolg ist den USA sicher, vor der Bundesrepublik und Australien. Insgesamt 20 der 49 Starter beenden die Prüfung nicht. 14 Pferde scheiden im Gelände aus, zwei werden zur Veterinärkontrolle nicht vorgeführt, eines von der Kontrolle zurückgewiesen, zwei treten nicht zum Springen an, und eines wird aufgrund der Dopingbestimmungen nach einer – zwar angemeldeten – medikamentösen Behandlung einer Transportverletzung disqualifiziert.

1978: Mit Bildern total erschöpfter und daher auch schon bei mittelschweren Sprüngen überforderter Pferde macht die Military bei der Weltmeisterschaft in Lexington/Kentucky wieder von sich reden. Tropische Hitze und hohe Luftfeuchtigkeit lassen nur 26 der 46 zum Geländeritt angetretenen Pferde das Ziel erreichen. Mit Hilfe von Sauerstoffduschen und Natrium-Bikarbonat-Injektionen retten die Veterinäre verschiedene Pferde vor dem völligen Zusammenbruch. Der Einheimische Bruce Davidson verteidigt seinen Titel; das Team der USA steht auf Platz 3 hinter den Kanadiern und der Mannschaft der Bundesrepublik.

1979: Lucinda Prior-Palmer, die Doppeleuropameisterin von 1975 und 1977, gewinnt zum vierten Mal die internationale Military in Badminton. Beim kontinentalen Championat in Luhmühlen geht ihr Pferd nach dem Geländeritt lahm; an der Schlußprüfung kann sie nicht mehr teilnehmen. Überraschungssieger in der Heide: der Däne Nils Haagensen in der Einzel- und die Iren in der Mannschaftswertung.

1980: Beim Military-Festival in Fontainebleau bestätigt Nils Haagensen seine Leistung von Luhmühlen; er gewinnt den europäischen Spitzenwettbewerb vor den US-Amerikanern James Wofford und Torance Watkins. In der Teamwertung stehen die Franzosen vor der bundesdeut-

schen und der australischen Mannschaft. Der Gesichtspunkt »Tierschutz« rückt wieder in die Schlagzeilen, da eines der argentinischen Pferde übermüdet in ein Hindernis hereingeritten wird, sich dabei ein Bein bricht und erschossen werden muß. Die FEI statuiert ein Exempel und bestraft mit einer Zwei-Jahres-Sperre neben dem Reiter den Equipe-Chef der südamerikanischen Mannschaft, die nur eines ihrer sechs gestarteten Pferde ins Ziel bringt. Im Schatten des Fontainebleau-Festivals stehen die olympischen Wettbewerbe in Moskau, bei denen der Italiener Federico Euro Roman und die Sowjetrussen Aleksander Elinov und Yuri Salnikow die Einzelmedaillen, das sowjetische, das italienische und das mexikanische Team die Mannschaftsauszeichnungen gewinnen.

1981: Die Schweizer Militaryreiterei erlebt unerwarteten Auftrieb bei der Europameisterschaft im dänischen Horsens. In der

Einzelwertung stellt sie mit Hansueli Schmutz den Sieger – vor dem Deutschen Helmut Rethemeier und dem Iren Brian McSweeney –, und in der Teamwertung belegt ihre Abordnung den zweiten Rang hinter den Briten und vor den Polen.

1982: In Luhmühlen gewinnt die Britin Lucinda Green die Weltmeisterschaft vor Helmut Rethemeier und Kim Walnes aus den USA. Großbritannien, die Bundesrepublik und die USA holen sich die Medaillen in der Teamwertung. Leider wird die Veranstaltung durch den Todessturz des Schweizers Ernst Baumann überschattet.

1983: Mit Rachel Bayliss triumphiert bei der Europameisterschaft in Frauenfeld/ Schweiz erneut eine britische Amazone in einem internationalen Championat. Auf den Plätzen folgen Lucinda Green und der Schwede Christian Persson, dessen Team vor Großbritannien und Frankreich siegt.

Die Dressur

1872: Im Rahmen einer wohltätigen Veranstaltung werden in Preßburg besonders rittige Pferde vorgestellt. Sie demonstrieren die praktischen Vorteile solider Ausbildung.
Unter dem Eindruck dieses Ereignisses gründet man in Wien eine Gesellschaft zur Prämierung gut dressierter Campagne-pferde.

1873: Die Gesellschaft zur Prämierung gut dressierter Campagnepferde organisiert am 25. April in Preßburg das erste »Preis-reiten«.
Ab 1874 finden diese Wettbewerbe in der Krieau bei Wien statt, ab 1875 erweitert durch ein Preisspringen.

1894: Gründung der Bayerischen Campa-gne-Reiter-Gesellschaft, die im folgenden Jahr ihr erstes Turnier abhält.

1895: Gründung der Société équestre de l'Etrier in Paris. Sie veranstaltet Dressur-prüfungen, bei denen neben dem Geritten-sein das Gebäude der Pferde und ihr Ge-horsam bewertet werden. Damit erhalten die in der Kavallerieschule in Saumur klas-sisch ausgebildeten französischen Offiziere die Chance, ihre Arbeit in Wettbewerben zu demonstrieren.

1898: 40 Pferde bewerben sich in Frank-reich um den Prix de l'Etrier.

1902: Beim ersten internationalen Turnier in Turin starten 24 Offiziere in der Dressur-prüfung. Lektionen der Hohen Schule wer-den von den Teilnehmern, die in Zweier-, Dreier- oder Vierergruppen vorzureiten haben, nicht verlangt; sie müssen aller-dings bis zu 0,90 m hohe und 1,90 m breite Hindernisse überspringen. Die österreichi-schen Rittmeister Mario Franz und Artur von Pongracz belegen vor zwei weiteren Österreichern die ersten beiden Plätze. Mit ihnen stehen die Sieger in den beiden Preisreiten der Campagne-Reiter-Gesell-schaft in Wien dann auch in Paris an der Spitze.

1911: Beim zweiten internationalen Turnier in Tor di Quinto steht neben der Vielsei-tigkeitsprüfung, dem Nationenpreis und sieben Springkonkurrenzen eine Dressur-prüfung für ausländische Offiziere auf dem Programm.

1912: Die Schweden, die sich in der renom-mierten Kavallerieschule Strömsholm bestens vorbereitet haben, stellen – mit Unterstützung einheimischer Richter – durch Graf Carl Bonde, Gustav A. Bolten-stern und Freiherr von Blixen-Finecke die drei Medaillenträger beim ersten olympi-schen Dressurwettbewerb; eine Teamwer-tung findet in Stockholm nicht statt. Lektionen der Hohen Schule enthält das Preisreiten nicht; Piaffen und Passagen dürfen von den Richtern nicht berücksich-tigt werden. Fliegende Galoppwechsel wer-den allerdings verlangt. Nach dem frei zu gestaltenden Programm sind 6 Sprünge (Maximalhöhe 1,10 m, Maximalweite 3,00 m) zu absolvieren, ferner eine Gehor-samsprüfung, bei der die Pferde eine auf sie zurollende Walze in auffallenden Farben zu überspringen haben. Die sieben Preisrichter (drei aus Schweden und je einer aus Frankreich, Rußland, Norwegen und Deutschland) geben für die folgenden »Lektionen« Noten zwischen 0 und 10: Haltung des Pferdes im Stand, Schritt, Trab, Galopp, Sitz des Reiters, Zügelhal-

tung und Zügelführung, Bewegungen und Wendigkeit des Pferdes, Springen sowie Einwirkung des Reiters auf das Pferd inklu-sive Vorführen und Beherrschen desselben. Aus den Punkten der einzelnen Richter werden die von jedem Richter vorgesehe-nen Platzziffern ermittelt und diese dann addiert. Der Sieg geht an den Teilnehmer, den die Mehrzahl der Richter auf Platz 1 setzt. Erhält kein Reiter diese Majorität, so entscheidet die niedrigste Summe der Platzziffern. Zu den Platzziffern ist noch bemerkenswert, daß jeder Richter bei glei-cher Plazierung verschiedener Konkurren-ten aufgrund ihrer Noten nach dem Gesamteindruck eine Reihenfolge vor-zunehmen hat.
Im Rahmen der französischen Regional-turniere in Bordeaux, Nantes und Nancy werden erstmals Dressurprüfungen durch-geführt. Felix Bürkner, Olympiateilnehmer 1912, zehnmal deutscher Dressurchampion und einer der prominentesten deutschen Ausbilder, endet in der Dressurprüfung bei den Baltischen Spielen in Malmö als Zweiter hinter Olympiasieger Graf Carl Bonde.

1913: In den neuen Statuten der inzwi-schen über vierzig Jahre alten Wiener Campagne-Reiter-Gesellschaft wird hin-sichtlich des alljährlich stattfindenden Preisreitens unter anderem vorgeschrieben: »Das Pferd soll auf beiden Händen gleich-mäßig ausgebildet sein, bei jeder Gelegen-heit hat der Wille und die Absicht des Rei-ters deutlich hervorzutreten, sowie das Ver-ständnis des Pferdes hierfür. Jedes, auch von einem Nichtmilitär vorgerittene Pferd muß gänzliche Vertrautheit bei Trommel, Schuß und Fahne zeigen. Das Passagieren, wie alle Zirkuskunststücke, werden nicht berücksichtigt.«

1920: Mit Janne Lundblad, Bertil Sand-ström und Graf Hans von Rosen belegen die Schweden bei der olympischen Dressur-prüfung in Antwerpen die drei Medaillen-plätze; eine Teamwertung findet nicht statt. Die Teilnehmer haben ihre Pferde in einer vorgeschriebenen Aufgabe zu präsentieren. 26 Lektionen werden von vier Richtern benotet. Für verschiedene Lektionen gibt es Koeffizienten zwischen 5 und 30, den Koeffizienten 20 zum Beispiel für die Traversalverschiebungen, für die Schlan-genlinien im Galopp, für die Galopptraver-salen, für die Galoppwechsel zu zwei Tempi wie für die Wechsel zu einem Tempo. Die Plazierungen werden aufgrund der Addi-tion der Wertnoten der vier Richter er-mittelt.

1924: Die Dressurprüfungen gewinnen zunehmende Bedeutung im Berliner Turnierprogramm. Die Dressurszene dieser Zeit wird unter anderem geprägt durch Namen wie Otto Lörke, Felix Bürkner, August Staeck, Oskar Maria Stensbeck, Richard Wötjen und Carl-Friederich von Langen.

Ohne deutsche und ungarische Konkurrenz gewinnt das schwedische Team die olympische Dressurprüfung in Paris vor Frankreich und der Tschechoslowakei. In der Einzelwertung siegen die Schweden v. Linder und Sandström vor dem Franzosen Lesage. In der vorgeschriebenen, durch das zu knappe Zeitlimit verzerrten Dressuraufgabe – weitgehend die gleiche wie vier Jahre später in Amsterdam – sind noch keine

Piaffen und Passagen enthalten, allerdings wohl Traversalverschiebungen im Trab und Galopp sowie Galoppwechsel zu vier, drei und zwei Tempi und schließlich 16 Changements von Sprung zu Sprung.

Gustav Rau zieht aus dem Pariser Wettbewerb für die deutsche Reiterei folgende Schlußfolgerungen: »Die Grundsätze der überlieferten deutschen Schule müssen erhalten bleiben. Zu wünschen ist ihr mehr Schwung in den abgekürzten Gängen. Weniger kurze Gänge reiten. Mehr auf Gebrauchsgänge in guter Haltung mit langem Hals am langen Zügel hinwirken. Ausgesprochenere Übergänge, lebhafterer, längerer Schritt. In allem mehr Nerv und mehr Schwung. Tätigere Seitengänge! Gefälligerer, eleganterer Sitz der Reiter,

kein Zusammenziehen der Pferde. Vor allem eine feinere Hand und feinere Hilfen. Die Notwendigkeit, hier etwas zu reformieren, ist von vielen unserer besseren Reiter längst erkannt.«

1925: Erstes Turnier des Aachen-Laurensberger Rennvereins, unter anderem mit drei Dressurprüfungen auf dem Programm.

1928: Die nach dem Ersten Weltkrieg erstmals wieder zugelassenen Deutschen siegen bei den Olympischen Spielen in Amsterdam in der Mannschaftswertung vor den Schweden und den Niederländern. Carl Friedrich von Langen, der 1924, 1927 und 1928 das Deutsche Springderby sowie 1928 und 1931 die internationale Military in

Aachen gewinnt und 1934 nach einem Militarysturz stirbt, sichert sich auf DRAUF-GÄNGER in der Einzelwertung die Goldmedaille vor dem Franzosen Pierre Marion und dem Schweden Ragnar Olson. Die Tendenz, die Reiter der eigenen Nation besonders hoch zu bewerten, belastet die Arbeit der Richter beträchtlich: Das schwedische Jurymitglied Graf Nils Bonde richtet sogar seinen eigenen Bruder, Graf Carl Bonde, den Olympiasieger von 1912, der sich in Amsterdam verreitet. Die vier Richter fremder Herkunft setzen ihn auf die Plätze 23, 23, 23 und 26, sein Bruder will ihm noch die Bronzemedaille geben.

1932: Ohne deutsche Konkurrenz gewinnt das französische Team bei den Olympischen Spielen in Los Angeles die Goldmedaille vor den Schweden und den Amerikanern. Die beiden Kommandanten Lesage und Marion stehen in der Einzelwertung vor dem Amerikaner Hiram E. Tuttle an der Spitze. 10 Reiter aus 4 Nationen bestreiten die fünfte olympische Dressurprüfung, bei der die Probleme des Richtens unter anderem insofern wieder akut werden, als der nordamerikanische Richter die erst seit eineinhalb Jahren mit der Dressur befaßten US-Reiter vor die erfahrenen Franzosen rückt. Das Programm der olympischen Prüfung ist gegenüber den früheren Spielen wesentlich geändert worden; erstmals werden Piaffe und Passage verlangt.

1935: Nach den Konkurrenzen in Luzern 1930, Vichy 1931, Wien 1933 und Thun 1934 findet in Budapest die fünfte Auflage der FEI-Dressurprüfungen statt. Für die noch in der Ausbildung stehenden Pferde wird der Prix St. Georges, für die fertigen der Grand Prix ausgeschrieben. Die FEI-Prüfungen bilden bald den konstanten Inhalt der internationalen Dressurprogramme. Aus den offiziellen FEI-Dressurwettbewerben entstehen später das Europa- und das Weltchampionat.

1936: Das olympische Programm, wiederum mit Piaffe und Passage, reiten in Berlin 29 Reiter aus 11 Nationen. Der mit 28 Jahren jüngste Teilnehmer des Feldes, Heinz Pollay, siegt auf KRONOS vor Friedrich Gerhard, der von 1933 bis 1939 den Schulstall der Kavallerieschule in Hannover leitet, und dem Österreicher Alois Podhajsky, dem späteren Leiter der Spanischen Hofreitschule in Wien. In der Mannschaftswertung stehen die Deutschen vor den Franzosen und den Schweden. Die nationalistisch orientierte Arbeit der Richter wird in Berlin erneut deutlich.

1937: Für die alljährlich stattfindenden FEI-Wettbewerbe werden erstmals Stechen mit getrennten Aufgaben ausgeschrieben.

1938: Mit den offiziellen FEI-Wettbewerben in London findet auf der britischen Insel zum ersten Mal eine internationale Dressurprüfung statt. Das Londoner Programm enthält auch erstmals eine Caprilli-Prüfung, die aus einer leichten Dressur und einem nach Fehlern und Stil bewerteten leichten Jagdspringen besteht. Der holländische Doppel-Olympiasieger in der Military, Pahud de Mortanges, siegt im Caprilli-Test.
Mit Joan Cull, der späteren Mrs. Gold, reitet beim Aachener Turnier erstmals eine britische Dressurreiterin.

1948: Bei den Olympischen Spielen in London gewinnt der Schweizer Hauptmann Hans Moser die Goldmedaille gegen 18 Konkurrenten aus 9 Nationen vor dem Franzosen André Jousseaume und dem Schweden G. A. Boltenstern. In der Mannschaftswertung rangiert Frankreich vor den USA und Portugal. Piaffe und Passage werden im Londoner Grand-Prix-Programm nicht verlangt. Teilnahmeberechtigt sind nur Offiziere und Herrenreiter, keine Unteroffiziere. Um dieser Bedingung zu genügen, haben die Schweden den Fahnenjunker Gehnäll Persson drei Wochen vor den Spielen zum Leutnant gemacht, haben ihm diesen Dienstgrad drei Wochen nach den Spielen aber wieder genommen. Nachträglich wird Persson disqualifiziert, und die Schweden müssen die Goldmedaille an Frankreich abgeben.

1949: Die ersten offiziellen FEI-Dressuren nach dem Krieg gewinnen im belgischen Seebad Le Zoute Schweizer-Reiter, von denen Oskar Frank im Grand Prix siegt.

1952: In Helsinki sind bei den Olympischen Spielen Unteroffiziere generell und Damen in der Dressur zugelassen. Das Schweizer Unteroffizierteam mit Trachsel, Chammartin und Fischer kann hinter den Schweden und vor den Deutschen (Ida von Nagel, Heinz Pollay, Fritz Thiedemann) in der Mannschaftswertung die Silbermedaille gewinnen. Hinter dem Schweden Henry St. Cyr und vor dem Franzosen André Jousseaume steht die Dänin Lis Hartel auf Platz 2. Den zuletzt in London aufgetretenen Problemen des Richtens versucht man – zum ersten und letzten Mal – dadurch zu entgehen, daß man bei jedem Teilnehmer die höchste und die niedrigste Note des fünfköpfigen Richterteams streicht und

Linke Seite: Zwei der bedeutendsten Dressurreiter Deutschlands zwischen dem Ersten und Zweiten Weltkrieg waren Felix Bürkner (links), hier auf ZITA, und Hermann Linkenbach, hier auf ADLER. Felix Bürkner nahm schon 1912 in Stockholm an den ersten olympischen Reitwettbewerben teil, Hermann Linkenbach ritt 1928 in Amsterdam auf GIMPEL.

Oben: Gustav Rau (1880–1954) war über einen Zeitraum von fünf Jahrzehnten hinweg die überragende Gestalt des deutschen Reitsports. Ein Höhepunkt in seinem Leben war die Verkündung der Ergebnisse in der Dressurprüfung anläßlich der Olympischen Spiele von 1936 in Berlin. Damals gewannen die deutschen Dressurreiter die Goldmedaillen in der Einzel- und Gesamtwertung. Gold holten sich sowohl in der Mannschafts- als auch Einzelwertung aber auch die Spring- und Vielseitigkeitsreiter.

derart pointierte Aussagen bei der Bewertung unberücksichtigt läßt. Piaffe und Passage, die in London nicht gefordert worden sind, werden in Helsinki wieder verlangt.

1955: Nach Pferdewechsel gewinnt Willi Schultheis in Hamburg das erste Deutsche Dressurderby. Der Lörke-Schüler wiederholt diesen Erfolg noch siebenmal. Dreizehnmal war der spätere Bundestrainer deutscher Champion.

1956: Henry St. Cyr gewinnt in der olympischen Dressur in Stockholm seine zweite Goldmedaille, wiederum vor Lis Hartel; Dritte wird Liselott Linsenhoff mit ADULAR. Hinter den Schweden und vor den Schweizern gewinnt das von Otto Lörke trainierte bundesdeutsche Damenteam mit Liselott Linsenhoff, Hannelore Weygand und Anneliese Küppers die Silbermedaille. 11 der 36 Starter aus 17 Nationen sind Damen. Die nationalistischen Tendenzen der Richter sind wiederum so stark, daß die FEI erstmals zu dem außergewöhnlichen Mittel greift, zwei der Jurymitglieder für die Zukunft zu sperren.

1958: Nach dem Grand Prix in Thun im Vorjahr gewinnt Henri Chammartin auch den offiziellen FEI-Dressurwettbewerb in Wiesbaden, und zwar mit WÖHLER den Großen Preis. Chammartin steht darüber hinaus mit WOLFDIETRICH im Prix St. Georges und mit WOERMANN in der neu eingeführten Reprise intermédiaire an der Spitze. Im folgenden Jahr siegt Chammartin in St. Gallen erneut mit WÖHLER. Bei den ersten Europameisterschaften in den Jahren 1963 und 1965 reitet er jeweils WOLFDIETRICH an die Spitze. 1961 und 1962 haben Josef Neckermann und Reiner Klimke den offiziellen FEI-Wettbewerb gewonnen.

1959: Beim FEI-Wettbewerb in St. Gallen belegen hinter dem Sieger Chammartin die sowjetischen Reiter Filatow, Kalita, Lomow und Wtorow die Plätze 2 bis 5. Harry Boldt siegt in der Reprise intermédiaire, und Paul Weier, der im gleichen Jahr Schweizer Meister der Springreiter wird und an der Military-Europameisterschaft teilnimmt, steht im Prix St. Georges an der Spitze.

1960: Bei den olympischen Dressurwettbewerben in Rom, bei denen pro Nation nur zwei Reiter zugelassen sind und keine Mannschaftsmedaillen vergeben werden, gewinnt der Sowjetrusse Sergej Filatow auf dem beeindruckenden Rapphengst ABSENT die Goldmedaille vor Gustav Fischer und Josef Neckermann. Am Richtertisch sitzen

drei Herren aus Ländern, die keine Medaillenchancen haben. Zum ersten Grand Prix treten 17 Reiter aus 10 Nationen an. Die ersten fünf reiten diese Aufgabe im Stechen ein zweites Mal. Sie werden dabei offiziell gefilmt, um den Richtern die Möglichkeit zu geben, ihre Noten anhand des Films zu überprüfen. Diese Prozedur verzögert die Bekanntgabe der Resultate um zwei Tage.

1961: In einer Art von Olympiarevanche siegt beim offiziellen Dressurwettbewerb in Aachen nach einer umstrittenen Entscheidung Josef Neckermann mit ASBACH vor Olympiasieger Filatow mit ABSENT.

1964: Auf seinem Ersatzpferd WOERMANN gewinnt Henri Chammartin beim olympischen Grand Prix in Tokio die Goldmedaille nach Stechen mit nur einem Punkt Vorsprung vor Harry Boldt mit REMUS, der nach der Hauptaufgabe mit einem Plus von 19 Punkten geführt hat. Sergej Filatow gewinnt Bronze, ebenso wie das sowjetische Team, das hinter den Deutschen und den Schweizern steht.

1966: Die erste Weltmeisterschaft der Dressurreiter endet in Bern mit einem souveränen deutschen Erfolg: Josef Neckermann, Harry Boldt und Dr. Reiner Klimke belegen die ersten drei Plätze. Vier Jahre später vergibt Liselott Linsenhoff in Aachen den Titel an Elena Petouschkova, als sie sich am Anfang der Stechaufgabe verreitet.

1968: Im Stechen wird Weltmeister Josef Neckermann im olympischen Grand Prix in Mexiko von Iwan Kizimow – trotz deutlicher Führung in der Hauptaufgabe – bezwungen. Auf Rang 3 endet Dr. Reiner Klimke. Die Mannschaftswertung gewinnt die Bundesrepublik vor der Sowjetunion und der Schweiz.

1969: Das Team der DDR steht bei der Europameisterschaft in Wolfsburg hinter der Mannschaft der Bundesrepublik und vor den Sowjetrussen überraschend auf dem zweiten Rang. Die DDR kann ihren Platz in der Weltspitze der Dressurreiterei allerdings nicht lange halten – unter anderem wegen der mangelnden Breite sowie aufgrund der fehlenden finanziellen Mittel, die die private oder öffentliche Förderung dieses Hochleistungsreitsports erfordert.

1971: Die Einzelwertung der Europameisterschaft wird für die vorderen Plätze erstmals nur nach der Stechaufgabe vorgenommen. Die Hauptaufgabe gilt als Qualifikationsprüfung; sie entscheidet ferner über das Mannschaftsklassement. Dieser Modus wird bei den folgenden internationalen Wettbewerben beibehalten.

1972: Die Europameisterin der Jahre 1969 und 1971, Liselott Linsenhoff, gewinnt mit PIAFF den olympischen Grand Prix in München überzeugend vor der Weltmeisterin Elena Petouschkova mit PEPEL und Josef Neckermann mit VENETIA. Das sowjetische Team steht in der Mannschaftsentscheidung knapp vor der Bundesrepublik und dem unerwartet starken Damenteam aus Schweden.

1974: In Kopenhagen wird Dr. Reiner Klimke mit MEHMED Weltmeister der Dressurreiter. So verdient dieser Sieg auch ist, wenig später rückt er in den Schatten der bisher einmaligen Erfolgsserie von Christine Stückelberger mit GRANAT. Diese Serie beginnt in Aachen, wo die Schweizerin vor den Weltmeister reitet.

1975: Zum dritten Mal sichert sich Michael Faßbender den Titel eines Junioren-Europameisters in der Dressur. Auch in der Mannschaftswertung stehen die Bundesdeutschen in dem 1973 erstmals ausgeschriebenen Championat stets an der Spitze, und zwar mit fast gleicher Besetzung. In der Teamkonkurrenz stoppt der niederländische Nachwuchs 1976 die deutsche Serie.

1976: Die von Georg Wahl ausgebildete Christine Stückelberger auf GRANAT, nach dem überlegenen Europameisterschaftserfolg 1975 in Kiew eindeutige Favoritin, wird bei den Olympischen Spielen in Montreal ihrer Rolle gerecht. Im Grand Prix liegt sie zwar nur sechs Punkte vor Harry Boldt mit WOYCECK, in dem für die Einzelwertung ausschlaggebenden Grand Prix Special hat sie aber ein Plus von 51 Zählern. Dr. Klimke gewinnt wie in Mexiko Bronze. In der Mannschaftswertung dominiert das Team der Bundesrepublik vor den Schweizern und den Damen aus den USA, die die Vertretung der UdSSR überraschend auf Platz 4 verweisen.

Rechts oben: Josef Neckermann, einer der erfolgreichsten Dressurreiter der Welt

Unten: Strahlendes Lächeln der Sieger der olympischen Einzeldressur 1976 in Bromont/Montreal. Von links: Harry Boldt auf WOYCECK (Silber), Christine Stückelberger/Schweiz auf GRANAT (Gold) und Dr. Reiner Klimke auf MEHMED (Bronze)

1978: Christine Stückelberger, GRANAT und ihr Trainer Georg Wahl, zuvor Oberbereiter bei der Spanischen Reitschule in Wien, erringen als erstes Paar bzw. Trio in der Geschichte des Dressursports die Triple Crown: Nach den Europameisterschaftserfolgen 1975 und 1977 und dem olympischen Gold 1978 sichert sich Christine Stückelberger mit dem Holsteiner Wallach – nach einer sehr umstrittenen Entscheidung – im britischen Goodwood auch das Weltchampionat vor Uwe Schulten-Baumer mit SLIBOWITZ.

1979: GRANATS vier Jahre währende Siegesserie wird weder vom Dauerkonkurrenten WOYCECK noch von dem in Goodwood so überzeugenden SLIBOWITZ gestoppt: Die Europameisterschaft im dänischen Aarhus gewinnt jedoch überraschend die beim Weltchampionat im Jahr zuvor noch auf Platz 14 rangierende 22jährige Österreicherin Sissi Theurer mit MON CHÉRIE.

1980: Bei den Olympischen Spielen in Moskau gewinnt Elisabeth Theurer dann auch die Goldmedaille – vor den Sowjetrussen Yuri Kovshov und Victor Ugrymov. Dieser Erfolg zählt sportlich aber wenig, weil die eigentlichen Konkurrenten von MON CHÉRIE – er ist zuvor in Aachen im Grand Prix Special von AHLERICH geschlagen worden – beim Festival in Goodwood starten und Elisabeth Theurer sich weder dort noch anschließend in Rotterdam stellt. Welche Farce die olympischen Dressurwettbewerbe darstellen, dokumentieren vor allem die Plätze 2 und 3 – hinter den Sowjetrussen – für die bulgarische und die rumänische Mannschaft.
In Goodwood präsentiert sich GRANAT unter Christine Stückelberger in Olympiaform; er gewinnt erneut vor SLIBOWITZ unter Dr. Uwe Schulten-Baumer und AHLERICH unter Dr. Reiner Klimke. In der Mannschaftswertung siegen die Bundesdeutschen programmgemäß vor den Schweizern und den Dänen.

1981: Mit MADRAS schafft es Dr. Uwe Schulten-Baumer, seine Dauerkonkurrentin Christine Stückelberger auf GRANAT bei der Europameisterschaft in Laxenburg zu schlagen. Möglicherweise werden GRANATS Leistungen in besonderem Maße durch den außergewöhnlich schlechten Boden des Vierecks beeinträchtigt. Rang 3 belegt Gabriela Grillo mit GALAPAGOS. In der

Teamwertung weiterhin das gewohnte Bild: BRD vor Schweiz und Sowjetunion.

1982: Bei der Weltmeisterschaft in Lausanne belegt Dr. Reiner Klimke mit AHLERICH den ersten Platz vor Christine Stückelberger und GRANAT, dessen großartige Karriere damit beendet ist. Dritter wird Dr. Uwe Schulten-Baumer mit MADRAS. In der Teamwertung siegt die Bundesrepublik vor der Schweiz und Dänemark.

1983: Anne-Grethe Jensen aus Dänemark schlägt bei der Europameisterschaft in Aachen das favorisierte Paar Klimke/AHLERICH – und sorgt damit für eine dressursportliche Überraschung. Die Bronzemedaille gewinnt die Kombination Schulten-Baumer/MADRAS. In der Mannschaftswertung steht die Bundesrepublik vor Dänemark und der Schweiz.

Der Fahrsport

1896: Die Prämierung der Gespanne bildet einen wichtigen Programmpunkt des Brüsseler Concours Hippique.

1897: Der in Berlin mit dem Ziel der Förderung des Turniersports gegründete Deutsche Sportverein befaßt sich intensiv mit dem Fahrsport.

1899: Beim Berliner Turnier fährt C. Luckmann einen Vierzehnerzug. Die Viererzugkonkurrenz gewinnt ein Gespann des Kölner Julius Vorster mit Benno von Achenbach auf dem Bock.
Benno von Achenbach publiziert für den Deutschen Sportverein seine Stil- und Anspannungsgrundsätze, die die Basis für das nach ihm benannte Fahrsystem bilden. Benno von Achenbach, der Sohn des Landschaftsmalers Oswald Achenbach, wird 1906 vom Kaiser zur Reorganisation des Fahrunterrichts an den Kaiserlichen Marstall berufen und aufgrund seiner außergewöhnlichen Verdienste später geadelt. 1922 veröffentlicht von Achenbach das Standardwerk »Anspannen und Fahren«.

1901: Der Concours Central der Société Hippique Française in Paris findet erstmals im Grand Palais statt. Fahrkonkurrenzen bilden einen festen Bestandteil der zentralen Veranstaltung in Frankreich.

1909: Bei der zweiten Distanzfahrt von Wien nach Berlin – die erste fand 1908 statt – erreichen 6 von 20 Teilnehmern das Ziel. A. Brandt fährt die Strecke mit einer ostpreußischen Halbblutstute vor einem leichten vierrädrigen Wagen in 49 Stunden und 9 Minuten.

1910: In Paris wird erstmals eine Marathonfahrt für Viererzüge ausgeschrieben.

1911: Beim Rennen in Doberan fährt der Großherzog von Mecklenburg selbst mit seinem Fünferzug zur Tribüne. Prinz Max von Thurn und Taxis stellt beim Concours in Berlin-Ruhleben den Viererzug von Carl von Siemens vor.

1925: Beim ersten Turnier des Aachen-Laurensberger Rennvereins werden fünf Fahrkonkurrenzen entschieden; zwei die-

ser Wettbewerbe sind Ackergespannen vorbehalten.

1928: Werner T. Schaurte gewinnt in Aachen die Gebrauchsprüfung, eine 20-km-Fahrt; die Stadtsicherheit des Gespanns, eine Schnelltrabstrecke von 3 km und eine Eignungsprüfung auf dem Turnierplatz gehen mit besonderer Bewertung in das Gesamtergebnis ein.

1930: Die im Rahmen des Aachener Turniers organisierte Marathonfahrt für Viererzüge führt in drei Tagesetappen von Düsseldorf nach Aachen (100 km). Die zweite Etappe enthält eine 8-km-Schnellstrecke, auf der ein Tempo von 15 km/h zu fahren ist. Die 12 teilnehmenden Gespanne absolvieren die Distanzfahrt ohne Probleme; die Konditionsprüfung auf dem Turnierplatz entscheidet die Prüfung. Die

fünf Viererzüge vom Fahrausbildungskommando der Deutschen Reichswehr belegen die Plätze 1, 2, 3, 7 und 8. Zehn Teilnehmer haben englisch, zwei ungarisch angespannt. Bedeutende Fahrkonkurrenzen werden ferner in Zoppot bei Danzig und in Wiesbaden entschieden.

1938: Von Aachen aus fahren acht Viererzüge die 50-km-Strecke ins belgische Spa; dort folgt auf dem Turnierplatz ein Hindernisfahren. Major Stein siegt mit den Trabern der Kavallerieschule. Am Aachener Turnier nehmen unter anderem ungarische, jugoslawische und britische Gespanne teil.

1947: Oberst a. D. Max Pape stellt an die Olympischen Komitees von England, USA, Frankreich, Schweiz, Schweden und Holland den Antrag, das Fahren mit einer

Eignungsprüfung für Viererzüge und einer 200-km-Marathonfahrt ins olympische Programm aufzunehmen. Der Antrag wird mit Termingründen abgelehnt.

1950: Mit einem aus Privatbesitz zusammengestellten Holsteinerzug gewinnt Hermann Butz das erste Hamburger Fahrderby. Die Konkurrenz besteht aus einer Zugwilligkeitsprüfung, einer Eignungsprüfung für Ein-, Zwei- und Vierspänner, einer 40-km-Distanzfahrt, die eine 1-km-Schritt-Schnellstrecke sowie eine 2-km-Trab-Schnellstrecke enthält, und einer Dressurprüfung im Viererzug.

1952: In drei Tagesetappen führt die Aachener Marathonfahrt, jeweils mit Start und Ziel in Aachen, über insgesamt 160 km. Die Prüfung enthält Schnellstrecken im Schritt und Trab sowie einen Zugleistungs- und einen Verfassungstest. Der Aachener Wettbewerb steht im Schatten des Hamburger Fahrderbys, das sich zur renommiertesten Prüfung des deutschen Fahrsports entwickelt.

1954: Franz Lage beginnt seine Siegesserie in Hamburg. Bis 1959 gewinnt er das Deutsche Fahrderby sechsmal in ununterbrochener Folge.

1957: In Aachen wird erstmals der Geheimrat-Talbot-Gedächtnispreis als Vielseitigkeitsprüfung für Viererzüge ausgeschrieben. Er besteht vor allem aus Eignungs- und Dressurprüfungen für Ein-, Zwei- und Vierspänner. Walter Sirrenberg gewinnt den Preis. Weitere Siege in der renommierten Prüfung erringt der achtfache Deutsche Meister der Viererzugfahrer in den Jahren 1963, 1965 und 1966.

1965: Beim Fahrderby in Hamburg starten erstmals zwei ungarische Gespanne, die auf den Rängen 6 und 9 im Neunerfeld enden. Im folgenden Jahr belegen die Ungarn die Plätze 2 und 3, 1967 stellen sie mit Laszlo Kadar, 1968 mit Imre Abonyi den Sieger. In dem Schweizer Dorf Nennigkofen im Kanton Solothurn findet ein nationales Fahrerturnier mit 559 Nennungen statt.

1966: 36 Viererzüge beteiligen sich am Fest des Fahrsports in Münster, veranstaltet vom Westfälischen Reiterverein. Dieses Ereignis ist symptomatisch für die Renaissance, die der Fahrsport seit den sechziger Jahren in der Bundesrepublik, der Schweiz, in Ungarn, England, den USA und in der UdSSR erlebt. Wenn auch der Fahrstil und die Art der Konkurrenz in den einzelnen Ländern, vor allem in den USA und in der UdSSR, unterschiedlich sind, scheint das Fahren generell doch eine reizvolle Alternative zum Pferdesport im Sattel darzustellen. Enorm steigende »Wachstumsraten« in den folgenden Jahren unterstreichen diese Annahme.

1969: Der Einsatz von Oberst Max Pape, das Fahren zur olympischen Disziplin zu machen, hat keinen Erfolg. Das Anliegen scheint auch wenig Aussicht auf eine Verwirklichung in absehbarer Zukunft zu enthalten. Diesem und ähnlichen Vorstößen gelingt es freilich, dem Fahrsport auf der Generalversammlung in Madrid die offizielle Anerkennung und Betreuung durch die FEI zu verschaffen. Der britische Oberst Mike Ansell hat das Reglement für eine Vielseitigkeitsprüfung erarbeitet, in dem das Fahren als Leistungssport verstanden wird. Der Drei-Tage-Test besteht aus drei Teilprüfungen: erstens der Gespann-

Oben: Sechserzug des Geheimrats Julius Vorster aus Köln, gefahren 1912 von Benno von Achenbach beim Turnier in München

Links: Ungarische Gespanne zählen schon seit vielen Jahren zur absoluten Weltspitze im Fahrsport. Das Bild zeigt den Viererzug von Sandor Fülöp, dem Weltmeister von 1974.

290

kontrolle und Dressur, in der vor allem Durchlässigkeit und Gehorsam der Pferde bewertet werden, zweitens aus der Marathonfahrt von 24 bis 32 km Länge über Wege und Straßen inklusive besonderer Schritt- und Trabstrecken sowie drittens aus dem Hindernisfahren mit 20 Hindernissen auf einem Parcours von 500 bis 800 m Länge.

1970: Nachdem das neue Reglement in nationalen Turnieren im britischen Windsor und im Johnson Park in den USA getestet worden ist, findet im Juni in der Schweiz die erste internationale Prüfung nach den neuen Regeln statt. Der Ungar Imre Abonyi siegt in Luzern – wie auch beim Hamburger Fahrderby.

1971: 16 Gespanne aus sieben Nationen konkurrieren in Budapest um das erste Europachampionat, bei dem die Gastgeber mit Imre Abonyi, Sandor Fülöp und Jozsef Papp die ersten drei Plätze belegen. Mit Franz Lage und dem Schweizer Auguste Dubey folgen die ersten Fahrer mit englisch angespannten Viererzügen auf den Rängen 4 und 5.

Heftig wird darüber diskutiert, inwieweit das Reglement mit der Dominanz der Marathonfahrt inklusive der Trabzeitstrecke die ungarisch angespannten leichten Pferdetypen einseitig bevorzugt. In Budapest setzt sich die Marathonfahrt von insgesamt 27 400 m aus einer Trabstrecke von 13 km (Zeitlimit 65 Min.), einer Schrittstrecke von 1 km (8 Min., 35 Sek.), einem Schnelltrab über 6 km (27 Min.) und einer Trabstrecke von 7,4 km (37 Min.) zusammen. Das Championat wird ermittelt aufgrund der Addition der Plazierungspunkte in den einzelnen Prüfungen, die mit Koeffizienten (2 für Dressur und Gespannkontrolle, 2 für Hindernisfahren und 3 für die Marathonfahrt) multipliziert worden sind.
Die Koeffizienten der Plazierungspunkte werden bald geändert, nämlich 1 für die Gespannkontrolle, 3 für die Dressur, 4 für die Marathonfahrt und 2 für das Hindernisfahren. Bei dieser Bewertung gewinnt die Dressur mehr Gewicht. Um die Leistungen der Fahrer in den einzelnen Teilprüfungen differenzierter zu bewerten, geht man dazu über, analog zur Bewertung in der Military mit einem System von Minuspunkten zu arbeiten.

1972: Der Chef des Fahrstalles der Eidgenössischen Militär-Pferdeanstalt in Bern, Auguste Dubey, gewinnt in Münster gegen 17 Konkurrenten aus 7 Nationen das erste Weltchampionat der Viererzüge. Die Mannschaftsmeisterschaft sichern sich die Briten, für die unter anderem Sir John Miller mit dem Gefährt der britischen Königin die 38-km-Marathonstrecke absolviert. Die Teilnahme von John Miller, dem Stallmeister der britischen Krone, und vor allem dann später die von Prinz Philip findet außergewöhnliches öffentliches Interesse; sie fördert die Anerkennung des Fahrsports beträchtlich.
An einer zweiten Konkurrenz beteiligen sich in Münster 30 weitere Viererzüge. In der westfälischen Stadt kommt also Ende Mai die außergewöhnliche Zahl von insgesamt 48 Gespannen zusammen.
Bei der Abschlußfeier der Olympischen Spiele in München gehören Viererzüge zum festlichen Rahmen des Bildes – quasi als Trost für die dem Fahrsport versagte olympische Beteiligung.

1974: Die zweite Weltmeisterschaft bringt den Ungarn durch Sandor Fülöp zwar den

Einzeltitel, der Mannschaftssieg, für den die beiden erfolgreichsten Gespanne des Dreier-Teams gewertet werden, fällt jedoch an die Briten. 35 Fahrer aus 11 Nationen konkurrieren im schweizerischen Frauenfeld.

1975: Fred Freund gewinnt in Aachen den zwanzigsten Geheimrat-Talbot-Gedächtnispreis, Emil-Bernhard Jung in Windsor und Sandor Fülöp im tschechischen Podebrad die internationale Fahrkonkurrenz. Das Championat im polnischen Zoppot sieht mit Imre Abonyi, György Bardos und Ferenc Muity gleich drei Ungarn an der Spitze.

1976: Nach den Europameisterschaftssiegen in den Jahren 1971 und 1975 komplettiert der 57jährige Gestütsmeister Imre Abonyi seine Erfolgsbilanz im niederländischen Apeldoorn bei der dritten Viererzug-Weltmeisterschaft. Die madjarischen Staatsgespanne bestätigen mit dem vierten Einzelsieg und dem dritten Mannschaftserfolg bei den bisher sechs Championaten ihre Spitzenstellung im internationalen Fahrsport. Platz 2 erreichen in Apeldoorn in der Einzelwertung mit Emil-Bernhard Jung und in der Mannschaftswertung mit dem bundesdeutschen Team Privatgespanne des Westens.

1978: Im ungarischen Kecskemét erringen die Madjaren erneut einen für ihre Konkurrenten desillusionierenden Erfolg. Der Vorjahreseuropameister György Bardos gewinnt das vierte Weltchampionat, auf den Plätzen 2 bis 6 folgen noch vier weitere Gespanne der Gastgeber. Bester Nicht-Ungar ist auf Rang 4 der ehemalige niederländische Springreiter Tjeerd Velstra, der im Jahr zuvor in Donaueschingen Zweiter der Europameisterschaft war. In der Teamwertung siegen erstmals die Ungarn. Die deutschen Fahrer belegen vor Großbritannien den zweiten Platz und erreichen damit wieder einen hervorragenden Rang.

1979: Die Ungarn bringen bei dem von schwüler Witterung beeinträchtigten

Championat im französischen Haras du Pin erneut drei Gespanne auf die ersten vier Plätze. Bardos gewinnt seine dritte Meisterschaft in Folge.

1980: Bardos sichert sich seine vierte Meisterschaft in ununterbrochener Folge und gewinnt sein zweites Weltchampionat im britischen Windsor vor dem Einheimischen George Bowman und dem Holländer Tjeerd Velstra. Der englischen Mannschaft gelingt es, die Ungarn auf Platz 2 zu verweisen. Verschiedene Experten bezeichnen die Hindernisstrecke als schikanös und nicht pferdegerecht. Zwei Fahrer werden eliminiert, weil sie rüde mit der Peitsche auf ihre Pferde eingeschlagen haben; die Tiere sollten mit letzter Kraft die festhängenden Gefährte aus den Hindernissen ziehen. Man diskutiert jetzt auch im Zusammenhang mit dem Fahrsport Fragen des Tierschutzes.

1981: Bis auf einen Unglücksfall – der deutsche Fahrer Nanno Janssen fällt mit seinem Gespann von einer Brücke – verläuft das Europachampionat im schweizerischen Zug ohne Komplikationen. Es endet mit dem fünften Meisterschaftserfolg von György Bardos – vor George Bowman und dem Polen Wladyslaw Adamczak – und einem weiteren ungarischen Mannschaftssieg vor den Polen und den Briten.

1982: Bei der sechsten Weltmeisterschaft im niederländischen Apeldoorn wird in der Einzelwertung durch den Einheimischen Tjeerd Velstra die seit 1974 anhaltende Siegesserie der Ungarn beendet. Velstra gewinnt mit seinem Ostfriesen-Gespann vor den Madjaren György Bardos und Laszlo Juhasz. Auch in der Mannschaftswertung sind die niederländischen Fahrer erfolgreich und holen sich die Goldmedaille vor Ungarn und Großbritannien.

1983: Die Europameisterschaft fällt aus. An ihrer Stelle wird eine Zweispänner-Konkurrenz ausgetragen, die allerdings nicht den Status eines Championats besitzt.

Schönheit und Dynamik des Fahrsports demonstrieren diese vier Schimmel im Gegenlicht der aufspritzenden Tropfen des Wassergrabens.

Nächste Doppelseite: Fahrsportimpression aus ungewöhnlicher Perspektive

293

Der Rennsport

Die Antike und das Mittelalter

Welches ist das älteste Reiterspiel? Das Rennen! Denn nichts entspricht dem Wesen und der Veranlagung des Pferdes so sehr wie der schnelle Lauf. Zu ihm ist es berufen. Pferderennen gab es daher schon früh und bei vielen Völkern. Beispielsweise bei den Griechen im alten Hellas. Auf deren olympischem Programm standen zwecks Steigerung und Verbesserung der Pferdezucht bereits seit 680 v. Chr. Wagenrennen. Allerdings waren die Wettläufe zunächst nichts weiter als ein Test für den Mut und die Disziplin der Pferde im Hinblick auf deren militärische Verwendbarkeit. Denn auf ihnen basierte vom Nil bis zum Jangtsekiang ein Großteil der kriegerischen Macht des Altertums. Bei der 33. Austragung der Spiele im Jahre 648 v. Chr. wurden im Hippodrom von Olympia, das am Ufer des Alpheios lag, Rennen schließlich auch geritten. Dabei benutzten die »Jockeys« weder Sattel noch Steigbügel, sondern saßen auf dem blanken Rücken der Pferde, deren beste anfangs aus Thessalien und später aus Libyen kamen, weil die dortige Rasse als besonders schnell, ausdauernd und fügsam bekannt war.

All diese Eigenschaften, zu denen sich außerdem Furchtlosigkeit gesellte, waren in den Hippodromen bitter vonnöten. Auf den meist unebenen und holprigen, aber immer harten und engen Geläufen kam es beim Kampf um den Lorbeerkranz nämlich zu einem fürchterlichen Gedränge. Ganz abgesehen davon, daß die Konkurrenten sich nach Belieben kreuzen und rempeln durften, mußten sie in den Rennen auch noch Wendemale umrunden. Und wenn die angesteuert und passiert wurden, spielten sich in der geballten Masse des Feldes Szenen ab, die für Roß und Reiter oder für die Lenker der Vierergespanne lebensgefährlich waren. Um keinen Zentimeter Boden zu verschenken, wollte jeder so nah wie möglich am Mal vorbei. Deshalb wurden bei diesen Manövern mehr als einmal Wagen zertrümmert oder Pferde reiterlos – und nicht wenige olympische Kämpfer im Sand der Arena zertrampelt oder zu Tode geschleift; denn die Quadrigenlenker pfleg-

ten sich zur besseren Beherrschung ihrer Gespanne die Leinen um den Leib zu wickeln.

Bevor die Pferdesportler des klassischen Altertums um olympischen Lorbeer reiten oder fahren durften, mußten sie sich in Elis, das als Trainingsquartier ein antikes Pendant zu Warendorf war, dreißig Tage lang auf ihre schwere und gefährliche Aufgabe vorbereiten. Angesichts der bereits bekannten Sachlage war das in manchem Fall sicher nötig – wobei wir freilich nicht wissen, ob das Exerzitium entscheidenden Nutzen brachte. War dem jedoch so, dann wurde der Betreffende nicht nur enthusiastisch gefeiert, sondern meistens auch fürstlich belohnt – und zwar mit Geld, wohlgemerkt.

Daß der Nachwelt eine Reihe ihrer Namen bekannt ist, verdankt sie neben der Popularität des antiken Sports im allgemeinen und der Pferderennen im besonderen vor allem den damaligen »Olympiareportern«. Dem Lyriker Pindar etwa. Er »nahm zur Hand das mächtig tönende Saitenspiel und sang uns ein Lied zum Ruhme der Rennbahn, zum Ruhme des Renners, der den Sieg errang«. Unter seinen vierzehn olympischen Siegeschören befinden sich nicht weniger als sechs, die solcherart die Gewinner von Pferderennen feiern. Unter anderem berichtet er von seinem Freund Hieron, dem König von Syrakus, an dessen Hof der Dichter jahrelang lebte. Der roßnärrische Monarch, der selbst züchtete, trainierte und ritt, gewann 476 v. Chr. mit seinem Hengst PHERENIKOS in Olympia ein Rennen, worauf Pindar ihm eine Hymne unter dem Titel »Die erste olympische Ode für Hieron von Syrakus nach seinem Sieg mit dem Rennpferd« widmete.

»... Auf denn, mach die dorische, die Leier los vom Pflock, wenn du je von Olympias Hoheit, von Pherenikos erklangst und Bilder, holde, dich umwoben, als den Strom entlang er stürmte, den Alpheios, und den Leib, den noch kein Sporn getroffen, dem Lauf überließ, seinen Meister vermählend mit dem Sieg, den rosseliebenden Herrn von Syrakus.«

Ein anderer Herrscher des Altertums genoß als Besitzer von Rennpferden und Sieger vieler Wettbewerbe womöglich

einen noch größeren Ruf als sein Kollege Hieron: der Mazedonierkönig Philipp II., der Vater Alexanders des Großen. *Nomen est omen.* Denn das griechische Wort *Philipp* oder *Philippos* bedeutet auf gut deutsch nichts anderes als Pferdefreund. 356 v. Chr. erhielt der mazedonische *horseman* übrigens drei Freudenbotschaften auf einmal: daß seine Truppen die Illyrer geschlagen hätten, daß ihm ein Sohn geboren worden sei und daß sein Pferd in Olympia gewonnen habe, was alles an einem Tag geschehen sein soll.

In der Ära Philipps II. hatten die Rennen ihren militärischen Sinn bereits verloren und waren Wettkämpfe nach rein sportlichen Gesichtspunkten. Gefahren oder geritten wurden in der Regel 48 Stadien, was 12 Runden oder 9,3 Kilometern entsprach. Das olympische Vierergespann-Rennen war mit einer Distanz von 14 Kilometern allerdings noch länger. Jedoch meinte man, diese beträchtlichen Entfernungen von ausgewachsenen Wagenpferden verlangen zu können. Schnelligkeit gepaart mit Stehvermögen war also damals schon das Ziel der Züchter. Dieser Forderung beugten sich sogar die Thessalier, die für eine Verkürzung der Rennstrecken plädiert hatten, weil sie ihren auf Speed gezüchteten Rennern größere Chancen sichern wollten.

Außerdem gab es Prüfungen für junge und ältere Pferde mit jeweils divergierenden Längen und schon ab 496 v. Chr. ein reines Stutenrennen, das *calpe* genannt wurde. Für die Zucht benutzte man vor allem »Leistungsträger«. Also jene Pferde, die sich in den Hippodromen ausgezeichnet hatten. Daher zeigen Abbildungen aus jener Zeit nicht selten einen Typ, der dem des heutigen Vollblüters recht ähnlich ist. Das gilt vor allem für einen Bronzetorso aus dem 2. Jahrhundert v. Chr., den man am Kap Artemision im Norden Euböas fand. Gestüte, die im Rennsport besondere Erfolge hatten, versahen ihre Pferde übrigens mit Brandzeichen, die entweder auf einem der Hinterschenkel – mitunter auch auf beiden – oder am Hals eingebrannt wurden. Diese Methode der Kennzeichnung kam zu Beginn des 4. Jahrhunderts v. Chr. in Mode.

Leider ist uns nichts über die Höhe der zu tragenden Gewichte bekannt. Auch wie die Pferde auf ihre Aufgaben vorbereitet wurden, wissen wir nicht. Zumindest nicht im Detail. Selbst der griechische Heerführer

Von den vielen mit pferdesportlichen Motiven versehenen Kunst- und Gebrauchsgegenständen aus dem Altertum ist dieser Pokal einer der schönsten. Auf ihm ist sehr ausdrucksvoll die Quadriga dargestellt, das klassische Gespann der antiken Wagenrennen.

»klassischen« Zeugen berufen, und zwar auf keinen geringeren als den Geschichtsschreiber Tacitus. Er nämlich stellt in seiner »Germania« fest, »daß im Reiten das Spiel der Kinder besteht, der Wettstreit der Jünglinge, die liebe Gewohnheit der Alten«. Daran hat sich seitdem natürlich manches geändert. Pferdesportliche Wettkämpfe und Rennveranstaltungen aber hat es in Deutschland immer gegeben, obwohl diesbezügliche Hinweise aus der Frühzeit spärlich sind. Im Laufe der Jahrhunderte nahmen Berichte über derartige Ereignisse wegen der fortschreitenden Verbesserung der Kommunikationsmittel jedoch zu. Beispielsweise werden aus dem 15. Jahrhundert die Scharlachrennen gemeldet, bei denen um den Preis eines wertvollen roten Tuches geritten wurde. Solche und ähnliche Kirmesdarbietungen mit hauptsächlich bäuerlicher Beteiligung fanden zur Volksbelustigung unter anderem in Nördlingen, München, Augsburg und Ulm statt. Züchterischen Sinn hatten sie freilich noch nicht; denn an ihnen nahm jedes Pferd teil, das sich Hoffnungen machen konnte, das Ziel als erstes zu erreichen. Auch die »Ausschreibung« eines Rennens, die Herzog Ulrich von Württemberg Anfang des 16. Jahrhunderts verschickte, basiert nicht auf solchen Überlegungen. Ihr Text, der Seltenheitswert besitzt, weil er uns in vollem Wortlaut erhalten blieb, verrät das. »Allen und jeglichen Kurfürsten, Fürsten, geistlichen und weltlichen Herren, Grafen, Freien, Rittern, Knechten, Amtsleuten, Bürgermeistern, Bürgern und Gemeinen, denen dieser unser Brief zukommt, entbieten wir, Ulrich von Gottes Gnaden Herzog zu Württemberg und Teck, Graf zu Mömpelgart etc. unsere freundlichen Dienste und günstlichen Grüße je nach Gebühr seines Standes wie allzeit zuvor. Wir geben Euch hiermit zu erkennen, daß wir zu Kurzweil und Geselligkeit uns vorgenommen haben, ein Rennen mit laufenden Rossen über eine Meile von Neckarweihingen bis Biningen, vor unserer Stadt Marbach am Neckar gelegen, abzuhalten. Wie nachstehend aufgeführt wird, also am elften Tag des Monats Mai um 8 Uhr, müssen

Das schönste und eindrucksvollste Gespann einer antiken Quadriga stellen ohne Zweifel die vier Bronzerosse von San Marco in Venedig dar. Sie wurden in der römischen Kaiserzeit von einem unbekannten Künstler geschaffen, im 4. Jahrhundert n. Chr. in das Hippodrom von Konstantinopel gebracht, 1204 von dort nach Venedig verschifft, 1797 durch Napoleon via Paris entführt und 1815 schließlich wieder über dem mittleren Portal der Markuskirche aufgestellt.

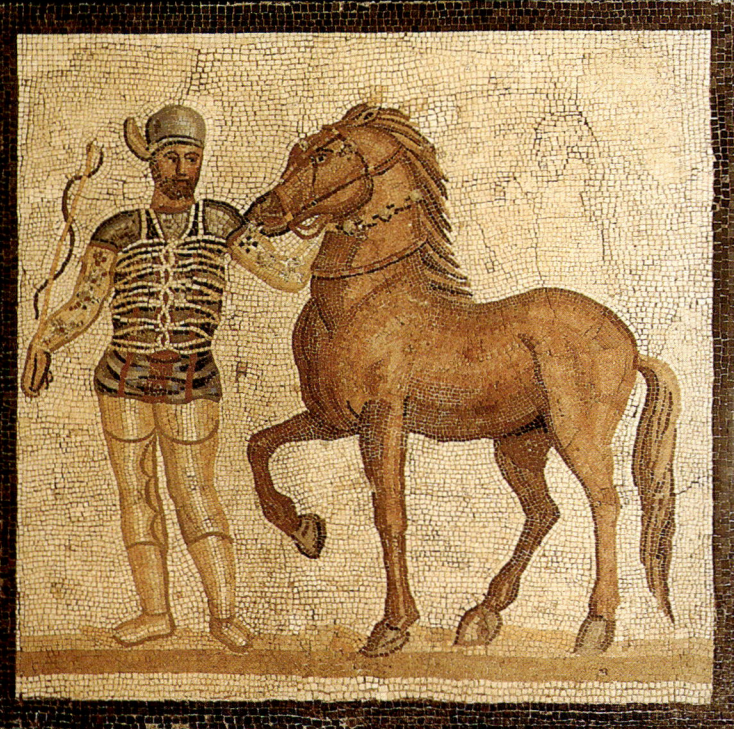

Grüne, rote, weiße und blaue Wagenlenker aus der Kaiserzeit des alten Rom. Jeder von ihnen gehörte sogenannten factiones an – Gesellschaften, die alle Bereiche des römischen Rennsports kontrollierten. Diese Interessengemeinschaften besaßen nicht nur Rennställe mit Hunderten von Pferden, sondern geboten auch über Fahrer, Trainer, Pfleger, Ärzte, Handwerker, Diener und Gaukler, die in den Rennpausen die Zuschauer bei Laune zu halten hatten.

alle Pferde, die mitlaufen, unter den Reitknaben zu diesem Anlaß in Neckarweihingen sein, und dem ersten Roß, welches mit dem Reiter über die Ziellinie kommt, wollen wir geben 32 Gulden in einem silbernen Trinkgeschirr. Dem anderen eine Armbrust und dem dritten ein Schwert, und sollen für jedes teilnehmende Pferd ein rheinischer Gulden an dem Ort abgegeben werden, den wir bestimmen. Gegeben in unserer Stadt Stuttgart mit unserem aufgedruckten Siegel versehen am 21. Tage des Monats Dezember nach Christi, unseres lieben Herrn Geburt, da man zählt 1511.« Was am 11. Mai 1512 aufgrund der Aufforderung des württembergischen Landesherrn in Marbach geschah, wissen wir leider nicht. Zwar waren »Kurzweil und Geselligkeit mit laufenden Rossen« zu diesem Zeitpunkt in deutschen Landen existent, aber noch nicht in einem Maße an der Tagesordnung, daß die Chronisten für regelmäßige »Berichterstattung« sorgten. In Italien taten sie das dafür um so mehr. Allerdings hatten die dortigen Palio-Rennen auch schon eine jahrhundertealte Tradition, da bereits 1238 von ihnen die Rede war. Damals mußte in Siena ein Mann 40 Solidi zahlen, weil er sich während einer solchen Veranstaltung unkorrekt

benommen hatte. Es kann sich nur um ein ausgesprochen grobes Foul gehandelt haben. Denn das Palio war ohnehin eine Angelegenheit, bei der es meistens sehr rauh, ja brutal zuging. Die Reiter handhabten nämlich Knüppel, mit denen sie nicht nur die Pferde prügelten, sondern auch auf die Konkurrenten losdroschen – was durch Wort und Bild gleich zweifach belegt ist. Diese Rennen wurden ursprünglich auf freien Plätzen ausgetragen. Später verlegte man sie – aus welchen Gründen auch immer – in das Innere der Städte. An hohen kirchlichen Feiertagen oder zu Ehren eines Heiligen ging es dann mit allen Mitteln zur Sache. Dem Sieger winkte ein kostbar besticktes Banner bzw. ein mit Hermelin- und Marderpelz besetzter Mantel aus Brokat im Wert von mindestens 600 Gulden: das Palio. Das bedeutendste seiner Art war zeitgenössischen Aufzeichnungen zufolge Johannes dem Täufer gewidmet und wurde am 24. Juni jedes Jahres in Florenz gelaufen. Dabei ging die Jagd um den begehrten Preis vor allem durch die Straßen desjenigen Stadtviertels, in dem die prächtigen Häuser der Reichen standen. Die Rennstrecke war vom einen bis zum anderen Ende mit Blumen geschmückt und von festlich gekleideten Menschen gesäumt. Viele von ihnen beschränkten sich jedoch nicht nur aufs bloße Zuschauen, sondern hatten auf den Sieg des einen oder anderen Reiters zum Teil hohe Wetten abgeschlossen. Das war besonders in der Renaissance der Fall, in der das Zeremoniell der Palii immer verschwenderischer wurde. Bei einer solchen Gelegenheit verlor der uns unbekannte Tipper Francesco Cybo an den Kardinal Raffael Riario 14 000 Dukaten – und beschwerte sich hinterher beim Papst, daß man ihn betrogen hätte.

Auch von den vierbeinigen Teilnehmern am Palio wird berichtet. Es seien die besten Rennpferde der Welt gewesen, sagt der Chronist. Aus der Sicht der damaligen Zeit mag das stimmen. Denn den Vollblüter, der als Rennpferd par excellence gilt, gab es noch nicht. Er wurde durch rossekundige Briten erst einige Jahrhunderte später geschaffen.

Die Kreation des Vollblüters

Der Vollblüter verdankt seine Entstehung einer ganz bestimmten Erkenntnis: derjenigen nämlich, daß selektive Kreuzungen allein nicht in der Lage sind, Pferde zu schaffen, die hinsichtlich Schnelligkeit und Ausdauer alle Vorgänger in den Schatten stellen, sondern daß den Prüfungen auf der Bahn als unbestechlicher Auslesefaktor und Ersatz der Natur eine nicht minder wichtige Rolle zukommt. Solange Zucht und Rennen also keine Partner waren, mußte das Bemühen, eine Rasse von windschnellen Individuen zu schaffen, Stückwerk bleiben. Die Lunte zum Blitz dieser Erkenntnis glomm Jahrhunderte hindurch. Als sie zündete, dauerte es bis zur endgültigen Kreation des Vollblüters freilich immer noch rund hundert Jahre. Den Schlußpunkt seines Werdegangs setzt ein ganz bestimmtes Datum: der 1. April 1764. An diesem Tag wurde im Gestüt Windsor Great Park des Herzogs von Cumberland das bemerkenswerteste Pferd geboren, das jemals in der dämmrigen Stille einer Box gefohlt wurde – ECLIPSE, der erste perfekte Vertreter der neuen Rasse. Mit seiner Geburt hatten die Visionen von Generationen gläubiger Züchter endlich Gestalt angenommen.

Die »Schöpfungsgeschichte« des Vollblüters beginnt streng genommen mit dem Erscheinen Julius Cäsars in Britannien. Als der große Feldherr und Staatsmann 55 v. Chr. mit zwei Legionen auf der Insel landete, um dem römischen Weltreich eine weitere Provinz zu erobern, machten ihm das die

dort ansässigen Kelten nicht gerade leicht. Ihr Widerstand stützte sich vor allem auf eine gutgeführte und -trainierte Kavallerie mit kleinen, schnellen und ausgesprochen robusten Pferden. Diese Ponys waren zum Teil Importe aus Gallien, denn die britischen Ureinwohner pflegten über den Kanal hinweg Kontakt zum jenseitigen Nachbarvolk, zum Teil Kreuzungen der einheimischen Landrasse mit gallischen Pferden. Die wiederum kamen aus Nordafrika oder waren Mischlinge des dortigen Schlages. Daher hatte das englische Pferd jener Zeit hin und wieder sicherlich »Blut«. Im Laufe der etwa 400 Jahre währenden Römerherrschaft hat sich in dieser Hinsicht natürlich auch einiges getan. Denn daß die Truppen der Invasoren in ihrem Troß Orientalen mitführten, gilt als bewiesen. Und die werden auf ihre Art mit Sicherheit fraternisiert haben. Außerdem mußten sie zur Gaudi der Garnisonen um die Wette laufen, damit die Legionäre sich auch in der Fremde an liebgewordenen heimatlichen Bräuchen erfreuen konnten. Abgesehen davon werden derartige Veranstaltungen das »Betriebsklima« verbessert und die Kampfmoral gehoben haben. Die erste Erwähnung über Rennen in England stammt dann auch aus der römischen Besatzungszeit. 210 n. Chr. sollen Araberhengste, die Kaiser Lucius Septimius Severus dorthin gebracht hatte, bei Netherby in Yorkshire gegeneinander gelaufen sein. Reichlich fünf Jahrhunderte später war dieser Sport auch bei den Einheimischen so beliebt, daß die Kirche um das Seelenheil der Gläubigen bangte, die Pferderennen besuchten. Andernfalls hätte Erzbischof Cuthbert von Canterbury seine Gemeinde im Jahre 747 anläßlich der Synode zu Abindon wohl kaum ermahnt, sich zu Himmelfahrt keinen Spielen und Kneipereien hinzugeben oder gar Rennveranstaltungen beizuwohnen.

Das Wort »Rennpferd« taucht in England übrigens zum ersten Mal in der Mitte des 10. Jahrhunderts auf. Damals bat Hugo Capet aus dem französischen Geschlecht der Kapetinger den mächtigen angelsächsischen König Athelstan irgendwann um die Hand seiner Schwester und brachte ihm als Geschenk *running horses* mit. Ob darunter

Pferde zu verstehen sind, deren Nutzung einzig und allein im schnellen Lauf bestand, wird allerdings angezweifelt. Die Bezeichnung *running horse* ist nämlich identisch mit dem Begriff *courser,* und dieses Wort galt in Athelstans Zeiten für ein Pferd, das unter der Last eines gerüsteten Reiters lange Strecken zurücklegen konnte. Das Präsent Hugo Capets wird deshalb wahrscheinlich in einer Anzahl ausgesuchter guter Kriegspferde bestanden haben. Noch bessere Vertreter dieser Art brachten hundert Jahre später die Normannen Wilhelms des Eroberers ins Land, nachdem sie 1066 durch einen taktischen Kniff die Schlacht bei Hastings gewonnen hatten. Da die Pferde ihrer Reiterei aber durchweg kräftige Gewichtsträger waren, kamen sie trotz allen Leistungsvermögens für eine Veredelung in bezug auf Schnelligkeit nicht in Frage. Der dafür möglicherweise entscheidende Anstoß kam aus einer anderen Richtung. Die neuen Herren Englands waren nämlich leidenschaftliche Jäger, was vor allem auf ihren König zutraf, der den gesamten New Forest und andere riesige Gebiete zur Befriedigung seiner waidmännischen Passion in Anspruch nahm. Weil man dem Wild damals aber hoch zu Roß nachstellte, brauchte man für die Jagd schnelle, wendige und ausdauernde Pferde. Obwohl die Normannen solche bereits hatten, waren sie ständig bemüht, deren diesbezügliche Eigenschaften zu verbessern. Ohne Zweifel entstand so eine Art Spezialzucht, in die ebenso sicher orientalisches Blut einfloß. Denn daß die Pferde aus den Wüstenregionen Geschwindigkeit und Ausdauer in einem bis dahin unübertroffenen Maße besaßen und auch vererbten, wußte man schon recht lange. Daher ist die Nachricht, daß bereits Anfang des 12. Jahrhunderts ein Vollblutaraber in Schottland deckte, nicht weiter erstaunlich. Wie er dorthin kam, ist allerdings nicht bekannt. Auch von seinem Einfluß auf die schottische Pferdezucht, aus der ja später mit dem GALLOWAY ein sehr gutes Rennpferd hervorging, wissen wir leider nichts. Fest steht nur, daß der Hengst im Jahre 1121 von König Alexander I. der Kirche von St. Andrew geschenkt worden ist.

In der zweiten Hälfte des 12. Jahrhunderts

Cum Priv. S. C. Maj.   M. Engelbrecht fec. et exc. à. V.

weist schließlich ein Bericht des Mönches William Fitzstephen auf Smithfield, wo an Markttagen Rennen mit Gebrauchspferden abgehalten wurden.

»Wenn ein Rennen von diesen Pferden gelaufen wird oder von anderen, die in ihrer Art ebenso tüchtig und schnell sind, erhebt sich sofort ein gewaltiges Geschrei, und die gewöhnlichen Pferde werden angewiesen, den Weg frei zu machen. Drei Jokkeys, wenn es ein Match gibt, auch zwei, bereiten sich auf den Wettbewerb vor. Die Pferde sind nicht minder eifrig; sie vibrieren am ganzen Körper, sind ungeduldig und fortwährend in Bewegung. Wenn das Signal gegeben worden ist, starten sie, verschlingen den Kurs förmlich und eilen mit unaufhörlicher Schnelligkeit vorwärts. Die Jockeys, angespornt durch den Applaus und die Hoffnung auf den Sieg, schlagen ihre Sporen in die bereitwilligen Pferde, schwingen ihre Peitschen und feuern sie mit ihren Schreien an.«

Derartige Wettläufe müssen diesem Report zufolge in Smithfield regelmäßig stattgefunden haben. Wahrscheinlich waren sie ein Gesundheitstest für die auf dem Markt zum Verkauf stehenden Pferde; denn ein scharfer Galopp offenbart, was im Schritt meistens verborgen bleibt. Es kann aber auch sein, daß bereits Spezialisten an den Start gingen.

Um 1200 intensivierte man dann die Bemühungen, schnelle Pferde zu züchten. Die Kreuzzüge haben dieses Vorhaben zweifellos beeinflußt, weil durch sie weitere Orientalen nach England kamen. König John gründete in Eltham ein Gestüt, das viele Jahrhunderte im Besitz der englischen Krone blieb, und hielt seine Hand über die Rennen, von denen es nun immer mehr gab und von denen man nun auch immer mehr hörte. Natürlich vollzogen sich diese Vorgänge in Zucht und Sport nicht von heute auf morgen, sondern beanspruchten für ihre Entwicklung Jahrzehnte und Jahrhunderte. Nach und nach aber kamen die Dinge in Fluß.

Das erste richtige Rennen soll 1377 stattgefunden haben. Gegner waren der Prince of Wales – der spätere Richard II. – und der Earl of Arundel. Die Fama sagt, daß letzterer gewonnen habe und sein Pferd direkt nach dem Match für eine große Summe dem Verlierer überließ. Wo die beiden Kontrahenten die Kraft ihrer Pferde

maßen, ist nicht bekannt. Es könnte Newmarket gewesen sein, wo es nach der Pestepidemie von 1226 immer häufiger zu rennsportlichen Wettbewerben kam. Prüfungen zur bewußten Trennung von Gutem und Schlechtem – Tests mit züchterischem Hintergrund also – waren das jedoch noch nicht. Der Blitz der Erkenntnis zündete erst später. Noch war die geniale Idee, die Rennen als Ersatz der Natur zur Selektion zu benutzen, nicht geboren. Erst als 1540 am Flusse Dee vor den Toren der Käsestadt Chester eine Rennbahn gebaut wurde, verloren die Wettläufe den Charakter des bloßen Rummelplatzvergnügens. Und als 1565 der Hippologe Thomas Blundeville eine Veredelung der Zucht nach System forderte, war der erste wirklich entscheidende Schritt in Richtung Vollblut getan. Daß Blundevilles Forderung nur mit orientalischen Pferden zu verwirklichen war, verstand sich von selbst. Denn schon längst hatte man die Ausdauer und überlegene Schnelligkeit von Türken, Arabern und Berbern sowie deren Mischlingen erkannt. Das Blut der Wüste, dessen Kraft seit Jahrhunderten, ja seit Jahrtausenden im Trommelfeuer denkbar härtester Umwelt- und Lebensbedingungen gewachsen war, sollte sich auch in diesem Fall bewähren. Es war schon seit langem über das ganze Land verbreitet, konzentrierte sich aber vor allem in den Gestüten des Adels und der Krone.

Der bedeutendste Förderer der englischen Pferdezucht des 16. Jahrhunderts war der Tudorkönig Heinrich VIII. Obwohl er sich in allen möglichen Sportarten übte – unter anderem spielte er Tennis und schoß mit dem Bogen –, galt sein größtes Interesse den Pferderennen. Er selbst konnte dabei allerdings nicht mitmachen, weil sein hohes Gewicht ihn daran hinderte. Dafür unterstützte er sie jedoch nach Kräften, was sie auch nötig hatten. Wegen des Hundertjährigen Krieges und des blutigen Thronfolgerzwistes der Häuser Lancaster und York hatten sie sich nämlich nur recht und schlecht weiterentwickeln können, und zwar nicht zuletzt deswegen, weil es an geeigneten Pferden mangelte. England war eben auch in dieser Beziehung ausgepowert. Schon »Blaubarts« Vater, Heinrich VII., hatte das erkannt und 1496 per königlicher Order den Export von Pferden verboten. Der ebenso kluge wie weitsich-

Der englische König Heinrich VIII. hielt in seinen Gestüten auch Rennpferde. Diese wurden von sogenannten stable boys *geritten, die der Monarch aus seiner Privatschatulle bezahlte. Über die diesbezüglichen Ausgaben existieren einige Rechnungen, die für Rennkleidung, veterinärmedizinische Behandlungen und Nachttöpfe ausgestellt wurden.*

lichen Gestüte durch den Krieg verwüstet worden waren, sammelte man in Tutbury schließlich doch noch eine Herde von 140 Pferden. Sie müssen von besonderer Klasse gewesen sein, denn der Staatsrat erklärte hochoffiziell, daß sie die besten ganz Englands seien – und verteilte sie an besonders treue Parteigänger. Oliver Cromwell selbst importierte Zuchttiere aus Italien und dem Mittleren Osten. 1655 beispielsweise bevollmächtigte er seinen Agenten Longland, orientalische Pferde in Neapel oder in deren Ursprungsländern zu kaufen. Er erhielt sechs, für die er 2382 Piaster bezahlte. Aus Frankreich kam der Hengst WHITE TURK, dessen Name in einem der ältesten englischen Pedigrees verzeichnet ist und der als Urahn von so hervorragenden Pferden wie BEND OR, ROBERT THE DEVIL, THE BARD und MINTING gilt, die reichlich 200 Jahre später die Turfwelt begeisterten.

Der bedeutendste Privatzüchter der Cromwellzeit war Lord Fairfax. Allerdings basierten dessen diesbezügliche Meriten nicht ausschließlich auf dem eigenen, unbestreitbaren Können. Seine Lordschaft hatte vom Parlament nämlich die Ländereien und Liegenschaften des Herzogs von Buckingham bekommen, der vor seiner Flucht ins französische Exil einer der größten Züchter Englands war. Diesen Ruf erwarb er sich vor allem durch den Import eines Hengstes, der es unter dem Namen HELMSLEY TURK zu einiger Berühmtheit brachte. Zusammen mit dem Fairfaxschen MOROCCO BARB nahm er damals den wohl deutlichsten Einfluß auf die endgültige Kreation der neuen Rasse.

Als Oliver Cromwell 1658 starb und Karl II. 1660 in das Erbe seiner Väter eingesetzt wurde, begann die hundertjährige Entwicklung, in der das heutige Rennpferd geformt wurde. Der Boden dafür war bestens bereitet. Die schnellen und ausdauernden Pferde der Gallier, Lucius Septimius Severus' Araberhengste, die leistungsstarken *hunter* der Normannen, hippologische Geschenke aus dem Morgenland sowie eigene Importe und Mitbringsel der seefahrenden Engländer aus allen möglichen orientalischen Ländern hatten im Laufe der Jahrhunderte durch Vermischung mit dem vorhandenen englischen »Urpferd« Produkte hervorgebracht, deren Rennfähigkeit über eine lange Periode mehr oder weniger unbewußt getestet worden war. Diesen »Rohling« zu einem formvollendeten Gebilde zu schleifen, das dennoch allen Belastungen standhielt, war die letzte, noch ausstehende Aufgabe. Mit ihr begann die eigentliche Zucht des Vollblutpferdes.

Dabei ist interessant, daß der Anfang dieser Entwicklung in einer Zeit großer politischer Umwälzungen stattfand. Denn fast im gleichen Moment machte sich England durch die Machtfestigung des Parlaments auf den Weg zur modernen Demokratie. Welcher Art aber war das Material, an das nun letzte Hand gelegt wurde? Auskunft darüber gibt uns der Hippologe Gervase Markham, der in jener Epoche lebte und zum Thema »Pferd und Pferdesport« eine ganze Menge zu sagen weiß.

»Das englische Pferd des 17. Jahrhunderts ist von hoher Statur und großzügigen, schwungvollen Proportionen. Obwohl sein langer Kopf nicht so fein wie der des Orientalen ist, gleicht er diesem doch in

seiner Wohlgestalt. Alle Glieder sind groß, schlank, klar und exzellent angeordnet. Was seine Ausdauer betrifft, so leistet es genausoviel und mehr, als ich jemals bei einem Ausländer bemerkt habe. Und so frage ich: Welche Nation hat ein Pferd hervorgebracht, das dem englischen an Schnelligkeit überlegen ist?«

Rund hundert Jahre später war der Gegenstand der Markhamschen Beschreibung noch schneller und ausdauernder. Daß es dazu kam, ist nicht zuletzt der Protektion Karls II. zu verdanken. Die Freude aller Stuarts am Pferd war bei ihm in jeder Beziehung am stärksten ausgeprägt. Abgesehen davon, daß er ein perfekter *horseman* war und selbst erfolgreich in Matches ritt, unterstützte er die Zucht und den Rennsport wie kein britischer Monarch zuvor. Beide waren seine Protegés. Die Impulse, die sie kraft des königlichen Beispieles und

Einflusses bekamen, waren von unschätzbarem Wert. Während der lebenslustigen Ära Karls II., die das strenge Regime der Puritaner ablöste, wurden bereits auf zwölf Plätzen regelmäßig Rennveranstaltungen durchgeführt. Dazu gehörte auch das nur wenige Meilen südlich von London gelegene Epsom, wo noch heute das englische Derby entschieden wird. Auch die zu gewinnenden Preise wurden in dieser Zeit immer wertvoller. Der König selbst stiftete die *King's Plates* – silberne Platten im Wert von 100 Guineas –, die man als die Vorläufer der klassischen Prüfungen und Grand Prix ansehen kann. Hinter ihnen stand die klare Absicht, die Züchter zur Produktion eines großen und kräftigen,

Links: Thomas Lord Fairfax, der nicht nur ein führendes Mitglied des englischen Parlaments war, sondern auch der Befehlshaber von Oliver Cromwells New Model Army. Nach der Hinrichtung Karls I., die er mißbilligte, zog er sich vom Lordprotektor allerdings zurück. Fortan widmete er sich der Pferdezucht, über die er auch eine Abhandlung verfaßte.

Rechts: Karl I. zu Pferde, gemalt von dem berühmten Flamen Anthonis van Dyck, der seit 1632 in England lebte. Als trefflicher Beobachter hat van Dyck den König wahrscheinlich naturgetreu auf die Leinwand gebannt – die Wiedergabe des Pferdes ist ihm jedenfalls hundertprozentig gelungen. Alle Points und nicht zuletzt der »spanische Tritt« weisen es als Andalusier aus, der damals das Modepferd des feinen Mannes war.

aber trotzdem schnellen Pferdes zu motivieren. Der Anreiz wirkte – wenn auch nicht sofort. Zwar scheuten Lords und Squires in ihren Gestüten keine Anstrengungen, aber wirklich befriedigende Ergebnisse stellten sich erst nach einiger Zeit ein. Auf diesem Gebiet muß eben in langen Zeiträumen gedacht und gehandelt werden. Hier geschieht nichts von heute auf morgen. Hinzu kam, daß die Auswahl der für die Nachzucht vorgesehenen Hengste und Stuten jetzt noch sorgfältiger vorgenommen wurde, um nur wirklich erstklassige Individuen ins Gestüt zu bekommen. Es waren Pferde, die sowohl von der Blutführung als auch von der Rennleistung her als Vater- bzw. Muttertiere geeignet waren. Die Lunte hatte nämlich gezündet: Zucht und Sport waren Partner geworden. Um den vorhandenen, zum Teil schon recht hoch im Blut stehenden Hybriden in

BYERLEY TURK war allen zeitgenössischen Berichten zufolge ein Araber und kein Türke, wie sein Name vermuten läßt. Der ehemals muselmanische Reiter des Hengstes hat diesen wahrscheinlich bei früheren Einsätzen der osmanischen Kavallerie erbeutet – oder, wenn er ein Mann von Stand und Vermögen war, für viel Geld von einem arabischen Scheich gekauft. Auf jeden Fall wird dieser Teil von BYERLEY TURKS Geschichte nie mehr aufgeklärt werden. Daß es sich bei ihm um einen Araber handelt, ist jedoch nahezu gewiß. Abgesehen von seinem Exterieur beweist das auch seine durchschlagende Vererbungskraft.

316

An Arabian Horse, belonging to JOHN BRE

R DARLEY · ESQ OF ALDBY.

DARLEY ARABIANS äußeres Bild steht seinen Qualitäten als Vererber in nichts nach. Der Hengst muß von exquisiter Schönheit und höchstem arabischem Standard gewesen sein – diesen Eindruck vermitteln jedenfalls die Bilder, die unter anderen J. Wootton und J. Sartorius von ihm malten. In einem Brief, den Thomas Darley am 21. Dezember 1703 aus Aleppo an seinen Bruder Richard schrieb, teilte er diesem den Kauf des Pferdes mit und versicherte dabei gleichzeitig, daß es sowohl mütterlicher- wie väterlicherseits von bester arabischer Rasse sei. Als der Hengst in England ankam, zeigte sich Richard Darley von ihm sehr angetan und meinte, daß man dem Orientalen wohl kaum allzu viel Abneigung entgegenbringen würde. Mit dem Wissen um dessen phantastische Vererbungskraft sei es der Nachwelt gestattet, über dieses typisch britische Understatement zu lächeln.

erstenmal die Rennbahn betreten hatte,
gewann er in der Zeit von nur anderthalb
Jahren 18 der bedeutendsten Rennen, von
denen 11 *King's Plates* waren. Siebenmal
fand sich allerdings kein Gegner, der bereit
gewesen wäre, gegen ihn anzutreten. In
solchen Fällen ging das Wunderpferd dann
im Alleingang über die Bahn. Als es seine
Karriere ungeschlagen und mit einer Gewinnsumme von 2149 Guineas beendete,
war es ohne Zweifel das Gesprächsthema
Nummer eins unter den damaligen Turffans.

Auch im Gestüt war ECLIPSE ein Gigant
und zeugte dort fast ausnahmslos erfolgreiche Pferde. 344 seiner Söhne und Töchter, die sich durch Schnelligkeit, Ausdauer,
Frühreife und Temperament auszeichneten, gewannen in 23 Jahren 862 Rennen.
Unter ihnen befanden sich auch die drei
Derbysieger YOUNG ECLIPSE, SALTRAM und
SERGEANT. Der beste Nachkomme ECLIPSES
aber war trotz dieses Trios ein Hengst, der
den skurrilen Namen POT-8-OS trug. In
den Farben des Earl of Abington siegte er
in 34 Rennen und wurde wie sein Vater nie
geschlagen. POT-8-OS blieb bis zum zehn-
ten Lebensjahr im Training und trat danach
eine glänzende Gestütslaufbahn an, in der
er zusammen mit seinem Halbbruder KING
FERGUS die Linie weiterführte, und zwar
mit solchem Erfolg, daß ECLIPSE heute in
90 Prozent der Stammtafeln von Vollblütern erscheint. In diesem Zusammenhang aber muß eine Feststellung gemacht

werden, die nicht der Pikanterie entbehrt.
Wegen seines ungebärdigen Temperaments
wollte man ECLIPSE ursprünglich nämlich
zum Wallach machen. Die Ausführung dieser Absicht wäre freilich einer hippologischen Katastrophe schlimmsten Ausmaßes
gleichgekommen. Denn wie wir wissen,
hätte der Veterinär oder Hufschmied – das
waren damals Berufe, die sehr oft in Perso-
nalunion ausgeübt wurden – mit seinem
Eingriff den potentesten Zweig der Vollblutzucht lahmgelegt. Angesichts der überragenden Zuchtleistung von ECLIPSE stellt
sich daher die Frage, wo der Weg dann
hingeführt hätte. Zum Glück blieb ECLIPSE
Hengst. Außerdem erfreute er sich bis zu
seinem Tod am 27. Februar 1789 ungebro-
chener Potenz, wodurch sich die Vollblut-
rasse so entwickeln konnte, wie die Vor-
sehung es »geplant« hatte.

Mitte des 18. Jahrhunderts beutelte die
englischen Grafschaften das Rennfieber in
einem nie zuvor beobachteten Maße. 1753
zum Beispiel fanden in 33 Countys 112
Meetings statt. Rund 25 Jahre später war
die Zahl der Rennplätze auf mehr als 90
angestiegen. Um Ordnung und Übersicht
in die Zuchtunterlagen zu bringen, die in
den Gestüten mehr oder weniger sorgfältig
geführt und aufbewahrt wurden, auf jeden
Fall aber über das ganze Land verstreut
waren, gab der um 1751 gegründete Jockey
Club schon bald den Auftrag, alle vorhandenen und noch zu erwartenden Belege
dieser Art in einem einzigen Register zu

ECLIPSE nach einem Ölgemälde von George Stubbs, der die schönsten Bilder der Cracks von anno dazumal malte. Um die Anatomie des Pferdes gründlich kennenzulernen, sezierte der spätere Präsident der Society of Art unzählige ihrer Körper. Danach fertigte er mit sicherer Hand anatomische Skizzen an, die er zur richtigen Darstellung von Skelettaufbau und Muskulatur verwandte. George Stubbs' Genie und der Charme seiner Bilder sind noch heute gefragt. Dementsprechend hoch ist natürlich auch ihr Preis. Im größten Kunstauktionshaus der Welt, bei Sotheby's in London, wechselte 1976 ein Gemälde von ihm für 800 000 DM den Besitzer. A propos ECLIPSE: Bezüglich seiner Abstammung ergeben sich Zweifel. Seine Mutter SPILETTA wurde nämlich sowohl von SHAKESPEARE als auch von MARSKE gedeckt. Welchem der beiden Hengste gebührt daher die Ehre, der Vater des Wunderpferdes zu sein? Darüber hat es bis heute großes Rätselraten gegeben. SHAKESPEARE war wie sein möglicher Sohn fuchsfarben und ein erfolgreiches Rennpferd – MARSKE dagegen braun und auf der Bahn mit Ausnahme seines Sieges im Jockey Club Plate von 1754 keine Größe. Nun – zweifelsfrei wird diese Frage jedenfalls nie mehr geklärt werden können. Den Zeitgenossen wollte man aber jegliches Kopfzerbrechen ersparen und setzte deswegen folgende Anzeige in den Rennkalender: »Marske war der Vater des Eclipse, was ich durch meine Unterschrift hiermit bezeuge. Gez. B. Smith, Studgroom.«

Als Besitzer des großen Unschlagbaren trat im Laufe der Zeit übrigens ein Trio unterschiedlichster Herkunft und gegensätzlichster Wirkungskreise auf. Da gab es zunächst einmal den Herzog William Augustus von Cumberland, der den Hengst in seinem Gestüt Windsor Great Park zog und in dessen Adern das blaueste Blut Englands floß – dann ist der Vieh- und Fleischhändler William Wildman aus Leadenhall in Surrey zu nennen, der das Pferd nach dem frühen Tod seines Züchters für 75 Guineas auf einer Auktion ersteigerte – und schließlich taucht Colonel Dennis O'Kelly auf, ein irischer Abenteurer, der durch alle möglichen Geschäfte zu Geld kam. Er kaufte ECLIPSE 1770 für 1750 Guineas von Wildman – wie er das fertiggebracht hat, weiß kein Mensch – und machte mit dieser Transaktion den Coup seines Lebens. Denn der Hengst brachte ihm auf der Bahn und im Gestüt runde 30 000 Pfund ein, was für damalige Verhältnisse ein enormer Batzen Geld war.

sammeln. Es war James Weatherby, der 1791 den ersten Band des Allgemeinen Englischen Gestütsbuches herausgab. 1793, 1800 und 1803 wurde dieser Pferde-Gotha in jeweils redigierten und erweiterten Ausgaben erneut veröffentlicht und lag 1808 schließlich vollständig vor. Die Abstammung der in ihm aufgeführten Pferde war soweit zurückverfolgt worden wie möglich. Das war aus den verschiedensten Gründen eine ungeheuer schwierige Aufgabe, mit deren Lösung jedoch ein Nachschlagewerk erstellt wurde, das neben dem bereits seit 1727 jährlich erscheinenden Rennkalender zum wichtigsten Hilfsmittel der Züchter werden sollte. An Versuchen, diese Dinge zumindest auf privater Ebene in den Griff zu bekommen, hatte es allerdings schon lange Zeit vorher nicht gefehlt. Bereits 1605 wurde verlangt, daß der für die Pferde verantwortliche Gentleman eines ordentlich geführten adligen Haushalts in einem Buch festzuhalten habe, wann und von welchem Hengst eine Stute gedeckt worden sei. Wie sorgfältig und akribisch man das zum Teil machte, beweisen die vollständig erhalten gebliebenen Aufzeichnungen einiger großer Züchter aus Yorkshire. In den Gestütsbüchern der Herzöge von Newcastle und Ancester sowie den diesbezüglichen Niederschriften von Mr. Cuthbert Routh sind nämlich nicht nur die Bedeckungs-

und Geburtsdaten von Pferden notiert worden, sondern auch deren Merkmale – wie Größe, Farbe, Abzeichen, Knochenbau, Konstitution usw. Im königlichen Gestüt von Tutbury verfuhr man seltsamerweise nicht in so »pingeliger« Art. Als Oliver Cromwell im Juli 1643 mit einigen sachverständigen Begleitern dorthin kam, fanden die Herren über die wertvollen Insassen des bedeutendsten der *Royal Studs* nichts Schriftliches vor und brauchten vier Tage, um sie in einem Katalog zu registrieren. Diese Arbeit hätten sie sich wohl kaum gemacht, wenn ein korrekt geführtes Zuchtbuch vorhanden gewesen wäre. Was zu Papier gebracht wurde, ist allerdings kärglich; denn außer der väterlichen Abstammung ist uns von den Pferden nichts bekannt. Das aber ist möglicherweise auch deswegen der Fall, weil der königstreue Gestütsmeister Gregory Julian dem von ihm kaum sonderlich geschätzten Oliver Cromwell zum Nachteil späterer Generationen nicht mehr gesagt hat, als er unbedingt mußte. Jedenfalls war es lange Zeit notwendig, den Züchtern von Rennpferden immer wieder das Führen eines *stud book* nahezulegen. Warum wären sonst wohl noch mehr als 150 Jahre später in den Heberschen Rennkalendern alljährlich die Muster für ein gestütseigenes Zuchtbuch abgebildet worden?

Oben: ECLIPSE in voller Aktion, bei der er mit der Nase fast die Erde berührt haben soll

Rechts: Nachdem ECLIPSE an den Folgen einer schweren Kolik eingegangen war, wurde sein Kadaver von dem aus Lyon emigrierten Franzosen Charles Vial de St. Bel, dem bekanntesten Tierarzt der Zeit, seziert und vermessen. Über die Ergebnisse dieser Arbeit verfaßte der Veterinär eine Abhandlung. Ihr ist zu entnehmen, daß das Herz von ECLIPSE ein Gewicht von 6,35 kg hatte, worüber man in hohem Maße erstaunt war. Allerdings wußte man damals noch nicht, daß der ständige schnelle Lauf über lange Strecken bei jedem Individuum eine Vergrößerung der Gefäße und des Herzmuskels bewirkt. Daher haben Vollblüter, wie menschliche Dauerleister auch, ein sogenanntes »Sportherz« mit einem vom Trainingszustand und den Körperproportionen bestimmten durchschnittlichen Gewicht von 4 bis 5 kg. Daß Abweichungen von der Norm möglich sind, beweist aber nicht nur das Beispiel ECLIPSE. Das Herz des deutschen Rennpferdes FELS, das 1906 das Derby gewann, wog sogar 7,5 kg.

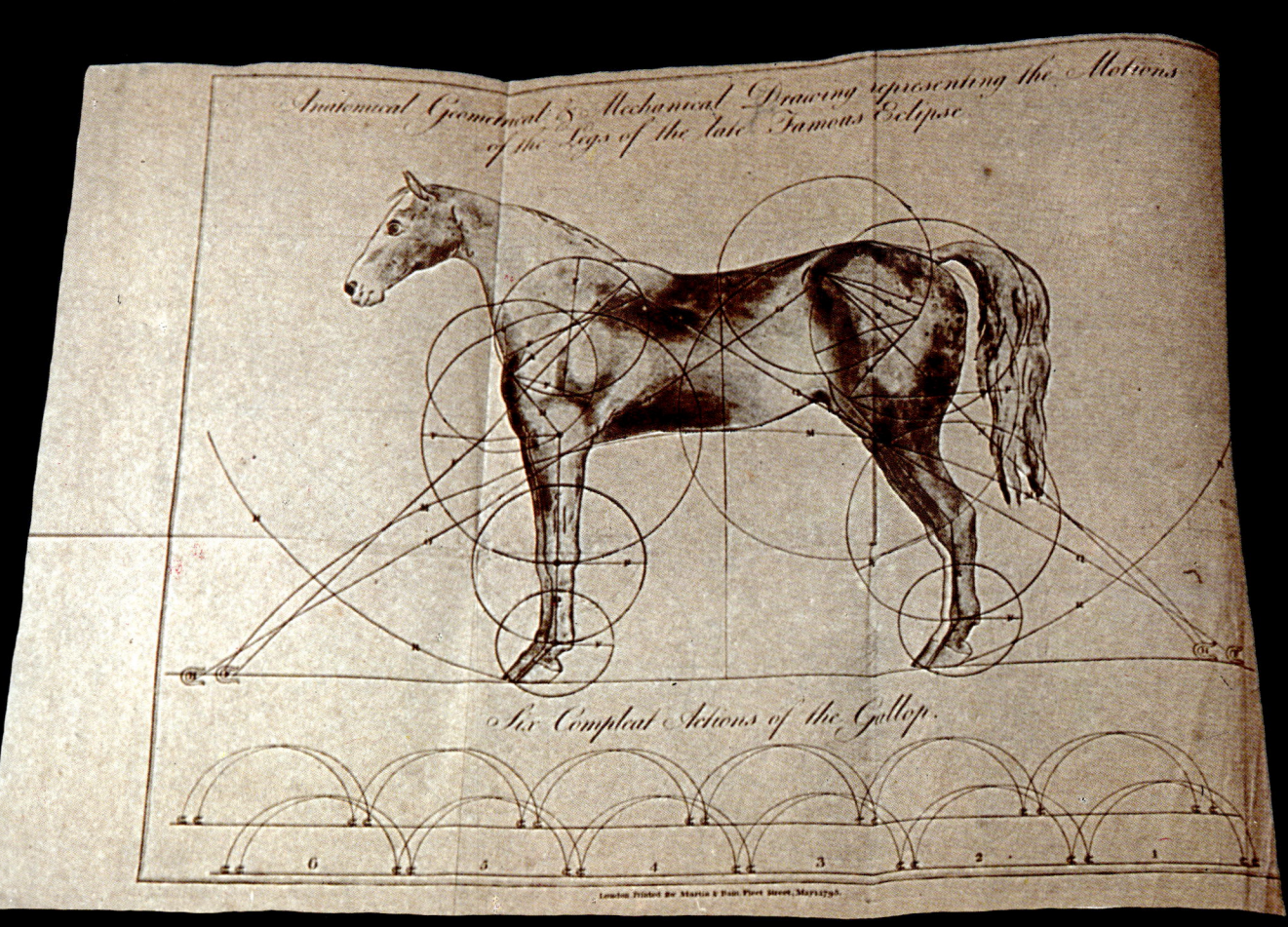

Anatomical Geometrical & Mechanical Drawing representing the Motions of the Legs of the late Famous Eclipse.

Six Compleat Actions of the Gallop.

6   5   4   3   2   1

London Printed for Martin & Bain Fleet Street, May 1798.

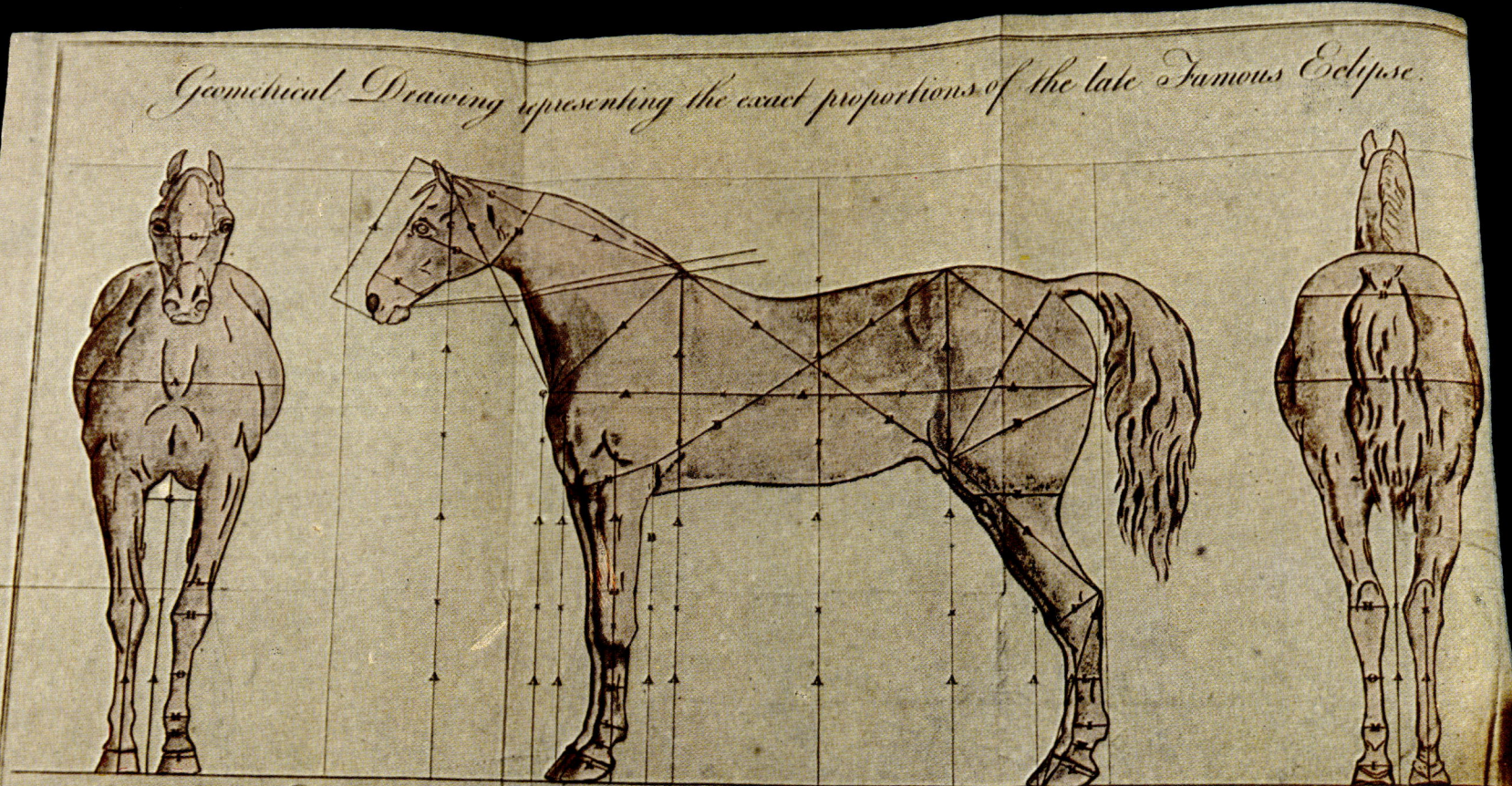

Geometrical Drawing representing the exact proportions of the late Famous Eclipse.

ECLIPSE. *was the property of Denis O'Kelly Esq.* was bred by the late D. of Cumberland & was bought by M. Wildman for 46 G. at the sale of his Royal Highness's Stud who afterwards sold him to his Late - possessor for 1700 G. In 1769 he won 50 G. - 50 at Epsom - 50 at Ascotheath Heath - the Kings 100 G. & 50 at Winton - the 100 G. the Bowl & 30 G. at Salisbury - & the Kings 100 G. at Canterb. Lewes & Lichfield In 1770 he received forfeit 600 G. at New Market & the Kings 100 G. - The Kings 100 G. at Guildford - D. at Nottingham - D. & 319-10 at York - the Kings 100 G. at Lincoln 450 G. upwards & the Kings 100 G. again at New Market He was never beat - Eclipse was got by Mask a Son of Squirt which was got by Bartlets Childers his Dam by Regulus his Grandam by a full brother to Wildmans Squirrel his G. Grandam by L. Darcys Montagu his G. G. Grandam by Hautboy his G. G. G. Grandam by Brimmer Son of the Oglethorps Arabian he Died the 27. of Feb. 1789 in the 26. Year of his Age.

London Printed for Martin & Bain Fleet Street, May 1798.

entwicklung liefert. Denn in ihm tragen alle
Pferde die gleichen Gewichte, galoppieren
seit vielen Jahrzehnten über die gleiche
Bahn und legen dabei ebenso lange immer
wieder aufs neue die gleiche Distanz
zurück. Natürlich hat es hin und wieder
divergierende Bodenverhältnisse und
Rennverläufe gegeben – trotzdem liefert
das klassischste aller klassischen Rennen
für diese Art vergleichender Betrachtungen
die beste Elle. In Deutschland steht der
Derbyrekord seit 1936 bei 2 : 28,8 Minuten.
Das von der Erlenhofer Klassestute
NEREÏDE auf sehr festem Geläuf gesetzte
Maß wurde 1973 von ATHENAGORAS zwar
egalisiert, jedoch nicht unterschritten.
Allerdings legte der Zoppenbroicher 1975
beim Großen Preis von Nordrhein-West-
falen auf dem bekannt diffizilen Düssel-
dorfer Grafenberg die 2400-m-Strecke in
2 : 26,7 Minuten zurück, die für die Derby-
distanz hierzulande als Bestzeit gelten.
Aber auch außerhalb unserer Grenzen
können sie sich sehen lassen, weil in der
ganzen galoppsporttreibenden Welt bisher
nur wenige Pferde schneller gewesen sind.
Ausnahmen bestätigen eben auch hier die
Regel, und wie die aussieht, wissen wir.
Der Weltrekord für Grasbahnrennen über
die Länge von 2400 Metern steht übrigens
bei 2 : 23,8 Minuten und wurde 1964 von
dem amerikanischen Wallach KELSO im
Washington D.C. International aufgestellt.
Die USA sind es auch, die in Vollblutzucht
und Galopprennsport zur Zeit den Ton
angeben. Nicht einmal das Mutterland des
Vollblüters vermag dieser Situation erfolgreich Paroli zu bieten. An ihr ist England
freilich zu einem großen Teil selbst schuld.
Kurzsichtige Zuchtpolitik, unvernünftiges
Exportgebaren mit dem besten Blut des
Landes und ein zu einseitig auf schnelle
Amortisation ausgerichtetes Rennsystem
leiteten zum Teil schon vor dem Zweiten
Weltkrieg eine Entwicklung ein, der man
jetzt kaum noch Herr wird. Beispielsweise
wurde nach 1945 ungefähr ein Drittel aller
klassischen Rennen von ausländischen
Pferden gewonnen. Die Verlustrechnung
der anderen großen Prüfungen sieht, auf
den gleichen Zeitraum bezogen, ähnlich
aus. Dabei sahnten in den fünfziger Jahren

Der 1957 geborene KELSO war als fünfmaliges
Horse of the Year *einer der populärsten Voll-*
blüter der USA. In den Farben von Mrs. Richard
C. du Pont bestritt er in 8 Rennzeiten 63 Prü-
fungen, von denen er 39 als Erster beendete.
Mit einer Gewinnsumme von 1977 896 Dollar
war KELSO lange Zeit das in dieser Hinsicht
erfolgreichste Pferd.

auf den englischen Rennbahnen vor allem die Franzosen gehörig ab, danach waren es hauptsächlich amerikanisch gezogene Vollblüter, die den Briten Saison für Saison empfindliche Schlappen beibrachten. Das Ende dieser Misere ist momentan noch nicht in Sicht, obwohl man alles tut, um die alte Konkurrenzfähigkeit wiederherzustellen. Für diesen Zweck standen in England 1983 etwa 10 500 Stuten und 800 Hengste zur Verfügung, deren Nachwuchs auf 62 Rennbahnen geprüft werden kann. Nach wie vor sind Newmarket, Ascot, Goodwood, Epsom, Doncaster und York die bedeutendsten Plätze, und nach wie vor genießt der Galopprennsport dort allerhöchste Protektion. Zwar war die Förderung von Zucht und Sport des Rennpferdes durch die englischen Herrscher im Laufe der Jahrhunderte unterschiedlich stark, ist aber nichtsdestotrotz eine Tradition, deren Wurzeln praktisch bis zur Stunde Null der Turfgeschichte reichen. Heute setzt als vorläufig letztes Glied einer Kette von erlauchten Namen Elizabeth II. das Tun ihrer Vorgänger fort. Und das mit großem Erfolg. Wegen ihrer Siege auf dem grünen Rasen wurde die Queen 1977 – als sie ihr fünfundzwanzigjähriges Thronjubiläum feierte – gar zu Englands »Besitzerin des Jahres« gewählt.

Ob die Engländer eines Tages wieder an alte Zeiten anknüpfen und die *pole position* im internationalen Rennsport zurückerobern werden, ist eine Frage, die nur die Zukunft beantworten kann. Denn in der Vollblutzucht geht nichts von heute auf morgen. Hier muß in großen Zeiträumen gedacht werden. Aber ganz gleich, ob das gelingt oder nicht: Ihnen gebührt für immer das unsterbliche Verdienst, »der Welt mit dem Vollblutpferd eines der bemerkenswertesten Geschenke gemacht zu haben« – um Peter Willett zu zitieren.

Daß der elegante und in seinen Bewegungen so dynamische Vollblüter den Malern aller Zeiten und Stilrichtungen immer wieder Pinsel und Palette in die Hand zwang, ist wohl jedem verständlich. Hier hat der französische Impressionist Edgar Degas das vor der Tribüne und dem Hintergrund des Industriezeitalters paradierende Feld dargestellt.

kündigt wurde. In ihm sollten Hengste und Stuten starten. Welchen Namen aber sollte es bekommen? Natürlich den eines der anwesenden Gäste. An der Party nahm eine Reihe illustrer Personen teil. Unter anderem General Burgoyne und Sir Charles Bunbury, der ob seiner Sachkenntnis in Fragen der Zucht und des Sports von Rennpferden damals unbestritten die erste Autorität des Landes war und als »Diktator des Turfs« bezeichnet wurde, was sicherlich damit zusammenhing, daß er als lebenslänglich gewählter Präsident des Jockey Clubs diese Institution außerordentlich energisch und couragiert vertrat. Ihn konnte man bei der Namengebung eigentlich schlecht übergehen. Den Hausherrn aber auch nicht. Derby oder Bunbury – das war nun die Frage! Die Fama will wissen, daß zwischen Sir Charles Bunbury und dem Earl of Derby eine hochgeworfene Münze für letzteren entschied. Es ist allerdings auch möglich, daß die Gesellschaft diese Seite der Angelegenheit sofort zugunsten des großzügigen Gastgebers klärte. Die Derbyschen Archive hellen diesen Punkt der Gründungsgeschichte des berühmten Rennens jedenfalls nicht auf. General Burgoyne aber wird sich höchstwahrscheinlich geärgert haben, daß niemand auf den Gedanken kam, ihn in Vorschlag zu bringen. Seine Initiative kann bei der Schaffung der beiden klassischen Rennen nämlich nicht übersehen werden. Sir Charles Bunbury aber gewann – sozusagen als Ausgleich für die entgangene Namengebung – am 4. Mai 1780 in Epsom mit seinem Pferd DIOMED das erste Derby. Für die Prüfung waren 36 Teilnehmer gemeldet worden, von denen jedoch nur 9 liefen. DIOMED war nach Wetten, die 6 : 4 für ihn standen, Favorit. Es ging um 1780 Guineas, die sich der kraftvolle Fuchshengst gegen Colonel O'Kellys BUDROW und den ECLIPSE-Sohn SPITFIRE holte. DIOMED wurde bei dieser Gelegenheit von Sam Arnull geritten, der aus einer berühmten Jockeyfamilie stammte und das Rennen später drei weitere Male gewann. Das Gründungsderby wurde übrigens über 1600 m gelaufen. Erst 1784 führte man die bis auf den heutigen Tag unverändert gebliebene Distanz von 2400 m ein. 1787 holte sich mit SIR PETER TEAZLE schließlich auch der Earl of Derby das Rennen, dem er seinen Namen gegeben hatte. Danach dauerte es 137 Jahre, bis die schwarze Bluse der Familie wieder in ihm triumphierte. Insgesamt gewannen die Derbys viermal das nach ihnen benannte Rennen. Im 19. Jahrhundert war den Turfunternehmungen des Geschlechts unterschiedlicher,

ja geringer Erfolg beschieden. Zwischen 1868 und 1893 wurden von ihm überhaupt keine Vollblüter gezüchtet. Erst in unserem Zeitalter sprach man wieder von seinen Pferden. In ihm avancierten die Derbyschen Gestüte innerhalb weniger Jahrzehnte nicht nur zu den bedeutendsten Englands, sondern nahmen durch ihre Hengste, deren Söhne und Enkel auch einen immensen Einfluß auf die Vollblutzucht der gesamten Welt. Allenfalls die Vererber mit dem Blut von Pferden des Aga Khan könnten ihn mittlerweile überboten haben. Der beste hippologische Sproß der Derbys war HYPERION. Der 1930 geborene Sohn des Triple-Crown-Siegers GAINSBOROUGH war klein von Statur, aber ein Riese auf der Bahn und im Gestüt. Als Rennpferd erreichte er seine besten Leistungen als Dreijähriger. In diesem Alter gewann er unter anderem das Derby und das St. Leger. Im Gestüt war er bis 1954 sechsmal Champion der Vaterpferde und nach ST. SIMON der erfolgreichste Vererber aller Zeiten. Heute züchten die Nachkommen des zwölften Earl of Derby in Prescot, im

Nordwesten Englands. Dort besitzt Lord John Edward, der achtzehnte Träger des Namens, das Woodland Stud, wo auch HYPERION wirkte. Der jetzige Chef des Hauses ist allerdings nicht der Meinung, daß der Wurf der Münze und seine Folgen das größte Ereignis in der Geschichte der Familie gewesen sei. Er weist stolz darauf hin, daß seine Vorfahren als Politiker großen Einfluß auf die Geschicke Großbritanniens hatten, daß ein Ahn Premierminister in drei Regierungsperioden war – und ein anderer als Anhänger Karls I. geköpft wurde!

Doch zurück zur Entwicklung der Rennen. Das 19. Jahrhundert erlebte in dieser Hinsicht einen regelrechten Boom, dem der Jockey Club mit Sir Charles Bunbury an der Spitze jedoch gewachsen war. Als der erste Präsident der obersten britischen Rennsportbehörde 1821 starb, folgte ihm mit Lord George Bentinck ein Mann, der seine Rolle nicht minder gut beherrschte. Unter der Ägide des großartigen Administrators wurde die Vorstellung der Pferde im Führring und deren Numerierung eingeführt. Außerdem war er der Initiator des

Ganz oben: Lord George Bentinck

Oben: Admiral Henry John Rous

Rechte Seite: HYPERION gilt als Vater der modernen englischen Vollblutzucht. Sein Blut ist über den ganzen Erdball verbreitet, wodurch er sich zumindest in seiner Welt zu den Unsterblichen rechnen darf.

Nächste Doppelseite: Noch zu Beginn des vorigen Jahrhunderts mußten die Pferde jede Rennbahn in meilenlangen Märschen per pedes erreichen. Erst viele Jahre später fuhr man sie mit einem vierspännigen Wagen namens Caravan zu ihren Einsatzorten. Die Idee zu dieser Art von Transport stammt von einem gewissen John Doe. Der Londoner Kutschenbauer Herring konstruierte und baute dann das erste jener aufsehenerregenden Vehikel, die eine neue Ära im Management von Rennpferden einleiteten. Obwohl schon 1816 ein Pferd in einem Ochsenwagen zum Rennen nach Newmarket gekarrt worden sein soll, gilt der St.-Leger-Sieger ELIS offiziell als der erste Vollblüter, der in den Genuß solchen Komforts gelangte. Als er 1836 nach Doncaster kutschiert wurde, legte der Caravan in 11 Stunden und 35 Minuten 153 Kilometer zurück. Dazu hätten ECLIPSE & Co. fünf Tage gebraucht.

Flaggenstarts. In Lord Bentincks Zeit stieg die Zahl der englischen Rennbahnen auf 111 an. 1849, ein Jahr nach seinem Tod, wurden auf ihnen ungefähr 1500 Matchs, Stakes und Handicaps ausgetragen, an denen rund 1300 Pferde teilnahmen. Und da zur selben Zeit ca. 1200 Stuten per anno etwa 850 Fohlen als Nachschub lieferten, wurde schon bald der Ruf nach einer Person laut, die als Vertreter des Jockey Clubs für die gewichtsmäßige Erfassung des Leistungsvermögens der Pferde verantwortlich sein sollte. Mit anderen Worten: Man suchte jemanden für den Job des offiziellen Handicappers – von dem einmal gesagt wurde, er sei so undankbar wie der des Henkers. Es war Admiral Henry John Rous, der sich schließlich zur Übernahme dieser schweren Aufgabe »breitschlagen« ließ.

Einen kenntnisreicheren, geschickteren, ehrlicheren und unabhängigeren Experten konnte man freilich nicht finden. Admiral Rous widmete sich nämlich ausschließlich dem Turf, nachdem er 1837 den Dienst in der Navy quittiert hatte. Die Erkenntnisse, die er dabei als Steward des Jockey Clubs und Manager der rennsportlichen Angelegenheiten des Duke of Bedford gewann, veröffentlichte er 1850 in einem kleinen Buch, das den Titel »Laws and Practice of Horse Racing« trägt. In ihm ist unter anderem eine Altersgewichtsskala abgedruckt, die noch heute Gültigkeit hat, wenn man von geringen Veränderungen einmal absieht. Beispielsweise kann ihr zufolge ein Vierjähriger einem Dreijährigen über 2400 m im Mai 10 kg, im August 6 kg und im November 3 kg Gewicht geben - und trotzdem in totem Rennen mit ihm einkommen. 1855 wurde der Autor des heute zur klassischen Literatur der Branche zählenden Büchleins dann zum offiziellen Ausgleicher des britischen Rennsports bestellt. Obwohl Admiral Rous schon vorher außerordentlich gefragt war, wenn es um die Festsetzung von Gewichten für Matchs ging, übertraf er sich fortan selbst. Denn als Handicapper brachte er es zu einer nie zuvor erreichten Meisterschaft. Allerdings machte er sich seine Arbeit auch nicht leicht. Stundenlang beobachtete er die Pferde beim Training, sah nahezu jedes Rennen und registrierte die geringste Kleinigkeit, um zu einem ausgewogenen und gerechten Urteil zu gelangen. Das Ergebnis dieser akribischen Tüftelei aber waren Gewichtstabellen, an denen auch der größte Nörgler nichts mehr aussetzen konnte. Abgesehen davon galt Admiral Rous bald als das wandelnde Regelbuch des Rennsports, genoß als dessen unbe-

stechlicher Sachwalter in allen Kreisen höchstes Ansehen – und wurde wie Sir Charles Bunbury und Lord George Bentinck als »Diktator des Turfs« bezeichnet.

Nach Admiral Rous' Tod im Jahre 1877 führte der Weg des Rennsports immer schneller in die Richtung des heutigen Systems. Dabei blieben vor allem die Matchs auf der Strecke, die Urform der Wettrennen zu Pferde. Einst leiteten sie eine prosperierende, die ganze Welt überrollende Entwicklung ein – jetzt waren sie nicht mehr als ein unnützes, den weiteren Verlauf der Dinge hemmendes Relikt aus grauer Vorzeit. In- und Outsider des Rennsports fieberten anderen Spektakeln entgegen: den klassischen Rennen, den großen Altersgewichtsprüfungen, wo jüngere und ältere Pferde ihre Kräfte maßen, und den interessanten Handicaps. Das sind auch heute noch die hauptsächlichsten Formen der Tests auf dem grünen Rasen. Und damit dort alles seine Ordnung hat, teilt der Ausgleicher die im Training befindlichen Pferde nach deren gezeigten Leistungen in das kleine Häuflein der Derby- bzw. Grand-Prix-Cracks und die große Masse der Handicap-Vertreter ein. Letztere werden allerdings noch einmal gesichtet und dann den Klassen I, II, III und IV zugeordnet. Diese Einteilung gilt für die sehr guten, guten, mittelmäßigen und geringeren Pferde jener Kategorie, weil man vermeiden will, daß die besseren von ihnen auf schlechtere treffen. In diesem Zusammenhang stellt sich natürlich die Frage, ob auch ein Crack in einem Handicap starten könnte. Er kann – aufgrund seines leistungsmäßigen Status jedoch nur mit gewaltigen Gewichtszulagen; denn die »minderbemittelten« Gegner sollen ja entsprechend dem Grundgedanken dieser Prüfung ebenfalls Chancen auf den Sieg haben. Im übrigen erfaßt der Generalausgleich, der in der Fachsprache kurz GAG genannt und am Ende jeder Saison erstellt wird, sämtliche Pferde, die im Verlauf des zurückliegenden Jahres an den Start gebracht wurden. Bezogen auf eine Distanz von 1600 m in Flachrennen und 3600 m in Hindernisrennen ist die Skala der Gewichte so festgelegt, daß alle miteinander konkurrieren könnten. Um das nach rein theoretischen Gesichtspunkten zu gewährleisten, muß der Handicapper mitunter seherische Gaben besitzen. Das Leistungsvermögen eines Pferdes in Kilogramm und Pfunde umzumünzen ist daher ohne Zweifel eine der schwierigsten Beschäftigungen – und eine der undankbarsten dazu.

Vollblutzucht und Galopp-rennsport in Deutschland

»... Die Pferdezucht ist in Deutschland länger gestütsmäßig betrieben, als in England. Hier haben die Regierungen Millionen seit lange darauf verwandt und verwenden sie noch; dort seit Carl II. nichts, als die Preise für Rennpferde. Hier haben wir Wärter, die ihre Pferde lieben; dort die sie pflegen, weil sie davon leben, aber ohne irgend Zuneigung dafür zu fühlen, und dennoch muß Deutschland noch immer von England zu enorm hohen Preisen ankaufen! Dieses kann nur darin liegen, daß man in England richtigere Prinzipien befolgt hat, als hier, da unsere Verhältnisse in jeder Rücksicht der Art sind, daß wir eben so gute Pferde produziren können, als England. Das durch falsche Behandlung verdorbene Blut der Pferde mit richtigen Ansichten und einer langen Zeit zu verbessern, halte ich nicht für unmöglich, es wird aber durch die Zeit zu teuer. Uns bleibt deshalb wohl nichts übrig, als das Englische Vollblut uns zu verschaffen, und die Prinzipien der Englischen Pferdezüchter zu adoptiren...«

Das und anderes äußerte am 31. Dezember 1825 »ganz gehorsamst« in einem »Vorschlag, wie die allgemeine Verbreitung der Vollbluts-Pferde in Mecklenburg auf einem wenig kostbaren Wege erreicht werden kann«, der Großgrundbesitzer Baron Gottlieb von Biel. Er und sein Bruder Wilhelm gelten als die Initiatoren einer eigenständigen deutschen Vollblutzucht, die sich um 1800 oder wenige Jahre danach zu entwickeln begann. Obwohl das Preußische Hauptgestüt Neustadt an der Dosse bereits 1788 den Vollbüter ALFRED und Graf Plessen-Ivenack 1816 dessen Artgenossen DICK ANDREW eingeführt hatten, waren die Herren von Biel die ersten, die innerhalb kürzester Zeit zahlreiche Vertreter der neuen Rasse aus dem Ursprungsland importierten und sie zum Aufbau der deutschen Vollblutzucht benutzten. Dabei wurden die meisten Ankäufe über die schon seit 1766 bestehende Firma Tattersall getätigt. Viele Vermerke im englischen General Stud Book beweisen das: *»sold to Baron Biel«,* heißt es da nämlich. Die tatkräftigen und weitsichtigen Brüder wußten genau, womit sie es zu tun hatten. Ihre Kenntnisse in Theorie und Praxis der Pferdezucht waren über jeden Zweifel erhaben. Abgesehen davon überzeugten sie sich durch diverse Reisen ins Mutterland des Vollblüters an Ort und Stelle von dessen Vorzügen und erwarben sich dabei über diesen speziellen, bis dato in Deutschland nahezu unbekannten Bereich menschlicher Aktivitäten ein bemerkenswert umfangreiches Wissen. Last not least aber war Wilhelm von Biel mit einer Engländerin verheiratet, was die Geschäftsbeziehungen zur britischen Insel sicherlich erleichtert haben wird.

Bereits 1826 führten die Biels auf ihren Gütern Zierow und Weitendorf mit großem Erfolg Versteigerungen durch, bei denen die Käufer von einem äußerst großzügigen Angebot Gebrauch machen konnten, weil die Zahl der für den Ring bestimmten Stuten aus dem gesamten Bestand ausgelost wurde! In einem Auktionsbericht, der »Mecklenburg's Pferde-Rennen 1832 & 1833« entnommen wurde, steht außerdem folgendes geschrieben:

»Der Besitzer dieser Pferdezucht folgt unabänderlich den Grundsätzen, welche er schon früher dahin ausgesprochen hat, daß er seine bedeutenden jährlichen Einkäufe in England in dem Sinne macht, daß bei dem Erwerb der Vollblut-Stuten für das Etablissement auf ausgezeichnete Abstammung, eigene Vorzüglichkeit und Stärke, und daß dieselben von ausgezeichneten Hengsten in England gedeckt und trächtig sind, gesehen wird. In seinem Interesse und dem des Publicums liegt es, nicht allein die älteren Mutter-Pferde des Gestüts feil zu bieten, sondern auch den Käufern die Auswahl unter allen Vollblutstuten zu lassen.

Wie die in Frage stehende Pferdezucht auf die Verbreitung des Vollbluts gewirkt hat, zeigt folgende Übersicht:

Von Anno 1826, wo die erste Auction statt fand, bis zum Dezember 1832 sind ins Publicum an Vollblut-Pferden gekommen und abgeliefert:

	im Lande	ins Ausland	
Beschäler	5	4	9
Mutter-Stuten	20	16	36
Hengst-Füllen	25	12	37
Stut-Füllen	15	13	28
	65 im Lande	45 ins Ausland	110

Hierzu der eigene Bestand des Etablissements von:

Beschäler	5	
Mutter-Stuten	20	
Junge Renn-Pferde	13	38
		Summa 148.«

So leicht, wie sich das heute liest, setzten die Wegbereiter der deutschen Vollblutzucht ihre Ideen allerdings nicht durch. Dem zähen Traditionsdenken der damaligen Zeit mußten erhebliche Breschen ge-

Zum Schluß blieb nur das Hoppegartener Projekt übrig, gegen dessen Verwirklichung jedoch die verhältnismäßig weite Entfernung vom Stadtzentrum und die damit verbundene schlechte Verkehrslage sprachen. Allerdings bot das noch fast unbesiedelte Areal auch einen Vorteil. Und das war die Möglichkeit, es weiträumig auszubauen und mit einem großen Trainingsquartier zu vereinigen. Daher errichtete man auf ihm, genauer gesagt auf dem Gelände des in Hoppegarten beheimateten Union-Gestüts, das schon einige Jahre bestand und sich von den Einzahlungen der Mitglieder finanzierte, schließlich die geplante und dringend notwendige Rennbahn. Um ihre Eignung zu erproben, wurde am 9. Oktober 1867, also noch vor der Gründung des Union-Klubs, der erste Renntag abgehalten. Die offizielle Eröffnung Hoppegartens fand dann am 17. Mai 1868 statt. Zuvor war Baumeister Carl Bohm nach Paris gereist und hatte dort die Rennbahnen von Longchamp und Chantilly studiert. Nach seiner Rückkehr nahm er in Hoppegarten erhebliche Erdarbeiten vor, um die Unebenheiten des Terrains auszugleichen und auf dem märkischen Sand den Grund für ein haltbares Geläuf legen zu können. Außerdem versah er die gesamte Anlage zur Be- und Entwässerung mit einem Röhrennetz. Auch eine Tribüne im damals gebräuchlichen Schweizer Stil, bei dem das Fundament aus Stein, die Wände aus Holz und das Dach aus Schiefer bestanden, wurde noch rechtzeitig fertiggestellt. Dabei muß darauf hingewiesen werden, daß alle Arbeiten zu Lasten des Privatvermögens der Mitglieder bzw. der Anteilscheine der beteiligten Vereine gingen. Zur feierlichen Eröffnung brachten zwei Extrazüge die Berliner Turfenthusiasten in anderthalbstündiger Fahrt vom Potsdamer Bahnhof nach Hoppegarten. Dort aber gab es weder einen Bahnsteig noch einen Weg, der zur nahe gelegenen Rennbahn führte. Worauf eine Zeitung schrieb, »man konnte meinen, auf einer jener Stationen der Pazifikeisenbahn mitten in der Prärie angelangt zu sein«. Die wegebaulichen Leistungen wurden dann auch an Ort und Stelle gerügt. Und zwar von keinem Geringeren als König Wilhelm, für den zur Weiterbeförderung allerdings ein Viererzug mit Trakehnern bereitstand. Der bei der Einweihung ebenfalls anwesende preußische Ministerpräsident Otto von Bismarck soll diese Angelegenheit jedoch von der heiteren Seite aus gesehen haben. Alles in allem verlief das offizielle Debüt Hoppegartens aber zufriedenstellend.

»Was irgendwie mit den disponiblen Mit-

teln in der gegebenen Spanne Zeit zu leisten war, ist redlich geleistet worden. Hoppegarten besitzt eine Rennbahn, die sich in ihrer technischen Beschaffenheit den besten der Welt wird würdig an die Seite stellen können«, äußerte ein Chronist. Was auch der Fall war. Denn 1874 wurde die vom Union-Klub zunächst nur gepachtete Anlage von diesem gekauft und im Laufe der Zeit zu einer Einrichtung ausgebaut, die nicht nur in Deutschland ihresgleichen suchte. Das Gesamtareal Hoppegarten bedeckte eine Fläche von 775 Hektar, womit die Rennbahn und ihr Drum und Dran fast fünfzehnmal größer war als der Weidenpescher Park von Köln. In der Saison wurden dort mitunter 1500 Vollblüter trainiert, die sich trotzdem niemals im Wege waren, denn es gab sechs Arbeitsgeläufe. Die Gesamtlänge der Gras-

bahnen betrug 29 000 m, die der Sandbahnen 16 000 m. Das waren insgesamt 45 km, die den Pferden für die Vorbereitung auf die Rennen zur Verfügung standen. Kenner versichern, daß man sich vom Umfang und der Art dieses Betriebes heute kaum noch Vorstellungen machen könnte.

Im Laufe der Zeit und aufgrund des sich immer mehr ausweitenden Rennbetriebes entstanden in Berlin noch zwei weitere Bahnen von überregionaler Bedeutung: Karlshorst und Grunewald.

Am 9. April 1881 vereinigten sich mehrere Mitglieder des Union-Klubs, die sich der besonderen Pflege des Offiziers- und Hindernissports annehmen wollten, zum »Verein für Hindernisrennen«, der mangels einer eigenen Bahn zunächst die Gastfreundschaft Hoppegartens in Anspruch nahm, bis er bei Charlottenburg ein pas-

Links: Karlshorst, die einstige deutsche Hindernisbahn in der Berliner Wuhlheide. Das obere Bild zeigt unter anderem den Kaiser-Pavillon.

Rechts: Grunewald, der luxuriös ausgestattete Rennplatz im Westen Berlins, auf dem sowohl Flach- als auch Hindernisrennen ausgetragen wurden. Wegen seiner günstigen Verkehrslage und den Annehmlichkeiten, die er bot, war er stets hervorragend besucht. Unter anderem war sein Totalisator mit einer Rohrpostanlage verbunden. Die größte Zuschauerzahl verzeichnete man auf der Grunewaldbahn am 5. Juli 1919, als das deutsche Derby wegen der Spartakistenunruhen nicht in Hamburg, sondern in Berlin ausgetragen werden mußte. Ende 1933 wurde die großartige Anlage dann mehr oder weniger enteignet, um ihr Gelände im Hinblick auf die Olympischen Spiele von 1936 für die Errichtung des Reichssportfeldes nutzen zu können. In diesem Zusammenhang muß aber darauf hingewiesen werden, daß in das Projekt »Grunewaldrennbahn« als staatliche Auflage von vornherein der Bau eines modernen Stadions einbezogen war. Jedenfalls wurden Flachrennen in Berlin von da an nur noch in Hoppegarten gelaufen – andernfalls wäre die Grunewaldbahn sicherlich die zugkräftigste Deutschlands geworden.
Wenn vom Berliner Rennsport die Rede ist, sollte aber auch die Strausberger Bahn nicht vergessen werden. Der kleinste Rennplatz der Reichshauptstadt wurde 1900 vom Strausberger Rennverein geschaffen und bot in erster Linie dem weniger guten Pferdematerial sowie ungeübten Reitern ein jahrzehntelang genutztes Betätigungsfeld.

Grunewald - Rennbahn

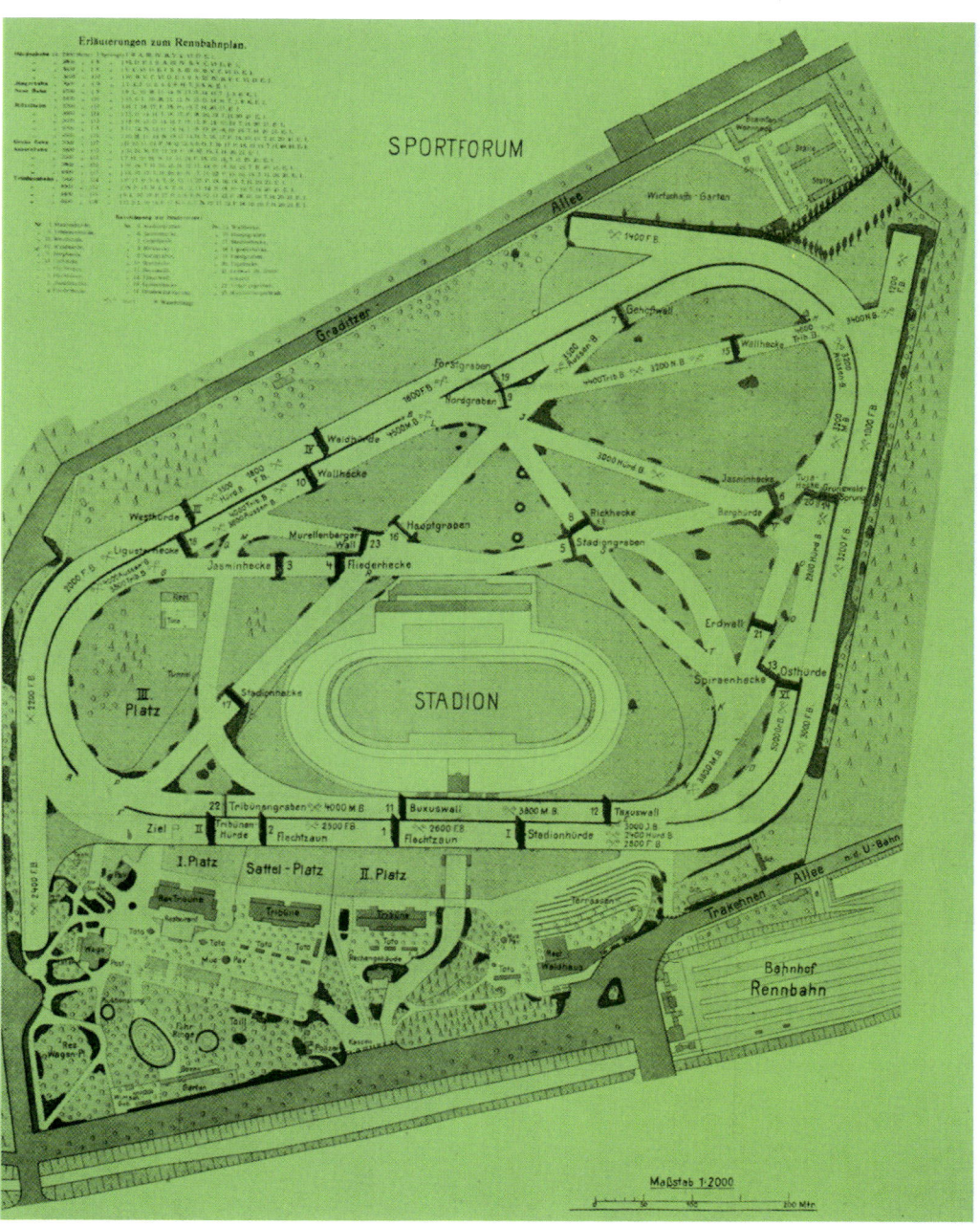

sendes Gelände pachten konnte. Als der Vertrag dann nach knapp zehnjähriger Dauer nicht verlängert wurde, erstand der Verein am 3. April 1893 für 500 000 Mark in Karlshorst einen eigenen Platz, der bis 1945 die deutsche Hochburg des »Sports zwischen den Flaggen« war und in bezug auf Zweckmäßigkeit auch im Ausland kaum übertroffen wurde. Das erste Karlshorster Rennen gewann am 9. Mai 1894 übrigens der mit 506 Siegen bis heute unerreichte Herrenreiter Leutnant Otto Suermondt vom 24. Dragoner-Regiment.

1909 wurde direkt vor den Toren Berlins schließlich die Grunewald-Rennbahn eröffnet, die ausgesprochen günstig lag und wie kein zweiter Platz dafür geschaffen war, große Mengen an Publikum aufzunehmen. Mag der Zauber der märkischen Waldlandschaft und der Hauch einer klassischen

Atmosphäre nur in Hoppegarten spürbar gewesen sein – modernste, ja geradezu luxuriöse Einrichtungen und weltstädtisches Gepräge waren vor allem der Grunewaldbahn eigen. Auf ihr wurden während ihres Bestehens regelmäßig der Große Preis von Berlin, das St. Leger und das Große Armee-Jagdrennen ausgetragen. Dennoch: das Paradefeld unserer Vollblutzucht war zu ihrer Glanzzeit, also etwa von der Jahrhundertwende an bis zum Ende des Zweiten Weltkrieges, Hoppegarten. Dort wurden alle bedeutenden Prüfungen des hiesigen Galopprennsports entschieden. Nur die eben genannten Rennen sowie der Große Preis von Baden, das Braune Band von München und das Derby hatten andere Austragungsorte. Die deutsche Uraufführung des zuletzt genannten Rennens fand übrigens rund ein Jahr nach der Eröffnung Hoppegartens statt. Ursprünglich sollte das 1834 erstmals ausgetragene Union-Rennen die Hauptprüfung für Deutschlands dreijährige Vollblüter sein. Schließlich folgte man aber auch in diesem Fall dem bewährten Beispiel Englands. Dabei ist interessant, daß es schon von 1842 bis 1844 auf Initiative des agilen Herzogs Wilhelm von Braunschweig auf dessen Heimatplatz »Derby Rennen« gegeben hatte. Mangels ausreichender Beteiligung erfreuten sie sich jedoch keines langen Lebens. 1852 und 1853 machte der Breslauer Verein dann den zweiten Versuch, die Prüfung auf deutschem Boden heimisch zu machen. Aber auch er scheiterte. Dauer war erst dem Unternehmen des Hamburger Renn-Clubs beschieden. Das Deutschland-debüt des klassischsten aller klassischen Rennen, das nebenbei bemerkt auf Initiative des Grafen Wilamowitz-Moellendorff und Herrn von Schwichow-Margoninsdorf gestiftet und ins Leben gerufen wurde, firmierte allerdings noch unter der Bezeichnung »Norddeutsches Derby«. Seine Ausschreibung hatte folgenden Wortlaut: »Norddeutsches Derby. Subscriptionspreis 1400 Thlr., gezeichnet von Nordd. Sportsmen, für Pferde in den zum Norddeutschen Bund gehörenden Staaten und Landesteilen, 1866 geb. 25 Thlr. Einsatz, ganz Reugeld. Gewicht: Hengste und Wallachen 112 Pf., Stuten 109 Pf. Distanz ¼ deutsche Meile. Das zweite Pferd erhält aus den Eins. und Reug. 100 Thlr., das dritte Pferd rettet seinen Einsatz.« Die Ausschreibung fand große Zustimmung, und bis zum 1. November 1867, dem letzten Termin für die Teilnahmeberechtigung, wurden 31 Pferde genannt. Aber nur 5 von ihnen stellten sich am 11. Juli 1869 Herrn Wackerow, dem Starter. Der hatte

zunächst Mühe, das unruhige Feld auf die Reise zu schicken. Als es ihm schließlich glückte, verlor der Favorit INVESTMENT fünf bis sechs Längen, da es seinem englischen Jockey W. Little nicht gelungen war, ihn in die günstigste Startposition zu bringen. Mit anderen Worten: Der Hengst hatte falsch gestanden und der Konkurrenz die Kehrseite zugedreht. Der Fehler wurde jedoch bald wiedergutgemacht, und der Chronist berichtet, daß Little »das Rennen an der Horner Ecke in der Hand hatte«. Danach brauchte INVESTMENT nur noch leicht angefaßt zu werden, um gegen RABULIST aus dem Königlich Preußischen Hauptgestüt Graditz und Stall Joh. Renards HAMLET sicher zu gewinnen. DER ERSTGEBORENE und FITZ IGNORAMUS endeten abgeschla-

gen. INVESTMENT gehörte dem erst neunundzwanzigjährigen Mecklenburger Ulrich von Oertzen, der dem deutschen Rennsport viele Jahre später als Vorsitzender der Technischen Kommission des Union-Klubs unschätzbar wertvolle Dienste leistete. Allerdings hatte v. Oertzen den Hengst nicht selbst gezogen, sondern ihn als Zweijährigen in einem Glückskauf vom Grafen Kuno Hahn erworben. Nach seinem Triumph auf dem Horner Moor von Hamburg lief INVESTMENT noch viermal und wurde danach an den dänischen Hofjägermeister O. von Scavenius verkauft. Zwanzig Jahre nach der Erstaufführung erhielt die Prüfung dann den Namen »Deutsches Derby«. Die Übernahme dieses Begriffes war gleichbedeutend mit der Tatsache, daß Deutschland sich das Zuchtziel und die Methoden der Leistungsaus-

lese des Mutterlandes von Vollblutzucht und Galopprennsport zu eigen gemacht hatte. Denn bis zu diesem Zeitpunkt haftete den meisten deutschen Rennen – von Berlin und Baden-Baden abgesehen – Provinzcharakter, ohne klar erkennbare züchterische Zielsetzung, an.

Man kopierte aber nicht nur das englische Rennsystem, was klug und richtig war, weil es kein besseres gab, sondern bediente sich nach wie vor auch der englischen Zucht. Letzteres tat man in der Überzeugung, daß der Vollblüter auf keinem anderen als dem heimischen Boden zur vollen Reife seiner Möglichkeiten gelangen könne und ohne ständige Blutzufuhr auf fremder Scholle zur Degeneration verurteilt sei. Diese Ansicht wandelte sich nur allmählich – und auch dann nur unter dem Druck der Verhältnisse. Daher ist die Feststellung, daß es Anfang des 20. Jahrhunderts trotz einer grandiosen, fast hundertjährigen Entwicklung eine deutsche Vollblutzucht strenggenommen nicht gab, keinesfalls abwegig. Die vielen und zum Teil in großem Stil betriebenen Gestütsgründungen scheinen das allerdings zu widerlegen. Was jedoch auf den Koppeln der Züchter stand, waren in der Regel reinblütige Engländer. Die Probe aufs Exempel liefern die vier damals den Rennsport beherrschenden Zuchten.

Im Königlich Preußischen Hauptgestüt Graditz, das ab 1833 Rennpferde züchtete, standen 1912 47 Stuten. 24 von ihnen waren – vorwiegend aus dem Mutterland des Vollblüters – eingeführt worden. Das 1896 gegründete Waldfried hielt 28 Stuten, von denen 18 das Licht der Welt jenseits des Kanals erblickt hatten, und die Haniel'sche Zucht im elsässischen Walburg bestand zum gleichen Zeitpunkt aus 16 Stuten, von denen 11 nicht im Lande gezogen worden waren. Nur im ältesten deutschen Privatgestüt, dem seit 1869 in der Nähe von Köln beheimateten Schlenderhan, standen 14 Inländerinnen 11 Ausländerinnen gegenüber. Weitaus stärker als bei den Stuten aber kam das »fremde« Blut bei den Hengsten zur Geltung. Im letzten Drittel des 19. Jahrhunderts waren zahllose ausländische Blutträger nach Deutschland geholt worden, unter anderem die Engländer SAVERNAKE und FULMEN, der Franzose CHAMANT und der Ungar KISBER, die sich am besten bewährten. Inländische Hengste konnten sich in dieser Periode schon deswegen nicht hervortun, weil sie seitens der Züchter kaum Unterstützung fanden. Im Grunde genommen gab es damals nur eine einheimische Linie von Bedeutung: die von FLIBUSTIER und seinem Sohn TRACHEN-

BERG, der 1882 das Derby gewonnen hatte. Auch zwischen 1900 und 1910 nahmen mit SAPHIR und dem TRACHENBERG-Nachkommen HANNIBAL praktisch nur zwei in Deutschland gezogene Hengste Einfluß auf die Zucht. Zumindest HANNIBAL tat das jedoch gründlich, denn er gründete eine bis in die heutige Zeit reichende Hengstlinie und war der Vater von FELS, SIEGER, ARNFRIED und GULLIVER II, die alle im Derby siegten. Wie stark fremde Beschäler in jener Zeit zur Bedeckung herangezogen wurden, zeigt beispielsweise das Jahr 1914: Von den 898 belegten Stuten waren 616 Ausländern zugeführt worden. Da von den deutschen Hengsten SAPHIR einen französischen Vater, HANNIBAL und dessen bester Sohn FELS eine englische Mutter hatten, waren Vollblüter mit drei deutschen Ahnen im Pedigree – vier konnte man selbst mit der Lupe kaum finden – auf unseren Bahnen eine Seltenheit. Hinsichtlich der Unabhängigkeit vom Ausland war man innerhalb von rund hundert Jahren also nicht viel weiter gekommen.

Dazu gab es auf den Rennplätzen Serien schwerster Niederlagen. In Baden-Baden zum Beispiel ging das Zukunfts-Rennen und der Grand Prix von 1901 bis 1913 trotz des Ausländer-Aufgewichts von sieben Pfund neun- bzw. zehnmal außer Landes. Doch dann kam der Umschwung. Bedingt durch den Ersten Weltkrieg und seine Folgen war es unmöglich, frisches Blut zu importieren. Daher war man gezwungen, auf die Inländer zurückzugreifen, um der Katastrophe, die die deutsche Vollblutzucht nun unvermeidlich heimsuchen mußte, die größte Härte zu nehmen. Doch siehe da – die zuvor in der Regel nur über die Schulter angesehenen einheimischen Hengste bewährten sich vortrefflich. Ihnen war freilich schon einige Jahre zuvor durch Waldfried, das in der Zucht des Vollblüters von Anfang an eigene Wege ging, eine Bresche geschlagen worden. Für die Besitzer des Gestüts, die biologisch umfassend geschulten Brüder von Weinberg, war das Rennpferd nämlich kein Prestigeobjekt, sondern das »Versuchskaninchen« für ein auf wissenschaftlicher Grundlage geführtes Experiment. Deshalb begannen sie bereits um die Jahrhundertwende dem qualifizierten Inländer den Weg zu bahnen. Zu einer Zeit also, in der alle Welt noch dem ausländischen Hengst den Vorzug gab. Aber Waldfrieds Gründer waren eben der Meinung, daß es keinen Zweck hat, immer wieder neue Pferde ins Land zu holen, wenn es nicht gelingt, deren Nachkommen bodenständig zu machen. Unter der Voraussetzung, daß sie sich beim Leistungstest

Linke Seite: Ulrich v. Oertzen war einer der Baumeister des Union-Klubs. Neben dem preußischen Oberlandstallmeister Georg Graf v. Lehndorff leistete er dem Vollblutpferd damals wohl die größten Dienste.

Ganz oben: TRACHENBERG

Oben: HANNIBAL

371

auf der Bahn bewährt hatten, wurden von ihnen daher ausschließlich jene Pferde als zukünftige Elterntiere benutzt. Natürlich rief eine so konsequente und zum Teil sehr enge Inzucht, der deren Verfechter im vollen Vertrauen auf den untrüglichen Wertmesser der Rennen allerdings ohne jedes Vorurteil gegenüberstanden, viele Kritiker auf den Plan. Die Erfolge auf dem grünen Rasen gaben diesem Prinzip jedoch recht und wirkten bahnbrechend für den Siegeszug der Inländerrichtung, die allerdings durch eine englische Stute eingeleitet wurde. Unter den Stuten, die Waldfried im ersten Jahrzehnt seines Bestehens importierte, befand sich auch eine namens FESTA. Als Rennpferd hatte die Tochter des ungeschlagenen ST. SIMON und der Oaks-Siegerin L'ABBESSE DE JOUARRE keine besonderen Leistungen gezeigt. Aber was sie unter dem Jockey nicht zuwege brachte, machte sie im Gestüt mehr als wett. Denn die 1901 auf den Newmarket December Sales erworbene Engländerin wurde die bis auf den heutigen Tag berühmteste Stammutter der deutschen Vollblutzucht. Von 1902 bis 1906 fohlte sie ein Klassepferd nach dem anderen. Ihre Kinder FESTINO, FELS, FABULA, FAUST und FERVOR beherrschten die großen Prüfungen ihrer Zeit derart eindeutig, daß sie durch ihre Erfolge Turfgeschichte machten – und das noch junge Waldfried berühmt. In 134 Rennen, von denen sie 75 gewannen und in fast allen übrigen zweit- und drittplaziert waren, galoppierten sie die immense Summe von 1 630 000 Goldmark zusammen. Der beste Verdiener der Geschwister war FERVOR. Mit 432 590 Goldmark gewann er übrigens soviel wie kein anderes deutsches Pferd vor ihm. Waldfrieds Arbeit mit bodenständigen Individuen wurde 1908 mit der Aufstellung von FESTINO und FELS begonnen. 1914 löste den Erstgenannten dann FERVOR ab. Von allen FESTA-Söhnen war ihm der größte Erfolg beschieden. Der kleine Schwarze, der sich auf der Rennbahn sowohl über kurze als auch lange Strecken als unermüdlicher Kämpfer bewährt hatte, zeugte mit fast jeder Stute ein gutes Pferd und wurde viermal Deutschlands Beschäler-Champion. Die Statistik sagt aus, daß seine Kinder über 1200 Flachrennen gewannen. Als Waldfried im Derby von 1921 mit dem FELS-Enkel OMEN, dem FELS-Sohn OSSIAN sowie den beiden FERVOR-Nachkommen PERIKLES und GRAF FERRY die vier erstplazierten Pferde stellte, neigte sich die Waagschale dann endgültig zugunsten des neuen, auf Bodenständigkeit ausgerichteten Zuchtzieles. Dem Waldfrieder Beispiel war schon bald Schlenderhan gefolgt, das ja be-

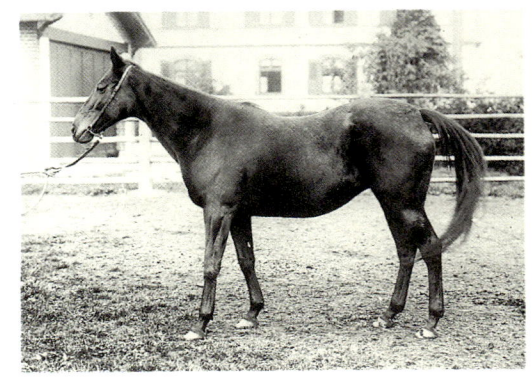 

reits mit SAPHIR gute Erfahrungen gemacht hatte. Nun stellte die rheinische Zuchtstätte die beiden ARD-PATRICK-Söhne DOLOMIT und ARIEL auf, denen nach Kriegsende der DARK RONALD-Nachkomme PRUNUS folgte – der im Gestüt als viermaliger Champion sowie Vater von OLEANDER und einer ganzen Reihe von anderen Klassepferden ein ganz Großer wurde. Und da durch den Druck der Verhältnisse auch andere Züchter auf Inländer zurückgreifen mußten, konnten die deutschen Hengste ihr Können auf breitester Ebene unter Beweis stellen. Sie taten es mit durchschlagendem Erfolg. Noch ehe der schließlich doch wieder einsetzende Import von ausländischen Beschälern wirksam wurde, hatten sie bereits bewiesen, daß sie die noch in Deutschland wirkenden »Fremdlinge« wie NUAGE, ARD PATRICK, GALTEE MOORE oder DARK RONALD – der 1913 für 500 000 Goldmark von Graditz erworben worden war und von allen jemals eingeführten Hengsten den größten Einfluß auf die deutsche Vollblutzucht nahm –

mehr als nur ersetzen konnten. Alles, was sich an Ausländern noch von der Vorkriegszeit her im Land befand oder später hereingekommen war, wurde von den Inländern geradezu an die Wand gedrückt und zu Größen zweiten Ranges degradiert. Im Laufe von kaum mehr als zehn Jahren zeugten sie Klassepferde wie PERGOLESE, MARMOR, LANDSTÜRMER, SKARABAE, OPTIMIST, LALAND, OSSIAN, GRAF FERRY, LENTULUS, HAUSFREUND, AUGIAS, GANELON, WEISSDORN, ROLAND, FERRO, AURELIUS, LAMPOS, INDIGO, TORERO, MAH JONG, LIBERTAS und OBERWINTER. Danach lieferten LANDGRAF, PRUNUS, HEROLD, WALLENSTEIN und andere Hengste bzw. ihre Söhne bis 1945 solche Cracks wie LUPUS, GRAF ISOLANI, OLEANDER, ALBA, CONTESSA MADDALENA, ALCHIMIST, ATHANASIUS, STURMVOGEL, NEREÏDE, SCHWARZGOLD, MAGNAT und TICINO. Aus einer englischen Vollblutzucht mit deutschem Einschlag war endgültig eine deutsche Vollblutzucht mit englischem Einschlag geworden. Denn selbstverständ-

lich wurden auch weiterhin wertvolle Individuen importiert, aber erstens nicht in so
großer Zahl wie früher, und zweitens züchtete man mit ihren Nachkommen weiter,
um sie bodenständig zu machen.
Die wesentliche Veränderung der blutmäßi-
gen Zusammensetzung des deutschen Vollblüters, die auf den Säulen FESTA und
DARK RONALD ruhte, denn sämtliche Waldfrieder Hengste jener Zeit führten das Blut
der Engländerin und alle Schlenderhaner
und Graditzer Beschäler waren Söhne des
Iren, bewirkte eine ungeahnte und zuvor
kaum für möglich gehaltene Verbesserung
seiner Rennklasse. Natürlich blieben
Niederlagen gegen Ausländer auch jetzt
nicht aus, was in der Natur der Sache lag.
Sie hielten sich aber in Grenzen, oder
anders ausgedrückt: Im Gegensatz zur Vorkriegszeit, in der die Gäste den Löwenanteil an Siegen verbuchten, waren nun in
gleichem Maße die deutschen Pferde erfolgreich. Mehr als zwanzig Vertreter der
ersten und zweiten französischen oder italienischen Klasse, fast durchweg Gewinner

großer, ja größter Rennen ihrer Heimat
und mehrfach auch in England hoch
erprobt, starteten von 1927 bis 1937 in deutschen Prestige-Prüfungen – und sind, von
ganz wenigen Ausnahmen abgesehen,
geschlagen worden!
Eine bemerkenswerte Erscheinung der
ersten Nachkriegsjahre war das Entstehen
von mehreren großen Gestüten. Während
in der Zeit von etwa 1900 bis 1925 eigentlich nur vier Zuchten und die mit ihnen
verbundenen Rennställe im Vordergrund
standen, nämlich Graditz, Schlenderhan,
Waldfried und Walburg, machten nun auch
Röttgen, Ebbesloh und das 1922 gegründete Erlenhof als erfolgreichste Neuschöp-
fung der Nachkriegszeit auf sich aufmerk-
sam. Ohne das Verdienst der großen vier
wäre das allerdings nicht denkbar gewesen
– denn die Beschäler der »Neuen« waren
in Waldfried und Schlenderhan gezogen
worden oder führten deren Blut, und mit
den Stuten sah es ähnlich aus. Das war
damals jedoch nicht entscheidend. Viel
mehr zählte die Tatsache, daß die in Röttgen, Ebbesloh und Erlenhof gezüchteten
Pferde den Graditzern, Schlenderhanern,
Waldfriedern und Walburgern auf der Bahn
ebenbürtig waren und die deutsche Vollblutzucht nun mindestens sieben Gestüte
besaß, in deren Leistungsfähigkeit besonderes Vertrauen gesetzt werden konnte.
Daß gelegentlich auch noch aus anderen,
kleineren Zuchten wirklich gute Pferde
hervorgingen, rundete die herrschende
Situation erfreulich ab.

Durch die im Oktober 1929 beginnende
Weltwirtschaftskrise, die außerdem noch
von einer ungewöhnlich schweren Agrar-
krise begleitet war, geriet die deutsche
Vollblutzucht innerhalb der ersten fünfzig
Jahre des 20. Jahrhunderts zum zweitenmal
in schwere Bedrängnis. Aufgrund der kata-
strophalen wirtschaftlichen Lage gaben
viele Züchter auf, andere, zu denen auch
die großen Gestüte gehörten, verminderten
ihren Bestand zum Teil nicht unerheblich.
Beispielsweise wurde die Graditzer Stuten-
herde von fünfzig auf weniger als dreißig
Köpfe verkleinert. Infolge dieser Maßnahmen kamen 1935 insgesamt nur 301 Fohlen
zur Welt, während es 1926 noch 661 gewesen
waren. Gleichzeitig sanken die Dotierun-
gen für Flachrennen von über 6 Millionen
Mark auf 3 Millionen Mark, und die Zeiten, in denen auf dem Jährlingsmarkt
Preise bis zu 30 000 Mark erzielt wurden,
waren ebenso vorüber wie die Jahre, in
denen die Spitzenhengste bei Decktaxen
von 4000 Mark überzeichnet waren.
Um diese unheilvolle Entwicklung zu stop-
pen, wurden vom Ministerium für Ernährung und Landwirtschaft sowie der ihm
unterstellten Obersten Rennbehörde
jedoch bald Hilfsaktionen eingeleitet, die
von einer sich langsam bessernden wirtschaftlichen Situation begleitet waren. Hervorzuheben sind vor allem die Bemühungen zur Neugewinnung und materiellen
Unterstützung kleiner Züchter. Was auf
dem deutschen Markt an brauchbaren Stuten zu haben war, wurde aufgekauft und

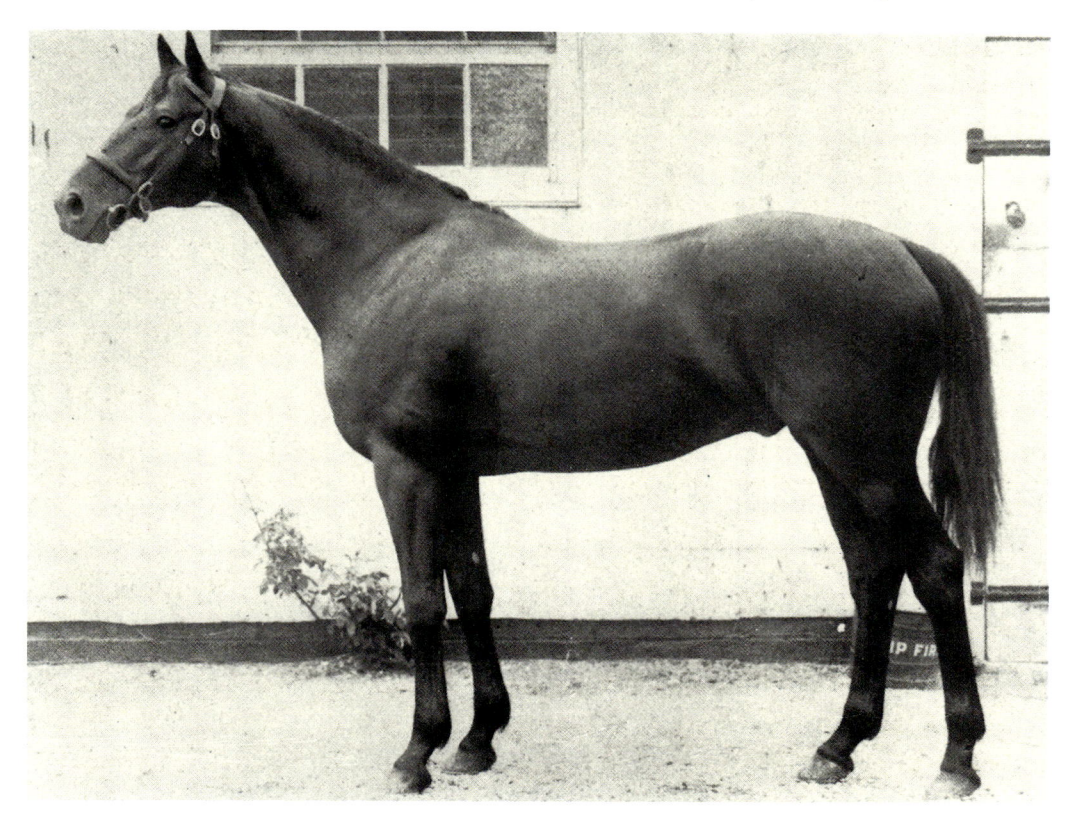

auf dem Wege der Verlosung an sie weitergegeben. Hand in Hand mit dieser Maßnahme senkte man in Übereinstimmung mit den Hengsthaltern recht fühlbar die Decktaxen. Darüber hinaus erwarb die Oberste Rennbehörde zahlreiche Sprünge von besonders begehrten Hengsten und vergab sie an materiell weniger gut gestellte Züchter, denen auch noch die Transportkosten und zum Teil die Pensionsgebühren für ihre Stuten vergütet wurden. Natürlich konnte der zahlenmäßige Neuaufbau der deutschen Vollblutzucht nicht so schnell bewerkstelligt werden, wie es sich liest. Geeignete Mutterstuten kann man ja nicht aus dem Boden stampfen, und ein verstärkter Import war angesichts der Devisenlage auch nur schwer durchführbar. Immerhin stieg die Zahl der 499 belegten Stuten der Deckperiode von 1934 ein Jahr später schon auf 580. 1936 gab es dann bereits mehr als 650 Bedeckungen. Bei dieser Gelegenheit stellt sich sicherlich die Frage,

ob der unfreiwilligen Verminderung der Zucht in den Krisenjahren nicht auch eine positive Seite abgewonnen werden kann. Da die Gestüte selbstverständlich nur das schlechteste Material ausgesondert hatten, mußte die Durchschnittsqualität der verbliebenen 499 Stuten logischerweise erheblich höher sein als die der einige Jahre zuvor noch vorhandenen 1000. Außerdem wuchs durch eine derartige Verringerung mit Sicherheit auch der Einfluß der besten Hengste. Wenn OLEANDER zum Beispiel 1933 eine volle Deckliste hatte, dann hat er einen doppelt so hohen Prozentsatz der vorhandenen Stuten gedeckt wie sein Vater PRUNUS zehn Jahre vorher bei einer gleich großen Zahl von Bedeckungen.
Noch einmal erreichte die deutsche Vollblutzucht eine Qualität, die viele Jahre vorher nur die größten Optimisten in ihren kühnsten Träumen für möglich gehalten hatten. Beeindruckende Zeugen dieser Hochkultur waren Pferde wie SCHWARZ-

GOLD, MAGNAT und TICINO, um nur die allerbesten zu nennen. Sie brauchten in Topform keinen Gegner zu fürchten, ganz gleich, aus welchem Land er kam. Der Anschluß an die erste internationale Klasse war ohne jeden Zweifel hergestellt. Doch dann kam der Krieg, dessen Inferno auch diesem Bereich menschlicher Aktivitäten schreckliche Wunden schlug.
Als Vollblutzucht und Galopprennsport nach dem Zweiten Weltkrieg Bestandsaufnahme machten, war deren Bilanz entmutigend. Die Prüfungsanlagen hatte der Bombenhagel zerfetzt und in Wüsteneien verwandelt. Gestüte und Rennställe waren zerstört oder verwaist, die wertvollen Insassen entweder tot oder in alle Winde zerstreut. Auch Galopprennsport und Vollblutzucht mußten am Nullpunkt beginnen. Von den 1238 Mutterstuten, die das Allgemeine Deutsche Gestütsbuch für das Jahr 1943 verzeichnet, waren nur noch 454 übriggeblieben. Allerdings standen nur ungefähr

250 von ihnen auf dem Gebiet der heutigen Bundesrepublik Deutschland. Daher war die Vermehrung der Mutterstutenzahl zunächst das vordringlichste Ziel. Ohne sie wäre der deutsche Galopprennsport zum Siechtum verurteilt gewesen, weil er zum Sterben zuviel und zum Leben zuwenig Pferde besessen hätte. Daß er vor diesem Schicksal bewahrt blieb, ist allein dem Aufbauwillen und der Risikobereitschaft der Züchter zu verdanken.

Noch 1960 lag die deutsche Vollblutzucht mit 227 Züchtern und 664 Mutterstuten weit unter dem Stand von 1943. Erst die 1961 gesetzlich verankerte einkommensteuerliche Regelung brachte die entscheidende Wende. Die danach eingetretene Entwicklung zeigt folgende Tabelle:

Beim Direktorium für Vollblutzucht und Rennen ist man besonders stolz darauf, daß die in unserem Land gepflegte Zucht von Galopprennpferden keineswegs nur die Angelegenheit einiger »Großer« ist, sondern daß die »Kleinen« dabei in der Mehrzahl sind. Tatsächlich wird dieses kostspielige Unternehmen zu 75 Prozent von Personen gepflegt, die nur 1 bis 3 Stuten besitzen. Mehr als 10 findet man nur bei etwa 4 Prozent der Züchter. Aber gerade in deren Gestüten – es sind etwa 30 – sprudelt die Quelle, die alles nährt. Nur dort findet man die durchgezüchteten Stutenherden. Nur dort ist das Fundament breit und sicher genug, um experimentieren zu können. Und nur dort ist man in der Lage, Rückschläge zu verkraften. Die Vollblut-

Galopprennen faszinieren aus vielerlei Gründen, dienen jedoch in erster Linie der Zuchtauslese. Weil der Vollblüter seit rund 200 Jahren und über etwa 35 Generationen hinweg ausnahmslos mit Angehörigen der eigenen Rasse gepaart wurde, bleiben Degenerationserscheinungen hin und wieder nicht aus. Daher sollen die Rennen die Spreu vom Weizen sondern. Sie haben die Rolle der Natur übernommen, die vor der Domestizierung des Pferdes durch ihre Auslesefaktoren dafür sorgte, daß sich nur die stärksten Individuen fortpflanzen konnten. Jetzt werden kranke oder krankhaft veranlagte Tiere durch die Rennen ausgemerzt. Nach Veterinärrat Dr. Schäper sind dies Gesundheitsprüfungen, die in der Tierzucht nirgendwo schärfer und einwandfreier durchgeführt werden. Tatsächlich sind nur vollkommen gesunde Pferde den Anforderungen gewachsen, die die Rennen und das dafür notwendige Training an Herz und Lunge, Muskeln und Gelenke, Sehnen und Bänder stellen. Nur wer diesen Test besteht und sich dabei bewährt, wird in die Zucht genommen und darf im Gestüt einer neuen Generation von Vollblütern das Leben geben. Denn Leistung ist im Galopprennsport und in der Vollblutzucht das oberste Gebot!

	1960	1965	1970	1975	1978	1980	1982
Zahl der Züchter	227	330	503	744	727	919	1004
Zahl der Zuchtstuten	664	914	1519	1991	1912	2143	2297

und Frankreich nicht ebenbürtig. Dafür sind hauptsächlich zwei Gründe verantwortlich: Erstens verfügt sie, gemessen an den eben genannten Ländern, über eine wesentlich geringere Basis, zweitens muß sie ihre Produkte in einem ungünstigeren Klima zur Rennreife bringen. Ein altes Züchterwort sagt, daß die Qualität aus der Quantität kommt. Daher sind uns die englischen und französischen Vollblutzuchten mit rund 10 500 bzw. 6000 Stuten bereits in diesem Punkt überlegen. Und wenn es schon ihnen nicht gelingt, jedes Jahr ein wirkliches Spitzenpferd hervorzubringen, wie soll das dann unserer vergleichsweise kleinen Zucht möglich sein? Hinzu kommt, daß im golfstrombegünstigten Klima Englands und Frankreichs Stuten und deren Nachwuchs zumindest in den Küstenregionen, wo die Mehrzahl der Gestüte liegt, nahezu ganzjährig Weidegang haben. Die Folge davon ist ein im Durchschnitt kräftigerer und leistungsfähigerer Vollblüter.

Hierzulande treffen die Fohlen bei ihrer Geburt nicht so vorteilhaft milde klimatische Verhältnisse an. Weil ihre Mütter wegen des zu dieser Zeit in unseren Breiten herrschenden Winters auf Grünfutter verzichten müssen, können sie wichtige Nährstoffe nämlich nicht in der Form mit der Milch aufnehmen, die ihrer Entwicklung am dienlichsten ist. Außerdem fehlt die für die Bildung von Knochen, Muskeln, Sehnen und Gelenken so überaus bedeutsame Bewegung in Licht und Luft, durch die nicht nur die Futteraufnahme des jungen Pferdes angeregt wird, sondern die Aufbaustoffe auch besser verwertet werden als im Stall. Für die Stute ist der Weidegang nach dem Abfohlen schon deswegen unerläßlich, weil sich dabei sowohl die Zusammensetzung ihrer Milch verbessert als auch deren Menge erhöht. Wenn diese Voraussetzungen fehlen, ist der erst wenige Tage oder Wochen alte Vollblüter bereits gehandicapt. Denn was in einer der

wichtigsten Phasen seiner Entwicklung versäumt oder nicht erreicht wird, ist später in der Regel kaum, meistens aber gar nicht mehr wiedergutzumachen. Auch die besten Erbanlagen nützen nichts, wenn das Wechselspiel von Auslauf, Licht, Luft und Aufnahme der am optimalsten wirkenden Nahrung gestört ist. Zwar versucht der Mensch, so gut es geht, Ersatz zu schaffen – die Kraft der Natur kann er jedoch bei allem guten Willen nicht hundertprozentig ersetzen.

Die Aufzucht des Vollblüters ist also ein überaus wichtiger Faktor in bezug auf zukünftige Rennleistungen. Tatsächlich entsprechen nur etwa 20 Prozent der Fähigkeiten eines Pferdes mütterlichen oder väterlichen Erbanlagen. Rund 80 Prozent seiner Eigenschaften werden durch Umwelteinflüsse entwickelt, zu denen später auch das Training und die Rennen gehören. A propos Training. Auch damit ist es bei uns nicht zum besten bestellt. Im Vergleich zu

seinem Vetter im englischen Newmarket oder im französischen Chantilly wird der deutsche Vollblüter nämlich in geradezu qualvoller Enge auf seine Aufgaben vorbereitet. Dort gibt es für jede Form der Arbeit Anlagen von großzügigstem Ausmaß – hier müssen die Pferde mangels Raum Tag für Tag in gleicher Umgebung trainiert werden. Geographische Abwechslung ist aber unbedingt notwendig, um dem intelligenten und aufgeweckten Vollblüter das Einerlei des täglichen Drills interessanter zu machen. Auf dem weitläufigen und abwechslungsreichen Gelände Hoppegartens war das möglich. Hoppegarten aber steht uns nicht mehr zur Verfügung. Aber auch unter diesen gegenüber England und Frankreich nachteiligen Bedingungen hat die deutsche Vollblutzucht Pferde geliefert, die im Ausland erfolgreich waren. Dabei spannt sich der Bogen durch zwei Jahrzehnte von Thila über Neckar, Orsini, Priamos und Prince Ippi bis zu Star

Appeal, der 1975 wegen seiner sensationellen Siege im Gran Premio di Milano, den Eclipse Stakes und im Prix de l'Arc de Triomphe zum »Champion von Europa« gewählt wurde. Andere Cracks wie Mangon, Masetto, Windfang, Mercurius, Pentathlon, Alpenkönig, Lombard, Cortez, Windwurf, Nebos und Orofino wehrten die Ausländer auf den heimischen Bahnen ab. Diesen unbestreitbaren Erfolgen stehen jedoch auch schwere Schlappen gegenüber, die uns zum Teil en suite beigebracht wurden. Das kommt zwar in der ganzen galoppsporttreibenden Welt hin und wieder vor, bei uns aber eben häufiger. Zusammenfassend kann festgestellt werden, daß die deutsche Vollblutzucht Respekt genießt, der sich nicht zuletzt auch darin äußert, daß unseren besten Hengsten zu allen Zeiten ausländische Stuten zugeführt wurden – im Wettbewerb der europäischen Spitzenzuchten allerdings nicht mithalten kann.

Voraussetzung für den Sieg oder eine gute Plazierung im Rennen ist neben einer Reihe von anderen Faktoren vor allem die in der täglichen Arbeit erworbene Kondition des Vollblüters. Das Training beginnt generell im Trab, bei dem die Pferde aufgelockert beziehungsweise aufgewärmt werden. Daran schließt sich ein ruhiger, verhaltener Galopp an, den man in der Fachsprache Canter nennt. Er wird über etwa 2000 Meter auf der Sandbahn absolviert, deren tiefes und mitunter schweres Geläuf außerordentlich konditionsfördernd wirkt. Der Canter wird ausgelassen, wenn auf der Grasbahn im rennmäßigen Tempo galoppiert wird, was meistens einige Tage vor dem Start in einer Prüfung der Fall ist. Am Schluß des Trainings, das am frühen Morgen beginnt und pro Lot etwa 45 Minuten dauert, wird im Schritt geritten. Dabei soll sich der Vollblüter entspannen, trockenlaufen und wieder zu normaler Atmung gelangen. Das sind im allgemeinen die Lektionen, die ein Rennpferd zur Vorbereitung auf den Ernstfall nahezu täglich durcharbeiten muß. Dabei versteht es sich allerdings von selbst, daß der Trainer seine Schutzbefohlenen nicht über einen Kamm scheren darf, sondern sie entsprechend ihrer individuellen Veranlagung behandeln muß.

Der Rest der Welt

Rund um den Erdball werden in Vollblutzucht und Galopprennsport heute ungefähr
650 000 *thoroughbreds* gezählt, die sich aus
Hengsten, Stuten, Fohlen, Jährlingen und
Pferden im Training zusammensetzen.
Man findet sie überall: in den kältestarren-
den Regionen des Nordens ebenso wie in
den hitzeflimmernden Breiten des Südens,
denn es gibt kaum eine Kulturnation, die
dieses edle Pferd nicht züchtet und in Rennen testet. Am häufigsten ist es auf dem
amerikanischen Kontinent vertreten. Dort
gibt es allein in den USA rund 220 000
Vollblüter, und von dort erreichen uns
auch immer wieder Schlagzeilen mit
Superlativen aus allen Bereichen dieses faszinierenden Metiers. Da reiten die Spitzenjockeys Jahr für Jahr Hunderte von Siegern,
werden bei den Auktionen in Keeneland

1982 für 317 000 000 Dollar Vollblüter verkauft, steigert JOHN HENRY 1983 seine
Gewinnsumme auf fast 4 000 000 Dollar,
zahlt ein arabischer Scheik im gleichen
Jahr 10 200 000 Dollar für einen Jährling
und finden per anno rund 48 500 Rennen
mit einer Dotierung von fast 400 000 000
Dollar und einem Wettumsatz von mehr
als 7 Milliarden Dollar statt – um nur
einige Zahlen aus dem Land der scheinbar
unbegrenzten Möglichkeiten zu nennen.
Wie sich die Bestände der Zuchtpferde auf
die einzelnen Länder der Welt verteilen,
zeigt die Aufstellung auf der nächsten
Seite. Anspruch auf Vollständigkeit kann
die Statistik aus dem Jahr 1980 allerdings
nicht erheben, weil einige Staaten – wie
beispielsweise die UdSSR, wo Vollblut
angeblich schon seit 1774 gezüchtet wird –
über den diesbezüglichen Pferdebestand
keine Zahlen veröffentlichen.

Links: Ein guter Start ist oft rennentscheidend.

*Oben: Überall auf der Welt, wo Rennen gelaufen werden, müssen die Jockeys vor dem Start auf
die Waage. Bei Untergewicht wird das Pferd zusätzlich mit Blei belastet. Ob auf Barbados unter
Jockeys aber gerade Scotch Whisky als probates Mittel gilt, das Körpergewicht niedrig zu halten,
muß bezweifelt werden.*

Bestände an Vollblutzuchtpferden 1980

Land	Zahl der Mutterstuten	Zahl der Hengste	Zahl der Fohlengeburten
Argentinien	17 605	1 494	7 996
Australien	44 387	2 878	17 872
Belgien	504	50	221
Brasilien	8 475	889	4 637
BR Deutschland	2 143	120	1 052
Chile	3 537	246	1 852
Dänemark	482	53	223
Frankreich	6 013	473	2 976
Griechenland	523	55	299
Großbritannien	10 650	832	4 677
Indien	1 575	132	643
Irland	7 400	300	3 800
Italien	1 692	217	904
Japan	12 861	443	7 726
Kanada	2 600	260	2 300
Malaysia	45	7	23
Marokko	186	73	113
Mexiko	1 702	135	752
Neuseeland	10 981	496	5 450
Niederlande	170	17	97
Norwegen	29	6	17
Österreich	67	10	27
Panama	472	56	245
Polen	441	22	248
Schweden	360	42	196
Schweiz	81	8	22
Spanien	393	59	240
Südafrika	6 444	413	3 286
Tschechoslowakei	618	48	301
Trinidad + Tobago	290	34	146
Tunesien	201	19	140
Türkei	285	58	195
Ungarn	411	34	251
USA	70 000	8 200	35 572
Venezuela	2 755	309	1 316
Zypern	175	23	90

1 Der 1961 geborene NORTHERN DANCER von NEARCTIC ist aufgrund der Erfolge seiner Nachkommen als Renn- und Zuchtpferde momentan der teuerste Deckhengst der Welt – denn für die Dienste des auf der kanadischen Windfields Farm stehenden Beschälers werden von den Stutenbesitzern 250 000 Dollar verlangt. Die Preise, die für die Nachkommen NORTHERN DANCERS gezahlt werden, lohnen eine derartige Anlage freilich. Unter anderem blätterte im Juli 1983 bei den Keeneland Sales der dem Königshaus von Dubai angehörende Scheik Mohammed Bin Raschid Al Maktoum für einen Jährling des Hengstes die derzeitige Weltrekordsumme von 10,2 Millionen Dollar auf den Tisch des Hauses. Angesichts solcher Beträge ist es daher kein Wunder, daß E. P. Taylor, der Besitzer von NORTHERN DANCER, 1981 ein französisches Verkaufsangebot ausschlug, das für den damals 20jährigen Hengst horrende 40 Millionen Dollar betrug. Bei dieser Gelegenheit wird sich Mr. Taylor möglicherweise daran erinnert haben, daß NORTHERN DANCER einst auf einer Auktion nicht versteigert werden konnte, weil sich für den relativ kleinen und unscheinbaren Jährling niemand interessierte. Als er zwei Jahre später jedoch das Kentucky Derby gewann, in dem er sich als unbeugsamer Kämpfer erwies und dank seines brillanten Speeds den Favoriten HILL RISE bezwang, wurde er zum Idol des kanadischen Rennsports. Zum Superpferd avancierte NORTHERN DANCER allerdings erst im Gestüt, wo er nahezu alle Rekorde brach. Seine erfolgreichsten Nachkommen auf der Bahn und in der Zucht sind NIJINSKY, LYPHARD und THE MINSTREL.

2 JOHN HENRY von OLE BOB BOWERS wechselte als Jährling für bescheidene 1100 Dollar den Besitzer, ist mittlerweile aber der gewinnreichste Vollblüter aller Zeiten. Bis einschließlich 1983 verdiente er nämlich fast 4 000 000 Dollar. Unter den 32 Rennen, die der Weltrekordler bis zu diesem Zeitpunkt gewann, befindet sich auch die Arlington Million, die mit einer Siegdotierung von 600 000 Dollar die wertvollste Prüfung des Galopprennsports ist. Allerdings wird der 1975 geborene JOHN HENRY seine Fähigkeiten nicht weitergeben können, denn er ist Wallach.

3 Auf der Rennbahn Churchill Downs von Louisville/Kentucky wird seit 1875 das berühmteste Rennen der USA gelaufen, das Kentucky Derby.

4 Wie in vielen Gestüten erinnert man sich auch auf der Calumet Farm, die übrigens achtmal das Kentucky Derby gewann, herausragender Pferde in besonderer Weise. Diese Anlage ist in der Welt des Turfs freilich einmalig und legt Zeugnis von der großen Passion derer ab, die hier Vollblüter züchteten. Die Bronzestatue wurde zu Ehren BULL LEA'S aufgestellt, der auf der Rennbahn zwar kein Millionenverdiener war und dort nur etwa 100 000 Dollar ergaloppierte, als Deckhengst aber den Ruhm des Gestüts gründete.

1

2

3

4

1 *FLYING CHILDERS von DARLEY ARABIAN* muß den Turffans des frühen 18. Jahrhunderts in puncto Galoppierfähigkeit wie ein Fabelwesen vorgekommen sein. Der 1715 geborene Hengst bestritt in den Farben des Herzogs von Devonshire fünf Rennen, die er alle gewann. Er starb 1741 nach einer unbedeutenden Gestütskarriere. Sein Bruder *BARTLETT'S CHILDERS* war dagegen ein überragender Deckhengst und mit verantwortlich, daß die bei seinem Vater *DARLEY ARABIAN* entsprungene Quelle zum mächtigsten aller Vollblutströme wurde, obwohl er nie eine Bahn betrat und kein Rennkalender von ihm Kunde gibt.

Cracks

Der Brockhaus deutet den hippologischen Begriff »Crack« kurz und bündig als »ein Rennpferd der allerbesten Klasse«. Diese Definition ist zwar treffend, entbehrt aber jeglichen Anreizes, den Faden weiterzuspinnen – was allerdings auch nicht die Aufgabe einer Enzyklopädie ist. Nun beflügelt das Wort »Crack« die Phantasie der Roßnarren jedoch in besonderem Maße; denn Cracks sind Pferde, von denen man sprach oder spricht. Immer wieder – und zwar nicht selten mit jenem besonderen Glanz in den Augen, den nur der Eros zu einer leidenschaftlich geliebten Sache zu erwecken vermag.

Pferde, die Außergewöhnliches geleistet haben – ob auf der Rennbahn, im Gestüt oder in beiden Bereichen –, hat es zu allen Zeiten und in allen Ländern gegeben. Wir kennen jedes von ihnen – und von jedem fast jede Kleinigkeit. Mag es die Turffans im Dämmerlicht der Vollblutgeschichte begeistert haben oder in unseren Tagen – wir wissen um das Wie und Warum. Denn dieses Gebiet menschlicher Aktivitäten fasziniert nicht zuletzt durch die nahezu lückenlose und akribische Aufzeichnung aller wichtigen und unwichtigen Fakten. Zu dieser Sachlage trug neben anderen auch Thomas Henry Taunton bei. Nachdem er rund zwei Jahrhunderte Rennsporthistorie gefiltert hatte, gab er 1888 nämlich ein vierbändiges Werk unter dem Titel »Portraits of Celebrated Racehorses« heraus, in dem er in mehr oder weniger kurzen Fassungen die Karrieren von 307 Cracks beschreibt. Auch danach hat es selbstverständlich nicht an Bemühungen gefehlt, die Lebensgeschichten von Vollblut-Koryphäen aufzuzeichnen, wozu auf diesen Seiten der vorläufig letzte Beitrag geleistet wird. Gemessen am Gesamtvolumen ist er freilich sehr klein, stellt aber in der gebotenen Kürze wohl doch einen repräsentativen Kreis von Pferden vor, die Besonderes geleistet haben.

2 *DIOMED von FLORIZEL* siegte 1780 im ersten Derby der Rennsportgeschichte. Danach gewann er als Vierjähriger zwei Rennen, konnte als Fünfjähriger wegen Lahmheit überhaupt nicht herausgebracht werden, holte sich als Sechsjähriger ein King's Plate und wurde im gleichen Jahr nach einem Niederbruch anläßlich der sechsten Saisonniederlage ins Gestüt genommen. Da er dort jedoch nichts Rechtes zustande brachte, verkaufte man ihn schließlich nach Amerika. In Virginia aber wurde der inzwischen 21jährige Derbysieger zu einem der gefragtesten Vererber und gründete eine der bedeutendsten amerikanischen Pferdedynastien. Daher sprach man in Amerikas Vollblutzucht von einer nationalen Katastrophe, als *DIOMED* 1808 im Alter von 31 Jahren starb.

384

3

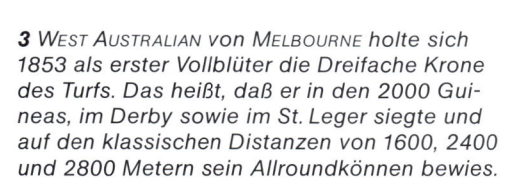

3 *WEST AUSTRALIAN von MELBOURNE* holte sich 1853 als erster Vollblüter die Dreifache Krone des Turfs. Das heißt, daß er in den 2000 Guineas, im Derby sowie im St. Leger siegte und auf den klassischen Distanzen von 1600, 2400 und 2800 Metern sein Allroundkönnen bewies.

4 *Der 1850 geborene LEXINGTON von BOSTON* war das berühmteste amerikanische Rennpferd seiner Zeit. Bei sieben Starts gewann der braune Hengst sechsmal. Dabei zeichnete er sich durch unermüdliche Ausdauer und enormen Speed aus, obwohl sein Pedigree einige dunkle Punkte aufwies, die seine Abstammung als reiner Vollblüter zweifelhaft machten. Im Gestüt holte sich *LEXINGTON* sechzehnmal den Titel des Championvererbers und erbrachte damit eine Leistung, die unübertroffen bleiben dürfte. Allerdings konnte sich keiner seiner hervorragenden Söhne einen Namen in der Zucht machen. Deshalb war *LEXINGTONS* Einfluß in der männlichen Linie seiner Nachkommen innerhalb von zwei Generationen praktisch erloschen. Der Hengst starb im Alter von 25 Jahren und war zu diesem Zeitpunkt auf beiden Augen erblindet.

4

385

1 KINCSEM von CAMBUSCAN wurde 1874 im ungarischen Nationalgestüt Kisber geboren und war möglicherweise das perfekteste Rennpferd der Turfgeschichte. Die Wunderstute gewann alle 54 Rennen, in denen sie als Zwei-, Drei-, Vier- und Fünfjährige aufgeboten wurde. Ihre Via triumphalis führte unter anderem auch nach Iffezheim, wo sie sich von 1877 bis 1879 dreimal den Großen Preis von Baden holte. KINCSEM, die auch in der Zucht ein Volltreffer wurde – beispielsweise gelangte sie im deutschen Gestüt Röttgen zu großem Einfluß – starb 1887 an der Stätte ihrer Geburt.

2 ORMONDE von BEND OR war ein Gigant des Galopprennsports und gehört zu den wenigen ungeschlagenen Pferden des Turfs. In der Zucht hatte der Triple-Crown-Sieger von 1886 trotz großer Möglichkeiten in England, Argentinien und den USA dagegen keinen Erfolg, wenn man von seinem Sohn ORME einmal absieht, der nicht nur ein sehr gutes Rennpferd war, sondern seine Fähigkeiten auch einigen seiner erstklassigen Söhne vererbte.

3 Zu der kleinen Gruppe von Vollblütern, die ihre Rennlaufbahn ungeschlagen beendeten, zählt vor allem der 1881 geborene ST. SIMON von GALOPIN. Er siegte in zehn Prüfungen, unter denen sich allerdings keine klassischen befanden. Für sie war ST. SIMON entweder nicht gemeldet worden oder aufgrund des frühen Todes seines Züchters Prinz Batthyany und des damit verbundenen Besitzerwechsels nicht startberechtigt. 1886 begann seine Gestütskarriere, in deren Verlauf er 554 Nachkommen zeugte. Zehn seiner Töchter und Söhne, von denen vor allem PERSIMMON, der Triple-Crown-Sieger DIAMOND JUBILEE, MEMOIR und LA FLECHE zu nennen sind, waren in siebzehn klassischen Rennen erfolgreich. Außerdem setzte sich ST. SIMON neunmal an die Spitze der Vaterpferde und verdiente dem Herzog von Portland durch seine diesbezüglichen Aktivitäten die ungeheure Summe von fünf Millionen Goldmark.

MAN o'WAR

1 Ein Riese unter den ganz Großen des Turfs war auch der Italiener NEARCO von PHAROS. Auf dem Rasen gab der 1935 geborene Hengst seinen Gegnern in vierzehn Rennen das Nachsehen – in der Zucht sind seine Leistungen nur mit denen von ST. SIMON vergleichbar, denn mehr als hundert seiner männlichen Nachkommen sind in der ganzen Welt als Deckhengste tätig geworden. Abgesehen davon ist NEARCO über seine Söhne bzw. Enkel NASRULLAH/BOLD RULER und NEARCTIC/NORTHERN DANCER der Gründer der zur Zeit mächtigsten Vaterstämme der Vollblutzucht.

2 Der 1924 in Schlenderhan gezogene OLEANDER von PRUNUS gehört ebenfalls zur Kaste der Ausnahmepferde. Er gewann neben sechzehn anderen Rennen dreimal den Großen Preis von Baden, verdiente insgesamt 580 950 DM, die in Deutschland jahrzehntelang als Rekordgewinnsumme geführt wurden, und erwies sich auch im Gestüt als ein ganz Großer, denn dort wurde er neunmal Champion der Beschäler.

3 Amerikas populärster Vollblüter aller Zeiten ist MAN O'WAR von FAIR PLAY, der 1917 geboren wurde und in vierzehnter Generation direkt auf GODOLPHIN ARABIAN zurückgeht. Er war ein Rennpferd der absoluten Ausnahmeklasse und wurde bei 21 Starts nur einmal geschlagen. In der amerikanischen Vollblutzucht ist der Einfluß des 1947 gestorbenen Hengstes noch heute spürbar.

389

1 NIJINSKY von NORTHERN DANCER gewann 1970 als letzter von vorläufig fünfzehn Vollblütern die Triple Crown des englischen Rennsports. Der 1967 in Kanada geborene Hengst gehörte zum selten anzutreffenden Typ des idealen Rennpferdes, das Schnelligkeit mit Stehvermögen verbindet. NIJINSKY steht heute auf der Claiborne Farm in Kentucky, wo er für ein Deckgeld von 175 000 Dollar wirkt. Die besten seiner vielen hervorragenden Nachkommen waren GREEN DANCER, ILE DE BOURBON und GOLDEN FLEECE, der 1982 das englische Derby gewann.

2 MILL REEF von NEVER BEND wurde 1968 gezogen und siegte in zwölf Rennen, zu denen auch das Epsom Derby, die King George and Queen Elizabeth Stakes und der Prix de l'Arc de Triomphe gehörten. Seit 1973 geht er im englischen Nationalgestüt in Newmarket seinen Pflichten als Beschäler nach. Seine Leistungen in diesem Bereich stehen denen auf der Bahn in nichts nach, denn zu seinen bisher gezeugten Sprößlingen gehören auch die französischen bzw. englischen Derbysieger ACAMAS und SHIRLEY HEIGHTS sowie GLINT OF GOLD, der seine Gegner unter anderem 1981 im Preis von Europa und 1982 im Großen Preis von Baden deklassierte.

3 SEABIRD von DAN CUPID vertrat die gleiche Klasse wie MILL REEF und gewann wie dieser das englische Derby und den Prix de l'Arc de Triomphe. Als Vater von ALLEZ FRANCE hatte er auch in der Zucht Erfolg, denn die Stute siegte wie ihr Erzeuger im »Arc«. Leider ging der 1962 geborene Hengst schon relativ früh ein.

4 DAHLIA von VAGUELY NOBLE ist mit einer Gewinnsumme von 1 535 443 Dollar eine der erfolgreichsten Stuten aller Zeiten. Zu den vielen Rennen, die sie gewann, zählen auch die King George and Queen Elizabeth Stakes, die sie sich 1973 und 1974 als bisher einziges Pferd zweimal holte.

5 RIBOT von TENERANI nannte man in seiner Jugend »il piccole«, den Kleinen. Aber auch voll ausgewachsen war er mit 159 cm Größe kein besonders stattliches Pferd. Daher traute man dem 1952 in Italien von Federico Tesio gezogenen Hengst auch nicht viel zu. RIBOT aber rechtfertigte sich in einem Maße, das niemand auch nur im entferntesten für möglich gehalten hätte. Sechzehn Starts und sechzehn Siege: das war die Bilanz nach drei Rennjahren, in denen das »Pferd des Jahrhunderts« 1955 und 1956 auch den Prix de l'Arc de Triomphe gewann, wo es die wirklich erstklassigen Gegner mit seinem gewaltigen Speed jedesmal in Grund und Boden galoppierte. Im Gestüt zeugte RIBOT eine Reihe von Klassepferden, die sich sowohl auf der Bahn als auch in der Zucht auszeichneten. Von ihnen sind MOLVEDO, TOM ROLFE, PRINCE ROYAL, RAGUSA, RIBERO und RIBOCCO die besten.

5

1 *Secretariat* von *Bold Ruler* gewann 1973 mit unerhörter Überlegenheit die Triple Crown des amerikanischen Turfs und versetzte seine Fans in einen regelrechten Veitstanz der Begeisterung, wenn er wie ein Geschoß in Tierform dem Ziel entgegenflog. Als der kompakte Fuchshengst von der Rennbahn abtrat, hatte er nicht nur 1 316 808 Dollar zusammengaloppiert, sondern gehörte auch zu den Vertretern seiner Rasse, die vom Menschen schwärmerisch als Wunderpferde bezeichnet werden. *Secretariat* genoß in den USA ungeheure Popularität. Unter anderem wählte man ihn 1973 zum »Sportler des Jahres« und füllte viele Seiten von »Time« und »Newsweek«, die immerhin die bedeutendsten Nachrichtenmagazine der Welt sind, mit seiner phantastischen Lebensgeschichte. Um sich die Fähigkeiten *Secretariats* als Deckhengst zu sichern, mußte eine Gruppe von 32 englischen und amerikanischen Züchtern tief in die Tasche greifen und mehr als 15 Millionen Mark für seine Syndikatisierung locker machen. Statt der erhofften guten Verzinsung ihres Kapitals trat ihnen jedoch zunächst der Schweiß auf die Stirn, denn das Wunderpferd litt an Potenzstörungen. Man munkelte, daß es während seiner aktiven Zeit mit Anabolika gedopt worden sei, mit jenen Pülverchen also, die zwar das Muskelwachstum fördern, neben der Schädigung aller möglichen Körperfunktionen aber auch die Zeugungskraft schwächen. *Secretariat* bewies jedoch auch in diesem Fall seine Klasse und machte als Gestütsdebütant zwölf der sechzehn ihm zugeführten Stuten tragend. Allerdings wartet die Turfwelt schon seit Jahren darauf, daß er dem Rennsport ein wirklich erstklassiges Pferd liefert. Das ist ihm trotz hervorragender Partnerinnen bisher nämlich noch nicht gelungen.

2 Das gewinnreichste Pferd der deutschen Vollblutzucht ist mit 1 527 836 DM *Star Appeal* von *Appiani*. Der 1970 geborene Hengst wurde vom Gestüt Röttgen gezüchtet, errang seine großen Erfolge aber in den Farben des Stalles Moritzberg, für den vor allem dessen sensationeller Sieg im Prix de l'Arc de Triomphe von 1975 kräftig zu Buche schlug. *Star Appeal* deckt heute im englischen Nationalgestüt in Newmarket.

3 *Troy* von *Petingo* holte sich 1979 mit dem respektablen Vorsprung von sieben Längen das 200. englische Derby, dem er kurz darauf auch das irische Pendant folgen ließ. Danach gewann er gegen ältere Konkurrenz die King George and Queen Elizabeth Stakes und den Benson and Hedges Gold Cup. Insgesamt siegte er bei elf Starts achtmal und verdiente dabei 450 494 Pfund.

4 Als einer der Großverdiener des Turfs galoppierte *Spectacular Bid* von *Bold Bidder* 2 781 608 Dollar zusammen. Da der 1976 in den USA gezogene Hengst aber Außerdem für 22 Millionen Dollar als Beschäler syndikatisiert wurde, machte das Ehepaar Meyerhoff als seine Besitzer ein nicht gerade alltägliches Geschäft. *Spectacular Bid* kostete als Jährling nämlich nur lumpige 37 000 Dollar – und solche Zinsen zahlt keine Bank der Welt.

1

2

3

4

5

5 KÖNIGSSTUHL *von* DSCHINGIS KHAN *lieferte Schlagzeilen ganz besonderer Art, denn der 1976 vom Gestüt Zoppenbroich gezogene Dunkelbraune gewann als erstes Pferd der deutschen Vollblutzucht die Dreifache Krone, zu der hierzulande Henckel-Rennen, Derby und St. Leger zählen. Insgesamt startete* KÖNIGSSTUHL *in vier Rennzeiten zwanzigmal, wobei er elfmal siegte. Siebenmal wurde er Zweiter, je einmal Vierter und Fünfter. Seine Gewinnsumme beträgt 1 028 125 DM.*

6 NEBOS *von* CARO *wurde 1976 geboren und ist ein Mietglied der international berühmt gewordenen N-Familie, der unter anderem auch* NEARCO *angehört. Der Hengst war einer der besten deutschen Vollblüter der Nachkriegszeit, lief in 18 Rennen, passierte in 12 als Erster das Ziel und brachte es auf eine Gewinnsumme von 1 205 955 DM. Im Herbst 1980 wurde er für 3 Millionen DM syndikatisiert und wirkt seit 1981 als zur Zeit teuerster deutscher Vollblut-Beschäler für eine Taxe von 20 000 DM im Heimatgestüt Erlenhof.* **6**

In den berühmten Farben des Aga Khan siegte
SHERGAR von GREAT NEPHEW 1981 mit dem damals 19 Jahre alten Walter Swinburn im Sattel
mit zehn Längen Vorsprung im englischen
Derby, das mit solcher Überlegenheit noch
nie zuvor gewonnen wurde. Außerdem holte
sich der mit einer markanten Blesse und vier
weißen Fesseln gezeichnete Braune das irische
Derby und die King George and Queen Elizabeth Stakes, erlitt im St. Leger als Vierter
jedoch eine sensationelle Niederlage. Danach
wurde SHERGAR für die europäische Rekord-
summe von rund zehn Millionen Pfund syndikatisiert und im irischen Ballymany Stud des Aga
Khan als Deckhengst aufgestellt. Dort ereilte
ihn schließlich ein Schicksal besonderer Art. In
der Nacht vom 8. auf den 9. Februar 1983
wurde er nämlich entführt und blieb seither
spurlos verschwunden – wobei hinzuzufügen
ist, daß es sich hier nicht um den ersten Fall
von Vollblut-Kidnapping handelte, SHERGAR
aber das prominenteste Pferd ist, dem solche
Gewaltanwendung widerfahren ist.

Der deutsche Rennsport

Jahr	Rennen	±% p.a.	Geldpreis DM je Rennen Durchschnitt	±% p.a.	Starter	±% p.a.	Geldpreis DM je Starter Durchschnitt	±% p.a.
1950	1 333	–	2 422	–	11 267	–	287	–
1955	1 506	+ 2,60	2 803	+ 3,14	11 371	+ 0,18	371	+ 5,90
1960	1 509	+ 0,04	4 222	+ 10,13	12 326	+ 1,68	517	+ 7,85
1965	1 498	− 0,15	5 999	+ 8,42	12 173	− 0,25	738	+ 8,56
1970	1 543	+ 0,60	7 261	+ 4,21	13 499	+ 2,18	830	+ 2,48
1975	1 959	+ 5,39	9 895	+ 7,25	18 433	+ 7,31	1 052	+ 5,34
1980	2 367	+ 4,17	10 921	+ 2,07	22 966	+ 4,92	1 126	+ 1,41
1981	2 290	− 3,26	11 354	+ 3,96	22 841	− 0,55	1 138	+ 1,13
1982	2 401	+ 4,85	11 762	+ 3,60	24 210	+ 5,99	1 166	+ 2,48

Jahr	gelaufene Pferde	±% p.a.	Geldpreis DM je gel. Pferd Durchschnitt	±% p.a.	Besitzer	±% p.a.
1950	1 319	–	2 448	–	613	–
1955	1 281	− 0,58	3 294	+ 1,38	649	+ 1,17
1960	1 403	+ 1,90	4 541	+ 2,74	637	− 0,37
1965	1 597	+ 2,77	5 627	+ 4,78	754	+ 3,67
1970	1 751	+ 1,93	6 398	+ 2,74	866	+ 2,97
1975	2 370	+ 7,07	8 178	+ 5,56	1 063	+ 4,55
1980	2 909	+ 4,55	8 886	+ 1,73	1 451	+ 7,30
1981	3 026	+ 4,02	8 592	− 3,31	1 484	+ 2,77
1982	3 223	+ 6,50	8 762	+ 1,98	1 541	+ 3,84

Jahr	gezahlte Rennpreise DM	±% p.a.	Einsätze DM	±% p.a.	Gesamtumsätze DM	±% p.a.
1950	3 229 185	–	586 612	–	23 048 650	–
1955	4 220 608	+ 6,14	781 060	+ 6,63	26 285 020	+ 2,81
1960	6 371 485	+ 10,19	1 023 651	+ 6,21	38 579 025	+ 9,35
1965	8 987 020	+ 8,21	1 544 055	+ 10,17	46 010 805	+ 3,85
1970	11 203 840	+ 4,93	2 086 894	+ 7,03	61 138 510	+ 6,58
1975	19 383 640	+ 14,60	3 747 784	+ 15,92	117 031 130	+ 18,28
1980	25 849 060	+ 6,67	4 788 900	+ 5,56	196 113 483	+ 13,51
1981	25 999 970	+ 0,58	4 953 628	+ 3,44	201 668 060	+ 2,83
1982	28 240 370	+ 8,62	5 497 193	+ 10,97	193 041 815	− 4,28

Umsatz der 15 führenden Rennvereine

	1973	1975	1980	1981	1982	Änderung in ±%
Baden-Baden	16 944 280	18 866 082	29 442 390	33 687 445	28 852 897	− 14,35
Bremen	3 242 165	2 546 297	5 751 160	4 675 815	3 846 950	− 17,73
Dortmund	6 695 135	8 647 570	17 036 240	19 413 379	18 395 050	− 5,25
Düsseldorf	9 580 057	11 727 420	17 680 558	19 489 788	19 284 661	− 1,06
Frankfurt	6 015 915	6 890 970	13 476 305	5 636 698	14 741 622	+161,52
Gelsenk.-Horst	8 137 650	8 150 637	14 470 485	13 973 995	13 762 780	− 1,52
Hamburg	3 585 982	4 650 805	7 246 805	7 866 688	7 185 762	− 8,66
Hannover	1 913 705	4 336 252	9 680 295	9 244 568	7 790 027	− 15,74
Harzburg	551 850	855 290	1 303 515	1 232 935	1 329 725	+ 7,85
Haßloch	308 060	418 175	612 990	812 440	631 062	− 22,33
Köln	11 099 372	12 565 852	21 507 883	24 974 681	21 006 944	− 15,89
Krefeld	5 723 410	7 561 110	11 097 010	11 927 615	10 279 905	− 13,82
Mülheim	8 275 810	10 424 162	16 741 378	17 837 707	17 348 545	− 2,75
München	9 642 435	10 993 100	17 126 043	17 803 280	15 060 110	− 15,41
Neuss	5 664 977	8 042 630	12 028 113	12 405 777	12 752 963	+ 2,79

Cut und grauer Zylinder sind bei den großen Meetings in Newmarket, Ascot oder Epsom die Markenzeichen von Gentlemen.

Rangliste der Rennplätze mit den höchsten Jahresrennpreisen

1980	DM	Rennen	1981	DM	Rennen	1982	DM	Rennen
1. Köln	3 073 300	204	1. Köln	3 314 500	210	1. Köln	3 326 200	200
2. Baden-Baden	2 812 000	110	2. Baden-Baden	2 985 600	112	2. Baden-Baden	3 081 650	108
3. Düsseldorf	2 439 350	198	3. München	2 589 100	249	3. Düsseldorf	2 841 900	200
4. München	2 406 450	240	4. Düsseldorf	2 502 100	190	4. Dortmund	2 492 500	271
5. Dortmund	2 116 450	231	5. Dortmund	2 344 450	261	5. München	2 451 700	225
6. Gelsenkirchen-Horst	1 868 800	180	6. Mülheim	2 055 100	203	6. Frankfurt	2 201 800	211
7. Frankfurt	1 828 800	174	7. Gelsenkirchen-Horst	1 838 940	169	7. Mülheim	2 127 100	207
8. Mülheim	1 803 850	192	8. Hamburg	1 519 200	66	8. Gelsenkirchen-Horst	2 076 500	180
9. Hannover	1 560 350	171	9. Krefeld	1 492 900	152	9. Neuss	1 594 940	173
10. Krefeld	1 431 600	153	10. Hannover	1 466 600	154	10. Hamburg	1 467 610	60
11. Hamburg	1 410 900	65	11. Neuss	1 377 200	155	11. Krefeld	1 466 600	141
12. Neuss	1 354 950	158	12. Bremen	899 300	99	12. Hannover	1 420 190	139
13. Bremen	972 450	121	13. Frankfurt	864 800	83	13. Bremen	804 000	86

Deutsches Derby

2400 m. Für dreijährige Hengste und Stuten. Hengste tragen 58 kg, Stuten 56 kg. Das Rennen wird in Hamburg gelaufen.
1919 war jedoch Berlin-Grunewald, 1943 und 1944 Berlin-Hoppegarten, 1946 München-Riem und 1947 Köln sein Austragungsort.

Jahr	Besitzer	Pferd	Eltern	Jockey	Es liefen	Zeit
1869	U. v. Oertzen	Investment	v. King of Diamonds–Golden Pippin	W. Little	5	–
1870	Joh. Graf Renard	Adonis	v. Grimston–Legerdemain	E. Madden	5	–
1871	Joh. Graf Renard	Bauernfänger	v. Grimston–La Traviata	E. Madden	5	–
1872	U. v. Oertzen	Hymenaeus*	v. Lord Clifden–Cantata	W. Little	7	–
1873	Joh. Graf Renard	Amalie von Edelreich	v. Buccaneer–Sweet Katie	J. Grimshaw	5	–
1874	Dr. O. Marckwald	Paul	v. Savernake–B Flat	G. Sopp	8	–
1875	Baron G. Springer	Palmyra	v. Blair Athol–Firefly	Corser	12	–
1876	Graf Bernsdorff-Gyldensteen	Double Zero	v. Virgilius–Olive	F. Arnott	8	–
1877	Fürst Hohenlohe-Oehringen	Pirat	v. Buccaneer–Fern	E. Fisk	10	–
1878	H. Graf Henckel sen.	Oroszvar	v. Allbrook–Lady Wentworth	T. Busby	7	–
1879	Fürst Hohenlohe-Oehringen	Künstler	v. Flibustier–Arcadia	E. Madden	10	–
1880	Joh. Graf Sztaray	Gamiani	v. Cambuscan–Grand Duchess	T. Osborne	9	–
1881	Baron Huel-Brockdorff	Cäsar	v. Billesdon–Advance	J. Gough	9	–
1882	Graf Tschirschky-Renard	Trachenberg	v. Flibustier–Dirt Cheap	L. Watts	10	–
1883	H. Graf Henckel sen.	Tartar	v. Digby Grand–Neudau	T. Busby	6	–
1884	Nic. Graf Esterhazy jun.	Stronzian	v. Waisenknabe–Mlle. Giraud	Greaves	9	–
1885	E. v. Blaskovits	Budagyöngye	v. Buccaneer–Kincsem	R. Smart	5	–
1886	K. Hauptgestüt Graditz	Potrimpos	v. Chamant–Pulcherrima	T. Busby	6	–
1887	Baron N. Rothschild	Zsupan	v. Peter–British Queen	D. Goodway	7	2:59
1888	A. Graf Apponyi	Tegetthoff	v. Hastings–Fantasie	F. Rossiter	9	2:56,4
1889	E. v. Blaskovits	Uram-batyam	v. Gunnersbury–Bajos	R. Smart	6	–
1890	V. May	Dalberg	v. Rosicrucian–Dahlia	G. Sopp	8	–
1891	K. Hauptgestüt Graditz	Peter	v. Chamant–Pearlina	Ch. Ballantine	7	–
1892	General A. v. Kodolitsch	Espoir	v. Barcaldine–Bel Esperanza	Fred Webb	10	–
1893	K. Hauptgestüt Graditz	Geier	v. Flageolet–Geheimnis v. Chamant	Ch. Ballantine	12	–
	Hptm. R. Spiekermann	Hardenberg	v. Kisber–Blue Mountain	Ch. Bowman		
1894	Frhr. v. Münchhausen	Sperber	v. Kisber–Vitarba	E. Martin	9	–
1895	E. Frhr. v. Falkenhausen	Impuls	v. Fulmen–Comtesse Caroline	T. Busby	12	–
1896	E. Frhr. v. Falkenhausen	Trollhetta	v. Kisber–Village Queen	T. Busby	7	–
1897	L. Graf Henckel	Flunkermichel	v. Pumpernickel–Flora·	W. H. Jones	9	–
1898	K. Hauptgestüt Graditz	Habenichts	v. Chamant–Haselnuss	E. Martin	10	–
1899	Baron G. Springer	Galifard	v. Gunnersbury–Gaillarde	G. Hyams	9	–
1900	C. v. Lang-Puchhof u. A. v. Schmieder	Hagen	v. Charibert–Hyères	H. Ibbett	11	2:44,5
1901	Maj. v. Gossler	Tuki	v. Gouverneur–Räuberbraut	Ch. Bowman	20	2:41,7
1902	A. v. Pechy	Macdonald	v. Chislehurst–Marie	F. Taral	15	2:47,8
1903	Baron G. Springer	Bono modo	v. Bona Vista–Kis Iblay	H. Lewis	11	2:37,2
1904	L. Graf Trauttmansdorff	Con amore	v. Matchbox–Grisette	G. Stern	11	2:37,6
1905	T. Graf Festetics	Patience	v. Bona Vista–Podagra	R. Huxtable	4	2:37,1
1906	Weinberg	Fels	v. Hannibal–Festa	W. O'Connor	6	2:35,4
1907	Weinberg	Desir	v. Saphier–Gold Dream	W. Shaw	8	2:36,8
1908	E. Frhr. v. Oppenheim	Sieger	v. Hannibal–Semiramis	G. Stern	6	2:35,8
1909	K. Hauptgestüt Graditz	Arnfried	v. Hannibal–Abendglocke	W. Warne	7	2:35,4
1910	K. Hauptgestüt Graditz	Orient	v. Bona Vista–Olly	F. Bullock	13	2:36,6
1911	Baron G. Springer	Chilperic	v. Gallinule–Chilmark	B. Carslake	12	2:35,2
1912	K. Hauptgestüt Graditz	Gulliver II	v. Hannibal–Gnädigste	F. Bullock	8	2:36,8
1913	R. Haniel	Turmfalke	v. Caius–Totie	D. Maher	10	2:41,3
1914	S. A. Frhr. v. Oppenheim	Ariel	v. Ard Patrick–Ibidem	G. Archibald	8	2:33,6
1915	R. Haniel	Pontresina	v. Biniou–Princess Margaret	W. Plüschke	14	2:42,2
1916	A. u. C. v. Weinberg	Amorino	v. Festino–Anmut I	O. Schmidt	10	2:42,8

*) Als erster kam Primas ein, wurde jedoch disqualifiziert. Hymenaeus, der mit Seemann in totem Rennen den zweiten Platz belegte, ging im Entscheidungslauf über die Bahn.

Jahr	Besitzer	Pferd	Eltern	Jockey	Es liefen	Zeit
1917	R. Haniel	Landgraf	v. Louviers–Ladora	F. Kasper	13	2 : 35,6
1918	S. A. Frhr. v. Oppenheim	Marmor	v. Saphir–Mahalla	O. Schmidt	12	2 : 38,6
1919	Hauptgestüt Graditz	Gibraltar	v. Nuage–Granada	R. Kaiser	11	2 : 33,3
1920	Hauptgestüt Graditz	Herold	v. Dark Ronald–Hornisse	J. Rastenberger	·9	2 : 35,3
1921	A. u. C. v. Weinberg	Omen	v. Nuage–Orkade	L. Danek	17	2 : 32,6
1922	Gestüt Weil	Hausfreund	v. Landgraf–Hecuba	W. Tarras	12	2 : 36,6
1923	A. u. C. v. Weinberg	Augias	v. Pergolese–Augusta Charlotte	O. Schmidt	9	2 : 41,5
1924	A. Stierheim	Anmarsch	v. Fervor–Amanda	R. Torke	17	2 : 36,6
1925	L. Lewin	Roland	v. Traum–Rosanna	E. Haynes	9	2 : 32,2
1926	R. Haniel	Ferro	v. Landgraf–Frauenlob	F. Williams	9	2 : 35
1927	S. A. Frhr. v. Oppenheim	Mah Jong	v. Prunus–Maja v. Caius	E. Pretzner	14	3 : 03,2
1928	L. u. W. Sklarek	Lupus	v. Herold–Lux	E. Haynes	15	2 : 34,2
1929	M. J. Oppenheimer	Graf Isolani	v. Graf Ferry–Isabella	E. Grabsch	11	2 : 36,2
1930	S. A. Frhr. v. Oppenheim	Alba	v. Wallenstein–Arabis	J. Munro	9	2 : 32,4
1931	Hauptgestüt Graditz	Dionys	v. Herold–Dichterin	E. Böhlke	17	2 : 35,4
1932	P. Mülhens	Palastpage	v. Prunus–Palma	E. Haynes	8	2 : 36,2
1933	Hauptgestüt Graditz	Alchimist	v. Herold–Aversion	E. Grabsch	10	2 : 36,2
1934	Gestüt Erlenhof	Athanasius	v. Ferro–Athanasie	J. Rastenberger	13	2 : 32
1935	Gestüt Schlenderhan	Sturmvogel	v. Oleander–Schwarze Kutte	W. Printen	11	2 : 32,6
1936	Gestüt Erlenhof	Nereide	v. Graf Isolani od. Laland–Nella da Gubbio	E. Grabsch	10	2 : 28,8
1937	Hauptgestüt Graditz	Abendfrieden	v. Ferro–Antonia	E. Grabsch	12	2 : 34,8
1938	Gestüt Schlenderhan	Orgelton	v. Prunus–Odaliske	G. Streit	13	2 : 33,2
1939	Gestüt Schlenderhan	Wehr Dich	v. Wallenstein–Waffe	G. Streit	10	2 : 37,2
1940	Gestüt Schlenderhan	Schwarzgold	v. Alchimist–Schwarzliesel	G. Streit	13	2 : 32,8
1941	Gestüt Schlenderhan	Magnat	v. Asterus–Mafalda	G. Streit	10	2 : 33
1942	Gestüt Erlenhof	Ticino	v. Athanasius–Terra	O. Schmidt	13	2 : 33,2
1943	Gestüt Schlenderhan	Allgäu	v. Ortello–Arabella	G. Streit	11	2 : 33
1944	Gestüt Erlenhof	Nordlicht	v. Oleander–Nereida	O. Schmidt	17	2 : 31,6
1945	nicht gelaufen					
1946	Gestüt Birkenhof	Solo	v. Lampos–Sorgenwende	G. Streit	11	2 : 47
1947	Stall Buchhof	Singlspieler	v. Wildling–Singadula	St. Zajac	16	2 : 35
1948	K. H. Wieland	Birkhahn	v. Alchimist–Bramouse	E. Böhlke	12	2 : 32
1949	Gestüt Schlenderhan	Asterblüte	v. Pharis–Aster	W. Held	14	2 : 35,3
1950	Gestüt Erlenhof	Niederländer	v. Ticino–Najade	O. Schmidt	13	2 : 29,9
1951	Gestüt Erlenhof	Neckar	v. Ticino–Nixe	O. Schmidt	11	2 : 33,8
1952	Gestüt Waldfried	Mangon	v. Gundomar–Mainkur	G. Streit	11	2 : 35,1
1953	Gestüt Schlenderhan	Allasch	v. Magnat–Astarte	H. Bollow	14	2 : 34
1954	Gestüt Asta	Kaliber	v. Wirbelwind–Kirschfliege	H. Bollow	13	2 : 31,3
1955	Gebr. Buhmann	Lustige	v. Ticino–Lapis	A. Klimscha	15	2 : 38,4
1956	Gestüt Asta	Kilometer	v. Alizier–Kirschfliege	H. Bollow	13	2 : 39,6
1957	Gestüt Erlenhof	Orsini	v. Ticino–Oranien	L. Piggott	17	2 : 30
1958	Gestüt Ravensberg	Wilderer	v. Neckar–Waldrun	W. Gassmann	16	2 : 43,1
1959	Gestüt Röttgen	Uomo	v. Orator–Ungewitter	A. Klimscha	13	2 : 31,9
1960	Gestüt Rösler	Alarich	v. Mangon–Alma mater	P. Fuchs	14	2 : 35,5
1961	Gestüt Waldfried	Baalim	v. Mangon–Blaue Adria	G. Streit	20	2 : 29,4
1962	Gestüt Römerhof	Herero	v. Borealis–Horatia	H. Bollow	14	2 : 35,3
1963	Gräfin Batthyany	Fanfar	v. Sunny Boy–Friedrichsdorf	L. Piggott	14	2 : 31,6
1964	W. Vischer	Zank	v. Neckar–Zacateca	J. Pall	11	2 : 30,7
1965	Gestüt Ravensberg	Waidwerk	v. Neckar–Windstille	J. Starosta	13	2 : 33
1966	Stall Gamshof	Ilix	v. Orsini–Ivresse	O. Langner	18	2 : 35,7
1967	Stall Primerose	Luciano	v. Henry the Seventh–Light Arctic	L. Pigott	15	2 : 32,6
1968	Gestüt Waldfried	Elviro	v. Orsini–Egina	P. Alafi	11	2 : 33,4
1969	Gestüt Schlenderhan	Don Giovanni	v. Orsini–Donna Diana	B. Taylor	15	2 : 33,1
1970	Gestüt Schlenderhan	Alpenkönig	v. Tamerlane–Alpenlerche	P. Kienzler	16	2 : 32,3
1971	Gestüt Rösler	Lauscher	v. Pantheon–Lipoma	D. Richardson	17	2 : 32,8
1972	F. Ostermann	Tarim	v. Tudor Melody–Tamerella	J. Lewis	22	2 : 40,2
1973	Gestüt Zoppenbroich	Athenagoras	v. Nasram–Avenida	H. Remmert	15	2 : 28,8
1974	M. Gräfin Batthyany	Marduk	v. Orsini–Marlia	J. Pall	19	2 : 35,2
1975	Gestüt Hohe Weide	Königsee	v. Soderini–Königsbirke	J. Orihuel	17	2 : 29,8
1976	Gestüt Schlenderhan	Stuyvesant	v. Priamos–Sabera	R. Suerland	21	2 : 29,1
1977	Gestüt Fährhof	Surumu	v. Literat–Surama	G. Cadwaladr	24	2 : 29,7
1978	Gestüt Bona	Zauberer	v. Soderini–Zauberfee	B. Selle	22	2 : 43,2
1979	Gestüt Zoppenbroich	Königsstuhl	v. Dschingis Khan–Königskrönung	P. Alafi	20	2 : 39,4
1980	H. Einschütz	Navarino	v. Madruzzo–Nachtviole	D. Richardson	21	2 : 48,1
1981	Gestüt Zoppenbroich	Orofino	v. Dschingis Khan–Ordinale	P. Alafi	17	2 : 42,1
1982	Frln. St. Seiler	Ako	v. Riboprince–Arietta	E. Schindler	18	2 : 40,6
1983	Gestüt Zoppenbroich	Ordos	v. Frontal–Ordinale	P. Alafi	23	2 : 32,5

Jockey-Championat seit 1870

(ab 1947 nur Bundesrepublik)

Jahr	Jockey	Siege	Jahr	Jockey	Siege	Jahr	Jockey	Siege
1870	E. Madden	18	1907	T. Burns	54	1945	O. Langner	20
1871	E. Madden	34	1908	F. Bullock	67	1946	H. Zehmisch	51
1872	E. Madden	32	1909	F. Bullock	62	1947	H. Bollow	40
1873	G. Sopp	34	1910	F. Bullock	67	1948	H. Bollow	58
1874	G. Wilson	26	1911	F. Bullock	78	1949	H. Bollow	75
1875	E. Fisk / W. Little / G. Sopp	22 / 22 / 22	1912	F. Bullock	89	1950	H. Bollow	46
			1913	G. Archibald	87	1951	H. Bollow	48
			1914	G. Archibald	32	1952	H. Bollow	55
1876	Whiteley	25	1915	J. Rastenberger / G. Archibald	40 / 40	1953	W. Held	67
1877	G. Sopp	30				1954	W. Held	50
1878	G. Sopp	28	1916	G. Archibald	54	1955	H. Bollow	42
1879	G. Sopp	43	1917	Alb. Schlafke	68	1956	H. Bollow	69
1880	G. Sopp	38	1918	K. Kasper	68	1957	H. Bollow	77
1881	G. Sopp	43	1919	O. Schmidt	57	1958	H. Bollow	68
1882	G. Sopp	44	1920	O. Schmidt	76	1959	H. Bollow	69
1883	H. Jeffrey	37	1921	A. Olejnik	68	1960	H. Bollow	63
1884	G. Sopp	38	1922	O. Schmidt	87	1961	H. Bollow	59
1885	H. Jeffrey	29	1923	O. Schmidt	97	1962	P. Alafi	49
1886	G. Sopp	44	1924	O. Schmidt	143	1963	F. Drechsler	51
1887	Ch. Ballantine	36	1925	E. Haynes	87	1964	H. Horwart	57
1888	Ch. Ballantine	44	1926	O. Schmidt	124	1965	P. Remmert	62
1889	Ch. Ballantine	43	1927	O. Schmidt	134	1966	O. Langner	60
1890	Ch. Ballantine	54	1928	O. Schmidt	119	1967	P. Remmert	73
1891	Ch. Ballantine	48	1929	E. Grabsch	87	1968	F. Drechsler	80
1892	Frank Sharpe	58	1930	E. Grabsch	96	1969	F. Drechsler	85
1893	Ch. Ballantine	48	1931	E. Grabsch	71	1970	F. Drechsler	82
1894	Ch. Ballantine	48	1932	E. Haynes	61	1971	F. Drechsler	76
1895	W. Warne	52	1933	W. Printen	59	1972	F. Drechsler	81
1896	W. Warne	51	1934	W. Printen	66	1973	F. Drechsler	66
1897	Ch. Ballantine	64	1935	W. Printen	73	1974	F. Drechsler	75
1898	W. Warne	60	1936	O. Schmidt	52	1975	P. Alafi	96
1899	W. Warne	48	1937	O. Schmidt	60	1976	E. Schindler	71
1900	R. Utting	40	1938	M. Schmidt	64	1977	P. Alafi	96
1901	E. Martin / R. Utting	40 / 40	1939	O. Schmidt	57	1978	G. Bocskai	110
			1940	O. Schmidt	81	1979	L. Mäder	99
1902	E. Martin	63	1941	O. Schmidt	72	1980	L. Mäder	114
1903	W. Warne	88	1942	H. Zehmisch	72	1981	P. Remmert	97
1904	W. Warne	72	1943	H. Zehmisch	46	1982	M. Hofer	110
1905	H. Aylin	73	1944	O. Schmidt	51			
1906	O'Connor	74	1945	W. Frommann	20			

Die deutsche Vollblutzucht

Jahr	Züchter	±% p. a.	Zuchtstuten	±% p. a.	Fohlen	±% p. a.
1955	147	–	520	–	331	–
1960	227	+ 10,88	664	+ 5,54	375	+ 2,66
1965	330	+ 9,07	914	+ 7,53	465	+ 4,80
1970	503	+ 10,48	1 519	+ 13,24	730	+ 11,40
1975	744	+ 9,58	1 991	+ 6,21	954	+ 6,14
1980	919	+ 4,70	2 143	+ 1,53	1 052	+ 2,05
1981	985	+ 7,18	2 246	+ 4,81	1 114	+ 5,89
1982	1 004	+ 1,93	2 297	+ 2,27	1 148	+ 3,05

Schlenderhan ist das älteste und erfolgreichste deutsche Privatgestüt, Röttgen das größte und schönste. Mehr als 100 Vollblüter sind dort zu Hause. Sie leben in vornehmer Zurückgezogenheit, denn das Gestütsareal ist von einer massiv gebauten, 8 Kilometer langen und 2½ Meter hohen Mauer umgeben. Innerhalb derselben befindet sich eine durch ihre Schönheit beeindruckende Anlage – wovon auch der Mutterstutenstall Zeugnis ablegt.

402

Jockeys einst und jetzt

»Seine Größe muß 1,65 Meter sein. Wir wissen allerdings, daß es viele vortreffliche Jockeys gibt, die viel kleiner sind, aber sie nehmen sich zu Pferde nicht so gut aus; sie können sich auch nicht so fest im Sattel halten, weil ihre Beine nicht lang genug sind, um den Leib des Pferdes gut zu umschließen.

Ein guter Jockey muß einen im Verhältnis zu den unteren Gliedern etwas kurzen Oberleib haben, mit breiten Schultern, etwas langen Armen, einem Hals von mäßiger Länge, einem kleinen Kopf und einem sehr schnellen Blick.

Es ist gut, wenn er von Natur mager ist, damit seine Constitution unter einer gezwungenen Abmagerung nicht leidet, aber er muß in den Beinen und Schenkeln so viel Muskelkraft haben, als sein kleiner Wuchs gestattet; mit einem Wort: um gewisse Pferde reiten zu können, und so wenig Gewicht haben, daß er ein kleiner Herkules ist. Seine Stellung darf jedoch nichts Steifes haben; er muß im Gegenteil eine große Biegsamkeit in den Armen und Schultern haben, damit Alles in vollkommener Übereinstimmung zwischen ihm und seinem Pferde sei.

Er muß sich mit vieler Gewandtheit seiner Hände zu bedienen wissen, damit er in einem Wettlauf die Zügel aus der einen in die andere bringen, und im Falle es nöthig ist, das Pferd so gut mit der linken als mit der rechten Hand peitschen könne. Schließlich verlangen wir von ihm eine große Kaltblütigkeit und die Nüchternheit eines Braminen.«

Das schrieb der Engländer C. J. Apperley, den der Leser dieses Teils der »Geschichte des Pferdes« schon kennt, in einem Buch, das 1838 ins Deutsche übersetzt wurde. Der Jockey als professioneller Sportler ist beileibe keine Figur aus der Gründerzeit der Pferderennen. Vielmehr ritten damals die Besitzer – in der Regel Herren von Stand und Rang – ihre Pferde selbst. Trotzdem verdingten sich bereits sehr früh kleinwüchsige Männer als Reiter schneller Pferde. Aus der Zeit Heinrichs VIII., der von 1509 bis 1547 regierte, ist beispiels-

weise bekannt, daß im Falle eines Sieges 23 Schilling an sie gezahlt wurden. Der britische Monarch hielt sich zeitweise bis zu vier solcher *stable boys,* die er aus seiner Privatschatulle entlohnte. Das dokumentieren unter anderem Belege, auf denen die Summen vermerkt sind, die diverse Händler für die Lieferung von Rennkleidung der Stalljungen in Rechnung stellten. »Bezahlt Soundsoviel an John Scot für III Reitkappen aus schwarzem Samt und XXII goldene Schnüre, um diese zu verzieren«, heißt es da.

Überliefert ist auch, daß die königlichen Jockeys bereits Rennfarben trugen. Neu war dieser Brauch freilich nicht. Schon im antiken Rom wurden bei den Wagenrennen zur besseren Unterscheidung der Gespanne die Farben Rot, Grün, Blau und Weiß sowie eine Zeitlang auch Gelb und Purpur getragen. Die Engländer übernahmen diese Sitte, webten in Seidenblusen alle möglichen Kombinationen und Muster des Spektrums und schufen auf diese Art und Weise die neuzeitlichen Rennfarben, die sich jedoch nur langsam durchsetzten. Vor allem in der Provinz stopften sich die Jockeys noch geraume Zeit die Schöße ihrer Röcke einfach in die Hosen und ritten mit Knickerbockers, weißen Baumwollstrümpfen und flachen, schwarzen Schuhen Rennen. Auf den großen Bahnen wie Newmarket, Ascot oder Goodwood jedoch, wo sich Adel und Hofstaat ein regelmäßiges Stelldichein gaben, gehörten die bunten Jerseys schon bald zum gewohnten Bild eines Renntages.

Am 4. Oktober 1762 fand dann ein in dieser Hinsicht bedeutendes Ereignis statt, denn an jenem Tag trugen 19 honorige Herren ihre Farben in das Register des Jockey Clubs ein. 1784 wurde das Tragen von Seide dann schließlich offiziell angeordnet. Seit dieser Zeit hat sich die Tracht der Jockeys übrigens kaum geändert. Etwas anderes, ebenfalls deutlich Sichtbares, dafür recht drastisch: der Stil des Rennreitens nämlich.

Während die Jockeys bis etwa 1900 bei aufrechtem Oberkörper im tiefen Sitz und mit langgestreckten Beinen ritten, agierten sie fortan anders. Nun absolvierten sie ihre

Auch das Reiten in hoher Geschwindigkeit kann mitunter zur Kunst gedeihen. Jedenfalls zeigte und zeigt eine ganze Reihe von Jockeys Fähigkeiten, die über das rein Handwerkliche ihres Berufes weit hinausgehen.

Arbeit »stehend«, anstatt mit dem Gesäß am Sattel zu kleben. Es war der Amerikaner James Forman Sloan, der diesen Stil 1897 in England einführte. Zunächst lachte man über ihn und nannte den Jockey aus der Neuen Welt den *monkey on a stick* – den Affen auf der Stange. Aber schon bald erkannte man die Vorteile seiner Reitweise, die den Pferderücken entlastete und dem Galopp mehr Spannung, mehr Schwung und als Folge davon mehr Tempo gab. Daher dauerte es nicht lange, bis Sloans Stil von allen Kollegen übernommen wurde und als amerikanischer Sitz in die Geschichte des Rennreitens einging. Von den Balanceakten, die heutzutage zum Bei-

spiel ein Lester Piggott darbietet, war man damals aber trotzdem noch ein gutes Stück entfernt, denn dazu bedarf es extrem kurzgeschnallter Bügel. Und die kamen, zumindest in Europa, erst nach dem Zweiten Weltkrieg in Mode.

Ein Jockey muß in einem Minimum von Körpergewicht ein Maximum an Kraft unterbringen. Damit allein ist es allerdings noch nicht getan. Denn zum erfolgreichen Rennreiten braucht man nicht nur starke Hände und Arme, muskulöse Beine und einen kräftigen Rücken, sondern auch einen behenden Geist. Es ist ja beileibe nicht so, daß die Jockeys den Pferden nur als Gewichte oder Steuermänner mit ins

Rennen gegeben werden. Jockey zu sein heißt mehr.

Wer in diesem Beruf Vollkommenheit erreichen will, der muß zunächst reiten können, bevor er seine Aufmerksamkeit auf das lenkt, was man allgemein mit *jockeyship* bezeichnet. Deshalb wird nicht zu Unrecht gesagt, daß manchmal aus einem Reiter ein Jockey werden kann, nicht aber aus einem Jockey ein Reiter. Das heißt, daß es außerordentlich schwer ist, einen einmal eingeschlagenen Weg des Reitens zu verlassen, und daß ein noch so guter Jockey nie wirkliche Klasse erreichen wird, wenn er nicht auch ein guter Reiter ist. Reitfertigkeit ist die Fähigkeit, ein Pferd

vom Sattel aus zu beherrschen: nicht herunterzufallen, es in die gewünschte Richtung zu lenken, im Gleichgewicht und in der richtigen Bahn zu halten, sein Tempo zu regulieren, es anzuhalten und dafür zu sorgen, daß es seine Arbeit tut. Vor allem ihm aber so zu helfen, daß es mit dem Herzen bei der Sache ist. Das erfordert sicheren Sitz, eine gute Hand, körperliche Eignung, Feingefühl, Vertrauen, Verständnis für Pferde und das Wissen, wie man sich deren verschiedenen Verhaltensweisen gegenüber einstellen muß.

Jockeyship ist die eigentliche Kunst des Rennreitens: schnelles Starten, das Bestimmen der Taktik, die Beurteilung der Pace und der Fähigkeit des Pferdes, Erfassen des Renngeschehens und dementsprechendes Handeln, Entschlußkraft, Geschick und Finishreiten.

Zusammenfassend kann wohl gesagt werden, daß Rennreiten Schwerstarbeit im Sattel ist. Balanceakte werden dabei zusätzlich geboten. Dank James Forman Sloan.

Fast ausnahmslos englische Jockeys waren es, die im vergangenen Jahrhundert bei den kontinentalen Rennen im Sattel der Pferde saßen. Später gesellten sich Amerikaner und Australier zu ihnen. Daher ist es kein Wunder, daß man in der deutschen Championatsliste von 1870 bis 1914 nur Namen findet, deren Träger entweder Bürger Großbritanniens, der Neuen Welt oder des fünften Kontinents waren. Reiter wie Sopp, Ballantine, Warne, Bullock und Archibald waren um diese Zeit – zumindest hierzulande – die größten unter den kleinen Männern. Allerdings muß hinzugefügt werden, daß es damals für die großen deutschen Ställe ungeschriebenes Gesetz war, einen Ausländer als Jockey zu beschäftigen. Was mitunter auch anderswo zu beobachten ist, traf in diesem Fall auf den Galopprennsport zu: Der Prophet galt im eigenen Lande nichts. Das änderte sich jedoch ab 1915. Seit jenem Jahr dominieren die einheimischen Jockeys auf deutschen Bahnen – und in der Championatsliste.

Linke Seite: Gordon Richards stieg vom bettel-
armen Bergmannssohn zum gefeierten Jockey
und Ritter des englischen Königreiches empor.
In 23 834 Rennen ritt er 4870 Sieger und holte
sich zusätzlich noch 26 englische Champio-
nate. Als Sir Gordon 1954 nach einem Unfall
seine Laufbahn beendete, hatte er nicht nur die
Erfolge des genialen Fred Archer übertroffen,
sondern an Zahl der Siege und Meisterschaften
einen Maßstab gesetzt, der bis heute in Europa
unerreicht ist. Gordon Richards war sicher kein
großer Stilist, ansonsten beherrschte er jedoch
alles, was man braucht, um erfolgreich Rennen
zu reiten. Vor allem der Wille zum Sieg war bei
ihm besonders stark ausgeprägt, was um so
bemerkenswerter ist, als er nie in Konflikt mit
den Rennsportbehörden geriet.

Rechts oben: Von den ausländischen Jockeys,
die in Deutschland reiten – das Hauptkontin-
gent stellen die Engländer – ist der Ungar Peter
Alafi wohl der beste. Er gewann bis einschließ-
lich 1983 viermal das Derby und dreimal das
Championat des erfolgreichsten Jockeys. Das
Bild zeigt ihn im Sattel des Zoppenbroicher
Cracks OROFINO.

Rechts unten: Der legendäre, 1935 geborene
Lester Piggott kann seine Abstammung sowohl
mütterlicher- als auch väterlicherseits von britischen Jockeydynastien herleiten. Von ihm geht
die Mär, daß der Erfolg schon feststeht, wenn
er sich auf ein Pferd setzt. Im Gegensatz zu
Gordon Richards, der das englische Derby nur
ein einziges Mal gewann, siegte Lester Piggott
in ihm neunmal! Auch in Deutschland war der
Wunderjockey, der im Rennsattel mehrfacher
Millionär wurde, im berühmtesten Rennen des
Turfs erfolgreich. Und zwar mit ORSINI, FANFAR
und LUCIANO. Dabei brachte er dieses Kunststück fertig, ohne die Pferde zuvor gesehen,
geschweige denn geritten zu haben. Insgesamt
gewann Lester Piggott bisher rund 4000 Rennen. Allerdings machte er auch Schlagzeilen
anderer Art. Zur Erlangung eines Vorteils oder
zur Wahrung desselben setzt er nämlich rücksichtslos alle ihm zu Gebote stehenden Mittel
ein – die die Stewards freilich nicht immer tole-
rieren. Das tollste Stück leistete er sich, als er
im Grand Prix de Deauville von 1979 seinem
französischen Kollegen Alain Lequeux im End-
kampf die Peitsche entriß, weil er seine eigene
unterwegs verloren hatte.

Links oben: Yves St. Martin ist ohne Zweifel der Primus inter pares der französischen Jockeys. Einige seiner Bewunderer gehen darüber allerdings hinaus und sehen in ihm den besten Jockey aller Zeiten. »St. Martin hat ein einmaliges Gefühl für Rennen und Pferde. Er besitzt eine samtweiche Hand, eine wunderbare Balance und einen sehr sicheren Instinkt für die Position, die er im Rennen einnehmen muß. Außerdem weiß er immer, wie man das Maximum aus einem Pferd herausholen kann, ohne es zu überfordern. Ernsthaftigkeit und Selbstdisziplin, die man ihm bei jedem Ritt anmerkt, sind seine besonderen Eigenschaften. Schließlich ist er deswegen der beste Jockey, weil er der intelligenteste ist«, heißt es bei derartigen Erörterungen unter anderem.
Seit 1958, als Yves St. Martin zum erstenmal ein Rennen bestritt, hat er ungefähr 2600 Sieger geritten. Darüber hinaus trug er bis 1983 vierzehnmal die »cravache d'or«, die goldene Binde des erfolgreichsten französischen Jockeys.

Rechts oben: Sosehr die Erfolgsziffern der europäischen Spitzenjockeys beeindrucken mögen, Amerika ist auch in dieser Hinsicht das Land der unbegrenzten Möglichkeiten. Dort steigen die Jockeys tausendmal und mehr pro Jahr in den Sattel und gewinnen Hunderte von Rennen. Einer von ihnen hat es bis jetzt auf über 8000 Siege gebracht. Sein Name ist Willie Shoemaker, genannt »The Shoe«. Als er am 19. August 1931 auf einer Farm in der Nähe der texanischen Stadt El Paso geboren wurde, stellte der Arzt neben der Geburtsurkunde auch gleich den Totenschein aus. Er glaubte nämlich nicht, daß das nur reichlich zwei Pfund schwere Würmchen die nächsten Stunden überstehen würde. Eine resolute Großmutter aber packte das winzige Wesen in einen Schuhkarton und schob diesen in die Bratröhre des Ofens. Die bewährte sich als Brutschrank, und das Baby blieb am Leben. Groß im körperlichen Sinne wurde es allerdings nie. Im Gegenteil. In einer Zunft, in der pygmäenhafter Wuchs Berufsvoraussetzung ist, gehört Willie

Shoemaker mit 1,50 m zu den Kleinsten. Dafür überragt er seine Kollegen in Dingen der Persönlichkeit und Erfolge. Letztere sind in so einmaliger Art allerdings nur in Amerika möglich. Denn dort werden das ganze Jahr über Rennen gelaufen. Das wiederum garantiert einem begabten und fleißigen Mann Vollbeschäftigung und füllt ihm ordentlich den Säckel. Willie Shoemaker nutzte dieses Angebot. Am 20. April 1949 ritt er als Lehrling seinen ersten Sieger. Danach hetzte er von Erfolg zu Erfolg und wurde »The Shoe«. Im Laufe der Zeit überholte er dabei alle Größen des amerikanischen Rennsports. Eddie Arcaro, der 4779mal siegte, blieb dabei ebenso hinter ihm wie John Longden. Dessen Weltrekord von 6032 Siegen überbot Willie Shoemaker 1970 auf der kalifornischen Rennbahn von Del Mar. Außerdem galoppierten die von ihm gerittenen Pferde bis einschließlich 1983 rund 80 Millionen Dollar zusammen. Zu den vielen Cracks, die »The Shoe« ritt, gehört übrigens auch der Gewinnsummen-Weltrekordler JOHN HENRY.

Rechte Seite: Farben deutscher Gestüte und Rennställe

414

Gräfin Batthyany	Gestüt Ebbesloh	Stall Ittlingen	Gestüt Schlenderhan
Gestüt Bona	Gestüt Fährhof	Stall Moritzberg	Gestüt Erlengrund
Stall Steintor	Stall Gamshof	Gestüt Ravensberg	Gestüt Waldfried
Gestüt Charlottenhof	Gestüt Harzburg	Gestüt Röttgen	Gestüt Zoppenbroich

Rennreiten heißt nicht nur, die Pferde um das Oval der Bahn zu pilotieren. Das ist vielmehr der simpelste Teil einer Aufgabe, die in der Regel in zweieinhalb Minuten erledigt ist. Hier erfolgreich zu sein, heißt vor allem die stets unterschiedlichen Eigenschaften der Pferde dem jeweiligen Rennverlauf anzupassen und gleichzeitig ein Optimum an Leistung herauszuholen.

Wie wird man Jockey? Zunächst einmal soll festgestellt werden, daß dieser Beruf zwar kein alltäglicher ist, sich in seinem Ausbildungsweg aber nur wenig von anderen unterscheidet. Wer die Absicht hat, Rennreiter zu werden, fängt daher wie in jedem Lehrberuf als Stift an, als Auszubildender, wie es richtig heißen muß. In diesem Fall ist man es dreieinhalb Jahre. Und zwar bei gutem Verdienst, der sich »außertariflich« noch erhöhen kann, da nach eineinhalbjähriger Lehrzeit entsprechend dem Fortschritt der reiterlichen Ausbildung die Möglichkeit besteht, in Rennen zu starten. Denn dann bekommt der Auszubildende wie alle Jockeys für jeden ausgeführten Ritt ein Reitgeld. Außerdem erhält er im Falle des Erfolges wie die anderen Kollegen auch einen fünfprozentigen Anteil vom Sieggeld. Diese Regelung kann auch für einen Stift sehr lukrativ sein, wie das Beispiel des Amerikaners Chris McCarron lehrt. Der junge Mann aus Boston gewann 1974 nämlich 547 Rennen. Das ist Weltrekord. Kein Jockey war vor ihm innerhalb von zwölf Monaten so erfolgreich – geschweige denn ein Auszubildender. 1977 sorgte in den USA dann erneut ein Lehrling für Schlagzeilen: Steve Cauthen. Obwohl der siebzehnjährige Wunderknabe per anno »nur« 477 Rennen gewann, setzte er sich mit dem im Verlauf eines Jahres noch nie zuvor erreichten Betrag von mehr als sechs Millionen Dollar an die Spitze der Gewinnsummenstatistik und wurde daraufhin als erster Jockey Amerikas zum »Sportler des Jahres« gewählt. Übrigens dürfen sich die Sattelakrobaten des Turfs erst nach dem 50. Sieg den branchenspezifischen Namen »Jockey« zulegen. Zuvor lautet ihre Berufsbezeichnung schlicht und einfach »Rennreiter«.

Die Grand National

Geschichte

Die Grand National ist ein Hindernisrennen – genauer gesagt, eine Steeplechase. Der Ursprung dieser Rennen ist weder zeitlich noch von der Art des Wettbewerbs her genau feststellbar. Gewiß ist nur, daß einer ihrer Vorfahren das *hunting match* war, das hinter Hunden ausgetragen wurde, die einen Hirsch oder Rehbock hetzten. Dabei ging es über Stock und Stein, durch dick und dünn. Die ersten Aufzeichnungen von dieser Art des Waidwerks, das in England und Frankreich auch in unseren Tagen noch gepflegt wird, stammen aus der Zeit Jakobs I., der ja bekanntlich ein großer Jäger vor dem Herrn war. Hindernisprüfungen heißen daher noch heute Jagdrennen, wenn sie über feste oder natürliche Sprünge führen. Auch der Ausdruck *Steeplechase* wird für sie angewandt. Diese Bezeichnung ist allerdings nicht aus einer Form der Jagdausübung herzuleiten. Denn die ursprüngliche Steeplechase war bereits die Weiterentwicklung des *hunting match* in Richtung eines rennsportlichen Wettbewerbs. In ihr ritt man meilenweit querbeet auf ein vom Start aus zu sehendes Ziel zu. Und das war meistens ein Kirchturm, der im Englischen *steeple* heißt. Die erste bekannte Steeplechase trugen 1752 ein Mr. O'Callaghan und ein Mr. Blake in Irland aus. Die Gentlemen starteten am Gotteshaus von Buttevant und hatten als Ziel die Kirche der Heiligen Maria in Doneraile ausersehen.

Bald kam diese Form der reitsportlichen Betätigung in Mode, wobei gleichzeitig die Zahl der Teilnehmer an den jeweiligen Rennen stieg. Da sich unter diesen aber nicht selten unerfahrene Reiter befanden, wurden sie von einem Kenner der örtlichen Verhältnisse begleitet, der etwa 50 Meter vor dem Feld ritt und mit einem Taschentuch winkte, wenn Hindernisse zu springen waren. Im November 1804 fand schließlich die erste Steeplechase statt, bei der Rennfarben getragen wurden. Die Träger der bunten Blusen – es waren nur drei – sind wahrscheinlich Profis gewesen. Denn Berufsreiter spielten von nun an im Hindernissport eine immer größere Rolle und lösten den Gentlemanreiter ab, der seine Pferde früher selbst über die schweren und mei-

stens auch gefährlichen Geländestrecken gesteuert hatte. Den Kinderschuhen waren die Querbeetrennen damit aber trotzdem noch nicht entwachsen – im Gegensatz zu den Flachrennen, bei denen zu diesem Zeitpunkt auf dem festen Fundament klar definierter Regeln und Absichten in allen Bereichen der Kultivierungsprozeß begann oder schon im Gange war. Was im Hindernissport vor allem noch ausstand, war das Herauslösen der Rennen aus dem von Fall zu Fall immer wieder wechselnden Gelände – oder anders ausgedrückt: ihre Installierung auf immer wieder benutzte, feste Plätze. Daß es schließlich soweit kam, war in erster Linie Männern zu verdanken, die über gesunden Geschäftssinn und genügend Gespür für das Spektakel derartiger Veranstaltungen verfügten.

Die Idee, auf einer Flachrennbahn Gräben, Wälle und Gatter zu errichten, war freilich alt, fand aber lange Zeit keinen Anklang. Bereits 1794 erlebten die Zuschauer auf dem Turf von Newmarket ein Match, das über 1600 m und vier 1,52 m hohe Sprünge führte. 1810 wurde auf der Bahn von Bedford ein 4800 m langes Rennen über acht künstliche Hindernisse ausgetragen, die eine Höhe von knapp 1,40 m hatten, und 1830 begann Thomas Coleman in St. Albans dann ähnliche Prüfungen zu veranstalten.

Coleman war zunächst Wirt einer Kneipe und später Inhaber des in Rennsportkreisen bestens bekannten Turf-Hotels. Er hatte aber von Jugend an mit Pferden zu tun gehabt und trainierte auch während seiner gastronomischen Tätigkeit Vollblüter für so bekannte Besitzer wie Lord George Bentinck. Einen Namen machte der findige Mann sich jedoch vor allem durch seine Steeplechase-Meetings und deren neuartige Strecken-Designs. Während andere Veranstalter das Feld geradeaus in die Gegend schickten, konzipierte Thomas Coleman als erster einen Rundkurs, der in der Nähe des Turf-Hotels von St. Albans begann und dort auch wieder endete. Er war durch Flaggen markiert und wurde bis zum Start geheimgehalten.

Schon 1832 war die Steeplechase von St. Albans etabliert und eine der bedeutendsten des Landes. In jenem Jahr wur-

den in England insgesamt drei Meetings dieser Art durchgeführt. Danach beutelte die englischen Grafschaften ein wahres Steeplechase-Fieber. Mit dem Erfolg, daß es 1842 bereits 66 solcher Veranstaltungen gab. Die wichtigsten waren die von Cheltenham, Vale of Aylesbury – und Aintree. Auch dort war mit William Lynn ein ehemaliger Kneipenwirt Urheber der ersten Jagdrennen. Bevor sie jedoch in Liverpools Vorort Aintree organisiert wurden, hatte Lynn seine diesbezüglichen Aktivitäten schon auf der einige Meilen von diesem Platz entfernten Rennbahn von Maghull entfaltet. Deren Kurs war 1837 und 1838 auch der Schauplatz der ersten Grand Nationals. Allerdings hieß das Rennen damals noch gar nicht so, sondern wurde Grand Liverpool Steeplechase genannt. Kurz danach machte William Lynn, der jetzt schon Besitzer des Waterloo-Hotels in Aintree war, Pleite, weil ihn seine rennsportlichen Unternehmungen zuviel Geld gekostet hatten. Jedenfalls behauptete er das. Als am 26. Februar 1839 Aintree vor großer Publikumskulisse zum erstenmal Austragungsort der von ihm ins Leben gerufenen Steeplechase war, hatte daher ein Syndikat das Patronat des Meetings übernommen. Über die Einhaltung der Regeln und die korrekte Durchführung des Rennens wachte eine Kommission, der die Earls of Derby und Sefton sowie die Lords George Bentinck und Robert Grosvenor angehörten.

17 Reiter stellten sich an jenem Tag dem Starter. In zwei Runden mußten sie 6400 m und 29 Sprünge bewältigen, wobei sie zum Teil über zerfurchtes Ackerland galoppierten. Unter den Teilnehmern befand sich auch ein Captain Becher, der damals bereits seit vielen Jahren den Ruf genoß, einer der besten der professionellen englichen Steeplechase-Reiter zu sein. Zuvor hatte er in der Armee des Herzogs von Wellington gedient und sich später in Norfolk als Vollblutzüchter und Roßhändler betätigt. Bechers berühmtestes Pferd war VIVIAN – dieses Mal aber saß er im Sattel von CONRAD, mit dem er in jeder der beiden Runden an der gleichen Stelle kopfüber ging. Beim zweiten Mal blieb er in dem Graben, der ihm zum Verhängnis wurde, hocken, während das Feld über ihn hinwegbrauste. Seit diesem Tag trägt der Sprung den Namen *Becher's Brook*. An seinem Fuß begruben im Laufe der Zeit wie bei kaum einem anderen Hindernis der

Linke Seite: Steeplechases gehören zu einer Sparte des Galopprennsports, in der mitunter die Fetzen fliegen.

Nächste Doppelseite: »Spektakulärster«, aber nicht schwerster Sprung der Grand National ist Becher's Brook.

Grand National unzählige Reiter ihre Hoffnungen auf den Sieg oder eine gute Plazierung.

1843 wurde das Rennen in *Liverpool and National Steeplechase* umbenannt und auf Initiative von Edward William Topham ein Handicap. 1847 erhielt es schließlich seinen bis heute gebräuchlichen Namen: *Grand National Steeplechase*. Spätestens seit dieser Zeit wird es vom Ondit der Tierquälerei begleitet. Mehr noch: Seine Kritiker sehen in ihm lizenzierten und legitimierten Mord am Tier!

Fama und Fakten

In Aintree bekommen die Pferde mit Sicherheit kein süßes Brot zu schmecken. Daher denkt kein ernsthafter Kommentator auch nur im Traum daran, das härteste Rennen der Welt verniedlichen zu wollen. Aber es stimmt beispielsweise nicht, daß – wie immer wieder geschrieben wird – in der Grand National Hunderte von Pferden tödlich verunglückt sind. Bis einschließlich 1980 zählte man in ihr 3681 Starter. Wie viele von ihnen das Rennen mit dem Leben bezahlen mußten – die letzten waren 1979 ALVERTON und KINTAI – ist genau leider nicht anzugeben. Fest steht nur, daß es nicht mehr als 80 waren. 80 von 3681: das ist ein Prozentsatz von 2,17. Bei den schwersten kontinentalen Steeplechases ist die Ausfallquote nicht geringer. Deshalb fragt man sich, warum Unglücksfälle von Pferden und Reitern in der Regel immer nur dann in spektakulärer Aufmachung präsentiert werden, wenn sie in der Grand National passieren. Es ist bedauerlich, wenn Pferde in Aintree zu Tode fallen oder aufgrund schwerer Verletzungen erschossen werden müssen. Aber das kann man doch nicht bedauerlicher finden als Vorkommnisse, die sich in oft gleicher Art – aber stets mit gleicher Konsequenz – auch bei Flachrennen, Springen im Parcours oder Jagden ereignen. Jahr für Jahr sterben dabei nämlich Dutzende von Pferden, von denen kaum jemand spricht. Spätestens an dieser Stelle ist dann das Argument fällig, daß die Pferde hier wie dort zu Leistungen gezwungen werden, die nicht artgemäß sind oder die sie nicht erbringen wollen. Das ist Nonsens. Denn die Wirklichkeit sieht anders aus. Pferde springen gern, vorausgesetzt, sie sind genügend veranlagt, gesund und sorgfältig vorbereitet. Jeder Hindernis-Jockey, Spring- oder Military-Reiter wird bestätigen, daß Steepler und Parcourscracks oft so passioniert sind, daß sie vor den Sprüngen

kaum gehalten werden können. Viele von ihnen sind außerdem solche Akrobaten, daß sie Patzer artistisch ausbalancieren. Und wie erklären sich diejenigen, die von Zwang sprechen, die Tatsache, daß reiterlose Pferde im Grand-National-Feld mitlaufen und die Hindernisse ohne zu zögern springen? Ohne menschliche Einwirkung. Oft ohne Anlehnung an die Artgenossen. Mitunter allein in Front galoppierend. Der Einwand, sie wären im eingezäunten, geschlossenen Kurs gefangen, ist als früher oft zitierte Antwort nicht mehr beweiskräftig. Denn schon seit Jahren gibt es Öffnungen im Geläuf, damit reiterlose Pferde die Bahn verlassen können. Das aber tun sie nur selten. Meistens laufen und springen sie weiter. Nun kann man entgegnen, daß die Pferde durch den galoppierenden Pulk, die Anstrengungen und Stürze nervlich so aufgeputscht wurden, daß sie in Panik gerieten und nur dem Flucht- und Herdentrieb folgen, der sie vorwärts treibt, daß sie Lücken in der Bahnbegrenzung also gar nicht wahrnehmen. Aber in Panik geratene Pferde stürmen blindlings nach vorn und prallen, wie oft beobachtet, gegen alles, was sich ihnen in den Weg stellt. Von Springen oder Ausweichen ist dann keine Rede mehr. Warum tun sie es, obwohl reiterlos und ohne angebliche Zwangseinwirkung, bei der Grand National?

Hindernisse

Die Hindernisse der Grand National werden oft als mörderisch bezeichnet. Sie sind gewaltig und respekteinflößend – zugegeben. Aber mörderisch? Sie sind auch nicht

durchgehend fest, sondern bestehen zum größten Teil aus einer mit Tannenzweigen gestopften Hecke, die beim An- oder Aufprall bis weit hinab elastisch nachgibt. Außerdem sind die meisten Sprünge heutzutage so lose gestopft, daß der eine oder andere von ihnen in der zweiten Runde große Lücken aufweist, wodurch seine ursprüngliche Höhe zum Teil recht drastisch herabgesetzt wird. Das gilt auch für Becher's Brook.

Dieses Hindernis mißt 1,50 m x 1,00 m und hat eine Absprungmarkierung. Hinter ihm liegt ein knapp 1,70 m breiter, trockener Graben. Schwierig ist der Sprung vor allem deshalb, weil seine Landestelle etwa 60 cm tiefer liegt als seine Einsprungseite. Dadurch kann die Flugbahn der Pferde unter Umständen sehr steil werden. Vor allem deshalb passieren bei Becher's Brook die meisten Stürze. Das schwierigste Hindernis des Kurses ist es dennoch nicht. Das ist ein *open ditch,* der seiner Form wegen *chair* genannt wird. Hier folgt nach einem über 1,80 m breiten Graben eine Weißdornhecke, die etwa 1,60 m hoch und 1,15 m tief ist. Was den »Stuhl« aber wirklich schwer macht, ist neben seiner Konstruktion und seinen Abmessungen die Tatsache, daß er nicht so breit angeritten werden kann wie die anderen Aintree-Sprünge. Hier wird es eng – oder anders ausgedrückt: Die Masse des Feldes wird vor dem »Stuhl« noch mehr zusammengedrängt. Genaues Taxieren – was an dieser Stelle unbedingt erforderlich ist – sowie gutes Abkommen werden dadurch erschwert.

Die Höhe der insgesamt 16 Hindernisse, die mit Ausnahme von *Water Jump* und *Chair* zweimal gesprungen werden müssen,

beträgt im Durchschnitt 1,40 m, die maximale Breite, gemessen am Wassergraben, knapp 4,90 m. Im Vergleich dazu ist der Wassersprung der Bahn von Paris-Auteuil 5,40 m breit. Auch die Maße des großen Taxusgrabens und des Irischen Walls der Pardubitzer Steeplechase in der ČSSR, der schwersten ihrer Art auf dem Kontinent, finden in Aintree keine Parallelen. Außerdem geht es bei der Pardubitzer zum Teil noch heute über Sturzäcker.

Zusammenfassend ist zu sagen, daß das Fatale an der Grand National in Verbindung mit den schweren Hindernissen sowie deren Verteilung auf die 7218 m lange, ungemein kräftezehrende und im strammen Tempo gelaufene Distanz vor allem die große Zahl der Starter ist. In den letzten fünfzig Jahren zählte man pro Rennen durchschnittlich 37 Teilnehmer. Durch derartig starke Felder kommt es vor und nach den Sprüngen, vor allem in der Anfangsphase der Prüfung, zu Ballungen, Rempeleien, Behinderungen und als Folge davon zu Stürzen. Beispielsweise erreichten 1980 nur vier von dreißig Startern das Ziel. Aufgrund der hohen Ausfallquote ist im Laufe der Jahre daher immer wieder versucht worden, die Grand National zu humanisieren. Seit 1931 dürfen in ihr nur Pferde starten, die mindestens sechsjährig sind. 1961 wurden die Hindernisse auf der Absprungseite dann »einladender« gemacht und das zu tragende Höchstgewicht von 79 kg auf 76 kg herabgesetzt. 1973 schließlich änderte man das Reglement erneut zugunsten eines weniger hohen Verschleißes an Pferden. Jetzt dürfen nur noch solche Steepler an der Prüfung teilnehmen, die ein Hindernisrennen von mindestens

1000 Pfund Siegdotierung gewonnen haben – vorher genügten 650 Pfund – oder in der Vergangenheit wenigstens einen vierten Platz in der Grand National belegten. Obwohl ein gesundes, talentiertes, passioniertes, erfahrenes, ausreichend trainiertes und von einem genügend erprobten Reiter unterstütztes Pferd den Anforderungen des Rennens durchaus gewachsen ist, sollte man die Qualifikationen aber noch anspruchsvoller machen und die Zahl der Starter auf maximal 25 begrenzen. Ob die Grand National dann nicht mehr an den Pranger der Schlagzeilen gestellt würde, ist allerdings fraglich. Denn zwischen Gegnern und Befürwortern der Steeplechase scheinen Kompromisse nicht möglich zu sein.

Pferde

Nach einer leider weitverbreiteten Meinung sind Steepler – vor allem solche, die in der Grand National laufen – nichts anderes als Schlachtopfer auf dem Altar der Sensationsgier. Diese Auffassung ist allerdings nicht neu. Bereits 1829 schrieb der britische Hippologe John Lawrence, »daß er die Pferde bedaure, die in Jagdrennen eingesetzt und dort zwecklosen und unnützen Gefahren ausgesetzt werden – denen sie nicht immer entschlüpfen und durch die viele von ihnen fortan ein Leben als Krüppel fristen müßten«.
Nichtsdestotrotz ist die Zahl der Steepler Legion, die solche Prüfungen mehrmals bestritten haben und sich bis ins hohe Alter bester Gesundheit erfreuten. Viele dieser Veteranen gingen noch lange Zeit im Jagdfeld und trugen ihre Besitzer hinter der Meute, die den Fuchs hetzte. Der allgemeinen Auffassung ist auch entgegenzuhalten, daß sicherlich kein Mensch daran denkt, mit großen Kosten und hohem Aufwand ein Pferd aufzuziehen oder für viel Geld zu kaufen, um es sich dann bewußt den Hals brechen zu lassen.
Grand-National-Cracks sind vielmehr fittrainierte Spezialisten, die in England und Irland im Hinblick auf ihre künftige Verwendung nach bewährten Kombinationen gezüchtet werden. Der Vollblutbeschäler VULGAN beispielsweise zeugte als neunfacher Champion der Steeplerväter neben vielen anderen erfolgreichen Hindernispferden auch fünf Gewinner der Grand National. VULGAN stammt von SIRLAN aus der VULGATE und wurde 1943 in Frankreich gezogen.

Später verkaufte man ihn nach Irland, wo er im Blackrath Stud, Kildare, zum bedeutendsten Vererber avancierte, den die Zucht von Hindernispferden je kannte. Als Urenkel GAINSBOROUGHS, des englischen Triple-Crown-Siegers von 1918, gehörte er einer Linie an, deren Charakteristikum große Ausdauer ist. Gerade diese Eigenschaft aber wird in der Grand National in besonderem Maße verlangt. Daher wundert es auch nicht so sehr, daß von 1955 bis 1980 nicht weniger als 9 Mitglieder der GAINSBOROUGH-Dynastie die große Steeplechase von Aintree gewannen und ihren Clan in der Geschichte des berühmten Rennens zum erfolgreichsten der letzten Jahrzehnte machten. Unter ihnen befinden sich auch SUNDEW und TEAM SPIRIT. Ersterer war ein Pferd von wahrhaft riesiger Statur, letzterer ein kleiner, fast zierlich zu nennender Vertreter seiner Branche, womit gesagt werden soll, daß es den vom Exterieur bzw. Rahmen her typischen Grand-National-Crack nicht gibt. Übrigens waren auch nicht alle Sieger der Steeplechase Vollblüter. Zum Beispiel sucht man 8 der 35 Nachkriegsgewinner im Allgemeinen Englischen Gestütsbuch vergeblich. Und zwar LOVELY COTTAGE, SHEILA'S COTTAGE, ROYAL TAN, MERRYMAN II, ANGLO, RED ALLIGATOR, HIGHLAND WEDDING und WELL TO DO. Eines aber haben alle Aintree-Aspiranten gemeinsam: ihre lange Reife- und Vorbereitungszeit, ehe sie zum erstenmal gesattelt werden oder über wirklich schwere Sprünge gehen. Dreijährig stehen sie in der Regel noch auf der Koppel. Andere Vollblüter absolvieren in diesem Alter schon ihre zweite Saison und kämpfen auf der Flachbahn um klassische Ehren. Außerdem werden sie ihren Prüfungen behutsam zugeführt, vor allem denjenigen, die mit klotzigen Hindernissen gespickt sind. Ihr Ausbildungsprogramm führt von leichten Jagden über schwierigere Kurse bis zu »dicken« Rennen. Dabei springen die meisten von ihnen schon vor einem Start in der Grand National deren schwerste Hindernisse. Denn Becher's und Valentine's Brook, Canal Turn, Chair und Water Jump müssen auch in der Great Sefton Steeplechase überwunden werden. Daß die Pferde dabei besser über den Kurs kommen, liegt erstens an den kleineren Feldern und zweitens an der Distanz, die 2600 m kürzer ist als in der Grand National – die jedoch das eigentliche Ziel jedes englischen oder irischen Hindernispferdes ist!

Von allen großen Grand-National-Siegern ist RED RUM von QUORUM der größte. Von 1973 bis 1977 war er bei 5 Starts dreimal Erster und zweimal Zweiter, wobei er jedesmal unter Höchstgewicht lief!

Traberzucht und Trabrennsport

Zuchtgeschichte

Wie der Vollblüter wird auch der Traber zu einer eigenen, allerdings wesentlich jüngeren Rasse gezählt. Gemeinsamkeiten ergeben sich für beide Edelzuchten jedoch durch die Benutzung ständiger und harter Leistungsprüfungen, mit deren Hilfe sie ihre Populationen entwickelten und das Zuchtmaterial auch heute noch selektieren. Trotzdem ist es strenggenommen falsch, von Vollbluttrabern zu sprechen. In der internationalen Terminologie kommt das bei der Unterscheidung der diversen Pferderassen auch schon dadurch klar zum Ausdruck, daß der Traber dort eine eigene Gruppe bildet.

Die Reinzucht des Trabers entstand unabhängig voneinander und zeitlich verschoben in drei verschiedenen Ländern – in Rußland, Frankreich und Amerika. Das Zuchtziel war allerdings stets das gleiche: die Entwicklung eines Pferdes, das in der Lage ist, ausdauernd und in höchstmöglicher Schnelligkeit bestimmte Distanzen im Renntrab zurückzulegen. Im übrigen beobachtete man schon lange vor dem Beginn einer planmäßigen Traberzucht bei einigen Pferdeschlägen, wie dem englischen Norfolk-Traber, finnischen Klepper, holländischen Harddraver sowie dänischen Pferden, eine überdurchschnittlich gute Veranlagung für einen besonders schnellen, gleichmäßigen und ausdauernden Trab.

Die älteste Traberzucht der Welt gründete 1773 der russische Graf Alexej Gregorjewitsch Orlow. Der Günstling Katharinas II. unternahm auf seinem Gestüt Ostrowo bei Moskau alle möglichen Versuche, ein Wagenpferd zu züchten, das alle anderen, zum gleichen Zweck verwendeten Artgenossen an Schnelligkeit und Ausdauer übertreffen sollte. Dabei wußte der hippologisch versierte Züchter genau, daß die von ihm angestrebte neue Rasse nur einem Kreuzungsprodukt entspringen konnte. Daher begann Graf Orlow konsequent drei Blutströme miteinander zu vermischen: arabische, dänische und holländische, wobei er sich vom arabischen Anteil den Adel, die Schönheit und die Ausdauer, vom dänischen die Größe und vom holländischen das Trabvermögen erhoffte. Am Anfang dieses Experiments stand der reinrassige Wüstenaraber SMETANKA, den Graf Orlow als Befehlshaber der kaiserlichen Kriegsmarine im Tausch gegen den requirierten Harem des Sultans von Konstanti-

nopel gefordert und erhalten haben soll. Eine andere Version besagt jedoch, daß der Schimmel ein Geschenk von Sultan Abdul Hamid I. für eine erfolgreiche diplomatische Mission Orlows war, und eine dritte schließt auch den Kauf des wertvollen Veredlers nicht aus, denn sie besagt, daß für ihn die damals enorme Summe von 60 000 Rubel bezahlt worden ist. Aber wie dem auch sei: An seinem neuen Wirkungsort wurde SMETANKA mit einer Stute aus dem dänischen Gestüt Frederiksborg gepaart. Das Produkt dieser Kreuzung war POLKAN, den Graf Orlow einer holländischen Harddraver-Stute zuführte. Dieser Paarung wiederum entsprang 1784 der Schimmelhengst BARS I, der den Vorstel-

lungen seines Züchters hinsichtlich des Exteriors und der Leistung so sehr entsprach, daß er eine weitere Verbesserung für unnötig hielt. Deshalb beschloß er, den Typ und die Eigenschaften von BARS I durch wiederholte Inzestzuchten in der von ihm gewünschten Traberrasse zu festigen. Was Graf Orlow bei seinem Vorgehen an Ausfällen in Kauf nehmen mußte, ist nicht bekannt. Wesentlich ist nur, daß es durch diese Methode gelang, eine neue, einheitlich typierte Leistungsrasse nach dem Gepräge ihres Stammvaters zu schaffen. Die Ahnentafel des Hengstes LIOUBEZNY III zeigt, daß BARS I sowohl auf der väterlichen als auch auf der mütterlichen Seite über vier Generationen immer wieder mit einer eigenen Tochter gepaart worden ist, so daß er im besagten Pedigree insgesamt zwanzigmal vertreten ist. Die Eltern von LIOUBEZNY III sind schließlich aus Vollgeschwisterpaarungen hervorgegangen. Auch bei der Zucht des Vollblüters bediente man sich zur Fixierung bestimmter

Eigenschaften ja sehr starker Inzucht, und zwar nicht nur in der Gründerzeit der Rasse. Aber derart hochgradige Verwandtschaftspaarungen wie im Fall von LIOUBEZNY III sind weder hier noch aus anderen pferdezüchterischen Bereichen bekanntgeworden.

Der Orlow-Traber verdrängte aufgrund seiner vielen Vorzüge schon bald alle anderen Rassen nicht nur als das ideale Pferd für die Rennen vor dem Wagen, Sulky oder Schlitten, sondern auch als Nutztier im landwirtschaftlichen Bereich. Später kreuzten ihn die Russen mit seinem amerikanischen Pendant und erhielten dadurch den Russischen Traber, der noch heute in der Sowjetunion gezüchtet wird.

Linke Seite: NEVELE PRIDE, der mit Stanley Dancer im Sulky am 30. August 1969 auf der Bahn von Indianapolis die Meile in einem Rennen gegen die Uhr in 1 : 54.48 Minuten zurücklegte. Diese Zeit entspricht 1 : 11.3 Minuten über den Kilometer oder einem Schnitt von rund 50 km/h. Seitdem ist es keinem Pferd mehr gelungen, über die gleiche Distanz schneller zu traben.

Links: Ein Orlow-Traber, der auf die 1773 eingeleitete Zucht des Grafen Alexej Gregorjewitsch Orlow zurückgeht

Wie die russische leitet auch die französische Traberzucht ihren Ursprung von einem Vollblüter her. In diesem Fall waren allerdings nicht die kargen Wüstengebiete Arabiens seine Heimat, sondern die grünen Gefilde Englands. Dort zeugte zu Beginn des 19. Jahrhunderts irgendwo in Yorkshire ein Stallion namens THE RATTLER mit einer Halbblutstute den Hengst YOUNG RATTLER, der 1820 als Neunjähriger nach Frankreich kam. Auf YOUNG RATTLER wiederum geht über IMPERIEUX der 1844 geborene KAPIRAT zurück. Dieser Hengst wurde im Gestüt Saint Lo aufgestellt und ist der Erzeuger des Halbblüters CONQUERANT, des ältesten der fünf eigentlichen Stammväter der französischen Traberzucht. Denn von 1858 bis 1871 gesellten sich zu CONQUERANT noch NORMAND, LAVATER, NIGER und PHAETON, dessen Vater der Vollblüter THE HEIR OF LINNE war. Alle fünf Stempelhengste sind miteinander verwandt: CONQUERANT und NORMAND stammen von KAPIRAT, PHAETONS Großmutter ist CON-

dann mit geeignet erscheinenden Hengsten aus traberprobten Familien paarten. Um Pedigrees und dergleichen kümmerten sie sich bei ihrem Tun allerdings nicht. Alles, was sie kannten, waren ein paar heraus-ragende Stämme: die MESSENGERS, BELL-FOUNDERS, MORGANS, CLAYS und PILOTS. MESSENGERS waren die besten und überall im Land zu finden. BELLFOUNDERS vertra-ten zwar nicht die gleiche Klasse, ließen sich aber, wie das Beispiel HAMBLETONIAN zeigt, erfolgreich mit den Erstgenannten kreuzen. *The crosses nicked,* wie die Züchter sagen. MORGANS wurden gewöhnlich nicht in Rennen eingesetzt, stellten jedoch mit ETHAN ALLEN einen für die Traberzucht sehr nützlichen Hengst. CLAYS kamen den MESSENGERS am nächsten, denn ihr bester Vertreter, GEORGE M. PATCHEN, schlug die berühmte und vor allem bei den New Yor-ker Ladies außerordentlich populäre FLORA TEMPLE öfter als jedes andere Pferd. PILOTS schließlich waren kanadische Pacer, die die

amerikanische Zucht vor allem durch PACING PILOT beeinflußten, der von Ontario nach New Orleans veräußert wurde und sich dort als First-class-Vererber von Tra-bern und Paßgängern einen Namen machte. Die Prüfungen des amerikanischen Trabers gehen auf die improvisierten Straßen- und Jahrmarktrennen zurück, die zwischen 1750 und 1800 in den ländlichen Bezirken und fast jedem größeren Ort entweder im Sattel oder dem Wagen bzw. Sulky stattfan-den. Dabei wurde praktisch von Anfang an großer Wert auf die von den Pferden erziel-ten Zeiten gelegt. Denn das wichtigste und untrüglichste Kriterium im Trabrennsport ist nun mal die chronometrische Messung. Nur mit ihr allein kann, was für die Beur-teilung der Zucht sehr wichtig ist, eine Lei-stungsverbesserung einwandfrei festgestellt werden. Innerhalb des gesamten Renn-sports ist das allerdings nur beim Traber möglich. Im Galopprennsport kommt ihr eine weit geringere Bedeutung zu, weil

einerseits die kleinsten Unterschiede in den Bodenverhältnissen und in der Linien-führung eine große Rolle spielen, anderer-seits die Zeit wohl auf eine zurückgelegte Rennstrecke, aber nicht auf eine physika-lische Kraft wie das zu tragende Gewicht bezogen werden kann.

Schnelligkeitsentwicklung

Die erste Nachricht über eine mit der Uhr gemessene Leistung des Trabers stammt aus dem Jahr 1806. Damals soll ein dreijäh-riges Pferd namens YANKEY in den USA die Meile in 2:59 Minuten zurückgelegt haben. Allerdings wurde diese Marke kaum be-achtet. Auf jeden Fall war sie bereits ver-gessen, als 1818 im amerikanischen Jockey Club bei einem Festessen eine Wette dar-über abgeschlossen wurde, ob es einem Pferd möglich sei, die englische Meile oder 1609 m im Trab in weniger als drei Minu-

ten zu bewältigen. Das Pferd BOSTON BLUE entledigte sich dieser Aufgabe mühelos, wobei es die Strecke ohne Konkurrenz und nur gegen die Uhr trabend in der geforderten Zeit zurücklegte. Diese Leistung fand in der amerikanischen Öffentlichkeit riesigen Anklang und trug wesentlich zur Förderung der dortigen Traberzucht bei.

Die Bestzeiten der Traber mißt man in Amerika in Minuten pro Meile und in Europa in Minuten pro Kilometer. Offiziell werden die amerikanischen Rekorde seit 1845 aufgezeichnet. In jenem Jahr durchmaß die zehnjährige Schimmelstute LADY SUFFOLK, die in Größe und Farbe ihrem Urahnen MESSENGER glich, mit Albert Concklin an den Leinen auf dem Beacon Course von Hoboken die Meile als erstes Trabrennpferd in weniger als zweieinhalb Minuten. Ihr Rekord von 2 : 29.30 Minuten wurde im Laufe der zweiten Hälfte des vorigen Jahrhunderts allerdings rasch verbessert werden. Eine Unterschreitung der Zwei-

Minuten-Grenze hielt man jedoch lange Zeit für unmöglich, obwohl CRESCEUS 1901 mit 2 : 02.15 Minuten dicht an diese Schallmauer herankam. Im August 1903 aber stellte die berühmte Traberkönigin LOU DILLON, die 1909 bei der Eröffnung der heute nicht mehr existierenden Bahn von Berlin-Ruhleben auch in Deutschland vorgestellt wurde, in Readville mit exakt 2 Minuten einen neuen Weltrekord über die Meile auf, den sie am 24. Oktober des gleichen Jahres in Memphis sogar auf 1 : 58.30 Minuten schraubte. Diese Zeit entsprach auf den Kilometer umgerechnet 1 : 13.7 Minuten. Im Verlauf der folgenden neunzehn Jahre wurde LOU DILLONS Marke fünfmal unterboten. Zuletzt trabte PETER MANNING im Juni 1922 1 : 56.45 Minuten. Fünfzehn Jahre lang konnte dieser Rekord nicht verbessert werden. Aber dann kam GREYHOUND, der »graue Wirbelwind«. Der Schimmelwallach trabte 1937 über die Meile zunächst 1 : 56 Minuten und erzielte

am 29. September 1938 in Lexington/Kentucky über die gleiche Strecke schließlich die Superzeit von 1 : 55.15 Minuten, die einer Kilometermarke von 1 : 11.6 Minuten gleichkommen. GREYHOUNDS phantastischer Weltrekord hatte fast 31 Jahre Bestand, ehe er am 30. August 1969 von NEVELE PRIDE unterboten wurde. Mit Stanley Dancer im Sulky durchflog der damals Vierjährige auf der Bahn von Indianapolis die Meile in einem Rennen gegen die Uhr in 1 : 54.48 Minuten, die einer Zeit von 1 : 11.3 Minuten über den Kilometer oder einem Schnitt von rund 50 km/h entsprechen. Seitdem ist es keinem Pferd mehr gelungen, schneller zu traben. Allerdings egalisierte der von Howard Beissinger gesteuerte LINDY CROWN am 30. August 1980 den bestehenden Weltrekord, als er in Du Quoin in einer Meilenprüfung exakt auf jene Zeit kam, die NEVELE PRIDE bei seinem Rekordversuch erzielt hatte. Kurioserweise steht daher sowohl die Weltbestleistung

gegen die Uhr als auch die gegen Konkurrenz bei der gleichen Marke.

In Europa erreichte HADOL DU VIVIER über den Kilometer die persönliche Bestleistung von 1:13.1 Minuten, die einige Zeit als kontinentaler Rekord galten. Da der Franzose jedoch ein Ausnahmepferd allererster Güte war, muß die Diskrepanz zwischen seiner und NEVELE PRIDES bzw. LINDY CROWNS Zeit jedem kritischen Betrachter auffallen. Eine Erklärung für den recht deutlichen Unterschied gibt der Hinweis auf das amerikanische Rennsystem, das kurze Strecken bevorzugt und als Folge davon bessere Rekorde ergibt als das Laufen über lange Distanzen. Gerade die aber müssen in Frankreich bewältigt werden, wobei sich wiederum zeigt, welche Geschwindigkeiten ein Traber über zwei oder drei Kilometer durchzustehen vermag. Daher sind in Frankreich Zeiten unter

1:20 Minuten pro Kilometer über Strecken um 3000 m an der Tagesordnung. Inzwischen steht der Europarekord 1:12.0 Minuten, den der vierjährige schwedische Hengst THE ONION am 16. Juli 1983 in Halmstad aufstellte.

Alle eben genannten Geschwindigkeitsleistungen verblassen jedoch gegen die der Paßgänger. Hier steht die Bestmarke über die Meile bzw. den Kilometer bei nahezu unvorstellbaren 1:49.1 oder 1:07.8 Minuten, die NIATROSS mit seinem Trainer, Fahrer und Mitbesitzer Clint Galbraith am 1. Oktober 1980 in einem *Time-Trial* auf der »Roten Meile« von Lexington/Kentucky erzielte.

Aber kommen wir noch einmal auf GREYHOUND zurück, der von allen Weltrekordlern wohl der beste war. Wäre er in unseren Tagen gelaufen, dann hätte er wahrscheinlich einen Rekord für die Ewigkeit

aufgestellt. Denn die Verbesserungen im Sulky-Bau und der Anschirrung, die jetzigen individuellen Beschlagarten und modernen Trainingsmethoden sowie die auf Leistung ausgerichtete Fütterung und tiermedizinische Betreuung hätten bei einem Ausnahmepferd seines Formats mit Sicherheit eine Fabelzeit garantiert.

Der König der Traber kam wie alle Schimmel schwarz auf die Welt. Sein Vater GUY ABBEY hatte sich bis zu diesem Zeitpunkt in der Zucht kaum bewährt – er tat sich erst später in ihr hervor, und seine Mutter ELIZABETH war als Rennpferd sogar eine Niete. Nur deshalb konnte ihn E. J. Baker für lächerliche 900 Dollar von Henry Knight erwerben, der in Kentucky die Almahurst Farm besaß. Trainer Sepp Palin machte den mit zunehmendem Alter immer weißer werdenden GREYHOUND dann zum Spitzenpferd. »GREYHOUND braucht keine

Links oben: Weltrekord-Pacer NIATROSS in voller Aktion. Wie man sieht, ist der Paß eine Gangart, bei der die Beine jeder Seite gleichzeitig und gleichförmig nach vorne bzw. hinten gesetzt werden. Bei Trabrennen ist dieser Bewegungsablauf – den auch Bären, Elefanten, Kamele und Giraffen zeigen – nicht erlaubt und führt ebenso wie der Galopp zur Disqualifikation.

Rechts oben: Bronzeabguß von LOU DILLON, die am 24. Oktober 1903 die Meile in 1:58.30 Minuten und damit als erstes Trabrennpferd unter zwei Minuten bewältigte

Rechts unten: Der »graue Wirbelwind« GREY-HOUND war die größte Berühmtheit in der Geschichte des Trabrennsports. Wäre der Schimmelwallach in unseren Tagen gelaufen, hätte er wahrscheinlich einen Geschwindig-keitsrekord für die Ewigkeit aufgestellt. Wie die nächste Doppelseite zeigt, offenbaren jedoch nicht nur »Überflieger« die Faszination und Dynamik des Renntrabs, sondern auch weniger bemittelte Pferde.

Fanfare. Er weiß, wann er laufen, wann er kämpfen muß. Wenn seine Hufe trommelnd über die rote Meile wirbeln, können die Gegner resignieren«, schrieben die Amerikaner damals enthusiastisch über den grauen Wirbelwind. Insgesamt stellte GREYHOUND mehr als 40 Weltrekorde auf. Er gewann die Hambletonian Stakes, das berühmteste Trabrennen der Welt, und schlug alle Konkurrenten, die gegen ihn antraten. Ohne Zweifel war er bereits zu Lebzeiten eine Legende und ein Idol, nach dem Eildienste, Omnibusse, Laufschuhe und Verkehrslinien benannt wurden. Wenn man zu seiner Zeit einen Begriff für Zuverlässigkeit und Schnelligkeit wählte, dann sagte man: »Schnell und zuverlässig wie GREYHOUND!« Daher war es kein Wunder, daß die Meldung von seinem Tod durch alle Blätter kursierte, als er 1966 im hohen Alter von 34 Jahren in Illinois starb. Im Zusammenhang mit den Geschwindigkeitsrekorden stellt sich natürlich die Frage, wo denn nun eigentlich die Grenze der Schnelligkeit liegt, die ein Traber erreichen kann. Theoretisch dürfte sie wohl bei der absoluten Geschwindigkeit des englischen Vollblüters zu finden sein, also bei etwa 54 Sekunden für den Kilometer. Aber auch wenn der Renntrab im Grunde genommen eine Sprungbewegung darstellt, bei der das Pferd im vollen Speed über mehr als die Hälfte des Weges mit allen vier Beinen in der Luft ist, wird das maximale Tempo der schnellsten Gangart wohl nie erreicht werden. Ja, es ist kaum wahrscheinlich, daß bis zum Ende des Jahrhunderts irgendein Traber den bestehenden Weltrekord wesentlich verbessern wird. Allerdings glaubte man ähnliches auch von anderen Schallmauern – die dann doch durchbrochen wurden!

Trabrennsport und Traberzucht in Deutschland

Die Geburtsstunde des deutschen Trabrennsports schlug 1874. Damals taten sich in Jüthorn bei Hamburg einige Herren zusammen und gründeten den Hamburger Renn- und Traberclub. Außerdem bauten sie eine 1700 m lange Bahn, auf der sie mit ihren Wagenpferden Rennen veranstalteten. An diesem Vergnügen fanden auch die hanseatischen Bürger schnell Gefallen und pilgerten bald in Scharen nach Jüthorn, wenn die Herrenfahrer dort auf die Hoch-radwagen kletterten und ihre Pferde um die Wette laufen ließen. Bereits 1877 etablierte sich in Berlin-Weißensee der zweite Traberclub, der sich die Aufgabe stellte, »Rennen im Trabe, geritten oder ein- und zweispännig gefahren« zu veranstalten. Schon drei Jahre später führte der Club 18 Renntage mit 110 Rennen durch, an denen insgesamt 60 Pferde teilnahmen. Zur gleichen Zeit erreichte der neue Sport, für den trabgängige Pferde aller Rassen, hauptsächlich jedoch Orlow-Traber angespannt wurden, auch den bayerischen Raum, wo man anläßlich des Münchner Oktoberfestes bereits 1847 derartige Rennen veranstaltet hatte. Durch das Totalisatorverbot von 1880 schien dem jungen deutschen Trabrennsport allerdings ein schwerer Rückschlag zu drohen, aber die Begeisterung seiner Anhänger war mittlerweile so stark geworden, daß er die Krise überlebte. 1886 hob Kaiser Wilhelm den Erlaß dann wieder auf, weil er den Wert des Rennsports für die heimische Pferdezucht erkannt hatte. In fast allen deutschen Gauen etablierten sich nun Zuchtstätten des Trabrennpferdes. Nachdem schon 1885 das Gestüt Mariahall bei Sprendlingen in Rheinhessen gegründet worden war, kamen in der Folgezeit unter

anderem Landshut in Bayern, Schabernack im Rheinland, Gustavshof in Mecklenburg sowie Wilhelmsburger Hof und Altengamme in Norddeutschland hinzu. Zum Ausgangspunkt einer auf Leistung ausgerichteten Zucht aber wurde das 1890 im badischen Ihringen ins Leben gerufene Deutsche Haupttrabergestüt Lilienhof, das sich im Besitz der 1888 konstituierten Technischen Kommission für Trabrennen befand. Neben den Amerikanern INDEPENDENCE und MACEY'S HAMBLETONIAN, dem Franzosen JUWEL sowie dem Russen TSCHISTIAK wirkten dort auch drei Vollbluthengste als Beschäler. Unter der Aufsicht einer Zuchtkommission wurden ihnen in zielbewußten Experimenten amerikanische, französische, russische und österreichisch-ungarische Traber- sowie englische Vollblut- und deutsche Halbblutstuten zugeführt. Dabei fiel im Laufe der Zeit die Entscheidung zugunsten der Zucht Amerikas, die bereits in der Gründerzeit von Lilienhof zu einem bemerkenswerten Erfolg gekommen war. Aus der Verbindung von MACEY'S HAMBLETONIAN und seiner Landsmännin BANANA BENTLEY entsprang nämlich BAMBUS, der 1895 das erste Deutsche Traber-Derby gewann. Insgesamt

439

stellte Lilienhof sieben Sieger des Rennens, verlor aber nach dem Ersten Weltkrieg den Charakter eines Versuchsgestüts, da es den Zuchtbetrieb nun auf rein amerikanischer Grundlage fortsetzte.

Bereits 1896 war das erste Deutsche Traber-Gestütsbuch erschienen, das eine Bestandsaufnahme des für die Weiterzucht in Frage kommenden Materials ermöglichte und die Namen von 174 Stuten enthielt. Dabei ist interessant, daß das amerikanische Blut schon damals dominierte, denn unter den 108 nach Traberprinzipien gezogenen weiblichen Individuen stammten nicht weniger als 52 aus Amerika, während sich der Rest auf 7 europäische Länder verteilte.

Aufgrund seiner überlegenen Leistungsfähigkeit erreichte der amerikanisch gezogene Traber auf den deutschen Bahnen schon bald die Vorherrschaft, die durch den Import wertvollen Zuchtmaterials aus den USA von Jahr zu Jahr gefestigt und ausgebaut wurde – wobei Hengste wie PETER DUFFY, COLONEL BOSWORTH, DAVID GUY, WALTER DEAR, LEGALITY, GUY BACON, CALUMET DELCO und BROTHER HANOVER zur Herstellung dieser Sachlage den wohl größten Beitrag lieferten.

Im sportlichen Bereich übernahm Berlin vom Beginn des 20. Jahrhunderts an die führende Rolle. Zwar stellten Weißensee und das 1888 entstandene Westend ihre Aktivitäten ein, dafür aber operierten Ruhleben und Mariendorf mit um so größerem Erfolg. In Hamburg wurde zur selben Zeit in Bahrenfeld und Farmsen getrabt, und in Bayern drehten die Pferde in Pfarrkirchen, Straubing und Landshut ihre Runden. 1909 faßte der Trabrennsport schließlich auch in Westdeutschland Fuß. Dort hielt der Westfälische Traberzuchtverein anfänglich in Hamm und Dortmund Rennen ab, bevor er 1912 nach Gelsenkirchen übersiedelte.

Bis 1945 war Deutschland in Sachen Traberzucht und Trabersport in Europa führend. Die Politik des Dritten Reiches bereitete diesem Höhenflug jedoch ein Ende, denn durch die Kriegsfolgen wurden die Bahnen entweder zerstört oder beschädigt und der in Jahrzehnten herangezogene Pferdebestand bis auf wenige Ausnahmen vernichtet. Von diesem Rückschlag hat sich die deutsche Traberzucht im Grunde genommen bis heute noch nicht erholt. Gemessen am internationalen Standard ist sie deshalb zur Zeit nur zweite Wahl. Trotzdem feierte sie in den ersten Nachkriegsjahren einige außerordentliche Erfolge, die in erster Linie durch die phantastische Karriere von PERMIT zustande kamen.

PERMIT wurde am 23. April 1945 im norddeutschen Gestüt Lasbek gefohlt und geht über seinen Vater EPILOG und seinen Großvater LEGALITY auf die amerikanischen Klassevererber GUY AXWORTHY und AXWORTHY zurück. Durch seine Mutter MAIENPRACHT und deren Vorfahren THE GREAT MIDWEST, HARVEST DAY, PETER THE GREAT, PILOT MEDIUM und HAPPY MEDIUM ist er ein direkter Nachkomme des amerikanischen Traber-Stammvaters HAMBLETONIAN. Allerdings hielt PERMITS Besitzer und Züchter Walter Heitmann den Fuchs zunächst nur für ein mittelmäßiges Rennpferd und verkaufte ihn zweimal. Zu seinem Glück wurde PERMIT jedoch jedes Mal wieder zurückgegeben. Auch andere glaubten eben nicht an seine Fähigkeiten, die er von 1948 bis 1954 in einer beispiellosen Laufbahn unter Beweis stellte. PERMIT errang in 124 Rennen 58 Siege und schraubte seine Bestmarke dabei von 1:31.2 auf 1:17.3 Minuten – die 1952 Europarekord bedeuteten. Unter den 27 gewonnenen Zuchtprüfungen gebührt dem Prix d'Amerique natürlich der erste Platz. In diesem bis auf den heutigen Tag schwersten Trabrennen der Welt schlug PERMIT mit Walter Heitmann im Sulky 1953 über 2600 m die gesamte kontinentale Elite. Im übrigen ist er der einzige in Deutschland gezogene Traber, der diese Superprüfung gewinnen konnte. In der Statistik liest sich PERMITS Laufbahn wie folgt:

EIDELSTÄDTER, SIMMERL, EARLY BOY und BABESIA, die als erstes deutsches Trab-

Jahr	Starts	Siege	Plätze	Jahresrekord	Gewinnsumme
1948	8	3	4	1:31.2	5 600
1949	21	12	5	1:23.0	28 475
1950	21	17	4	1:18.5	79 200
1951	19	7	12	1:18.3	64 800
1952	25	12	11	1:17.3	113 645
1953	28	7	20	1:17.4	166 900
1954	2	–	–	–	–
	124	58	56	–	458 620

Die Ausnahmeerscheinung, die PERMIT im Sport darstellte, wurde er auch in der Zucht. Fast 500 seiner Nachkommen gewannen mehr als 16 Millionen DM. Mit ERROL, GUTENBERG, HADU, LORD PIT und MANZANARES stellte der Hengst 5 Derbysieger. Außerdem lieferte er ungezählte Zuchtstuten und 20 Söhne, die im Gestüt tätig wurden. PERMIT hat in der deutschen Traberzucht bisher keinen Vergleich: In der Konstanz seiner Leistungen war er sowohl auf der Bahn als auch in der Zucht beispiellos und ein Musterexemplar für die Härte und Zähigkeit seiner Rasse.

Als PERMIT die Rennbahn verlassen hatte, machte die deutsche Traberzucht kaum noch Schlagzeilen. Internationalen Ansprüchen genügten danach allenfalls EJADON,

rennpferd mehr als 1 Million DM gewann und mit 1:13.8 Minuten den Landesrekord hält. Die Gründe für diese Misere sind vielfältig. Wie schon festgestellt, wurde das mit viel Mühe und durch teure amerikanische Importe veredelte Zuchtmaterial in den Kriegsjahren fast restlos vernichtet. Viele Cracks kamen in den Bombennächten um, wie beispielsweise ILTIS, der 1942 als Dreijähriger in einem Rekordversuch mit 1:17.5 Minuten eine für sein Alter sensationelle Zeit getrabt war, andere verschwanden einfach von der Bildfläche und tauchten nie wieder auf. Die Züchter mußten also von vorn beginnen, was zunächst ohne große staatliche Förderung und ohne gezielte ausländische Einkäufe geschah. Ja, geschehen mußte, denn in den fünfziger

Jahren verhinderte eine Importbeschränkung für Pferde aus den USA den Wiederaufbau der Zucht nach bewährtem Muster. Dafür begann man in dieser Zeit in verstärktem Maße Franzosen einzuführen, wobei aber meistens zweitklassige Traber die Grenze passierten. Gleichzeitig wurde jedoch das typisch amerikanische Zuchtziel der Frühreife beibehalten, was natürlich ein krasser Widerspruch war. Die Franzosen sind nun einmal keine frühreifen Traber. Sie kommen erst fünf- oder sechsjährig richtig in Schwung und können als regelrechte Spätzünder bezeichnet werden. Anfang der siebziger Jahre wurde das allerdings bemerkt, worauf es eine Trendwende gab. Die endgültige Besinnung auf das ursprünglich so erfolgreich angewandte amerikanische Rezept fand aber trotzdem nicht statt – oder konnte nicht stattfinden. Denn Mitte 1977 wurden neue Bestimmungen erlassen, die den Import von US-Trabern nicht gerade lukrativ machen und ohne Zweifel als Hemmschuh für diejenigen Züchter bezeichnet werden müssen, die bereit sind, für viel Geld wertvolles Material aus den Staaten einzuführen. Deshalb ist anzunehmen, daß die deutsche Zucht den internationalen Standard in den kommenden Jahren wohl kaum erreichen und beispielsweise mit Skandinavien gleichziehen wird, das sich dank Über-

nahme amerikanischer Prinzipien auf diesem Niveau befindet.

Ganz ohne Hoffnung braucht man aber trotzdem nicht in die Zukunft zu blicken, da 1980 im Bereich des Rennsports einige begrüßenswerte Änderungen vorgenommen wurden. Bis zu diesem Zeitpunkt konnten die Zwei- und Dreijährigen – also noch nicht ausgereifte Pferde – hierzulande das meiste Geld verdienen. Deshalb sahen sich Besitzer und Trainer gezwungen, ihre Asse schon in der Entwicklungsphase bis an die Grenze der Belastbarkeit zu führen, da geeignete Prüfungen für vierjährige und ältere Pferde nur vereinzelt ausgeschrieben wurden. Außerdem führte der Großteil der Dreijährigenprüfungen über Steherdistanzen, das Derby sogar über die Marathonstrecke von 3200 m. Aus diesen Gründen waren die meisten Nachwuchstalente nach ihren beiden ersten Rennzeiten schon »über den Berg«. Mit anderen Worten heißt das: Wenn die französischen, skandinavischen und amerikanischen Traber in den hochdotierten Internationals die Kräfte maßen, hatten ihre deutschen Altersgefährten den Zenit ihres Leistungsvermögens schon überschritten – und genau das wollte man ändern. Daher wurde das Zweijährigen-Programm rigoros beschnitten und die Dreijährigen-Rennen auf Mittelstrecken umgestellt. Unter anderem führt das Derby

jetzt über 2000 m, die allerdings zweimal zurückzulegen sind. Das Wichtigste am neuen Rennsystem aber ist eine lukrative Prüfungskette von mehr als einem halben Dutzend Zuchtrennen für Vierjährige, wobei man in diesem Zusammenhang bereits überlegt, ob Derartiges nicht auch für Fünfjährige von Wert wäre. Vielversprechende junge Pferde können jetzt also geschont werden, ohne daß die Rennställe befürchten müssen, bei der Verteilung des Preiskuchens leer auszugehen. Last not least aber bietet sich dem deutschen Trabrennsport damit eine reelle Chance, nicht in die absolute Bedeutungslosigkeit abzusinken.

Traberzucht-Statistik

Jahr	Anzahl der Züchter	Zucht-stuten	Deck-hengste	Bestand insgesamt
1970	998	2333	193	11 564
1971	1070	2609	196	12 700
1972	1136	2800	210	13 200
1973	1236	3160	238	15 052
1974	1313	3260	235	14 225
1975	1482	3262	264	15 567
1976	1477	3248	272	16 513
1977	1400	3500	256	17 000
1978	1550	3800	300	17 265
1979	1604	3631	270	19 466
1980	1750	3800	270	20 500
1981	1640	3824	278	21 879
1982	1523	3638	270	22 174

Deutsches Traber-Derby

Das Rennen wird in Berlin-Mariendorf ausgetragen und führte bis 1978 über 3200 m.
Seit 1979 wird das Derby in drei Vorläufen und einem Entscheidungslauf entschieden, dessen Distanz 2000 m beträgt.

Jahr	Besitzer	Pferd	Farbe und Geschlecht	Fahrer	Es liefen	Ges.-Zeit	km-Zeit
1895	J. Kiener	Bambus	br. H.	E. Müller	13	5:39,8	1:46,1
1896	Fr. Tymian	Cid	Sch.-H.	E. Treuherz	8	5:38,4	1:45,7
1897	L. Gerlach	Ebony	schw. H.	A. Mills sen.	10	5:14	1:36,3
1898	Graf v. Griebenow	Teufelsdorn	br. H.	R. Michel	7	5:18	1:39,3
1899	Fr. Gräf v. Griebenow	Tuberose	F.-St.	W. Mills	10	5:47	1:48,4
1900	Mr. Lidtle	Young Axtell	F.-H.	H. Heitmann	12	5:28	1:42,5
1901	Gestüt Mariahall	Emilie	br. St.	C. Anthes	9	5:11,4	1:37,3
1902	R. Richter	Hofmeister	schwbr. H.	E. Treuherz	11	5:20,2	1:40
1903	P. Maaß	Rittersporn	br. H.	C. Witt	11	5:23,9	1:41,2
1904	Mr. Fritze	Hurrah	br. H.	M. Helmus	13	5:11,2	1:37,3
1905	M. Neuenfeld	Dr. Franz	br. H.	Besitzer	10	5:12,1	1:37,5
1906	Stall Klausner	Fidelio	dbr. H.	R. Großmann	12	5:13,2	1:37,8
1907	Stall Klausner	Spinalmont	dbr. H.	R. Großmann	8	5:07,5	1:36,1
1908	Gestüt Klein-Helle	Möwe	br. St.	M. Helmus	11	5:09,5	1:36,7
1909	Stall Klausner	Glückstern	br. H.	R. Großmann	14	4:57,9	1:33,1
1910	P. Bolzani	Raute	br. St.	Ch. Mills	6	4:51,5	1:31,1
1911	Stall Klausner	Paprika	F.-H.	R. Großraum	9	5:01,8	1:34,3
1912	E. Meye	Quercus	br. H.	G. Wiltshire	7	5:03,8	1:34,8
1913	Stall Klausner	Adbell Toddington	br. H.	R. Großmann	9	4:49,6	1:30,5
1914	Stall Klausner	Morgenwind	F.-H.	R. Großmann	7	4:53,5	1:31,7
1915	Stall Klausner	Pech	br. St.	R. Großmann	7	5:09,9	1:36,8
1916	Gestüt Hansa	Baron Watts	br. H.	E. Treuherz	9	4:58,7	1:33,3
1917	Gestüt Hansa	Bedelia Todd	br. St.	O. Dieffenbacher	11	4:57,6	1:33
1918	Stall Klausner	Peter I	br. H.	R. Großmann	8	5:06	1:35,6
1919	St. Tannenberg	Dabendorferin	br. St.	J. Lichtenfeld	10	5:02,3	1:34,7
1920	Gestüt Baßdorf	Pute	schwbr. St.	R. Großmann	9	4:56,4	1:32,6
1921	Stall Bahrenfeld	Graphit	schw. St.	A. Stegemann	11	5:04,2	1:35,1
1922	Gestüt Ringenwalde	Ebonit	schwbr. H.	G. Wiltshire	14	5:03	1:34,6
1923	Stall Angerhof	Mary H	schw. St.	C. Weidmüller	9	4:55	1:32,1
1924	Gestüt Bindow	Homer	br. H.	R. Großmann	10	4:48,8	1:30,2
1925	Gestüt Bindow	Zora	hbr. St.	Ch. Mills	6	4:48,8	1:30,2
1926	Gestüt Bindow	Lebenskünstler	br. H.	Ch. Mills	10	4:43,7	1:28,6
1927	H. Nitschke	Aga	F.-H.	G. Jauß jr.	9	4:49,3	1:30,4
1928	Gest. Bries./M. Zeiler	Britton	br. H.	R. Großmann	11	4:35,2	1:26
1929	R. Köster	Signal	br. H.	P. Finn	8	4:40,3	1:27,6
1930	Stall Runkel	Semper idem	br. H.	J. Mills	10	4:34,2	1:25,7
1931	A. Japke	Cicero	br. H.	J. Mills	8	4:37,1	1:26,7
1932	Gebr. Knauer	Adria	F.-St.	G. Jauß sen.	13	4:36	1:26,2
1933	J. Middeldorf	Xifra	dbr. H.	H. Frömming	11	4:37,8	1:26,8
1934	O. Nagel	Plutarch	hbr. H.	Ch. Mills	8	4:40,3	1:27,5
1935	A. Brümmer	Probst	schwbr. H.	Ch. Mills	8	4:32,2	1:25,1
1936	J. Riedel	Immergrün	dbr. H.	G. Jauß jr.	7	4:38,7	1:27,1
1937	Gestüt Falkenhagen	Fried	br. H.	Ch. Mills	7	4:45,3	1:29,1
1938	R. H. Strongman	Leo	R.-Sch.-H.	Ch. Mills	8	4:36,6	1:26,4
1939	B. Kaufmann	Dachs	D.-Sch.-H.	Ch. Mills	11	4:36,8	1:26,5
1940	Gebr. Knauer	Adriatica	hbr. St.	H. Frömming	11	4:37	1:26,5
1941	O. Boock	Alwa	schwbr. St.	H. Frömming	10	4:33,9	1:25,6
1942	Stall Alsgard	Missouri	br. H.	Ch. Mills	6	4:31,6	1:24,9
1943	F. Neubauer	Stella maris	hbr. St.	H. Frömming	7	4:33,1	1:25,3
1944	Gestüt Straßlach	Manitu	dbr. H.	J. Mills	7	4:40,6	1:27,7
1945	nicht gelaufen						
1946	Frau K. Bading	Sichel	schwbr. St.	J. Piotrowski	13	3:43	1:32,9
1947	Kleine-Breil/W. Krüger	Avanti	br. H.	H. Frömming	12	3:32,6	1:28,6
1948	Frau A. Lücke	Florian	br. H.	H. Malik	9	4:03,2	1:26,8
1949	Gestüt Damsbrück	Stella bella	hbr. St.	G. Krüger	14	3:52,8	1:29,5
1950	W. Niessen	Riedel	F.-H.	J. Mills	9	4:39,2	1:27,2
1951	Th. Weyers	Docht	br. H.	H. Frömming	10	4:37,5	1:26,7
1952	A. Ruckhaber	Puramus	br. H.	K. Dickmann	14	4:38,7	1:27,1
1953	Th. Weyers	Dom	br. H.	H. Frömming	15	4:41,4	1:27,9

444

Jahr	Besitzer	Pferd	Farbe und Geschlecht	Fahrer	Es liefen	Ges.-Zeit	km-Zeit
1954	Stall Kurier	Vielliebchen	F.-St.	W. Heitmann	9	4 : 37,9	1 : 26,8
1955	K. H. Schulze	Hindumädel	br. St.	K. Hörmann	13	4 : 33,2	1 : 25,4
1956	Stall Westfalenland	Corsaro	br. H.	E. Speckmann	14	4 : 34,7	1 : 25,8
1957	E. Kirsch	Rudolf R	dbr. H.	G. Krüger	17	4 : 32,0	1 : 25,0
1958	Stall Mai	Marty	br. H.	H. Kraum	12	4 : 36,2	1 : 26,3
1959	H. Langeloh	Edelstedter	dbr. H.	O. Vogt	12	4 : 32,1	1 : 25,0
1960	Stall Kurier	Errol	br. H.	W. Heitmann	16	4 : 33,0	1 : 25,3
1961	Stall Volksdorf	Ditmarsia	br. St.	H. Frömming	10	4 : 27,4	1 : 23,5
1962	Stall Hansa	Gutenberg	br. H.	W. Heitmann	9	4 : 34,4	1 : 25,7
1963	W. Heitmann	Hadu	br. H.	W. Heitmann	12	4 : 32,1	1 : 25,0
1964	Stall Kurier	Vinci	F.-H.	W. Roth	13	4 : 31,0	1 : 24,7
1965	Gestüt Aschau	Salesiana	F.-St.	H. Frömming	18	4 : 32,6	1 : 25,2
1966	Gestüt Lasbek	Gesell	br. H.	K. Heitmann	10	4 : 29,1	1 : 24,1
1967	Gestüt Lasbek	Lord Pit	br. H.	W. Heitmann sen.	16	4 : 31,3	1 : 24,8
1968	H. Zimmermann	Manzanares	br. H.	P. Kwiet	14	4 : 31,5	1 : 24,8
1969	Stall Cortina	Violine	dbr. St.	E. Freundt	14	4 : 27,0	1 : 23,4
1970	E. Stamm	Maler	dbr. H.	F. Blaume	14	4 : 29,4	1 : 24,2
1971	Gestüt Aschau	Ewalt	br. H.	R. Haselbeck	13	4 : 27,3	1 : 23,5
1972	Stall Kurier	Kurio	F.-H.	H. Frömming	13	4 : 32,1	1 : 25,0
1973	Gestüt Werdenfels	Agami	Df.-H.	R. Luff	13	4 : 31,3	1 : 24,8
1974	Stall Kurier	Alsterhof	br. H.	H. Frömming	16	4 : 30,7	1 : 24,6
1975	Stall Moritzberg	Patrizier	br. H.	H. Obermeier	16	4 : 26,0	1 : 23,1
1976	G. Krüger	Floral Scot	Df.-St.	G. Krüger	16	4 : 35,6	1 : 26,1
1977	Gestüt Aschau	Orissa	br. St.	R. Haselbeck	17	4 : 31,3	1 : 24,8
1978	Fr. E. Heitmann	Ada	br. St.	P. Heitmann	11	4 : 30,9	1 : 24,7
1979	Gestüt Aschau	Onore	F.-St.	R. Haselbeck	10	2 : 40,0	1 : 20,0
1980	Gestüt Schwarzwald	Zirrus	br. H.	H. Biendl	10	2 : 39,6	1 : 19,8
1981	H. Mühlemeyer	Noble Stardom	dbr. H.	H. Wewering	10	2 : 36,1	1 : 18,1
1982	Stall Irma	Irmas Diamant	br. H.	H. Obermeier	10	2 : 35,5	1 : 17,8
1983	Fr. R. Manke	Volo Pride	br. H.	H. Wewering	10	2 : 38,1	1 : 19,1

Die Zucht

Die Anfänge einer gelenkten Zucht sind unseren Nachforschungen nicht zugänglich. Sie liegen im Dunkel grauester Vorzeit. Immerhin können wir uns vorstellen, wie die ersten Schritte zu einer planmäßigen Pferdezucht ausgesehen haben könnten. Da der Mensch bei der Jagd nach Fleisch den Herden schon bald folgte, um sich der Beute müheloser bemächtigen zu können, lernte er nach und nach, sie regelrecht zu bewirtschaften. Das heißt, daß er gesunde und robuste Elterntiere sowie deren Nachkommen schonte. Außerdem wird er die Wege der Herden im Laufe der Zeit in Bahnen gelenkt haben, die seinen Wünschen entsprachen. Auf diese Art und Weise gewöhnten sich die Tiere an das seltsame, auf zwei Beinen aufrecht gehende Wesen – das sie zwar zehntete, als existentiell notwendige Nahrungsgrundlage jedoch in gesunden, lebensfähigen Populationen erhielt. Natürlich spielte sich diese »Annäherung«, die schließlich zur Domestikation und gelenkten Zuchtwahl führte, in einem langen Zeitraum ab. Diese ungemein wichtigen Vorgänge in der Geschichte des Pferdes, wenn nicht die wichtigsten überhaupt, können wir jedoch nur tastend erahnen, wobei die Phantasie breitesten Raum beansprucht. Auch jener historische Moment, in dem sich der Mensch zum ersten Mal auf den Rücken des Pferdes schwang – und der sowohl den Keim zu einer neuen Art Spiel als auch zum Aufbau und zur Vernichtung großer Reiche in sich barg –, verliert sich im undurchdringlichen Nebel der Historie altzeitlicher Nomadenvölker. Über den Stammvater des Hauspferdes wissen wir allerdings recht gut Bescheid. Es soll ein Urwildpferd sein, dem von der Wissenschaft die Bezeichnung *Equus Przewalskii* gegeben wurde. Dieser Equide war das einzige Pferd, das zur Zeit der Haustierwerdung, also im Neolithikum, weite Teile Europas und Asiens bevölkerte. Er soll in freier Wildbahn noch heute in unzugänglichen Gebieten der Mongolei vorkommen, wo er 1879 von dem Asienforscher Nikolai Michailowitsch Przewalski in den Steppen der Dsungarai entdeckt wurde. Allerdings glaubte der russische General nicht an Pferde, als er die gelbbraunen Tiere sah, sondern meinte, Halbesel vor sich zu haben. Erst 1881 gab ihnen der Zoologe Iwan Semenowitsch Poljakoff den Namen *Equus Przewalskii*. Obwohl es noch weitere Theorien über den Urahn der Hauspferde gibt – unter anderem sollen der Steppen- und Waldtarpan sowie die Diluvialpferde ebenfalls an ihrer Entstehung mitgewirkt haben –, sehen viele moderne Wissenschaftler das Przewalskipferd als deren Stammvater an.

Der vom Mensch gelenkten Zucht gelang es dann durch sorgfältige Selektion und gezielte Vermischung der Arten, die heutigen Pferde zu entwickeln. Von ihnen gibt es mittlerweile mehr als 300 Rassen, Typen und Schläge, die den Erdball 1983 in rund 60 Millionen Exemplaren bevölkern. Erstes und zunächst einziges Zuchtziel des Menschen war die Heranzüchtung eines brauchbaren Pferdes für den Krieg. Jahrtausendelang beruhten Macht und Überlegenheit von Völkern und Staaten nämlich auf schlagkräftigen Streitwagenformationen und Reiterheeren. Daher war die Pferdezucht in jenen Epochen der wichtigste Zweig der »Rüstungsindustrie« und das Wettzüchten die älteste Form des Wettrüstens, wie Bruno J. G. Dechamps in seinem informativen, 1957 erschienenen Buch »Über Pferde« schreibt. Natürlich ist das Soldatenpferd im Verlauf dieser Aktivitäten nicht das gleiche geblieben, denn mit den Veränderungen in der Technik und Taktik des Krieges wurde auch das Zuchtziel jeweils ein anderes. Vom kleinen, harten Pferd der Eroberervölker durchlief es über das massige, schwere Streitroß der Ritter bis zum wendigen, edlen Kavalleriepferd des 19. und 20. Jahrhunderts die unterschiedlichsten Stadien.

Der Lipizzaner

In den »Stuttereyen« der Fürsten, Könige und Kaiser, wo sich die Pferdezucht früher konzentrierte, wurden aber nicht nur Rosse zu Kriegszwecken gezogen. Sie waren nicht zuletzt auch für die Versorgung der Marställe eingerichtet worden, deren Insassen dann vor dem Prunkwagen und unter dem Sattel die hippische Kultur der Höfe zu repräsentieren hatten. Ein derartiges Gestüt war vor allem Lipizza, das den

Linke Seite: Zur Zeit, da diese bronzenen Reiterfigürchen als Zierat an Keramikgefäßen geschaffen wurden, im 6. Jahrhundert v. Chr., wurde das Pferd wahrscheinlich schon seit zwei Jahrtausenden vom Menschen als Haustier gehalten. Die Figürchen stammen aus einem Grabhügel bei Rosegg in Kärnten und befinden sich heute im Naturhistorischen Museum von Wien.

Rechts: Darstellung eines Andalusiers aus Baron von Eisenbergs »Wohleingerichteter Reitschule«. Der Autor, der Mitte des 18. Jahrhunderts als Reitmeister wirkte, sagt von ihm, »daß die Erfahrung genugsam erweiset, daß sich das spanische Pferd unter allen am besten zu der Reit-Kunst schicke, nicht allein wegen seiner schönen Gestalt, sondern auch weil es hurtig, starck und gelehrsam ist, also daß wann man dasselbige mit Vernunfft und Gedult leitet, es alles lernet und auf das genaueste ausrichtet«.

L'ANDALOUX. I.

Nun ift jeßunder auch zubedencken / wie die Stuten fein follen : Allhie fellet gleichsfalls für / wie oben von dem Befcheller auch vermeldet worden / daß vier ding zubetrachten / als nemlich / die geftalt / die fchöne / die farb / vnd die gütte : Was die geftalt betrifft / da muß fich einer refoluiern / was er für Roßz ziehen wölle / groffe oder kleine (wie jeßundt etlich mahl vermeldt worden) dem=felben nach / muß einer vmb Stuten trachten / ich wil es aber bey meiner fürge=nommen Materi bleiben laffen / Daß wir nemlich wöllen Kriegsroßz ziehen / welche dann mittelmeffiger gröffe fein follen (die vrfach ift oben vermeldt) dan=nenher follen auch die Stuten mittelmeffiger gröffe fein / wie dañ die Befchel=ler auch / darmit wirt ein feiner gleicher Schuß von Roffen / die weder zu groß noch zu klein / Vnnd wie man fagt / vnder alle Sättel zugebrauchen / es feye zu Scherß oder zu Ernft / mir gefallen auch dergleichen Roßz für alle andere / et=

Ruhm seiner Pferde bis zum heutigen Tag unverändert erhalten hat.

1580 erwarb Erzherzog Karl II. von Inner-österreich vom Triester Erzbischof das »Dörffl Lipitza« und legte dort die Grund-lage der wohl berühmtesten jemals in einem Gestüt gezüchteten Rasse. Deren »Stammhaus« besteht übrigens heute noch und liegt zehn Kilometer nordöstlich von Triest inmitten einer rauhen Karstland-schaft, über die seit eh und je der Schi-rokko und die schneidend kalten Bora-stürme brausen. Für sein züchterisches Vorhaben hatte sich der Erzherzog Andalu-sier kommen lassen, also jene Pferde, die Masse mit Adel und Nerv am besten ver-banden und als begehrteste des Mittelalters galten. Kreiert hatten sie einst die arabi-schen Eroberer der Pyrenäenhalbinsel, die ihre leichten, hochedlen Pferde mit den ursprünglichen schweren Landschlägen Spaniens kreuzten. Das Ergebnis dieser Ver-bindungen waren Produkte mit barocken Linien, stark gebogenen Hälsen, Senk-rücken, gespaltenen Kruppen, Ramsköpfen und fast zerbrechlich anmutenden, feinen Gliedmaßen. Sie demonstrierten hohe und erhabene Gänge, die man den »spanischen Tritt« nannte. Georg Engelhard von Löh-neysen, der Oberstallmeister des Herzogs von Braunschweig, bezeichnete sie als »die allerklügsten, herzhaftesten und groß-mütigsten ..., auf der Manege die aller-gelehrigsten ...«.

Die Andalusier, die als Modepferde später von den etwas leichteren und edleren Neapolitanern abgelöst wurden, ließ Karl II. mit den einheimischen, relativ schweren Karstpferden paaren, deren Härte und Genügsamkeit schon in der Antike bekannt waren. Aus diesen Kreuzungen entstand im Laufe der Zeit der Lipizzaner, ein rundrippiges, ziemlich massig wirken-des, jedoch nicht sehr großes Pferd von 150 bis 155 cm Stockmaß mit breiter Brust, oft steiler Schulter, wenig ausgeprägtem Wider-rist, langem, kräftigem Rücken, breiter, ge-rundeter Kruppe, gut angesetztem Schweif sowie trockenen, harten Gliedmaßen und Hufen. Das Auffallendste an ihm sind neben seinen erhabenen Bewegungen der mächtige, hochaufgesetzte Hals, der ihn größer erscheinen läßt, als er in Wirklich-keit ist, und sein meist langer Kopf mit den dunklen, großen Augen und der kühn gebogenen Nase.

Neben achtzehn Stutenfamilien besitzt die Rasse des Lipizzaners sechs Hengststämme unterschiedlicher Herkunft, weil nach der Gründung des Hofgestüts auch noch Nea-politaner, Frederiksborger, Kladruber und Araber eingeführt wurden. Die PLUTO-Linie, die spanisch-dänischer Abstammung ist und als einzige kein arabisches Blut führt, die CONVERSANO- und NEAPOLITANO-Linie italienischer Herkunft, die sich durch besonders erhabene Bewegungen und starke Ramsköpfe auszeichnet, die FAVORY-

Von der Gestü-
terey/

Das ist Ein
gründtliche beschreibung

wie vnnd wa man ein Gestüt von gu-
ten edlen Kriegsrossen auffrichten / vnderhalten / vnd wie
man die jungen von einem Jar zu dem andern erziehen soll / biß sie einem
Bereitter zum abrichten zuvndergeben / vnnd so sie abgericht in langwiri-
ger Gesundhait zuerhalten:

Allen liebhabern der Reutterey hoch vnnd nidern Stand·
zu ehren vnnd gefallen gestellet vnd an tag geben / durch den wolgebor-
nen Herren Marxen Fuggeren / Herren von Kirchberg vnnd
Weissenhorn.

Dergleichen noch nie im Truck außgangen.
Sampt einem ordenlichen Register vnnd Verzeichnus der Capitel.
Mit Keyserlicher Maiestat Gnaden vnnd Freyheit nicht nach zutrucken.

Getruckt zu Franckfurt ma Mayn/ in Verlegung Sigmund Feyrabends.

Links: Die spanische Hofreitschule in Wien ist die einzige Akademie der Welt, an der die klassische Reitkunst bis zum heutigen Tag unverfälscht gepflegt wird. Das erste überlieferte Dokument, das von einem »Spanischen Reithstall« berichtet, stammt aus dem Jahre 1572. Damals wurde in unmittelbarer Nähe der Wiener Hofburg auf dem »Roßtumblplatz« entweder eine bereits bestehende hölzerne Reitbahn ausgebessert oder eine solche neu errichtet. Schon bald schickte man die Pferde des 1580 gegründeten Gestüts Lipizza dorthin zur Ausbildung – woran sich bis heute nichts geändert hat. Nach wie vor begeistert das Ballett der weißen Hengste in der großen Quadrille, in der alle schweren Lektionen der Dressur gezeigt werden, Jahr für Jahr viele tausend Zuschauer. Außerdem werden die Schulen über der Erde vorgeführt, also die Levade, Courbette und Kapriole, bei denen sich das Pferd mit der Vorhand oder der Vor- und Hinterhand vom Boden erhebt. Sie stellen ein Relikt aus jener Zeit dar, in der noch hoch zu Roß gekämpft wurde, und eignen sich nur für besonders begabte Pferde, die sowohl über große Körperkraft als auch überdurchschnittliche Intelligenz verfügen. In der alten, klassischen Form werden diese Lektionen übrigens nur noch in der Spanischen Reitschule gezeigt.

Rechte Seite: Verschiedene Trakehner Brandzeichen, mit denen die Pferde ihrer mehr oder weniger »vornehmen« Abstammung entsprechend »klassifiziert« wurden

und MAESTOSO-Linie, deren Stammväter im 1562 in Böhmen gegründeten Hofgestüt Kladrub zu Hause waren und die geglückte Kombination andalusisch-arabischen Blutes verraten, sowie die SIGLAVY-Linie, deren Vertreter in Körperbau und Gang an Araber erinnern und ihren Namen einem Original-Araberhengst verdanken. Neben diesen Stämmen gibt es noch die außerhalb Lipizzas gezüchteten INCITATO- und TULIPAN-Linien, deren Mitglieder dem alten Karster Pferd am ähnlichsten sind und in der Regel dunkle Farben aufweisen. Zunächst diente Lipizza als Lieferant für den Hof des Erzherzogs in Graz. Bald jedoch wurden seine Pferde ausschließlich zur Beschickung des 1572 gegründeten Spanischen Reitstalles in Wien verwendet, der später in Spanische Reitschule umbenannt wurde. Daran hat sich bis heute nichts geändert. Dort präsentieren sie sich dem Besucher fast durchweg als Schimmel, die heute innerhalb der Rasse auch die größte Zahl vertreten, weil sie im Erbgang domi-

nant sind. Allerdings werden sie alle dunkelgrau oder schwarz geboren und hellen sich erst im Lauf der Jahre zu ihrer charakteristischen silberweißen Farbe auf. Nach wie vor gibt es unter den Lipizzanern aber auch noch Braune, Rappen und Füchse. Im 17. und 18. Jahrhundert überwogen in den Herden des Hofgestüts jedoch die Schekken und Tiger, Falben und Isabellen. Je exotischer die Farbzeichnungen ausfielen, desto kostbarer waren ihre Träger. Daher ist es kein Wunder, daß Pferde mit ausgefallenen Farben damals bewußt gezüchtet wurden, denn man entsprach damit nur dem Geschmack jener lebens- und sinnenfrohen Zeit.

Im Verlauf seiner nun mehr als 400jährigen Geschichte hatte Lipizza, wie andere Gestüte auch, oft unter den Wirren kriegerischer Auseinandersetzungen zu leiden. Allein in den Napoleonischen Kriegen mußte es dreimal verlegt werden. Auch danach wurden seine Insassen noch mehrere Male evakuiert, wobei es 1918 als

Folge des Ersten Weltkrieges und dem damit verbundenen Ende der Donaumonarchie zu einer bedeutenden Zäsur kam. In jenem Jahr hörte Lipizza als kaiserliches Hofgestüt nämlich auf zu bestehen. Ein Teil seiner Pferde blieb Österreich jedoch erhalten und wurde im November 1920 in das Staatsgestüt Piber in der Steiermark gebracht, wo die Vertreter einer der ältesten europäischen Warmblutrasse noch heute zu Hause sind. Wie vor Hunderten von Jahren besteht ihre Aufgabe allein darin, talentierten Nachwuchs nach Wien zu liefern, dem dann im prachtvollen Barocketablissement Fischer von Erlachs am Michaeler Platz die Kunst der Hohen Schule gelehrt wird. Hier stellt sich allerdings die Frage, ob das als Existenzberechtigung genügt. Die Lipizzaner sind das Relikt einer versunkenen, auf pompöse Repräsentation bedachten Epoche – also nicht mehr zeitgemäß. Außerdem belasten sie den österreichischen Staatssäckel. Was keinen Nutzen bringt, wird heutzutage

Doppelte Elchschaufel, linker Hinterschenkel:
Nachzuchten von anerkannten Stutbuch-
hengsten aus Stuten im Hauptregister und
Vorregister I

Einfache Elchschaufel mit Schleife, linker
Hinterschenkel:
Nachzuchten von anerkannten Stutbuch-
hengsten aus Stuten im Vorregister II

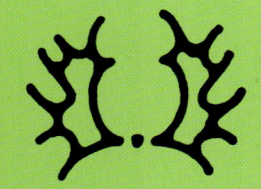

Doppelte Elchschaufel kleinere Form,
linke Halsseite:
alle ins Hauptregister eingetragenen Stuten

Einfache Elchschaufel kleinere Form,
linke Halsseite:
alle ins Vorregister I eingetragenen Stuten,
rechte Halsseite:
alle ins Vorregister II eingetragenen Stuten

jedoch schnell und kalt als überflüssig eingestuft nach dem Motto: Die Pflege der
Tradition hemmt den Fortschritt. Ganz
abgesehen davon, daß dieser uns mehr
genommen als gebracht hat, muß man dem
entgegenhalten, daß die Menschen ohne
Überliefertes unendlich arm wären. Auch
die Lipizzaner, diese wunderbar kultivierte
Rasse edler Pferde, tragen dazu bei, uns
reich zu machen. Sie gehören zur Kultur
des Abendlandes wie der Stephansdom, die
Neunte, das Abendmahl Leonardo da Vin-
cis und der Faust. Auch sie sind Kunst –
und verdienen, erhalten zu werden.
Lipizzaner werden heute allerdings nicht
nur in Piber und im slowenischen Lipica
gezüchtet, sondern auch im übrigen Jugoslawien, in Ungarn und Rumänien, das in
Simbata de Jos-Fagaras übrigens das größte
derzeit bestehende Gestüt dieser Rasse
unterhält. 1983 standen dort rund 600 Pferde.
Zuchtziel für den Lipizzaner in den nicht-
österreichischen Ländern ist jedoch ein
vielseitig verwendbares Gebrauchspferd,

das vorrangig im Gespann zu gehen hat.
Was Lipizzaner dabei an Gangvermögen,
Ausdauer und Gehorsam leisten können,
beweist Jahr für Jahr der ungarische Fahr-
künstler und Weltmeister György Bardos
mit seinem Viererzug.

Der Trakehner

Als ungeheuer leistungsfähige Gebrauchs-
pferde für alle Zwecke machten einst auch
Vertreter einer Zucht Furore, deren Hohes-
lied noch heute gesungen wird – die
Warmblüter Trakehner Abstammung.
Trakehnen – das ist für viele Menschen
heute nur noch ein Wort, mit dem sie
nichts anzufangen wissen. Für viele junge
Reiter ist es der fast inhaltslose Begriff
einer verklungenen Zeit und eines fernen
Landes, das uns nicht mehr gehört. Und
für viele Züchter ist es nur ein Ahnen von
der Größe ehemaliger Pferdezucht. Denn
Trakehnen, das der Soldatenkönig Fried-

rich Wilhelm I. auf Initiative des Alten
Dessauers 1732 in Ostpreußen gegründet
hatte, besteht nicht mehr. Im Herbst 1944
mußte es vor der anrückenden Roten
Armee innerhalb von drei Stunden ge-
räumt werden, wobei mit dem großen Treck
nicht nur eine Leistungsprüfung von
unvorstellbarer Härte, sondern auch der
Weg in eine ungewisse Zukunft angetreten
wurde.
Pferde wurden in Ostpreußen schon früh
gezüchtet. Als 1232 der Deutsche Ritteror-
den in das Land kam und sein gewaltiges
Kolonisationswerk begann, brachte er
natürlich auch die für seine gepanzerten
Reiter erforderlichen Streitrosse mit. Diese
leichten bis mittelschweren Kaltblüter
deutschen und dänischen Ursprungs ver-
mehrte er dann in zahlreich angelegten
Ordensgestüten in Reinzucht. In Ostpreußen gab es neben Wildpferden aber auch
eine aus kleinen, flinken und zähen Individuen bestehende bodenständige Rasse, die
Schweike, die von den Ureinwohnern, den
heidnischen Pruzzen, schon seit eh und je
gezüchtet wurde. Von ihr hatte der angel-
sächsische Missionar Wulfstan bereits im
9. Jahrhundert berichtet. Für diese meist
mausgrauen Pferdchen, die sowohl unter
dem Sattel als auch vor dem leichten
Wagen sehr gut zu gebrauchen waren, richtete der Orden sogenannte Ackergestüte
ein, die das Material für die Bewirtschaf-
tung seiner Güter zu stellen hatten. Damit
bestanden in Ostpreußen zwei getrennte
Zuchten, deren Vertreter zu jener Zeit
auch nie miteinander gekreuzt wurden.
Als die Macht des Ritterordens nach der
Schlacht bei Tannenberg 1410 verfiel, ging
es auch mit der Pferdezucht nicht mehr
recht weiter. Eine Blütezeit ungeahnten
Ausmaßes begann für sie erst wieder rund
dreihundert Jahre später mit den Maßnahmen Friedrich Wilhelms I. Um Ordnung in
das preußische Gestütswesen zu bringen,
ließ er unter anderem eine Reihe von
Krongestüten, die aus der Ritterzeit erhalten geblieben waren, auf dem Packel-
dimmer Moor zwischen Gumbinnen und
Stallupönen zum Königlichen Stutamt
Trakehnen zusammenlegen. Dessen Beleg-
schaft bestand zunächst aus einem Stamm
von 1100 Pferden, der ein für die damaligen
Verhältnisse ziemlich beachtliches züchterisches Niveau besaß. 1739 schenkte der
König das Stutamt seinem Sohn, dem späteren König Friedrich dem Großen. Dieser
hielt die Trakehner zwar für unfromm, gab
ihnen als Wagenpferden aber schon deswegen den Vorzug, weil sie den Weg von
Potsdam nach Berlin um eine halbe Stunde
schneller zurücklegten als die Gespanne

Links: Lebensgroße Bronzestatue des Trakehner Hauptbeschälers TEMPELHÜTER vor dem Deutschen Pferdemuseum in Verden. Das 1932 gegossene Original stand einst vor dem Landstallmeisterhaus in Trakehnen. 1944 wurde es nach Moskau gebracht, von wo 1974 ein Abguß in die Bundesrepublik Deutschland gelangte.

Rechte Seite: 1 PERFECTIONIST XX, der berühmteste Vollblüter, der jemals in Trakehnen deckte. 2 TEMPELHÜTER, der heute noch das Symbol des ostpreußischen Hauptgestütes ist. 3 DAMPFROSS, der ein Trakehner Hauptbeschäler höchster Klasse war. 4 PYTHAGORAS, der den zuvor genannten Vererber-Größen in nichts nachstand und mit seiner Linie noch heute die Bedeutung besitzt, die er schon in Ostpreußen hatte

anderer Zuchten. Auch Friedrich Wilhelm von Seydlitz, der geniale Kavallerieführer Seiner Majestät, wählte für seinen persönlichen Beritt mehr als einmal Pferde des Königlichen Stutamtes. Obwohl diese Tatsachen der Leistungsfähigkeit der Trakehner das schönste Zeugnis ausstellen, konnte in Ostpreußen von einer klaren Zuchtpolitik allerdings noch nicht die Rede sein. In dieser Hinsicht kam es erst ab 1786 zur Wende. Friedrich der Große hatte testamentarisch nicht über das Gestüt verfügt, so daß es nach seinem Tod 1786 in den Besitz der preußischen Krone überging. Nun wurde Trakehnen Hauptgestüt und übernahm damit gleichzeitig seine Rolle als Zentrum und Blutquell der ostpreußischen Landespferdezucht. Ihr zu dienen, war nämlich seine vorrangigste Aufgabe, deren Bedeutung vor allem auch darin lag, daß Ostpreußen bis 1918 der größte Remontelieferant für die preußische Kavallerie war. Um Trakehnen zu regenerieren, rangierte der Oberlandstallmeister Graf Lindenau zunächst den größten Teil der Hauptbeschäler und fast die Hälfte aller Mutterstuten aus und setzte schließlich als Zuchtziel »fortschreitende Veredelung« fest. Als Folge dieser Direktive deckten in den nächsten Jahrzehnten dann auch eine Reihe von Orientalen und englischen Vollblütern sowie deren Söhne in Trakehnen, wobei vor allem 12 Nachkommen des im Friedrich-Wilhelm-Gestüt in Neustadt an der Dosse wirkenden Achal-Tekkiners TURK MAIN ATTY zu großen Erfolgen

kamen. Im übrigen wurde ab 1787 auch die siebenzackige Elchschaufel als Brandzeichen eingeführt, mit dem anfangs nur die Vertreter des Reitschlages, ab 1815 aber alle im Hauptgestüt geborenen Pferde auf dem rechten Hinterschenkel gezeichnet wurden. Ebenfalls 1787 gründete die preußische Gestütsverwaltung in Ostpreußen das erste, sogenannte Litauische Landgestüt, das 1840 einen Bestand von 300 Hengsten besaß, die jährlich rund 15 000 ausgesuchte bäuerliche Stuten deckten. Zur gleichen Zeit entstanden aber auch mehr als hundert zum Teil große Privatgestüte, die fast durchweg bis 1944 bestehen blieben.

Nach und nach wuchs auf den Weiden Trakehnens dank dem züchterischen Können solcher Männer wie v. Burgsdorf, v. Schwichow, v. Oettingen und v. Sponeck eine Warmblutrasse heran, die in der Welt einmalig war und sich dem Beschauer in vier farblich unterschiedlichen Gruppen präsentierte, nämlich in der gemischtfarbenen und braunen Herde sowie der Rapp- und der weltberühmten Fuchsherde. Bereits seit 1926 wurden die potentiellen Beschäler hinsichtlich ihrer Leistungsfähigkeit, ihres Charakters und Temperamentes in der Hengstprüfungsanstalt Zwion/Georgenburg auf Herz und Nieren geprüft. Das einjährige Training des im Alter von zweieinhalb Jahren dorthin überstellten Hengstnachwuchses endete stets mit einer Abschlußprüfung im Trakehner Gelände. Nachdem im 19. Jahrhundert in der Zuchtrichtung wesentliche Schwankungen kaum

stattgefunden hatten, begann am Anfang des 20. Jahrhunderts unter Landstallmeister Burchard von Oettingen nach dem Motto »Wir wollen in Trakehnen eine Art Vollblut produzieren« die Epoche der rigorosen Veredelung, der nach dem Ersten Weltkrieg die Umstellung auf ein edles, mittelschweres und vielseitig verwendbares Warmblutpferd folgte. Zum großartigen Gelingen beider Vorhaben trug der 1903 für 20 000 Goldmark in England gekaufte Vollblüter PERFECTIONIST XX wohl das meiste bei. Der Sohn des Triple-Crown-Siegers PERSIMMON XX und Enkel des großen ST. SIMON XX stand zwar nur drei Jahre im Deckeinsatz – danach mußte er aufgrund eines Beckenbruchs getötet werden –, lieferte in dieser Zeit aber fast ausschließlich hervorragendes Zuchtmaterial. Von seinen männlichen Nachkommen wurden 56 zu Beschälern gekört, unter denen sich auch der legendäre, 1905 geborene dunkelbraune TEMPELHÜTER befand. Der Hengst ist heute noch das Symbol Trakehnens und zusammen mit seinem Vater PERFECTIONIST XX und den Hauptbeschäler-Kollegen DAMPFROSS und PYTHAGORAS der bedeutendste Vererber der letzten und großartigsten Epoche des Hauptgestüts. Neben diesem bestanden 1944 als reine Hengstdepots in Ostpreußen aber auch noch die Landgestüte Georgenburg, Rastenburg, Braunsberg und Marienwerder, deren Beschäler Jahr für Jahr die Stuten von rund 15 000 eingetragenen Züchtern deckten. Der Quell, der die ostpreußische Landespferdezucht nährte,

454

1

2

3

4

Der Araber

Das Warmblutpferd Trakehner Abstammung wird hierzulande wie der Vollblüter und das Trabrennpferd zu den Spezialrassen gerechnet, zu denen auch und vor allem der Araber gehört.

Der Ursprung der Pferde des Propheten ist unklar und verliert sich in den Weiten der orientalischen Wüstenregionen. Nach einigen Autoren stammen sie von den im Altertum in Nordpersien und im südrussischen Steppengürtel gezüchteten Pferderassen, nach anderen gehen sie auf babylonische und ägyptische Züchtungen zur Zeit der Pharaonen zurück, die in der Ära des Niedergangs der alten Kulturen von nomadisierenden Beduinen übernommen und weitergeführt wurden. Gesichert dagegen ist, daß die Rasse schon lange vor dem Auftreten des islamischen Religionsstifters Mohammed bestand und seit seiner Zeit im Gebiet des heutigen Saudi-Arabien reingezüchtet worden ist.

Als Stammütter gelten fünf Stuten, die der Prophet 622 n. Chr. bei seiner Flucht von Mekka nach Medina mit sich führte. Damals soll er über hundert Pferde mehrere Tage lang ohne Wasser in Sicht eines dahinplätschernden Baches eingepfercht haben. Als er sie endlich freiließ, wurde gleichzeitig zum Sammeln geblasen. Während fast alle Pferde zum Wasser liefen, um ihren Durst zu löschen, folgten fünf Stuten dem vertrauten Signal und wurden fortan die »Fünf des Propheten« genannt. Nach Carl Raswan, der größten Autorität in bezug auf arabische Pferde, gibt es unter den 20 Stämmen und 230 Familien der Rasse 3 Haupttypen: den maskulinen, kraftvollen und ausdauernden *Kuhailan,* den femininen, eleganten, aber nichtsdestotrotz stahlharten *Saqulawi* und den schnellen *Muniquii.* Diese Typen entstanden in Jahrhunderten konsequenter Reinzucht und Selektion sowie unter dem Trommelfeuer denkbar härtester Umweltbedingungen, die seit jeher alles ausmerzen, was sich ihnen nicht gewachsen zeigt und über ein Drittel aller Pferde das Zuchtalter nicht erreichen läßt. Nach wie vor gilt daher der asile, also rein gezogene Araber trotz seiner unübertrefflichen, mitunter fast filigran anmutenden Schönheit als eines der anspruchslosesten und härtesten Pferde. Geradezu legendär sind seine Ausdauer und sein Regenerationsvermögen. Die wissenschaftliche Erklärung dieser phänomenalen Eigenschaften könnten amerikanische Forschungen geliefert haben, die noch nicht alt sind. Ihnen zufolge hat der Vollblutaraber nämlich

aber war Trakehnen, das »Heiligtum der Pferde«, wie der Dichter Rudolf G. Binding das Hauptgestüt in seinem gleichnamigen Büchlein nannte.

Heute wird in der Bundesrepublik Deutschland unter in jeder Beziehung ungünstigeren Verhältnissen das fortgesetzt, was einst von einem preußischen König zur Wohlfahrt seines Landes ins Leben gerufen und von treuen Dienern des Staates sorgsam verwaltet und schließlich zur Vollendung geführt wurde. Der Wiederbeginn war allerdings unendlich schwer, denn nur wenige Individuen dieser wunderbar durchgezüchteten Rasse entkamen dem Inferno des Krieges. Von 25 000 eingetragenen Stuten und 800 gekörten Hengsten erreichten nur knapp 900 die westlichen Teile Deutschlands. Die Weiterzucht war schwierig, gelang aber. Dabei wurde auf die Erhaltung des klassischen Rassetyps besonderer Wert gelegt, der sich infolge der Zuchtentwicklung durch großen Adel auszeichnet.

1982 waren beim Trakehner Verband 3877 Stuten mit dem Elchschaufelbrand registriert. Das Stutbuch dieser Population ist übrigens geschlossen. Damit ist die Trakehner Zucht die einzige Warmblutzucht, die hierzulande Reinzucht betreibt. Gezüchtet wird in allen Bundesländern, wobei vor allem die Trakehnergestüte Rantzau und Panker in Schleswig-Holstein sowie Birkhausen in Rheinland-Pfalz die Rolle von »Hauptgestüten« spielen. Der Trakehner wird aber auch in Dänemark, der Schweiz

und den USA gezüchtet, wo es eigenständige Verbände gibt, die hinsichtlich der Zuchtmethode allerdings in engem Kontakt mit dem deutschen Mutterverband stehen. Auch im Turniersport zeichneten sich in der Bundesrepublik Deutschland gezüchtete Trakehner aus, was in besonderem Maße für die Dressur gilt, in der vor allem ULTIMO hoch erfolgreich war. Mit seiner Reiterin Gabriela Grillo wurde der Rappe nicht nur Deutscher Meister, sondern auch Mannschaftssieger bei Welt- und Europameisterschaften sowie Olympischen Spielen. Im Springsport haben ostpreußische Pferde nie eine große Rolle gespielt. In den sechziger Jahren machte hier aber der schnelle Schimmel SPRITZER von sich reden, während Anfang der achtziger Jahre der gewaltig springende Hengst LIVIUS für Schlagzeilen sorgte und nicht zuletzt deswegen für viel Geld in die USA verkauft wurde. Das Geschäft lohnte sich, denn LIVIUS gewann 1983 unter anderem den Großen Preis von Rom und die Goldmedaille bei den Panamerikanischen Spielen. An die sportlichen Erfolge früherer Jahrzehnte konnten Pferde Trakehner Abstammung freilich nicht mehr anknüpfen, wobei in diesem Zusammenhang hauptsächlich auf die neun Siege in der Großen Pardubitzer Steeplechase und den Triumph bei den Olympischen Spielen von 1936 hingewiesen werden muß, wo die Ostpreußen KRONOS und NURMI die Goldmedaillen in der Einzelwertung der Dressur bzw. der Vielseitigkeit gewannen.

455

nicht nur mehr rote Blutkörperchen als andere Pferde, sondern auch kleinere. Da deren Hauptaufgabe darin besteht, das sauerstoffbindende Hämoglobin zu befördern, kann der Körper in diesem Fall besser mit dem leistungsnotwendigen Stoff versorgt werden, und zwar wegen des größeren Verhältnisses zwischen Oberfläche und Volumen der Blutkörperchen – aber auch aufgrund der Tatsache, daß zwischen deren Größe und Zahl sowie der Fähigkeit, sie zu lagern und zu gebrauchen, eine Beziehung besteht. Wie der Mensch kann nämlich auch das Pferd Blutkörperchen in der Milz speichern und sie in besonderen Situationen als zusätzliche Kraftquelle nutzen. Infolge der höheren Anzahl und geringeren Größe seiner roten Blutkörperchen ist der Vollblutaraber daher bei höherem Energiebedarf in der Lage, für den maximalen Sauerstoffaustausch mehr dieser Partikel zu mobilisieren als andere Pferderassen. Deswegen kann man annehmen, daß sein unwahrscheinliches Stehvermögen auch auf diesen Zusammenhängen beruht. Da die Zivilisation und die mit ihr verbundene, rasant fortschreitende Technik auch vor der arabischen Halbinsel nicht haltmachte, ist die Zucht des Vollblutarabers dort stark zurückgegangen. Allerdings wird er heute überall in der Welt gezüchtet. Bedeutende Gestüte sind unter anderem das ägyptische El Zahraa bei Kairo, das ungarische Babolna, das polnische Janow Podlaski und das amerikanische Pomona. In Deutschland wird die Zucht des Arabers neben einigen Privatgestüten vor allem in dem 1573 gegründeten württembergischen Hauptgestüt Marbach gepflegt. Die Pferde dieser Herde gehen mütterlicherseits auf die 1817 von König Wilhelm I. von Württemberg eingeführten und in seinem Gestüt in Weil aufgestellten Originalaraber BAIRACTAR OX und TAJAR OX zurück. Darüber hinaus hat sich hierzulande ein kleiner, aber ständig wachsender Kreis von Freunden des arabischen Pferdes im Asil Club zusammengeschlossen, der die Zuchtgesetze der Beduinen aufgreift, die dem Vollblutaraber seine in der ganzen pferdezüchtenden Welt gefragten Eigenschaften brachten.

Aufgrund seiner überragenden Zuchtkonstanz ist er ja als Veredler nahezu aller Kulturrassen eingesetzt worden. Außerdem hat er einige von ihnen gegründet, wobei an erster Stelle die des englischen Vollblüters zu nennen ist, der mit den von seinem Stammvater übernommenen Eigenschaften heute als der bedeutendste »Hart- und Schönmacher« der Warmblutzuchten gilt. Vor allem ihm ist es zu danken, daß diese

Linke Seite: Kopf eines Vollblutarabers mit den typischen Rassemerkmalen der Hechtnase, breiten Stirn, großen, intelligenten Augen und kleinen Ohren

Diese Seite ganz oben: Die Herkunft des Arabers leiten einige Forscher von den Pferden der Pharaonen ab. Gewisse Ähnlichkeiten in künstlerischen Darstellungen wie der Hechtkopf auf diesem Goldblechrelief aus der Grabkammer des Tutenchamun aus der Zeit um 1350 v. Chr. scheinen das zu bestätigen.

Diese Seite unten: Vollblutaraber SAHER OX, Hauptbeschäler des Haupt- und Landgestüts Marbach a. d. Lauter. Der mit einem besonders gutartigen, ja liebenswürdigen Charakter ausgestattete Hengst wurde 1967 geboren und vertritt vollendeten arabischen Adel. SAHER OX war Sieger auf nationalen und internationalen Araberpferdeschauen und ist in der Zucht hochbewährt.

den zu Beginn der fünfziger Jahre einsetzenden Umwandlungsprozeß, der schließlich zur Produktion eines Pferdes führte, das nahezu ausschließlich zu Reit- und Sportzwecken verwendet wird, relativ problemlos überstanden. Wie das bewerkstelligt wurde, welche Schwierigkeiten dabei überwunden werden mußten und was der Vollblüter – nicht zu vergessen auch der Trakehner – dazu beitrug, wird bei der Beschreibung der bedeutendsten deutschen Warmblutzuchten geschildert.

Die Ponyzucht

Eine große Rolle für den Sport und die Freizeit der Kinder und Jugendlichen spielt die Ponyzucht, für die in der Bundesrepublik Deutschland 1983 etwa 19 000 Stuten zur Verfügung standen. Ponys sind übrigens Pferde, deren Widerristhöhe nicht größer als 147,3 cm ist. Von ihnen gibt es überall in der Welt zahllose Rassen. Allein in Großbritannien/Irland zählt man mit dem Shetland-, Hochland-, Fell-, Dales-, Exmoor-, Welsh-Mountain-, Dartmoor-, New-Forest- und Connemara-Pony neun, die sich hinsichtlich ihrer Erscheinung fast durchweg unterschiedlich präsentieren. Hierzulande sind der Haflinger und das Deutsche Reitpony mit einem »Marktanteil« von etwa 25% bzw. 32% zahlenmäßig am stärksten vertreten. Das Deutsche Reitpony wurde in den letzten fünfzehn Jahren aus den unterschiedlichsten Ausgangsrassen unter Verwendung von Vollblut- und Araberhengsten entwickelt, wobei sein Zuchtziel im Prinzip das des Deutschen Reitpferdes en miniature ist. Das heißt, daß an seine Exterieur- und Interieureigenschaften die gleichen Anforderungen gestellt werden, die man auch beim Großpferd verlangt. Die führenden Zuchtgebiete des Reitponys sind Westfalen, Hannover und Holstein.

Der Kaltblüter

Zusammengeschrumpft auf den kümmerlichen Rest von rund 1500 Individuen, die man 1983 in der Bundesrepublik Deutschland zählte und von denen man auch glaubt, sie erhalten zu können, sind die hierzulande einst in großer Zahl verbreiteten Kaltblüter. Unter dieser Bezeichnung faßt man Pferde mit hohem Körpergewicht zusammen, die früher für den schweren Zug gezüchtet wurden. Dabei ist der Name »Kaltblut« irreführend, denn die Schwerathleten unter den Pferden haben aufgrund

eines regeren Stoffwechsels in der Regel sogar eine etwas höhere Körpertemperatur als ihre schlankeren Kollegen. Bei der Namengebung standen vielmehr die typischen Charaktereigenschaften dieser Pferde Pate, die gelassen, ruhig und geduldig, alles in allem also wenig temperamentvoll sind.

Die wichtigsten deutschen Rassen sind das Süddeutsche Kaltblut oder der Noriker, der seit 1880 rein gezüchtet wird, das Rheinisch-Westfälische Kaltblut, das einst Weltgeltung besaß und dessen Population früher zu fast zwei Dritteln auf den belgischen Hengst ALBION D'OR zurückging, und das Schleswiger Kaltblut, bei dem die Fuchsfarbe dominiert und das stark von dem Engländer OPPENHEIM geprägt wurde. Außerdem gibt es in der Bundesrepublik Deutschland noch die sogenannten Schwarzwälder Füchse, die einen eigenen Kaltblutschlag vertreten. Diese recht trockenen und harten Pferde, die in einem nicht zu großen Rahmen stehen, sind dem gebirgigen und zum Teil unwegsamen Gelände ihres Verbreitungsgebietes besonders gut angepaßt. Sie haben nicht nur als Arbeitspferde im Forstbetrieb Bedeutung, sondern erfreuen sich mittlerweile auch als Freizeitpferde zunehmender Beliebtheit. Andere Rassen, die in der Bundesrepublik Deutschland gezüchtet werden, zahlenmäßig jedoch kaum in Erscheinung treten, sind die nordamerikanischen Quarter Horses, Appaloosas und Saddle Horses, die südamerikanischen Pasos, die Achal Tekkiner aus der aserbaidschanischen Republik

der UdSSR, die spanischen Andalusier, die holländischen Friesen und die englischen Shires, um nur die wichtigsten zu nennen. In der internationalen Nomenklatur der Pferderassen werden sie, wie viele andere auch, im einzelnen nicht genannt. Abgesehen davon erfolgt eine derartige Einteilung von Fall zu Fall nach unterschiedlichen Gesichtspunkten. Landstallmeister a. D. Dr. Wilhelm Uppenborn, einer der bekanntesten deutschen Hippologen, richtet sich zum Beispiel weitgehend nach der Terminologie, die das französische Landwirtschaftsministerium als in dieser Frage kompetenteste Institution aufgestellt hat. Es unterscheidet:

1. Vollblut
   a) englisches Vollblut
   b) arabisches Vollblut
2. Traber
3. Warmblut. Unter dieser Bezeichnung versteht man die bei vorrangiger Verwendung des Vollblüters veredelten Landrassen, die sich heute durchweg im Typ des modernen Reitpferdes präsentieren. Bis 1923 wurden Warmblüter übrigens Halbblüter genannt. In der Bundesrepublik Deutschland zählen Trakehner, Hannoveraner, Westfalen usw. zu ihnen.
4. Kaltblut
5. Anglo-Araber. Diese Rasse wurde durch direkte Kreuzungen des englischen und arabischen Vollblüters gezüchtet und ist in der Bundesrepublik Deutschland ohne Bedeutung.
6. Ponys

Linke Seite: Vor allem die kleinsten unter den kleinen Pferden erfreuen sich der besonderen Vorliebe bei Kindern.

Rechts oben: Der Schwarzwälder Fuchs MILITÄR vertritt einen eigenen, mittelschweren Kaltblutschlag, der ein Stockmaß von 145 bis 155 cm erreicht.

Rechts unten: Die »Landkarte« der Zuchtgebiete des deutschen Reitpferdes und deren Brände. Mit diesen traditionsreichen Zeichen werden die Fohlen auf dem linken Hinterschenkel gebrannt. Die Zuchtstuten und in einigen Zuchtgebieten auch die Hengste erhalten ihn bei der Eintragung in das Zuchtbuch auf die linke Halsseite.

Die deutsche Warmblutzucht

Als die Warmblutzucht hierzulande vor einer Wende stand, verrichteten in der Land- und Forstwirtschaft sowie im Verkehr noch mehr als 1 000 000 Pferde ihre Arbeit. Mechanisierung und Motorisierung nahmen jedoch derart rapide zu, daß sie ihre jahrtausendealte Bedeutung als Arbeitstiere bald restlos verloren. Die Folge dieser Entwicklung war ein enormer Rückgang des Pferdebestandes, der 1970 mit nur 250 000 gezählten Individuen den niedrigsten Stand erreichte. Diesem bedrohlichen Tief in der Zucht stand allerdings ein kräftiges Hoch im sportlichen Bereich gegenüber, das nicht zuletzt durch die immensen Erfolge deutscher Reiter und Pferde auf den Turnierplätzen der Welt für einen Aufschwung der heimischen Warmblutzucht sorgte. 1983 gab es in der Bundesrepublik Deutschland wieder rund 360 000 Pferde, unter denen sich ungefähr 58 000 eingetragene Stuten befanden. Dachverband aller regionalen Pferdezuchtverbände ist übrigens die Abteilung Zucht der Deutschen Reiterlichen Vereinigung. Sie koordiniert deren Arbeit auf Bundesebene und vertritt ihre Interessen gegenüber den Ministerien sowie anderen nationalen und internationalen Organisationen.

Der Reitsport war es auch, der das zukünftige Programm der Zucht bestimmte. Am 22. April 1975 wurde es in Stuttgart von allen Zuchtverbänden unter der Bezeichnung »Zuchtziel des Deutschen Reitpferdes« wie folgt formuliert: »Gezüchtet wird

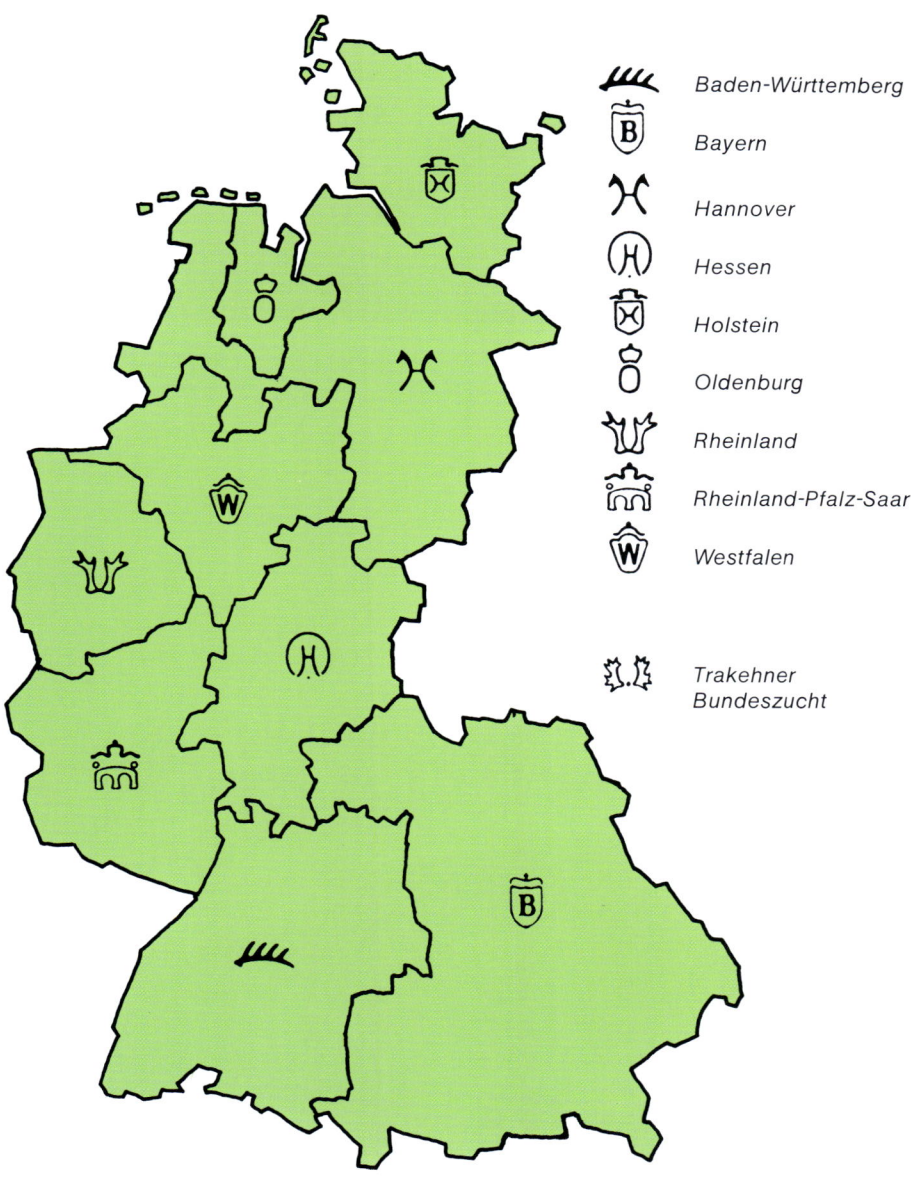

Baden-Württemberg

Bayern

Hannover

Hessen

Holstein

Oldenburg

Rheinland

Rheinland-Pfalz-Saar

Westfalen

Trakehner Bundeszucht

ein edles, großliniges und korrektes Reitpferd mit schwungvollen, raumgreifenden und elastischen Bewegungen, das aufgrund seines Temperamentes, seines Charakters und seiner Rittigkeit für Reitzwecke jeder Art geeignet ist.« Selbstverständlich ist mit diesem Zuchtziel und dem Begriff »Deutsches Reitpferd« weder der Versuch, ein Einheitspferd zu züchten, noch die Beschneidung der traditionellen Pflichten, Aufgaben und Rechte der alten Zuchtgebiete verbunden. Die deutsche Pferdezucht lebt ja auch von der großen Variationsbreite ihres Angebots, die allerdings aus Populationen produziert wird, die hinsichtlich ihrer Konsolidierung in der Welt einmalig sind. Außerdem trägt das gesunde Konkurrenzdenken unter den Zuchtverbänden erheblich zur Qualität der »Ware« bei. Von den neun Zuchtgebieten, in denen gegenwärtig in der Bundesrepublik Deutschland Warmblutpferde gezogen werden, sind Hannover, Westfalen, Holstein und Oldenburg die bedeutendsten, denn sie stellen dem Turniersport rund zwei Drittel der dort eingesetzten Pferde.

Linke Seite oben: Die große Dressurquadrille in festlicher Montierung von Roß und Reiter bei der Hengstparade des Landgestüts Celle. Mit 24 Akteuren ist sie das Prunkstück der jedes Jahr Ende September stattfindenden Veranstaltung.

Linke Seite unten: Stutenschau auf der Insel Krautsand in der Elbemündung, die zum berühmten Deckstellenbezirk Drochtersen gehört. Auf derartigen Veranstaltungen werden die Stuten klassifiziert bzw. prämiert. Ihre Beurteilung wird schriftlich festgehalten und mit einer Beschreibung des Exterieurs im Stutbuch vermerkt. Prämienschauen für die von staatlichen Hengsten abstammenden Stuten und Fohlen führte das Landgestüt Celle bereits 1834 ein. 1846 fand dann in Otterndorf die erste Stutenschau nach heutigem Muster statt.

Links: Georg II., König von Großbritannien und Kurfürst von Hannover. Er ordnete am 27. Juli 1735 »zum Besten unserer Unterthanen und zur Erhaltung einer guten Pferdezucht in Unseren Teutschen Landen« die Gründung eines Gestüts in Celle an. Das Bild zeigt den Monarchen während der am 16. Juni 1743 ausgetragenen Schlacht von Dettingen, bei der er seine Truppen als letzter britischer Souverän vor dem Feind befehligte.

Hannover

Hannover besitzt heute etwa 16 000 eingetragene Stuten und 11 000 registrierte Züchter. Damit ist in Niedersachsen die größte zusammenhängende Warmblutzucht der Welt beheimatet. Sie erstreckt sich mit Ausnahme des Gebietes, das der ehemalige Verwaltungsbezirk Oldenburg umfaßt, über das ganze Land und ist bereits von Anfang an wesentlich durch die Marschen der Elbe und der Weser geprägt worden. Beispielsweise wurde in der Lüneburger Elbmarsch schon immer ein ganz hervorragendes Pferd gezüchtet. Besonders erfolgreich in der Produktion von hochklassigem Zuchtmaterial aber waren die im Regierungsbezirk Stade gelegenen Gebiete Kehdingens und des Landes Hadeln, wo sich noch heute das Herz der hannoverschen Pferdezucht befindet. Bargsted, Großenwörden, Drochtersen, Oberndorf, Landesbrück, Baljerdorf, Ihlienworth und Altenbruch sind die Namen der dort beheimateten Deckstellen. Aber auch im Gebiet der Aller, besonders im Nahbereich der Stadt Verden, hat die Pferdezucht immer auf einem hohen Niveau gestanden.

In den letzten zwanzig Jahren sind schließlich auch verschiedene Deckstellenbezirke zu hervorragender Bedeutung gelangt, die auf Geestböden liegen. Von ihnen sind vor allem Splietau, Hänigsen, Sulingen, Burlage, Frankenburg und Badbergen zu nennen. Diese Entwicklung ist nicht so erstaunlich. Nachdem die Zucht nur noch für die Produktion des Reitpferdes zu sorgen hat, ergeben sich für die Züchter auf den Geest- und Moorböden nämlich wesentlich größere Chancen, mit den Kollegen von der Marsch zu konkurrieren – denn auch auf dieser Scholle lassen sich bei richtiger Fütterung und Handhabung hervorragende Reitpferde aufziehen. Inzwischen unterscheidet man aber auch nicht mehr so stark wie früher zwischen Marsch auf der einen und Moor und Geest auf der anderen Seite. Gute Pferde wachsen hier wie dort gesund auf.

Die Anfänge einer gelenkten Pferdezucht in Hannover lagen im Gebiet um Hoya. Die dortigen Grafen unterhielten schon im 15. Jahrhundert ein Gestüt in Bücken, das später nach Memsen verlegt wurde. 1582 kam die Grafschaft an das welfische Haus Braunschweig-Lüneburg, das sich seitdem der dortigen Pferdezucht annahm und sich um sie sehr verdient gemacht hat. Nicht umsonst führen die Welfen seit 1361 das Pferd im Wappen. Diese Aktivitäten dienten aber nahezu ausschließlich der Versorgung der herzoglichen Marställe mit Reit- und Kutschpferden. Um endlich auch der bäuerlichen Pferdezucht den notwendigen Auftrieb zu geben, erließ Georg II., König von England und Kurfürst von Hannover, am 27. Juli 1735 den Befehl, in Celle ein Gestüt zu errichten.

»Demnach Wir zum Besten unserer Unterthanen und zur Erhaltung einer guten Pferdezucht in Unseren Teutschen Landen, absonderlich aber in dem Herzogthum Bremen und der Graftschaft Hoya... ein Landgestüt, vorerst mit 12 Hengsten anlegen zu lassen...«, heißt es in der schriftlichen Order unter anderem.

Durch diese Maßnahme wollte der König erreichen, daß der Pferdebedarf der Kaval-

Oben Mitte: Im Landgestüt Celle legte man 1735 mit 14 aus Holstein eingeführten Beschälern den Grundstein zu einer »obrigkeitlich« gelenkten Landespferdezucht. 1983 standen dort rund 200 Hengste. Von Ende Februar bis Anfang Juli jeden Jahres werden sie innerhalb Niedersachsens auf 65 Deckstationen verteilt, um zusammen mit den Stuten des Landes für Nachwuchs zu sorgen.

Links oben: Austrieb der Junghengste auf der Domäne Hunnesrück, die dem Landgestüt 1921 zur Aufzucht von Hengstfohlen angegliedert wurde

Links unten: Mit rund 16 000 eingetragenen Stuten ist Niedersachsen das größte geschlossene Warmblutzuchtgebiet der Welt, wobei sich der Stutenbestand nahezu ausschließlich in bäuerlichem Besitz befindet. Das Bild zeigt einen Züchterhof im Alten Land.

Rechte Seite: Die Hengstprüfungsanstalt Adelheidsdorf, die 1975 die Nachfolge des bereits 1928 in Westercelle gegründeten Instituts antrat. Hier wird jeder Junghengst des Landgestüts hinsichtlich seiner Eignung als Vererber ein Jahr lang in mehreren »Fächern« auf Herz und Nieren geprüft. Als Abschluß dieses Trainingslagers findet ein Examen statt, in dem die Kandidaten einen speziellen Reiteignungstest, eine Prüfung vor dem Zugschlitten bzw. Traberkarren und einen Geländeritt über Sprünge absolvieren müssen. In die Benotung der dabei gezeigten Leistungen wird aber auch noch das Ergebnis eines veterinärmedizinischen Checks sowie die Bewertung solcher wichtigen Kriterien wie Temperament, Charakter, Konstitution, Arbeitswilligkeit, Springveranlagung oder allgemeine Leistungsfähigkeit aufgenommen.

lerie durch Remontierungen im eigenen Staat gedeckt wurde und das dafür aufgewandte Geld im Lande blieb. Der erste »Landstallmeister« war der Oberjäger Gabriel Roger Brown. Im Herbst 1735 machte er sich auf den Weg nach Holstein, um seinen Jahresetat von 3600 Talern in Hengste umzusetzen. Man hatte ihm aufgegeben, sein Augenmerk dabei hauptsächlich auf die berühmten Schwarzen der holsteinischen Zucht zu richten. Gabriel Roger Brown war erfolgreicher, als man zunächst vermutet hatte. Er erstand die zwölf Hengste nämlich so preiswert, daß er später auf hohen Befehl noch zwei weitere erwarb. Keiner kostete mehr als 190 Taler, die für den drei Jahre alten »großen, goldbraunen GÜLLENSTEIN« angelegt werden mußten. Am 21. März 1736 marschierten die vierzehn Celler Hengste dann zu ihren Dienststellen, die damals Bedeckungsörter genannt wurden. Von da an ging es mit der hannoverschen Pferdezucht aufwärts. 1790 hatte Celle bereits einen Bestand von 90 Beschälern, die rund 5800 Stuten deckten, so daß die Zucht durch die Gründung des Landgestüts außerordentliche Fortschritte gemacht hatte. Auf welchem Niveau sie zuvor stand, kann man einem Bericht von Stallmeister Koch entnehmen, den dieser 1802 verfaßte.

»Vor dem Jahre 1736 wurden die natürlichen und großen Begünstigungen zur Pferdezucht nur wenig und sehr schlecht benützt. Allenthalben im Lande war Mangel an guten Ackerpferden, und solche, die vom Pflug ab in jede andere Bestimmung schicklich übergehen konnten, wurden gar nicht erzogen. Damals gingen für diese Artikel große Summen ins Ausland; sie wurden hauptsächlich dem Ackerbau entzogen und hinderten das Emporkommen desselben.«

Bis etwa zur Mitte des 19. Jahrhunderts wurden in Celle Hengste der verschiedensten Herkunft aufgestellt. Danach begann auch Hannover Vollblüter einzuführen. Die Bauern begeisterten sich zunächst rasch für das edle Blut. Bald aber machte sich in Hannover ein Mangel an Wirtschaftspferden bemerkbar. Nun wurde mit kräftigen deutschen und englischen Halbbluthengsten wieder verstärkt. Landstallmeister v. Unger, der von 1869 bis 1891 in Celle Dienst tat, berichtet darüber – wobei der hier zitierte Teil seiner Ausführungen zugleich als gutes Beispiel für Züchterdenken und Züchtersprache gelten darf: »Nachdem Mecklenburg durch übertriebene Verwendung von Vollblut zuerst den großen und starken Wagenschlag eingebüßt und dann durch Verwendung von Suffolk- und Norfolk-Hengsten sein Zuchtmaterial unsicher in der Vererbung gemacht hatte, mußte man sich den Ankäufen von Beschälern in Mecklenburg ab- und England mehr zuwenden. Es kamen von dort nicht nur Vollblut-, sondern auch wertvolle Halbbluthengste in das Gestüt und wirkten günstig. Die englischen Halbbluthengste damaliger Zeit, meist Produkte der Kreuzung mit Vollblut, besaßen den noch nicht so hoch veredelten Mutterstuten des hiesigen Landes gegenüber meist eine durchschlagende Vererbungsfähigkeit ihrer guten Formen. So sind allmählich diese englischen Formen mehr oder minder in die hannoversche Zucht übergegangen; das hiesige edlere Halbblutpferd zeigt sich schon seit einer Reihe von Jahren dem englischen sehr ähnlich. Allmählich aber bildete sich in den guten Zuchtgegenden bei sorgfältiger Paarung sowohl nach Exterieur als nach Abkunft ein Stamm constant gezogener edler und dabei starker Pferde heraus, demgegenüber die nicht so constant gezogenen, aus England eingeführten Halbbluthengste sich mehr und mehr unsicher in der Vererbung zeigten. Da sich nun gleichzeitig eine Verfeinerung der Mutterstuten bemerkbar machte, als Folge der Verwendung von zuviel Vollblut bei ungenügender Aufzucht, so wurde der Plan gefaßt, mit Hengsten des besten und stärksten Blutes edler hannoverscher Zucht eine vorsichtige Rückkreuzung zu machen, um Stärke wiederzugewinnen, ohne an Adel wesentlich einzubüßen. Dieser Plan, am Anfang der sechziger Jahre eingeleitet, kam erst nach dem Jahr 1866 zur Ausführung und bewährte sich als ein vollständig richtiger.«

Hannover folgte also von etwa 1860 an dem ostpreußischen Beispiel, mit im Lande gezogenen Hengsten eine eigene Halbblutrasse zu konsolidieren und nur zu deren Korrektur planvoll bestimmte fremde Blutströme einfließen zu lassen. Obwohl auch in Hannover das Zuchtziel von Zeit zu Zeit wechselte, hat man insgesamt stets ein vielseitig veranlagtes Pferd angestrebt, das sowohl unter dem Reiter als auch vor dem Wagen zu verwenden war. Bei dieser Zielsetzung blieb es natürlich nicht aus, daß die hannoverschen Pferde in ihrem Gesamtbild nie einen so einheitlichen Typus darstellten wie die Pferde Oldenburgs und Ostfrieslands. Beispielsweise gab es in Hannover schon vor dem Ersten Weltkrieg neben dem ganz schweren Typ auch das edlere Remontepferd. Diese Uneinheitlichkeit in der Zucht wurde von den verantwortlichen Männern nicht nur in Kauf genommen, sondern bewußt gefördert. Außerdem sorgten die unterschiedlichen Bodenverhältnisse des relativ großen Zuchtgebietes dafür, daß man auf der Geest stets ein leichteres Pferd bevorzugte, während in der Marsch das schwere Pferd in Ansehen stand. Man muß der hannoverschen Zuchtleitung noch heute dafür dankbar sein, daß sie die edleren Stämme in der Zeit von 1920 bis 1948 – als alle Welt nach einem schweren Pferd verlangte – nicht untergehen ließen und der Zucht erhielten. Als in den fünfziger Jahren das Pferd seine Bedeutung für die Landwirtschaft und für viele andere Arbeitsbereiche rasch verlor und nur noch Reitpferde zu kostendeckenden Preisen verkauft werden konnten, ließ sich die Modernisierung der hannoverschen Zucht dann vorwiegend mit Hilfe der eigenen, edleren Stämme vorantreiben – wenn man von der Mitwirkung einiger Trakehner und Vollblüter einmal absieht.

Zu dieser Zeit bestand schon längst der »Verband hannoverscher Warmblutzüchter«, der seltsamerweise erst 1922 gegründet wurde – womit die älteste systematisch betriebene Tierzucht Hannovers den jüngsten Zuchtverband hat. Bereits 1921 war in Hunnesrück ein Hengstaufzuchtgestüt eingerichtet worden, deren Insassen vorwiegend zum Aufbau des Beschälerbestandes der pommerschen und mecklenburgischen Gestüte Labes und Redefin, aber auch zur Remontierung für das Landgestüt Celle verwendet wurden. 1928 wurde schließlich die Hengstprüfungsanstalt Westercelle gegründet, der 1975 die den gleichen Zwecken dienende Einrichtung in Adelheidsdorf folgte.

Im folgenden sollen nun jene Hengste kurz betrachtet werden, die den Umwandlungsprozeß der fünfziger Jahre mit ihren Kindern überdauert haben und deren Nachkommen noch heute in der hannoverschen Reitpferdezucht von Bedeutung sind. Zu diesen Stämmen gehört die F-Linie, die A-Linie, die D-Linie und die G-Linie. Dazu muß aber gesagt werden, daß es ein schwieriges Unterfangen ist, eine Zucht nach Hengstlinien geordnet darzustellen und nicht der Versuchung zu erliegen, einer bestimmten Linie spezifische Eigenschaften nachzusagen. Zwar lassen sich bei einzelnen Angehörigen einer bestimmten Familie gewisse gleichartige Merkmale feststellen, doch wäre es eine grobe Vereinfachung, dieselben allen Vertretern zuzuschreiben. Am ehesten kann man wiederkehrende Eigenschaften dann verzeichnen,

wenn die einzelnen Mitglieder der Linie sehr eng miteinander verwandt sind. So ist beispielsweise festzustellen, daß fast alle direkten Nachkommen des Hengstes WÖHLER leicht zu reitende Pferde sind, daß die meisten FERDINAND-Sprößlinge springen können und daß viele der GOTTHARD-Kinder zwar hohe Anlagen besitzen, aber auch einen starken Reiter verlangen. Beim Studium einer Hengstlinie muß man sich immer vor Augen halten, daß deren Angehörige nach einem weit zurückliegenden Ahnen benannt worden sind und daß die Eigenschaften, die von der Mutterseite oder von der Mutterseite des Vaters kommen, das Erscheinungsbild eines Hengstes und seine Veranlagung ebenfalls beeinflussen. Andererseits ist es heute unter den Vererbungswissenschaftlern kaum streitig, daß man in der Zucht im Höchstfalle noch den Urgroßeltern Bedeutung beimessen sollte. Allerdings stehen dieser These hin und wieder recht deutlich von der Norm abweichende Ausnahmen gegenüber. Die Einteilung nach Hengstlinien ist jedoch unerläßlich, wenn man eine Zucht systematisch darstellen will.

Die F-Linie

Die ehemalige F-Linie, die seit 1948 W-Linie genannt wird, geht auf den 1845 in Pommern geborenen Rappen ZERNEBOG zurück, erlangte jedoch erst mit dessen 1906 im Kreis Verden gefohlten Enkel FLINGARTH Bedeutung. FLINGARTHS bester Sohn war der 1911 geborene braune Hengst FLING, der nur elf Jahre alt wurde, jedoch einen ungeheuren und bis dahin nicht vorstellbaren Einfluß auf die hannoversche Zucht nahm. Besonders seine Söhne FEINER KERL und FLAVIUS haben sein Blut in großer Auflage verbreitet. Der bedeutendere der beiden und der einflußreichste der Linie überhaupt war der 1919 geborene FEINER KERL, der von 1922 bis 1943 unter anderem 114 gekörte Söhne zeugte, was nach heutigen Maßstäben fast unvorstellbar anmutet. Der Hengst traf auf seiner

Deckstation Altenbruch freilich auch auf die besten Stutenstämme Hannovers. Von seinem Wirken waren die dortigen Züchter so begeistert, daß sie nach seinem Ableben einen Gedenkstein aufstellten.

FEINER KERL war ein nur mittelgroßer, enorm rumpfiger Hengst, der nach modernen Vorstellungen als Reitpferde-Vererber nicht allen Ansprüchen genügt hätte – wobei hauptsächlich seine etwas kurze Schulter und der nur wenig ausgebildete Widerrist zu tadeln waren. Bemerkenswert waren dagegen seine Leichtfutterigkeit, die Muskelfülle des Oberkörpers sowie das sehr gute Fundament und die korrekte Stellung der Gliedmaßen.

Von FEINER KERLS Nachkommenschaft wurde vor allem sein 1941 geborener Urenkel FERDINAND bekannt, ja berühmt. Allerdings dauerte das recht lange, denn wie GOTTHARD zog er erst spät die Aufmerksamkeit der Züchter auf sich. Zweimal wurde ihm eine neue Deckstelle zugewiesen, ehe man seine besonderen Qualitäten als Erzeuger von Springpferden erkannte. Die Erklärung dafür liefert unter anderem die Tatsache, daß zwischen 1950 und 1960 die meisten Hengstfohlen in Hannover wie auch in den anderen Zuchtgebieten nicht aufgezogen, sondern an den Schlachter verkauft wurden, weil zu wenig Nachfrage nach Pferden bestand.

Daher kann man davon ausgehen, daß auch die meisten männlichen FERDINAND-Nachkommen jener Jahre die bittere Reise ins Schlachthaus antreten mußten. Was dabei an Springtalenten verlorenging, ist natürlich unbekannt. Zweifellos aber werden nicht unerhebliche Verluste entstanden sein, denn FERDINANDS Söhne konnten durchweg enorm springen. Seine Töchter machten in dieser Hinsicht allerdings kaum in besonderem Maße von sich reden.

Der unbeugsame Kämpfer FERDL, der immer wieder durch seine Art zu springen faszinierte, hat den Ruhm seines Vaters in besonderem Maße begründet. 1959 stieg er als sechsjähriges Pferd wie ein Komet am

464

3   4   5

Himmel des Springsports auf und begeisterte die Zuschauer durch sein gewaltiges Vermögen, seine hervorragende Technik und seine beständige Treue. FERDL war ohne Zweifel ein Springpferd der Sonderklasse, das übrigens auch zu olympischen Ehren kam. 1960 gewann der Wallach mit seinem damals 23jährigen Reiter Alwin Schockemöhle und der deutschen Equipe in Rom die Goldmedaille im Nationenpreis. Seine Spezialität aber waren Mächtigkeitsspringen, von denen er mehr als 50 gewann – wobei hinzuzufügen ist, daß kein Pferd in diesen Prüfungen jemals erfolgreicher war als er.

Weitere FERDINAND-Nachkommen, die sich im Turniersport einen Namen machten, waren FERRARA, FEINER KERL, FAUSTUS, POMME D'API und vor allem FLIPPER – der mit einem Stockmaß von nur 158 cm von den genannten der kleinste war. Seiner »Größe« aber ist es zu verdanken, daß er in seiner Jugend geschont wurde und erst als elfjähriges, ausgesprochen robustes und völlig gesundes Pferd im Springsport eingesetzt wurde. Aufgrund seiner Statur hatte er nicht das Vermögen der anderen FERDINAND-Söhne, glich diesen Nachteil aber durch hervorragende Rückenwölbung und exzellente Beintechnik sowie imponierenden Mut und beachtliche Schnelligkeit aus. FLIPPER gewann während seiner bemerkenswerten internationalen Karriere knapp 300 000 DM und war das beste Grand-Prix-Pferd, das FERDINAND gezeugt hat.

In diesem Zusammenhang muß auch auf MEHMED hingewiesen werden, der als FERDINAND-Nachkomme mit 101 Siegen im Dressurviereck Furore machte. Er verdiente dort etwa 170 000 DM und ist damit der hinter FLIPPER gewinnreichste Sohn des großen Hengstes sowie das gewinnreichste deutsche Dressurpferd überhaupt. Von den vielen Erfolgen, die der 1961 geborene braune Wallach unter seinem Reiter Dr. Reiner Klimke erzielte, sind der Sieg in der Weltmeisterschaft von 1974 sowie der Gewinn einer Gold- und Bronze-

6

Stars der hannoverschen F-Linie, die seit 1948 W-Linie genannt wird: **1** FLINGARTH schuf die Basis zum späteren Ruhm der Familie. **2** FEINER KERL trug als überragender Vererber mit 114 gekörten Söhnen das meiste zur Verbreitung des Zweiges bei. **3** FERDINAND war nicht nur der große Springpferdemacher des Clans, sondern für diese Sparte des Turniersports einer der berühmtesten Hengste überhaupt. **4** FERDL lenkte als enormer Springer und Kämpfer als erstes Mitglied der Sippe die Blicke der Reiter auf sich. **5** FLIPPER bewies, daß der Stamm auch hochkarätige Grand-Prix-Pferde liefern konnte. Und **6** MEHMED demonstrierte als Dressur-Crack schließlich, daß die F-Linie auch diesem Bereich Überdurchschnittliches zu bieten hat, denn mit Dr. Reiner Klimke gewann der Wallach insgesamt 101 Prüfungen, unter denen sich auch die Weltmeisterschaft von 1974 befand.

*Die zweite tragende Säule der F- bzw. W-Linie wurde oder wird unter anderem von **1** WÖHLER, **2** WOERMANN, **3** WEILER und **4** WEINGAU repräsentiert. Im Turniersport trat für diesen Zweig vor allem WOYCECK ein, der unter Harry Boldt 1976 in Montreal die Silbermedaille in der Einzel- und die Goldmedaille in der Mannschaftswertung der Dressur gewann.*

Medaille in der Mannschafts- bzw. Einzelwertung bei den Olympischen Spielen 1976 die wertvollsten.

Insgesamt erzielten FERDINANDS Nachkommen eine Gewinnsumme von 1059182 DM, die ihren Erzeuger in der ewigen Bestenliste nach dem Stand von 1982 hinter GOTTHARD auf den zweiten Platz brachte. Aber nicht nur der Sport wurde von FERDINAND stark beeinflußt, sondern auch die hannoversche Zucht – denn seine zwei im Landgestüt wirkenden Söhne WENDEKREIS und WEDEKIND, zu denen sich bis 1980 auch WINNETOU gesellte, gehören zu den regelmäßigen Hengstlieferanten für die Verdener Herbstkörung. Den großen Schlager für den Springsport haben sie zwar noch nicht geliefert, nahmen jedoch in starkem Maße auf die weitere Entwicklung der F-Linie Einfluß, wobei zu bemerken ist, daß 1983 neben ihnen noch fünf weitere Angehörige der Familie im Landgestüt standen.

Die zweite tragende Säule der F- bzw. W-Linie war der 1915 geborene FLAVIUS – ein rumpfiger, tiefer, nur mittelgroßer Hengst, der sich jedoch hervorragend bewegte und 44 gekörte Söhne hinterlassen hat, von denen FLÜGELMANN I wohl der beste war. Von diesem wiederum stammt FLÜGELADJUTANT, unter dessen männlichen Nachkommen in bezug auf züchterische Bedeutung vor allem der knapp mittelgroße, enorm gängige WÖHLER auffällt. Seine Kinder waren alle sehr leicht zu reiten und zeigten häufig große Veranlagung

für die Dressur. In dieser Disziplin des Turniersports trat besonders der Fuchswallach WODKA für seinen Vater ein. Noch bedeutenderes leistete hier freilich der WÖHLER-Enkel WOYCECK, der unter Harry Boldt 1976 in Montreal die Silbermedaille in der Einzel- und die Goldmedaille in der Mannschaftswertung gewann.

In der Zucht hat WÖHLER unter anderem WUNSCH II, WOHLKLANG und WOERMANN gebracht. WOERMANN ist ein hocheleganter, auf korrektem Fundament ruhender Hengst, der seinen Vater in seinen Reitpferdepoints und großen Linien jedoch deutlich übertrifft. Bereits in jungen Jahren hat er viele begehrte Pferde gezeugt, die zum Beispiel auf der Verdener Fohlenauktion mehrfach den Spitzenpreis brachten. Aus seinem ersten Jahrgang stammt auch der Dunkelfuchs WENZEL, der eine ganz überragende Hengstleistungsprüfung abgelegt hat und dem große züchterische Hoffnungen gelten.

Aber kommen wir noch einmal auf FLÜGELADJUTANT zurück, der sich auch als Vater hervorragender Töchter, die vielfach ausgezeichnet wurden und zu ihrer Zeit als die typvollsten und dem Zuchtziel am nächsten stehenden Stuten Hannovers galten, einen Namen machte. In dieser Hinsicht war FLÜGELADJUTANT für den Zuchtbezirk Badbergen von einer Bedeutung, die einem Deckstellenbereich nur alle Jahrzehnte einmal zuteil wird.

Ein nicht unbedeutender Zweig der Linie ist über den 1948 geborenen WEILER

entstanden. WEILER war ein erstklassiger, korrekt gemachter brauner Hengst, an dem lediglich der etwas starke Kopf störend wirkte. Bedauerlich war auch, daß er charakterlich nicht einfach war. Diese Eigenschaft hat er aber offensichtlich nie vererbt. Sein bedeutendster Sohn war der 1954 gefohlte WEINGAU, der vom Typ her nicht unbedingt zu den ganz modernen Hannoveranern gehörte, aufgrund seines guten Fundaments und seiner hohen Leistungsveranlagung jedoch zu den wertvollsten Hengsten der Zucht zählte. Der Senior des Landgestüts ging 1982 ein. Er hinterließ 14 gekörte Söhne.

Die A-Linie

Die in Hannover einst so starke A-Linie, die auf den 1880 geborenen Vollblüter ADEPTUS xx zurückgeht und heute E-Linie genannt wird, ist während der Veredelungsperiode stark in den Hintergrund gedrängt worden. 1983 war sie nur noch mit zehn Hengsten im Landgestüt vertreten.

Unter ihnen befindet sich auch EISENHERZ I, der hervorragende Reitpferde macht, an denen vor allem das gute Gangvermögen auffällt. Der Fuchshengst lieferte der Zucht bereits vier Söhne, von denen der Rappe EISENBART sowie die beiden fuchsfarbenen Brüder EIGER I und EIGER II aufgrund ihrer ausgezeichneten Hengstleistungsprüfungen am bemerkenswertesten sind. Alle drei stehen noch am Anfang ihres züchterischen Wirkens, wecken aber

Die in Hannover einst so starke A-Linie, die heute E-Linie heißt, geht mit **1** ADEPTUS XX auf einen Vollblüter zurück. Zu ihren 1983 im Landgestüt Celle aufgestellten Mitgliedern zählten auch **2** EISENHERZ I und **3** EINKLANG. Wenn von dieser Familie gesprochen wird, muß aber auch von **4** AGRAM die Rede sein, der als Vater hochklassiger Springpferde in Erscheinung trat.

die berechtigte Hoffnung, daß die früher berühmte A-Linie wieder zu größerer Bedeutung gelangt.

Dazu könnte vor allen Dingen der mit hohen Reitwerten ausgestattete EINBLICK beitragen, der heute zu den prominentesten Hengsten des Landgestüts zählt. EINBLICK ist ein hochinteressanter Fuchs, der in seinem Erscheinungsbild deutlich durch seine Mutter beeinflußt wurde, die von dem Vollblüter POET XX stammt. Er ist nur mittelgroß, aber sehr harmonisch und vererbt fast allen seinen Kindern gutes Gangvermögen und häufig auch seine Schönheit. Dabei ist allerdings nicht zu übersehen, daß bei allem Raumgriff der Bewegung gelegentlich die letzte Harmonie, das ideale Zusammenspiel zwischen Hinterhand und Vorhand, fehlt. Sein bester Sohn ist der hocheingeschätzte EINKLANG, der wie sein Vater Siegerhengst seines Jahrgangs war.

Wenn von dieser Linie gesprochen wird, muß aber auch von AGRAM die Rede sein. Der 1939 geborene und 1963 eingegangene Schimmelhengst war ein wahrer Riese in der Produktion von hochklassigen Sportpferden, vermochte der Zucht aber keine blühende Hengstlinie zu hinterlassen. Während seiner 21jährigen Tätigkeit als Beschäler hat er es nur auf drei gekörte Söhne und dreizehn Staatsprämienstuten gebracht. Um so mehr leistete er jedoch für den Springsport. Hier zeigten seine Kinder neben ihrem großen Vermögen vor allem Kampfgeist und Härte. Außerdem

besaßen sie durchweg eine gute, mitunter sogar überragende Vorderbeintechnik, die bei fast allen Springpferden einen wesentlichen Teil ihrer Qualität bedeutet. Die besten AGRAM-Nachkommen waren ANAKONDA, ABADIR und AGENT, der 1976 in Montreal mit Paul Schockemöhle die Silbermedaille in der Mannschaftswertung des olympischen Nationalpreises gewann. Aus der gleichen Familie stammt aber auch ASKAN, eines der besten deutschen Grand-Prix-Pferde der Nachkriegszeit. Seine Mutter AGENDA war eine AGRAM-Tochter.

Die D-Linie

Die D-Linie verdankt ihren Namen dem 1922 geborenen Fuchshengst DETEKTIV und geht bis auf dessen Urgroßvater DEVIL'S OWN XX zurück, der 1887 in England gefohlt wurde. Der Linienbegründer DETEKTIV war ein edler, vornehmer und ausdrucksvoller Hengst, der nicht weniger als 38 gekörte Söhne und 37 mit einer Staatsprämie ausgezeichnete Töchter hinterließ. Er hat Pferde mit Points und viel Leistungsvermögen gezeugt sowie Schönheit und Gang in die Zucht gebracht. DETEKTIVS bester Nachkomme war der Fuchs DOLMAN, dessen Bekanntheitsgrad von seinem 1943 geborenen Sohn DUELLANT jedoch noch überboten wurde. DUELLANT war zu seiner Zeit der bekannteste Hengst des Celler Landgestüts und ist heute über seine männlichen Nachkommen

der weitaus bedeutendste Träger der DETEKTIV-Linie. Er war einer der großen »Hengstmacher« der hannoverschen Zucht, der er 33 gekörte Söhne hinterließ. Diese Zahl ist besonders deshalb imponierend, weil sein 20jähriges Wirken mit jener Zeit zusammenfiel, in der alle Warmblutzuchten Europas einer starken Rezession ausgesetzt waren und mindestens 70 Prozent ihres Bestandes verloren. DUELLANT war ein enorm gängiger Hengst, der durch seine Energie und Lebensfreude mitunter ein wenig bullig erschien. Er hat hervorragende Dressurpferde produziert, von denen die bekanntesten DOUBLETTE, DUX und MITSOUKO sind.

Von seinen Söhnen haben in Hannover besonders die Brüder DUFT I und DUFT II, DUDEN I und DUDEN II sowie der Fuchs DURBAN züchterisch Einfluß genommen. DURBAN beispielsweise brachte den überragenden DONALD REX, der von 1968 bis 1970 unbestritten das beste Springpferd der Welt war. Unter seinem Reiter Alwin Schockemöhle sammelte er Große Preise mit einer Regelmäßigkeit, wie es zuvor noch keinem Pferd gelungen war. Nur der später von Eddie Macken gerittene BOOMERANG ist ihm in dieser Hinsicht nahe gekommen. In diesem Zusammenhang muß auch DEISTER erwähnt werden, der über seinen Vater DISKANT ein Urenkel von DETEKTIV ist. Unter anderem gewann der von Paul Schockemöhle gerittene Wallach die Europameisterschaft der Springreiter von 1981 und 1983.

1

2

3

Innerhalb der D-Linie gibt es übrigens einen nicht unbedeutenden »braunen« Nebenzweig, der von dem 1938 geborenen DOLLART ausgeht. Dessen bedeutendster Sohn wurde der Hengst DÖMITZ, der 1947 das Licht der Welt erblickte und leider schon mit neun Jahren einging. In der kurzen Zeit seines Wirkens hat er in der Zucht jedoch Hervorragendes geleistet. Von seinen Söhnen erlangten DOMINIK und DOMSPATZ die größte Bedeutung. DOMINIK zum Beispiel zeugte den schwarzbraunen DON CARLOS, der immer mehr in den Vordergrund tritt und 1982 in der Klasse der 19- bis 23jährigen Hengste gemessen an der Jahresgewinnsumme seiner Nachkommen bundesweit den zweiten Platz belegte. DON CARLOS macht zwar nicht unbedingt leichtrittige Pferde, aber nahezu alle seine Kinder können viel springen. Abschließend ist festzustellen, daß auch die D-Linie in Hannover noch immer eine sehr große Rolle spielt. Wie sie sich in Zukunft entwickelt, muß man jedoch abwarten, weil vor allem die Enkel DUELLANTS und die Söhne DON CARLOS' in den meisten Fällen noch am Anfang ihrer Laufbahn stehen.

Die G-Linie

Die auf den Graditzer Vollbluthengst GOLDSCHAUM XX zurückgehende G-Linie hat in Hannover jahrzehntelang eine wichtige Rolle gespielt, aber nie sehr viele Vertreter gehabt. Heute wäre es sinnvoll,

sie nach dem Rappen GOLDFISCH II zu benennen.

Der Hengst war als großes und schweres Pferd, das trotzdem viel Adel aufwies, ein typischer Vertreter der Lüneburger Elbmarsch. Er hat von 1939 bis 1958 mit Stuten aus allen denkbaren Blutlinien hervorragende Pferde gezeugt. Seine Nachkommen waren vor allem wegen ihrer Schönheit und ihres Gangvermögens bekannt. Hauptsächlich letztere Eigenschaft stempelte sie zu erstklassigen Reitpferden. Im Turniersport lagen ihre Stärken eindeutig im Springen. Erwähnenswert ist aber auch, daß viele seiner Töchter sehr gute Geschirrpferde waren – wofür das Beispiel des früher bekannten Fahrers Ewald Reyelts-Föge aus Ahrensflucht angeführt werden soll, der 1949 mit vier GOLDFISCH-Töchtern das Fahrderby in Hamburg gewonnen hat. Besonderer Ruhm wurde GOLDFISCH II jedoch durch seine Söhne zuteil, von denen vor allen Dingen GOLDMANN, GRAF und GOTTHARD bekannt wurden. GOLDMANN, der wie sein Vater ein Rappe war, brachte den ganggewaltigen GONG. Dieser wiederum zeugte mit einer Tochter des Vollblüters ADLERSCHILD XX den kernigen, leistungsbereiten GÖTZ. Von diesem schließlich stammt das bekannte Springpferd GLADSTONE, das von Hartwig Steenken entdeckt wurde und mit ihm schon in jungen Jahren erfolgreich war. Nach dem frühen Tod des Weltmeisters von 1974 kam GLADSTONE in den Besitz von Hugo Simon, der mit dem unerhört gehfreudigen Wallach

ebenfalls große Springen en masse gewann. Dabei sind in diesem Zusammenhang vor allem der 1979 errungene Sieg im ersten Weltcup der Springreiter sowie der Gewinn des Goldcups beim olympischen Alternativ-Turnier 1980 in Rotterdam zu nennen. Insgesamt siegte GLADSTONE bis einschließlich 1983 in 34 Großen Preisen und ist damit das in den sportlich anspruchsvollsten und monetär am besten ausgestatteten Prüfungen des Springsports erfolgreichste Pferd der Welt. Seine Gewinnsumme betrug zum gleichen Zeitpunkt knapp 800 000 DM. Weitaus größeren Einfluß auf die Zucht hat GRAF genommen, und zwar über seinen Sohn GRANDE, der 1958 aus einer DUELLANT-Stute gezogen wurde – seinem Namen vom Exterieur her aber alles andere als Ehre macht. GRANDE ist nämlich ein relativ unscheinbarer Hengst von nur 162 cm Stockmaß, knappen Linien, kurzer Schulter, wenig Widerrist und nicht genügend langem Hals. Außerdem ist sein Vorderfuß ziemlich flach und recht steil. Nur seiner Abstammung ist es zu danken, daß ihm diese »Fehler« verziehen wurden. Man tat allerdings gut daran – denn 1983 standen zwölf Söhne von GRANDE im Landgestüt, wodurch der Hengst einer der bedeutendsten Vertreter der GOLDFISCH-Linie in der hannoverschen Zucht ist. Im übrigen sicherten sich auch andere Zuchtgebiete wie Oldenburg, Westfalen und Bayern sein Blut, in dem in so hohem Maße Leistungsbereitschaft und Vermögen angesiedelt ist.

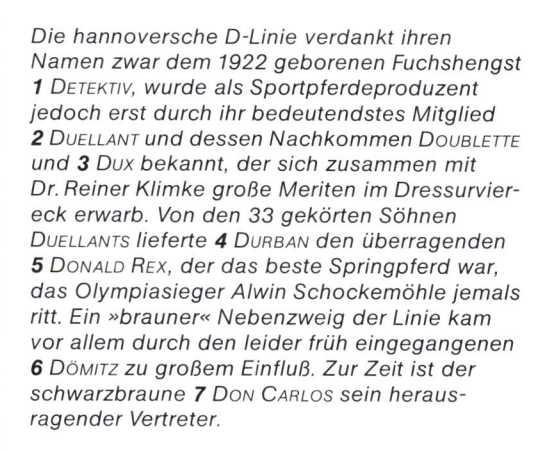

Die hannoversche D-Linie verdankt ihren Namen zwar dem 1922 geborenen Fuchshengst 1 DETEKTIV, wurde als Sportpferdeproduzent jedoch erst durch ihr bedeutendstes Mitglied 2 DUELLANT und dessen Nachkommen DOUBLETTE und 3 DUX bekannt, der sich zusammen mit Dr. Reiner Klimke große Meriten im Dressurviereck erwarb. Von den 33 gekörten Söhnen DUELLANTS lieferte 4 DURBAN den überragenden 5 DONALD REX, der das beste Springpferd war, das Olympiasieger Alwin Schockemöhle jemals ritt. Ein »brauner« Nebenzweig der Linie kam vor allem durch den leider früh eingegangenen 6 DÖMITZ zu großem Einfluß. Zur Zeit ist der schwarzbraune 7 DON CARLOS sein herausragender Vertreter.

4

5

6

7

Im Springsport machten GRANDE-Kinder schon früh von sich reden. Daß im olympischen Nationenpreis von 1976 aber gleich drei seiner Nachkommen an den Start gehen würden – nämlich GRANDE GISO für die Niederlande, GUTE SITTE für Belgien und GRANDE für die USA –, hätte dem so wenig ausdrucksvollen Hengst bei Beginn seiner Zuchtkarriere sicher niemand vorausgesagt. Seit 1980 tritt unter anderem auch der Hallenspezialist SANTA CRUZ für seinen Vater ein – wobei der ziemlich bunt geratene Fuchs am Hindernis jene Vorsicht zeigt, die man bei den häufig gewaltig springenden GRANDE-Sprößlingen manchmal vermißt. GRANDE hat aber nicht nur besonders gute Springpferde gezeugt, sondern mit GALAPAGOS auch einen im Dressurviereck sehr erfolgreichen Nachkommen gestellt. Bis einschließlich 1982 gewannen seine Kinder auf den Turnierplätzen 829 123 DM – was dem Hengst in der bundesweiten Statistik der Vaterpferde zum gleichen Zeitpunkt den fünften Platz einbrachte.

An der Spitze nicht nur dieser Koryphäen, sondern auch der GOLDFISCH-Familie steht mit einer Gewinnsumme von 1 534 057 DM der 1949 aus einer AMATEUR-Stute gefohlte Schimmelhengst GOTTHARD – der in seiner Zuchtlaufbahn allerdings einen ausgesprochen schweren Start gehabt hat. Die Abneigung gegen ihn war zeitweise nämlich so groß, daß er als Sieben- bis Zehnjähriger im Landgestüt verblieb und dort in seinen besten Jahren als Wartehengst müßig her-

umstand. Erst als er dreizehn war, ging es in dieser Beziehung mit ihm aufwärts, weil man mittlerweile erkannt hatte, daß seine Kinder mit einer der gesuchtesten Spezialbegabungen ausgestattet waren: Sie konnten nicht nur hoch springen, sondern hatten auch die Gabe, Hindernisse sehr schnell zu überwinden.

Es ist allerdings verständlich, daß GOTTHARD anfangs so wenig Zustimmung bei den Züchtern fand. Als junger Hengst war er in seiner Textur nämlich etwas schwammig und auch nicht besonders beeindruckend in der Halsung und der Sattellage.

Außerdem besaß er einen deutlich verstellten Vorderfuß, den er seinen Nachkommen auch mit ziemlicher Regelmäßigkeit vererbte. Zu seiner Ehre sei jedoch gesagt, daß er sich im Typ später wesentlich verbessert hat. Der Hals wurde deutlich länger, die Schulter markanter und die Sattellage besser. Die Schwäche seines Vorderbeines aber ist geblieben. Vor allem diesem Fehler ist es zuzuschreiben, daß anfangs nicht sehr viele Söhne von ihm gekört wurden. Nach seinem schwachen Start war es für die hannoverschen Züchter jedenfalls ein Glücksfall, daß GOTTHARD über enorme Vitalität verfügte und sehr alt wurde. Erst als 28jähriger ging er 1977 in Pension, um dann ein Jahr später, inzwischen doch stark von Altersbeschwerden geplagt, eingeschläfert zu werden. GOTTHARD war in seinen letzten Lebensjahren der begehrteste Hengst im Land-

gestüt. Dabei hat er in der Anpaarung mit dem unterschiedlichsten Stutenmaterial seine Klasse als Vererber gezeigt und gegen jedes Blut seine Springanlagen durchgesetzt. GOTTHARD-Nachkommen wurden oft schon im Mutterleib verkauft und zu horrenden Preisen gehandelt. An dieser Stelle muß aber auch über die Schattenseiten seines Temperaments gesprochen werden. Für ahnungslose Freizeitreiter waren GOTTHARD-Kinder nämlich nicht die richtigen Partner, weil sie in der Regel nicht einfach zu behandeln waren. Einigen fehlte es auch an der nötigen Zuverlässigkeit. Aus dem Turniersport bietet der Schimmel GONZALES – der mit WARWICK REX, mit dem Alwin Schockemöhle 1976 Olympiasieger wurde, die Mutter gemeinsam hat – ein Negativbeispiel von besonders eindrucksvoller Art. Seine Launenhaftigkeit und hartnäckigen Verweigerungen stellten seine Reiter vor unlösbare Aufgaben. GONZALES verschwand deshalb als volljähriges und physisch völlig unverbrauchtes Pferd eines Tages von der Bildfläche. Abgesehen davon aber hat GOTTHARD dem internationalen Turniersport mehr große Pferde geliefert als irgendein anderer Hengst in Europa. Auch FURIOSO XX, IBRAHIM und NANKIN in Frankreich oder die sagenumwobenen Vollblüter WATER SERPENT XX, NORDLYS XX und SEVEN BELLS XX aus Irland konnten ihm in dieser Hinsicht nicht das Wasser reichen. Unter seinen Nachkommen sind in Deutschland vor

1

2

3

4

5

6

7

10

13

allem GOLDIKA, GOYA, GENIUS und GALI-
POLIS zu nennen. In englischem Besitz befand sich QUEENSWAY, der unter David
Broome jahrelang zu den besten Pferden
des Landes gehörte.

Auch rein züchterisch hat GOTTHARD nicht
enttäuscht. Seine Töchter scheinen hier
aber besser zu sein als seine Söhne. Besonders sein nicht ideal gestellter Vorderfuß
ist bei der weiblichen Nachzucht weitaus
seltener anzutreffen als bei der männlichen. 1983 standen elf Nachkommen von
ihm im Landgestüt, von denen GOLDSTEIN
und GREENHORN mit zehn Jahren die ältesten waren – woraus leicht zu ersehen ist,
daß seine Söhne erst zur Körung kamen,
als GOTTHARD bereits hoch bejahrt war
und als Produzent von international
bewährten Springpferden im Mittelpunkt
des Interesses stand. Als erster GOTTHARD-
Sohn wurde übrigens der 1963 geborene
GOLDBERG gekört. Der reichlich starke
Schimmel leistete in Westfalen in nur
wenigen Zuchtjahren hervorragende
Arbeit und brachte unter anderem so
gute Pferde wie GAYLORD und GOLDEN
GATE.

Im hannoverschen Zuchtgebiet ruhen
heute vor allem auf dem hochklassigen
Schimmel GENEVER, der aus einer Voll-
blutmutter stammt und in Adelheidsdorf
eine überragende Hengstleistungsprüfung
absolvierte, sowie auf dem Rappen GOLD-
FINGER besondere Hoffnungen. Im benach-
benachbarten Süd-Oldenburg stehen mit
GEPARD bei Paul Schockemöhle und
GODEHARD bei Werner Schockemöhle zwei

weitere interessante GOTTHARD-Söhne, die
in ihren Prüfungen ebenfalls sehr gute
Leistungen gezeigt haben.

Insgesamt aber muß abgewartet werden,
welcher von den vielen GOTTHARD-
Söhnen, die in den verschiedenen Warmblutzuchten wirken, der beste ist. Darüber
wird man jedoch erst in etwa zehn Jahren
eine verläßliche Aussage machen können.
Damit sind die vier klassischen Hengstlinien Hannovers beschrieben, die das Bild
dieser Zucht von jeher bestimmt haben. In
der Zeit der Veredelung, die Mitte der
fünfziger Jahre einsetzte, sind aber auch
noch andere Hengste als Begründer neuer
Linien hervorgetreten – und zwar die beiden Trakehner SEMPER IDEM und ABGLANZ
sowie die Vollblüter DER LÖWE XX,
MARCIO XX und PIK AS XX.

SEMPER IDEM *und* ABGLANZ

Von den Hengsten ostpreußischer oder
Trakehner Abstammung, die nach 1945 im
hannoverschen Zuchtgebiet wirkten,
haben sich nur zwei durchschlagend vererbt: SEMPER IDEM und ABGLANZ.
SEMPER IDEM wurde 1934 als Sohn des
berühmten Hauptbeschälers DAMPFROSS
geboren und gehörte der weltbekannten
Fuchsherde Trakehnens an. In Hannover,
wo er von 1946 bis 1951 deckte, hinterließ
er nur zwei Söhne, von denen der Fuchs
SENATOR allerdings zu überragendem Einfluß gelangte. SENATOR war mit einem
Stockmaß von 162 cm zwar nur von mittlerer Größe, aber von einer Schönheit, die

470

seinerzeit unter den Celler Hengsten ganz selten zu finden war. Abgesehen davon hatte er ein korrekt gestelltes Fundament, wenn man bereit war, den etwas wenig ausgeprägten Fesselkopf und die etwas kurze Fessel zu übersehen. SENATOR erhielt bereits als Dreijähriger eine begrenzte Stutenzahl – mit dem Erfolg, daß von sieben im Jahr 1955 gefallenen Hengstfohlen fünf als Landbeschäler in Hannover und einer in Westfalen aufgestellt wurden. Diese Leistung war in züchterischer Hinsicht einmalig und gewinnt noch an Bedeutung, wenn man zum Vergleich seinen ostpreußischen Kollegen LATERAN heranzieht. Der typvolle Schimmelhengst hat in 21jähriger Decktätigkeit insgesamt nämlich nur fünf Söhne hinterlassen, die in der Zucht eingesetzt wurden.

Wie es für einen Hengst mit großer Individualpotenz typisch ist, hat SENATOR allen Nachkommen seine Schönheit und Trockenheit mitgegeben. Besonders auffallend waren die kleinen Köpfe. Seine bekannte-

sten Söhne sind die Füchse SESAM I, SENDER, SELLHORN und der Braune SENAT.

Unter diesen »Senatoren« war SENDER wohl der schönste. Leider zeigte der 1978 aus dem Zuchtbetrieb ausgeschiedene Hengst aber auch einen deutlichen Mangel im Vorderfuß, weil seine Fesseln zu kurz waren. Trotzdem stand er in den Vererbungslisten viele Jahre lang ganz oben. Bis einschließlich 1982 erzielten seine Nachkommen im Turniersport eine Gewinnsumme von 644 171 DM, mit denen SENDER in der Bestenliste aller Hengste auf dem siebten Platz stand. Der größte Teil dieses Betrages wurde von seinen springenden Kindern gewonnen – von denen vor allem SARTO zu großen Erfolgen kam. Unter seinen gekörten Söhnen sind im Landgestüt besonders SALONIKI und SENDBOTE hervorgetreten, die 1963 bzw. 1966 geboren wurden. Beide Hengste sind Erzeuger von Leistungspferden. Vor allem SENDBOTE ist mit einigen seiner Nachkom-

Zu den vier klassischen Hengststämmen, die das Bild der hannoverschen Zucht seit jeher bestimmen, gehört auch die G-Linie. Von dem Graditzer Vollbluthengst GOLDSCHAUM XX ausgehend, erlangte sie hauptsächlich durch **1** *GOLDFISCH II,* **2** *GRANDE und* **3** *GOTTHARD überragende Bedeutung als Lieferant von Springpferden der Extraklasse.* **4** *GOYA und* **5** *GLADSTONE, die beide von Hartwig Steenken entdeckt wurden, sind zwei ihrer profiliertesten Vertreter im Turniersport, während dem noch jungen GOTTHARD-Sprößling* **6** *GENEVER besondere Hoffnungen in der Zucht gelten.*
Der Trakehner **7** *SEMPER IDEM gründete nach dem Zweiten Weltkrieg durch seinen Sohn* **8** *SENATOR eine Hengstlinie, die in Hannover in hohem Ansehen steht. Zu ihr zählen unter anderem* **9** *SENDER,* **10** *SENDBOTE und* **11** *SERVUS. Auch der Trakehner* **12** *ABGLANZ gelangte durch seine Nachkommen im hannoverschen Zuchtgebiet zu immensem Einfluß. Sein bester Sohn war* **13** *ABSATZ, der bis 1982 31 gekörte Nachkommen stellte. Unter ihnen befinden sich auch* **14** *ARGENTAN und* **15** *ARSENIK.* **16** *SARTO und* **17** *SLIBOWITZ sind markante Vertreter der SEMPER-IDEM-Familie im Spring- bzw. Dressursport.*

8

9

16

11

12

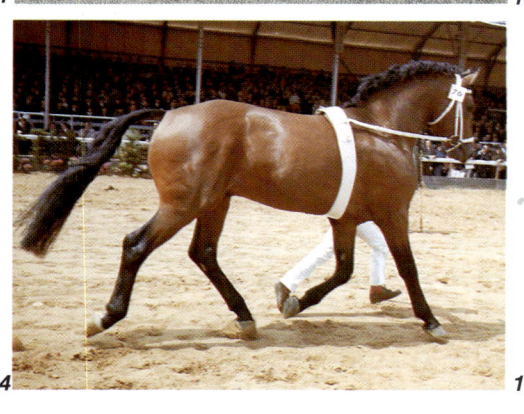

14

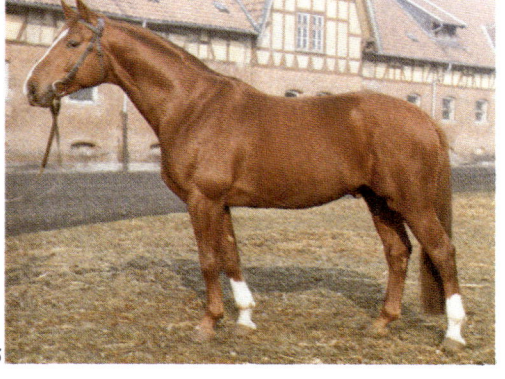

15

17

471

men in den letzten Jahren im Springsport immer mehr aufgefallen.

Der beste Sohn von SESAM I ist SERVUS, der im hannoverschen Zuchtgeschehen bereits seit vielen Jahren eine bekannte Größe ist. SERVUS machte sich vor allem durch SLIBOWITZ einen Namen, mit dem Dr. Uwe Schulten-Baumer 1978 Vizeweltmeister der Dressurreiter wurde. Leider hat der Hengst eine etwas unklare blonde Farbe, die er auch weitergibt.

Abschließend ist festzustellen, daß die zeitweilig sehr starke Zurückhaltung gegen SEMPER-IDEM-Blut in der hannoverschen Zucht inzwischen einer besseren Erkenntnis gewichen ist. Vor allem das Blut der SENDER-Nachkommen sowie das ihrer Sprößlinge ist durchaus beliebt. Dieses Ansehen rechtfertigt sich durch die überdurchschnittliche Schönheit und hohe Leistungsbereitschaft, die in der Linie immer wieder zu finden sind. Sie hat Glanz nach Hannover gebracht, und zwar zu einer Zeit, als das sehr wichtig war!

Wie SEMPER IDEM gehörte auch ABGLANZ zur Fuchsherde Trakehnens. Er wurde 1942 geboren und nahm 1946 seine Tätigkeit im Landgestüt auf. ABGLANZ war ein außergewöhnlich hübscher Hengst mit einem herrlichen Gesicht, in dem besonders das große, lebhafte Auge auffiel. Mit 162 cm Stock hatte er nur ein mittleres Maß, präsentierte sich aber ungewöhnlich harmonisch, muskelstark und athletisch. Allerdings besaß der glanzvolle Fuchs eine kleine Schwäche in der Schulter, und auch sein Widerrist hätte stärker pointiert sein können – was angesichts seiner vielen anderen Vorzüge jedoch nicht allzu schwer wiegt.

In seinen ersten Wirkungsjahren erhielt ABGLANZ nur wenige Stuten, weil die Züchter zu jener Zeit von Veredelung noch nicht viel hören wollten. Eine ernsthafte Chance bekam er erst Anfang der fünfziger Jahre, als die Warmblutzuchten Deutschlands erkannten, daß in Zukunft nur das Reitpferd zu vernünftigen Preisen abzusetzen sein würde. ABGLANZ nutzte sie und brachte mit ABHANG I und ABSATZ zwei Nachkommen, die einen immensen Einfluß auf die hannoversche Zucht nahmen. ABHANG I zeugte sehr viele hochprämierte Stuten und stellte außerdem gute Reit- und Dressurpferde. Im Springsport sind seine Nachkommen nicht hervorgetreten. Die Kinder seiner beiden Vollbrüder ABHANG II und ABHANG III leisteten dort allerdings Beachtliches – wobei vor allem AKROBAT zu nennen ist. Unter Paul Schockemöhle wurde der ABHANG-III-Sohn 1982 nicht nur Zweiter im Weltcup,

sondern verdiente im gleichen Jahr auch fast 100 000 DM.

ABGLANZ' bester Sohn aber war der sehr schöne Fuchshengst ABSATZ, der mehr als jeder seiner Brüder den Glanz des Vaters widerspiegelte und in allem die verstärkte Ausgabe seines Erzeugers war. Der 1982 im Alter von 22 Jahren durch Herzversagen aus der Zucht ausgeschiedene Hengst hatte jedoch eine leichte Schwäche im Bewegungsablauf: Ihm fehlte das energische Untertreten der Hinterbeine und die gute Biegung der Hanken. Trotz dieses »Mangels« aber war ABSATZ ein »Hauptbeschäler«. Von allen ABGLANZ-Söhnen hat er mit Längen den größten züchterischen Einfluß genommen. Unter anderem besaß er die Fähigkeit, mit jeder Stute ein hübsches Fohlen zu erzeugen, das in der Regel auch noch genug Wuchs und Masse hatte. Mit diesen Vererbungsqualitäten ist er noch höher einzustufen als sein Vater. Trotz der Mängel im Bewegungsablauf, die auch bei seinen Kindern recht häufig vorhanden sind, begehrt man diese wegen ihrer Größe, Schönheit und ihres angenehmen Charakters. Auch im Turniersport sind sie zahlreich vertreten und verdienten dort bis 1982 mehr als eine halbe Million Mark. Einen wirklich herausragenden Vertreter konnte ABSATZ für diesen Bereich allerdings nicht stellen.

In der Zucht beherrschen seine großen und eleganten Töchter seit Jahren die Stutenschauen, wo sie vor allem durch ihre herrlichen Gesichter, die voller Ausdruck und Mütterlichkeit sind, auffallen. Bis 1982 waren von ihm 68 Staatsprämienstuten und 31 gekörte Hengste verzeichnet, von denen der 1967 geborene Braune ARGENTAN der bedeutendste ist. Erwähnen muß man aber auch ARSENIK, der Leistungssieger seines Jahrgangs war. Er führt übrigens als einziger Insasse des Landgestüts das Blut der beiden Trakehner Linienbegründer ABGLANZ und SEMPER IDEM. Beide Hengste sind berühmte Stutenmacher – vererben aber auch die Schwächen der ABGLANZ-Familie: den knappen Vorderfuß und die nicht immer sehr ausgeprägte Sattellage. Auffallend ist, daß alle ABSATZ-Söhne, die den Durchschnitt ihrer Kollegen überragen, auch auf der Mutterseite einen Schuß Spezialblut aufweisen. Angesichts ihrer Klasse kann man davon ausgehen, daß das Blut des Hengstes in Zukunft noch weitere Verbreitung finden wird. Von den zwölf Stuten, die Hannover im September 1980 zur DLG-Ausstellung gemeldet hatte, führten sechs über ihre Väter ABSATZ-Blut, während drei weitere ABGLANZ-Blut auf der Mutterseite hatten. Daraus läßt sich

*Der Vollblüter 1 DER LÖWE XX überragt als ehemaliger Celler Landbeschäler möglicherweise alle Kollegen, die wie er als Spezialhengste in den deutschen Warmblutzuchten eingesetzt wurden. Der 1944 im Gestüt Röttgen geborene Dunkelbraune lieferte als Allround-Könner jedem Bereich des Turniersports hervorragende Pferde. Beispielsweise traten 2 LIOSTRO in der Dressur und der hochveranlagte 3 LAPISLAZULI in der Vielseitigkeit für ihren zunächst als Vererber nicht sonderlich geschätzten Vater ein. Im züchterischen Bereich war 4 LUGANO I der bedeutendste seiner Nachkommen. Der 1954 gefohlte, sehr typvolle Hengst hat nämlich mehr als 70 Staatsprämienstuten und 30 gekörte Söhne gezeugt, unter denen vor allem 5 LEIBWÄCHTER zu nennen ist. Das wertvolle Blut von DER LÖWE XX ist aber nicht nur in Hannover angesiedelt. Auch andere deutsche Warmblutzuchten erhoffen sich von ihm einen Beitrag zur Festigung oder gar Steigerung von Spezialeigenschaften für den Turniersport.
Der 1947 im Gestüt Waldfried geborene 6 MARCIO XX ist ein weiterer Vollblüter, der in Hannover unverwischbare Spuren hinterlassen hat. Aus seiner Familie sind eine ganze Reihe überaus qualitätvoller Material- und Dressurpferde hervorgegangen. Zum Beispiel gewann sein Enkel 7 MADRAS mit Dr. Uwe Schulten-Baumer 1981 die Europameisterschaft. In der Zucht ist vor allem 8 MATROSE in die Fußstapfen seines Vaters getreten: 1983 kam sein Sohn 9 MARITIM auf der Verdener Frühjahrsauktion als kapitales Dressurtalent für den Rekordpreis von 170 000 DM unter den Hammer.*

leicht ablesen, wie hoch diese Linie heute in Hannover eingestuft wird. Abschließend sei gesagt, daß ABGLANZ in einem kaum vorstellbaren Maße auf die hannoversche Zucht Einfluß nimmt. Sein Blut pflanzt sich von Generation zu Generation fort und verquickt sich immer mehr mit den althannoverschen Stämmen. Dabei treten in der weiteren Folge die Nachteile, die damit nun einmal verbunden sind, häufig zurück, während Adel und Glanz fast immer erhalten bleiben.

DER LÖWE XX, MARCIO XX und PIK AS XX

Der 1944 im Gestüt Röttgen geborene dunkelbraune DER LÖWE XX hatte zwar nur ein Stockmaß von 158 cm, wurde aber unter den Vollblütern, die während der Nachkriegszeit in den deutschen Warmblutzuchten wirkten, ein ganz Großer. Möglicherweise überragt er alle Spezialhengste, die mit ihm die Veredelung des deutschen

Warmblutpferdes vorangetrieben haben. Nach einer recht beachtlichen Rennlaufbahn, während der er unter anderem 1948 den Großen Preis von Baden gewann, trat DER LÖWE XX 1951 seinen Dienst in der hannoverschen Warmblutzucht an. Der kleine Vollblüter, an dem besonders seine überragend lange Schulter auffiel, hatte jedoch einen schweren Start und aufgrund der übergroßen Zurückhaltung der mißtrauischen Stutenbesitzer in den ersten Jahren nur wenig Gelegenheit, sich zu vererben. Als aber alle Welt nach seinem Blut suchte, hatten ihn die Züchter seines ersten Deckbezirkes Großenwörden schon an die Station Luhmühlen abgegeben. Die Heidebauern waren jedenfalls die lachenden Dritten, denn ihre »Löwen« ließen sich inzwischen glänzend verkaufen. Die anfängliche Zurückhaltung der Züchter erklärt sich jedoch auch dadurch, daß die Kinder von DER LÖWE XX in ihrer Jugend nicht immer sehr umgänglich waren. Man

mußte Geduld und Ausdauer mit ihnen haben und manchmal auch energisch auftreten.

Dem Turniersport hat DER LÖWE XX für alle Bereiche hervorragende Pferde geliefert. In der Dressur machte sich vor allem LIOSTRO einen Namen, der 1972 in München unter Karin Schlüter die Silbermedaille in der Mannschaftswertung gewann, im Springen DER LORD und in der Vielseitigkeit der hochveranlagte LAPISLAZULI, der 1968 in Mexiko mit dabei war.

In der Zucht sind als Söhne von DER LÖWE XX bisher hauptsächlich die beiden Füchse LUGANO I und LUGANO II bekannt geworden, die 1954 bzw. 1958 gefohlt wurden und die züchterische Bühne bereits verlassen haben. LUGANO I war mit 162 cm Stockmaß deutlich größer als sein Vater und in seiner gesamten Erscheinung ein Halbbluthengst von Schönheit und Klasse. Vor allem er hat viel für die Familie getan,

denn unter seinen Nachkommen befinden sich mehr als 70 Staatsprämienstuten und 30 gekörte Hengste. Von seinen Söhnen ist in erster Linie der großlinige Fuchs LEIBWÄCHTER erwähnenswert, der auf der berühmten Deckstelle Otersen den Hengst ABSATZ ersetzen soll. Aber auch LUKAS muß genannt werden, der zwar nach nur zehn Deckperioden einging, in dieser kurzen Zeit jedoch viele gekörte Hengste und noch mehr prämierte Stuten gezeugt hat. LUGANO II hat derartige züchterische Erfolge nicht erringen können. Immerhin zeugte er mit dem Rappen LOMBARD, der über einen gewaltigen Rahmen verfügt und das außerordentliche Stockmaß von 170 cm aufweist, einen sehr auffallenden Sohn, der jahrelang stark beschäftigt wurde. Sein bisher erfolgreichster Nachkomme aber war zweifellos der Fuchshengst LÖWEN Ass, der 1966 geboren wurde und in Oldenburg jahrelang mit großem Erfolg als Privathengst genutzt wurde. Im übrigen bedienen sich auch andere Zuchtgebiete mit dem wertvollen Blut von DER LÖWE xx, wobei besonders Westfalen und Hessen zu nennen sind.

MARCIO xx wurde 1947 im Gestüt Waldfried geboren. Als Rennpferd hat er nichts Überragendes zustande gebracht – was sicherlich der Grund war, daß der mittelgroße, harmonische braune Hengste, der besonders durch seinen guten Charakter und sein freundliches Temperament auffiel, in die Warmblutzucht gelangte. Dort verbrachte er wie viele andere Vererber seine wichtigsten Lebensjahre in einer Zeit, in der es in der Pferdezucht ständig abwärts ging. MARCIO xx wurde jedoch schnell bekannt, als man feststellte, daß

seine Kinder ausgesprochen frühreif waren und sich bereits dreijährig in den damaligen Materialprüfungen häufig vorn plazierten. Sie waren in der Regel sehr schön und leicht zu reiten. MARCIO xx hat ganz einseitig nur hervorragende Material- und Dressurpferde gemacht, von denen MAHARADSCHA, MARZIO und MAZEPA die erfolgreichsten waren. Bester der Familie aber ist ohne Zweifel MARCIOS xx Enkel MADRAS, mit dem Dr. Uwe Schulten-Baumer neben einer Reihe von internationalen Siegen auch die Europameisterschaft von 1981 errang. An dieser Stelle muß aber auch gesagt werden, daß viele MARCIO xx-Kinder nie in den großen Sport gelangten, weil betuchte Leute allzu gern bereit waren, viel Geld

auszugeben, um mit eleganten und bequemen Pferden im Stadtpark spazierenreiten zu können. Erinnert sei dabei vor allem an den harmonischen, mit wunderschönem Gangwerk ausgestatteten braunen Wallach MAMBO, der nahezu alle Prüfungen gewann, für die er genannt und von denen das Bundeschampionat für Materialpferde in Münster die wichtigste war. Danach erwarb ihn ein wohlhabender Freizeitreiter – und MAMBO ward nie mehr gesehen.

In der Zucht gelten von allen MARCIO xx-Söhnen dem 1966 geborenen hellbraunen MATROSE die größten Hoffnungen. MATROSE hat in den letzten Jahren einige hochbezahlte Pferde für die Verdener Auktion geliefert, die in erster Linie durch ihren

1

Links: 1 PIK AS XX ist der Dritte im Bunde der großen Vollblüter, die Anfang der fünfziger Jahre im Celler Landgestüt wirkten. Wie DER LÖWE XX und MARCIO XX hatte auch er als Reitpferdevererber einen schweren Start. Seine ersten Kinder waren nämlich nicht leicht zu reiten und verhalfen ihrem Vater zu dem zweifelhaften Ruhm, daß sie alle Verbrecher seien. Schon bald aber erwies sich, daß sie Überdurchschnittliches leisten konnten, wenn sie im Parcours eingesetzt wurden. Dort demonstrierten vor allem 2 PESGÖ und 3 PORTA WESTFALICA Außergewöhnliches.

Rechte Seite: Das 1826 gegründete nordrheinwestfälische Landgestüt Warendorf, das wie alle anderen Einrichtungen der gleichen Art als reines Hengstdepot ein »Herrenclub« ist. Nur in Hauptgestüten werden auch Stutenherden gehalten.

In Warendorf standen 1983 126 Beschäler, die zusammen mit einer nicht unerheblichen Zahl von Privathengsten für die Bedeckung von rund 10 000 Stuten zuständig waren. Gezüchtet wird auf hannoverscher Grundlage, nachdem die Mitgliederversammlung des Westfälischen Pferdestammbuchs am 19. November 1920 diesen Beschluß faßte. Allerdings wurde die enge Bindung, die ursprünglich zu Hannover bestand, in den letzten Jahren gelockert. Anders ausgedrückt: Westfalen ist eigenständiger geworden und vertraut selbstbewußt auf das im Lande gewachsene Potential. Um welches Kaliber es sich dabei handelt, zeigt vor allem der Turniersport. Denn wenn dort von aktuellen Siegern die Rede ist, spricht man fast immer auch von westfälischen Pferden!

2   3

schönen Bewegungsablauf gefielen und auch gut zu reiten waren. Als absoluter Volltreffer erwies sich in dieser Hinsicht MARITIM, der 1983 bei der Frühjahrsauktion als kapitales Dressurtalent für den Rekordpreis von 170 000 DM zugeschlagen wurde. Außerdem wurden auf den letzten Körungen einige hervorragende Hengste von MATROSE vorgestellt, die besonders durch ihre großen Partien, ihr gutes Fundament und ihre herrliche Mechanik beeindruckten. Leider waren sie alle ziemlich bunt. Abschließend ist festzustellen, daß MARCIO XX bei der Entwicklung des Hannoveraners zum Nur-Reitpferd einen außerordentlich wichtigen Beitrag leistete. Denn es hat in der Nachkriegsgeschichte keinen Hengst gegeben, der seinen Nachkommen so regelmäßig hohe Reitpferdequalitäten vererbt hat. Ganz besonders ist zu betonen, daß alle seine Kinder sowohl im Charakter als auch im Temperament hervorragend waren und reiterlich nie Schwierigkeiten bereiteten. Aus diesem Grund steht MARCIO XX über allen Vollblütern, die nach dem Krieg in Hannover züchterisch genutzt wurden. Allerdings muß darauf hingewiesen werden, daß viele seiner Nachkommen nicht besonders robust sind und auch nicht sehr lange lebten. MARCIO XX selbst war mit achtzehn Jahren vollständig verbraucht.

PIK AS XX wurde 1949 im Gestüt Mydlinghoven geboren und begann 1953 seine Tätigkeit in Hannover. Er war ein sehr harter Vollblüter, mit einem etwas starken Hals und einer leichten Schwäche im Rücken. Seine Vorteile lagen in seiner enormen Vitalität, der sehr gut gelagerten Schulter und guten Sattellage. Auch PIK AS XX hatte als Reitpferdevererber nicht gerade den besten Start, denn seine ersten Kinder – die zum Teil noch mit allerhand Unfällen in der Ausbildung kon-

frontiert wurden – galten als schwerrittig und verhalfen ihrem Vater zu dem zweifelhaften Ruhm, daß sie alle Verbrecher seien. Aber bald erwies sich, daß sie Besonderes leisten konnten, wenn sie als Springpferde benutzt wurden. Die Stute PARTELLA war eine der ersten, die in dieser Hinsicht für ihren Vater eintrat. Noch besser aber waren PESGÖ und PORTA WESTFALICA, die von allen im Springsport eingesetzten PIK-As-xx-Nachkommen das größte Vermögen besaß.

Züchterisch hatte es PIK AS XX aufgrund seiner verschiedenen körperlichen Eigenschaften zunächst nicht leicht. Fast alle seine Töchter waren nach heutigen Maßstäben nicht groß genug, besaßen aber durchweg viel Nerv und waren hart und langlebig. Immerhin sind dreizehn von ihnen als Staatsprämienstuten ausgezeichnet worden. Gegen Ende seines Lebens konnten schließlich auch noch seine Söhne PIKÖR, PIK JUNGE und PIK KÖNIG vor den kritischen Augen der Körkommission bestehen. Von diesem Trio kommt dem 1968 geborenen PIK KÖNIG wohl die größte Bedeutung zu. Seine Urgroßmutter, die Staatsprämienstute PIKE, stammt übrigens ebenfalls von PIK AS XX, so daß hier eine recht interessante Inzucht vorliegt. PIK KÖNIG ist ein glanzvoller brauner Hengst mit sehr guten Grundgangarten, dessen Nachkommen besonders hoch gehandelt werden. Falls sie sich im Turniersport durchsetzen, ist es durchaus möglich, daß von ihm eine neue Hengstlinie ihren Ausgang nimmt.

Westfalen

In Westfalen hat man erst recht spät begonnen, bewußt ein Warmblutpferd zu züchten. Bis in die Anfänge dieses Jahr-

hunderts hinein hat es unter den Pferden, die die westfälischen Bauern auf ihren Höfen zur Arbeit nutzten, nur wenige echte Warmblüter gegeben. In der Regel züchtete man mit kräftigen, oftmals reichlich schweren Stuten, die fast immer einen deutlichen Kaltbluteinschlag aufwiesen. Genannt wurden sie die Münsterländer, Emscherbrücher oder Davertnickels. Diesen Landschlag versuchte das 1826 gegründete Landgestüt Warendorf mit seinen Beschälern allmählich zu veredeln. Mit den aus diesen Paarungen entstandenen Produkten war man seitens der Züchterschaft aber nicht immer zufrieden. Das führte schließlich dazu, daß in den dreißiger Jahren des vorigen Jahrhunderts sehr viele Pferde aus Oldenburg und Ostfriesland nach Westfalen gebracht wurden, die man dann ziemlich wahllos mit den heimischen Rassen kreuzte. Als ab 1870 die aufblühende Schwerindustrie im Ruhrgebiet nach kräftigen Pferden zum Transport gewichtiger Lasten verlangte, begannen viele Bauern ihren Landschlag zu vergröbern, indem sie aus Frankreich Kaltbluthengste der Rasse Percheron und aus England hochbeinige Kaltblüter der Rasse Clydesdale einführten. Die Folge dieser Maßnahme war, daß das Blutgemisch noch zunahm und schließlich keiner mehr wußte, welche Rasse man züchtete und wie es in der Zukunft weitergehen sollte. Eine Änderung zeichnete sich erst ab, als 1888 der »westfälische Bauernkönig« Freiherr von Schorlemer-Alst und der Burgsteinfurter Tierarzt Doppheide einen Pferdezuchtverein für das nördliche Münsterland gründeten, mit dessen Hilfe man das Stutenmaterial verbessern wollte. Nach und nach entstanden weitere Unternehmen der gleichen Art, und 1900 gab es in Westfalen insgesamt 21 Pferdezuchtvereine und Hengsthaltungsgenossenschaften, die zum

Teil sehr eigenwillig arbeiteten und sich nur wenig um die 1889 erlassene Körordnung kümmerten. Zu dieser Zeit gab es im Grunde genommen nur noch zwei Zuchtrichtungen: die des schweren warmblütigen Oldenburger Pferdes und die eines massigen Arbeitspferdes, das der belgischen Kaltblutrasse zuzurechnen war.

Als 1901 Graf Sponeck Leiter des Landgestüts Warendorf wurde, bemühte er sich, Ordnung in die westfälische Pferdezucht zu bringen. Er forderte für die Kreisvereine Stutenkörungen, bei denen angekörte Warmblutstuten ein W auf den rechten Hinterschenkel und Kaltblutstuten ein K auf den linken Hinterschenkel erhalten sollten. Den Gestütswärtern sollte der Brand signalisieren, von welchem Hengst die jeweilige Stute zu decken sei. Wenn man sich diese Richtlinien vor Augen hält, wird einem klar, daß damals vorwiegend ein Arbeitspferd gezüchtet wurde. An reinblütige Abstammung stellte man keine besonders hohen Ansprüche.

1903 wurden dann die ersten Stutenschauen abgehalten und mit der Eintragung der wertvollsten Zuchtstuten in ganz Westfalen begonnen. Außerdem einigte man sich darauf, alle westfälischen Pferdezüchter in einer Stutbuchvereinigung zusammenzuschließen, worauf am 3. März 1904 das Westfälische Pferdestammbuch gegründet wurde. Sein Zuchtziel lautete: »Zuchtrichtung ist ein warmblütiger und ein kaltblütiger Pferdeschlag. Zuchtziel ist im Warmblut ein kräftiges, gutgebautes, gängiges Reit-, Wagen- und Arbeitspferd; im Kaltblut ein kräftiges, breites, gutgebautes und gängiges Arbeitspferd. Erlaubt sind für Warmblut: englisches Vollblut, Hannoveraner, Oldenburger und nahe Verwandte gleichartiger Rassen; für Kaltblut: Ardenner, Belgier und nahe Verwandte gleichartiger Rassen.«

Schon bald wurde der Ruf nach Leistungsprüfungen laut. Daher kam es zu Prüfungen von Hengsten und Stuten vor dem Traberkarren im Dauerfahren über 7,5 km, Trabreiten über 4 km und Galopp über 1200 m. Diese Maßnahmen fanden bei den Züchtern schnell bemerkenswerte Zustimmung und Unterstützung. Daher erzielte die westfälische Warmblutzucht, die man damals noch Edelzucht nannte, auf den DLG-Ausstellungen schon bald beachtliche Erfolge.

Nachdem unter den westfälischen Bauern das Interesse für die »Edelzucht« geweckt worden war, entstand unter ihnen eine gewisse Unruhe, weil sie mit dem vorhandenen Zuchtmaterial nicht mehr zufrieden waren. Man wünschte sich vor allen Dingen

Pferde mit mehr Härte und Gang. Dabei wurde besonders die Nachzucht der oldenburgischen und ostfriesischen Hengste häufig kritisiert, die sich nicht so wuchtig und gangvermögend darstellten wie in ihren Ursprungsgebieten. Gelegentliche Versuche mit Traberhengsten brachten auch keine befriedigenden Ergebnisse, so daß man schließlich in größerem Umfang anglonormannische Hengste einzuführen begann. Diese Beschäler haben von 1900 bis 1920 in Westfalen ziemlich viel Einfluß gehabt und brachten aufgrund ihres hohen Blutanteils in der Regel genug Härte in die Zucht. Leider ließ ihre Vererbung hinsichtlich der Größe und Masse öfters viele Wünsche offen.

Inzwischen kam es immer häufiger zu Kontakten mit hannoverschem Blut, was schließlich so weit führte, daß die Mitgliederversammlung des Westfälischen Pferdestammbuches am 19. November 1920 beschloß, »ein Pferd des schwarzen Wagentyps auf hannoverscher Blutbasis« zu züchten. Nun betrachtete man die schon früher aus Hannover eingeführten Hengste mit besonderer Aufmerksamkeit.

Vor allem der 1900 in Hannover geborene Hengst HERRSCHER hatte unter den Züchtern viele Freunde gefunden, so daß seine Nachkommen die westfälische Warmblutzucht schließlich recht wesentlich beeinflußten. HERRSCHER hat 26 Jahre im Deckeinsatz gestanden und fast tausend Fohlen gezeugt. 40 seiner Söhne wurden gekört, von denen 21 als Landbeschäler in Warendorf aufgestellt wurden. Auch im Turniersport zeichneten sich einige Mitglieder dieser Familie aus. Unter anderem erzielte die HERRSCHER-Enkelin HERRIN unter der dänischen Reiterin Hesselbach große Erfolge in Genf, Neapel, Rom, San Remo, Brüssel, London und Berlin. Insgesamt sind 115 Hengste dieses Blutes in Westfalen tätig gewesen. In der männlichen Linie ist dieser Stamm erst in den vierziger Jahren erloschen.

Ein Zucht- und Zeitgenosse HERRSCHERS war der 1902 geborene COLLINO, der von 1905 bis 1927 in Westfalen deckte und in der Verbindung mit HERRSCHER-Blut Hervorragendes leistete. Sein besonders Verdienst besteht darin, daß er Nerv, Trockenheit und Härte in die Zucht gebracht hat, ohne daß die guten Charaktereigenschaften, die aus der HERRSCHER-Linie kamen, durch sein Blut in Frage gestellt wurden. Leider waren seine Nachkommen nicht in der Lage, den männlichen Stamm fortzuführen. Erloschen sind auch die NELUSKO- und HELGOLAND-Linien, die in Westfalen sehr gute Stuten hinterließen und auch das

eine oder andere Pferd brachten, das sich im Turniersport auszeichnete.

In den Hintergrund getreten ist die ehemals sehr bedeutende ADEPTUS XX-Linie, als deren beste westfälische Vertreter ALTGOLD, ASTRACHAN, ALMHÜTER, ABENTEURER, ABENDTRUNK, ABENDSEGEN und ABESSINIER galten. Ihre Namen finden sich in vielen Stutenstämmen wieder. Im Hengstbestand wird die Linie gegenwärtig durch ARIANER und die beiden EHRENSCHILD-Söhne EHRENFRIED und EHRENSOLD weitergeführt. Angesichts der Aktualität, die das Blut von EHRENSCHILD momentan in der deutschen Warmblutzucht genießt, besteht durchaus die Möglichkeit, daß die ADEPTUS XX-Linie in Westfalen wieder zur Blüte kommt – wobei in diesem Zusammenhang erwähnt werden muß, daß die Weltklassestute AMSELLA, die unter Peter Schmitz zu großen Erfolgen kam, als Tochter des Hengstes ABDUL ebenfalls Mitglied der Familie war.

Auch die Linie des Graditzers GROSSINQUISITOR XX, der über seinen Sohn GRUNELIUS

476

in die hannoversche Zucht gelangte, ist in Westfalen nicht mehr so stark vertreten wie früher. Ihr bemerkenswertester Vertreter war der 1944 geborene Spitzenhengst GRÜNSPECHT, der zwanzig Jahre deckte und Vater von sechs Landbeschälern wurde. Besonderen Einfluß hat er jedoch durch seine vielen Töchter gewonnen, von denen einige als Mütter sehr guter und zum Teil prämierter Hengste hervorgetreten sind.

Zu den alten und früher sehr bedeutenden Hengstlinien gehört auch jene, die auf den 1867 geborenen Hannoveraner SCHLÜTTER zurückgeht. In Westfalen erlangten drei Zweige dieser umfangreichen Linie Bedeutung. Der stärkste und bis heute erhaltene wurde durch SCHWABENSTREICH, einen außergewöhnlich harten, temperamentvollen und nervigen Hengst, gegründet. Im westfälischen Zuchtgebiet ist vor allem dessen Enkel SCHWANK hervorgetreten, der bis 1953 im Deckeinsatz stand und sicher einer der besten Hengste war, die je im Landgestüt Warendorf gewirkt haben. SCHWANK gehört ohne Zweifel zu jenen Beschälern, die man in der Zucht als Stempelhengste bezeichnet. Sein bester Sohn war der berühmte SCHWAN I, der in Westfalen zum führenden Leistungsvererber wurde. Über seinen Enkel SCHWANGAU und dessen Sohn SCHWANSTEIN, der über hervorragende Reitpferdeeigenschaften verfügt, setzte sich die Linie fort, so daß die berechtigte Hoffnung besteht, daß der SCHWABENSTREICH-Stamm in Zukunft

wieder zu größerer Bedeutung gelangt. Nachfolgend werden nun die Hengstlinien beschrieben, die die westfälische Zucht gegenwärtig beherrschen bzw. in ihr eine Rolle spielen.

Die FLICK-Linie

Die auf den 1861 im Hofgestüt Herrenhausen geborenen FLICK zurückgehende Linie hat in Westfalen stets eine bedeutende Rolle gespielt und war zeitweise sogar die einflußreichste Hengstlinie des Zuchtgebietes. Hauptträger dieser Linie wurde der 1906 gefohlte FLINGARTH, ein Enkel von FLICK, der über seinen Sohn FLING eine Reihe sehr nützlicher Beschäler hinterließ, von denen vor allem FEINER KERL zu nennen ist. Dieser braune, knapp mittelgroße Hengst hinterließ 114 gekörte Söhne und wird daher mit Recht als einer der besten Vererber der deutschen Pferdezucht bezeichnet. Für Westfalen lieferte FEINER KERL sieben Landbeschäler, an deren Spitze ohne Zweifel FESCH steht. FESCH vererbte sich durchschlagend und brachte der Zucht von 1939 bis 1951 elf gekörte Söhne sowie eine Stutengrundlage von überragender Qualität. Weitere bedeutende Vertreter der F-Linie waren FLAMINGO, FLUGPASS, FRIEDLÄNDER, FISKUS, und FLITTER I.

In jüngerer und jüngster Zeit sorgten dann die Nachkommen des Hannoveraners FRÜHSPORT für die Wiederbelebung der westfälischen F-Linie – wobei vor allem

dessen 1960 geborener Enkel FRÜHLING, der die FESCH-Tochter FECHTA von HORST zur Mutter hat, als züchterischer Volltreffer zu bezeichnen ist. FRÜHLING, der selbst alle Lektionen einer S-Dressur einwandfrei gehen kann, vererbt Rittigkeit und Leistungsbereitschaft. Im Springsport ist hauptsächlich sein Sohn MINISTER hervorgetreten, der unter Norbert Koof zu einer Reihe von beachtlichen Erfolgen kam. Für die Zucht lieferte FRÜHLING fünf Hengste, von denen besonders FRÜHLINGSTRAUM II als Erzeuger von FIRE Schlagzeilen machte. Mit dem gewaltig springenden Wallach gewann Norbert Koof 1982 nicht nur die Weltmeisterschaft der Springreiter, sondern auch rund 216 000 DM – was als Jahresgewinnsumme Weltrekord ist. Diesem Betrag hat es FRÜHLINGSTRAUM II wiederum zu verdanken, daß er im gleichen Jahr in der Klasse der 14- bis 18jährigen Hengste vor dem in Holstein deckenden FURIOSO II an erster Stelle stand. Angesichts dieser Erfolge auf einem Spezialgebiet und der für den Reitsport ganz allgemein sehr guten Eigenschaften der Familie kann man davon ausgehen, daß die FRÜHLING-Dynastie in Zukunft noch mehr Bedeutung erlangen wird.

Die DETEKTIV-Linie

Wie in Hannover hat die DETEKTIV-Linie in den letzten Jahren auch in Westfalen erheblich an Bedeutung gewonnen. Sie geht auf den 1887 geborenen Vollblüter

Der Hannoveraner 1 HERRSCHER beeinflußte die westfälische Warmblutzucht Anfang des Jahrhunderts recht wesentlich. In der männlichen Linie ist der Stamm allerdings erloschen, was auch auf die eine oder andere alt-hannoversche, einst in Westfalen zu Ehren gekommene Familie zutrifft.

In den Hintergrund ist dort die ADEPTUS XX-Linie getreten, der unter anderem 2 AMSELLA angehörte, mit der Peter Schmitz zu großen Erfolgen im Parcours kam.

Das Format eines Stempelhengstes besaß 3 GRÜNSPECHT. In der westfälischen Zucht ist er vor allem durch seine vielen Töchter zu besonderem Einfluß gelangt. Auf die einst sehr umfangreiche SCHLÜTTER-Linie Hannovers geht auch die Familie von SCHWABENSTREICH zurück, deren bedeutendster Vertreter in Westfalen der 1932 geborene 4 SCHWANK war. Er hinterließ 28 gekörte Nachkommen, von denen 5 SCHWAN I als Erzeuger von gutem Zuchtmaterial und Leistungspferden großer Klasse ohne Zweifel der beste war. Über seinen Enkel 6 SCHWANGAU und dessen Sohn 7 SCHWANSTEIN setzt sich die Linie fort.

DEVILS' OWN XX zurück, obwohl ihr eigentlicher Gründer der 1922 gefohlte DETEKTIV war. DETEKTIV hinterließ 38 gekörte Söhne, unter denen sich auch DOLMAN befand, der wiederum Vater des Spitzenvererbers und großen Dressurpferdeproduzenten DUELLANT wurde. Von dessen Nachkommen sicherte sich das westfälische Landgestüt die Hengste DUCKER, DOKTOR und DURCHLAUCHT – und zwar in der Hoffnung, daß sie neben der nötigen Substanz auch ihre überragende Reiteignung vererben würden. In dieser Hinsicht gab es dann auch keine Enttäuschung. Besonders hervorheben muß man dabei DOKTOR, der bis 1974 deckte. Erwähnenswert ist auch, daß der Fuchs wegen seines bestechenden Ganges und seiner hohen Reitqualität bis zur Grand-Prix-Reife gefördert werden konnte. Diese Eigenschaften hat DOKTOR auch zum großen Teil an seinen Sohn DOLORIT weitergegeben. Im Turniersport waren in den letzten Jahren hauptsächlich die Nachkommen des DUELLANT-Enkels DAMHIRSCH erfolgreich, der als nahezu idealer Vertreter des modernen, hochelastischen Reitpferdes gilt. 106 seiner Kinder verdienten 1982 die Summe von reichlich 42 000 DM.

Als abschließendes Fazit ist festzustellen, daß die DETEKTIV-Linie in Westfalen nach wie vor gefragt ist. Einige der besten und begehrtesten Hengste des Landgestüts führen dieses Blut, so daß mit seiner weiteren Verbreitung zu rechnen ist. Im übrigen hat mit DERBY II schon Anfang des Jahrhunderts ein Mitglied der Familie in Westfalen gewirkt. Der hochelegante Fuchs war seiner Zeit aber zu weit voraus und konnte sich deshalb nicht durchsetzen.

Die GOLDFISCH II-Linie

Die für Hannover so wichtig gewordene GOLDFISCH II-Linie, die auf den Graditzer Vollblüter GOLDSCHAUM XX zurückgeht, hat in Westfalen nie eine dominierende Rolle gespielt, obwohl sie zu allen Zeiten durch reelle und leistungsstarke Produkte auffiel. In den vergangenen zehn Jahren gewann sie durch die Erfolge ihrer Mitglieder im Springsport jedoch an Boden und verhalf den häufig etwas derben Pferden zu neuem Ansehen.

Von den in Westfalen wirkenden GOTTHARD-Söhnen muß in erster Linie GOLDBERG genannt werden, der als Privathengst zwar nur wenige Jahre tätig war, aber trotzdem so gute Pferde wie GAYLORD, GOLDEN GATE und GOLDJUNGE gebracht hat. Später erwarb das Landgestüt GOTTSCHALK und GOTTLOB, deren züchterische Entwicklung jedoch noch abgewartet werden muß. Von GOTTSCHALK läßt sich aber jetzt schon sagen, daß er Springpferde vererbt und die bei seinem Vater in so ungewöhnlichem Maße vorhandenen Qualitäten weitergibt. Ein Glückstreffer besonderer Art ist der westfälischen Zucht jedoch mit der Aufstellung des Fuchshengstes GOLDLACK gelungen, der 1968 in Hannover geboren wurde und den GOLDFISCH II-Sohn GOLDFALK zum Vater hat. Seine Mutter KENNERIN stammte von KEITH, der der letzte in der Bundesrepublik Deutschland stehende Trakehner Hengst war, der noch im ostpreußischen Hauptgestüt gefohlt wurde. GOLDLACK kam als Saugfohlen nach Westfalen und stellte 1972 seinen ersten Jahrgang, in dem sich mit GOLDIKA gleich ein weit über den Durchschnitt herausragendes Pferd befand. Exweltmeister Gerd Wiltfang ritt die enorm vermögende und gleichzeitig schnelle Stute von Sieg zu Sieg und gewann 1982 mit ihr fast 83 000 DM. GOLDIKAS Jahrgangsgefährten GORDON und GOLDSTERN sind weitere Pferde, die ihrem Erzeuger GOLDLACK das beste Zeugnis ausstellen. Im übrigen ist dessen ungewöhnliche Leistungsvererbung ein kleines züchterisches Wunder – denn weder sein Vater noch der Vater seiner Mutter haben in dieser Hinsicht zu ihren Lebzeiten für Aufregung gesorgt.

Zum Schluß soll auch noch der große GRANDE erwähnt werden, dessen Blut in Westfalen durch den Privathengst GÜNTER und die Landbeschäler GRAZIANO, GENERAL und GRAF SPEE vertreten ist.

Die TEMPELHÜTER-Linie

Die bedeutendste ostpreußische Hengstlinie, nämlich die des Trakehner Hauptbeschälers TEMPELHÜTER, war in Westfalen durch die Hengste ARMEEMARSCH und ABSCHAUM vertreten.

Der edle, aber recht bunte ARMEEMARSCH

478

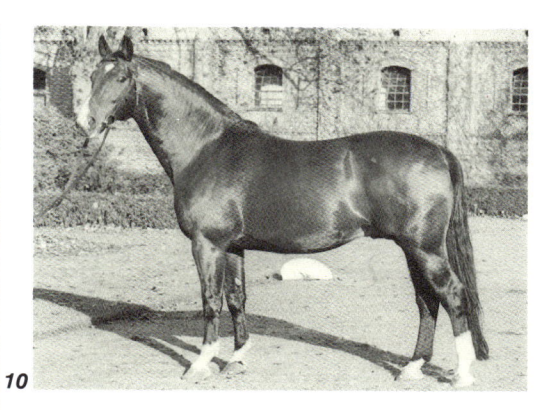

wurde 1935 als Sohn des Hengstes POSEIDON im Hauptgestüt Trakehnen geboren und deckte von 1940 bis 1953 in Westfalen. Danach wurde er an die Trakehner Zucht abgegeben. Er hinterließ zwar 82 Stuten, konnte sich im männlichen Stamm jedoch nicht durchsetzen. Größere züchterische Hoffnungen galten dem 1942 in Ostpreußen gefohlten Dunkelfuchs ABSCHAUM, der den später auch in der Bundesrepublik Deutschland bekannten ABSINTH zum Vater hatte. Der mit 159 cm Stockmaß nur knapp mittelgroße ABSCHAUM besaß jenen herrlichen Glanz, den man unter Warmblutpferden am häufigsten bei Trakehner Füchsen findet, und präsentierte sich als ein Reitpferdemodell, das an Schönheit kaum zu übertreffen war. Unter seinen Söhnen trat besonders AAR hervor, der 1955 geboren wurde und 1960 auf der DLG-Ausstellung einen ersten Preis erhielt. AAR hat hervorragende Springpferde hinterlassen, wurde in dieser Hinsicht aber noch von seinem 1960 gefohlten Sohn AARSTEIN übertroffen, der unter anderem den Fuchswallach ARGONAUT brachte. ARGONAUT war zunächst unter dem Niederländer Johan Heins und später mit dem Deutsch-Niederländer Franke Sloothaak sehr erfolgreich.

Die RAMZES X-Linie

Daß sich der Abstand zwischen Westfalen und dem weit größeren Zuchtgebiet Hannover mittlerweile recht deutlich verringert hat, ist nicht zuletzt dem 1937 in Polen

geborenen RAMZES X zu verdanken. Der Schimmel wurde von der Gräfin Maria Plater-Zyberk in Wojcieskow gezogen und nach dem Krieg nach Deutschland exportiert. Hier betätigte er sich zunächst als Springpferd, kam aufgrund seines knappen Rahmens über Erfolge in mittleren Prüfungen aber nicht hinaus. Was er jedoch über Hindernisse nicht zuwege brachte, schaffte er im züchterischen Bereich, wo er zu immenser Bedeutung kam.

RAMZES X hatte ein Stockmaß von 158 cm und stammte von dem Vollblüter RITTERSPORN XX, der auch die vor dem Krieg im Parcours zu sagenhaftem Ruhm gekommene Schimmelstute WARSZAWIANCA zeugte. Seine Mutter war eine reine Araberstute namens JORDI OX, so daß RAMZES X als klassischer Angloaraber anzusehen ist. Beide Elternteile waren übrigens Schimmel, woraus sich die Reinerbigkeit des Hengstes erklärt, der ausschließlich weiße Nachkommen lieferte. RAMZES X war in seinem Erscheinungsbild deutlicher durch seine arabische Mutter geprägt als durch seinen vollblütigen Vater. Er hatte den kurzen, breitstirnigen Kopf des Arabers, an dem das große, ausdrucksvolle Auge besonders auffiel. Seine Ganaschen waren recht stark, die Halsung nicht überlang, aber korrekt angesetzt. Insgesamt hätte man in ihm leicht einen edlen Araber vermuten können. In seiner Vererbung war der Hengst überragend und hat mit schier unglaublicher Durchschlagskraft seine Reitwerte sowie seine Lei-

Zum herausragenden Vertreter der berühmten hannoverschen F-Linie wurde in der westfälischen Zucht von 1939 bis 1951 1 FESCH. Über FRÜHSPORT gelangte die Familie dann zu weiterem Einfluß, wobei vor allem dessen Enkel 2 FRÜHLING Großes leistete – denn sein Sohn 3 FRÜHLINGSTRAUM II brachte 4 FIRE, der 1982 mit Norbert Koof die Weltmeisterschaft der Springreiter gewann.

Wie in Hannover hat die D-Linie in den letzten Jahren auch in Westfalen wesentlich an Bedeutung gewonnen. Hervorzuheben sind dabei hauptsächlich die Leistungen des DUELLANT-Sohnes 5 DOKTOR und des DUELLANT-Enkels 6 DAMHIRSCH, der als nahezu idealer Vertreter des modernen, hochelastischen Reitpferdes gilt.

Obwohl die für das hannoversche Zuchtgebiet so eminent wichtig gewordene G-Linie in Westfalen nie eine dominierende Rolle gespielt hat, stellte sie doch das eine oder andere bedeutende Pferd. Zum Beispiel brachte der GOTTHARD-Sohn GOLDBERG den großen Springer 7 GAYLORD. Als züchterischer Volltreffer erwies sich schließlich 8 GOLDLACK, der unter anderem die überaus vermögende und gleichzeitig schnelle 9 GOLDIKA zeugte, die unter Gerd Wiltfang viele Große Preise gewann.

Auf den legendären Trakehner Hauptbeschäler TEMPELHÜTER gehen 10 AAR und sein Sohn 11 AARSTEIN zurück, die hervorragende Springpferde geliefert haben.

Der Anglo-Araber 1 RAMZES X »der Große« lieferte als Hengst im Vornholzer Privatgestüt des Freiherrn von Nagel sowohl für den Sport als auch für die Zucht Ausnahmepferde. Seine Söhne 2 MARIANO und REMUS gehörten in der Dressur zur absoluten Spitze der Branche, zu der im Springen sein Ur-Ur-Urenkel 3 ROMAN zählt. Von RAMZES' X bestem Sohn 4 RADETZKY ging schließlich eine heute in voller Blüte stehende Hengstlinie aus, zu deren profiliertesten Mitgliedern auch die Vollbrüder 5 ROMADOUR I und 6 ROMADOUR II gehören.

stungsbereitschaft und sein angenehmes, ruhiges Temperament weitergegeben. RAMZES X stand zunächst 1951 und 1952 für jeweils einige Monate in Holstein. Obwohl ihm dort keine allzu große züchterische Chance geboten wurde, kamen aus diesen beiden Jahrgängen die hochklassigen Springpferde RETINA, ROMANUS und RAMONA. Aufgrund dieser überragenden Leistung hat er dann von 1959 bis 1960 noch einmal in Holstein gedeckt. Aus dieser Zeit stammen die Hengste RAIMOND, RIGOLETTO und ROMAN. Von diesen Abstechern abgesehen aber wirkte er von 1948 bis 1966, als er im Alter von 29 Jahren ein-

ging, im Vornholzer Privatgestüt des Freiherrn Clemens von Nagel. Dort hat er trotz seiner langen Wirkungszeit jedoch kein Springpferd von der absoluten Klasse der eben erwähnten gebracht – wenn man einmal von ROBIN absieht, der 1972 in München zusammen mit Fritz Ligges und der deutschen Equipe die Goldmedaille im olympischen Nationenpreis gewann. Dafür lieferte er aber zwei Dressurpferde der absoluten Spitzenklasse: MARIANO und REMUS!

MARIANO war vermutlich das beste Dressurpferd, das Josef Neckermann je geritten hat. Mit ihm gewann er 1966 die

erste Weltmeisterschaft der Dressurreiter, während REMUS unter Harry Boldt Vizeweltmeister wurde. Schon zwei Jahre zuvor hatte dieser bei den Olympischen Spielen in Tokio mit dem gleichen Pferd die Goldmedaille in der Einzelwertung äußerst knapp verloren – und zwar mit nur einem Punkt Rückstand zu dem Schweizer Henri Chammartin! Bei den nächsten Olympischen Spielen in Mexiko pausierte REMUS, während MARIANO und Josef Neckermann die Goldmedaille in der Mannschafts- und die Silbermedaille in der Einzelwertung gewannen.

Der 1951 geborene RADETZKY war der erste

4

Sohn von ihm, der bekannt wurde und in der Zucht auch sein bedeutendster blieb. RADETZKYS Mutter war die Vornholzer Stute MALTA, die den Beberbecker Rappen OXYD zum Vater hatte. OXYD war der letzte lebende Hengst des einstmals so bekannten Hauptgestüts Beberbeck, das in früheren Zeiten verschiedene Hengstlinienbegründer nach Hannover geliefert hatte und Mitte der dreißiger Jahre aufgegeben wurde. OXYD hat lange in Westfalen gedeckt und ausgezeichnete Pferde hinterlassen, die vor allen Dingen in der Dressur Überragendes leisteten. Als 1952 in Helsinki zum erstenmal nach dem Krieg wieder eine

deutsche Mannschaft an den Olympischen Spielen teilnahm, waren auch die Rappen ADULAR und AFRIKA unter Heinz Pollay bzw. Baroneß Ida von Nagel Mitglieder der deutschen Dressurequipe. Beide Pferde stammten von OXYD, der damit nicht unerheblich am Gewinn der Mannschaftsbronzemedaille beteiligt war. Vier Jahre später wurden die beiden in Stockholm wieder gesattelt. Dieses Mal gewann die deutsche Equipe die Silbermedaille und ADULAR unter Liselott Linsenhoff in der Einzelwertung die Bronzemedaille.
Doch zurück zu RADETZKY, der selbst ein ganz überragendes Dressurpferd war und

bis zur Grand-Prix-Reife gelangte. In seiner Gestalt war der Hengst ganz deutlich von seinem Vater geprägt, kam mit seinen größeren Linien, der schöner formierten Kruppe sowie der längeren Halsung dem idealen Reitpferd jedoch weit näher als sein Erzeuger. In der Zucht avancierte er zu einem Stempelhengst, der Westfalen eine große, heute in voller Blüte stehende Hengstlinie geschenkt hat, deren immenser Wert allerdings erst in zwei oder drei Jahrzehnten voll überschaubar sein wird. Insgesamt hinterließ er allein in Westfalen 20 gekörte Söhne und 181 ins Stutbuch eingetragene Töchter. Viele seiner Nachkom-

481

*Von den in Westfalen zur Veredelung einge-
setzten Vollblütern kam 1 PLUCHINO XX als erster
in das Zuchtgebiet, in dem er als Privathengst
aufgestellt wurde. Diesen Status besaß auch
der leider zu früh eingegangene 2 PAPAYER XX.
Sein Sohn 3 PARADOX rückt als Leistungsvererber
immer mehr in den Vordergrund und stand
1982 in der »ewigen« Bestenliste aller Hengste
als erfolgreichster Westfale auf dem 13. Platz.
Hervorragend schlug auch der »beamtete«
Landbeschäler 4 ANGELO XX ein, denn er zeugte
mit 5 AHLERICH ein Pferd, das unter Dr. Reiner
Klimke nicht nur große Dressurpreise in Serie
gewann, sondern auch die Weltmeisterschaft
von 1982.
Zur Familie des in Hannover zu ausgezeichneten Erfolgen gekommenen MARCIO XX gehört
auch dessen Enkel 6 MILAN. Er brachte das
hochveranlagte Springpferd 7 MAGISTER, das
mit Ulrich Meyer zu Bexten zweimal das Internationale Springchampionat von Deutschland
gewann.
Als Landbeschäler wirkte auch 8 SINUS XX, der
viel Härte und Gesundheit in die westfälische
Zucht brachte. Sein bestes Produkt im Sport
war der Vielseitigkeits-Crack 9 SIOUX.*

men wurden auf Schauen hoch prämiert.
Zum Beispiel war seine Tochter RAIMONDA
DLG-Siegerstute, sein Sohn REALIST
DLG-Siegerhengst. Auch sein Urenkel
ROMADOUR II wurde bei einer derartigen
Gelegenheit als bester ausgezeichnet –
während sich dessen Vollbruder ROMA-
DOUR I Meriten ganz besonderer Art verdiente. Er nämlich zeugte ROMAN, mit dem
Gerd Wiltfang neben vielen großen Springen auch die Weltmeisterschaft von 1978
und die Europameisterschaft von 1979
gewann.
In der hier gebotenen Kürze ist es leider
nicht möglich, alle Söhne von RADETZKY
zu besprechen – erwähnt werden aber muß
seine glückliche Verbindung mit FIDELIA,
die Anfang der fünfziger Jahre wohl die
beste Stute Westfalens war. Mit RADETZKY
brachte sie die beiden dunkelbraunen
Hengste REMUS I und REMUS II, von denen
besonders der erstere über seinen Sohn
ROMULUS sehr schnell großen Einfluß
gewann.
Ein kleiner Schatten, der auf das strah-
lende Licht von RAMZES X fällt, soll zum
Schluß aber nicht unerwähnt bleiben:
Vielen seiner Kinder und Nachfahren
möchte man ein wenig mehr Nerv und
Härte wünschen. Zusammenfassend bleibt
jedoch festzustellen, daß RAMZES X in
seiner Fähigkeit, sowohl Springpferde der
Sonderklasse als auch Dressurpferde der
Weltspitze zu zeugen und darüber hinaus
auch noch für die Zucht Hervorragendes
zu leisten, nach dem Krieg in Deutschland

unerreicht ist. In dieser Hinsicht steht er
auch noch vor den großen hannoverschen
Hengsten FERDINAND, AGRAM, GOTTHARD,
DER LÖWE XX und MARCIO XX.
Wie alle Warmblutzuchtgebiete hat auch
Westfalen seit Mitte der fünfziger Jahre in
verstärktem Maße englische Vollblüter ein-
gesetzt, um Härte, Trockenheit der Textur
sowie bessere Schultern und Sattellagen in
die Zucht zu bringen.
PLUCHINO XX, ein 1949 in Irland geborener
Vollblüter, kam als erster nach Westfalen.
Dieser großrahmige Braune stammte von
dem italienischen Derbysieger NICCOLO
DELL ARCA XX und war züchterisch schon
aufgrund seiner vornehmen Herkunft interessant. Außerdem zeichnete ihn ein groß-
artiges Trabvermögen aus. Er hinterließ in
Westfalen neben vielen hoch prämierten
Stuten auch den Schimmelhengst PERSEUS.
Der 1954 in England geborene PAPAYER XX
wurde zunächst vom Gestüt Erlenhof
importiert, das mit ihm ein hochklassiges
Rennpferd zu erwerben glaubte. Anfangs
schien PAPAYER XX die in ihn gesetzten
hohen Erwartungen auch erfüllen zu können. Dann aber zeigte sich, daß er nicht
immer ein ehrlicher Kämpfer war. Nur aus
diesem Grunde war es möglich, den wun-
dervoll gezogenen Hengst für die westfälische Warmblutzucht zu bekommen und
bei dem bekannten Privathengsthalter
H. Sandhove in Ascheberg aufzustellen.
PAPAYER XX, der leider zu früh eingegangen
ist und zu seinen Lebzeiten wahrscheinlich
nicht die ihm zustehende Beachtung fand,

8

9

zeugte unter anderem mit der Staatsprämienstute ARNIKA den 1964 geborenen, außerordentlich edlen PARADOX I. PARADOX I vererbt hervorragende Leistungspferde, die vor allem im Springsport eine große Rolle spielen und den Löwenanteil zu der bis 1982 gewonnenen Summe von fast 562 000 DM beitrugen, die ihren Erzeuger als besten Westfalen auf den 13. Platz der Gewinnsummenstatistik aller Hengste brachten.

Ein schöner, harter Fuchshengst ist der 1959 im Gestüt Rösler gezogene LUCIUS XX, der den Italiener ANTONIO CANALE XX zum Vater hat. Der im Landgestüt Warendorf beheimatete Hengst ist stets sehr stark von den westfälischen Züchtern benutzt worden – brachte sein bestes Produkt für den Sport ironischerweise aber mit einer hannoverschen Stute. Gemeint ist der Schimmel LUSTIG, der 1969 geboren wurde und unter Jürgen Ernst zu den schnellsten Sa-Pferden Deutschlands gehört. Darüber hinaus hat LUCIUS XX einige sehr gute Hengste im Landgestüt, so daß mit einer weiteren Entwicklung dieser Linie zu rechnen ist.

Der 1962 geborene ANGELO XX stammt von dem italienischen Hengst OLIVERI XX, während seine Mutter ANTIBES XX eine Tochter des fünfmaligen deutschen Championvererbers NECKAR XX ist. ANGELO XX war in Deutschland in klassischen Prüfungen hochplaziert: Er war Zweiter im Union-Rennen und Vierter im St. Leger. Für einen Vollblüter hat er die ungewöhnliche

Größe von 170 cm Stockmaß. Trotzdem ist er ein sehr harmonischer Hengst, der über genügend Boden steht und sehr gute Grundgangarten besitzt. Vor allem deswegen produziert er Spitzenpferde für den Dressursport, von denen hauptsächlich der 1971 geborene AHLERICH zu nennen ist, der von Dr. Reiner Klimke ausgebildet wurde und mit diesem nicht nur große Preise in Serie gewann, sondern 1982 auch in der Weltmeisterschaft siegte. Mit ANGRIFF und ANMARSCH stehen zwei Söhne von ANGELO XX im Landgestüt.

Der in Celle so erfolgreiche Dressurpferdevererber MARCIO XX ist im westfälischen Landgestüt durch seinen Sohn MARTELL und seine Enkel MARTINI und MILAN vertreten. Von diesen drei Hengsten gilt dem 1966 in Hannover geborenen MILAN das besondere Interesse der Züchter. MILAN brachte nämlich das hervorragende Springpferd MAGISTER, das unter Ulrich Meyer zu Bexten zweimal das Internationale Springchampionat von Deutschland gewann, ehe es im Herbst 1982 während des Transports von einem Turnier tragisch verunglückte.

Neben PLUCHINO XX hat der schwarzbraune, 1949 geborene SINUS XX in Westfalen bisher die größte Verbreitung gefunden. Der von dem neunmaligen Championvererber TICINO XX stammende Hengst war ein großes, starkes Pferd mit sehr viel Linie, dem aber vielleicht der letzte Glanz fehlte. Seine beiden bekanntesten Kinder haben zufällig denselben Namen und heißen SIOUX. Der eine ist ein gekörter Hengst, der andere war ein international überaus erfolgreiches Vielseitigkeitspferd, das unter Horst Karsten eine Härte und Leistungsbereitschaft zeigte, die nach dem Krieg bei keinem anderen deutschen Querbeet-Pferd beobachtet werden konnte. SIOUX, der sich stets als schwieriges Pferd zeigte und die hohe Reitkunst von Horst Karsten voll beanspruchte, wurde acht Jahre in Vielseitigkeitsprüfungen eingesetzt, ohne je ernsthaft verletzt gewesen zu sein! Der Landbeschäler SIOUX, der wie sein Vater schwarzbraun ist, brachte der westfälischen Zucht unter anderem den DLG-Hengst SILVANER, der ganz im Typ des modernen Reitpferdes steht. In Westfalen hegt man berechtigte Hoffnungen auf den weiteren Ausbau des SINUS XX-Blutes, das so viel Härte und Gesundheit in die Zucht gebracht hat.

Der noch im preußischen Hauptgestüt Gradnitz geborene ADLERSCHILD XX, der während seiner gesamten Beschälerlaufbahn in Celle wirkte, ist der Großvater des in Westfalen immer mehr hervortretenden

ADLERORDENS. Aber auch die Hengste ADLERRUF und ADLERFELS gehören zu seinen im Landgestüt Warendorf vertretenen Enkeln. ADLERORDEN, der 1962 in Hannover geboren wurde, ist ein weiteres Beispiel dafür, mit wieviel Geschick und Kenntnis die westfälische Zuchtleitung wertvolle Vererber einkauft – wobei in diesem Zusammenhang auch die Vollblüter BEN SHIRIN XX, EXSTREAM XX und WINDESI XX erwähnt werden müssen, von denen man sich außerordentlich viel verspricht.

In der augenblicklichen Zuchtphase, die das Reitpferdemodell entschieden in den Vordergrund stellt, spielt die Veredelung oder, wenn man so will, die Verfeinerung der Konturen eine bedeutende Rolle. Der leistungserprobte Vollblüter, der abgesehen von seinem Typ Adel, Markanz und Härte mitbringt, ist dafür am besten geeignet. Dem Umfang seines Einsatzes werden selbstverständlich dort Grenzen gesetzt, wo die Substanz in Gefahr gerät und das Temperament zu lebhaft und anspruchsvoll wird.

Zur Veredelung ist ganz allgemein festzustellen, daß sie in der deutschen Reitpferdezucht seit einiger Zeit ihren Höhepunkt erreicht hat. In manchen Gebieten tat man des Guten dabei allerdings zuviel. Die Folge davon ist, daß heute bei der Benutzung des Vollblüters vielerorts große Zurückhaltung gezeigt wird. So konsequent wie in den letzten Jahren wird man sich hinsichtlich seiner Verwendung in Zukunft jedoch nicht verhalten können. Besonders die in den Marschen beheimateten Pferdezuchten brauchen in regelmäßigen Abständen den härtenden Einfluß des Vollblüters, damit die Trockenheit der Gliedmaßen und die klare Textur nicht verlorengehen. Auch zu den Hengstleistungsprüfungen soll noch ein Wort gesagt werden, da sie auf die Wertschätzung der Hengste einen immer größeren Einfluß gewinnen. Dieser Entwicklung wird man sich nicht entziehen können, denn es zeigt sich immer deutlicher, daß die Leistungen der Nachkommen der fast allein wertbestimmende Faktor für die Einschätzung eines Hengstes sind. Der alte Satz »An ihren Früchten sollt ihr sie erkennen« gilt auch hier, und zwar viel stärker, als es die Zuchtleitungen mitunter wahrhaben wollen. Die in den Jahrbüchern veröffentlichten Ergebnisse werden auf den Einsatz der Hengste, von deren Nachfahren in den Statistiken zu lesen ist, mit Sicherheit immer mehr an Bedeutung gewinnen. Vatertiere, die mit mehreren volljährigen Jahrgängen im Turniersport erfolglos bleiben, werden die

Züchter in Zukunft wohl konsequent ablehnen. Langfristig werden die Jahrbücher so zu einer »zweiten Körung«. Zum Schluß ist zur westfälischen Warmblutzucht zu sagen, daß sie die ausgesprochen enge Bindung, die ursprünglich zu Hannover bestand, in den letzten Jahren gelockert hat. Man ist etwas eigenständiger geworden und vertraut selbstbewußt auf das im Lande gewachsene Potential, zu dem besonders RAMZES X ein gerüttelt Maß beitrug. Wenn heute von Spitzenpferden des Turniersports die Rede ist, dann wird fast immer auch von Westfalen gesprochen. Daher darf man gespannt sein, wie die Entwicklung weitergeht – und ob sich die einstmals unerschütterlich scheinende Vormachtstellung Hannovers in der Produktion von Leistungspferden so deutlich, wie sie einmal bestanden hat, wieder einstellen wird.

Holstein

Die Zucht des Pferdes in Holstein ist alt und aufgrund der besonderen klimatischen und wirtschaftlichen Verhältnisse von jeher eigene Wege gegangen, um frühzeitig das zu erreichen, was nicht in allen Warmblutzuchten selbstverständlich ist: die absolute Selbständigkeit. Dabei hat die Holsteiner Zuchtleitung vor allem das Blut des Nachbarlandes Hannover gemieden, da man der Meinung war und ist, es passe ebenso wenig wie das des Ostpreußen zu dem des Holsteiners. Dieser Trend war im holsteinischen Marschverband schon früher sehr deutlich, während im ehemaligen Geestverband der Einfluß Hannovers zeitweilig allerdings recht groß war. Auf welchem Weg das schon im Mittelalter berühmte Holsteiner Pferd entstanden ist, läßt sich nicht mehr aufklären. Vermutlich sind mit

dem Christentum und dem späteren Aufblühen des Klosterwesens Orientalen, Neapolitaner und Spanier ins Land gekommen, die zusammen mit dem bodenständigen Schlag der europäischen Küstenländer das Ausgangsmaterial für den Holsteiner, Hannoveraner, Oldenburger, Ostfriesen und die holländischen Rassen bildeten. Auch der Schleswiger Kaltblüter wird wohl aus dieser Quelle stammen. Im übrigen mögen die schweren Marschböden der Westküste ihren Teil dazu beigetragen haben, das kräftige, großrahmige Pferd mit dem hohen Aufsatz, den erhabenen Tritten und charakteristischem Ramskopf entstehen zu lassen.

Besonders das Zisterzienserkloster Ütersen und die Herren von Ahlefeld auf Haseldorf waren in der holsteinischen Pferdezucht der Marschen führend. In der Folgezeit haben die angestammten Landesherren, die Herzöge von Holstein, aber auch die dänischen Könige viel Interesse für die Pferdezucht gezeigt, da deren Produkte sowohl für den Kriegsdienst als auch zu Turnierzwecken immer wieder benötigt wurden. Wir wissen, daß die Zucht zu jener Zeit einen hohen Stand hatte und bereits vom 16. bis 18. Jahrhundert starke Nachfrage nach Holsteiner Pferden herrschte. Dabei läßt der sich über Jahrhunderte hinziehende rege Export auf die gleichmäßige Qualität des Handelsobjekts schließen. Spanien und Dänemark traten bereits frühzeitig als Käufer auf – unter anderem wurden sogar an das spanische Gestüt Córdoba Zuchthengste geliefert –, später auch Italien und Frankreich, welches seine schwere Reiterei in besonderem Maße mit Pferden aus Holstein versorgte. Aber auch das übrige Deutschland zog Nutzen aus der holsteinischen Pferdezucht. Beispielsweise wurde Dillenburg in Nassau, ein heute noch bestehendes Landgestüt, im 16. Jahrhundert zum Teil mit holsteinischen Stuten gegründet. Das hannoversche Landgestüt Celle begann 1735 seine Tätigkeit mit 14 Holsteiner Hengsten, und auch die münstersche Regierung sowie das Land Oldenburg stellten um 1780 Holsteiner Beschäler auf. Nach den Befreiungskriegen kauften die mecklenburgischen Züchter in Holstein ein, um ihren dezimierten Pferdebestand wieder aufzubessern. Der weit über das europäische Festland gespannte Roßhandel brachte allerdings auch Gefahren mit sich, denn manches zur Zucht geeignete Pferd ging dem Heimatland dadurch frühzeitig verloren. Vor allem der Ersatz von Hengsten bereitete im Lauf der Zeit immer größere Schwierigkeiten. Daher geriet die

Holsteiner Zucht nach den Napoleonischen Kriegen wie alle kontinentalen Pferdezuchten in eine Krise. Um ihr zu begegnen, importierten weitblickende Männer gutes Zuchtmaterial mit Vollblut- und Halbblutabstammung aus England. Besonders der tatkräftige Herzog von Augustenburg führte zwischen 1820 und 1830 eine Reihe bedeutender Vollbluthengste ein, unter denen sich auch der später sehr einflußreiche PROTOCOLL XX befand. Zum Jungbrunnen für die Zucht aber wurde der englische Yorkshire-Coach-Horse-Schlag, mit dessen Hengsten man seit etwa 1825, dem Jahr der großen Sturmflut und des wirtschaftlichen Niedergangs, Paarungen durchführte, die sich als außerordentlich glücklich erwiesen. Den größten Einfluß auf die Formgestaltung des Holsteiner Pferdes übten dabei BURLINGTON TURK, BRILLIANT und OWSTWICK aus. BURLINGTON TURK war der bedeutendste der drei und wurde 1829 als Vierjähriger eingeführt. Er hat 32 Söhne hinterlassen. Die große Durchschlagskraft des Trios erklärt sich einerseits durch die außerordentlich gute Verträglichkeit mit dem Blut des alten Holsteiners, andererseits durch ihre enge Verwandtschaft untereinander. Aufgrund der geschickten Verbindung mit dem Yorkshire-Blut und der sparsamen Verwendung von Vollbluthengsten entstand allmählich ein neues Warmblutpferd, dessen Vertreter kompaktere und tiefere Formen zeigten als viele ihrer Vorfahren, ohne aber an Gangvermögen eingebüßt zu haben, auf das seitens der Züchter immer großes Gewicht gelegt worden war.

Der große Ruhm, den das Holsteiner Pferd zu jener Zeit in ganz Europa hatte, brachte für die Zucht aber auch Probleme. Nach dem Ende des Deutsch-Dänischen Krieges und der Annexion der Herzogtümer durch Preußen gab es zunächst zwar eine Zeit der Hochblüte, der dann aber eine die Existenz der Rasse erneut bedrohende Krise folgte. Weil die großen Städte des Kontinents inzwischen durch immer besser werdende Straßen miteinander verbunden waren, herrschte eine kaum zu befriedigende Nachfrage nach Luxuskarossiers. Die Züchter zeigten daher nur noch wenig Neigung, die bessere männliche Nachzucht als Hengste aufzuziehen, denn sie erzielten für junge Wallache unglaubliche Preise. Vor allem die reichen Kaufleute Norditaliens waren stark an Luxusgespannen interessiert. Außerdem hatte das nach dem Deutsch-Französischen Krieg vergrößerte Heer steigenden Bedarf an Militärpferden, so daß der preußische Staat alles daransetzte, Remonten aus Holstein zu bekommen. Als

Ergebnis dieser Entwicklung fand man dort in den siebziger Jahren kaum noch hochklassige Pferde. Aus diesem Grund wurde 1872 sechs Kilometer südlich von Bad Segeberg auf dem Fiskalischen Hof das Landgestüt Traventhal gegründet und Stallungen für 120 Hengste eingerichtet. Bei dem herrschenden Mangel an geeigneten einheimischen Vererbern fand man in Traventhal bald eine Sammlung der verschiedensten Rassen, mit denen wahllos drauflos gekreuzt und ein schlimmer Mischmasch produziert wurde. Selbst alte, erfahrene Züchter waren vom bewährten Weg abgekommen und glaubten, es müsse immer wieder anderes Blut eingeführt werden, um überhaupt noch eine erfolgreiche Pferdezucht betreiben zu können. Unter diesen Umständen war leicht auszurechnen, wann es keine reingezüchteten Alt-Holsteiner-Stämme mehr geben würde. 1883 gelang es Georg Ahsbahs jedoch, die Züchter der Kremper Marsch in einem Pferdezuchtverein zusammenzuschließen, dessen Ziel es war, das alte Holsteiner Blut in seinen reinsten Stämmen zusammenzufassen und mit ihm weiterzuzüchten. Gleichzeitig wurde ein Hengstaufzuchtverein gegründet, um Hengste Holsteiner Abstammung wieder in ausreichender Zahl bereitstellen zu können. Kurze Zeit später entstanden die Pferdezuchtvereine der Haseldorfer und der Wilster Marsch, die sich 1897 schließlich unter dem Namen »Verband der Pferdezüchter in den Holsteinischen Marschen« mit dem Sitz in Elmshorn zusammenschlossen, wo außerdem die heute noch bestehende Reit- und Fahrschule gegründet wurde, die neben der Ausbildung junger Bauernsöhne im Reiten, Fahren und der Pferdepflege auch in großem Umfang den Absatz von Zucht- und Gebrauchspferden in die Hand nahm. 1915 verfügte der Verband über achtzig im Land gezogene Beschäler und hatte nach dreißig Jahren intensiver züchterischer Arbeit das fremde Blut so gut wie ganz verdrängt. 1896 war unter der Schirmherrschaft des Landgestütes Traventhal der Geestverband mit dem Sitz in Eutin entstanden, der schon bald auf gut 2000 Mitglieder anwuchs, die ebenso viele Stuten in ihren Ställen hielten.

Die nach dem Ersten Weltkrieg einsetzende wirtschaftliche Not brachte der Zucht des Holsteiner Pferdes dann wiederum erhebliche Sorgen. Der zunächst planlosen Pferdevermehrung folgte bald ein erheblicher Rückgang der Bedeckungsziffern und damit eine enorme Verteuerung der Hengsthaltung. Die stets auf ihre Unabhängigkeit bedachte Züchterschaft

konnte die Kosten für die Hengsthaltung nicht mehr aufbringen und sah sich gezwungen, ihren wertvollen Bestand dem Staat zu verkaufen. 1926 und 1927 wurden daher 72 Privatbeschäler vom Landgestüt Traventhal übernommen, das bis 1960 Träger der Holsteiner Hengsthaltung war. Marsch- und Geestverband bestanden jedoch weiter. Jeder wahrte seine Selbständigkeit sowie Organisation und prämierte seine Stuten selbst. Der längst fällige Zusammenschluß vollzog sich dann 1935 im »Verband der Züchter des Holsteiner Pferdes e. V.«. 1944 wurde der neue Holsteiner Brand eingeführt, der noch heute gilt und den sämtliche Fohlen von eingetragenen Stuten erhalten.

Drei Hengstlinien haben in der Vergangenheit für die Holsteiner Zucht Bedeutung gehabt: die ACHILL-, ADJUTANT- und ETHELBERT-Linie.

ACHILL stand in den neunziger Jahren des vorigen Jahrhunderts vergessen auf einer unbedeutenden Station und wurde in jenen Krisenjahren von dem begnadeten Hippologen Dr. A. de Chapeaurouge entdeckt, der ihn blutmäßig identifizierte und ihm dadurch eine züchterische Chance gab. Von seinen Söhnen interessieren nur MEISTER und der alles überragende TOBIAS, der 1904 geboren wurde und den ACHILL als bereits 26jähriger Hengst brachte. TOBIAS ist mit seinen Söhnen der stärkste Springblutträger Holsteins und hat dort

mehr Nachkommen hinterlassen als je ein Vererber vor oder nach ihm. Erich Clausen schrieb 1968 in der Februarausgabe der Zeitschrift »Sankt Georg« über ihn folgendes: »Untersuchungen zeigen, daß es fast ausschließlich die Kombination des berühmten TOBIAS über seine Söhne und Enkel war, die Holsteiner Springpferde lieferte.« So waren beispielsweise die unwahrscheinlich springende BADEN, ihre Vollschwestern ORIGINAL-HOLSATIA und BADEN-BADEN sowie das bekannte Weltmeisterschaftspferd ORIENT von Hans Günter Winkler Mitglieder der TOBIAS-Familie.

Die einstmals große ADJUTANT-Linie ist heute im Mannesstamm erloschen. Das gleiche gilt von der ETHELBERT-Linie, die in ihren besten Zeiten in Holstein den weitaus größten Teil der Hengste gestellt hat. Neben seiner großen Leistungsbereitschaft, Härte und Treue sowie dem überragenden Springvermögen besaß der Holsteiner bis in die fünfziger Jahre aber auch Eigenschaften, die seine Qualität als Reitpferd wesentlich beeinträchtigten. Der wenig ausgeprägte Widerrist ergab keine gute Sattellage, und von den Grundgangarten ließen, wie bei allen Karossierrassen zu beobachten, Schritt und Galopp häufig viele Wünsche offen. Mit der Auflösung des Landgestüts Traventhal im Jahre 1960 kam die Hengsthaltung zum großen Teil wieder in die Hand des Holsteiner Verbandes, der seit jener Zeit starke Bemühungen

unternahm, das Zuchtziel zu revidieren. Eine Betrachtung des bisher Erreichten zeigte, daß von allen bis dahin verwendeten Veredelungshengsten eigentlich nur der englische Vollblüter nachhaltig das gebracht hatte, was man anstrebte und was der Markt erforderte: ein großliniges Reitpferd mit guter Galoppade und hoher Leistungsbereitschaft. Der Vollblüter hatte am ehesten die Durchschlagskraft, um die Zucht in Richtung Nur-Reitpferd in neue Bahnen zu lenken. Von seinen Vertretern, die bis zur Auflösung des Landgestüts Traventhal und zum Teil auch danach in Holstein gewirkt haben, sind vor allem TREBONIUS xx, WÜSTENSOHN xx, WANDERFALK xx, ALABASTER xx, ANBLICK xx, FRIVOL xx, und REINALD xx bekannt geworden.

TREBONIUS xx, der schon lange Zeit vor dem Zweiten Weltkrieg in Holstein stand, war ein edler, schöner und korrekter Vollblüter, der insgesamt etwas leicht war. Er hat vorzügliche Reitpferde vererbt, die besonders viel springen konnten. Der im Gestüt Mydlinghoven geborene WÜSTENSOHN xx hat nur kurz in Holstein gedeckt und ist hauptsächlich durch seine Tochter ILONA hervorgetreten, die eines der erfolgreichsten deutschen Nationenpreispferde der Nachkriegszeit war. Recht gut setzte sich auch der Harzburger WANDERFALK xx durch, der mehrere Jahre die Liste der erfolgreichsten Holsteiner Turnierpferde anführte. Seine Kinder zeigten besondere

488

Stärken in der Dressur, für die er zum Beispiel so gute Pferde wie ARKADIUS und WALDFEE lieferte. Bedeutung erlangte jedoch vor allem ANBLICK XX, der 1938 im Hauptgestüt Graditz geboren wurde. Nachdem er bereits elf Jahre ohne besonderen Erfolg auf guten hannoverschen Stationen gestanden hatte, deckte er ab 1954 bis zu seinem Lebensende in Holstein. Während seine Nachkommen in Hannover durchweg zu fein und klein blieben, hat ANBLICK XX in seinem neuen Wirkungsgebiet aufgrund der schwereren Partnerinnen viele Nachkommen hinterlassen, die im Typ des modernen Reitpferdes stehen und bei allem Adel noch genug Masse besitzen. Im Turniersport ist vor allem seine Tochter ANTOINETTE bekannt geworden, die mit ihrem Reiter Josef Neckermann zu vielen großen Erfolgen in der Dressur kam. Sein Sohn ALDATO war der Produzent von starken, edlen Stuten und des enorm treuen und ehrlichen Vielseitigkeitspferdes ALBRANT, das 1973 bei der Europameisterschaft in Kiew unter Herbert Blöcker in der Einzelwertung ganz knapp Zweiter wurde und mit der deutschen Mannschaft die Goldmedaille gewann. Der Steeplerhengst FRIVOL XX trat besonders als Vater hervorragender Springpferde in Erscheinung, von denen als beste FIDUX und FORTUN zu nennen sind. Leider hat FRIVOL XX seinen Kindern in der Regel recht deutliche Temperamentschwierigkeiten mitgegeben, die

sich aus seinem Pedigree erklären lassen, das eine sechzehnfache Inzucht auf den wegen dieser Eigenschaft berüchtigten GALOPIN XX aufweist. Als Vererber von Springpferden muß auch REINALD XX erwähnt werden. Von seinen Nachkommen war vor allem TORPHY ein robustes, treues und ehrliches Pferd, das mit Hans Günter Winkler 1972 in München und 1976 in Montreal Mitglied der deutschen Olympiamannschaft war, die dort die Gold- bzw. Silbermedaille gewann.
Während des Wirkens der eben genannten Vollblüter zeichnete sich in der holsteinischen Zucht hinsichtlich der Erfolge seiner Kinder im Springsport aber auch noch ein anderer Hengst aus – und zwar der noch vor dem letzten Krieg in Polen gezogene und später vor allem in Westfalen zu hohen Ehren gekommene Angloaraber RAMZES X. RAMZES X wurde allerdings weniger seines Typs als seiner Leistungsanlage wegen aufgestellt. Er brachte in den ersten beiden Jahren seiner Stationierung, nämlich 1951 und 1952, dann auch auf Anhieb ein paar Springpferde der Spitzenklasse. Gemeint sind RAMONA, RETINA und ROMANUS. Aus diesem Grund wurden von ihm auch einige Söhne gekört. Daher ist sein Blut heute nicht nur in Westfalen, sondern auch in Holstein weit verbreitet. Einer seiner bekanntesten Nachfahren ist über seinen Sohn RAIMOND der 1965 geborene braune Hengst RAMIRO, der unter Fritz

Ligges im Springsport erfolgreich war, bevor er sich durch seine Töchter RAMIROS GIRL und die später in DONAU umgetaufte FATINITZA einen Namen in der Zucht machte.
Von den Vollblütern, die nach 1960 das Bild des modernen Holsteiner Reitpferdes geprägt haben, müssen drei Hengste besonders erwähnt werden: COTTAGE SON XX, LADYKILLER XX und MARLON XX, die alle aus England importiert wurden.
Der außergewöhnlich großrahmige COTTAGE SON XX war schon in seinem Heimatland als Erzeuger guter Reit- und Sportpferde bekannt geworden und kam erst in verhältnismäßig hohem Alter nach Holstein. Er hinterließ eine Reihe von Söhnen, die es in der Zucht nicht immer leicht hatten. Von ihnen ist CONSUL als Vater des überragenden Dressurpferdes GRANAT bekannt geworden, das mit der Schweizerin Christine Stückelberger sowohl 1976 bei den Olympischen Spielen in Montreal als auch 1978 bei der Weltmeisterschaft in Goodwood die Goldmedaille gewann. Die beiden anderen eben genannten Vollblüter sind in der holsteinischen Zucht jedoch zu größerem Einfluß gekommen – was wiederum hauptsächlich für LADYKILLER XX gilt, der wie kein anderer Spezialhengst in den letzten fünfzig Jahren das Bild des modernen Holsteiner Pferdes mitgeprägt hat. Der 1979 im Alter von achtzehn Jahren an einer schweren

Kolik eingegangene braune Hengst hinterließ 35 gekörte Söhne und 30 Staatsprämienstuten. Im Turniersport haben LADYKILLERS XX Nachkommen, von denen BOY, LANDGRÄFIN und LEON über Hindernisse zu besonderen Ehren kamen, bis einschließlich 1982 die beachtliche Summe von 583 825 DM verdient.

Von seinen Söhnen muß vor allem auf LORD eingegangen werden, der 1967 geboren wurde und auf der Mutterseite COTTAGE SON XX-Blut führt. LORD zeigte selbst außergewöhnliche Springveranlagung und hat im Rahmen von Schaudarbietungen unter dem Reiter häufig Hindernisse von 2,00 m Höhe überwunden. Diese Begabung vererbt er auch seinen Kindern, von denen LIVIUS das bei weitem bekannteste ist. Unter seinem Entdecker, Ausbilder und Reiter Peter Luther kam der Wallach in den letzten Jahren zu außergewöhnlichen Erfolgen – wobei an erster Stelle der Sieg im Deutschen Springderby 1980 und der Gewinn der Mannschaftseuropameisterschaft 1981 zu nennen sind – und zeigt Springvermögen in einem Überfluß, wie es sich jeder Reiter wünscht. Dabei ist er ehrlich und kämpft mit.

Nicht ganz so erfolgreich, wenn auch ursprünglich mit mehr Vorschußlorbeeren ausgestattet, hat sich die züchterische Entwicklung von MARLON XX gestaltet. Er ist ein Sohn des bekannten Rennpferdproduzenten TAMERLANE XX und steht seit 1965 in Holstein. Obwohl er LADYKILLER XX nicht übertreffen konnte, ist doch festzuhalten, daß MARLON XX zu den Großen der holsteinischen Zucht zählt. Die Stärken seiner Nachkommen liegen hauptsächlich im Dressursport – wenn man davon absieht, daß sein Sohn MADRIGAL als Vielseitigkeitspferd Furore machte und 1976 in Montreal fast die Goldmedaille in der Einzelwertung gewonnen hätte. Nach drei vermeidbaren Springfehlern in der letzten Teilprüfung blieb ihm und seinem Reiter Karl Schulz aber immer noch die Bronzemedaille.

Hinsichtlich der Vererbung von MARLON XX ist jedoch zu sagen, daß er im züchterischen Einsatz nicht die großen Chancen wie LADYKILLER XX hatte, der immer auf einer der wichtigsten Stationen in den klassischen Marschgebieten stand. MARLON XX dagegen tat viele Jahre auf Stationen Dienst, die nicht im Zentrum des holsteinischen Hochzuchtbereiches liegen. Insgesamt gesehen leidet er in den letzten Jahren wohl auch ein wenig unter dem allgemeinen Trend, daß die Züchter mit der Einkreuzung von Vollblut sehr vorsichtig sind. Sie bevorzugen mittlerweile mehr die

Söhne und Enkel von Vollblütern – wahrscheinlich in der Meinung, daß man in der Vergangenheit durch die Benutzung von Spezialhengsten in seinen Vorstellungen und Wünschen hinsichtlich Größe, Korrektheit der Gliedmaßen und des Bewegungsablaufes sowie der Belastbarkeit im Sport relativ häufig enttäuscht worden ist. Die Zurückhaltung gegenüber dem Vollblut hat in Holstein jedoch größere Berechtigung als in anderen Zuchtgebieten. Denn vor allem der Einsatz der eben genannten Hengste hat dazu geführt, daß fast jedes Pferd in der zweiten oder dritten Generation den Namen eines dieser Vertreter im Pedigree führt. Daher ist es verständlich, wenn die Züchter zur Erhaltung der Substanz und des auch für ein Leistungspferd nötigen Phlegmas bei der weiteren Gestaltung des holsteinischen Reitpferdes auf deren Söhne und Enkel zurückgreifen.

Nach der Ära der Vollblüter trat in Holstein der Anglonormanne COR DE LA BRYERE immer mehr in den Vordergrund. Der dunkelbraune Hengst wurde 1968 in Frankreich geboren und steht seit 1971 auf der klassischen Station Siethwende bei Elmshorn. Von dort trat er als Vater besonders hoch eingestufter Junghengste wahre Siegeszüge an. COR DE LA BRYERE ist ein gut mittelgroßer Hengst mit sehr harmonischen Formen und einem sehr schönen Bewegungsablauf. In der Ausprägung seines Fundaments ist der hohe Anteil des Vollbluts deutlich zu erkennen. Er springt sehr gut und vererbt diese Eigenschaft fast allen seinen Kindern. Sein Vater war der 1946 geborene Fuchshengst RANTZAU XX, den viel Nerv und außergewöhnliche Schönheit auszeichneten. Seine Nachkommen sind in Frankreich besonders im Springsport und in der Vielseitigkeit hervorgetreten, während im Dressursport von ihm kaum Kinder gesehen wurden. RANTZAU XX war von 1964 bis 1975 in den französischen Championatslisten immer unter den drei erfolgreichsten Hengsten zu finden. 1971 und 1972 belegte er in ihnen sogar den ersten Platz.

COR DE LA BRYERES Mutter ist die Stute QUENOTTE, die von LURIOSO stammt. LURIOSO wiederum war ein Sohn des weltberühmten FURIOSO XX, der in Deutschland durch den in Oldenburg stehenden FURIOSO II sehr bekannt geworden ist. Angesichts des hohen Vollblutanteils, den COR DE LA BRYERE in seinem Pedigree aufweist, ist es nicht verwunderlich, daß er in der Holsteiner Zucht viele geeignete Partnerinnen findet, die ihm den nötigen Blutanschluß geben. Er vererbt sich meistens dunkelfarbig und mit ganz wenigen

Von den Vollblütern, die nach 1960 das Bild des modernen Holsteiner Reitpferdes geprägt haben, müssen vor allem 1 COTTAGE SON XX, 2 LADYKILLER XX und 3 MARLON XX genannt werden, die alle aus England importiert wurden. Von ihnen wiederum verdient LADYKILLER XX besondere Erwähnung, denn der 1979 im Alter von 18 Jahren eingegangene Hengst hinterließ 35 gekörte Söhne, von denen sich der mit außergewöhnlicher Springveranlagung begabte 4 LORD bisher den größten Namen machte. Er nämlich lieferte mit 5 LIVIUS ein Pferd, dem unter seinem ständigen Reiter Peter Luther keine Höhe und Weite eines Hindernisses zu groß ist.

MARLONS XX bestes Produkt im Sport war ohne Zweifel 6 MADRIGAL. Der Wallach sah 1976 in Montreal mit Karl Schulz im Sattel schon wie der sichere Sieger in der Vielseitigkeitsprüfung aus, fiel nach drei Springfehlern im letzten Wettbewerb aber doch noch auf den dritten Platz der Einzelwertung zurück. Immerhin war es vor allem ihm und seinem Reiter zu danken, daß die deutsche Mannschaft die Silbermedaille gewann.

Nach der Ära der Vollblüter schob sich in Holstein der Anglonormanne 7 COR DE LA BRYERE immer mehr in den Vordergrund. Der dunkelbraune Hengst wurde 1968 in Frankreich geboren und steht seit 1971 auf der klassischen Station Siethwende bei Elmshorn. COR DE LA BRYERE springt selbst sehr gut und vererbt diese Eigenschaft fast allen seinen Kindern. In dieser Hinsicht machte hauptsächlich der gekörte Hengst 8 CALETTO von sich reden, der unter Dr. Michael Rüping im Parcours Erstklassiges leistete und auch der Equipe angehörte, die bei der Europameisterschaft 1983 in der Teamwertung die Bronzemedaille gewann. Auch 9 CALYPSO II stellte sich über Hindernisse in feiner Manier und der der Familie eigenen ausgezeichneten Springtechnik vor. Er ist übrigens einer von fünf gekörten Vollbrüdern – was in der Warmblutzucht einmalig ist.

Abzeichen. Seine Nachkommen sind in der Regel elegant und bewegen sich sehr elastisch und leichtfüßig. Darüber hinaus zeigen sie Intelligenz und Leistungsbereitschaft. Über Hindernisse sind bisher vor allem die Stute COSTA und der Hengst CALETTO hervorgetreten, während im Vielseitigkeitssport CONTRAST von sich reden machte.

In der holsteinischen Zucht deckten 1983 seitens des Verbandes neben COR DE LA BRYERE noch fünf Söhne und fünf Enkel des Anglonormannen, von denen viele eine hervorragende Hengstleistungsprüfung abgelegt haben. Wenn man bedenkt, daß der Verband im gleichen Jahr insgesamt 36 Hengste im Einsatz hatte, dann war COR DE LA BRYERE mit seinen direkten Nachkommen und deren Sprößlingen mit rund 30 Prozent am Deckgeschäft beteiligt. Falls sein Einfluß in gleichem Umfang erhalten bleibt, wird es daher in spätestens eineinhalb Jahrzehnten kaum noch einen Holsteiner geben,

1

4

7

2

5

8

3

6

9

der den Anglonormannen nicht in der Ahnentafel führt. Deshalb darf man gespannt sein, wie die Zuchtleitung den weiteren Einsatz dieses bisher hochgeschätzten und bewährten Blutes gestalten wird. Insgesamt ist festzustellen, daß in Holstein große Anstrengungen unternommen werden, um den guten Ruf des dort gezüchteten Pferdes wieder in vollem Glanz erstrahlen zu lassen. Dabei bemüht man sich besonders, Pferde mit viel Größe und Rahmen zu gewinnen, die leistungsbereit sind und außerordentlich gut springen können. Angesichts der seit Jahrhunderten gewachsenen Pferdekunde, die unter den Züchtern des Landes allgemein verbreitet ist, und in der Gewißheit, daß die Liebe zum Pferd und zur Pferdezucht in Holstein besonders groß ist, kann man davon ausgehen, daß der Holsteiner auch in Zukunft einen führenden Platz unter den Warmblutzuchten Deutschlands und damit Europas einnehmen wird.

Oldenburg

Auch die Oldenburger Pferdezucht hat eine sehr alte Tradition. Zu danken ist das vor allem Graf Anton Günther, der von 1603 bis 1667 regierte und die von seinem Vater begonnene Pferdezucht nicht nur planmäßig ausweitete, sondern durch die Einfuhr von Hengsten aus Dänemark, Andalusien und der Türkei auch deutlich veredelte, was dazu führte, daß die oldenburgischen Pferde zu seiner Zeit die bekanntesten in ganz Europa waren. Graf Anton Günther hatte im ersten Jahrzehnt des 17. Jahrhunderts auf großen Reisen durch Europa ganz neue Eindrücke gewonnen und besonders in England, bei seinem Verwandten Jakob I., viel Neues über die Pferdezucht gelernt. Zum Nutzen und zum Wohle seiner Untertanen nahm er danach durch das Bereitstellen hervorragender Hengste schnell Einfluß auf die Landespferdezucht im Norden. Es wird berichtet,

daß zu seiner Zeit auf den Oldenburger Märkten jährlich etwa 5000 Pferde ins Ausland verkauft wurden – wobei vor allem Flandern, Italien, Frankreich und Spanien als Käufer auftraten. Außerdem war Graf Anton Günther nicht gerade knauserig, wenn es darum ging, Staatsgeschäfte durch das Verschenken von edlen Pferden in seinem Sinne zu beeinflussen. Mit dieser »Roßdiplomatie« gelang es ihm unter anderem, die alles verwüstenden Heere des Dreißigjährigen Krieges von seinen Grenzen fernzuhalten. Nach dem Tode des um die Pferdezucht so sehr bemühten Landesvaters gerieten deren Geschicke in ungünstiges Fahrwasser. Besonders der Krieg Dänemarks mit Frankreich sowie der Einfall und die Brandstiftungen der französischen Truppen im Jahre 1679 haben dem Land großen Schaden zugefügt und der Pferdezucht Abbruch getan. Hinzu kamen die schrecklichen Sturmfluten von 1717 und 1721, die einen starken Verfall des

Wohlstandes in den Marschen zur Folge hatten.

Es dauerte rund hundert Jahre, bis in die oldenburgische Pferdezucht wieder Ordnung kam. 1820 fand schließlich die erste staatlich verordnete Hengstkörung statt, und seit 1861 wird auch ein Stammregister geführt. Am 9. April 1897 wurde dann das oldenburgische Pferdezuchtgesetz erlassen, das die Gründung und Einrichtung von zwei Verbänden vorschrieb. Man glaubte damals nämlich, aufgrund der Bodenverhältnisse zwei verschiedene Zuchtrichtungen verfolgen zu müssen. Für das Gebiet, in dem die Zucht des schweren Karossiers von alters her mit hervorragendem Erfolg betrieben worden war, die Marsch und die gemischten Distrikte – also die nördliche Hälfte des Herzogtums –, wurde der »Verband der Züchter des Oldenburger eleganten, schweren Kutschpferdes« neugegründet. Für die südliche Hälfte des Landes mit ihren damals noch recht ungünstigen Bodenverhältnissen schrieb man dagegen ein mittelschweres Wagenpferd als Zuchtziel vor, deren Züchter im »Südoldenburger Pferdezuchtverband« vereinigt wurden. 1923 kam es dann zur Verschmelzung beider Zuchtgebiete im »Verband der Züchter des Oldenburger Pferdes«.

Erwähnenswert ist aber noch, daß schon in den letzten Jahrzehnten des vorigen Jahrhunderts sehr viele Oldenburger als Kutschpferde ins Ausland gingen. Nicht nur Bayern, Schlesien und Sachsen traten als Käufer auf, sondern auch die Übersee-

länder USA, Kanada, Australien und Brasilien. Außerdem kauften Italien, Holland, Dänemark und Schweden regelmäßig Oldenburger Zuchthengste. Beispielsweise exportierte der Landwirt Eduard Lübben aus Sürwürden in der Wesermarsch unglaubliche Mengen von hochklassigen Pferden nach Nordamerika. Da die amerikanischen Behörden für die zollfreie Einfuhr eines Pferdes außer dem Fohlenbrand aber auch einen Abstammungsnachweis bis zur dritten Generation verlangten, sollte nicht ein Viertel des Kaufpreises als Zollgebühr entrichtet werden, schuf der clevere Geschäftsmann Eduard Lübben 1891 in Eigeninitiative das erste Oldenburger Gestütsbuch, um die von ihm verkauften Pferde mit ordentlichen Papieren zu versehen. Dabei stützte er sich auf die seit 1820 amtlich geführten Akten der großherzoglichen Körungskommission. Die Regierung in Washington erkannte die nach seinem Gestütsbuch ausgestellten Zertifikate an, so daß die Oldenburger Pferde von da an zollfrei nach Amerika gelangten.

Als der neugegründete Verband am 1. Januar 1924 seine Arbeit aufnahm, konnte er sich auf einen Bestand von 117 gekörten Hengsten und 10 386 Stuten stützen, die sich auf 5807 Mitglieder verteilten. Gleichzeitig wurde das Zuchtziel geändert, da der Kutschpferdebedarf durch die aufkommenden Automobile zurückgegangen war, während die zunehmende Intensivierung der Landwirtschaft nach schweren Wirtschafts-

pferden verlangte. Bei diesen Bemühungen ist man damals allerdings reichlich weit gegangen, denn die Pferde erreichten bei nur mittlerer Größe ein heute unvorstellbar großes Gewicht. Beispielsweise wog der Prämienhengst ELSDORF 18,7 Zentner – womit er nicht nur der schwerste Warmbluthengst der Welt war, sondern auch bekannte Kollegen aus der Kaltblutzucht übertraf. Von den Hengstlinien jener Zeit zu sprechen, ist übrigens müßig, denn heute ist von ihnen nichts mehr vorhanden. Als Anfang der fünfziger Jahre die Pferdezucht den größten Teil ihrer einstigen Bedeutung verlor und sich schließlich herausstellte, daß in Zukunft nur noch für das Reitpferd Bedarf sein würde, hat man in Oldenburg und Ostfriesland lange gezögert, die Zucht radikal umzustellen. Zu lieb waren den Züchtern und ihrer Zuchtleitung die alten Stämme geworden – zu kostbar, so glaubte man, sei dieses Blut, mit dem man auf allen großen Schauen im ehemaligen Deutschen Reich vorn geblieben war. Man muß den oldenburgischen Züchtern aber auch zugestehen, daß sie Großes erreicht hatten. Mit der Verwirklichung ihres Zuchtzieles waren sie weiter gekommen als die übrigen Warmblutzuchten, die freilich auch andere Vorstellungen verwirklichen wollten. Vor allen Dingen war jeder Außenstehende immer wieder von der Einheitlichkeit des Oldenburger Typs überrascht. Die in Hannover stets geduldete Variationsbreite zwischen den Pferden der Geest und der Marsch gab es

in Oldenburg nicht. Alle Pferde waren tiefe, breite und schwere Modelle, die mit mächtigen Hälsen, etwas steilen Schultern und kaum ausgeprägtem Widerrist ausgestattet waren. Der Rücken war mittellang und fest, die Kruppe eher kurz und in der Regel gerade. Die in der Geest aus den alten Stämmen immer wieder anfallenden edleren Hengste wurden zu jener Zeit rücksichtslos ausgemerzt, weil man sie als zu leicht betrachtete. Für die Züchter war es daher traurig, als sie nach ihren großen Erfolgen erkennen mußten, daß ihre Pferde im Typ nicht dem modernen Trend entsprachen. Deprimierend war es für sie auch, wenn aus den besten Staatsprämienstuten gefallene Fohlen den Weg zur Schlachtbank antreten mußten. Aufgrund der Entwicklung wurde die Umstellung jedoch zur züchterischen Existenzfrage, der man zunächst mit der Aufstellung des Anglonormannen CONDOR begegnete. Als Reitpferdevererber durfte man von ihm freilich nicht viel erwarten. Erstens war er selbst nicht mehr als ein schwerer Halbblüter, der außerdem eine mangelhafte Oberlinie besaß, und zweitens waren seine Partnerinnen in der Regel so tief, wuchtig und kurzbeinig, eben so sehr Arbeitspferde, daß selbst ein weit edlerer Hengst es kaum geschafft hätte, mit ihnen ein akzeptables Sportpferd zu erzeugen. Summa summarum muß man den Versuch »CONDOR« als gescheitert ansehen. Er und seine Nachkommen haben es jedenfalls nicht abzuwenden vermocht, daß das Oldenbur-

ger Pferd Ende der fünfziger und Anfang der sechziger Jahre immer mehr auf die Verliererstraße geriet. Der Aufschwung wurde erst 1959 mit der Aufstellung des im Gestüt Schlenderhan gezogenen Vollblüters ADONIS XX eingeleitet. Er stieß sofort auf das brennende Interesse der Züchter und deckte auf Anhieb doppelt so viele Stuten wie der nächstbegehrte Hengst. ADONIS XX lieferte in Oldenburg endlich jene Reitpferde, nach denen der Markt verlangte. Sie ließen sich an den Mann bringen und brachten in jungen Jahren häufig doppelt soviel ein wie ihre von anderen Beschälern stammenden Altersgenossen, die damals noch in Scharen die Reise nach Paris antreten mußten, wo sie an den Metzger verkauft wurden.

Nachdem ADONIS XX den Anfang gemacht hatte, wurden in rascher Folge die Vollblüter MANOLETE XX, MIRACOLO XX, GUTER GAST XX, MORE MAGIC XX, VOLLKORN XX, MAKUBA XX und KRONPRINZ XX eingeführt. Außerdem kamen verschiedene hannoversche Hengste nach Oldenburg, von denen besonders DUELLGRAF, WEINSTERN, SIEGESMUND und WAIDMANNSHEIL hervorzuheben sind. Zu den Genannten stießen später mit VIERZEHNENDER XX, PRAEFECTUS XX und BALLY BOY XX noch drei weitere Vollblüter.

Vor allem diesen Hengsten ist es zu danken, daß die Oldenburger Zucht doch noch in die gewünschte Bahn mündete. Von den Nachkommen der angeführten Veredler machten sich auch im Turniersport einige

einen Namen. Zum Beispiel der MORE MAGIC XX-Sohn MON CHERIE, der 1979 unter der Österreicherin Sissy Theurer die Europameisterschaft der Dressurreiter gewann und sich 1980 bei den Olympischen Spielen in Moskau die Goldmedaille holte. Der Ravensberger VOLLKORN XX schließlich, der durch seine großen Linien und bedeutenden Partien besticht, brachte mit VOLTURNO einen Nachkommen, der jahrelang zu den besten Vielseitigkeitspferden der Welt gehörte und seit 1971 selbst deckt. 1982 verdienten seine Kinder im Turniersport die nicht unbeachtliche Summe von reichlich 26 000 DM. Als Stutenmacher lieferte VOLLKORN XX eine Reihe von Töchtern, von denen viele mit einer Prämie ausgezeichnet wurden.

Im Gegensatz zu VOLLKORN XX war dessen Zuchtgefährte VIERZEHNENDER XX in Oldenburg nie erste Wahl, zeichnete sich aber trotzdem als hervorragender Vererber aus. Seine besondere Stärke lag in der Produktion von Wagenpferden der Sonderklasse. Dieser Umstand ist aber sicher auch dadurch gefördert worden, daß der Eigentümer von VIERZEHNENDER XX Bernd Duen war, der als der stärkste deutsche Fahrer gilt. Schon seit Jahren bespannt er seinen berühmten Viererzug ausschließlich mit VIERZEHNENDER XX-Nachkommen, die nicht nur wegen ihrer guten Trabmechanik Bewunderung erregen, sondern auch dadurch, daß sie gelassen und mühelos durch das Genick treten und sich durch nichts von ihrer Aufgabe ablenken lassen.

Von den Warmbluthengsten gelten vor allem dem enorm großen WEINSTERN besondere Hoffnungen. WEINSTERN ist ein Hengst, der mit seinen großzügigen Linien und dem korrekten Fundament ganz genau den heutigen Bedürfnissen entspricht und in der Anpaarung mit Halbblutstuten sehr gutes Material sowohl für die Zucht als auch für den Sport bringt.

In den letzten Jahren prägten vier Hengste, die aus unterschiedlichen Zuchtgebieten stammen, das Bild des modernen Oldenburgers besonders deutlich: FURIOSO II, FUTURO, INSCHALLAH X und LÖWEN ASS. INSCHALLAH X wurde 1968 in Südfrankreich geboren und steht seit 1972 in Cappeln auf der größten Deckstation der Welt im Einsatz. Er ist selbst ein hervorragendes Reitpferd mit hoher Leistungsbereitschaft und bestem Exterieur. Diese Qualitäten hat er bei seiner Hengstleistungsprüfung in Adelheidsdorf bestätigt, wo er als bester seines Jahrgangs abschnitt. In seiner relativ kurzen Laufbahn hat INSCHALLAH X schon viele gute Stuten und auch hervorragende Hengste gestellt, die zum Teil auch im Ausland hoch bewertet wurden. Beispielsweise lieferte er 1978 auf der dritten deutschen Zuchtstuten-Elite-Auktion anläßlich der DLG-Ausstellung in Frankfurt die Spitzenstute. Obwohl er erst am Anfang seiner züchterischen Karriere steht, ist daher zu erwarten, daß er den großen Hoffnungen der Zuchtleitung gerecht wird.

Der 1966 geborene und leider bereits 1982 eingegangene Fuchs LÖWEN ASS verband das Blut der beiden berühmten Vollblüter DER LÖWE XX und PIK AS XX. Er vererbte sich durchschlagend und lieferte dem Turniersport Jahr für Jahr zahlreiche Nachkommen, die in der Regel ehrlich sind und sich gut reiten lassen. Darüber hinaus zeigen sie Begabung für alle Aufgabenbereiche. 1982 verdienten sie fast 84 000 DM, zu denen der von Peter Schmitz gerittene Schimmel LOTUS mit rund 22 000 DM den größten Teil beitrug. Ohne Zweifel war LÖWEN ASS auf dem besten Weg, in der Oldenburger Zucht ein Großer zu werden.

Der 1966 in der Normandie geborene, etwas bunte FUTURO stammt von dem berühmten Vollblüter FURIOSO XX, der in Frankreich die zu großen internationalen Erfolgen gekommenen Springpferde LUTTEUR, VERTUOSO, POMONE B und MONSIEUR DE LITTRY gemacht hat. FUTURO, der im Typ des eleganten, leichten Halbblüters steht, befindet sich seit 1969 im Deckeinsatz. Seine Kinder zeigen überdurchschnittliche Leistungen, sind tadellos im Charakter und mit großer Regelmäßigkeit sehr leicht zu reiten. Zu tadeln ist allerdings, daß ein

nicht geringer Teil von ihnen im Größenwachstum enttäuscht. Im Springsport machte sich vor allem sein Sohn FOREVER einen Namen, der 1980 unter der englischen Amazone Liz Edgar den Großen Preis von Aachen gewann und derzeit ohne Frage zu den besten in Deutschland gezogenen Springpferden zählt.

FUTUROS Halbbruder, der ebenfalls recht bunte Fuchs FURIOSO II, ist der Spitzenhengst unter allen lebenden Warmblutvererbern Deutschlands. Er wurde 1965 geboren und deckt seit 1968 in Oldenburg. FURIOSO II ist dabei, alle Rekorde zu brechen, die statistisch erfaßt werden können. Aufgrund seiner besonderen Physis ist er nämlich in der Lage, pro Saison ungewöhnlich viele Stuten zu decken. Und weil die Nachfrage nach ihm außerordentlich groß ist, erhält in Deutschland kein Hengst pro Deckzeit auch nur annähernd so viele Partnerinnen wie er. Die Folge dieser starken Benutzung wiederum ist, daß es auch keinen Hengst gibt, von dem so viele Kinder im Turniersport vertreten sind. 1982 waren es 308, die es auf eine Gewinnsumme von 191 723 DM brachten. Insgesamt haben seine Nachkommen bis zum gleichen Zeitpunkt 939 903 DM verdient. Damit stand FURIOSO II 1982 in der Bestenliste aller Vererber hinter GOTTHARD und FERDINAND auf dem dritten Platz. Eine echte, überragende Spitze hat FURIOSO II dem Turniersport bisher allerdings noch nicht geliefert.

Der Zucht stellte der Hengst bis 1982 55 gekörte Söhne und 144 prämierte Stuten womit er zum neuen Ruhm des Oldenburger Pferdes alles in allem den größten Beitrag lieferte.

Von den jüngeren Hengsten, die in Oldenburg Bedeutung erlangt haben, ist vor allem der 1970 geborene ADMIRAL zu nennen, der leider schon im Dezember 1974 an einer Blutvergiftung einging. Das war ohne Zweifel ein großer Verlust, denn der in Hannover gezogene Fuchs, der seine Leistungsprüfung in Adelheidsdorf in imponierendem Stil gewann, stellte sowohl 1977 als auch 1978 auf der zentralen Stutenschau Oldenburgs die Siegerstute. Außerdem wurden aus seinen zwei Jahrgängen fünf Söhne gekört – was trotz der hervorragenden züchterischen Chance, die er bekam, eine erstaunliche Leistung ist. Diesem Frühvollendeten wäre sicher eine große Zukunft beschieden gewesen – besonders auch deswegen, weil seine Nachkommen in der Regel elegante, großlinige Pferde sind, die sich gut reiten und leicht verkaufen lassen.

Inzwischen ist die Veredelung in der

Oldenburger Zucht weitgehend abgeschlossen und die Benutzung von Vollblütern drastisch zurückgegangen. Die im Zuchtgebiet verbliebenen Hengste dieser Rasse haben von ihren warmblütigen Kollegen Konkurrenz bekommen, der sie sich im Augenblick kaum erwehren können. Vor allem hannoversche Hengste werden stark benutzt. Auch der Westfale PRINZ GAYLORD, der vorwiegend hannoversches Blut führt, gehört zu dieser Gruppe. Aber auch die anglonormannischen Blutströme, die ja im Fall FURIOSO II zu so aufsehenerregenden Erfolgen geführt haben, spielen in Oldenburg nach wie vor eine große Rolle. Hengste von oldenburgischen Müttern haben dagegen einen schweren Stand. Wenn man sich vor Augen hält, welch ein hervorragendes Leistungspferd der erwähnte VOLTURNO war, ist das manchmal zu bedauern. Auf jeden Fall ist die private Hengsthaltung Oldenburgs, die allein die im Lande wirkenden Beschäler stellt, nach wie vor bemüht, unter großem Aufwand von Zeit, Geld und Sachverstand das beste Material in das Zuchtgebiet zu bringen.

Die übrigen Zuchtgebiete

Die anderen deutschen Warmblutzuchten, die mit immer größerer Entschlossenheit bemüht sind, den Abstand zu den vier hier besprochenen Zuchtgebieten zu verringern, sollen nur kurz gestreift werden. So wird in Hessen der Anteil der Hannoveraner und hannoversch gezogenen Westfalen immer größer. Diese Entwicklung geht deutlich zu Lasten des einstmals hochgeschätzten ostpreußischen Pferdes, dem man mitunter nicht zu Unrecht die letzte Rittigkeit und starke Belastbarkeit in schweren Prüfungen abspricht. Auch der Landesverband der bayerischen Pferdezüchter wendet sich in den letzten Jahren immer mehr hannoverschen Blutlinien zu, wobei es unerheblich ist, ob die Hengste dieses Blutes in Hannover oder Westfalen geboren wurden. Auffallend aber ist, daß die Bayern bei ihren Einkäufen besonderen Wert auf leistungsbewährte Blutlinien legen und in dem Bemühen, sie in ihre Zucht einzuführen, weder Aufwand noch Kosten scheuen. Der Pferdezuchtverband Baden-Württemberg und der Pferdezuchtverband Rheinland-Pfalz sind ebenfalls dabei, ihre Populationen immer mehr mit modernem, leistungsbewährtem Blut anzureichern. Dabei stützt man sich etwa zur Hälfte auf die im Lande seit Jahrzehnten bewährten und in der Veredelung unerläßlich gewesenen Trakehner Blutströme. Das Rheinische Pferdestamm-

Zu den Vollblütern, die dem Oldenburger schließlich zum Ruf eines erstklassigen, modernen Sportpferdes verhalfen, gehörte auch MORE MAGIC XX. Er brachte mit **1** MON CHERIE nämlich einen Dressurcrack der Sonderklasse. Mit der Österreicherin Sissy Theurer wurde der Schimmel 1979 Europameister und 1980 Olympiasieger. Der Ravensberger **2** VOLLKORN XX lieferte den gekörten Hengst **3** VOLTURNO, der unter Otto Ammermann jahrelang zu den besten Vielseitigkeitspferden der Welt gehörte. Star unter den Oldenburger Vererbern und Spitzenhengst aller lebenden deutschen Warmblutbeschäler ist zur Zeit der 1965 geborene Anglonormanne **4** FURIOSO II. Er und sein Halb-bruder **5** FUTURO sowie der Anglo-Araber **6** INSCHALLAH X prägten das Bild des Oldenburgers in den letzten Jahren besonders deutlich.

Im Springsport lenkte als Landesprodukt vor allem der von der englischen Amazone Liz Edgar gerittene **7** FOREVER die Aufmerksamkeit auf sich – im Fahrsport waren es die **8** VIERZEHNENDER XX-Nachkommen, die der mehrfache deutsche Meister Bernd Duen an den Leinen hatte.

495

buch dagegen, das sich bereits mit der Ablösung des Kaltbluts Mitte der fünfziger Jahre dem ostpreußischen Pferd zugewandt und mit dieser Maßnahme viel Erfolg gehabt hat, gibt dem Trakehner nach wie vor die größte Chance. In allen Warmblutzuchten der Bundesrepublik Deutschland aber wird mit Sachverstand und Passion an der Verbesserung der Populationen gearbeitet. Dabei ist es erfreulich, daß man um die Wahrung der Eigenständigkeit als bestem Garanten für einen gesunden Wettbewerb

bemüht ist. Nutznießer dieser Situation ist die gesamte deutsche Reitpferdezucht, die in der vielseitigen Begabung ihrer Produkte in der Welt unerreicht ist. Ob diese Vorherrschaft auch noch in zehn Jahren besteht, muß man abwarten. In der Produktion galoppierfreudiger Springpferde, die in der Regel einen hohen Vollblutanteil haben, ist ihr in der anglonormannischen Zucht Frankreichs auf dem europäischen Markt jedenfalls schon jetzt ein ernsthafter Gegner erwachsen.

FN-Turnierpferde-Eintragungen 1982

1982 Anzahl	Rasse	1982 %	1981 %	1980 %	1979 %
4114	Hannoveraner	32,0	32,2	32,0	31,6
2491	Westfalen	19,4	18,5	20,0	18,7
1039	Holsteiner	8,0	7,3	6,9	6,7
926	Oldenburger	7,2	7,6	7,3	6,7
751	Hessen	5,8	6,3	6,4	7,1
942	Trakehner	7,3	7,1	7,4	6,9
786	Rheinländer	6,1	6,0	6,8	6,2
639	Bayern	5,0	4,6	4,7	4,8
702	Baden-Württemberger	5,5	6,2	4,2	6,7
481	verschiedener Herkunft	3,7	4,2	4,3	4,6

Alles in allem kann die deutsche Reitpferdezucht jedoch optimistisch in die Zukunft schauen. Sie hat Zuchtleitungen, die ihr Handwerk verstehen, sie hat ein System der Leistungserfassung, um das uns die ganze Welt beneidet – und sie hat Züchter, die die Pferdezucht mit Passion und jahrhundertelang gewachsenem Sachverstand betreiben.

Allgemeine Grundlagen der Vererbung

Zum Abschluß der auf den vorigen Seiten gemachten Ausführungen soll ein wenig Biologie zu diesem Thema nicht fehlen, für die das entsprechende Kapitel von Dr. Uppenborns Standardwerk »Pferdezucht und Pferdehaltung« als Leitfaden dient.
Zunächst einmal ist jedes Pferd das Ergeb-

nis des Zusammenwirkens von Erbgut und Umwelt, die nach gesetzmäßigen Vorgängen gemeinsam Individuen und Rassen gestalten. Das Individuum entsteht durch die Vereinigung der männlichen und weiblichen Geschlechtszelle, die sich vor der Befruchtung geteilt haben – wodurch auch die an die Chromosomen gebundenen Erbanlagen oder Gene jeweils halbiert wurden und sowohl gute als auch schlechte Anlagen ausgeschieden worden sein können. Damit wiederum ist die wechselnde Vererbung innerhalb einer Familie erklärt. Wie kompliziert und zufällig dieser Vorgang im einzelnen auch verlaufen mag, er unterliegt trotzdem festen Regeln. Und zwar denen der Vererbungsgesetze, die der Mitte des vergangenen Jahrhunderts im Augustinerkloster von Brünn lebende Mönch Gregor Mendel im Verlauf seiner Versuche mit Erbsen auf ein paar Quadratmetern des Klostergartens entdeckte.

Jedes Lebewesen kann nur die Eigenschaften ausbilden bzw. in seinem Erscheinungsbild oder »Phänotypus« verwirklichen, für die in seinem Erbbild oder »Genotypus« Anlagen vorhanden sind. Auf die Nachkommen werden also niemals die fertigen Merkmale oder Eigenschaften übertragen, sondern nur die Erbanlagen. Sie sind die Träger für Gesundheit, Leistungsfähigkeit und Form, für Krankheiten und Fehler aller Art. Auch die Fruchtbarkeit des Hengstes und der Stute, die Tragezeitdauer, die Milchleistung, die Wüchsigkeit des Fohlens sowie die Futterverwertung können erblich bedingt sein. Nun gibt es homocygote und heterocygote Anlagen. Unter ersteren versteht man die reinerbigen Anlagen, also solche, die sowohl vom Vater als auch von der Mutter übertragen worden sind – unter letzteren die gemischterbigen Anlagen, also jene, die nur von einem Elternteil weitergegeben wurden.

Die äußerlich in Erscheinung tretende Eigenschaft bezeichnet man als dominant, die unterdrückte als rezessiv. Dominante Merkmale treten immer in Erscheinung, rezessive nur dann, wenn die Erbanlagen dafür homocygot sind. Dominant vererben sich zum Beispiel starker Fesselbehang, der grobe Kopf und die gespaltene Kruppe des Kaltblutpferdes. Rezessiv vererben sich im allgemeinen Erbkrankheiten und Konstitutionsschwächen.

Bisher war nur vom mysteriösen und unberechenbaren Spiel der Gene die Rede. Wie schon festgestellt, spielt aber auch die Umwelt bei der Prägung des Pferdes eine gewaltige Rolle. Sie kann die genetische Ausdrucksform entstellen und als wichtiger Faktor den Rückgang zur Mittelmäßigkeit verursachen. Dabei wirkt sie unter Umständen bereits im Mutterleib auf das Keimplasma. Spätestens nach der Geburt aber beginnt sie mit ihren diversen Reizen

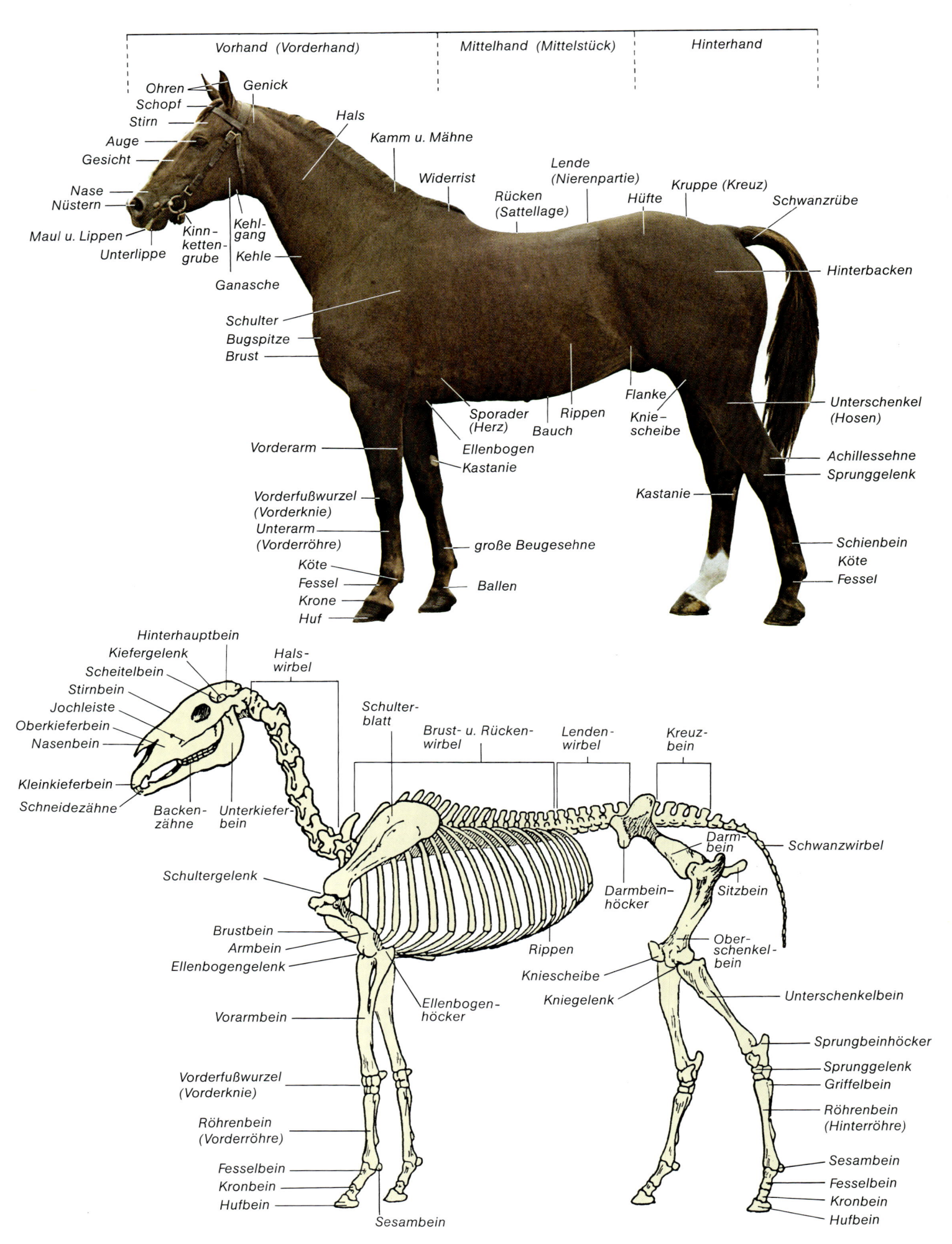

Vorhand (Vorderhand)   Mittelhand (Mittelstück)   Hinterhand

Ohren   Genick
Schopf
Stirn
Auge
Gesicht
Nase
Nüstern
Maul u. Lippen
Unterlippe
Kinn-kettengrube
Kehlgang
Kehle
Ganasche
Hals
Kamm u. Mähne
Widerrist
Lende (Nierenpartie)
Rücken (Sattellage)
Hüfte
Kruppe (Kreuz)
Schwanzrübe
Hinterbacken

Schulter
Bugspitze
Brust
Vorderarm
Vorderfußwurzel (Vorderknie)
Unterarm (Vorderröhre)
Köte
Fessel
Krone
Huf

Sporader (Herz)
Ellenbogen
Kastanie
große Beugesehne
Ballen
Bauch
Rippen
Flanke
Knie-scheibe
Kastanie

Unterschenkel (Hosen)
Achillessehne
Sprunggelenk
Schienbein
Köte
Fessel

Hinterhauptbein
Kiefergelenk
Scheitelbein
Stirnbein
Jochleiste
Oberkieferbein
Nasenbein
Kleinkieferbein
Schneidezähne
Backenzähne
Unterkieferbein
Hals-wirbel
Schulterblatt
Brust- u. Rücken-wirbel
Lenden-wirbel
Kreuz-bein
Darm-bein
Schwanzwirbel
Darmbein-höcker
Sitzbein

Schultergelenk
Brustbein
Armbein
Ellenbogengelenk
Vorarmbein
Ellenbogen-höcker
Rippen
Kniescheibe
Kniegelenk
Ober-schenkel-bein
Unterschenkelbein

Vorderfußwurzel (Vorderknie)
Röhrenbein (Vorderröhre)
Fesselbein
Kronbein
Hufbein
Sesambein
Sprungbeinhöcker
Sprunggelenk
Griffelbein
Röhrenbein (Hinterröhre)
Sesambein
Fesselbein
Kronbein
Hufbein

498

Cr. Kolte gez. 1845 in Aschersleben.

1 Rotz	11 Schweinekreuz oder Karpfenrücken	21 Ueberkötig	32 Bockfuß
2 Speichelfluß	12 Hoch- u. gutschüftig oder Kruppe	22 Flußgallen	33 Knieschwamm
3 Schlaffmaul	13 Abschüssig Kreuz	23 Mauke	34 Stelzfuß
4 Blind und triefend	14 Räude	24 Flachhuf	35 Zwanghuf
5 Wale und hangende Ohren	15 Schwache Schenkel	25 Kornkluft	36 Ochsenfuß
6 Teufel oder Speicheldrüsen Geschwulst	16 Piphacken	26 Wurm zwischen den Schenkeln	37 Ueberbein
7 Kinnkals	17 Durchdringende Galle	27 Raspe im Kniegelenke	38 Sehnenklappe
8 Wurmbeulen zum Theil aufgebrochen	18 Hasenhacke	28 Knochenspat u. Fehler No 16 20 23	39 Eng u. schwach gefesselt
9 Gedrückt	19 Blutspat	29 Ringelhuf	40 Kurbe
10 Senkrücken	20 Geschwollener Fuß	30 Nabelbruch	41 Schäle
		31 Stollschwamm	42 Hornspalt

5 Wurmbeulen an mehreren Theilen, hohle 6 Flanken Hängebauch, so wie das Verblassen der Haare und Mähnen, deren Grundfarbe eigentlich schwarz gewesen, jetzt aber fahl und röthlich geworden, zeigen aus der innern Beschaffenheit, daß die Lunge, und mehrere edl. Theile mit Rotz und chancrösen Geschwüren behaftet, und die Verdauungs- und Absonderungs-Werkzeuge in Unordnung, oder gänzlich gestört worden. Das ganze fehlerhafte Gebäude müßte schon in der Jugend vorausgesetzt haben, daß es nicht für die lange Dauer geschaffen worden, jedoch zeigt der graue Kopf ein hohes Alter an.

auf das Lebewesen einzuwirken. Deswegen ist es die vorrangigste Aufgabe der Aufzucht, die in den Erbanlagen ruhenden Entwicklungsmöglichkeiten innerhalb der erblich festgesetzten Schwankungsgrenze – Variationsbreite genannt – durch die Schaffung zusagender Umweltbedingungen nach der günstigsten Seite hin zu beeinflussen und damit die vorhandenen wertvollen Erbanlagen zur Entfaltung zu bringen. Vererbung ist also das Vorhandensein gleicher Erbanlagen bei Vorfahren und Nachkommen.

Wie verhält es sich nun mit den Farben der Pferde? Wie sind sie überhaupt entstanden? Die Wildpferde trugen ja noch ein farblich unauffälliges, den harten Lebensbedingungen der Steppe angepaßtes mausgraues oder lehmgelbes bis rotbraunes Haarkleid. Selbstverständlich konnte die Natur für die Farben der Hauspferde nur diejenigen liefern, die auch bei den Wildpferden angelegt waren. Nach sprunghaften Veränderungen im Erbgut, die man Mutationen nennt und die als Folge der Domestikation vorher wild lebender Tiere oft beobachtet werden, zeigten die Pferde dann ein neues, farbenprächtiges Fell. Jetzt waren die Pigmente gleichmäßig stark von der Wurzel bis zur Spitze der Haare verteilt, während sie bei der Wildform von unten nach oben erst nach und nach kräftiger in Erscheinung traten und auf diese Art und Weise den verschwommenen und gedeckten, für das Überleben so wichtigen Eindruck erweckten. Nach Farbgruppen unterscheidet man heute Schimmel, Falben, Braune, Füchse und Rappen, die sich hinsichtlich der Farbgebung ihrer Nachkommen unterschiedlich vererben. Bei Schimmeln ist es allerdings sicher, daß zumindest ein Elternteil die gleiche Farbe hatte, denn sie überspringt die Generationen nicht, sondern ist dominant, also durchschlagend. Trotzdem haben Schimmelväter oder Schimmelmütter keinesfalls immer Schimmelkinder. Das ist vor allem dann nicht sicher, wenn sich zwei erbunreine Partner vereinigen. Nur wenn ein Schimmel von zwei erbreinen Eltern abstammt, also selbst erbrein ist, wird er auch mit andersfarbigen Partnern immer Schimmelkinder zeugen. Dafür gibt der einst im Landgestüt Celle wirkende Araberhengst AMURATH I das beste Beispiel. Er lieferte im Laufe seiner siebzehnjährigen Zuchtkarriere mehr als 900 Schimmelfohlen!

Die Ergebnisse neuer Untersuchungen von Mohler und Rudolfi dürfen in diesem Zusammenhang allerdings nicht unerwähnt bleiben. Sie lehnen die Auffassung des genialen italienischen Züchters Federico Tesio ab, der behauptet hatte, die Schimmelung sei eine Krankheit, und glauben, sie sei aus dem Komplex der Farben auszuschließen, weil sie einen Faktor für sich darstelle, der in seiner Vererbung dem fundamentalen Grundsatz Gregor Mendels von der Reinheit der Gameten, also der beiden sich vereinigenden Geschlechtszellen, unterliege.

Zum Schluß sollen noch die Begriffe Reinzucht und Inzucht erklärt werden. Bei der ersteren handelt es sich um eine Methode, bei der unter Auswahl der zur Weiterzucht gewünschten Genotypen und Ausmerzung der unerwünschten nur die Individuen ein und derselben Rasse miteinander gepaart werden. Dadurch verbessert sich diese durch sich selbst, was der beste und sicherste Weg zum bleibenden züchterischen Erfolg ist. Dabei gilt die Einkreuzung von Vollblut nicht als Verletzung des Reinzuchtprinzips.

Als Inzucht bezeichnet man mehr oder minder gemäßigte Verwandtschaftspaarungen, durch die die Fixierung der angestrebten Eigenschaften infolge Einengung der Erbfaktoren durch Ahnenverlust sicherer erreicht werden kann. Das heißt, daß man mit typischen Merkmalsträgern züchtet, auch wenn diese nahe miteinander verwandt sind, und alles ausklammert, was die Festlegung der gewünschten Eigenschaften schwieriger machen könnte. Aber was bedeutet Ahnenverlust? Ein Pferd hat in der Elterngeneration zwei Vorfahren, in der Großelterngeneration vier, in der Urgroßelterngeneration acht usw. Wenn die Großmütter jedoch Schwestern sind, besteht die nächste Generation nicht aus acht, sondern nur aus sechs Pferden. Der Ahnenverlust beträgt also zwei, wodurch die Verschiedenartigkeit der Erbfaktoren verringert wird. Auf diese Art und Weise bringt die Inzucht innerhalb der Reinzucht immer wieder die besten Blutströme zusammen und erhält so Typ, Ausgeglichenheit und Qualität der Population. Im übrigen sind die meisten Rassen durch Inzucht auf wenige, dafür aber hervorragende Stammeltern entstanden. Es sind ja stets einzelne, große Individuen und nicht der Durchschnitt, die in der Zucht den Fortschritt bringen. Die Basis der Inzucht dürfen natürlich nur ausgesucht erbgesunde und leistungsfähige Tiere ohne Konstitutionsschäden und Temperamentsfehler bilden. Die der Inzucht oft zugeschobenen nachteiligen Folgen beruhen daher in der Regel nur auf mangelnder Kenntnis der Erbanlagen der zusammengeführten Partner. Je umfassender die Kenntnis der Erbanlagen ist, je erbgesünder, kräftiger und derber das Zuchtmaterial, je natürlicher die Aufzucht und die Haltungsbedingungen und je strenger die Zuchtwahl sind, um so stärker kann die Inzucht als zum Erfolg verhelfender Faktor Verwendung finden. Beispielsweise sind in Trakehnen immer wieder zum Teil sogar sehr enge Verwandtschaftspaarungen vorgenommen worden, für deren Wirksamkeit die wunderbar durchgezüchteten Herden des Hauptgestüts auf vielerlei Weise Zeugnis ablegten. Unter anderem zeigt das Pedigree der 1855 geborenen Fuchsstute COSTARIKA eine Paarung von Halbgeschwistern, die hocherfolgreich verlief, denn COSTARIKA brachte im Verlauf ihrer züchterischen Nutzung 5 Landbeschäler und 6 Mutterstuten. Oberlandstallmeister a. D. Dr. Martin Heling ist allerdings der Meinung, daß fortgesetzte Inzucht nur dann von generell und zunehmend sicherem, nutzbringendem Vererbungseffekt sein kann, wenn sich mit Hilfe konsequenter Nachkommenschaftsprüfungen theoretisch alle Möglichkeiten des Auftretens rezessiver Anlagen und degenerativer Konstitutionsmängel ausschalten lassen.

Ein typisches Beispiel dafür lieferten Anfang des Jahrhunderts in der Vollblutzucht die biologisch umfassend geschulten Waldfrieder Gestütsherren Dr. Arthur und Carl von Weinberg mit der Inzucht auf die Nachkommen ihrer berühmten, von dem großen ST. SIMON XX stammenden Stute FESTA XX. Unter dem scharfen und untrüglichen Ausleseverfahren ihrer Produkte auf der Rennbahn bewährte auch sie sich hervorragend und wirkte in der heimischen Vollblutzucht bahnbrechend für den Siegeszug der Inländerrichtung.

Ein unfehlbares Rezept, ausschließlich Pferde nach unseren Wünschen und Vorstellungen zu züchten, gibt es jedoch nicht. Die Natur läßt sich nicht in ein Schema pressen und schlägt dem Menschen trotz dessen listigster Überrumpelungsversuche manches Schnippchen. Und das ist gut. Denn nach dem Motto »Man nehme…« würde das Spiel mit der schöpferischen Phantasie seinen speziellen Reiz verlieren.

Wie wird sich dieser Junghengst entwickeln? Wird er im Gestüt zum gefragten Vererber werden oder zu herausragenden Leistungen im Sport gelangen? Oder wird er eines Tages als Dutzendpferd zur Masse seiner Artgenossen gehören?

ABC der Pferderassen

Achal-Tekkiner

BUKEPHALOS, der Hengst, der Alexander den Großen fast bis zu dessen Tod während aller Eroberungszüge und Schlachten getragen hat, das berühmteste Pferd der Geschichte, soll gewissen Berichten zufolge ein Achal-Tekkiner oder sogar der Stammvater dieser Rasse gewesen sein. Wahrscheinlich stimmt beides nicht – er war vermutlich ein Thessalier –, aber offensichtlich hatte BUKEPHALOS die unglaubliche Härte und Ausdauer, die für die Achal-Tekkiner typisch sind. Zweifellos ist die Rasse, die in den Steppen Turkmenistans entstanden ist und dort noch heute ihr Hauptzuchtgebiet hat, sehr alt und steht dem Araber nahe. Einer der drei Haupttypen des Arabers, der langgestreckte, drahtige und besonders schnelle »Muniquii«, ist offenbar unter starkem Einfluß von Achal-Tekkinern entstanden.

Der Gesamtbestand dieser Rasse liegt heute bei etwa 5000 Stück. Außerhalb Turkmenistans werden diese Pferde auch noch in einigen anderen sowjetischen Republiken gezüchtet. Sie sind für den Spring-, Dressur- und Militarysport geeignet, aber ihre große Stärke sind Distanzrennen. Im Westen gibt es einige kleine Liebhaberzuchten.

Exterieur: Hochedle Gesamterscheinung, stark an das englische Vollblut erinnernd. Feiner, gerader Kopf mit großen Augen, langer, hochangesetzter Hals, hoher Widerrist, langer Rücken und meist abfallende Kruppe, lange, feine, sehr trockene Beine (ohne schwammige Auflagen; Sehnen und Knochen zeichnen sich deutlich durch die Haut ab).

Gänge: Geschmeidig und fördernd in allen drei Gangarten, vor allem überragendes Galoppiervermögen. Bisweilen Anlagen zum Paßgang.

Farben: Braune, Füchse, Falben, Rappen und Schimmel. Charakteristisch ist bei den meisten Achal-Tekkinern ein auffallender Metallglanz auf dem Haarkleid.

Eignung: Ausgesprochenes Reitpferd, sensibel, von gelegentlich überschäumendem Temperament. Nicht immer einfach im Umgang und kein Pferd für jedermann. Zu Höchstleistungen im Spitzensport fähig mit besonderer Eignung für Distanzrennen.

Amerikanisches Saddle Horse

Aus der Mischung verschiedener, vor allem englischer Rassen ist in Kentucky und Virginia das Saddle Horse entstanden, das ursprünglich ein vor allem ausdauerndes Reitpferd auf den Plantagen und später ein sehr beliebtes Kavalleriepferd war. Durch den Einfluß kanadischer Paßgänger hat die Rasse Anlagen zum Paßgang. Heute ist das Saddle Horse fast zum reinen Show Horse geworden. Den Pferden werden durch Beschweren der Hufe, durch lockere Ketten um die Fesseln, welche bei jedem Schritt auf den empfindlichen Hufkronenrand schlagen, und durch weitere tierquälerische Praktiken unnatürliche und krafteraubende Schaugänge beigebracht, der sogenannte *Slow Gait* und der *Rack*. Torturen gleicher Art muß das Tennessee Walking Horse über sich ergehen lassen, lediglich damit es im Schauring seine Vorderbeine möglichst hoch anhebt. Unverständlicherweise locken diese Shows stets ein großes Publikum an, obschon gerade die Amerikaner im allgemeinen ein erfreulich vernünftiges und normales Verhältnis zu Pferden haben.

Exterieur: Elegantes, edles Warmblutpferd. Mittelgroßer, ausdrucksvoller Kopf, steil getragener Hals, hoher Widerrist, kurzer Rücken. Durch operativen Eingriff und zeitweiliges Hochbinden der Schweifrübe wird der Schweif sehr hoch getragen. Die Beine sind trocken und stehen normalerweise sehr korrekt.

Stockmaß: 152 bis 165 cm.

Farben: Alle Grundfarben.

Gänge: Elastisch und fördernd in allen

Linke Seite: Die Dülmener Wildpferde im Merfelder Bruch, einer etwa 200 Hektar großen moorigen Naturlandschaft in Westfalen, sind keine eigentlichen Wildpferde, sondern wie die Mustangs Nordamerikas Abkömmlinge verwilderter Hauspferde. Doch da sie seit Jahrhunderten fast ohne menschliche Eingriffe wild leben, kann man an der heute rund 200 Köpfe zählenden Herde hervorragend die ursprüngliche Verhaltensweise der Gattung Equus beobachten.

Rechts: Achal-Tekkiner-Hengst des Zirkus Knie

Gangarten. Anlagen zum Paßgang und damit zu Mischgängen.
Eignung: Ein vielseitiges Reitpferd, das wegen seiner Gangarten-Veranlagung leider fast zum reinen Schaupferd geworden ist.

Amerikanischer Standardtraber

Um 1775, als in Rußland der einst berühmte Orlow-Traber entstand, erfreuten sich im Osten der USA die Amerikaner ebenfalls an Trabrennen, doch spannten sie noch die verschiedensten Pferde vor das Sulky, den leichten Zweiradwagen, wenn sie nur schnell traben konnten. Aus dem Vergnügen wurde ein Sport, und damit entstand eine auf Trableistung ausgerichtete Zucht auf der Basis von Cleveland Bays und anderen englischen, aber auch holländischen und französischen Warmblutpferden. Eine wichtige Rolle spielten auch kanadische Paßgänger. Der eigentliche Stammvater des Standard Bred aber wurde der 1849 geborene HAMBLETONIAN, ein Sohn

504

Linke Seite oben: Saddler-Hengst in Kalifornien. Das Hauptzuchtgebiet liegt in Kentucky und Virginia. Insgesamt sind rund 150 000 Saddle Horses registriert.

Linke Seiten unten: Der amerikanische Traber SPEEDY SCOTT *auf der Castleton Farm in Kentucky. Er lief die Meile in 1:56,5 Min. und gewann auf der Rennbahn 650 909 Dollar.*

Rechts: Der Andalusier-Zuchthengst AL MONTIÑO *im Gestüt Cortijo de Quarto bei Sevilla steht im klassischen, stark an den Berber erinnernden Typ.*

des englischen Vollblüters MESSENGER XX. Der amerikanische Traber wird als Normaltraber (Trotter) und Paßgänger (Pacer) gezüchtet, die gesonderte Rennen laufen, weil der Pacer im Durchschnitt etwas schneller ist. 1897 lief der Pacer STAR POINTER als erstes Pferd die Meile in weniger als zwei Minuten. 1903 erreichte die Stute LOU DILLON als erster Normaltraber diese »Traumgrenze«. Den Weltrekord von 1:49,1 Min. für eine Meile hält seit 1980 der Pacer NIATROSS. Heute ist die Traberzucht in den USA eine blühende Industrie mit riesigem Umsatz.
Exterieur: Edle, deutlich an das englische Vollblut erinnernde Erscheinung, wenn auch kurzbeiniger und im ganzen weniger harmonisch. Oft überbaut (Kruppe höher als Widerrist).
Stockmaß: 155 bis 165 cm.
Farben: Alle Grundfarben, am häufigsten Braune, selten mit Abzeichen.
Gänge: Schritt und Galopp wirken verhältnismäßig unbeholfen. Die überragende Trabaktion macht das Standard Bred zum schnellsten Traber auf kürzeren Strecken (Flieger), während der französische Traber

der ausdauerndste (Steher) ist. Zum Teil Paßgänger (Pacer).
Eignung: Ausgesprochenes Trabrennpferd.

Andalusier

Nach ihrer jahrhundertelangen Herrschaft in Spanien hinterließen die Mauren die edelsten, schnellsten und ausdauerndsten Pferde, die es damals in Europa gab: Araber und Berber sowie deutlich von diesen zwei Rassen geprägte Tiere spanischer Herkunft. Diese Pferde bildeten die Zuchtgrundlage des Andalusiers, und dank ihnen vermochten die Spanier selbst ein Weltreich zu erobern. Zu Tausenden kamen andalusische Pferde mit den spanischen Schiffen nach Amerika und gründeten dort nahezu alle Rassen Südamerikas und des nordamerikanischen Westens. Dank seiner erhabenen Schönheit, seiner unvergleichlich stolzen Erscheinung und seiner besonderen Dressurbegabung wurde der Andalusier während der Barockzeit zum begehrtesten Pferd Europas und hielt in den meisten Adelsgestüten Einzug. Er

wurde zum Zuchtbegründer der Prunkrassen jener Zeit, der Neapolitaner, Lipizzaner, Frederiksborger, Knabstruper und Kladruber. Heute bemüht man sich in Andalusien, vor allem auch in staatlichen Gestüten, um die Erhaltung dieser wunderschönen Rasse, die leider außerhalb Spaniens kaum noch zu finden ist.
Exterieur: Sehr edle Gesamterscheinung mit harmonischen, abgerundeten Formen. Manchmal noch dem Berber sehr ähnlich und mit deutlicher Ramsnase, häufiger jedoch mit geradem, kurzem, stark an den Araber erinnerndem Kopf.
Stockmaß: 155 bis 165 cm.
Farben: Häufig Schimmel, daneben alle Grundfarben, früher viele, heute fast gar keine gefleckten Pferde.
Gänge: Nicht besonders raumgreifend, aber geschmeidig und elegant wirkend in allen drei Gangarten.
Eignung: Besondere Begabung zur Hohen Schule. Der Andalusier wäre durchaus für den Freizeitreiter geeignet, der sich ein ausnehmend schönes, feuriges, dabei charakterlich vorzügliches und williges Pferd wünscht.

505

Links: Der 1971 geborene anglo-normannische Deckhengst FUNDRE DE GUERRE im französischen Staatsgestüt Pin

Rechte Seite: Anglo-Araber auf dem Gestüt Pompadour, wo vor rund 130 Jahren die bekannteste, nämlich die französische Anglo-Araber-Rasse entstand

Anglo-Araber

Um Schnelligkeit, Springvermögen, Stahl und Ehrgeiz des englischen Vollblüters mit der Ausdauer, Sanftmut, Härte und unvergleichlichen Ausstrahlung des Arabers zu vereinen, hat man unabhängig voneinander in verschiedenen Zuchtgebieten diese beiden Rassen gekreuzt und Anglo-Araber hervorgebracht. Der als »klassisch« geltende Anglo-Araber entstand vor etwa 130 Jahren im Gestüt Pompadour in Südfrankreich, wo seine Zucht noch heute besonders gepflegt wird. Die Stammeltern dieser Rasse waren zwei Araberhengste und drei englische Vollblutstuten.

In Ungarn entstand schon um 1820 der ungarische Anglo-Araber, der Gidran, der stärker an den Araber als an das englische Vollblut erinnert. Einst weit verbreitet, wird er wahrscheinlich nur noch in Ungarn und dort nur noch in geringer Zahl gezüchtet.

Der Malopolska schließlich ist der polnische Anglo-Araber, der gute sportliche Leistungen bringen kann und um dessen Zucht und Export sich die Polen sehr bemühen. Ein polnischer Anglo-Araber-Hengst namens RAMZES X wurde in der deutschen Warmblutzucht zu einem der wichtigsten Sportpferdevererber.

Exterieur: Hochedles, im Typ zwischen Araber und englischem Vollblut stehendes Pferd. Der besonders bekannte französische Anglo-Araber gleicht eher dem englischen Vollblut, der ungarische und polnische sehen eher dem Araber ähnlich.

Stockmaß: 155 bis 168 cm.

Farben: Alle Grundfarben.

Gänge: Fördernd in allen drei Gangarten, hervorragendes Galoppiervermögen.

Eignung: Ausgesprochen sportliches Reitpferd mit Möglichkeiten zu Höchstleistungen vor allem im Spring- und Militarysport. Dies gilt besonders für den französischen Anglo-Araber.

Anglo-Normanne

Die kraftvollen, oft im Kaltbluttyp stehenden »Normannischen Pferde« waren schon vor über tausend Jahren überall bekannt und galten im Mittelalter bei den Rittern als begehrte Schlachtrosse. Später wurden sie von den mächtigen nordfranzösischen Kaltblutrassen fast völlig verdrängt, bis man um die Mitte des 19. Jahrhunderts Stuten dieser Normannen mit englischen Voll- und Warmbluthengsten paarte. Ein Norfolk Trotter namens YOUNG RATTLER, der übrigens auch die französische Traberrasse wesentlich beeinflußte, spielte bei der Entstehung des Anglo-Normannen eine wichtige Rolle. Die Rasse wurde zunächst vor allem für Kutschengespanne beliebt, und erst als der Bedarf an solchen Pferden in den dreißiger Jahren rapide nachließ, begann man den Anglo-Normannen mit Hilfe von englischen Vollbluthengsten zu einem sportlichen Reitpferd umzuzüchten.

Seit 1955 besteht ein Zuchtbuch für den »Selle« (Reittyp), der inzwischen im internationalen Spitzensport zu einem Begriff geworden ist. Der Anglo-Normanne wird heute in verschiedenen Ländern nachgezüchtet.

Exterieur: Zwei Typen: Der bekannte Selle steht im Typ des modernen europäischen Reitpferdes. Gerader, edler Kopf, mittellanger Hals, lange, schräge Schulter, hoher Widerrist, lange, muskulöse Kruppe, trockene, korrekte Beine mit widerstandsfähigen Gelenken. Der Cob-Typ ist ein kraftvolles, abgerundetes, recht kurzbeiniges Arbeitspferd.

Stockmaß: Selle 160 bis 165 cm; Cob 150 bis 155 cm.

Farben: Meistens Braune, daneben hauptsächlich Füchse und Schimmel.

Gänge: Selle: Elastisch und fördernd in allen drei Gangarten. Cob: Energisch vor allem in Schritt und Trab.

Eignung: Selle: Eine der besten Rassen für den modernen Reitsport. Cob: Ein fleißiges, bewegliches Arbeitspferd.

Appaloosa

Typisch für fast alle amerikanischen Rassen spanischer Abstammung ist, daß es unter ihnen viele gefleckte Pferde gibt. Bei den Indianern waren »Bunte« besonders begehrt, doch nur der Stamm der Nez Percé in Idaho und Oregon begann systematisch eine Rasse gefleckter Pferde herauszuzüchten – ohne dabei andere Qualitäten wie Härte, Schnelligkeit, guten Charakter usw. außer acht zu lassen.

Nachdem die Nez Percé 1877 von den Regierungstruppen endgültig geschlagen worden waren, wurden die noch verbliebenen rund 200 Appaloosapferde in alle Winde zerstreut, und die Rasse wäre fast verlorengegangen. 1938 wurde von weißen Züchtern ein Zuchtbuch gegründet und auf Restbeständen eine neue Zucht aufgebaut. Wie erfolgreich sie war und wie beliebt diese aparten und vielseitigen Pferde rasch wurden, beweist ihre Bestandszahl von rund 15 000 Exemplaren sehr eindrücklich. Die Appaloosas beginnen auch in Europa mit der Westernreiterei seit einigen Jahren Fuß zu fassen. Vor allem in der Bundesrepublik stehen heute schon einige ausgezeichnete Hengste. Die Rasse wird in sieben verschiedenen Zeichnungsmustern gezüchtet, wobei man bei keiner Paarung weiß, was für eine Zeichnung – und ob überhaupt eine – herauskommt.

Exterieur: Ein kompaktes, muskulöses, verhältnismäßig kurzbeiniges, harmonisches

Pferd, das mehr oder weniger stark im Typ an das Quarter Horse erinnert. Der früher ramsnasige Kopf ist heute meistens kurz und gerade. Mittellanger, gut aufgesetzter Hals, wenig Widerrist, starker, gerader Rücken, stark bemuskelte Kruppe, korrekte, äußerst widerstandsfähige Beine.

Stockmaß: 145 bis 155 cm.

Farben: Auf verschiedenen Grundfarben trägt der Appaloosa bestimmte Fleckenmuster, von denen man heute sieben unterscheidet: Volltigerschecke, wenig gefleckter Schecke, Schabrackenschecke, Schecke mit weißer Schabracke, Marmorschecke, Schneeflockenschecke und Frostschecke.

Gänge: Elastische, fördernde Gänge, sehr gutes Galoppiervermögen. Ausgeprägte Wendigkeit.

Eignung: Lernfähigkeit, Robustheit, Ausdauer und ein ungewöhnlich liebenswerter Charakter machen den Appaloosa nicht nur zu einem glänzenden Cowboypferd, sondern auch zu einem erstklassigen Familien- und Freizeitreittier.

Araber

Die Ursprünge dieser uralten Rasse liegen im dunkeln, aber man kann heute mit großer Gewißheit annehmen, daß die Stammeltern kleine, sehr feine und schnelle Wildpferde orientalischer Wüsten und Trockensteppen waren. Erste Zuchtformen solcher Pferde gab es bei den Assyrern und Ägyptern schon vor über 3500 Jahren. Mohammed brachte dank seinem genialen Verständnis für Rein- und Leistungszucht die Rasse zu ihrer einzigartigen Qualität.

Orientalische Pferde kamen mit den Mauren über Spanien und später mit den Türken über den Balkan nach Europa. Vor allem vom 16. Jahrhundert an, als man anstelle schwerer Ritterrosse schnelle, wendige und ausdauernde Pferde brauchte, wurden, wo immer möglich, Orientalen in der Zucht eingesetzt. Es gibt heute wohl keine Warmblutrasse auf der Erde, die nicht irgendwann durch den Araber veredelt wurde. Das als Rennpferd und Sportpferdevererber unübertroffene englische Vollblut geht ausschließlich auf drei orientalische Hengste und eine Anzahl Stuten zurück, die ebenfalls schon große Anteile orientalischen Blutes hatten. Heute werden Araber in aller Welt rein (als Vollblutaraber oder arabische Vollblüter) und in Kreuzungen gezüchtet.

Exterieur: Im Gesamteindruck das schönste, durch seine einzigartige Aus-

strahlung ansprechendste Pferd. Wunderschöner, feiner Kopf, oft mit eingebuchteter Nasenlinie (Hechtkopf, Araberknick), hochangesetzter, schön getragener Hals, wenig Widerrist, kompakter Rumpf, kurze, waagerechte Kruppe, feine, sehr trockene, widerstandsfähige Gliedmaßen.

Stockmaß: Originalaraber sind meist unter 150 cm hoch, anderswo gezüchtet etwa 148 bis 155 cm.

Farben: Meist Schimmel, daneben Braune, Füchse und Rappen.

Gänge: Tänzerisch leicht in allen Gangarten, vor allem herrliches Galoppiervermögen.

Eignung: Schnelles, temperamentvolles, hartes, dabei unübertroffen liebenswürdiges Freizeitpferd mit ganz besonderer Eignung für Distanzrennen. Neben dem englischen Vollblut wichtigster Veredler anderer Rassen, auch von Ponys und Kaltblutpferden.

Ardenner

Schon vor 2000 Jahren sollen Bauern in den Ardennen diese Pferde gezüchtet haben. Kraft, Robustheit und Genügsamkeit, Arbeitswille und trotz der Masse

Oben: TRAVELIN DICE, einer der Zeichnungstypen des Appaloosa: ein Schabrackenschecke mit weißer Schabracke oder Decke

Rechts: HARWOOD ASIF, ein Vollblutaraber in seiner hochedlen Gesamterscheinung mit dem typischen Hechtkopf und den weiten Nüstern

509

erstaunliche Beweglichkeit haben diese Rasse zu einem der einflußreichsten Kaltblüter überhaupt gemacht. Zahlreiche Kaltblutzuchten wurden vom Ardenner maßgeblich beeinflußt. Nicht nur in der Landwirtschaft und im Transportwesen spielte er weit über sein ursprüngliches Zuchtgebiet hinaus eine wichtige Rolle. Schon bei den Römern soll er als Schlachtroß begehrt gewesen sein, und sicher war er es bei den mittelalterlichen Rittern. Von den Napoleonischen Feldzügen bis in den Zweiten Weltkrieg schleppte er Versorgungswagen und Geschütze.

Mit dem rapiden Rückgang der Arbeitspferdezucht unmittelbar nach dem Zweiten Weltkrieg verlor auch der Ardenner stark an Bedeutung, aber noch heute gibt es auch außerhalb Frankreichs und Belgiens kleinere Zuchtbestände. Am bekanntesten von den ausländischen Zuchten ist die seit etwa 100 Jahren bestehende Schweden-Ardenner-Zucht, in der heute noch etwa 1500 Mutterstuten stehen.

Exterieur: Mittelschweres, kraftvolles Kaltblutpferd. Ausdrucksvoller Kopf, sehr starker Hals, verschwommener Widerrist, kurzer Rücken, mächtig bemuskelte Schulter- und Hinterpartie, stämmige Beine mit großen Hufen und üppiger Fesselbehaarung. (Der Schweden-Ardenner hat kaum Fesselbehaarung.)

Stockmaß: 158 bis 165 cm.

Farben: Viele Gris (Stichelhaarige, siehe Abbildung), Braune, Füchse, Isabellen und Schimmel. Rappen werden nicht zur Zucht zugelassen.

Gänge: Erstaunlich energisch und fördernd in Schritt und Trab, schwerfälliger Galopp.
Eignung: Hervorragendes Arbeitspferd.

Berber

Berber und Araber werden oft in einem Atemzug genannt, weil sie gemeinsam mit dem Einbruch der Mauren in Spanien die Pferdezucht in Europa zu beeinflussen begannen. Der Ursprung des Berbers geht jedoch eindeutig auf eine andere Wildpferderasse zurück, wahrscheinlich auf ein Gebirgspferd Nordafrikas, das leider noch nicht fossil belegt werden konnte. Der alte Berber unterscheidet sich durch einen längeren Ramskopf, einen hohen Widerrist, eine abfallende Kruppe und weitere Merkmale deutlich vom Araber. Allerdings wurde der Berber mit der Ausbreitung des Islams stark vom Araber beeinflußt, und man kann »Berber« sehen, die zweifellos mehr Araber- als Berberblut führen. Deutlich zu erkennen ist hingegen der alte Berber im klassischen Andalusier und im portugiesischen Altér Real, im Lipizzaner, Kladruber, Knabstruper und im alten, fast verschwundenen Typ des Frederiksborgers. Berberblut fließt in nahezu allen südamerikanischen und Westernpferderassen. Außerhalb Marokkos, Libyens, Tunesiens und Algeriens gibt es nur einige kleine Liebhaberzuchten.
Exterieur: Ursprünglich ein ramsnasiges, abgerundetes Pferd mit tiefem Schweifansatz und steiler Schulter, aber schon seit Jahrhunderten mehr oder weniger stark vom Araber geprägt.
Stockmaß: 145 bis 155 cm.
Farben: Hauptsächlich Schimmel, daneben Braune, Füchse und Rappen.
Gänge: In allen Gangarten leicht und elastisch wirkend, aber nicht sehr raumgreifend. Bemerkenswerte Springbegabung, die sich wahrscheinlich noch in der heutigen Reitpferdezucht auswirkt.
Eignung: Ein recht schnelles, sehr ausdauerndes, hartes Reitpferd mit hoher Dressurbegabung und besonderer Eignung für Distanzritte.

Bosnier

Den meisten Menschen ist er völlig unbekannt, obschon sein Bestand wahrscheinlich größer ist als derjenige jeder anderen Pferderasse Europas mit Ausnahme des weltweit gezüchteten englischen Vollblutes: rund 450000 Stück. Dieses kleine Gebirgspferd Jugoslawiens geht vermutlich auf Thessalier zurück, auf Pferde des antiken Griechenland. Aber verschiedene Völker haben sich im Laufe der Jahrhunderte auf dem Balkan die Köpfe blutig geschlagen – und haben Pferde dorthin gebracht. Die Ponys östlicher Steppenreiter, Kriegspferde der Römer, edle Orientalen der Türken und andere haben in Bosnien ihre Spuren hinterlassen.
Noch im letzten Jahrhundert wurden Orientalenhengste in der Bosnierzucht eingesetzt, mit dem Ergebnis, daß diese Ponys schließlich für die Landwirtschaftsarbeit und als Saumtiere zu leicht und zu temperamentvoll wurden. Seit 1930 wird die Rasse rein gezüchtet, und dank der sorgfältigen Auswahl besonders kräftiger und kompakter Hengste hat man den gewünschten vielseitigen, unverwüstlichen Gebirgsponytyp erhalten. Einige tausend Bosniaken kamen in den letzten Jahren als gute und außerdem sehr preisgünstige Freizeitpferde nach Westeuropa.
Exterieur: Ein kräftiges, aber keinesfalls massiges, typisches Gebirgspony. Leichter, ausdrucksvoller Kopf mit großen Augen, eher kurzer Hals, kräftiger Rücken, abfallende, gut bemuskelte Kruppe, sehr widerstandsfähige, trockene Gliedmaßen, nicht selten mehr oder weniger kuhhessige (x-beinige) Stellung der Hinterbeine, sehr harte, kleine Hufe.
Stockmaß: Etwa 125 bis 140 cm.
Farben: Häufig Schimmel, Dunkelbraune und Rappen, selten Füchse.
Gänge: Fördernd in allen Gangarten, außerordentlich trittsicher. Nicht selten Anlagen zum Paßgang.
Eignung: In seiner Heimat unentbehrliches Trag-, Zug- und Reitpony, wichtiges Tragtier in der Armee. Bei uns ein unverwüstliches, liebenswürdiges Freizeitpferd.

Cleveland Bay

Die alte Rasse, die heute außerhalb Englands kaum mehr bekannt ist, gehörte einst zu den einflußreichsten in der Warmblutzucht. Sie hat nicht nur für die englische, sondern auch für die französische, holländische, amerikanische, deutsche und weitere Zuchten wichtige Bedeutung gehabt. So waren beispielsweise am Aufbau der hannoverschen Zucht mehrere Cleveland-Bay-Hengste beteiligt. Dabei entsprang die Rasse nicht einmal Gestüten, sondern stammt von den Tragpferden fliegender Händler in den Cleveland Hills im Nordosten Englands ab und war im 18. Jahrhundert schon fast ausgestorben. Eher zufällig wurden dann Clevelandstuten mit Vollbluthengsten gepaart, doch diesem Experiment entsprangen so vorzügliche Jagd- und Kutschpferde, daß sogar der Königshof ein Cleveland-Bay-Gestüt einrichten ließ. Noch heute unterhält Königin Elizabeth ein solches Gestüt in Norfolk. Zur Produktion leistungsfähiger Jagd- und Sportpferde werden heute oft Clevelandstuten von Vollbluthengsten gedeckt.

Exterieur: Harmonisches, mittelschweres Warmblutpferd. Schöner, wenn auch etwas langer Kopf, langer Rücken, abfallende Kruppe, gutgelagerte Schulter, trockene, widerstandsfähige Beine.

Stockmaß: 165 bis 172 cm.

Farben: Ausschließlich Braune (*bay* ist im Englischen die Bezeichnung für Braune).

Gänge: Schritt und Trab sehr fördernd, Galoppiervermögen gut.

Eignung: Vor allem ein sehr gutes Kutschpferd.

Clydesdale

Eines der herrlichsten und imposantesten Kaltblutpferde entstand im 18. Jahrhundert im Tal des Flüßchens Clyde in Schottland.

Um kraftvollere Pack- und Zugpferde zu erhalten, besorgten sich die Bauern jener Gegend bemerkenswerterweise keine britischen Kaltblüter, sondern mächtige Hengste aus Belgien und deckten damit ihre Stuten des Landschlages. Das Zuchtergebnis war nicht nur eine Augenweide, sondern eine Rasse mit vorzüglichem Charakter, genügend lebhaftem Temperament und gewaltigem Leistungsvermögen. Nicht umsonst breitete sie sich in ganz Großbritannien, über Europa bis nach Rußland aus und wurde in die USA, in Südafrika und Australien eingeführt. In den vierziger und fünfziger Jahren ging die Zucht sehr stark zurück, doch hat sie sich inzwischen durch die Beliebtheit von Clydesdale-Schaugespannen, besonders von Brauereien, wieder etwas erholt. Heute wird in Schottland hauptsächlich für den Export gezüchtet. Beachtenswerte Clydesdale-Gestüte gibt es vor allem in den USA.

Exterieur: Mächtige, kraftstrotzende, aber keineswegs schwerfällige Gesamterscheinung, ein Kaltblutpferd von monumentaler Ausstrahlung. Bis etwa 1000 kg schwer. Ausdrucksvoller, nicht zu großer Kopf, starker, aber nicht sehr schwerer Hals, wenig Widerrist, starker Rücken, runde bis abfallende, stark bemuskelte Kruppe, stämmige Beine, große Hufe mit sehr üppiger Fesselbehaarung.

Stockmaß: 165 bis über 170 cm.

Farben: Braune, selten Rappen. Auffallend viel Weiß am Kopf, an den Beinen und oft auch am Rumpf.

Gänge: Langer Schritt und guter Trab.

Eignung: Temperament, Arbeitswillen, Kraft und Charakter machen den Clydesdale zu einem ganz vorzüglichen Zugpferd mit enormer Leistung.

Connemarapony

Eines der besten Ponys überhaupt kommt aus Connemara, einer recht kargen, windgepeitschten Landschaft im äußersten Nordwesten Irlands. Sein Ursprung geht nicht auf Nordponys zurück wie etwa derjenige der englischen Moorponys, sondern auf die kleinen, drahtigen, zähen Reittiere der Kelten. Diese eroberten nach ihren langen Beutezügen durch Europa im 4. Jahrhundert v. Chr. die Britischen Inseln und blieben sowohl in Wales als auch in Irland ansässig.

Zu Recht sind die Iren auf ihre Ponys stolz. Sie haben hervorragende sportliche Qualitäten, und manches Connemarapony trägt seinen jungen Reiter den ganzen Tag auf den schweren irischen Jagden, nimmt ohne zu zögern jedes Hindernis, das die mächtigen Hunter zu bewältigen haben, und ist am Abend noch so frisch wie die besten der Großpferde. Berühmt geworden sind diese Ponys aber vor allem, weil aus der Kreuzung von Connemarastuten mit Vollbluthengsten Ponys wie STROLLER, DUNDRUM oder LITTLE BLUE HAVEN hervorgegangen sind, Ponys, die im Sport zur Weltspitze gehörten.

Exterieur: Kein Ponytyp, sondern ein elegantes, harmonisches, kleines Warmblutpferd. Feiner Kopf, gut aufgesetzter Hals, guter Widerrist, starker Rücken, abgerundete Kruppe, trockene, äußerst widerstandsfähige Beine.

Stockmaß: Etwa 130 bis 147 cm.

Farben: Früher viele, heute nur noch wenige Falben, hauptsächlich Schimmel, dann Braune und Rappen.

Gänge: Elastisch und sehr fördernd in allen Gangarten, überragendes Springvermögen.

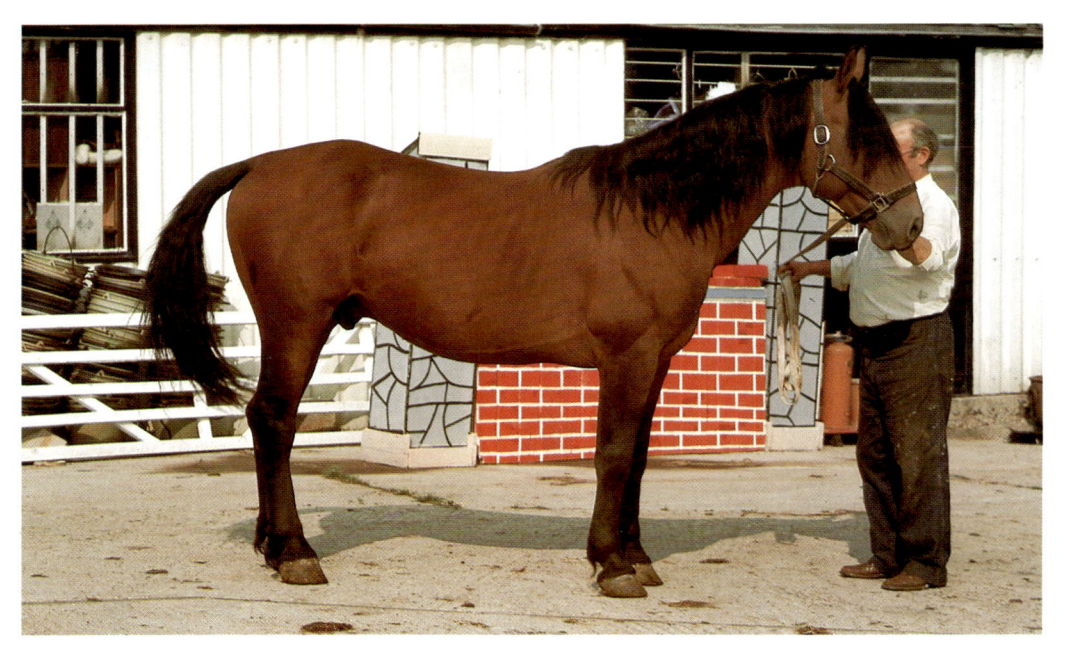

Links: KNARES BOROUGH JUSTICE, *ein Cleveland-Bay-Hengst in Norfolk, England*

Rechte Seite oben: Clydesdales vor dem Pflug

Rechte Seite unten: Connemaraponys im Vorführrring während der Pony-Show

Links oben: Der moderne, sehr harmonische Typ des Criollo, wie er heute vor allem in Argentinien angestrebt wird, hier in der charakteristischen Falbfarbe

Links unten: Dartmoorpony vom Wildgestüt im Dartmoor in der englischen Grafschaft Devon

Rechte Seite: Der Vollbluthengst BLAKENEY von HETHERSETT aus der WINDMILL GIRL steht im englischen Nationalgestüt in Newmarket. Er war unter anderem 1969 im Epsom Derby siegreich.

Eignung: Ein charakterlich einwandfreies, sehr sportliches Reitpony für Jugendliche und normalgewichtige Erwachsene. Kann in der Paarung mit Vollbluthengsten Spitzensportpferde produzieren.

Criollo

Was der wildlebende Mustang und die Westernpferde für Nordamerika sind, ist der Criollo für Lateinamerika: das Pferd spanischen oder portugiesischen Ursprungs mit hohen orientalischen Blutanteilen. Tausende von Pferden kamen mit den Eroberern und Siedlern ins Land, viele verwilderten, mit anderen wurde gezüchtet, zum Teil mit großem Geschick, zum Teil mit minimalster Sorgfalt. Der Criollo oder Kreole, den es in besonders großer Zahl in Argentinien, daneben aber auch in vielen anderen südamerikanischen Ländern gibt, ist heute im Typ so uneinheitlich, daß man eigentlich kaum von einer Rasse sprechen kann. Gemeinsam haben sie eigentlich nur noch ihre Abstammung und ihre unverwüstliche Ausdauer und Härte. Wenn sie diese Eigenschaften unter den Rinderhirten nicht beweisen, sind sie unbrauchbar. Das ist erbarmungslose, aber absolut sinnvolle Leistungszucht. Eindrucksvoll zeigte ein Schweizer namens Aimé Tschiffely in den zwanziger Jahren die Qualitäten dieser Pferde. Er ritt auf zwei Criollos von Buenos Aires nach New York, und obschon diese Tiere beim Start schon 15 und 16 Jahre alt und bei weitem nicht die besten waren, obschon sie stickige Regenwälder und Wüsten durchquerten und bis 5900 m hohe Pässe bezwangen, waren sie am Ende der 21 500 km langen Reise kerngesund.

Exterieur: Sehr uneinheitlich, wenn auch stets an den trockenen Typ spanisch-berberischer Pferde erinnernd. Vor allem in Argentinien wird heute gezielt ein harmonischer, edler Criollo gezüchtet.

Stockmaß: Etwa 135 bis 150 cm.

Farben: Häufig Falben und Schecken, daneben alle Grundfarben.

Gänge: Fördernd in allen Gangarten, gutes, nicht selten ausgezeichnetes Galoppiervermögen.

Eignung: Erstklassiges Hütepony der Rinderhirten, gutes Polopony, würde sich hervorragend als Wanderpferd eignen. Produziert mit englischen Vollbluthengsten sehr sportliche Reitpferde.

Dartmoorpony

In Großbritannien blieben nach der Eiszeit offenbar mehrere Populationen der nordischen Urwildponys erhalten, aus denen später einige der insgesamt neun britischen Ponyrassen entstanden. Eine davon ist das Dartmoorpony Devons im Südwesten Englands. Allerdings blieb es vom Einfluß anderer Rassen nicht verschont. Im vergangenen Jahrhundert entstand eine große Nachfrage nach kraftvollen, aber kleinen Bergwerksponys. Da die Dartmoorponys dafür etwas zu groß waren, kreuzte man sie mit kleinen Shetländern. Obschon 1899 ein Zuchtbuch gegründet und ein Rassenstandard festgelegt wurde, ist der Shetländereinfluß noch in vielen Dartmoorponys unverkennbar, auch wenn durch die Zucht-

tätigkeit einiger Vollbluthengste der Typ im allgemeinen edler in der Erscheinung, großrahmiger, lebhafter im Temperament und flüssiger in allen Gangarten wurde. Die meisten Dartmoorponys leben noch heute halbwild im Moor, sehen nie einen Stall und bekommen nur bei harter Winterwitterung Heu zugefüttert. Heute gibt es in verschiedenen Ländern Nachzuchten.
Exterieur: Kleiner, sehr hübscher Ponykopf, mittellanger Hals, starker Rücken, abfallende Kruppe, gutgestellte, trockene, sehr widerstandsfähige Beine, kompakter, aber verhältnismäßig leichter Ponytyp.
Stockmaß: Etwa 115 bis 127 cm.
Farben: Alle Grundfarben, Schecken werden nicht im Zuchtbuch aufgenommen.
Gänge: Flüssig und sehr fördernd in allen drei Gangarten.

Eignung: Dank seines ausgezeichneten Charakters und der für Ponys typischen Anspruchslosigkeit gilt das Dartmoorpony als eines der besten Kinderponys überhaupt.

Englisches Vollblut

Als englische Vollblüter dürfen nur Pferde bezeichnet werden, deren väterliche und mütterliche Ahnenketten lückenlos im 1793 eröffneten Zuchtbuch dieser Rasse, im »General Stud Book«, verzeichnet sind. Jeder Vollblüter ist also Angehöriger einer seit rund 200 Jahren absolut rein gezogenen Rasse. Diese Konsequenz in der Zucht, die schon Mohammed als wertvoll erkannt und gefordert hat, ist eines

515

der Geheimnisse der unübertroffenen Qualität dieser Pferde. Entscheidend ist außerdem die von Anfang an harte Leistungsprüfung auf der Rennbahn, die unweigerlich Spreu vom Weizen trennt. Und bedeutend ist selbstverständlich die Abstammung: Die weibliche Grundlage der Vollblutzucht bildeten seit Generationen auf Schnelligkeit gezüchtete Stuten, die bereits viel orientalisches Blut führten. Die Stammväter waren nur drei orientalische Hengste, nämlich BYERLEY TURK, ein Orientale aus der Türkei, der ein reiner Araber war, DARLEY ARABIAN, ein Vollblutaraber und der wichtigste Blutlinienbegründer, denn über 90 Prozent aller Vollblüter gehen auf ihn zurück, und GODOLPHIN ARABIAN, der wahrscheinlich ein Berber war. Der Weltbestand beträgt heute um 800 000 Exemplare.

Exterieur: Hochedle, elegante Erscheinung, unverkennbar ein Hochleistungssportler. Sehr feiner und markanter Kopf, meistens gerade, gelegentlich eingebuchtete Nasenlinie, langer, hochangesetzter Hals, hoher Widerrist, mittellanger, gerader Rücken, lange, abfallende Kruppe mit starken Muskeln, lange, schräge Schulter, lange, feine, sehr trockene und widerstandsfähige Beine.
Stockmaß: 158 bis 170 cm.
Farben: Meist Braune, dann Füchse, seltener Schimmel und Rappen.
Gänge: Sehr raumgreifend in allen Gangarten, gewaltiger Galopp, enormes Springvermögen.
Eignung: Hartes Sportpferd, unübertroffen auf der Rennbahn, oft hervorragendes Spring- und Militarypferd, nicht selten von

heftigem, manchmal aber auch von sehr sanftem Temperament. Unentbehrlich in der gesamten modernen Sportpferdezucht.

Exmoorpony

Wie das Dartmoorpony stammt auch diese englische Moorponyrasse von eiszeitlichen Urwildponys ab. Allerdings ist es bis heute praktisch rein erhalten geblieben. Aufgrund von Skelettfunden weiß man, daß das Exmoorpony heute noch genauso aussieht wie vor 10 000 Jahren und daß es damit die wohl ursprünglichste Hauspferderasse überhaupt darstellt.
Die meisten Exmoorponys leben sich selbst überlassen in dem von Granitfelsen durchsetzten Exmoor in den Grafschaften

Somerset und Devon. Im Herbst werden die Herden zusammengetrieben und die halbjährigen Fohlen herausgefangen. Die für die Weiterzucht ausgewählten Tiere werden mit dem Brandzeichen versehen, danach laufengelassen und oft nie wieder von einem Menschen berührt. Die übrigen werden zum größeren Teil versteigert, zum kleineren von den Bauern gezähmt, eingeritten und eingefahren. Heute gibt es in verschiedenen Ländern Nachzuchten dieser besonders interessanten Ponyrasse, doch im Vergleich zu seinen Qualitäten ist das Exmoorpony eigentlich viel zu wenig verbreitet.

Exterieur: Schöner, kleiner Ponykopf mit ausdrucksvollen Augen und kleinen Ohren, eher kurzer, kräftiger Hals, wenig Widerrist, sehr kräftiger Rücken, abgerundete Kruppe, tiefe, breite Brust, sehr starke, gerade, trockene Beine mit harten, kleinen Hufen.

Stockmaß: Etwa 115 bis 130 cm.

Farben: Immer Braun mit Kupferglanz im Sommer, dichtes, stumpfbraunes Winterfell, helle Maulpartie (Mehlmaul) und hell umrandete Augen.

Gänge: Fördernd und fleißig in allen Gangarten.

Eignung: Ein charakterlich einwandfreies, sehr robustes und leistungsfähiges Pony für Jugendliche und normalgewichtige Erwachsene.

Fjordpony

Über den Ursprung des Fjordponys weiß man sehr wenig. Sicher ist eigentlich nur, daß die norwegischen Bauern schon sehr lange kleine, kräftige Pferde gezüchtet und daß sie es verstanden haben, eine vorzüg-

liche Rasse leistungsfähiger, harter, anspruchsloser und freundlicher Arbeitstiere heranzuziehen. Oft wird das Fjordpony mit dem östlichen Steppenwildpferd, dem Przewalski-Pferd, in direkte Verbindung gebracht, was sicher falsch ist. Das Przewalski-Pferd war nie auch nur in der Nähe Skandinaviens verbreitet, hat nur in der Fellfarbe gewisse Ähnlichkeit mit dem Fjordpony und ist von ganz anderem, nämlich eckigem und schwerköpfigem Typ. Etwa um die Jahrhundertwende begann das Fjordpony international bekannt zu werden, zunächst in Dänemark und in Norddeutschland, wo es vor allem in der Landwirtschaft eingesetzt wurde. In den letzten zwei Jahrzehnten wurde ein leichterer, beweglicherer, dabei noch immer sehr kräftiger Reittyp herausgezüchtet, der sich inzwischen als Freizeitpferd in vielen Ländern großer Beliebtheit erfreut.

Exterieur: Harmonisches, kraftvolles, abgerundetes, ansprechendes Pony mit Kaltbluteinschlag. Schöner, kleiner Ponykopf, kräftiger Hals, der durch die (leider!) traditionell gestutzte Mähne noch breiter wirkt, wenig Widerrist, sehr tragstarker Rücken, abgerundete Kruppe, kräftige, recht trockene Beine, Hinterbeinstellung nicht selten etwas kuhhessig.

Stockmaß: 132 bis 145 cm.

Farben: Falbfarbe von blassem Gelblich bis kräftigem Ocker, selten Mausgrau (Mausfalbe). Dunkler Aalstrich und dunkle Beine.

Gänge: Recht schwungvoll in allen Gangarten.

Eignung: Ein erstklassiges, anspruchsloses, robustes Freizeitpferd, auch für schwergewichtige Erwachsene, mit besonderer Eignung für Wanderritte. Sehr geeignet auch für ländliche Gespanne.

Französischer Traber

Unter den zahlreichen Pferden, die nach Aufhebung der Kontinentalsperre vor etwa 140 Jahren aus England nach Frankreich kamen, um der geschwächten französischen Pferdezucht wieder auf die Beine zu helfen, gab es einen Norfolk Trotter (Traber), der durch seine unerhörte Vererbungskraft einen einzigartigen Einfluß auszuüben vermochte: YOUNG RATTLER. Er wurde zum wichtigsten Linienbegründer in der Anglo-Normannen-Zucht und gleichzeitig zum Stammvater des eng verwandten französischen Trabers, denn auf ihn geht der 1844 geborene KAPIRAT zurück. Dieser Hengst wurde im Gestüt St. Lo aufgestellt und ist der Erzeuger des Halbblüters CONQUERANT, dem ältesten der fünf eigentlichen Stammväter der französischen Traberzucht. Denn zu ihm gesellten sich noch NORMAND, LAVATER, NIGER und PHAETON, dessen Vater der Vollblüter THE HEIR OF LINNE XX war. Alle fünf Stempelhengste waren übrigens miteinander verwandt. In Frankreich, wo der Trabrennsport sehr populär ist, wird ein großer Teil der Trabrennen nicht vor dem Sulky, sondern unter dem Sattel gelaufen. Die blühende Zucht hat ihren Schwerpunkt im Norden des Landes.

Exterieur: In der Gesamterscheinung größer, harmonischer und edler als der amerikanische Traber. Etwas größer, aber vornehmer Kopf, langer Hals, hoher Widerrist, gerader Rücken, lange, abfallende Kruppe, steile Schulter, oft auffallend feine, stets trockene Beine mit oft steiler Fesselstellung.

Stockmaß: 165 bis 170 cm.

Farben: Meist Braune, daneben alle Grundfarben, oft mit Abzeichen.

Linke Seite: Exmoorponys aus dem Wildgestüt im Exmoor in Südwestengland

Rechts: Fjordponys sind immer wildfarbig, haben aber keine natürliche Stehmähne wie die Przewalski-Pferde, sondern eine geschorene.

Oben: Der französische Traber ist ein auf Ausdauer spezialisierter »Steher«, auf kurzen Distanzen ist der amerikanische Standardtraber überlegen (Flieger).

Links: Einer der rund 40 eidgenössischen Freiberger-Zuchthengste. Etwa ebenso viele stehen bei privaten Besitzern.

Rechte Seite: Furiosopferde in ihrer ungarischen Heimat

Gänge: Schritt und Galopp recht gut, enormes Trabvermögen.
Eignung: Beste Rasse auf der Trabrennbahn über längere Distanzen. Nicht immer ganz einfach im Umgang.

Freiberger

Im Jura in der Westschweiz hat das Schweizer Bauernpferd seine Heimat. Nach wie vor liegt dort das Hauptzuchtgebiet.

Über den Ursprung der Rasse weiß man wenig. Durch orientalische Pferde veredelte Noriker sollen die Grundlage der Zucht gewesen sein. Glaubhafter ist, daß Ardenner und Normannen die Hauptrolle gespielt haben. In der zweiten Hälfte des vergangenen Jahrhunderts wurde, wie in den meisten europäischen Pferdezuchten, besonders lebhaft experimentiert. Aus Frankreich wurden Anglo-Normannen-Hengste, aus England verschiedene Halbblut- und sogar Vollbluthengste eingeführt,

mit dem Ergebnis, daß um die Jahrhundertwende die Jurapferde nicht mehr die für die landwirtschaftliche Arbeit und die Tätigkeit als Armeesaumtiere erforderliche Kraft, Gelassenheit und Anspruchslosigkeit hatten. Einige Percheron-, Bretonen- und Shirehengste aber sorgten dann wieder für mehr Masse.
Wie überall in der Pferdezucht ging der Bestand an Freibergern nach dem Zweiten Weltkrieg stark zurück. Er hat sich heute mit etwa 10 000 Stück ziemlich stabilisiert.

518

Exterieur: Verhältnismäßig leichtes, harmonisches, ansprechendes Kaltblutpferd. Kleiner, markanter Kopf, starker, schöngewölbter Hals, eher steile Schulter und runde bis abfallende Kruppe, stämmige gesunde Beine, überall gute Bemuskelung.
Stockmaß: 153 bis 162 cm.
Farben: Meist Braune, oft ohne Abzeichen, daneben alle Grundfarben.
Gänge: Guter, bodenbedeckender Schritt und Trab, eher schwerfälliger Galopp.
Eignung: Robustes, lebhaftes, sehr gutartiges Arbeitspferd, gut als Saumpferd geeignet. Versuche, durch Arabereinkreuzung ein rittiges Freizeitpferd zu erhalten, sind bis heute nicht befriedigend gelungen.

Furioso-North Star

Im 1785 gegründeten Gestüt Mezőhegyes im Südosten Ungarns sind nicht weniger als drei bemerkenswerte Pferderassen entstanden: der Nonius, der als Gidran bekannte ungarische Anglo-Araber und schließlich der Furioso-North Star. Die Rasse ist nach ihren Stammvätern, zwei englischen Vollblütern, benannt, von denen FURIOSO XX 1841 aus einem ungarischen Privatgestüt kam, THE NORTH STAR XX wenig später aus England importiert wurde. Diesen beiden Hengsten führte man vorwiegend möglichst großrahmige, harmonische Stuten zu, um vor allem elegante, gängige Kutsch- und Reitpferde zu erhalten. Die beiden Blutlinien wurden zunächst getrennt gezüchtet, ab 1885 jedoch vermischt, wobei die FURIOSO-Linie bis heute den wichtigsten Anteil hat. Heute liegt die Hauptzucht auf dem Gestüt Apajpuszta zwischen Donau und Theiss. Nachzuchten dieser Rasse gibt es in der Tschechoslowakei, wo sie in der Sportpferdezucht eine sehr wichtige Rolle spielt, sowie in Polen, Rumänien und Österreich.
Exterieur: Heute im Typ des modernen, sportlichen Reitpferdes, wie er fast überall in Europa gezüchtet wird. Vornehmer Kopf, lange Linien, schräge Schulter, trockene, robuste Beine.
Stockmaß: 160 bis 168 cm.
Farben: Viele Füchse und Braune, oft mit weißen Abzeichen, daneben auch andere Farben.
Gänge: Sehr schwungvoll in allen drei Gangarten.
Eignung: Vielseitiges Pferd mit guten Anlagen für Dressur, Springen und Military. Wird noch oft als Kutsch- und auch als Arbeitspferd verwendet.

Gotlandpony

Zusammen mit dem englischen Exmoorpony dürfte das Pony von der schwedischen Insel Gotland zu den urtümlichsten Hauspferderassen zählen. Zwar hat es wenig Ähnlichkeit mit dem tonnigen Moorpony und gleicht ebensowenig den aus geschichtlicher Zeit noch bekannten Wildpferden Tarpan und Przewalski-Pferd, aber es sieht verblüffend einem Pferdchen ähnlich, das man unlängst in Sibirien in Gletschereis gefunden hat und das schätzungsweise 40 000 Jahre tiefgekühlt in tadellosem Zustand überdauert hat. Wie und wann das Gotlandpony auf die Insel gelangt ist, weiß niemand. »Es war schon immer da«, sagen die Inselbewohner lakonisch. Interessant ist jedenfalls, daß man auf einem Nachbarinselchen in 5000 bis 6000 Jahre alten Schichten massenhaft Pferdeknochen gefunden hat, welche Forscher zu dem Glauben veranlaßten, Steinzeitmenschen hätten hier Pferde nicht nur gejagt, sondern als »Haustiere« gehalten, natürlich nur wegen des Fleisches, denn damals war nur ein totes Pferd ein gutes Pferd.

Außer auf Gotland, wo sie noch in halbwilden Herden leben, werden diese Ponys auf dem schwedischen Festland und in verschiedenen anderen Ländern nachgezüchtet, auch in der BRD, wo man mit der Kreuzung mit Arabern gute Erfahrungen gemacht hat. Etwa gleich viele Gotländer wie in Schweden, um 2500, gibt es heute in den USA, wo diese Ponys wegen ihres vorzüglichen Charakters vorwiegend im therapeutischen Reiten eingesetzt werden.
Exterieur: Nicht das schönste, aber ein ansprechendes, feines, leichtes Pony. Gerader, mittellanger Kopf, leichter Hals, deutlicher Widerrist, abgeschlagene Kruppe, feine, aber äußerst widerstandsfähige Beine, hinten oft kuhhessig.
Stockmaß: um 120 cm.
Farben: Vor allem Dunkelbraune, aber auch andere.

Gänge: Elastisch und schwungvoll in allen Gangarten, nicht selten überraschendes Trabvermögen.

Eignung: Wegen seines ausgezeichneten Charakters, der Robustheit und Rittigkeit eines der besten Ponys für Kinder und Jugendliche.

Hackney

Aus dem lebhaften, schnellen und ausdauernden, vor allem durch seinen Trab bestechenden Norfolk Trotter, der wichtigsten englischen Traberrasse, ist in der zweiten Hälfte des letzten Jahrhunderts der Hackney entstanden. Diese Rasse, in der Erscheinung dem Vollblut sehr ähnlich, erfreute sich um die Jahrhundertwende außergewöhnlicher Beliebtheit. Die fast ausschließlich als Kutschpferde verwendeten Tiere stachen durch ihre Eleganz und vor allem durch das auffallend hohe Anheben der stark angewinkelten Vorderbeine (Knieaktion) hervor. Allerdings wurde und wird noch heute diese Knieaktion durch Beschweren der Vorderhufe und weitere, nicht gerade pferdefreundliche Praktiken gefördert.

Wenige Jahrzehnte nach ihrer Glanzzeit war die Rasse fast verschwunden, doch hat sie in den letzten zwei Jahrzehnten außer in England vor allem auch in Holland, den USA und in Südafrika wieder zahlreiche Liebhaber gefunden. Durch das Einkreuzen vor allem von Welsh Ponys ist das kleinere, sehr zierliche und vor allem als Showpony beliebte Hackney Pony oder Zwerghackney entstanden.

Exterieur: Ein sehr elegantes Pferd. Dem Vollblut ähnlich, aber mit steiler Schulter und kurzer Kruppe. Durch Operation wird das Hochstellen der Schweifrübe bewirkt.

Stockmaß: 153 bis 160 cm.

Farben: Meist Braune, Rappen und Füchse, daneben auch die anderen Grundfarben, oft mit Abzeichen.

Gänge: Elastische Gänge mit imposanter

520

Knieaktion, optisch bestechend, vor allem im Trab, aber nicht sehr fördernd.
Eignung: Brillantes Kutschpferd, wurde oft zur Verbesserung anderer Rassen verwendet.

Haflinger

Die Blondschöpfe aus den Tiroler Alpen werden heute in über 20 Ländern nachgezüchtet und gehören damit zu den erfolgreichsten Freizeitpferden. Das ist um so erstaunlicher, als der Haflinger keine überwältigenden Reiteigenschaften hat, sondern nach wie vor hauptsächlich ein gutes Wagen-, Saum- und Arbeitspferd ist und auch sein Temperament durchaus nicht immer so problemlos ist, wie oft behauptet wird.

Seine Ahnen waren kleine Saumpferde, die in Tirol schon zur Römerzeit bekannt waren. Häufig in der bäuerlichen Zucht eingesetzte, schwere Norikerhengste verwandelten den drahtigen Säumer in einen kraftvollen Kaltbluttyp. Der heute bekannte, verhältnismäßig leichte Kaltbluttyp entstand vor der Jahrhundertwende um Hafling bei Meran dank eines Halbblut-Araberhengstes namens 249 FOLIE, dessen Einfluß so groß war, daß er als Stammvater der modernen Haflingerzucht gilt. Als mit

Linke Seite: Ein Hackney Pony, die kleine Form des einst begehrten Kutschpferdes, das heute fast nur noch Schauzwecken dienen muß

Ganz oben: Gotländer-Zuchtgruppe in Oklahoma, USA

Darunter: Haflinger in der Schweiz, einem der vielen Nachzuchtländer

dem Ersten Weltkrieg Südtirol und damit das Zuchtgebiet an Italien fiel, standen zwar fast alle Hengste im österreichischen Hengstdepot Stadl-Paura nördlich der Alpen, aber die meisten Stuten auf italienischem Boden. Die sich daraus ergebenden Schwierigkeiten verzögerten den Aufschwung der Haflingerzucht, zu verhindern vermochten sie ihn nicht.

Exterieur: Verhältnismäßig leichter, ansprechender Kaltbluttyp von kompaktem, abgerundetem Bau. Vor allem der hübsche, mittelgroße bis recht kleine Kopf verrät Araberblut. Die Beine sind verhältnismäßig trocken und sehr widerstandsfähig.

Stockmaß: Etwa 134 bis 144 cm.

Farben: Füchse in allen Schattierungen, wobei möglichst helles Mähnen- und Schweifhaar beliebt ist.

Gänge: Fleißig in allen Gangarten, im Galopp jedoch ziemlich schwerfällig.

Eignung: Ein gutes Arbeitspferd, das sich besonders am bäuerlichen Wagen auszeichnet. Als Freizeitpferd vor allem für schwerere Reiter ohne große sportliche Ambitionen geeignet.

Hannoveraner

Die europäischen Züchter des 18. und 19. Jahrhunderts zeichneten sich durch eine auffallende, wenn auch sicher nicht immer erfolgreiche Experimentierfreude aus. Zur Eröffnung des Landgestütes Celle bei Hannover im Jahre 1735 standen zwölf Holsteiner-Rapphengste bereit, doch bald kamen Hengste verschiedenster, in Europa gerade »modischer« Rassen hinzu: Normannen und Anglo-Normannen, Trakehner, englische Hunter und Coach Horses, orientalische Hengste, Mecklenburger usw. Im 19. Jahrhundet dominierte der Einfluß englischer Vollblüter so stark, daß die hannoverschen Pferde schließlich für die landwirtschaftliche Arbeit zu leicht und zu lebhaft wurden, so daß man vor der Jahrhundertwende wieder einen Wirtschaftstyp mit mehr Masse und Kraft herauszüchtete.

In den letzten Jahrzehnten wurde der Hannoveraner unter erneuter, starker Vollblutzufuhr und mit Hilfe von Trakehnerhengsten – vor allem SEMPER IDEM und ABGLANZ spielten eine wichtige Rolle – zu dem sportlichen Reitpferd umgezüchtet, das sich in aller Welt einen hervorragenden Namen schaffen konnte.

Exterieur: Ein großrahmiges, kraftvolles, sportliches Reitpferd. Mittelgroßer, vornehmer Kopf, ziemlich langer, gut aufgesetzter Hals, hoher Widerrist, leicht abfallende Kruppe, kräftige, trockene Beine mit starken Gelenken.

Stockmaß: 165 bis 175 cm.

Farben: Meist Füchse und Braune, daneben alle Grundfarben.

Gänge: Locker und raumgreifend in allen Gangarten, enormes Springvermögen.

Eignung: Ein im modernen Reitsport, vor allem im Springen, zu höchsten Leistungen fähiges Pferd.

Holsteiner

Eine große Blütezeit hatte die holsteinische Pferdezucht um 1700, denn beim Militär und Transportwesen herrschte überall eine starke Nachfrage nach diesen leistungsfähigen und ausdauernden, kräftigen und dabei schnellen Pferden. Holsteinische Hengste legten den Grundstock der hannoverschen Zucht und wirkten als Verbesserer in verschiedenen anderen Zuchtgebieten. Im 19. Jahrhundert lösten Mecklenburger, Hannoveraner, Trakehner und englische Warmblüter den Holsteiner als Kavalleriepferd fast völlig ab, nur als Kutsch- und Arbeitspferd blieb er weiterhin wichtig. Ohne vorerst groß beachtet zu werden, entwickelte sich nach dem Zweiten Weltkrieg unter dem Einfluß englischer Vollbluthengste und dank der fabelhaften Vererbungskraft eines polnischen Anglo-Arabers namens RAMZES X der Holsteiner zu einem überragenden Sportpferd, das in olympischen und Weltmeisterschaftsprüfungen Spitzenerfolge in allen Disziplinen errang. Von den klingenden Namen

seien hier nur Fritz Thiedemanns METEOR (Springen) und Christine Stückelbergers GRANAT (Dressur) erwähnt.

Exterieur: Im Typ dem Hannoveraner entsprechend, wenn auch noch etwas schwerer. Nicht selten etwas größer, ramsnasiger Kopf.

Stockmaß: 165 bis 175 cm.

Farben: Hauptsächlich Braune, daneben alle Grundfarben.

Gänge: Fördernd und elastisch in allen Gangarten, überragendes Springvermögen.

Eignung: Erstklassiges, sportliches Reitpferd mit besonderer Begabung für Dressur und Springen.

Irish Draught

Die Iren sind ein Pferdevolk ersten Ranges und haben es von jeher verstanden, mit unvergleichlicher Intuition die richtige Stute zum richtigen Hengst zu bringen. Die Notwendigkeit hat sie gelehrt, Rassen verschiedenster Herkunft zu kreuzen und dabei Pferde zu produzieren, die schlichtweg für alles zu gebrauchen waren: zum Ziehen von Pflug, Ernte- und Marktwagen im Sommer, zum verwegenen Ritt hinter der »läutenden« Hundemeute im Winter. Sie mischten englische Kalt-, Warm- und Vollblüter, veredelten mit spanischen und orientalischen Hengsten, verwendeten

Connemaraponys und sicher noch eine Menge Pferde unbekannter Herkunft und produzierten schließlich die Rasse, die als Irish Draught bekannt ist. Dem Namen nach stellt diese Population also Zugpferde – die aber keineswegs Kaltblüter sind, wie oft angenommen wird. Noch heute spielt das Draught in der irischen Landwirtschaft eine wichtige Rolle, eine weit wesentlichere aber in der Zucht von Exportpferden, denn aus der Kreuzung von Draughtstuten mit Vollbluthengsten entstehen die berühmten irischen Hunter.

Exterieur: Mittelschweres, kraftvolles Arbeitspferd, aber nicht im Kaltbluttyp. Meist sehr ausdrucksvoller, wenn auch langer Kopf, mittellanger Hals, klarer Widerrist, lange, schräggelagerte Schulter, abgerundete, muskelbepackte Kruppe, sehr stabile, trockene Beine.

Stockmaß: 160 bis 172 cm.

Farben: Meist Braune und Schimmel, daneben alle Grundfarben.

Gänge: Kraftvoll und fördernd in allen Gangarten. Im Vergleich zur Masse erstaunliches Springvermögen.

Eignung: Ausgezeichnetes Arbeitspferd, besonders wichtig als weibliche Grundlage der Hunterzucht, die dem internationalen Springsport so viele hervorragende Pferde geliefert hat, von denen als erfolgreichste vor allem BOOMERANG und ANGLEZARK zu nennen sind.

Irish Hunter

Obschon in Irland und England seit Jahrhunderten Jagdpferde oder Hunter gezüchtet werden, ist dabei interessanterweise nie eine Hunterrasse entstanden. Nahezu jeder Hunter ist ein Kreuzungsprodukt aus einem Vollbluthengst und einer Warmblutstute. In England verwendet man dabei jede Stute, die gewisse Grundvoraussetzungen erfüllt. In Irland züchtet man nach einem bestimmten System vier Huntertypen: Der »schwere Hunter« entsteht aus einem Vollbluthengst und einer Draught-Stute und ist in erster Linie Jagdpferd. Aus einer schweren Hunterstute und einem Vollbluthengst entsteht der »mittelschwere Hunter«, der oft im Springsport eingesetzt und am häufigsten exportiert wird. Die Kreuzung eines Vollbluthengstes mit einer mittelschweren Stute ergibt den »leichten Hunter«, der oft kaum noch von einem Vollblut zu unterscheiden ist und im Spring- und Militarysport sowie in schweren Jagdrennen Spitzenleistungen zu erbringen vermag. Schließlich produzieren Connemaraponystuten mit Vollbluthengsten die »kleinen Hunter«, unter denen es, trotz der geringen Größe, schon mehrere erfolgreiche Olympiapferde gab, zum Beispiel den Weltmeister und Olympia-Silbermedaillengewinner STROLLER unter Marion Coakes.

Exterieur: Je nach Typ massig kraftvolle bis

523

sehr elegante, edle Gesamterscheinung. Ziemlich langer und manchmal etwas grober bis sehr edler und trockener Kopf, guter Widerrist, lange, schräge Schulter, runde bis abfallende, lange, muskulöse Kruppe, außerordentlich widerstandsfähige Beine.

Stockmaß: 145 (kleiner Hunter) bis 177 cm.
Farben: Viele Braune, daneben alle Grundfarben, gelegentlich auch Schecken.
Gänge: Raumgreifend und kraftvoll in allen Gangarten.
Eignung: Ausgezeichnete Jagd- und Sportpferde. Springvermögen, Mut und Ausdauer machen die leichteren Typen zu den besten Sportpferden überhaupt.

Islandpony

Noch vor wenigen Jahrzehnten waren sie bei uns so gut wie unbekannt. Heute sind sie die begehrtesten Freizeitpferde, einerseits, weil sie sich als Wanderponys unübertroffen bewährt haben, andererseits, weil sie durch ihre Veranlagung zu speziellen Gangarten, dem Paß und dem Tölt, die für Kontinentaleuropa neue Sportart der Gangartenwettkämpfe zum Leben erweckt haben. Diese Wettkämpfe, die unwillkür-

lich an die Darbietungen der amerikanischen Saddle Horses und der Tennessee Walking Horses erinnern, haben bei uns viele Anhänger gefunden, darunter freilich auch zahlreiche Fanatiker, denen die Gänge wichtiger sind als alles andere. »Vollblüter des Nordens« nennt man sie, und zwar nicht, weil sie an englische oder arabische Vollblüter erinnern, sondern weil sie auf Island seit rund tausend Jahren absolut rein gezüchtet werden. Um 900 kamen die Ponys mit Wikingern, die sich dort ansiedelten, auf die Insel, und etwa seit dem Jahre 1000 ist die Einfuhr von Pferden aus Angst vor Seuchen streng verboten. Die ungewöhnlich harten Lebensbedingungen haben das Islandpony zu einer der unverwüstlichsten Pferderassen gemacht.
Exterieur: Ein urtypisches Pony, kompakt, kraftvoll, aber keinesfalls schwerfällig wirkend. Der schwerere Arbeitstyp wird kaum exportiert, bei uns bekannt ist fast nur der Reittyp. Kopf ziemlich schwer, aber charaktervoll und oft sehr ansprechend, Hals eher kurz und tief angesetzt, Rücken kräftig, Kruppe stark abfallend, starke, sehr widerstandsfähige, trockene Beine, Mähne, Schweif und Winterpelz sind überaus üppig.

Stockmaß: Im Durchschnitt um 130 cm.
Farben: Alle Grundfarben, auch Schecken.
Gänge: Schwungvoll, elastisch, lebhaft in allen Gangarten. Oft Anlagen zu Paßgang und Tölt.
Eignung: Freizeitpferd mit überragenden Qualitäten. Eigenwilliger, aber sehr freundlicher Charakter, Gelassenheit, fast einzigartige physische und psychische Belastbarkeit machen es zum Wanderpony schlechthin.

Knabstruper

Mit der wachsenden Beliebtheit des Westernreitens, des Reitstiles der amerikanischen Cowboys, ist in Europa auch das Interesse an amerikanischen Pferderassen erwacht, insbesondere auch an den gefleckten Appaloosas. Da aber der Import solcher Pferde mit großen Kosten verbunden ist und die Nachzuchten in Europa meistens noch so teuer sind, daß sich bei weitem nicht jeder Enthusiast diesen Luxus leisten kann, wurden aus Dänemark Knabstruper eingeführt – sie sind weit billiger und ebenfalls gefleckt. Ungesetzlich dabei war nur, daß sich gewisse Leute für ihre Knabstruper amerikanische Appaloosa-Stamm-

papiere verschaffen konnten und »echte« Appaloosas zum Verkauf anboten und sogar zum Decken aufstellten.

Zwar geht der Ursprung beider Rassen auf orientalisch-spanische Pferde des Mittelalters zurück, aber ihre Geschichte verlief völlig verschieden. Während der Appaloosa unter dem züchterischen Einfluß der Indianer ein sehr hartes, schnelles Reitpferd wurde, war der Knabstruper die gefleckte Spielart des Prunk- und Paradepferdes am dänischen Hof. Die auf dem Gut Knabstrup begonnene und einst blühende Zucht wurde seit dem 19. Jahrhundert nur noch von wenigen Liebhabern am Leben erhalten, erlebt nun aber mit der erwachenden Freude an bunten Pferden wieder einen gewissen Aufschwung.

Exterieur: Typisches, abgerundetes, imposantes Paradepferd, dem alten Frederiksborger ähnlich, aber meistens mit leichterem, weniger ramsnasigem oder auch geradem Kopf.

Stockmaß: 155 bis 160 cm.

Farben: Tigerschecken mit schwarzen oder braunen, kleinen, rundlichen Flecken auf weißem Grund. Oft unpigmentierte Hautstellen um Maul (Krötenmaul), Augen und Genitalien. Stuten meistens weniger ausgeprägt gezeichnet.

Linke Seite: Typisch irische Pferdeweide: Der Schimmel rechts ist ein Draught, der Schecke daneben ein irischer Cob, und links stehen drei Hunter.

Ganz oben: Mit dem Isländer ist der Ausdruck Robustpferd bei uns bekannt geworden – wen wundert es?

Darunter: Knabstruper-Mutterstute mit Fohlen, die zu einer Liebhaberzucht auf Seeland in Dänemark gehören

525

Gänge: Erhaben wirkend, aber nicht sehr fördernd.
Eignung: Ursprünglich ein Paradepferd mit hoher Dressurbegabung, beliebtes Zirkuspferd, recht gut geeignet als Freizeitpferd.

Lipizzaner

Das berühmteste der barocken Prunk- und Paradepferde, der vor allem durch die Spanische Hofreitschule in Wien weltbekannte Lipizzaner, entstand im Bauerndörfchen Lipica im Karstgebirge nahe bei Triest, auf inzwischen jugoslawischem Boden. Hier gründete der Erzherzog Karl 1580 ein Gestüt, das den Hofstall in Graz mit Reit- und Kutschpferden versorgen sollte. Schon im Gründungsjahr kamen Hengste aus Spanien, um die harten Karststuten zu decken, aber die eigentliche Rasse entstand erst im 18. Jahrhundert mit der Bildung von fünf Hengstlinien, die bis heute erhalten sind. Die Stammväter waren der spanisch-dänische Schimmel PLUTO, die aus Neapel stammenden Hengste CONVERSANO und NEAPOLITANO sowie FAVORY und MAESTOSO aus dem Hofgestüt Kladrub in Böhmen. Eine sechste Linie entstand durch den 1816 eingeführten Original-Araberhengst SYGLAVY.
1918, nach dem Zusammenbruch der Monarchie, wurden die Zuchtpferde zwischen Jugoslawien und Österreich aufgeteilt. Österreichs Lipizzaner kamen 1920 ins Gestüt Piber in die Steiermark, das seither die Spanische Hofreitschule mit Schulpferdeanwärtern beliefert. Die wichtigsten Nachzuchten findet man in der Tschechoslowakei, in Ungarn und Rumänien, wo, wie auch in Jugoslawien, diese Pferde nicht selten auch in der Landwirtschaft eingesetzt werden.
Exterieur: Kräftig, elegant und sehr vornehm wirkendes Paradepferd. Kopf eher lang, mehr oder weniger ramsnasig, schön gewölbter Hals, wenig Widerrist, steile Schulter, langer, kräftiger, elastischer Rücken, abgerundete, gutbemuskelte Kruppe, korrekte, trockene Beine.
Stockmaß: 148 bis 158 cm.
Farben: Hauptsächlich Schimmel, daneben auch Rappen und Braune.
Gänge: Wenig raumgreifend, imposant vor allem in Schritt und Trab durch die hohe Knieaktion.
Eignung: Hervorragendes Schul- und Zirkuspferd, eindrucksvolles Kutschpferd, erstaunlich gute Eignung als Arbeitspferd.

Morgan Horse

Für amerikanische Verhältnisse ist diese Rasse ausgesprochen alt, nämlich fast 200 Jahre. An einem Sommertag des Jahres 1795 kam ein Gesangslehrer namens Justin Morgan aus Massachusetts mit einem kleinen, nur etwa 135 cm großen, aber ganz ungewöhnlich hübschen Hengstchen zurück nach Randolph Center in Vermont. Gewissen Berichten zufolge soll der Vater dieses Pferdes der Vollblüter BEAUTYFUL BAY, seine Mutter eine Kreuzung von Araber, Hackney und norwegischem Fjordpony gewesen sein. Andere Versionen sprechen von einem Arabervater und einer holländischen Mutter, was etwas glaubhafter erscheint. Sicher ist nur, daß dieses ebenso temperamentvolle wie freundliche Pferdchen jedes andere Reittier weit und breit über jede Distanz schlug. Dies und sicher auch seine außergewöhnliche Ausstrahlung führte dazu, daß die Rancher der Gegend ihre besten Stuten MORGAN zuführten, wie der Hengst nach seinem Besitzer genannt wurde. MORGAN hatte eine fabelhafte Vererbungskraft. Alle seine Fohlen sollen die charakteristischen Merkmale ihres Vaters getragen und ungewöhnlich hübsch, schnell, ausdauernd und freundlich gewesen sein. Bereits nach wenigen Generationen gab es eine konsolidierte (vererbungstreue) Morganrasse.
Der Morgan spielte eine sehr wichtige Rolle bei der Entstehung anderer Rassen, insbesondere der Traber. Er war das wichtigste Pferd der Unionskavallerie im Sezessionskrieg. Heute gibt es rund 50 000 eingetragene Morgans. Sie sind zwar etwas größer als ihr legendenumwobener Stammvater, aber im Wesentlichen tragen sie noch deutlich seine Merkmale.
Exterieur: Sehr ansprechendes, edles, kompaktes und kraftvolles Reitpferd. Kurzer,

breitstirniger Kopf mit klugem, aufgewecktem Ausdruck, muskulöser, schön gewölbter Hals, lange, schräge, muskelbepackte Schulter, langer, starker Rücken, ziemlich lange, flache, sehr muskulöse Kruppe, einwandfreie, trockene Beine.

Stockmaß: Meist zwischen 145 und 150 cm.
Farben: Fast nur Braune (wie der Stammvater) und Füchse, selten andere Farben.
Gänge: Energisch und schwungvoll in allen Gangarten, ausgezeichnet in Trab und Galopp.
Eignung: Durch Temperament, Schnelligkeit und Ausdauer, Gelehrigkeit und sanften, einwandfreien Charakter ein vorzügliches Reitpferd.

New Forest Pony

Der Ursprung des New Forest Ponys ist wahrscheinlich der gleiche wie beim Dartmoor- und Exmoorpony: das eiszeitliche Urwildpony des Nordens. Doch während das Exmoorpony bis heute praktisch rein erhalten ist und das Dartmoorpony hauptsächlich mit Shetländern gekreuzt wurde, waren die weit weniger abgelegen lebenden Ponys des New Forest stark dem »züchterischen« Einfluß des Menschen ausgesetzt. Der New Forest, ein Wald-, Heide- und Moorgebiet zwischen Southampton und dem Fluß Avon, war seit William Rufus vor etwa 900 Jahren der Jagdbezirk der englischen Könige, durfte aber von den Bauern

der Gegend zum Weiden genutzt werden. Dabei kamen Hengste verschiedenster Rassen, auch Vollblüter und Araber, mit den halbwild lebenden Ponys in Berührung. Erst seit etwa 35 Jahren bemüht man sich, die Ponys wieder rein zu ziehen und durch strenge Selektion, vor allem der Hengste, wieder eine harte, widerstandsfähigere, konsolidierte Rasse zu erhalten. Noch heute ist das New Forest Pony, von dem etwa 2000 Stück in dem herrlichen Wildgestüt leben, in Größe und Typ recht unterschiedlich, doch zeichnen sie sich nahezu ausnahmslos durch einen hervorragenden Charakter aus.

Exterieur: Ein hübsches, feingliedriges, oft sehr leichtes Pony, das den früheren Einfluß von arabischen und englischen Vollbluthengsten heute noch nicht verleugnen kann. Mittellanger, feiner Kopf, mittellanger Hals, deutlicher Widerrist, lange, schräggelagerte Schulter, gerader Rücken, ziemlich kurze Kruppe, trockene, hinten nicht immer ganz korrekte, aber widerstandsfähige Beine.

Stockmaß: Etwa 120 bis 148 cm.

Farben: Vor allem Braune, daneben alle Grundfarben, Schecken sind im Zuchtregister nicht zugelassen.

Gänge: Schwungvoll und raumgreifend.

Eignung: Dank seines vorzüglichen Charakters, des ausgeglichenen Temperaments, der guten Rittigkeit und Gängigkeit ein erstklassiges Familienpony.

Nonius

Im 200 Jahre alten südostungarischen Gestüt Mezöhegyes entstand als erste von drei neuen Rassen das wichtigste ungarische Pferd: der Nonius. Stammvater war der Anglo-Normannenhengst NONIUS SENIOR, der 1816 aus Frankreich als Kriegsbeute nach Mezöhegyes kam, offenbar einen großen Vollblutanteil und sicher eine durchschlagende Vererbungskraft hatte. Der Hengst deckte neben Stuten des ungarischen Landschlages auch Orientalen-, Spanier- und Lipizzanerstuten. Durch starke Inzucht – NONIUS deckte Töchter und Enkelinnen – entstand in kurzer Zeit ein einheitlicher, leichtgängiger, aber sehr kräftiger Schlag, geeignet vorwiegend für die Landwirtschaft. Ab 1860 wurden durch Vollbluteinkreuzung die Reiteigenschaften und der Gesamteindruck wesentlich verbessert. Ein Jahr später begann man die Rasse in zwei Typen, dem unter 160 cm hohen, leichten Reittyp und dem größeren Zugpferdtyp zu züchten. 1885 kam ein Teil der Zuchttiere in die Hortobagy Puszta bei Debrecen. Seit 1961 befindet sich dort die gesamte Noniuszucht. Die von berittenen Hirten, den Cziikos, begleiteten Herden sind dort heute die größte Touristenattraktion Ungarns.

Exterieur: Im Gesamteindruck vor allem ein zäh wirkendes Warmblutpferd. Kopf ziemlich groß und gelegentlich ramsnasig, mittellanger Hals, deutlicher Widerrist, gutgelagerte Schulter, langer Rücken, etwas kurze, schmale Kruppe, trockene, nicht immer korrekte Beine, bisweilen zuwenig robuste Gelenke. Der große Typ wirkt harmonischer und korrekter.

Stockmaß: Kleiner Nonius 150 bis 160 cm, großer Nonius 160 bis 168 cm.

Farben: Braune und Rappen ohne Abzeichen.

Gänge: Gut und fördernd in allen Gangarten. Bisweilen sehr gutes Springvermögen.

Eignung: Zuverlässig und ausdauernd, der kleine Typ vor allem zum Reiten, der große hauptsächlich als Wagen- und Kutschpferd geeignet. Gehören zu den weltbesten Turnier-Vierergespannen.

Noriker

Die Ahnen dieser Kaltblutrasse sollen im römischen Noricum gelebt haben, in dem heute großenteils österreichischen Gebiet südlich der Donau. Zum Wohle der Landwirtschaft und des Transportwesens widmeten sich vor allem die Bischöfe von Salzburg auf ihren Klostergestüten der Zucht eines sehr kraftvollen und gleichzeitig beweglichen und gängigen Pferdes. Freilich zeigten auch die Kirchenväter vom 17. bis ins 19. Jahrhundert jene Freude an Kreuzungsversuchen, die damals allgemein verbreitet war. Nebst Kaltblutheng-

sten wie Clydesdales und Belgiern stellten sie schwere Warmblüter wie Oldenburger, Holsteiner und Normannen, Karossiers wie Cleveland Bays oder Kladruber und Paradepferde wie Spanier und Neapolitaner auf. 1880 aber setzte eine systematische und erfolgreiche Reinzucht ein. Dabei entstanden drei Schläge: der eigentliche, mittelschwere Noriker, der leichtere Oberländer im bayerischen Bergland und der besonders massige Pinzgauer im Chiemgau. 1952 faßte man die drei Schläge zum sogenannten süddeutschen Kaltblut zusammen.

Exterieur: Mittelgroßes, mittelschweres (um 650 kg), kraftvolles, ansprechendes Kaltblutpferd. Schöner, nicht zu schwerer Kopf, gelegentlich etwas ramsnasig, kurzer, muskulöser, schön getragener Hals, verschwommener Widerrist, steile Schulter, Rücken und Kruppe breit und ziemlich lang, kräftige, aber für ein Kaltblutpferd erstaunlich trockene Beine, Mähne und Schweifhaar üppig und kraus, geringe Fesselbehaarung.
Stockmaß: 160 bis 165 cm.
Farben: Füchse, Dunkelfüchse und Braune, selten Schimmel, Rappen und Tigerschecken.
Gänge: Gemächlicher, aber langer Schritt, Trab und Galopp schwerfällig.
Eignung: Ein Arbeitspferd von unerschütterlicher Ruhe und unermüdlicher Ausdauer, das im Bergland wohl noch lange im Einsatz sein wird.

Palomino

Juan de Palomino, ein Begleiter des spanischen Konquistadoren Cortez auf dessen Eroberungszügen in der Neuen Welt, soll ein »goldenes« Pferd geritten haben. Dieser Hengst sei der Stammvater der Palominorasse, so berichtet die Legende. Sicher ist indessen nur, daß die echten Palominos von spanischen Pferden arabisch-berberischen Ursprungs abstammen, wie alle echten Western Horses.
1932 wurde in Kalifornien der erste Palomino-Zuchtverband gegründet, der im Zuchtbuch nur Pferde im Typ des echten Western Horses und selbstverständlich in der typischen Farbe aufnahm. Unsinnigerweise entstanden später weitere Verbände, von denen die meisten jedes Pferd registrierten, wenn es nur die Palominofarbe hatte, selbst Shetlandponys und Kaltblüter. Auch in England gibt es »Palominos«. Sie tragen die Palominofarbe, sind aber meistens Welsh Ponys mit Araberanteil, oft bildschöne und sehr gute Pferdchen – aber eben keine Palominos.
Bis heute ist es nicht gelungen, Palominos zu züchten, die ihre Farbe konstant vererben. Von Palominoeltern tragen im Durchschnitt nur 50 Prozent der Fohlen die Palominofarbe, 25 Prozent werden cremefarbene Albinos, 25 Prozent Füchse, bei denen Mähnen und Schweifhaar etwa die gleiche Farbe haben wie das Fell.

Exterieur: In Typ, Ausstrahlung und Wesen dem Araber sehr nahestehend. Kopf klein mit gerader oder eingebuchteter Nasenlinie, große Augen und weite Nüstern. Schön aufgesetzter Hals, wenig Widerrist, abgerundete Kruppe, tadellose Beine.
Stockmaß: 140 bis 160 cm.
Farben: Goldfarben schimmerndes Fell, Mähne und Schweif flachsblond bis silberweiß.
Gänge: Leicht, federnd und fördernd in allen Gangarten, oft hervorragender Galopp.
Eignung: Äußerst gutartig und anhänglich, lebhaft, aber frei von Nervosität, außerordentlich leichttrittig, ausdauernd und robust und damit ein Familienpferd, wie man es sich nur wünschen kann.

Paso

Francisco Pizarro, der in blutigen Gemetzeln das Inkareich zerstörte, brachte 1532 die ersten Pferde nach Peru. Bereits 50 Jahre später soll das Land über eine blühende Pferdezucht mit über 5000 Mutterstuten verfügt haben.
Inzwischen sind in Peru drei Rassen entstanden: der anspruchslose »Cholo«, das für alle Arbeiten verwendete Pferd des Tieflandes, der harte und trittsichere »Morochuco«, das Pony der Anden-Indios, und der vornehme »Paso«. Alle diese

529

Rassen haben Anlagen zum Paßgang, beim Paso aber sind sie ganz besonders ausgeprägt. Diese temperamentvollen und energischen Pferdchen tragen den Reiter dank des Paßganges äußerst bequem in erstaunlichem Tempo und mit größter Trittsicherheit über weite Distanzen. Nicht umsonst wurde diese Rasse auch in anderen Ländern, vor allem in den USA, der Schweiz und der Bundesrepublik, bekannt und beliebt. Zu hoffen ist nur, daß es den Pasos nicht wie anderen »Gangartenpferden« geht, daß sie Geländepferde bleiben und nicht ausschließlich für den Schauring »gearbeitet« werden.

Neben dem peruanischen Paso gibt es in Kolumbien den in Typ und Veranlagung ähnlichen »Paso Fino«.

Exterieur: Feine und edle, beim Hengst feurig wirkende Gesamterscheinung. Kleiner, gerader, fein modellierter Kopf mit breiter Stirn und großen Augen, kräftiger, besonders beim Hengst oft auffallend stark bemuskelter Hals, eher steile, sehr gut bemuskelte Schulter, kräftiger Rücken, abgerundete Kruppe, feine, trockene ungemein widerstandsfähige Beine, kleine, sehr harte Hufe.

Stockmaß: 140 bis 155 cm.

Farben: Viele Füchse und Braune, daneben alle Farben, auch Schecken.

Gänge: Kurz, aber sehr energisch und daher fördernd. Ausgeprägte Anlage zum Paßgang und zu sogenannten Mischgängen.

Eignung: Anspruchslosigkeit, Ausdauer, anhängliches Wesen, angenehmes Temperament und äußerst bequeme Gänge machen den Paso zu einem idealen Wander- und Familienpferd.

Percheron

Frankreich ist das klassische Land der Kaltblutpferde. Selbst heute noch begegnet man vor allem in Nordfrankreich auf den Weiden oft diesen monumentalen Pferdegestalten. Allerdings spricht man fast nur noch von »schweren« Pferden, ein Hinweis, daß auf sie öfters die Schlachthauswaage als das Zuggeschirr wartet.

Eine ganze Reihe Kaltblutrassen ist hier entstanden. Alle haben ihre Qualitäten, die meisten waren bedeutungsvoll in den Kaltblutzuchten der Welt. In den Ardennen entstand der »Ardenner«, im Pas-de-Calais und Umgebung das »Trait du Nord«, in Mittelfrankreich der »Seine Inférieure«, der »Bretone« in der Bretagne und der »Boulonnais« in verschiedenen Departements des Nordens. Das wohl schönste Kaltblutpferd Frankreichs entstammt der

Linke Seite: Palominos bestechen nicht nur durch ihre herrliche Farbe, sondern auch durch Adel, Leistungsvermögen und vorbildlichen Charakter.

Ganz oben: Peruanisches Pasopferd unter einer ägyptischen Bereiterin in der Schweiz. Die gleichseitige Fußfolge des Paßganges ist deutlich zu sehen.

Darunter: Der monumentale Percheron, eines der eindrucksvollsten Kaltblutpferde Frankreichs

Perche-Landschaft entlang der Eure: der »Percheron«. Ursprünglich war der Schlag ein Kreuzungsprodukt aus schweren Normannenstuten und Orientalenhengsten. Später wurden dann mächtige Kaltbluthengste zugeführt, die dem Percheron seine Masse gaben. Percherons wurden besonders häufig exportiert. Heute bemüht sich vor allem das Staatsgestüt Pin um die Erhaltung der stark geschrumpften Zucht. *Exterieur:* Sehr eindrucksvolles, bis etwa 1000 kg schweres Kaltblutpferd. Verhältnismäßig kleiner, an die Orientaleneinkreuzung erinnernder Kopf, muskulöser Hals, steile, muskelbepackte Schulter, abfallende, breite Kruppe, stämmige, nicht selten etwas schwammige und für Verschleißerscheinungen anfällige Beine. *Stockmaß:* 162 bis 177 cm. *Farben:* Meist Schimmel, daneben Rappen. *Gänge:* Trotz der Masse flott in Schritt und Trab. *Eignung:* Ein energisches, williges und gutmütiges Arbeitspferd.

Pinto

Erst in jüngster Zeit finden Schecken in Europa Anhänger, aber lange Zeit waren bunte Pferde bei uns verpönt, so daß sie sogar aus den Registern verschiedener Ponyrassen verbannt wurden. Während der Barockzeit freilich waren sie selbst auf den Adelsgestüten gern gesehen und entstammten gewöhnlich orientalisch-spanischer Zucht. Zahllose Schecken kamen mit den spanischen Schiffen in die Neue Welt, und während sie bei uns nahezu völlig verschwanden, erfreuten sie sich dort allge-

meiner und insbesondere bei den Indianern großer Beliebtheit. Allerdings gibt es auch in den USA Zuchtverbände, die für Schecken zu vornehm sind. Ein geschecktes Quarter Horse beispielsweise wird nicht ins Zuchtbuch aufgenommen, auch wenn es reingezogen und sonst perfekt ist. Es kann als »Paint Horse« in einem anderen Verband registriert werden.

Pintozüchter gründeten 1941 einen ersten Verband, doch da diese Pferde ihr Fleckenkleid nicht konstant vererben, wurden die Pintos nicht als Rasse anerkannt und der Verein wieder aufgelöst. Ein zweiter Verband entstand 1956, und da die Züchter allmählich gewisse Gesetzmäßigkeiten in der Farbvererbung dieser Pferde erfaßten, wurde der Pinto 1963 offiziell als Rasse anerkannt. Pintos und Paints werden inzwischen in verschiedenen Ländern, auch in der Bundesrepublik, nachgezüchtet.

Exterieur: Typisches, ansprechendes Western Horse spanischen Ursprungs. Leichter, edler, gerader Kopf mit großen Augen, mittellanger Hals auf guter, schräggelagerter Schulter, kräftiger, gerader Rücken, runde bis abfallende Kruppe, wie alle Westernpferde verhältnismäßig kurze, trockene, tadellose und äußerst robuste Beine.
Stockmaß: 142 bis 155 cm (kleinere Exemplare werden als Pinto Ponys registriert).
Farben: Schecken in zwei Grundtypen: der häufigere »Tobiano« ist ein weißes Pferd mit meist einfarbig dunklem Kopf und großen, glattrandigen, dunklen (schwarzen bis lehmgelben) Flecken. Der »Overo« ist ein dunkles Pferd mit weißen, an den Rändern meist ausgefransten Flecken und oft mit viel Weiß an Kopf und Hals.

Gänge: Geschmeidig und fördernd in allen Gangarten.
Eignung: Hartes, schnelles, ausdauerndes, vortreffliches Cowboypferd und dank des einwandfreien Charakters ein sehr gutes Freizeit- und Familienpferd.

Quarter Horse

Dieses schon fast phänomenale Pferd gilt heute als das Western Horse schlechthin, hier wie drüben in den USA. In Wirklichkeit ist es kein echtes Westernpferd spanisch-orientalischen Ursprungs. Seine Geschichte begann vor über 300 Jahren in den Südstaaten, wo Rennen über eine Viertelmeile beliebte Sonntagsvergnügen waren (und dem Pferd den Namen Quarter Miler oder Quarter Horse gaben). Verschiedenste Rassen spielten in dieser Rennerzucht mit, doch hatten offenbar Orientalen und englische Vollblüter die wichtigsten Rollen inne. Erstaunlicherweise wurde erst 1940 ein Zuchtverband gegründet, und zwar nicht im Ursprungsgebiet, sondern in Texas, denn inzwischen hatte man längst die Qualitäten dieser Pferde für die Cowboyarbeit erkannt, und die meisten Quarters waren im Westen zu Hause. Daneben aber ist dieses Pferd eines der vielseitigsten Reitpferde überhaupt; daher kommt sein einzigartiger Zuchterfolg nicht von ungefähr: 35 Jahre nach der Zuchtbuchgründung gab es über eine Million eingetragener Quarter Horses, mehr als von jeder anderen Pferderasse der Welt. Mit der Freizeitreiterei hat das Quarter Horse auch in Europa Fuß zu fassen begonnen, wo man in verschiedenen Ländern

um den Aufbau guter Nachzuchten bemüht ist.
Exterieur: Sehr kompakte, äußerst muskulöse, dabei edel wirkende Erscheinung. Kurzer, breiter, trockener, keilförmiger Kopf mit auffallend starken Ganaschen (Kinnbacken), kräftiger, mittellanger Hals, schräge Schulter, eher kurzer Rumpf, wenig abfallende Kruppe, Schulter und insbesondere Hinterpartie ungemein muskelbepackt, verhältnismäßig kurze, tadellose Beine.
Stockmaß: 148 bis 158 cm.
Farben: Meist Füchse und Braune, daneben alle Grundfarben, Schecken werden nicht im Register aufgenommen, aber gesondert als »Paint Horses« gezüchtet.
Gänge: Raumgreifend in allen Gangarten, vor allem fabelhaftes Galoppiervermögen. Das einzige Pferd, das auf kürzere Distanzen das Vollblut zu schlagen vermag.
Eignung: Ausgezeichnet für Cowboyarbeit, für verschiedenste Sportarten und für die Freizeitreiterei. Ein Pferd, dessen weitere Verbreitung man sich nur wünschen kann.

Shetlandpony

Wenn man von einem Pony spricht, denken die meisten Leute an ein struppiges, kleines, stämmig und untersetzt gebautes Pferdchen mit einem hübschen Kopf und einem liebenswürdig-eigenwilligen Wesen: eben an einen Shetländer. Schon vor über fünfzig Jahren traten diese Ponys ihren Siegeszug an und eroberten sich die Herzen unzähliger Kinder in aller Welt – und vielleicht ebenso vieler Erwachsener.
Sie kommen von den Shetlandinseln im Norden Schottlands. Wie sie dorthin

gelangt sind, ist unbekannt, aber man weiß, daß es sie dort schon vor über 2000 Jahren gegeben hat. Wahrscheinlich geht ihr Ursprung hauptsächlich auf nordische Urwildponys zurück, auch wenn sie mit diesen weit weniger Ähnlichkeit haben als beispielsweise mit prähistorischen Wildponys, deren Überreste man in Südwesteuropa gefunden hat und auf welche sicherlich die kaum bekannten Pyrenäenponys zurückgehen.

Die Shettys waren in ihrer Heimat stets unverwüstliche Trag- und Zugtiere, die auch von Erwachsenen bedenkenlos über große Distanzen geritten wurden. Später wurden Tausende von ihnen für die Arbeit in Bergwerksstollen exportiert.

Exterieur: Vor allem durch die geringe Größe, die abgerundeten Formen, das üppige Mähnen- und Schweifhaar und den kleinen, meist sehr hübschen Kopf mit den großen Augen eine der liebenswertesten Erscheinungen unter den Pferden. Der Bau ist kompakt und muskulös, die kurzen Beine sind trocken und unglaublich widerstandsfähig.

Stockmaß: Etwa 80 bis 120 cm. Die besonders kleinen »Mini Shettys« sind bei vielen Liebhabern begehrt und entsprechend teuer.

Farben: Viele Schwarze, daneben alle Grundfarben, auch Schecken.

Gänge: Erstaunlich locker und schnell in allen Gangarten.

Eignung: Meist recht eigenwillig, aber sehr freundlich, wenn es nicht durch verständnislosen Umgang verdorben wird. Kein Spielzeug (!), aber ein wundervolles Kinderpony, ebenso fleißig unter dem Sattel wie vor dem kleinen Wagen.

Shire Horse

In der elisabethanischen Zeit nannte man es »the Great Horse of England«. Unbestritten ist es heute noch nicht nur »das große Pferd Englands«, sondern das größte aller Pferde überhaupt. Normalerweise ist es zwischen 170 und 180 cm hoch, also bereits riesig, aber es gibt Hengste mit einem Stockmaß von über zwei Metern und einem Gewicht von gut 1300 kg.

Der Ursprung der Zucht läßt sich bis ins Mittelalter zurückverfolgen. Damals paarte man in den Shires, in den Grafschaften Derbyshire, Staffordshire und Leicestershire, Stuten bäuerlicher Zucht mit mächtigen Schlachtrossen der Ritter, die vermutlich flandrischer Herkunft waren. Später halfen bei der Entwicklung der Rasse schottische Clydesdales mit, was an der mächtigen, aber keinesfalls plumpen Statur, an der üppigen Fesselbehaarung und an den häufigen weißen Abzeichen zu erkennen ist.

Auch die Shirezucht ist mit der Mechanisierung auf einen Bruchteil zurückgegangen, besteht aber immer noch in einigen Ländern, um den Bedarf an Schaugespannen, vor allem von Bierbrauereien, zu decken.

Exterieur: Mächtiges, aber nicht schwerfällig wirkendes Kaltblutpferd, dem Clydesdale ähnlich, aber noch größer. Ausdrucksvoller, nicht zu großer Kopf, meist leicht ramsnasig, nicht übermäßig starker, mittellanger, schön aufgesetzter Hals, ziemlich schräge Schulter, kurzer Rücken, lange, stark bemuskelte Kruppe, kräftige Beine mit starken Gelenken und sehr üppige, hochangesetzte Fesselbehaarung.

Stockmaß: 165 bis 180 cm, Hengste gelegentlich bis über 200 cm.

Farben: Schimmel, Rappen, Braune, auffallend viele weiße Abzeichen.

Gänge: Raumgreifend und energisch in Schritt und Trab.

Eignung: Außerordentlich leistungsfähiges, gutmütiges und robustes Arbeitspferd.

Suffolk Punch

Dieses englische Kaltblutpferd ist völlig verschieden vom Clydesdale und Shire Horse. Während diese riesig, aber niemals plump erscheinen, ist der Suffolk Punch sehr massig, und alles an ihm wirkt rund und wie gedrechselt. Außerdem ist er immer fuchsfarben, oft von glänzendem Kupferrot, hat keine weißen Abzeichen

534

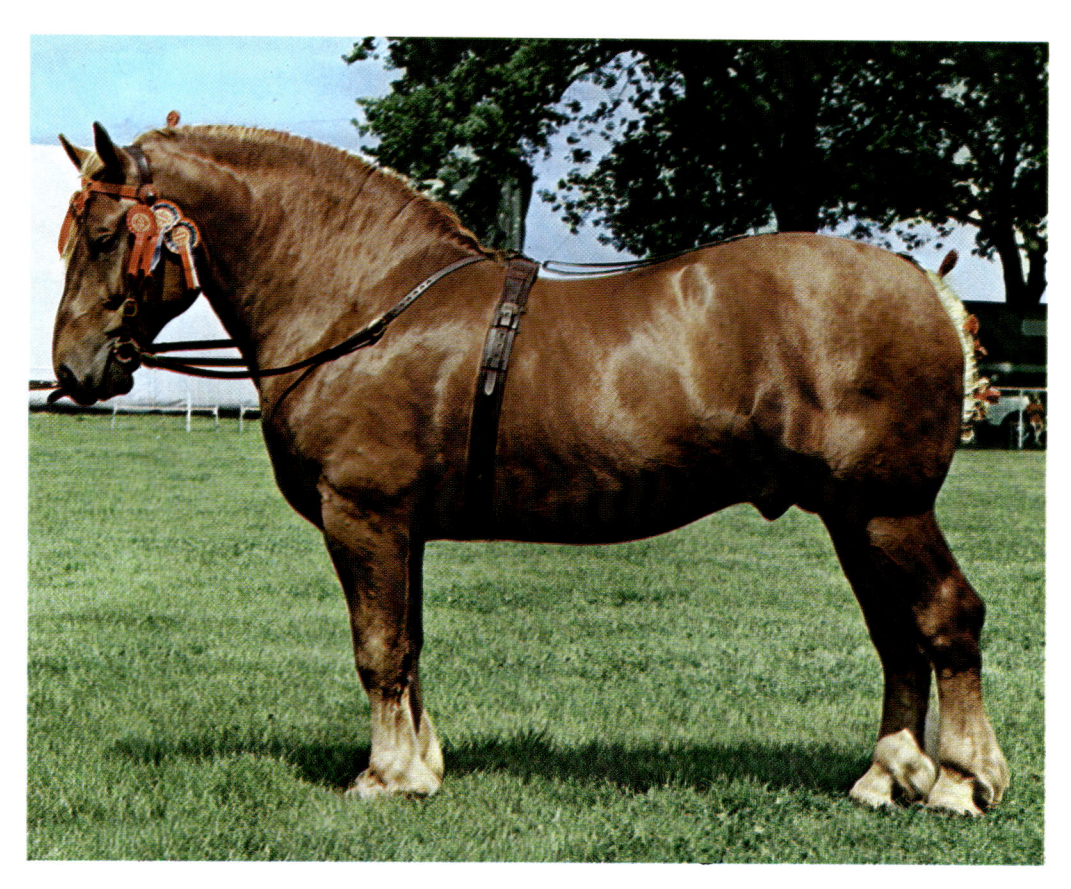

und nur eine spärliche Fesselbehaarung. Schon um 1500 wird er als »Old Horse«, später als »das schwere Pferd von Suffolk« erwähnt. Als seine Vorfahren werden normannische Pferde vermutet. Verschiedentlich wurden mächtige Normannen und Belgier eingekreuzt, bis mit der Zuchtbuchgründung 1877 eine strenge Reinzucht einsetzte.

Auch diese Zucht ist natürlich stark zurückgegangen, doch gibt es noch immer verschiedene Länder, die gerade den Suffolk Punch, nicht zuletzt weil er als ausgezeichneter Futterverwerter gilt, schätzen. Beispielsweise hat Pakistan zahlreiche Stuten eingeführt, um mit Eselhengsten besonders kraftvolle Maultiere für die Gebirgstruppen zu produzieren.

Exterieur: Massiges, untersetztes, abgerundetes Kaltblutpferd, bis über 1000 kg schwer. Großer Kopf, mächtig bemuskelter Hals, steile Schulter, kräftiger, mittellanger Rücken, runde, breite Kruppe, kurze, stabile Beine, an denen geringe Fesselbehaarung auffällt.
Stockmaß: 160 bis 170 cm.
Farben: Ausschließlich Füchse ohne Abzeichen.
Gänge: Fördernd in Schritt und Trab, im Verhältnis zur Masse erstaunliches Galoppiervermögen.
Eignung: Sehr kraftvolles, ausdauerndes, leichtfuttriges und freundliches Arbeitspferd.

Trakehner

Sechs Jahre lang waren rund 600 Soldaten abkommandiert, um das riesige Gelände für ein ostpreußisches Hofgestüt zu roden und zu entwässern. Als König Wilhelm I. 1732 das »Königliche Stutamt Trakehnen« eröffnete, zogen nicht weniger als 1100 Pferde ein. Schon zwei Jahrzehnte nach der Gestütsgründung stellten Pferde aus Trakehnen neue Reiserekorde auf. Der eigentliche, in Wesen und Erscheinung unverwechselbare und absolut vererbungstreue Trakehner entstand aber erst etwa hundert Jahre später. Am Anfang wirkten vor allem zahlreiche, auserlesene orientalische Hengste in der Zucht, denen der Trakehner bis heute wichtige Wesenszüge und Exterieurmerkmale verdankt. Ab 1817 erfolgte ein starker Einsatz englischer Vollbluthengste, wodurch Feuer und Adel erhalten blieb, gleichzeitig aber ein größerer Rahmen erreicht wurde.

Schon während der Napoleonischen Kriege mußte der Gestütsbestand zweimal evakuiert werden, 1806 nach Rußland und 1812 nach Schlesien. Vor Ende des Zweiten Weltkrieges erfolgte der Evakuierungsbefehl für die meisten Pferde zu spät. Nur ein kleiner Teil konnte vor dem Zugriff der Russen gerettet und unter unvorstellbaren Strapazen in den Westen gebracht werden, wo mit rund 800 Stuten und 45 Hengsten ein neuer Zuchtaufbau begann.

Exterieur: Eines der edelsten Warmblutpferde, stark an Araber und englisches Vollblut erinnernd. Sehr feiner Kopf mit gerader oder eingebuchteter Nasenlinie, ziemlich langer, sehr schön getragener Hals, deutlicher Widerrist, lange, schräge Schulter, recht kurze, wenig geneigte, gut bemuskelte Kruppe, hoher Schweifansatz, trockene, außergewöhnlich korrekte Beine.
Stockmaß: 160 bis 175 cm.
Farben: Braune, Füchse und Rappen werden nach Farben gesondert, die übrigen Grundfarben gemischt gezüchtet.
Gänge: Sehr schwungvoll und raumgreifend in allen drei Gangarten.
Eignung: Durch seine physischen und psychischen Eigenschaften eines der vollkommensten Reitpferde.

Welsh Cob

Seit Hunderten von Jahren wird in den grünen Hügeln von Wales ein Pferd gezüchtet, das wie nur wenige andere sämtliche Eigenschaften in sich vereinigt, die ein ideales Freizeitpferd ausmachen: der Welsh Cob. Seine Ursprünge liegen im dunkeln. Sicher haben die Ponys der hier ansässigen Kelten eine wichtige Rolle gespielt, aber bestimmt haben auch andere Pferde mitgewirkt. Mit Gewißheit hat jedoch der Cob bei der Entwicklung mehrerer britischer Rassen geholfen. Dieses auf

Links oben: PRESTO, Zuchthengst mit Trakehner-abstammung in der Schweiz

Links unten: Das Welsh-Mountain-Pony (Sektion A), der ursprünglichste Typ mit einem Stockmaß von höchstens 122 cm

Rechte Seite: BRANDACKER SAFARI, Zweitplazierter auf der internationalen Welsh-Cob-Ausstellung in Paris 1982, steht als Deckhengst in der Schweiz.

den ersten Blick nicht unbedingt aufsehen-
erregende Tier ist ein Allroundpferd, wie
es im Buch steht. Man sagt von ihm, es
habe den Mut des englischen Vollblüters,
die Kraft, Anspruchslosigkeit, Ausdauer
und Robustheit des Ponys und die Auf-
gewecktheit und Anhänglichkeit des
Arabers.

Es ist kaum zu erklären, weshalb sich der
Welsh Cob in Kontinentaleuropa gegen
andere, bedeutend weniger vielseitige
Kleinpferde und Großponys bis heute
nicht besser durchsetzen konnte. Immerhin
ist vor allem in der Bundesrepublik und in
der Schweiz eine Welsh-Cob-Zucht mit
teilweise hervorragendem Material im Entstehen – wobei zu erwarten ist, daß die
Rasse in nächster Zukunft sehr an Bedeutung gewinnen wird.

Exterieur: Ein kraftvolles und sehr kompaktes, dabei trotzdem elegantes Pony im
Warmbluttyp. Leichter, kurzer, ansprechender Kopf mit großen, aufmerksamen
Augen, schön getragener Hals auf langer,
schräger Schulter, sehr starker Rücken,
lange, abgerundete, gut bemuskelte
Kruppe, kurze, trockene, eher stämmige als
feine, unverwüstliche Beine.

Stockmaß: Meistens zwischen 140 und
153 cm, in Deutschland auf 147,3 cm
(internationales Ponymaß) begrenzt.

Farben: Viele Füchse, daneben alle Grundfarben, Schecken werden nicht registriert.

Gänge: Überraschend schwungvoll in allen
Gangarten, besonders bestechend im Trab.

Eignung: Erstklassiges Freizeitpferd. Ein
Pony für Reiter jeden Alters und Gewich-
tes, für sportlich ambitionierte Leute wie
für geruhsame Wanderreiter. Geht ebenso
ausgezeichnet vor dem Wagen.

Welsh Pony

Wie der Welsh Cob wird in Wales seit
vielen Jahrhunderten ein kleines Pony
gezüchtet, das zweifellos von den Kelten-
ponys abstammt, allerdings schon sehr früh
durch Araberhengste beeinflußt wurde.
Um verschiedenen Bedürfnissen zu genügen, hat man im Laufe der Zeit außer dem
alten, kleinen Welsh Mountain Pony und
dem Cob andere Typen herangezüchtet.
Heute werden sie in fünf Kategorien, sogenannte Sektionen, aufgeteilt: *Sektion A:*
Welsh Mountain Pony, Stockmaß bis
122 cm. Edles, manchmal recht kräftig wirkendes, oft aber so feines Pony, daß es
wie ein verkleinerter Araber aussieht.
Sektion B: Welsh Pony, Stockmaß bis
137 cm. Es entspricht im Typ dem A, ist
nur noch stärker vom Araber geprägt.
Sektion C: Welsh Pony im Cob-Typ, Stockmaß ebenfalls bis 137 cm, aber durch Cob-
Einkreuzung wesentlich kraftvoller gebaut
und weit weniger araberähnlich. *Sektion K:*
Welsh-Araber-Pony, Stockmaß bis 148 cm.
Mindestens einer der letzten Ahnen dieses
Ponys ist ein Araber, meistens der Vater

537

oder Großvater. Bei über 50 Prozent Araberanteil wachsen sie oft über das internationale Ponymaß (147,3 bzw. 148 cm) hinaus und müssen dann als Partbred-Araber registriert werden. *Sektion D:* Welsh Cob. Er ist gesondert beschrieben.
Exterieur: Recht unterschiedlich, aber immer ansprechend, oft bezaubernd schön.
Stockmaß: Je nach Sektion etwa 100 bis über 150 cm.
Farben: Alle Grundfarben, Schecken werden nicht registriert.
Gänge: Sehr gut in allen Gangarten, Cob und Cob-Typ vor allem überzeugender Trab, die übrigen meistens glänzende Galoppierer.
Eignung: Ponys der Sektion A und B für Kinder, Jugendliche und zum Teil auch für Erwachsene. Große sportliche Qualitäten, nicht selten allerdings zu temperamentvoll als Anfängerponys. Sie gehören zu den beliebtesten und häufigsten Ponys der Welt. Ponys der Sektionen C, D und K sind stets auch für erwachsene Reiter gut geeignet und haben vortreffliche Qualitäten.

Württemberger

Herzog Christoph von Wirtemberg kaufte im August 1552 in Linz an der Donau eine Anzahl Hengste, die er in seinem Hofgestüt in Marbach zum Decken der Stuten im Lande aufstellte. Das war wohl der Grundstein für eine planmäßige Pferdezucht in Württemberg. In den ersten Jahren wirkten vor allem ungarische, türkische, böhmische und holsteinische Hengste sowie wahrscheinlich einige Noriker in Marbach. Ab 1573 wurden Hengste der damals besonders begehrten Andalusier und Neapolitaner aufgestellt, später kamen noch Berber und Ostfriesen dazu. Schließlich wurden auch noch Vollblutaraber in das Hauptgestüt gebracht, deren Zucht in Marbach noch heute mit großem Erfolg betrieben wird. Mit der Zucht eines einheitlichen Warmblutpferdes begann man 1860 auf der Basis von Anglo-Normannen-Hengsten, Stuten aus Ostpreußen und weiteren Stuten mit viel Araberanteil. Vorerst war das Zuchtziel ein gängiges und auch gefälliges

Arbeitspferd. Nach dem Zweiten Weltkrieg wurde die Zucht auf ein sportliches Reitpferd umgestellt. Dazu verwendete man ostpreußische Hengste, von denen vor allem der aus Trakehnen gerettete und 1960 in Marbach aufgestellte JULMOND einen nachhaltigen Einfluß auf die Entstehung des modernen Württembergers ausübte.
Exterieur: Eine der edelsten Erscheinungen in der deutschen Warmblutzucht. Sehr feiner, ausdrucksvoller Kopf, mittellanger, sehr schön getragener und aufgesetzter Hals, lange, schräge Schulter, klarer, wenn auch nicht besonders hoher Widerrist, gerader Rücken, kurze, gerade oder wenig geneigte Kruppe, hoher Schweifansatz, feine, trockene, tadellose Beine.
Stockmaß: 157 bis 165 cm.
Farben: Füchse, Braune und Rappen.
Gänge: Elastisch und raumgreifend in allen Gangarten.
Eignung: Vielseitiges, sehr leistungsfähiges, charakterlich einwandfreies Reitpferd, bestens auch als elegantes Wagenpferd geeignet.

Ein Wort des Dankes

Ein so umfangreiches Werk wie das hier vorliegende zur Geschichte des Pferdes könnte ohne die tatkräftige Mitarbeit von Experten und Beratern nicht entstehen.

Herausgeber und Verlag sind in diesem Sinne besonders Herrn Prof. Dr. Heinz Meyer für seine Hinweise zu den Kapiteln »Mensch und Pferd«, »Die Evolution des Pferdes«, »Jagd und Fleisch«, »Vom Wildling zum Haustier«, »Reitstile«, »Der Sport«, »Freizeitpartner und Sportgerät«, »Der Springsport«, »Die Military«, »Die Dressur«, »Der Fahrsport« sowie »Zahlen, Namen und Erfolge« dankbar.

Herrn Werner Schockemöhle danken wir für seine kenntnisreichen Unterlagen zur deutschen Warmblutzucht und Herrn Hans D. Dossenbach für das Kapitel über die Pferderassen.

Auch allen technischen Mitarbeitern wie Lithografen, Druckern und Buchbindern sei an dieser Stelle für ihre hervorragende Arbeit gedankt, die Ausdruck findet in einem Werk, auf das sicher alle Beteiligten stolz sein dürfen.

Herausgeber und Verlag

Bildquellen

Abkürzungen im Bildquellenverzeichnis:
l. = links, M. = Mitte, o. = oben, r. = rechts,
u. = unten, (2) = alle zwei Abbildungen,
l. 2 = links Abbildung Nr. 2

A. Ackermann & Son Ltd. 216/217
Ägyptisches Museum, Kairo 70/71
All Sport 422 (3)
Anthony 41 u.
Anthony/Castro 12/13
Anthony/R. Maier 135 o.
Antikensammlungen München/C. H. Krüger-Moessner 15
Presse-Foto Baumann 22/23, 147, 159, 163, 193, 223, 224, 225, 230/231, 236/237, 238, 240, 242/243 (2), 257, 263, 265, 270/271, 272/273, 276, 282, 287 (2), 289, 290, 294/295, 354/355, 364/365 (7, außer M. o.), 374/375, 378/379, 465 u., 468 r.
E. Benson Esq. 388/389 l.
Bernhagen 466 r. o.
Bildarchiv Preußischer Kulturbesitz 302/303
British Museum, London 72 o., 74/75, 76, 77, 80/81, 98/99, 104, 115 u.
Vloo Buriot 135 u., 136/137
E. G. Byrne 219, 420/421
Rex Coleman 392 u., 395 3, 396/397, 424/425
A. C. Cooper 190/191
Gary Cranham 413 u.
Findlay Davidson 264
Deutsches Pferdemuseum, Verden 356, 358 (3), 361 o., 361 M., 364/365 M. o., 367 (4), 368 o., 369 o., 453, 460 u., 464 r., 468 l. o.
Deutsches Pferdemuseum, Verden/Göhler 469 r. o., 474 r. u., 491 l. 1
Deutsches Pferdemuseum, Verden/Tiedemann 474 l. u.
Dinkelacker Brauerei AG 206/207 o.
C. M. Dixon 82/83, 96/97
Hans-Joachim Döbbelin 165 l. (2), 165/166 M., 166 o. r. (2)
Hans D. Dossenbach 50/51, 94 o., 442/443, 454, 457 u., 458, 459 o., 462/463 M., 470 M. 3, 470 r. 13, 475, 479 l. o., 503, 504 (2), 505, 506, 509 o., 510 (2), 511, 512, 514 (2), 515, 517, 518 (2), 519, 521 r. (2), 523, 524/525 (3), 526, 527 (2), 528, 529, 531 o., 533 l., 534, 536/537 (3), 538
dpa 138/139, 140/141, 173, 174/175, 176/177
Ino Eder 122/123 (6)
D. J. Ellis 233
Richard Eng 382 l. u.
Richard Eng/NYRA 395 M. u.
Werner Ernst 10/11, 182/183, 208/209, 478 l. u., 479 l. u., 482 M. 5, 483 u., 486/487, 489 r., 491 M. 4, 491 M. 6, 501
Fores Limited 248/249, 316/317, 320/321, 322, 323, 324/325, 334/335, 341 o., 352, 359
Fores Limited/Henry Alken 144 o.
Fores Limited/Peter Biegle 142/143
Fores Limited/J. F. Herring 144 M.
Fores Limited/John King 158
Fores Limited/James Pollard 144/145 r.
Werner Forman Archive 73, 79
GDT-Tierfoto/Maier 40 l.
GDT-Tierfoto/Meyers 41 o.
Gestüt Röttgen 402/403
Gontscharoff/Mauritius 540/541
Goodwood Trustees 328/329
Sherwin A. Hall 327 (2)
Robert Harding Associates 170/171, 513 u.
Robert Harding Associates/John Gardy 168
Robert Harding Associates/Christina Gascoigne und Derek Witty 86/87

Michael Holford Library 308/309
Edmond van Hoorick 63, 195, 199, 381
Melita Huck 491 r. 8, 491 r. 9
Lord Irwin 408/409
Fred Joch 376, 380, 405, 430/431, 436/437, 441
Jockey Club 330 o., 343 l. (2), 346 u., 347 u., 348 (2), 349, 384/385 M., 386/387 r.
Jockey Club/John Slater 392 o., 410/411 l.
Schuyler Jones 156/157
Rainer Kiedrowski 165 u.
Presselichtbild Knutzen 488
Gisela Kunitsch 203
Rolf Kunitsch 9, 21, 26/27, 58/59
Kunsthistorisches Museum, Wien 450/451
E. D. Lacey 266/267, 280/281, 509 u.
laenderpress/Erich Lessing 446, 452, 457 o.
L.F.A. 93 o.
Jürgen Lindenburger 40 r. o.
Jürgen Lindenburger/Baumgartner 16
Jürgen Lindenburger/Ungarphot 239
Löbl-Schreyer 18/19, 64 u., 111, 204/205
Louvre 338/339
Werner Menzendorf 207 u., 232, 241, 252, 261 (2), 262, 278, 279, 284, 285, 290/291 o., 333 (2), 361 u., 368 u., 371 u., 372 (6), 373, 390 (3), 391 o., 393 r. u., 395 5, 411 r., 413 o., 414 l., 435 r. o., 438, 439 (3), 469 l. o., 473 r. 6
Dr. Vitezslav Motl 423
Max Mühlberger 228/229 (5)
National Army Museum, London/John Wootton 461
National Film Board of Canada 184/185
National Gallery, London 90/91, 310/311, 315
Nordrhein-Westfälisches Landgestüt Warendorf 476 (3), 477 o. (2), 478 l. 1, 478 M. (2), 478 r. (2), 479 r. (2), 480 l. o., 480 l. u., 480 r. (2), 482 l. 1–2, 482 M. 4, 482 r. 6, 483 o.
Nordrhein-Westfälisches Landgestüt Warendorf/J. Cousin 482 r. (7)
Nordrhein-Westfälisches Landgestüt Warendorf/Sangmeister 477 u. (2), 480 M. u., 482 l. 3
Novosti Press Agency 46, 47
Paynion-Williams 125
C. R. Peacock 101 u.
Photorecources 20, 42, 44/45, 62, 116/117, 298/299 o.
Photorecources/British Museum, London 94 u., 95, 109
Photorecources/Nationales Antikenmuseum, Bukarest 88
Photorecources/Victoria & Albert Museum, London 48/49
Siegfried Pilz 130/131 u.
Rapho/H. W. Silvester 2, 30/31, 132/133, 200/201
Rapho/Michaud 160/161 (7)
Hans Reinhard 38/39, 254/255, 502
Rhein. Landesmuseum, Trier 150/151 r.
Rihsé 155
Mike Roberts 52/53, 152/153, 226/227, 253 (2), 516, 533 r.
Peter Roberts 24, 61, 222, 269, 530
Rosgarten-Museum, Konstanz 65
Royal Chelsey Hospital Museum 178/179
Federigo Sani 166/167
Scala 66/67, 150 l.
Scala/Nationalmuseum, Neapel 296
Scala/Museum Foligno 300/301
Scala/Thermenmuseum, Rom 304 (4)
C. L. Schmitt 17
Bildarchiv Schuster/Bordis 4/5
Herb Shoebridge 414 r.
Hermann E. Sieger 244/245
Sirius Bildarchiv 305, 307, 318 l., 336/337, 340,

363 o., 385 u., 389 r. (2), 391 u., 433, 459 u., 498 (2)
Sirius Bildarchiv/Erich Baumann 406/407
Sirius Bildarchiv/Peter Carmichael 40 r. u., 55, 56/57, 84/85
Sirius Bildarchiv/Erhard Hehl 522
Sirius Bildarchiv/Naturhist. Museum, Mainz/Peter Mueck 34/35
B. Snellgrove 196/197
Spectrum Colour Library 68/69, 212/213, 513 o., 532
Sport and General 412
Vic Stein Ass. 393 u. l.
E. P. Taylor 382/383 o.
Sally Anne Thompson 100, 102 l. (2), 114/115 o., 130 o., 210/211, 427, 456, 507, 520/521 l., 531 u., 535
Rodney Todd-White & Son 350/351
The United States Trotting Association 426, 434/435 l., 435 u.
V-DIA Verlag 32, 33, 36/37
Verband der Züchter des Holsteiner Pferdes 491 l. 3, 491 r. 7
Verband der Züchter des Oldenburger Pferdes 495 M. 5
Verband der Züchter des Oldenburger Pferdes/Hugo M. Czerny 495 r. 3
Verband der Züchter des Oldenburger Pferdes/Werner Ernst 495 l. (3), 495 M. 2, 495 M. 8, 495 r. 6
Verband der Züchter des Oldenburger Pferdes/Göhler 492, 493 r. u.
Verband der Züchter des Oldenburger Pferdes/Tiedemann 493 l., 493 r. o.
Verband hannoverscher Warmblut-züchter 465 o. l., 466 l., 470 r. 7, 473 M. 2
Verband hannoverscher Warmblutzüchter/J. Cousin 465 o. r.
Verband hannoverscher Warmblutzüchter/Werner Ernst 460 o., 463 r., 466 r. u., 467 l. u., 467 r. u., 469 r. u., 470 l. 2, 470 M. 4, 470 r. 5–6, 471 r. 16–17, 473 l. 7, 473 M. 5, 473 M. 8, 473 r. 3
Verband hannoverscher Warmblutzüchter/Koy 473 r. 9
Verband hannoverscher Warmblutzüchter/H. Sting 462 l. u., 466 l. (2), 467 r. u., 468 l. u., 471 l. 8, 471 l. 14, 471 M. 9, 471 M. 13, 471 M. 15, 473 l. 1, 473 l. 4, 474 o.
Verband hannoverscher Warmblutzüchter/Tiedemann 462 l. o., 465 o. M., 469 l. u., 470 l. 1, 484 o.
Verfasser-Archiv 120/121 (3), 144 u., 298 u., 312, 313, 314, 318 r., 326, 330 u., 331, 332, 341 u., 342, 345, 346 o., 347 o., 353, 362 (2), 363 u., 366, 369 u., 370, 371 o., 382/383 M. u., 383 r. u., 384 l., 385 r. o., 386 l. (2), 394, 415, 432 (2), 447, 448, 449, 455 (4), 489 l. (2), 491 l. 2, 496 l.
Veterinärhistorisches Museum der Tierärztlichen Hochschule, Hannover 499
Victoria & Albert Museum, London 103, 148/149
Fiona Vigors 393 o.
M. Wagner 93 u., 481
Walker Art Gallery, Liverpool 214/215
Wallace Collection 180
Wallace Collection/John Freeman and Co. Ltd. 118
Richard Weich 106/107 (6), 202, 250/251 (8)
Baynton Williams/Library of Congress, Washington 428/429
Württ. Landesbibliothek, Stuttgart 64 o.
Thomas Zimmermann 28/29, 78, 89, 101 o., 115 u., 172, 186/187, 188/189, 235, 246/247, 292/293, 395 1, 395 6, 398/399, 416/417, 418, 479 M., 484 u., 491 M. 5, 496/497 r.

Personen- und Sachregister

Halbfett gedruckte Seitenzahlen verweisen
auf Bildunterschriften.

MEISTERWERKE
DER
GESCHICHTE

RALF ROMAN ROSSBERG

**GESCHICHTE
DER
EISENBAHN**

SIGLOCH
EDITION

RICHARD VON FRANKENBERG / HANS-OTTO NEUBAUER

**GESCHICHTE
DES
AUTOMOBILS**

SIGLOCH
EDITION

ARNIM BASCHE

**GESCHICHTE
DES
PFERDES**

SIGLOCH
EDITION

WERNER BUEDELER

**GESCHICHTE
DER
RAUMFAHRT**

SIGLOCH
EDITION

JOCHEN BRENNECKE

**GESCHICHTE
DER
SCHIFFAHRT**

SIGLOCH
EDITION

KURT W. STREIT

**GESCHICHTE
DER
LUFTFAHRT**

SIGLOCH
EDITION